Kerstin S. Jobst
Geschichte der Krim

Kerstin S. Jobst

Geschichte der Krim

Iphigenie und Putin auf Tauris

DE GRUYTER
OLDENBOURG

Veröffentlicht mit Unterstützung des Austrian Science Fund (FWF): PUB 695-Z

 Der Wissenschaftsfonds.

Dieses Werk ist lizenziert unter der Creative Commons Attribution 4.0 International-Lizenz. Weitere Informationen finden Sie unter http://creativecommons.org/licenses/by/4.0/.

ISBN 978-3-11-099146-8
e-ISBN (PDF) 978-3-11-052062-0
e-ISBN (EPUB) 978-3-11-051840-5
DOI https://doi.org/10.1515/9783110520620

Library of Congress Control Number: 2020905924

Bibliografische Information der Deutschen Nationalbibliothek
Die Deutsche Nationalbibliothek verzeichnet diese Publikation in der Deutschen Nationalbibliografie; detaillierte bibliografische Daten sind im Internet über http://dnb.dnb.de abrufbar.

© 2022 Kerstin S. Jobst, publiziert von Walter de Gruyter GmbH, Berlin/Boston
Dieser Band ist text- und seitenidentisch mit der 2020 erschienenen gebundenen Ausgabe.
Dieses Buch ist als Open-Access-Publikation verfügbar über www.degruyter.com.
Umschlagabbildung: Timur Samofeev / iStock / Getty Images Plus
Druck und buchbinderische Verarbeitung: CPI books GmbH, Leck

www.degruyter.com

Inhalt

Karten —— IX

0   **Einführung. Zur Terminologie und Schreibweise —— 1**

1   **Einleitung —— 5**

2   **Die Krim als Mythen- und Legendenraum —— 13**
         Der polnische Sarmatenmythos —— 16
         Die Magyaren und die Krim —— 18
         Eine germanische Krim? Vom Gotenmythos zum
         nationalsozialistischen „Gotengau" —— 19
         Slavisch-russische Krim-Mythen —— 21
         Die Krim – ein Zentrum russischer Kultur? —— 26

3   **Von Griechen, Skythen und anderen —— 33**
         Die Krim als polyethnischer Transit- und Siedlungsraum —— 39

4   **Neue Akteure: Sarmaten und andere —— 43**

5   **Die Mithridatischen Kriege. Die Krim unter der Herrschaft Roms —— 47**

6   **Über Goten, Hunnen, die sog. „Völkerwanderung" und ihre Folgen für die Krim —— 51**

7   **Die Krim als Ort des Frühchristentums —— 55**

8   **Die Krim zwischen Ostrom, Krim-Gotthia und dem Chasarenreich —— 59**

9   **Die Krim zwischen der Kiewer Rus', Byzanz und seminomadischen Gruppen aus dem eurasischen Raum —— 67**

10   **Von Kumanen, Polowzern und Kiptschaken —— 73**

11   **Der vierte Kreuzzug (1202–1204) und seine Folgen für die Krim —— 77**

12	Pax Mongolica, Handel, Sklaverei und der „Schwarze Tod" —— 83
13	Das Fürstentum Theodoro und ein litauisches Intermezzo —— 91
14	Das Krim-Chanat. Die Anfänge —— 97
15	Die Etablierung des Krim-Chanats —— 105
16	Das Krim-Chanat. Osmanische Suzeränität und osteuropäisches Gleichgewicht —— 115
17	Sklaverei und der Topos des krimtatarischen Kriegers —— 125
18	Nogaier als Faktor der frühneuzeitlichen Krim-Geschichte —— 133
19	Kosaken als Faktor der frühneuzeitlichen Krim-Geschichte —— 137
20	Innere Verhältnisse im Chanat der Krim —— 141
21	Im Vorfeld der Annexion. Das Erstarken des Russländischen Reiches, der „Griechische Plan" und der Vertrag von Küçük Kaynarca von 1774 —— 149
22	„Unabhängiges" Krim-Chanat und russische Annexion (1774–1783) —— 163
23	Die ersten Jahrzehnte russischer Herrschaft über die Krim —— 171
24	Die multiethnische und multireligiöse Krim unter zarischer Herrschaft: Die tatarische Bevölkerung – Geschlechterverhältnisse —— 183
25	Die multiethnische und multireligiöse Krim unter zarischer Herrschaft: ‚Alte' und ‚neue' BewohnerInnen – die wirtschaftliche Entwicklung —— 193
26	Der Krimkrieg: Ein ‚moderner' Krieg? —— 205
27	Der Krimkrieg: Die Ereignisse auf der Halbinsel —— 213

28	Nach dem Krieg: Die Krim zwischen 1856 und 1905 —— 221
29	Die krimtatarische Bevölkerung nach dem Krimkrieg —— 227
30	Die Revolution 1905 und ihre Folgen auf der Krim —— 235
31	Der Erste Weltkrieg und die Revolution in der Peripherie. Die Halbinsel Krim 1917–1920 —— 243
32	Die Halbinsel Krim 1920–1941 —— 259
33	Die Krim im Zweiten Weltkrieg —— 271
34	Die Deportationen 1944/45 und ihre Hintergründe —— 281
35	Die Krim nach dem Zweiten Weltkrieg —— 289
36	Nach der Auflösung der Sowjetunion. Die Krim als Teil der unabhängigen Ukraine —— 307
37	Wieder russisch?! Die Krim nach der zweiten Annexion von 2014 —— 313

Abkürzungsverzeichnis —— 325

Abbildungsverzeichnis —— 327

Quellen- und Literaturverzeichnis —— 329
    Quellen —— 329
    Literarische Quellen —— 336
    Darstellungen —— 337
    Zeitungsartikel —— 367
    Internet-Quellen —— 370

Personenregister —— 373

Ortsregister —— 379

Karten

Karte der Krim

1 **Azov** Tana	5 **Iași** Jassy	9 **Kinburn** Kılburun	13 **Trabzon** Trapezunt
2 **Bilhorod-Dnistrovs'kyj** Akkerman	6 **Istanbul** Konstantinopel Car'grad	10 **Očakiv** Očakov Özi/Özü	14 *Phanagoria* *Matriga*
3 **Edirne** Adrianopolis Odrin	7 **Kajnardža** (Küçük) Kaynarca	11 **Sinop** Sinope	15 *Tmutarakan'* *Tmutorokan'* *Hermonassa*
4 **Dnipro** Ekaterinoslav	8 **Kilija** Chilia (Nouă)	12 **Taganrog** Tahanroh/Tahanrih	

Karte der Schwarzmeerregion

0 Einführung. Zur Terminologie und Schreibweise

> Und die Dummen nennen sie „Das Rote Nizza"
> Und die Gelangweilten nennen sie „Das All-Unions-Sanatorium"
> Womit ist unsere Krim vergleichbar?
> Unsere Krim ist unvergleichbar.[1]

Die „unvergleichbare Krim", um die Worte des sowjetischen Dichters Vladimir V. Majakovskij (1893–1930) zu bemühen, war seit jeher von zahllosen Völkerschaften durchzogen, erobert und besiedelt worden, was nicht nur ihren multikonfessionellen und -kulturellen Charakter prägte, sondern sich auch in den verschiedenen geographischen Bezeichnungen und Begrifflichkeiten niedergeschlagen hat. So existieren für Orte, Eigennamen und Fachbegriffe unterschiedliche Benennungen und Schreibweisen, sowohl auf Krimtatarisch, Russisch und Ukrainisch als auch auf Griechisch und in weiteren Sprachen.

Das vorliegende Buch verwendet daher die Variante, die in der jeweiligen Zeit und im jeweiligen Kontext vorherrschend war und der jeweiligen kulturellen Zugehörigkeit entspricht. Ist also die Rede von einer der antiken griechischen Kolonien auf der Krim, so wird beispielsweise die griechische Variante Pantikapaion verwendet; im Kontext der russischen Herrschaft über die Krim nach 1783 wird dann jedoch die russische Version Kerč' bevorzugt. Und wenn über die Stadt Bağçasaray geschrieben wird, wird bevorzugt auf die krimtatarische Schreibweise zurückgegriffen, um der Herkunft des Namens (welcher so viel wie „Palast des Gartens" bedeutet) gerecht zu werden. Lediglich bei der Erstnennung des Ortes werden in Klammern auch die Varianten in den anderen heutzutage offiziellen Sprachen der Krim (Krimtatarisch, Russisch, Ukrainisch) angegeben. Dasselbe Verfahren wird auch bei Eigennamen angewandt.

Die Schreibweise nichtdeutscher Termini richtet sich in der Regel nach der gängigen wissenschaftlichen Transliteration. Eine Ausnahme wird jedoch bei im deutschsprachigen Raum gängigen Namen gemacht, so wird beispielsweise Puškins Vorname gemäß der deutschen Schreibweise „Alexander" geschrieben, und nicht „Aleksandr". Auch bei Ethnonymen wird jeweils dort, wo es im Deutschen eine gängige Form gibt, auf die deutsche Transkription zurückgegriffen (z. B. Chasaren, Kiptschaken). Bei der Transliteration krimtatarischer und osmanischer Termini wurde versucht, generell auf die oghusisch-türkischen Formen in der modernen türkischen Schreibweise zurückzugreifen. Davon ausgenommen sind Ortsbezeichnungen, zeitgenössische Begriffe und Namen, die in der jeweils

---

[1] Majakovskij (1989), 17.

gängigen krimtatarischen Variante wiedergegeben werden. Dementsprechend wird beispielsweise die Variante Giray gegenüber anderen gängigen Formen wie Geray oder Kerey bevorzugt.

An dieser Stelle ist auch ein Hinweis auf die Etymologie des Namens „Krim" angezeigt, dessen Herkunft nicht abschließend zu klären ist. Im Wesentlichen kursieren zwei Varianten über die Genese dieser Bezeichnung: Diese leitet sich möglicherweise vom turksprachigen Begriff „kerim" ab, was „Festung" bedeutet bzw. von „qrım" („Felsen"). Alternativ wird auf die von antiken Autoren wie Herodot (gest. ca. 425 v. Chr.) erwähnten Kimmerier rekurriert, die auf der östlichen Krim gelebt haben sollen.

Im vorliegenden Werk werden Vorstellungen und Konzepte wie ‚Zivilisation', ‚Orient', ‚Exotik' oder ‚Barbarei' behandelt, die zu verschiedenen Zeiten in unterschiedlichen Kulturen gängig waren. Da diese Konstrukte kontextualisiert und historisiert werden müssen, wäre auch eine visuelle Verdeutlichung durch Anführungszeichen angemessen. Da dies jedoch die Lesbarkeit erschwert, wird in der Regel darauf verzichtet.

Nicht zuletzt ist sich die Verfasserin des Umstandes höchst bewusst, dass Geschichte von Männern *und* Frauen gestaltet wird und dies auch in der Sprache reflektiert werden sollte. Allerdings wird zugunsten der Lesbarkeit an vielen Stellen auf die Verwendung sowohl der femininen als auch der maskulinen Form verzichtet. Dies gilt insbesondere für die historischen Völkerschaften oder wenn auf zeitgenössische Diskurse rekurriert wird. Wird eine analytische Perspektive eingenommen oder ist von aktuellen Begriffen, wie HistorikerInnen, die Rede, wird in der Regel ein Binnen-I gesetzt.

Darüber hinaus soll grundsätzlich auch im Deutschen zwischen den beiden Begriffen *russkij* (russisch) und *rossijskij* (russländisch) unterschieden werden; denn während sich ersteres auf die russische Ethnie, Sprache und Nation bezieht und generell mit „russisch" übersetzt wird, verweist letzteres in der Regel auf den übernationalen Staat – heute die Russländische Föderation (*Rossijskaja Federacija*) – und wird generell mit dem Neologismus „russländisch" ins Deutsche übertragen. Da eine klare Unterscheidung zwischen diesen Bezeichnungen jedoch nicht immer möglich ist – nicht zuletzt sind beispielsweise die Inkorporierungen neuer Territorien oft mit starken Russifizierungstendenzen einhergegangen –, wird in der vorliegenden Arbeit das Adjektiv russländisch nur dann verwendet, wenn der übernationale Charakter hervorgehoben werden soll. Die auf Russland bezogenen Datumsangaben vor dem Kalenderwechsel Ende Jänner 1918 werden entsprechend dem damals gültigen Julianischen Kalender angegeben.

Auch wenn aufgrund persönlicher Umstände die letzte Überarbeitung des Manuskripts nicht mehr so gründlich vorgenommen werden konnte, wie ich es mir gewünscht hätte, bildet dieses Buch den vorläufigen Abschluss meiner langjährigen Beschäftigung mit der Geschichte der Krim. Als ich mit dem Krim-Thema begann, mutete es Vielen nicht nur wegen des mediterranen Klimas und der muslimischen Prägung der Region exotisch an. Die Ereignisse von 2014 haben aber gezeigt, dass der „unvergleichbaren Krim" auch gegenwärtig hohe politische Relevanz zukommt. Es ist deshalb ein Buch zur richtigen Zeit.

Ich danke meinen KollegInnen, FreundInnen und Studierenden, die auf die eine oder andere Weise zum Entstehen dieser ersten deutschsprachigen Geschichte der Krim beigetragen haben; deren Liste wäre so lang, dass ich auf die Nennung aller Namen verzichten muss und hier nur Christoph Augustynowicz, Marija Wakounig, Andreas Kappeler, Ulrich Hofmeister, Kirsten Bönker, Christiane Strobl und Anja Freckmann nennen kann. Erwähnt werden muss in jedem Fall auch Ninja Bumann, die mich bei meiner Arbeit an dem Manuskript stets kompetent und zuverlässig unterstützt hat. Die Verantwortung für die dennoch zu befürchtenden Unzulänglichkeiten dieses Buches über mehr als zweitausend Jahre Krim-Geschichte liegen allein bei mir. Für ihr Verständnis und ihren großartigen Humor danke ich meiner Tochter Elisabeth, die zwar nicht „auf der Krim" geboren, aber „mit der Krim" groß geworden ist. Auch danke ich sehr herzlich meinem Vater Ernst Jobst und seiner Lebensgefährtin Elisabeth Pust für ihre stetige Unterstützung. Gewidmet ist dieses Werk aber John Zimmermann, der dessen Entstehung über eine lange Zeit begleitet hat.

Kerstin S. Jobst, Wien im März 2020

1 Einleitung

„Versuche beim Generalstab die Gründe für die Invasion in Erfahrung zu bringen." „Das ist keine Invasion", entgegnete Tschernok lächelnd. „Was dann?" schrie Sabaschnikow, den der Humor im Stich ließ. „Schalt mal den Moskauer Kanal ein", sagte Tschernok [...]: „Wie bekannt...(wieso bekannt, wenn der Bevölkerung diesbezüglich nichts mitgeteilt wurde)...haben breite Bevölkerungsschichten des urrussischen Territoriums (...) der Östlichen Mittelmeerzone... (selbst in einer solchen Mitteilung wäre es zuviel, das verwunschene Wort ‚Krim' zu benutzen)...sich an den Obersten Sowjet der Sozialistischen Sowjetrepubliken gewandt mit der Bitte, in die Union aufgenommen zu werden...(wieder eine Lüge, wieder eine gemeine Unterstellung – nicht so ist es gewesen, nicht so hatte die Bitte geklungen.) Auf der gestrigen Sitzung des Präsidiums des Obersten Sowjets der UdSSR wurde dieser Bitte im Prinzip entsprochen. Sie bedarf jetzt nur noch der Bestätigung durch die Deputierten auf der nächsten Tagung des obersten Sowjets."[1]

Bei einer flüchtigen Lektüre der obigen Zeilen und bei Ausblendung der (anachronistischen) Bezeichnungen wie „Oberster Sowjet der Sozialistischen Sowjetrepubliken", welcher bekanntlich mitsamt der UdSSR 1991 aufhörte zu existieren, könnte man meinen, es handele sich um einen Dialog im Zusammenhang mit der sich zwischen Ende Februar und Ende März 2014 vollziehenden Machtübernahme der Russländischen Föderation in der zur Ukraine gehörenden Autonomen Republik Krim. In dieser Phase wurden nach den monatelangen Protesten des „Euromaidans" und dem Rücktritt der ukrainischen Regierung Ende Januar 2014 bekanntlich aus Kreisen des Kremls vermehrt Verlautbarungen über das zukünftige Schicksal der Krim laut. Deren staatsrechtliche Zugehörigkeit zur Ukraine war von der Mehrheit der Bevölkerung der Russländischen Föderation und ihren politischen Vertretern stets als Stachel im Fleisch empfunden worden. Russische Militärs auf der Halbinsel versuchten, dortige Politiker zur Zusammenarbeit mit den russländischen Vertretern zu überzeugen; gleichzeitig begannen auf der Halbinsel stationierte Föderationstruppen, mehr oder minder verdeckt, strategisch wichtige Punkte einzunehmen. Zugleich erklärte der Präsident der Russländischen Föderation Vladimir V. Putin (*1952) am 23. Februar, dass Vorbereitungen zur „Rückholung der Krim zu Russland" getroffen werden müssten, „um den Bewohnern die Möglichkeit zu geben, über ihr eigenes Schicksal zu entscheiden."[2] Nach gewalttätigen Auseinandersetzungen zwischen krimtatarischen und prorussischen DemonstrantInnen in Simferopol' (russ./ukr.; krimtat. Aqmescit) und dem vermehrten Auftreten prorussischer, aber nicht gekennzeich-

---

1 Axjonow (1996), 407 f. Das russische Original „Ostrov Krym" erschien 1981 in Ann Arbor, also im US-amerikanischen Exil des Autors. Vgl. auch Slobin (1992).
2 Ich folge hier Höller (2015).

neter KombattantInnen sprach sich das Krim-Parlament am 6. März für einen „Wiederanschluss" an Russland aus. Zehn Tage später folgte eine (nach ukrainischem Recht illegale) Volksabstimmung, in der sich nach veröffentlichten, aber stark anzuzweifelnden Zahlen 96,77 Prozent der Wahlberechtigten für den Anschluss der Krim an die Russländische Föderation aussprachen. Einen Tag später wurde ein Beitrittsantrag an Moskau gestellt, der am 21. März 2014 durch den russländischen Föderationsrat ratifiziert wurde.

Soweit also die Realitäten des Jahres 2014, die der russisch-sowjetische Schriftsteller Vasilij P. Aksënov (1932–2009) in seinem Anfang der 1980er Jahre erschienenen Roman „Die Insel Krim", einem „hellsichtigen Krim-Roman", wie es der Journalist Reinhard Veser 2015 zu Recht bemerkte,[3] vorwegnahm. Der Autor ging von der Vorstellung aus,

> „[w]as wäre, wenn die Krim wirklich eine Insel wäre? Was wäre, wenn die Weiße Armee 1920 wirklich die Krim vor den Roten zu verteidigen gewußt hätte? Was wäre, wenn die Krim eine zwar russische, aber doch immerhin westliche Demokratie neben dem totalitären Kontinent entwickelt hätte?"[4]

Die Krim – nicht als reale Halbinsel, sondern als fiktive Insel – ist in dem Werk eine Art hypermoderne slavische Variante Taiwans; eine zwar nicht prosowjetische, aber prorussische Vereinigung mit dem Namen „Union des Gemeinsamen Schicksals" unter der Ägide des als eine Art russischen James Bond stilisierten Journalisten Andrej Lučnikov. Dieser hofft auf die Wiedervereinigung mit dem Mutterland und die daraus erwachsende Demokratisierung der Sowjetunion. Er und seine Anhänger werden getäuscht, denn statt einer friedlichen Verschmelzung „beschloß das Komitee für Körperkultur und Sport beim Ministerrat der UdSSR gemeinsam mit dem Verteidigungsministerium der UdSSR [...], im Schwarzmeersektor einen Feiertag des Militärsports unter der allgemeinen Bezeichnung ‚Frühling' durchzuführen."[5] Und dieser „Frühling" war nichts anderes als die Krim-Invasion.

Im Roman beendet der sowjetische Einmarsch die Entwicklung einer übernationalen Krim-Identität. Deren Anhänger slavischer, tatarischer und sonstiger Herkunft nennen sich „Yaki", was eine Verballhornung des turksprachigen Wortes yahşi („gut") darstellt. In diesem satirischen Science-Fiction-Roman repräsentieren diese letztlich ein wenig erfolgreiches Konzept, da sie denjenigen unter-

---

[3] Veser (2015)
[4] Axjonow (1996), 9.
[5] Axjonow (1996), 408.

liegen, die für den Anschluss an die Sowjetunion und damit für das Primat des Russischen plädieren.

Gegenwärtig und in der sogenannten Realität kann nicht abschließend beurteilt werden, wie zufrieden die BewohnerInnen der Krim mit der neuen „Wiedervereinigung der Krim mit Russland", wie es zumeist heißt, sind. Nach neueren Umfragen ist zumindest bei der großen Mehrheit keine deutliche Identifikation mit der Russländischen Föderation feststellbar, bezeichnen doch 63 Prozent „den Ort, an dem ich lebe" als ihre Heimat – und das ist die Krim, nicht Russland.[6]

Heimat – das war die Krim über die Jahrtausende für viele Völkerschaften: Die am nördlichen Ufer des Schwarzen Meeres gelegene Halbinsel Krim löste, so heißt es treffend bei dem britischen Journalisten Neal Ascherson (*1932), zu allen Zeiten ein „fast sexuelles Besitzverlangen" aus[7], also nicht nur im Jahr 2014 bei RussInnen. Sie war das klassische, mit der hellenistischen Sagenwelt auf das Engste verbundene Taurien sowie griechische und römische Kolonie. Sie wurde seit jeher von zahllosen Völkerschaften durchzogen, erobert und besiedelt: Frauen und Männer der Kimmerier, Skythen, Griechen, Ostgoten, Chasaren, Genuesen, Venezianern, Turko-Tataren und BewohnerInnen der Kiewer Rus' bewohnten und beherrschten sie genauso wie RussInnen und UkrainerInnen seit dem ausgehenden 18. Jahrhundert. Sie alle und viele weitere prägen die Krim nachhaltig kulturell und in ihrer jeweiligen Zeit häufig auch politisch. Nicht zuletzt der seit ältesten Zeiten multikonfessionelle und -kulturelle Charakter der Halbinsel zwischen dem Schwarzen und dem Azovschen Meer macht sie bis heute zu einem faszinierenden Gebiet nicht nur für WissenschaftlerInnen, sondern auch für Reisende, Kulturinteressierte und PolitikerInnen.

Die Krim entzieht sich auch heute noch *jedem* exklusiven nationalen Besitzanspruch. Daran konnten auch die ethnischen Säuberungen des 20. Jahrhunderts nichts ändern, weder der von den Nationalsozialisten zwischen 1941 und 1944 auf der Halbinsel verübte Völkermord an großen Teilen der jüdischen Bevölkerung noch die von Josef Stalin (d.i. Iosseb Bessarionis dse Dschughaschwili; 1878–1953) verfügten Deportationen der Krimdeutschen (1941) oder die der KrimtatarInnen, BulgarInnen und GriechInnen im Anschluss an den Zweiten Weltkrieg.

Seit Frühjahr 2014 ist die Krim de facto Teil der Russländischen Föderation, völkerrechtlich aber immer noch der Ukraine zugehörig. Ungeachtet der über die Zeitläufte wechselnden Zugehörigkeiten zu unterschiedlichen Akteuren und Imperien war und ist sie national heterogen. Dies liegt nicht zuletzt an der seit den

---

6 Veser (2017)
7 Ascherson (1996), 46.

1990er Jahren aus dem zentralasiatischen Exil zurückströmenden krimtatarischen Bevölkerung, die ihren Anteil daran hat, dass die Halbinsel aus nördlicher (russischer und westeuropäischer) Perspektive als eine exotische, orientalische Gegend erscheint.[8] Seit der zweiten russischen Annexion von 2014 – die erste war bekanntlich die 1783 von Katharina II. (1729–1796) verfügte – mussten viele von ihnen der erst kürzlich wiedererlangten Heimat allerdings wieder den Rücken kehren.

Zur gefühlten Exotik der Krim trägt ohne Zweifel auch das im Vergleich zu den zentralrussischen und -ukrainischen Gebieten mediterrane Klima in der Bergregion und der touristisch bereits seit dem 19. Jahrhundert erschlossenen Südküste bei. Der Zarin Katharina II. (und in der Folge den BewohnerInnen sowohl des zarischen als auch des „roten" Imperiums) galt dieses landschaftlich reizvolle Gebiet gar als die „Perle des Imperiums."[9]

Mit ihren diversen kulturellen Schichten, den Hymnen zahlloser LiteratInnen über sie und ihrer wechselvollen Geschichte – immer auch im Zusammenhang mit Imperien stehend und als ewiger Transitraum – zog und zieht die Halbinsel eine besondere Aufmerksamkeit auf sich. Sie birgt aber auch heutzutage eine besondere politische Brisanz: Durch die von JuristInnen mehrheitlich als völkerrechtswidrig eingeschätzte Einnahme der Krim durch die Russländische Föderation im März 2014 wurde sie ein innereuropäisches Krisengebiet, auch wenn glücklicherweise die russische Machtübernahme dort weit weniger Menschenleben gekostet hat als die immer noch andauernden Konflikte in der Ostukraine mit einem Blutzoll von mittlerweile (d. h. im Februar 2019) mehr als 12.000 Menschenleben. In jedem Fall liegt die Aktualität des Themas „Krim" auf der Hand[10]; dies zumal hier ein bislang nicht gelöster und vermutlich für lange Zeit existierender *Frozen Conflict* – so steht zu befürchten – im östlichen Europa entstanden ist, welcher auch im Kontext globaler Krisen relevant ist, muss die Russländische Föderation doch von vielen AkteurInnen auf den Feldern globaler Sicherheit/Politik als wesentlicher, aber schwieriger Partner gesehen werden. Das seit einigen Jahren vermehrte Interesse an der Schwarzmeerregion im Allgemeinen und der Halbinsel Krim im Besonderen in Medien, Politik und Öffentlichkeit kann bislang nicht mit wissenschaftlich fundierter und zugleich lesbarer Literatur befriedigt werden. Hier setzt das vorliegende Buch an. Trotz wertvoller Einzelstu-

---

8 Vgl. z. B. Schuller (2007).
9 So auch der Titel meiner Habilitationsschrift: Jobst (2007b).
10 Vgl. etwa Luchterhandt (2014).

dien[11] liegt nämlich bislang in keiner Sprache eine Synthese der Geschichte der Krim seit den ‚mythischen Zeiten' bis in die Gegenwart vor.[12]

Für ein deutschsprachiges Publikum erschließt sich die Relevanz einer Überblicksdarstellung zur „Geschichte der Halbinsel Krim" leicht: Nicht nur ehemalige BürgerInnen der DDR haben schon einmal den berühmten *Krymskoe*, den Krimsekt[13], genossen oder zumindest von diesem gehört. Goethes und Glucks Umsetzungen des „Iphigenie auf Tauris"-Themas gehören zum deutschsprachigen Kanon und sind somit Vielen noch aus der Schule bekannt. Das von zahlreichen deutschsprachigen Reisenden seit dem ausgehenden 18. Jahrhundert weithin popularisierte Aufspüren einer mittelalterlichen „deutschen Krim" mit Bezug auf die ehemals dort ansässigen Krimgoten ist Vielen ebenfalls ein Begriff. Bekannter noch sind Adolf Hitlers (1889–1945) auch daraus resultierenden Versuche der Umsetzung seiner bizarren „Gotenland"-Phantasien im Rahmen des verbrecherischen Ostfeldzugs im Zweiten Weltkrieg.[14] Als nach dem Zerfall der Sowjetunion die Tourismusindustrie des ehemaligen „Allunions-Sanatoriums" – eine Bezeichnung für die Krim, die auf Lenin selbst zurückgehen soll – eingebrochen war, verzeichnete man seit der Jahrtausendwende wieder einen ansteigenden Besucherstrom. Auch aus dem deutschsprachigen Raum kamen TouristInnen, wobei die seit 2005 EU-BürgerInnen einseitig von Kiew gewährte Visumsfreiheit hilfreich war; übrigens folgte erst im Jahr 2017 nach langen Verhandlungen ein vergleichbares Entgegenkommen durch die Europäische Union gegenüber der Ukraine. Die Halbinsel war in den sog. Nuller-Jahren eine Destination kommerzieller Reiseanbieter geworden und wurde nicht mehr nur von Spezialveranstaltern für Bildungsreisen angesteuert. Sowohl BürgerInnen der ehemaligen DDR als auch die große Zahl deutschstämmiger ehemaliger sowjeti-

---

11 Unübertroffen für die Geschichte der Krim im Mittelalter seien hier die Arbeiten A.L. Jakobsons genannt: Jakobson (1964); Jakobson (1973). Im Folgenden wird die entsprechende Spezialliteratur in den jeweiligen Kapiteln genannt.
12 Magocsi (2014) ist ein anregend geschriebenes und ansprechend gestaltetes Album, welches aber nur partiell wissenschaftlichen Ansprüchen genügt, was dieser wichtige Historiker der Geschichte der Karpato-Ukraine und der Ukraine aber auch nicht intendiert hatte. Die umfassendste Darstellung zumindest der Geschichte der Krimtataren in russischer Sprache ist Vozgrin (2013). Die vortatarischen Zeiten werden aber nicht behandelt, zudem ist das Werk in einer eindeutig protatarischen Perspektive verfasst und lässt wissenschaftliche Objektivität zuweilen vermissen. Seit der Annexion der Krim 2014 sind zahlreiche Darstellungen in russischer Sprache erschienen, vgl. z.B. das von einem HistorikerInnen-Kollektiv verfasste Istorija (2015). Wenig überzeugend als Überblicksdarstellung, zumal weil es der Zeit vor der russischen Annexion von 1783 nur wenig Aufmerksamkeit schenkt, ist Kent (2016).
13 Dieser Schaumwein hieß in sowjetischer Zeit allerdings „Sovetskoe".
14 Dazu vor allen Dingen Kunz (2005).

scher StaatsbürgerInnen hatten und haben eine ganz besondere Bindung an die Krim, war es doch das Traumziel von Millionen Menschen des Ostblocks. Viele von ihnen haben die Halbinsel z. B. im internationalen Pionierlager „Artek" nahe des an der malerischen Südküste gelegenen Städtchens Gurzuf (ukr.: Hurzuf) bereits als jugendliche Pioniere kennen- und lieben gelernt.

Wenn man über die Faszination nachdenkt, welche die Krim im deutschsprachigen Raum geweckt hat, ist ein Name nicht zu vergessen: Joseph Beuys (1921–1986), ein deutscher Künstler von Weltgeltung. Dieser erzählte gern, dass er 1944 als deutscher Soldat auf der Halbinsel in seinem Stuka von einer feindlichen Flakstellung abgeschossen und von Krimtataren gerettet worden sei, die seine Wunden mit Filz, Fett und Honig geheilt hätten; Materialien, die in seinem späteren Werk eine große Rolle spielen sollten.[15] Der auch im deutschsprachigen Raum beachtliche buchhändlerische Erfolg des auf der Krim spielenden Romans „Medea und ihre Kinder" von Ljudmila Ulickaja (*1943) oder die sich 2007/2008 als Publikumsmagnet erweisende Skythen-Ausstellung (Berlin, München, Hamburg) sind weitere Indikatoren für das Interesse an der Geschichte dieser Region. All dies (und weitere ungenannte) sind Versatzstücke, die mit dem Begriff „Krim" assoziiert werden, sich aber vielfach nicht in einen größeren Kontext einordnen lassen. Diese – ausdrücklich auch wissenschaftlichen Ansprüchen genügende und mit einem Anmerkungsapparat versehene – Monographie zum Thema soll die bislang existierende eklatante Lücke schließen. Auch von Seiten der Wissenschaften ist das Interesse an der Schwarzmeerregion und damit an der Krim mittlerweile ausgeprägt, wird doch vermehrt nach einer spezifischen Geschichtsregion „Schwarzmeerraum" gefragt.[16] In Analogie zu Fernand Braudels Konzeption einer Mittelmeerregion mit eigenen, in dieser Kombination einzigartigen Merkmalen ist auch in Zukunft eine verstärkte universitäre und wissenschaftliche Befassung mit der Region zu erwarten. Es versteht sich somit von selbst, dass die Krim nicht unabhängig von ihren Bezügen zum Schwarzen Meer und dem Hinterland zu verstehen und zu beschreiben ist.

Die auf den ukrainischen „Euromaidan" ab November 2013 folgende Besetzung der Krim durch Russland und die sich daran anschließende Annexion im März 2014 wurde von ExpertInnen (die Verfasserin dieser Zeilen nimmt sich davon nicht aus) nicht vorhergesehen. Auch wenn Zukunftsprognosen glücklicherweise nicht zum Berufsbild der professionalisierten Geschichtswissenschaft gehören, so wurde nun doch deutlich, wie groß der Bedarf an fundierten Aussagen zur Geschichte der Krim und der Region ist.

---

15 Kuhn (2001).
16 Siehe Troebst (2007); Özveren (1997). Wichtig überdies: King (2004); Ascherson (1996).

Der Bogen dieser Überblicksdarstellung ist weit zu spannen. Sie geht im Wesentlichen, jedoch nicht strikt, chronologisch vor: Sie beginnt mit der Krim als Mythenraum, beschränkt sich dabei aber nicht auf die antike Sagenwelt, denn die Krim regte – und dafür ist Josef Beuys nur ein Beispiel – zu allen Zeiten die Phantasie ihrer Besucherinnen und Besucher an; die Krim als mythischer *locus* spielt selbst in kollektiven Narrationen von Nationalitäten eine Rolle, die man nicht unbedingt mit der Halbinsel assoziiert.

Ungeachtet ihres großen mythischen Potentials war die Krim zu allen Zeiten aus der Perspektive der jeweiligen Machtzentren Peripherie: Dies bereits im Altertum, in dem uns Herodot eine der ersten Beschreibungen der Tauris und der von ihm Skythen genannten Bevölkerung überlieferte. Die BewohnerInnen griechischer Kolonien an der Küste lebten in einer mal friedlichen, mal gewaltsamen Wechselseitigkeit mit (halb-)mobilen Großgruppen, die aus dem nördlichen eurasischen Raum auf die Krim vordrangen. Der Kontakt zwischen diesen und den hellenistischen Kolonien bzw. Rom/Byzanz beförderte die sehr lange wirkungsmächtige Vorstellung über die Krim als ein Randgebiet, als Überlappungszone zwischen Zivilisation (oder der Oikumene, wie in der griechisch-römischen Antike die gesamte bewohnte bekannte Welt bezeichnet wurde) und Barbarei – ein Begriffspaar, welches selbstredend mit entsprechender Distanz zu verwenden ist, aber im Krim-Diskurs zeitübergreifend eine große Rolle gespielt hat. Die periphere Lage schloss nicht aus, dass auf der Krim nicht auch schon vor dem Krimkrieg (1853–1856) oder der Konferenz von Jalta (1945) Weltgeschichte entschieden worden ist: Im letzten vorchristlichen Jahrhundert etwa geriet Mithridates VI., König von Pontus, durch seine Ambitionen, seinen Einflussbereich auf kleinasiatische Gebiete auszuweiten, in Konflikte mit Rom. Dieses wollte seine Macht am nördlichen Schwarzen Meer nicht aufgeben, was zu den sog. Mithridatischen Kriegen (89–63. v. Chr.) führte. Dem byzantinischen Einfluss ist es schließlich zu verdanken, dass die Krim in späterer Zeit ein Ort des Frühchristentums wurde. Für Goten und Hunnen und viele weitere Völkerschaften, für die die Wissenschaft keine oder nur wenig präzise Namen gefunden hat, wurde sie Durchzugsgebiet oder (temporäre) Heimat. Seit dem 7. Jahrhundert schließlich wurden die Chasaren zu einer regionalen Ordnungsmacht, ehe im 10. Jahrhundert ein neuer Akteur immer wieder an die Ufer des Schwarzen Meeres und auch auf die Krim vorstieß, ohne sich allerdings dauerhaft festsetzen zu können: die Kiewer Rus'. Im 13. Jahrhundert etablierten die Seerepubliken Venedig und Genua entlang der Küste Handelskolonien, zwei Jahrhunderte später entstand das muslimische Krim-Chanat, welches sich bald der Suzeränität der Osmanen unterstellte. Schließlich – 1783 – wurde die Halbinsel Teil des Russländischen Reichs und erst seitdem ein dauerhafter Faktor in der russischen und ukrainischen Geschichte. Diese sehr komplexe Entwicklung wird in einzelnen Kapiteln aufbereitet, genauso wie die Revolutionen von 1917, die Weltkriege (einschließlich der zweimaligen deutschen Okkupation), die sowjetische Zeit sowie die Jahre, als die Krim Teil des ukrainischen Staates war, was sie völkerrechtlich immer noch ist. Die geschichtswissenschaftlich noch nicht abschließend zu bewertende Zeit nach 2014 wird gleichfalls betrachtet. Da die Krim zu allen Zeiten zudem DichterInnen und KünstlerInnen inspirierte, soll diesem Aspekt ebenfalls angemessene Aufmerksamkeit geschenkt werden; der „literarischen Krim" wird aber kein eigenständiges Kapitel gewidmet, denn ihr gebührt ein eigenständiges Werk, welches zudem besser nicht von einer Historikerin, sondern von komparatistisch arbeitenden LiteraturwissenschaftlerInnen geschrieben werden sollte.

2 Die Krim als Mythen- und Legendenraum

> Als dich ein tief-geheimnisvolles Schicksal
> Vor so viel Jahren diesem Tempel brachte,
> Kam Thoas, dir als einer Gottgegeb'nen
> Mit Ehrfurcht und mit Neigung zu begegnen.
> Und dieses Ufer ward dir hold und freundlich,
> Das jedem Fremden sonst voll Grausens war,
> Weil niemand unser Reich vor dir betrat,
> Der an Dianens heil'gen Stufen nicht
> Nach altem Brauch, ein blutges Opfer, fiel. [...]
>
> Du hast hier nichts getan seit deiner Ankunft?
> Wer hat des Königs trüben Sinn erheitert?
> Wer hat den alten grausamen Gebrauch,
> Daß am Altar Dianens jeder Fremde
> Sein Leben blutend läßt, von Jahr zu Jahr
> Mit sanfter Überredung aufgehalten,
> Und die Gefangnen vom gewissen Tod'
> In's Vaterland so oft zurückgeschickt?
> Hat nicht Diane, statt erzürnt zu seyn
> Daß sie der blut'gen alten Opfer mangelt,
> Dein sanft Gebeth in reichem Maß erhört?[1]

Selbst Diejenigen, welche sich erst im Zusammenhang mit der Annexion der Krim durch die Russländische Föderation im Frühjahr 2014 erstmalig mit der Halbinsel und ihrer geographischen Lage auseinandergesetzt haben, kennen diese Zeilen vermutlich. Sie stammen vom deutschen Dichterfürsten Johann Wolfgang von Goethe (1749–1832), der sich – wie andere Künstler des 18. Jahrhunderts auch – des seinerzeit beliebten „Iphigenie"-Themas wiederholt angenommen hat.[2] Goethe orientierte sich an der Version des hellenischen Tragödienautors Euripides – der „Iphigenie bei den Taurern" (geschrieben um 414/412 v. Chr.). In dem klassischen Mythos war Taurien der Ort, an den Agamemnons Tochter von der Göttin Artemis/Diana entführt worden war, um sie vor der Opferung durch ihren Vater zu retten. Der Heerführer wollte nämlich so die von den Göttern bewirkte Windstille beenden, die ihn an der Überfahrt zum Krieg gegen Troia hinderte. Als Gegenleistung für ihre Rettung musste Iphigenie in dem Barbarenland als Priesterin

---

[1] Goethe (2014), 1. Akt, 2. Auftritt, 17 und 19.
[2] Zu nennen ist unter anderem die von Christoph Willibald (Ritter von) Gluck (1714–1787) verfasste und 1779 uraufgeführte Oper „Iphigénie en Tauride." Im selben Jahr veröffentlichte Goethe eine erste Prosavariante seiner „Iphigenie", der 1781 und 1786 weitere folgten.

Menschenopfer durchführen, denn jeder Schiffbrüchige, den es an Tauriens Küste verschlug, war dem Tode geweiht. In Iphigeniens Heimat wiederum ermordete deren Mutter Klytämnestra aus Rache für den vermeintlichen Tod ihrer Tochter ihren Ehemann, woraufhin Iphigeniens Geschwister, Orest und Elektra, nun die eigene Mutter umbrachten; das ist ein Stoff, aus dem Tragödien gemacht werden. Doch damit nicht genug: Orest – aus dem Geschlecht des Tantalus stammend – war nun verflucht und befragte das Orakel, wie er dem göttlichen Zorn und den ewigen (Tantalus-)Qualen entgehen könne. Von der Tauris, so hieß es, solle er „die Schwester" holen. Da er Iphigenie für tot hielt, glaubte er, Apollons Zwillingsschwester, die Göttin Artemis/Diana, sei gemeint, und nahm an, dass er deren Statue aus dem dortigen Tempel rauben solle. Zusammen mit seinem alten Freund Pylades machte er sich auf den Weg.

Ihr Ziel aber, die „Tauris" nämlich, war die Krim, die bereits von altgriechischen Autoren als „Taurische Halbinsel" (*Chersónesos Tauriké*) oder das „Land der Tauroi" bezeichnet wurde und deren Lage sie am Rande der bewohnten Welt – der Oikumene – verorteten. Dort in der Peripherie ging es nach ihrem Dafürhalten weit weniger zivilisiert zu als in Hellas, ja es herrschten geradezu barbarische Verhältnisse.[3] Bewohnt war diese offenbar wenig einladende Weltgegend von den Tauern, die der Halbinsel auch ihren antiken Namen gegeben (so eine Lesart) und die südliche Küste und die Bergregion besiedelt haben sollen. Über diese weiß man nicht viel, weder ihre Herkunft noch ihre Sprache sind bekannt, nehmen sie doch nur durch die Erzählungen antiker Autoren Gestalt an. Bei Herodot, der auch im folgenden Kapitel eine große Rolle spielen wird, heißt es beispielsweise über diese:

> Sie opfern der Jungfrau die Schiffbrüchigen, wie überhaupt die Hellenen, die in ihre Hand fallen, auf folgende Art. Nach der Weihung schlagen sie ihn mit einer Keule auf den Kopf; Einige sagen aber auch, sie würfen den Leib von der Felsspitze hinunter (nämlich das Heiligthum steht auf einer Felsspitze), und nur den Kopf spießten sie auf einen Pfahl; womit Andere zwar, was den Kopf anlangt, übereinstimmen, vom Leibe dagegen sagen, er werde nicht von der Felsenspitze geworfen, sondern in der Erde begraben. Von der Göttin aber, der sie opfern, sagen die Taurier selbst, es sey Iphigenia, die Tochter Agamemnons.[4]

Sowohl bei Euripides als auch bei Goethe ist Iphigenie keine Göttin, sondern eben die im Auftrag der Artemis/Diana und letztlich gegen ihren Willen grausam Handelnde. Bei Goethe und selbst bei dem Tragödiker Euripides geht die Ge-

---
3 Zu diesem Topos vgl. Hall E. (1989), für die diese Denkgewohnheit eine im Hellas des fünften vorchristlichen Jahrhunderts etablierte herrschaftsstabilisierende Ideologie war, welche im Kontext der Perser-Kriege entstanden ist.
4 Herodot, Historien, 4. Buch, 103, zitiert nach Schöll (1829), 496.

schichte für das Trio Iphigenie, Orest und Pylades letztlich gut aus, gelingt es ihnen doch, die Tauris zu verlassen. Es gibt jedoch entscheidende Unterschiede, welche die Lebenswelten und die zeitlich gebundenen Weltanschauungen der beiden Autoren, zwischen denen ja mehr als zweitausend Jahre liegen, spiegeln: Euripides' Taurer sind idealtypische Barbaren, auch wenn der griechische Gegenpol nicht durchgängig als human und zivilisiert geschildert wird. Euripides' Iphigenie fühlt sich der autochthonen Bevölkerung nicht verbunden, und die Flucht von der Tauris gelingt allein durch eine List, also ohne die Erlaubnis des taurischen Königs Thoas. Anders bei Goethe: Hier besteht zwischen dem König und der Griechin eine wechselseitige Sympathie. Diese Verbundenheit vermochte die rauen Sitten der Barbaren zu mildern – „Wer hat des Königs trüben Sinn erheitert? Wer hat den alten grausamen Gebrauch, Daß am Altar Dianens jeder Fremde Sein Leben blutend läßt, von Jahr zu Jahr, Mit sanfter Überredung aufgehalten, Und die Gefangnen vom gewissen Tod Ins Vaterland so oft zurück geschickt?" – und überhaupt sind Goethes Taurer weit weniger wild als die des Euripides.[5] Dennoch treffen in beiden Varianten zwei Pole aufeinander – König Thoas repräsentiert trotz einer gewissen Bändigung als Folge seiner Zuneigung zu Iphigenie ein archaisch-mythisches Prinzip, und die Griechin personifiziert die Zivilisation. Auf der Tauris, also auf der Krim, treffen sich beide Systeme; Peripherie und Zentrum treten in Interaktion, bleiben aber letztlich trotz partieller Annäherung unvereinbar.

Und dies gilt nicht nur für diesen mit der Krim verbundenen Mythos, sondern auch für einige andere mythische Erzählungen, die „um eine historische Figur, ein historisches Ereignis, einen historischen Sachverhalt oder eine historische Entwicklung kreisen", deren Inhalt nur im Zentrum fixiert ist und die „im übrigen variabel rezipierte und reproduzierte, unkomplexe Narration[en] sind."[6] Es mag im Zusammenhang mit ihrer – zumindest aus der Zentrumsperspektive wahrgenommenen – Randlage stehen, dass die Halbinsel über die Zeitläufte, Epochengrenzen und unterschiedlich geprägten Kulturen hinweg zu einem Mythen- und Legendenraum erster Güte werden konnte, sind die Kenntnisse über entfernte Gegenden doch häufig gering, und wo Fakten fehlen, hilft die Phantasie. Dies gilt auch im Kontext der Halbinsel, wo die Ereignisse, welche den Urstoff ihrer Mythen bilden, historisch teils unstrittig, teils aber heftig umstritten sind. Gerade die im sog. Nationalen Zeitalter konstruierten Neumythen waren häufig – auch im Kontext der Krim – „überzeugender als historische Forschung."[7] Dies zeigt ein-

---

5 Vgl. zum Iphigenie-Topos stellvertretend Engert (2007).
6 Weber (1998), 71.
7 Germer (1998), 35.

dringlich die „innere Verwandtschaft" zwischen Nation als Ergebnis der Modernisierung und dem Mythos. Man kann sogar so weit gehen, dass die Idee, dass „Nationen unausweichliche Formen gesellschaftlicher Organisation (sind) oder gar das Ziel der Geschichte bilden, selbst mythischen Charakter hat."[8] Am Beispiel der Halbinsel Krim lässt sich dies sehr anschaulich zeigen.

Die Krim ist nicht nur der präsumtive Schauplatz klassischer Mythen, sondern nimmt besonders im russischen nationalen Erinnern einen so großen Raum ein, dass man geradezu von einem russisch-nationalen Krim-Mythos sprechen kann.[9] Aufgrund der russischen Herrschaft über die Krim seit dem ausgehenden 18. Jahrhundert mag dies wenig überraschen, erstaunlicher ist aber vielleicht noch, dass die Halbinsel auch einen besonderen Platz beispielsweise im polnischen, deutschen oder auch englischen kollektiven Legendenschatz hat.[10] Dies bedarf einiger Ausführungen, die zeigen werden, dass die als exotisch oder sogar als asiatisch bezeichnete Krim Teil Europas, dessen kollektiven Gedächtnisses und dessen Geschichte und Gegenwart ist.

Der polnische Sarmatenmythos

Die später noch genauer zu beschreibenden, zur iranischen Sprachfamilie gezählten nomadischen Sarmaten waren nach dem Ende des 4. Jahrhunderts v. Chr. aus den Regionen der Wolga und des Dons allmählich in Richtung Schwarzes Meer und eben auf die Krim vorgedrungen. Von da aus seien sie, wie es Neal Ascherson bildhaft ausgedrückt hat, „in die Vorstellung der Polen geritten, um zu ihren Vorfahren ernannt zu werden."[11] Der materielle Hintergrund dieser auf den ersten Blick erstaunlichen Aussage sind vor allem die im heutigen Südpolen entdeckten Grabfunde, die u. a. vom polnischen Archäologen Tadeusz Sulimirski (1898–1983) genauer beschrieben worden sind und die darauf hinweisen, dass sich sarmatische Stämme im dritten nachchristlichen Jahrhundert dort gesiedelt haben.[12] Darauf kann hier nicht näher eingegangen werden, wichtig ist jedoch, dass in der Adelsgesellschaft Polen-Litauens, der sog. *Szlachta*, im Verlauf des 17. Jahrhunderts eine spezifische kulturelle Transformation erfolgte, die heute in der Kulturgeschichte als Sarmatismus bezeichnet wird und – nolens volens – eine

---

[8] Germer (1998), 33.
[9] Vgl. dazu ausführlich Jobst (2007b), besonders 131–176.
[10] Im englischen Fall wird dies am Beispiel des Krimkrieges (vgl. Kapitel 27) gezeigt werden.
[11] Ascherson (1996), 24.
[12] Sulimirski (1970). Dieses Werk wurde erst 1979 in polnischer Sprache herausgegeben.

Verbindung zwischen Ostmitteleuropa und der Krim herstellte.[13] Der multiethnische Adel des polnisch-litauischen Konglomeratstaates schuf sich damit eine gemeinsame, integrierende Identitätskonstruktion, die sich auf die auserkorenen antiken Ahnen stützte. Sie beruhte

> vor allem [auf dem] äußere[n] Erscheinungsbild eines konservativen Grundbesitzers, antistädtisch und antiintellektuell, charakterisiert durch künstlich übersteigerte Religiosität, mit einer Neigung zu luxuriöser Verschwendung und Standesdünkel. In repräsentativ-kultureller Hinsicht äußerte sich diese Attitüde in wertvollen Gewändern, Juwelen, zumindest versilberten, wenn nicht vergoldeten und mit Edelsteinen besetzten Waffen und Sätteln, sowie wertvollen Pferden.[14]

Auch diese ‚polnischen Sarmaten' wähnten sich in einer Randlage, allerdings nicht in derjenigen zwischen Zivilisation und Barbarei, sondern zwischen dem (lateinischen) Christentum und dem konfessionellen und religiösen Anderen: In der Frühen Neuzeit waren diese Anderen der orthodoxe Moskauer Staat bzw. das muslimische Osmanische Reich, mit denen die damalige polnisch-litauische Großmacht in Konkurrenz stand. Der Wiener Historiker Christoph Augustynowicz sieht in dem Topos der *Antemurale Christianitatis,* also in der Vorstellung, „Vorwerk des Christentums zu sein", folgerichtig das zentrale kulturelle Motiv des polnischen Sarmatismus.[15]

Eine Funktion des Sarmatismus war die ideologische Bekämpfung des äußeren Gegners, indem das Polentum – gleichbedeutend mit den adligen Eliten, denn das Bauerntum wurde ausdrücklich nicht zur Nation gezählt – zunehmend mit dem römischen Katholizismus identifiziert wurde, was die protestantischen (überwiegend calvinistischen) und orthodoxen Adligen, die es im polnisch-litauischen Staat eben auch gab, zunehmend ausgrenzte. Es mag verwundern, dass sich die polnische *Szlachta* zur (Selbst-)Vergewisserung ihrer eigenen Überlegenheit ausgerechnet an den aus dem eurasischen Raum stammenden und in der Perspektive der verehrten antiken Autoren somit barbarisch-nomadischen Sarmaten orientierte. Positive Aneignungen vermeintlich ‚unzivilisierter' Großgruppen sind aber gerade im ostmittel- und osteuropäischen Raum nicht selten. Diese Form der Selbstorientalisierung findet sich beispielsweise auch bei einer in der Zwischenkriegszeit sehr aktiven russischen exilierten Intellektuellengruppe, den

---

13 Ich orientiere mich hier und im Folgenden an Augustynowicz (2017), 38–45. Vgl. aber auch Długosz u. Scholz (2013)
14 Augustynowicz (2017), 38.
15 Augustynowicz (2017), 39.

sog. Eurasiern, für die das Russentum eine europäisch-asiatische Mischung und damit den Europäern überlegen war.[16]

Die Magyaren und die Krim

Näher noch am polnischen Sarmatismus und auch mit der Krim verbunden ist der Gründungsmythos der Ungarn: Die Brüder Hunor und Magor gelten als die Urväter der Stämme der Hunnen und Magyaren. Deren Vater soll – zumindest einer mittelalterlichen Chronik zufolge – Nimrod gewesen sein, wobei unklar ist, ob dieser identisch mit der biblischen Nimrod-Figur ist. Anderen Quellen zufolge waren Hunor und Magor die Söhne des Magog und damit Enkel Noahs, was der (angeblichen) ungarischen Abkunft eine besondere Würde verleiht. Magog gilt seinerseits wiederum als Urvater der Skythen bzw. als ihr König.[17] Hieran sind mehrere Dinge interessant: Zum einen ist es die angenommene Verwandtschaft zwischen Magyaren und Hunnen, die einen durchwachsenen Ruf haben, galten sie doch als besonders wild und grausam (Kapitel 6). Beide Gruppen haben, genauso wie die Skythen, wie im nächsten Kapitel ausführlich erklärt wird, ebenfalls einen direkten Bezug zur Krim: Während erstere während der Völkerwanderung auf die Halbinsel gekommen sein sollen, siedelten letztere dort bereits seit dem siebten vorchristlichen Jahrhundert. Damit nicht genug, heirateten Hunor und Magor die Töchter des Alanen-Fürsten Dula – und die Alanen galten wiederum als ein Zweig der ebenfalls auf der Krim verorteten Sarmaten –, ehe diese gemeinsam mit den Hunnen nach Westen und eben auch in das Gebiet des heutigen Ungarn gezogen sein sollen.[18] Soweit die nicht weiter zu verifizierenden nationalen Mythen.

Wenn man den US-amerikanischen Anthropologen und Mythenforschern Littleton und Malcor folgen will, besteht sogar ein Zusammenhang zwischen der britischen Artus-Sage und dem nördlichen Schwarzmeerraum. Sie gehen von einem Zusammenhang zwischen diesen Sagen und den Sarmaten aus, die um das 2. Jahrhundert als römische Hilfstruppen auf die britischen Inseln gekommen waren. Damit wären König Artur als der ideale und heldenhafte König, seine Tafelrunde und der Heilige Gral nicht originärer Teil der keltischen Mythologie, sondern quasi aus dem Schwarzmeerraum importiert.[19]

---

16 Wiederkehr (2007)
17 Molnár u. Magyar (2001), 6.
18 Im 19. Jahrhundert machten sich auch eingedenk dieses Mythos Reisende in die Region auf, um dort Spuren ‚ungarischen' Lebens zu entdecken, vgl. z. B. Besse (1838).
19 Littleton u. Malcor (1994).

Eine germanische Krim? Vom Gotenmythos zum nationalsozialistischen „Gotengau"

Auch im deutschen Sprachraum entwickelte sich ein besonderes Interesse an der Halbinsel im Schwarzen Meer, die nach der Annexion durch das Zarenreich 1783 einer gesamteuropäischen Öffentlichkeit bekannt wurde und in der Folge auch von deutschsprachigen Personen bereist wurde. In weniger friedlicher Absicht kamen Deutsche dann im Ersten und vor allen Dingen im Zweiten Weltkrieg (Kapitel 31 und 33). Das Interesse deutscher Krim-BesucherInnen entzündete sich seit dem 19. Jahrhundert nicht allein an der Schönheit der dortigen Landschaft oder dem milden Klima, wie die ungewöhnlich hohe Anzahl von Reiseberichten, die von deutschsprachigen Autoren und auch einigen Autorinnen verfasst wurden, eindringlich belegt.[20] Diese sind zumeist ebenso dadurch geprägt, dass sie die Halbinsel in einer eifernden Suche nach Spuren ‚gotischen Lebens', welches in der Neuzeit schon lange verschwunden war, bereisten.

Die realen Goten bzw. die Völkerschaften, die man als solche bezeichnete und die in den folgenden Kapiteln noch betrachtet werden, sollen ab dem 2. Jahrhundert n. Chr. auf der Krim aufgetaucht sein. Über deren Herkunft besteht eine schon sehr lange andauernde Kontroverse: Die bereits im 6. Jahrhundert in Quellen formulierte Auffassung, nach der die Goten ursprünglich aus Skandinavien stammten, wurde und wird von manchen ForscherInnen in Abrede gestellt, u. a. zugunsten der These, die Goten seien eine autochthone Gruppe aus dem Weichselgebiet, die später weiter Richtung Schwarzes Meer gewandert sei.[21] Deutsche Krim-EnthusiastInnen und vor allen Dingen die NationalsozialistInnen bevorzugten in ihrem Rassenwahn allerdings die erste Variante, beriefen sie sich doch lieber auf eine germanische als eine slavische Abstammung. Während im 19. Jahrhundert das Interesse vieler AutorInnen an den Krimgoten noch primär historisch war, formulierten nationalistische Interessengruppen wie der Alldeutsche Verband (ADV) mit Rekurs auf eine ehemals teutonische Krim – der jedoch die historische Grundlage fehlt – bereits dezidiert Ansprüche auf dieses und andere Gebiete im östlichen Europa.[22]

Die Vorstellung von einer ‚deutschen Krim' nahm vornehmlich auf zwei Elemente Bezug: Zum einen berauschte man sich an dem Gedanken, das für einige Jahrhunderte und bis zum Vordringen der Osmanen auf die Krim gegen Ende des 15. Jahrhunderts existierende Fürstentum Theodoro im Bergland sei ein krimgo-

---

20 Vgl. eine Aufstellung bei Jobst (2007b), 435–441, die keinen Anspruch auf Vollständigkeit erhebt.
21 Aus sprachwissenschaftlicher Sicht vgl. Anderson T. (2012), besonders 224 und 229.
22 Dazu einleitend Neutatz (1993), besonders 204–220.

tischer Staat und damit in gewisser Weise deutsch gewesen. Zudem stützte diese Sicht die Annahme, die Vorfahren der Deutschen seien zur Staatsbildung dort unten am Schwarzen Meer fähig gewesen. Tatsächlich hatten sich gotische KrimbewohnerInnen beim Hunneneinfall in die schlecht zugänglichen Berge zurückgezogen und damit in Sicherheit gebracht; in der Folge war die Bevölkerung von Theodoro aber ethnisch bunt gemischt, setzte sie sich doch nicht nur aus Goten, sondern ebenso aus Griechen, Alanen und anderen zusammen, deren Verkehrssprache vermutlich Griechisch war.[23]

Aus dem 16. Jahrhundert stammt allerdings ein häufig als Beleg herangezogenes Zeugnis dafür, dass auf der Krim ein germanischer Dialekt – eben das Krimgotische – lange Zeit verbreitet gewesen war. Der zwischen 1555 und 1562 in Istanbul im Dienst des Kaisers Ferdinand I. (1503–1564) stehende Ogier Ghislain de Busbecq (1522–1592) hat sich nicht nur um die Einführung der Tulpenzwiebel in Europa verdient gemacht, sondern hinterließ den auf lange Zeit einzigen, nur aus 101 Formen bestehenden Kleinkorpus der krimgotischen Sprache.[24] In der osmanischen Kapitale war er auf seinen Wunsch hin mit zwei KrimbewohnerInnen bekannt gemacht worden, so schrieb de Busbecq, mit denen er mittels eines Dolmetschers kommunizierte und Worte wie „plut" (Blut) oder „thurn" (Tür) notierte und als eine germanische Sprache identifizierte. Bei der Überlieferung gab es wie bei seinen nur aus zwei Personen bestehenden ‚Quellen' zwar eine ganze Reihe von Problemen, SprachwissenschaftlerInnen ziehen die Existenz einer germanisch-basierten Sprache auf der Krim aber nicht grundsätzlich in Zweifel, was allerdings nicht als Beweis einer ehemals von Deutschen bewohnten Halbinsel taugt.[25] Dennoch gefiel in späteren Zeiten die Vorstellung von einer ‚deutschen Krim' vom Mittelalter bis in die Neuzeit hinein. Erst unlängst wurde übrigens Busbecqs schmaler Korpus gotischer Wörter von russischen Wissenschaftlern ergänzt, denen es gelang, Steinplattenfunde einer Grabung aus den 1930er Jahren zu entziffern: Die Autoren datieren die Funde auf das 9./10. Jahrhundert, werten diese als Sensation und leiten weitgehende Erkenntnisse zur Geschichte der Krim daraus ab, u. a. über die Verbreitung des Weinbaus, die Stellung einer krimgotischen Schriftsprache gegenüber dem Griechischen und anderes.[26]

Vor diesem linguistischen Hintergrund verwundern die nationalsozialistischen „Gotenland-Pläne" weniger. Hauptakteure waren das „Reichsministerium

---

23 Vgl. hierzu ausführlicher Kapitel 3.
24 Ich folge hier Stearns Jr. (2012). Vgl. dort auch Buspecqs Bericht im lateinischen Original und in deutscher Übersetzung.
25 Vgl. Stearns Jr. (2012), 176–178.
26 Vinogradov u. Korobov (2015).

für die besetzten Ostgebiete" unter der Leitung des führenden NS-Ideologen Alfred Rosenberg (1892–1946) sowie der „Führer" selbst. Rosenberg stellte im Zweiten Weltkrieg im Rahmen der verbrecherischen Politik zur Schaffung von „Lebensraum", d. h. der Besiedlung des besetzten Osteuropas mit Deutschen bei Versklavung und Ausrottung der dortigen Bevölkerung, auch diverse Überlegungen zur Rolle der Krim an.[27] Der Krim wurde von Hitler im Rahmen der sich im sog. Generalplan Ost manifestierenden Politik eine besondere Rolle zugewiesen. Dies zeigt sich schon daran, dass er bereits 1941, also Monate vor der Einnahme der Halbinsel, über die Schaffung des sog. Gotengaus sinnierte, dessen Territorium über die Krim hinausgegangen wäre und u. a. das Gebiet von Cherson inkludiert hätte, das westlich der Halbinsel liegt und nicht mit der auf der Krim liegenden heutigen Ruinenstadt Chersones verwechselt werden darf.[28] Hitlers „Gotenland"-Phantasien, die die Umbenennung Sevastopol's (krimtat. Aqyar) in „Theoderichshafen" und Simferopol's in „Gotenburg" einschlossen, wurden, so der Historiker Norbert Kunz, „zu einem Lieblingsprojekt des ‚Führers'."[29] Ein Kernstück war die – ebenfalls nur unter der Bedingung der fest intendierten Ausrottung und/oder Entrechtung der dortigen Bevölkerung mögliche – Germanisierung durch die Besiedlung mit aus Südtirol stammenden Deutschen. Dazu kam es glücklicherweise nicht, es zeigt sich aber, dass die nationalsozialistische Krim-Politik nicht allein von militärischen und wirtschaftlichen Erwägungen beeinflusst war, sondern dabei auch ein Mythos eine Rolle spielte.

Slavisch-russische Krim-Mythen

Mit der einleitend schon erwähnten und durch nichts zu erschütternden Überzeugung vieler Russinnen und Russen, dass die Krim ein elementarer Bestandteil Russlands sei, ging (und geht) eine enge emotionale kollektive Bindung an die schöne Halbinsel im Schwarzen Meer einher. Auch als Folge dessen ist diese in Russland, aber auch in der Ukraine und in vielen anderen Teilen der ehemaligen Sowjetunion ein Mythenraum erster Güte. Schon deshalb wäre eine sich um Vollständigkeit bemühende Darstellung aller mit diesem Ort verbundenen legendären Erzählungen von Beginn an zum Scheitern verurteilt. Einige besonders herausragende Beispiele aus dem Bereich der Religion und der Literatur – beides Felder, die auf unterschiedliche Weise die in Russland so populäre Sichtweise von

---

27 Hier und im Folgenden Kunz (2005), besonders 41–73.
28 Vgl. hierzu die von Werner Jochmann eingeleiteten und quellenkritisch kommentierten sog. Tischgespräche: Jochmann (1980), besonders 39, 48, 90 f. und 124.
29 Kunz (2005), 234.

der Legitimität einer russischen Herrschaft über die Krim zu untermauern versuchen – werden deshalb exemplarisch herausgegriffen.[30]

In kollektiven russisch-slavischen Vorstellungswelten ist die Auffassung weit verbreitet, bei der Krim handele es sich um einen bedeutenden christlich-orthodoxen Erinnerungsort, was seit der zweiten Hälfte des 19. Jahrhunderts stark popularisiert wurde.[31] Ein Grund dafür war neben dem verlorenen Krimkrieg ein Anwachsen religiös aufgeladener nationaler Sentiments. Russische Eliten führten, wie in anderen Teilen Europas auch, zunehmend Debatten darüber, was das Wesen ihrer Nation sei, und mehrheitlich kam man überein, dass die Orthodoxie dafür eine große Rolle spielte. In diesen Debatten wurde der Krimkrieg zu einem Heiligen Krieg stilisiert, den die gedachte russische Nation gegen den Islam (d. h. das Osmanische Reich) und das anglikanische und römisch-katholische Christentum (England, Frankreich und Sardinien-Piemont) verloren habe. Und dass dieser Kampf zu großen Teilen auf der Krim ausgefochten worden war, verlieh diesem Waffengang zusätzliche Bedeutung, war dieser Ort doch ohnehin bereits mit älteren Legenden und Erzählungen verflochten. Die sehr früh vom Christentum berührte Halbinsel[32] war auch deshalb für das Russländische Imperium symbolisch wertvoll, da sich eine schon seit Jahrhunderten existierende Verbindung zwischen dem Heiligen Land, der Krim und dem, was später ein russischer Staat wurde, konstruieren ließ, welche freilich vor den Augen der meisten HistorikerInnen nur sehr eingeschränkt standhält. Im Zentrum dieser Erzählungen steht die heutige Ruinenstadt Chersones/Korsun', die in sowjetischer Zeit zur größten Ausgrabungsstätte der UdSSR wurde[33] und heute ein Vorort Sevastopol's ist. Die drei hier genauer zu betrachtenden Erzählungen wurden zwar seit den 1850er Jahren besonders populär,[34] waren aber viel älter; während zwei dieser ‚Geschichten' – wie bei den meisten Mythen üblich – ein realer Kern, also ein tatsächlich greifbares historisches Ereignis, zugrunde liegt, gehört die dritte in das Reich der Phantasie. Alle halfen sie jedoch, die Vorstellung einer besonderen, unauflöslichen Verbindung zwischen der Krim und den zentralrussischen Gebieten zu untermauern.

---

[30] Auf andere mit der Halbinsel verbundene Mythen, etwa den auch außerhalb der russischen Welt bekannten militärisch geprägten Krim-Mythos, der mit der beeindruckenden Verteidigungsbereitschaft im Krimkrieg und im Zweiten Weltkrieg verbunden ist, wird in den jeweiligen Kapiteln eingegangen.
[31] Ich folge hier vor allen Dingen Jobst (2019).
[32] Vgl. hierzu Kapitel 7.
[33] Carter (2003); Jobst (2013a).
[34] Kozelsky (2010).

Die älteste und am wenigsten wahrscheinliche Erzählung ist diejenige von der Reise des Apostels Andreas vom Heiligen Land an den Ladoga-See unweit des heutigen St. Petersburg, während der dieser im Jahr 33 n.Chr. auch die Krim besucht haben soll, um unter den Skythen zu predigen. Diese Geschichte wurde vermutlich erstmalig von dem als Vater der Kirchengeschichte geltenden Eusebius von Caesarea (260/64–339/340) aufgeschrieben, bevor sie über Umwege Eingang in die in Altkirchenslavisch verfasste „Nestorchronik" fand (auch *Povest' vremmenych let* [Erzählung der vergangenen Jahre]), die bis heute als die wichtigste Quelle zur Geschichte des altostslavischen Staates der Kiewer Rus' gilt.[35] Der Besuch des Apostels auf der Krim, ehe er in Richtung Norden wanderte, wobei er den Ort des späteren Kiews, der sog. „Mutter der Ostslavischen Städte", durch die Errichtung eines Kreuzes (= Andreaskreuz) markierte, wird in der Chronik mit nur einem Satz abgehandelt: „Als Andreas in Sinope predigte und als er nach Korsun' [d. i. „Chersones"] gekommen war, sah er, dass von Korsun' aus die Mündung des Dneprs nahe ist."[36] Diese knappe Erwähnung genügte gleichwohl, um eine besondere Verbindung zwischen dem Heiligen Land, der Krim und der Rus' bzw. Russland zu konstruieren.

Bedeutender noch – und sogar auf einem ‚realen' Ereignis basierend – ist eine andere Geschichte, nach der die beiden sog. Slavenapostel Konstantin (ca. 826–869) und Methodius (ca. 815–885) um 860 die Krim besucht haben sollen. Weite Teile der Halbinsel standen zu dieser Zeit unter der Herrschaft der Chasaren, und die beiden Prediger wollten diese zum Christentum bekehren.[37] Diese Mission war letztlich ein Misserfolg, denn die chasarischen Eliten nahmen später den jüdischen Glauben an. Dennoch spielt der Krim-Aufenthalt der beiden Missionare, welche immerhin den OstslavInnen ihr Alphabet gebracht haben sollen und schon deshalb heute noch in der slavischen Orthodoxie sehr verehrt werden, eine gewichtige Rolle bei der Konstruktion einer Verbindung zwischen der Halbinsel und Russland. Besonders die Heiligenvita Konstantins ist voller Geschichten, welche die Rolle der Krim als heiligen Ort des Christentums markieren und Eingang in den kollektiven Legendenschatz vieler Gläubiger gefunden haben. Erwähnt werden kann hier z.B. die wundersame Errettung der Reliquien des exilierten und später heiliggesprochenen Klemens von Rom, der im Jahr 94 auf der Krim sein Martyrium gefunden und dessen Reliquien die beiden Apostel später nach Rom geschafft haben sollen.[38] Bedeutender noch, auch wenn damit die geschichtswissenschaftlich auf wackligen Beinen stehende Vorstellung verknüpft

---

[35] Vgl. dazu Stender-Petersen (1986), 37–38; Vinogradov (1999).
[36] Müller L. (2001), 8.
[37] Dazu grundlegend Bujnoch (1972), 54–102.
[38] Žitie (1999).

ist, dass die Krim schon im 9. Jahrhundert von einem nicht unbedeutenden Anteil slavischer oder zumindest ein slavisches Idiom sprechender Bevölkerung bewohnt war, erscheint die folgende Geschichte:

> Und er [Konstantin] fand hier [auf der Krim] eine Bibel und ein Psalter, die in altostslavischen Buchstaben [russ. *ruskimi pis'menami*; altkirchenslav. *rus'sky pismeny*][39] geschrieben waren, und er fand einen Mann, der diese Sprache sprach. Und er sprach mit diesem und verstand die Bedeutung dieser Sprache und brachte die Unterschiede zwischen den Vokalen und Konsonanten seiner eigenen Sprache damit in Verbindung. Und zu Gott betend, begann er sie bald zu lesen und zu sprechen. Viele waren erstaunt und priesen den Herrn.[40]

Russische Autoren des 19. Jahrhunderts zeigten sich begeistert, dass Konstantin eine slavische Sprache entdeckt habe, die „hier in Korsun' erfunden worden war, als Verkehrssprache der verschiedenen Völker, war doch Korsun' eine Stadt, in der die vielfältigsten Stämme mit ihren verschiedenen Sprachen zusammentrafen."[41] Die besondere und vermeintlich weit in die Zeit vor der Annexion von 1783 reichende Verbindung zwischen der Halbinsel und Russland wurde in mannigfachen Varianten immer wieder erzählt. Wissenschaftliche Kapazitäten wie der Historiker Vasilij Ključevskij (1841–1911), der die „Anwesenheit von Slawen [...] inmitten dieser alten Völkerschaften" im späteren südrussischen Raum als marginal einschätzte[42], konnten sich vergleichsweise wenig Gehör verschaffen. Doch was hatte es nun mit den in der Konstantin-Vita genannten „*rus'sky pismeny*" auf sich? Die einschlägige Mediävistik kommt mehrheitlich überein, „daß es sich hierbei um eine Verschreibung gehandelt hat, und daß es ursprünglich ‚surskie' (syrische) [geheißen habe] und [es sich] damit [um] den Griechen unbekannte Buchstaben gehandelt haben müsse."[43]

Der wirkungsmächtigste der religiösen Mythen ist aber derjenige der angeblich 988 in Korsun' vollzogenen Taufe des bis dahin – folgt man denn den einschlägigen Quellen – ein gänzlich unchristliches Leben führenden Großfürsten der Rus', Vladimir/Volodymyr (ca. 958–1015). Diese ging der sog. Massentaufe von Kiew und damit dem Beginn der Christianisierung der altostslavischen Kiewer Rus' voraus, wobei Christianisierungsprozesse im östlichen Europa im 10. Jahr-

---

39 „Rus'sky pismeny" sollte korrekterweise mit „altostslavisch" übersetzt werden, nicht mit „russisch" oder „altrussisch", wie es auch in deutschsprachigen Veröffentlichungen immer wieder geschieht. Vgl. zum schwierigen Feld der Übersetzung dieser und verwandter Termini immer noch Müller L. u. a. (1992).
40 Žitie (1999), Čtenie 3.
41 Jastrebov (1883), 36–37.
42 Kliutschewskij (1925 ff.), Bd. 1., 99.
43 Jobst (2007b), 303, Anm. 74.

hundert verbreitet waren, wie beispielsweise parallele Entwicklungen in Polen, Böhmen oder Ungarn zeigen. Auch wenn die genaueren Begleitumstände der Taufe Vladimirs geschichtswissenschaftlich nicht abschließend zu klären sind,[44] ist die Belagerung Chersones' durch Vladimir und seine Truppen um das Jahr 988 unstrittig und wird u. a. auch in arabischen Chroniken erwähnt.[45] Ob Vladimir den Weg auf die Krim angetreten hatte, um den byzantinischen Kaisern Konstantin VIII. (960–1028) und Basileus II. (958–1025) bei der Niederschlagung eines Aufstandes in der Stadt zu helfen, oder ob dies andere Gründe hatte, ist nicht abschließend festzustellen.[46] In der bereits erwähnten „Nestorchronik" ist Folgendes zu lesen: Als Dank für die gewährte Waffenhilfe versprachen die kaiserlichen Brüder dem Heiden Vladimir die Hand ihrer kaiserlichen Schwester, der purpurgeborenen Anna. Die Voraussetzung dafür war allerdings seine Taufe, welche er zwar im Vorfeld versprochen hatte, dann aber unmittelbar vor der Eheschließung in Chersones wieder verweigerte. Die Strafe Gottes folgte auf dem Fuß, denn Vladimir erblindete. Anna überzeugte ihn, dass er nach der Taufe seine Sehkraft wiedererlangen würde – und tatsächlich: Nachdem der örtliche Bischof den Taufakt vollzogen hatte, erhielt Vladimir sein Augenlicht zurück. In der Chronik heißt es weiter: „Da aber Volodímer dies sah, die schnelle Heilung, rühmte er Gott und sprach: Jetzt habe ich den wahren Gott erkannt. Da dies seine Gefolgschaft sah, ließen viele sich taufen."[47] Nach seiner Rückkehr in die Rus' führte er dort das Christentum ein. Dass dieser zweifellos wichtige Schritt seinen Ursprung auf der Halbinsel nahm, wurde vor allen Dingen im 19. Jahrhundert in den einschlägigen russischen Debatten immer wieder betont und als Legitimierung für den Besitz der Krim herangezogen. Ein aktuelles Beispiel ist die einige Monate nach der Einverleibung der Krim 2014 gehaltene Rede des russischen Präsidenten Vladimir Putin vor der Föderalen Versammlung. Darin betonte er mit Bezug auf die angeblich dort stattgefundene Taufe Vladimirs die sakrale und zivilisatorische Bedeutung der Krim für Russland, die mit der Bedeutung des Tempelbergs in Jerusalem für Jüdinnen und Juden sowie MuslimInnen zu vergleichen sei, denn in Chersones/Korsun' sei Vladimir getauft worden.[48]

---

44 Vgl. dazu im Überblick Stökl (1983), 59; Haumann (1996), 45–46.
45 Vgl. Kawerau (1967).
46 Vgl. Jobst (2007b), 296–298.
47 Müller L. (2001), 136.
48 Putin (2014).

Die Krim – ein Zentrum russischer Kultur?

Der Krim kommt in zahlreichen der genannten Mythen die Funktion einer Kontaktzone zwischen scheinbar widerstreitenden Sphären zu: zwischen dem Heiligen und dem Heidentum, dem Zivilisierten (= dem Christentum) und dem Unzivilisierten (vgl. Kapitel 3) oder auch zwischen Christentum und Islam. Dieses Bild der Kontaktzone spiegelt sich ebenso in zahlreichen literarischen Werken, die im Zusammenhang mit der Krim entstanden sind. Besonders in der russischen[49], aber auch in der ukrainischen oder krimtatarischen Literatur kommt dem *locus* eine große Bedeutung zu.[50] Der für viele Russinnen und Russen unverhandelbare russische Charakter der Krim wurde und wird nicht selten auch damit ‚erklärt', dass dieser in der russischen Kultur eine Relevanz zukommt, welche allein mit derjenigen St. Petersburgs oder Moskaus zu vergleichen ist.[51] Und tatsächlich ist die Liste der Autorinnen und Autoren, die auf der Krim künstlerische Inspiration suchten und fanden, beachtlich: Lev Tolstoj (1828–1910) verfasste dort seine berühmten „Sevastopoler Erzählungen", die den Schrecken des Krimkrieges auch einer heutigen Leserschaft noch anschaulich vermitteln; Anton Čechov (1860–1904) setzte mit seiner Novelle „Die Dame mit dem Hündchen" Jalta ein literarisches Denkmal. Das in Köktöbel (krimtat.; russ./ukr. Koktebel') gelegene Haus des der Strömung des sog. Silbernen Zeitalters zugerechneten Malers und Dichters Maximilian A. Vološin (1877–1932) zog vor allen Dingen im Sommer zahlreiche weitere Größen der russischen Literatur an, unter ihnen Marina Cvetaeva (1892–1941), Osip Mandel'štam (1891–1938) oder Andrej Belyj (1880–1934). Der in Russland bis in unsere Zeit aber am meisten verehrte Autor ist Alexander Puškin (1799–1837)[52] – und insbesondere er half dabei, dass die Krim auf ewig als Ort russischer Kultur gilt. Erstaunlicherweise stehen in der von ihm verfassten wohl wichtigsten ‚russischen' Krim-Erzählung ein Muslim – ein Krim-Chan – und eine Polin im Mittelpunkt. Noch mehr mag verwundern, dass der reale Kern auf eine Liebesbeziehung zwischen dem Chan Kırım Giray (häufig auch „Krim-Giray"; 1717[?]–1769) und seiner Geliebten Dilâra Bikeç (russ./ukr. Diljara Bikeč) zurück-

---

49 Vgl. die Anthologie Rudjakov u. Kazarin (1989).
50 Im ukrainischen Kontext verbindet man insbesondere den Namen Lesja Ukraïnkas (1871–1913) mit der Krim, da sich diese bedeutende Schriftstellerin wegen ihrer Lungenkrankheit wiederholt auf der Halbinsel aufgehalten und ihre Krim-Impressionen poetisch verarbeitet hat. In Jalta gibt es ein ihr gewidmetes Museum. Im Falle der krimtatarischen Literatur sei an dieser Stelle an einen ‚Negativ-Mythos' erinnert, nämlich die von Czerwonnaja u. Malek (2017) dargestellten „Literarische[n] Verarbeitungen der Deportation der krimtatarischen Bevölkerung".
51 Vgl. z. B. Ljusyj (2003).
52 Zum Puškin-Kult in Russland und der Sowjetunion vgl. Sinyavski (1995).

Abb. 1: Portrait Alexander Puškin, Gemälde von Orest Kiprenskij, 1827

zuführen ist.[53] Die Fluidität und Flexibilität von Mythenbeständen über sprachliche und kulturelle Grenzen hinweg zeigt sich hieran anschaulich, kann dieser Mythos doch sowohl als russischer, krimtatarischer als auch (wie noch anzusprechen ist) polnischer und ukrainischer Mythos gelten.

1820 war Puškin aufgrund einiger Gedichte, in denen hohe Persönlichkeiten des öffentlichen Lebens verspottet wurden, mit einem Hauptstadtverbot belegt worden. Statt der weitaus unangenehmeren und üblicheren Variante einer Verbannung nach Sibirien durfte er sich jedoch in Richtung Süden begeben, wo er

---

53 Vgl. dazu Jobst (2007b), 256 f.

über den Kaukasus schließlich auch auf die Krim gelangte. Wie zahlreiche Reisende vor und nach ihm inspirierte ihn die ungewohnte, exotische Krim. Der zu dieser Zeit stark von der Romantik beeinflusste Puškin hatte vermutlich schon in St. Petersburg von der tatarischen Legende über die aussichtslose Liebe eines Krim-Chans zu einer christlichen Gefangenen gehört,[54] aus welcher der Poet eine südlich-orientalische Dreiecksgeschichte entwickelte, die den Namen „Bachčisarajskij fontan" („Die Fontäne von Bağçasaray [krimtat.; russ./ukr. Bachčisaraj]" bzw. auf Deutsch zumeist „Der Tränenbrunnen") trägt: Ein namenloser Chan entbrennt in zügelloser Liebe zu einer polnischen Gefangenen mit dem Namen Marija Potocka. Als Christin ist ihr die Liebe zu einem Muslim allerdings unmöglich. Im Harem, in diesem „Sumpf der Sünden", sucht sie Trost bei dem Bild der Mutter Gottes („So fühlt ein Herz in allen Wirren. Geborgen sich in Gottes Hand").[55] Doch ist diese Ruhe eine trügerische, hat die keusche Marija doch eine erbitterte Feindin, die ehemalige Lieblingsgespielin des Chans, eine Georgierin mit dem Namen Zarema. Diese ist fast zur Orientalin (und damit – den gängigen europäischen Auffassungen der Zeit entsprechend – ‚wild') geworden und erinnert sich nur dunkel ihrer christlichen Herkunft: „Weit fern von hier stand meine Wiege. Doch blieben mir in Herz und Sinn. Tief eingeprägt die Wesenszüge."[56] Zarema vermisst das ungestörte Liebesglück mit dem Chan und droht der Konkurrentin unverhohlen mit dem Tod:

> Doch wisse wohl und glaube mir:
> Hältst du nicht, was du mir geschworen,
> Dann gibt mein Dolch die Antwort dir!
> Ich bin im Kaukasus geboren![57]

Tatsächlich kommt das keusche Christenmädchen zu Tode, unklar ist ob durch Selbstmord, die Hand Zaremas oder durch ein gebrochenes Herz ob des als hart empfundenen Schicksals, allein unter Muslimen zu sein.

> Was führte ihren Tod herbei?
> War es die Schmach der Sklaverei,
> Hat Krankheit sie der Welt entrissen?
> Saremas Dolch? Wer mag es wissen?[58]

---

54 Hokanson (1998), 127.
55 Ich zitiere hier die deutsche Übersetzung Puschkin (1985), hier 160.
56 Puschkin (1985), 163.
57 Puschkin (1985), 165.
58 Puschkin (1985), 166.

Der wegen Marijas Tod unglückliche Chan lässt Zarema trotz unklarer Beweislage töten und zieht in Richtung Norden (also gegen Russland bzw. Polen-Litauen), um dort abermals zu rauben und zu brandschatzen. Dennoch erscheint er, folgt man denn Puškins Poem, durch die Liebe zu einer Christin weniger wild und errichtet in Erinnerung an Marija einen Brunnen. Dessen reales Vorbild befindet sich immer noch im ehemaligen Chan-Palast in der ehemaligen Hauptstadt des Chanats in Bağçasaray: Aus einer marmornen Lotusblüte fallen Wassertropfen von Becken zu Becken, bis sie sich im letzten nur kurz vereinen, ehe sie wieder auseinanderfließen, um in einer stilisierten Schnecke zu verschwinden. Nicht wenigen BetrachterInnen und sogar Puškin selbst mutete der „ehemalige Springbrunnen", aus dem bei seinem Besuch aus „einem verrosteten Eisenrohr" Wasser tropfte,[59] enttäuschend an. Gleichwohl ist es nicht zuletzt dem Poem des russischen Nationaldichters zu verdanken, dass der Chan-Palast überhaupt noch steht: Als nach der Rückeroberung der Krim durch die sowjetische Armee 1944 Stalin die Deportation der krimtatarischen Bevölkerung wegen angeblicher Kollaboration mit den deutschen Besatzern befohlen hatte (vgl. Kapitel 34), wurde trotz der Anordnung zur Zerstörung krimtatarischen Kulturgutes der Palast verschont, da Puškin diesem Ort ein literarisches Denkmal gesetzt und ihn damit „gewissermaßen heiliggesprochen" hatte.[60]

Keine abschließenden Aussagen können über die Historizität einer Marija Potocka im Chan-Harem von Bağçasaray gemacht werden. Der berühmte österreichische Orientalist Joseph Freiherr von Hammer-Purgstall (1774–1856) äußerte sich dazu verhalten: „[D]ie von den Tataren geraubte Tochter eines polnischen [sic!] Großen (vermuthlich Maria Potocka)" soll tatsächlich existiert und einen Abkömmling der Giray-Dynastie, aus der stets der Krim-Chan stammte, geehelicht haben.[61] Welche Dame dem in Liebesdingen leicht entflammbaren Puškin als Vorbild für seine Marija galt, damit haben sich Generationen von LiteraturwissenschaftlerInnen befasst. Mehrheitlich wird gegenwärtig davon ausgegangen, dass der Dichter 1818 oder 1819, also noch vor seiner Verbannung in den Süden, in Petersburg Sofia Potocka kennengelernt hatte, die ihm von dem unglücklichen Schicksal ihrer Namensvetterin erzählt haben soll. Deren spätere Heirat mit einem hohen Militär soll den schwer betrübten Puškin zu dem Poem inspiriert haben.[62] Zeit seines kurzen, durch ein Duell beendeten Lebens kehrte er immer wieder zu dem Krim-Sujet zurück, welches auf ihn und zahllose weitere AutorInnen einen

---

59 Puškin an Anton Delvig, o.D. (1824), zitiert nach Keil (2001), 111.
60 Köck u. a. (1995), 121.
61 Hammer-Purgstall (1970), 101–103.
62 Vgl. Keil (2001), 183.

2 Die Krim als Mythen- und Legendenraum

Abb. 2: Tränenbrunnen im Chan-Palast von Bağçasaray

tiefen Eindruck gemacht hatte und die Auffassung nährte, die Halbinsel sei ein Ort, in dem die nur unklar fixierte ‚russische Kultur' fest verwurzelt sei.

Allerdings schöpften auch nichtrussische SchriftstellerInnen auf der so schönen Krim Inspiration, so dass man, wenn man denn wollte, damit auch andere nationale Ansprüche auf die Krim rechtfertigen könnte. Verwiesen sei hier noch einmal auf Polen, welches nicht nur durch den bereits geschilderten Sarmatismus eine besondere Verbindung zur Halbinsel pflegte. Dessen Nationaldichter und Zeitgenosse Puškins, Adam Mickiewicz (1798–1855), hinterließ nämlich seine berühmten *„Sonety krymskie"* („Krim-Sonette"). Auch er, der 1824 ebenfalls vom Zaren Alexander I. (1777–1825) in den Süden verbannt worden war, besang den „Tränenbrunnen." Allerdings setzte er einen ganz anderen Akzent, indem er nicht die angebliche Unvereinbarkeit zwischen Christentum und Islam thematisierte. Ihm lag vielmehr das durch seine angebliche Landsmännin Marija personifizierte Schicksal seiner unter preußischer, österreichischer und eben auch russischer Herrschaft stehenden polnischen Heimat am Herzen:

‚Am Grab der Potocka'

> Im Land des Frühlings, hier, in goldner Gärten Fülle,
> Bist Du verwelkt, du junge Rose, weil die Wonnen
> Der Kindheit flugs wie Falter, die entschlüpft, zerronnen,
> Erinnrungsqual verzehrt des Herzens zarte Hülle. Im Norden ein Meer von Sternen! Warum stehn so viele
> Grad über Polen? Hat in jenen nächt'gen Sonnen
> Dort deiner Sehnsuchtsblicke Glut Gestalt gewonnen,
> Eh sie verloschen, heiß nun folgend diesem Ziele?
> Gleich dir, du Tochter Polens, werde ich selbst hier enden...
> Wird man auch meinem Grab der Heimat Grüße bringen,
> Auch mir dann eine Handvoll Erde trauernd spenden?
> Erwachen werde ich, wenn Heimatlieder klingen,
> Die spätre Dichter dir in deine Ruhstatt senden,
> Vielleicht, daß sie auch mir zum Ruhme Lieder singen...[63]

Diese Hoffnung erfüllte sich, ist Mickiewicz doch für die Polen das, was Puškin für RussInnen oder Goethe für Deutsche ist. Auch die „Krim-Sonette", diese Papier gewordene Sehnsucht nach einer verlorenen Liebe und der verlorenen Heimat – „l'amour perdu dans la patrie perdue fait du séjour en Crimée un exil doublement douloureux", wie es der Literaturwissenschaftler Michel Cadot zusammenfasste[64] – wurden wie Puškins „Tränenbrunnen" kommerziell sehr erfolgreich, allerdings weniger beim russischen Publikum, dem der antirussische Unterton nicht entgehen konnte. In Polen sind sie heute noch populär; ein politischer ‚Anspruch' auf die Krim erwuchs daraus freilich nicht.[65]

Aufgrund der politischen Zeitläufte wurde die Krim im Verlauf des 20. Jahrhunderts ukrainisch. Die ukrainischen Eliten waren (und sind) seit dem 19. Jahrhundert mit ihrem eigenen Nationsbildungsprojekt befasst, so dass die Frage nach einer ukrainischen Krim lange keine Rolle gespielt hatte. Gleichwohl fand

---

63 Zitiert nach der Nachdichtung Karl Dedecius', Mickiewicz (1994), 146.
64 Cadot (1987), 149f.
65 Allerdings gab es in der Zwischenkriegszeit mit der von Marschall Józef Piłsudski (1867–1935) unterbreiteten Konzeption des „Międzymorze" (Zwischenmeer) Pläne eines konföderierten und vorwiegend slawischen Staatsgebildes, das vom Schwarzen Meer bis zur Ostsee reichen sollte. Vgl. Troebst (2002).

das Potocka-Thema als eine mit der Halbinsel verbundene mythische Erzählung auch in der ukrainischen Literatur Nachhall. Zu nennen ist der von der ukrainischen Nationalbewegung als Ukrainer beanspruchte Historiker Mykola (russ. Nikolaj) Kostomarov (1817–1885), der in seinem Gedicht „An Marija Potocka" aus der unglücklichen polnischen Gefangenen kurzerhand eine Ukrainerin machte:

> Dem Gottesglauben ein Hohn –
> Steht das Kreuz unter dem Mond!
> Du unselige Ukrainerin,
> Es erzählt über Dich![66]

Selbstverständlich ist die Krim ebenso im Mythen- und Legendenschatz der KrimtatarInnen von zentraler Bedeutung, die aber hier nicht ausgeführt werden kann. Als Beispiel für die Bedeutung kollektiver Traumata, quasi als negativer Mythos, muss die Deportation der krimtatarischen Bevölkerung auf Geheiß Stalins im Mai 1944 gelten, die später genauer ausgeführt werden wird (Kapitel 34).

---

66 Kostomarov (1967), 56. Ich danke Alois Woldan (Wien) für den Hinweis auf dieses zwölf Strophen lange Gedicht und Stefaniya Ptashnyk (Heidelberg) für die Korrektur meiner ungelenken Übersetzung aus dem Ukrainischen.

3 Von Griechen, Skythen und anderen

> Das Land, welches Pontus Euxinus genannt wird, [...] hat, das Skythenland ausgenommen, die unwissendsten Völker. Wir haben kein Volk innerhalb des Pontus, das wegen der Wissenschaft einigen Ruhm hätte [...]. Doch hat das skythische Volk eines der sonderbarsten Dinge, davon wir wissen, erfunden. Andere Dinge bewundere ich nicht. Das ist aber das sonderbarste [...], daß niemand, der sie überfällt, entfliehen, und daß sie auch niemand, wenn sie sich nicht finden lassen wollen, antreffen kann; denn die, die keine Städte und Mauern gebaut haben, die ihre Häuser mit sich herumführen, die Bogenschützen zu Pferd sind, die nicht von Ackerbau, sondern von der Viehzucht leben, die ihre Wohnungen auf Wagen haben, wie sollten diese nicht frei von allem Krieg und Überfall sein?[1]

Die bereits einleitend erwähnte Vorstellung, der nördliche Schwarzmeerraum und damit auch die Krim stellten eine Übergangszone zwischen Zivilisation und Barbarei dar, spiegelt sich in diesem Zitat Herodots aus dem fünften vorchristlichen Jahrhundert prägnant wider: Anders als die in diesem Absatz nicht extra erwähnten Griechen, zu denen sich der später als „Vater der Geschichtswissenschaft" bezeichnete Herodot selbst zählte, hätten es die BewohnerInnen des Schwarzmeerraumes bzw. des Pontus Euxinus (griech. „das willkommen heißende Meer") nicht so mit der Gelehrsamkeit. Allein das nomadisch lebende skythische Volk habe es auf dem Gebiet der Kriegs- bzw. Kriegsvermeidungskunst zu einer offenbar erfolgreichen Taktik gebracht; dies hielt Herodot für umso lobenswerter, als sie damit die Gegner der Hellenen, die Perser, hatten schlagen können. Dass alle potentiellen Gegner ihrer nicht habhaft werden konnten, sie diese ihrerseits aber treffsicher aufspürten, nötigte dem Gelehrten eine gewisse Hochachtung ab. An anderer Stelle beschreibt er nüchtern, aber mit spürbarer Ablehnung über ihre für ihn barbarischen Sitten, dass jeder Krieger das Blut seines ersten getöteten Feindes trinke. Grundsätzlich brächten skythische Kämpfer die Köpfe getöteter Gegner dem König, da sich an deren Anzahl ihr Anteil an der Beute bemesse. Aus manchen abgeschlagenen Häuptern fertigten sie überdies mit Rinderleder überzogene Becher an, die zum Teil inwendig vergoldet würden.[2]

Die Auffassung, dass die am vermuteten Weltende siedelnden Fremden nicht nur anders, sondern auch grausam seien, ist in Herodots Beschreibung angedeutet. Allgemein gilt das sog. Fremde kultur- und epochenübergreifend nicht nur

---

1 Herodot, Historien, 4. Buch, 46, zitiert nach Herodot (o. J.), 295. Dieser ist keinesfalls der einzige Autor, in dessen Werk sich Hinweise zu den Skythen finden, zu erwähnen ist u. a. Hellanikos von Mytilene (490/480 v.Chr. – ca. 400 v.Chr.). Hinweise finden sich auch in den Tragödien von Sophokles oder Euripides.
2 Herodot, Historien, 4. Buch, 59–62, Schöll (1829), 469–473.

ට OpenAccess. © 2020 Kerstin S. Jobst, publiziert von De Gruyter. [CC BY] Dieses Werk ist lizenziert unter der Creative Commons Attribution 4.0 International. https://doi.org/10.1515/9783110520620-005

als brutal, sondern auch als wenig vernünftig, ja als irrational.³ So auch die Skythen, berichtete Herodot doch, diese seien abergläubisch, denn sie ließen sich „mit vielen Weidenruthen so wahrsagen."⁴

Die neuere Herodot-Forschung will in dem griechischen Autor nicht mehr den geradezu prototypischen Vertreter der Auffassung sehen, dass das Eigene immer höherwertiger sei als das Fremde.⁵ Dennoch bleibt das Unbehagen spürbar, das der Autor empfunden haben muss, als er das ihm vertraute Leben der sesshaften Hellenen in der griechischen Polis mit dem der Skythen verglich, „die ihre Wohnungen auf Wagen haben."⁶ Andere Autoren, so z. B. der im 4. Jahrhundert v. Chr. lebende Ephoros von Kyme, werteten die Fremdheit und Exotik der Skythen demgegenüber eher positiv.⁷ Doch wen meinten die Griechen eigentlich, wenn sie über die „Skythen" schrieben? Festzuhalten ist, dass die von Herodot und anderen Autoren dieser Zeit gebrauchte Bezeichnung „Skythen" für die BewohnerInnen des nördlichen Schwarzmeerraums einschließlich der Krim nicht deren Eigenname war, sondern einfach eine allgemeine griechische Bezeichnung für alle Barbaren – d. h. Nicht-Griechen – in dieser zwischen Steppe und Küste gelegenen Region.

Der durch antike Autoren wie Herodot überlieferte Skythen-Begriff ist „nur chronologisch und kulturell zu definieren [...], nicht aber ethnisch", wie der Prähistoriker Hermann Parzinger unterstreicht.⁸ Dies gilt grundsätzlich für mobile Personenverbände der Vormoderne, die eben nicht als ‚Volk' oder gar ‚Nationalität' zu bezeichnen sind.⁹ Das betrifft auch die vorskythischen Ankömmlinge auf der Krim, von denen wir nicht nur von Herodot Kenntnis haben, sondern auch von

---

3 Die Kategorien ‚das Eigene' und ‚das Fremde', auch in ihrer wechselseitigen Bedingtheit, werden seit langer Zeit in den Kulturwissenschaften diskutiert. Vgl. einführend Craanen u. Gunsenheimer (2006).
4 Herodot, Historien, 4. Buch, 67, zitiert nach Schöll (1829), 473.
5 So z. B. die Autoren Asheri, Lloyd und Corcella, welche sich gegen diese u. a. von Hartog F. (1980) vertretene Auffassung wenden, vgl. Asheri, u. a. (2007), 560, Anm. 33. Vgl. zur Essentialisierung im griechischen Altertum auch Hall E. (1989). Zu Herodots ethnographischen Beschreibungen vgl. Bichler (2000).
6 Hier nicht weiter auszuführen ist, dass Herodot in seinen Historien insgesamt drei Arten von Skythen unterscheidet: neben den nomadischen die sog. Königsskythen und die sog. Pflügerskythen.
7 Ivantchik (2005), 33.
8 Parzinger (2004), 123. Ein aktueller Forschungsüberblick ist folgender Publikation zu entnehmen: Chochorowski (2004).
9 An der von Wenskus (1977) vorgebrachten Anregung, stattdessen von gentilen Einheiten zu sprechen, haben sich viele WissenschaftlerInnen in der Folge orientiert.

anderen griechischen Autoren. Berichtet wurde etwa von den Kimmeriern[10], die ungefähr seit dem 8. Jahrhundert v. Chr. quellenmäßig fassbar geworden sind und deren eigentliche Herkunft Parzinger – wie die der Skythen auch – östlich des Urals verortet hat.[11] Beide eurasischen Reiterkriegergemeinschaften sind nach allgemeiner Forschungsmeinung miteinander verwandt, nicht aber identisch.[12]

Die Skythen haben nicht zuletzt dank ihrer – bereits von Herodot hinlänglich beschriebenen – Begräbnisriten eine reichhaltige materielle Kultur hinterlassen.[13] In archäologischen Funden aus skythischen Gräbern, Kurgane genannt, die vom eurasischen Raum bis weit nach Europa zu finden sind, fand sich beispielsweise feinst gearbeiteter goldener Körper- und Gewandschmuck[14], der den Skythen zugeordnet wird. Dies konterkariert die Auffassung, es habe sich bei ihnen um kulturlose Barbaren gehandelt. Schwieriger sind Aussagen über die bereits im Kontext mit der „mythischen Krim" (Kapitel 2) erwähnten Taurer zu treffen, die ebenfalls als vorskythisch gelten und in der südlichen Krim sowie in der Bergregion gelebt haben sollen. Trotz ihnen zugeordneter bronzezeitlicher Keramiküberreste[15] werden sie primär durch antike Autoren fassbar, nicht aber durch andere Quellen. Herodot beispielsweise sah in ihnen das einzige auf der Krim lebende Volk, welches autochthon gewesen sei.[16] Sie seien, wie für BewohnerInnen der Peripherie üblich, gefährlich, denn „[s]ie leben aber von Plünderung und Krieg."[17]

Auf diese als vergleichsweise rückständig und gewaltbereit bezeichneten Barbaren – seien es nun Kimmerier, Taurer oder Skythen und später auch die bereits genannten Sarmaten – trafen im Schwarzmeerraum nun Hellenen. Diese

---

10 Zu den Kimmeriern vgl. die Arbeit von Sauter (2000), die schriftliche Berichte und archäologische Funde auswertet.
11 Parzinger (2004), 24.
12 Parzinger (2004), 18. Auch Ivantchik (2001) unterscheidet „Kimmerier" territorial und literarisch voneinander.
13 Vgl. dazu Gossel-Raeck u. Busch (1993); Rolle (1991).
14 Parzinger (2004), 111f., spricht allerdings von einer wegen des Wirkens kenntnisreicher Grabräuber „gestörten Befundsituation."
15 Chrapunow (1999), 21f. Dabei handelt es sich vor allen Dingen um Überreste, die nach dem südöstlich von Simferopol' gelegenen Fundort Kisil-Koba-Kultur benannt werden und aus dem 7.–5. Jahrhundert v. Chr. stammen. Auch an der Südküste der Krim und in Bağçasaray wurde Keramik entdeckt, die auf eine taurische Besiedlung hinweist.
16 Dazu genauer Chrapunow (1999), 22. Diese Auffassung wird von einigen AutorInnen eingeschränkt, vgl. z. B. Magocsi (2014), der sich zu den Taurern folgendermaßen äußert: „The Taurans were a tribal group of unknown origin, who, at least from the first millennium BCE, lived in the mountainous zone of the Crimea where they engaged in animal husbandry, some agriculture, and fishing along the coasts" (11).
17 Herodot, Historien, 4. Buch, 103, zitiert nach Schöll (1829), 497.

Abb. 3: Skythische Bogenschützen, Pantikapaion, 475–450 v. Chr.

traten mit diesen nicht nur in ökonomische, sondern in umfassende lebensweltliche Beziehungen, was dazu führte, dass die Barbaren und die Griechen sich über die Zeit partiell wechselseitig anverwandelten. Die Vorrausetzung dafür war das Einströmen einer größeren Zahl griechischer Kolonisten in das Gebiet. Für den Schwarzmeerraum und damit auch für die Krim war sowohl die sog. „Ionische" (11./10. Jahrhundert v. Chr.) als auch die „Große Kolonisation" (8. bis 6. Jahrhundert v. Chr.) von Bedeutung. In deren Folge entstanden auf der Halbinsel zahlreiche griechische Pflanzstädte (griech. Apoikien) – u. a. Chersones, das ursprünglich eine ionische Gründung und später eine dorische Neugründung war, bevor die heutige Ruinenstadt Teil eines Vororts von Sevastopol' geworden ist. Theodosia, das heutige Feodosija (russ./ukr.; krimtat. Kefe; auch Caffa oder Kaffa genannt), war eine Milet-Gründung, und Pantikapaion, vermutlich ebenfalls eine Milet-Gründung, ist in unserer Zeit das ganz im Osten der Halbinsel gelegene Kerč' (krimtat. Keriç; ukr. Kerč).

Die griechischen Migranten im Schwarzmeerraum, die sog. Pontus-Griechen, waren ein wichtiges Element in der von damaligen Autoren geformten Erzählung

Abb. 4: Ruinen von Chersones

über die antike griechische kollektive Identität.[18] Die Migration in die Gebiete außerhalb des hellenischen Kernlandes formten diese zu einem komplexen Siedlungsmythos, der den Glauben an die eigene Überlegenheit gegenüber der autochthonen Bevölkerung zu verfestigen half. Unabhängig davon, ob die jeweiligen Geschichten die Gründung einer griechischen Kolonie auf der iberischen Halbinsel, im Mittelmeer oder eben auf der Krim erzählten, weisen sie eine recht ähnliche Grundstruktur auf: Eine Mutterstadt entsendet eine beträchtliche Zahl von KolonistInnen in die Fremde, wo diese eine griechische Siedlung gründen, welche von der indigenen Bevölkerung hart bekämpft wird. Selbstverständlich obsiegen die überlegenen Hellenen am Ende über die Barbaren.[19] Der realen Auswanderung aus dem Mutterland vorausgegangen waren – und dies ist der historische Hintergrund der griechischen Kolonistenbewegung – zumeist soziale und/oder politische Spannungen in der Metropole. In den legendisierten Erzählungen heißt es hingegen zumeist, Ausreisewillige hätten sich an das Orakel von Delphi gewandt, welches den Ratsuchenden die Auswanderung mit der Zustim-

---

18 Vgl. dazu Hall J. (2002), u. a. 45 f.
19 So das Ergebnis von Yntema (2010), 99.

mung der Götter prophezeit habe.[20] Diesem sehr linearen Erzählmuster stehen vielfach die archäologischen Befunde gegenüber, welche die Lesart einer ungebrochenen Erfolgsstory korrigieren. Über die sog. Große Kolonisation nach dem sechsten vorchristlichen Jahrhundert schreibt der Althistoriker Hermann Bengtson beispielsweise, bei dieser habe es sich um „eine unübersehbare Summe von vielfach unkontrollierbaren Einzelvorgängen, von Plänen, Versuchen, Erfolgen und Misserfolgen in bunter Reihe" gehandelt.[21] So erging es den Griechinnen und Griechen auch entlang der Küsten des Schwarzen Meeres einschließlich der Halbinsel Krim. Gleichwohl blieben sie, bis sie Opfer der stalinistischen Deportationen 1944 wurden, eine wichtige Akteursgruppe in der Region (vgl. dazu Kapitel 34).[22]

Wie hat man sich die Beziehungen der griechischen Kolonien entlang der nördlichen Schwarzmeerküste untereinander vorzustellen? Anfänglich waren sie miteinander nur wenig verbunden, pflegten hingegen intensive politische und ökonomische Kontakte zu ihren jeweiligen Mutterstädten; so blieben beispielsweise die im Osten der Halbinsel gelegenen ionischen Pflanzstädte wie Theodosia oder Pantikapaion mit Milet in engem Kontakt, während die ursprünglich aus Herakleia Pontike stammenden dorischen Kolonisten, die im Südwesten der Krim Siedlungen wie Chersones gegründet hatten, ihrerseits die Beziehungen zur Mutterstadt aufrechterhielten. In Zeiten externen und internen Drucks sowie auch aus wirtschaftlichen Erwägungen – insbesondere zur straffen Organisation des Getreidehandels – kam es parallel zu lokalen Zusammenschlüssen, zumindest wenn die einzelne Polis sich beispielsweise durch nomadischen Druck überfordert zeigte. Der wichtigste und lange Zeit auch ökonomisch florierende Städtebund wurde das um 480 v.Chr. entstandene und bis 362/375 n.Chr. existierende Bosporanische Königreich.[23] Zu beiden Seiten des sog. Kimmerischen Bosporus, der heute als Straße von Kerč' bezeichnet wird, formierte sich damit ein über die eigentliche Halbinsel hinausgehender Städtebund unter der Führung der Stadt Pantikapaion. Dieses Gemeinwesen orientierte sich nicht an der Tradition der attischen Demokratie, es war nämlich nicht republikanisch verfasst, sondern unterstand einem zwar offiziell gewählten Archonton (also einem führenden Amtsträger), welcher allerdings faktisch als Monarch fungierte und im vorlie-

---

20 Dazu Dougherty (1994).
21 Bengtson (1979), 67.
22 Nach der Rückeroberung der Krim durch die Rote Armee 1944 erlitten nämlich keineswegs nur die KrimtatarInnen das schwere Schicksal der Vertreibung, sondern auch andere über die Zeitläufte verwurzelte Gruppen wie die BulgarInnen oder eben auch die KrimgriechInnen.
23 Heinen (2006); Maslennikov (1981). Vgl. auch das ältere, aber noch immer wertvolle Werk Gajdukevič (1949).

genden Fall eine erbliche Dynastie begründete. Nach den Archaianaktiden, einem vermutlich aus der Mutterstadt Milet stammenden Adelsgeschlecht, gelangte um das Jahr 438 v.Chr. die Familie der Spartokiden an die Macht, die sich bis zum Beginn des zweiten nachchristlichen Jahrhunderts halten konnte und die zwischenzeitlich eine durchaus expansive Politik verfolgte.[24] Dass diese hellenischer Herkunft war, ist möglich, aber bislang nicht abschließend geklärt. Die Bevölkerung des Bosporanischen Königreiches war – wie auf der Krim und entlang der nördlichen Schwarzmeerküste insgesamt üblich – ethnisch und kulturell heterogen, trafen dort doch ‚Neusiedler' wie die griechischen KolonistInnen mit Gruppen zusammen, die dort schon länger siedelten. Der bedeutende sowjetische Archäologe Viktor F. Gajdukevič (1904–1966) bezeichnete das Bosporanische Reich deshalb und auf der Grundlage der Ergebnisse zahlreicher Ausgrabungen als „gräko-skythisch"[25], was auf kulturelle und ethnische Synkretisierungsprozesse hinweist. Es ist davon auszugehen, dass zumindest die Eliten hellenischer Herkunft waren, wenngleich auch diese sich im andauernden Kulturkontakt mit skythischen (bzw. von griechischen Autoren als Skythen bezeichneten) Bevölkerungsschichten veränderten und – treffender vielleicht – als partiell hellenisch akkulturiert zu gelten haben.[26]

Die Krim als polyethnischer Transit- und Siedlungsraum

Ethnische, kulturelle und religiöse Vielgestaltigkeit, begleitet von ständigen Verschmelzungsprozessen, muss über die Zeitläufte als ein konstituierendes Kennzeichen des Schwarzmeerraumes und damit auch der Krim gelten. Erst das zwanzigste Jahrhundert markiert die tiefgreifende Zäsur in ihrer Geschichte, wurde doch die jahrtausendealte große ethnische und kulturelle Vielfalt beendet, die ein wesentliches Merkmal der ganzen Region dargestellt hatte – und dies seit frühesten Zeiten.[27] Asiatische Gruppen (also Kimmerier, Skythen etc.) und griechische Kolonisten formten über die Zeit „mixed civilizations", wie es der russische Altertumsforscher Michail I. Rostovcev (1870–1952) Anfang der 1920er Jahre ausgedrückt hat.[28] Er verwarf damit die von griechischen Autoren angelegte und

---

24 Vgl. z. B. Selov-Kovedjaev (1986).
25 Gajdukevič (1949), 70.
26 Zu diesem Befund haben sowjetische Untersuchungen der Nekropolen erheblich beigetragen, vgl. Gajdukevič (1949), 233–297. Für die Ausgrabungen in den Jahren nach 1949 bis in die 1960er Jahre hinein vgl. die erweiterte deutschsprachige Ausgabe: Gajdukevič (1971).
27 Ich folge hier meinem Aufsatz Jobst (2015a).
28 Rostovtzeff (1922), 7.

bei Herodot zumindest angedachte und über die Zeiten wirkmächtige Vorstellung der Unterscheidung zwischen zivilisierten, d. h. griechischen, und barbarischen Bevölkerungsgruppen. Damit stellte er die gerade in der ersten Hälfte des 20. Jahrhunderts populäre Vorstellung von der Existenz ‚reiner' Kulturen in Frage, die allerdings in den russischen Geisteswissenschaften seit dem 19. Jahrhundert weitaus weniger stark ausgeprägt war als im europäischen Westen. Nicht wenige russische Intellektuelle im Zarenreich deuteten ihr ‚asiatisches Erbe' nämlich durchaus positiv.[29] So erklärt sich auch Rostovcevs Interesse, den von ihm zeittypisch als „Südrussland" (und nicht etwa „Südukraine") bezeichneten Raum zwischen Steppenregion und Schwarzmeerküste, zwischen Nomaden und Sesshaften, trotz seiner peripheren Lage als hochentwickelt und als Ergebnis komplexer kultureller Symbiosen zu beschreiben. Dies geschah auch in dem Bemühen, den Ostslaven ‚ihren' Anteil an der von europäischen Intellektuellen seit der Aufklärung hochgeschätzten, ‚wertvollen' Antike – und der Schwarzmeerraum war ja unbestritten Teil der antiken Welt – zu sichern. Auch spätere sowjetische Altertumsforscher betonten, dass „das Erbe der Völker des nördlichen Schwarzmeergebiets als ein Wesenselement in die Kultur der Ostslaven einging. So ist hier eine der Quellen der Kultur unserer Heimat."[30]

Die Auffassung von der kulturellen Andersartigkeit bei paralleler Gleichwertigkeit nomadischer und sesshafter Kulturen wird von den modernen Kulturwissenschaften geteilt[31]; diese gehen heute ganz überwiegend davon aus, dass Nomaden und Sesshafte „in der Geschichte ein Beziehungsgeflecht [bilden], in dem sich auf fast allen Ebenen gesellschaftlichen Handelns Differenzaspekte und Konfliktlinien mit integrativen Bewegungen von beiden Seiten überkreuzen."[32] Ob es sich dabei grundsätzlich, wie zuweilen formuliert worden ist, um „asymmetrische Handelsbeziehungen" gehandelt hat und damit ein „endemischer Konflikt" zugrunde lag[33], soll hier nicht abschließend beurteilt werden. In den 1920er Jahren und den damals dominierenden nationalen und/oder rassi(sti)schen Diskursen waren Auffassungen wie die Rostovcevs aber eher umstritten. Tatsache

---

29 Darunter u. a. Fedor Dostoevskij oder im 20. Jahrhundert die sog. Eurasier. Vgl. hierzu einleitend Vucinich (1972); Hauner (1990).
30 D'jakov u. Nikol'skij (1952), 401 f.
31 Diese These untermauerte er u. a. mit Ergebnissen archäologischer Ausgrabungen skythischer Grabhügel, vgl. Rostovtzeff (1922), 20–25. Der Schwarzmeerraum einschließlich der Krim bietet somit HistorikerInnen und KulturwissenschaftlerInnen hervorragende Untersuchungsgegenstände für historische Zivilisationsvergleiche oder die Verflechtungsgeschichte, vgl. dazu Kaelble (1999); Werner u. Zimmermann (2004).
32 Leder (2005), 22.
33 So z. B. Kürşat-Ahlers (1994).

ist, dass auf der Krim wie im ganzen nördlichen Schwarzmeerraum unterschiedlich wirtschaftende Gruppen in Kontakt traten und in einem komplexen, wechselseitigen Abhängigkeitsverhältnis standen, das gleichermaßen von Phasen der Koexistenz und Auseinandersetzung geprägt war. Auch deshalb entstand lange Zeit kein dauerhaft und überregional dominierendes Zentrum. Die Krim war und blieb in ihrer zwischen Steppe und Küste gelegenen Lage, an den Schnittstellen zwischen Imperien und Nomaden eine Peripherie – allerdings eine stark nachgesuchte, wie die anscheinend unablässig einwandernden, durchziehenden und bleibenden Bevölkerungsgruppen nachdrücklich belegen.

Offenbar bedarf das bereits in der Einleitung zitierte Diktum Aschersons, die Krim habe zu allen Zeiten den Wunsch ausgelöst, sie besitzen zu wollen, einer Erklärung. Warum zog die Halbinsel ungeachtet ihrer relativen Randlage so viele Völkerschaften an? Waren die klimatischen Gegebenheiten dort so ideal und/oder besaß die Halbinsel einen besonderen strategischen und ökonomischen Wert? Aktuell geht die Forschung davon aus, dass die Krim erdgeschichtlich eher jung[34] und aufgrund ihrer günstigen Lage zwischen dem Schwarzen Meer und der Steppenregion sowie den vor allen Dingen an der Küste mediterranen klimatischen Verhältnisse bereits in vorantiker Zeit besiedelt gewesen ist.[35] Allerdings sind die naturräumlichen Gegebenheiten auf der Halbinsel nicht überall so günstig wie im Süden, besteht sie doch aus drei unterschiedlichen landschaftlichen und klimatischen Zonen: erstens aus der Steppenlandschaft im Norden. Daran schließt sich eine mittlere Zone an, die durch das Krimgebirge geprägt wird, dessen höchste Erhebung mit 1.545 m der Roman-Koš (ukr./russ.; krimtat. Roman Qoş) ist. Südlich des Krimgebirges ermöglichte das mediterrane Klima schon im Altertum den Anbau von Weinstöcken und anderen wichtigen landwirtschaftlichen Produkten. Der nördliche Steppenraum schließlich war insofern ambivalent, als er den Transit von Waren aus dem eurasischen Raum genauso ermöglichte wie das Vordringen nomadischer Gruppen, welche in gewaltsame und gewaltarme Interaktionen mit den BewohnerInnen der anderen Zonen traten. Diese drei Zonen wurden von vielen AutorInnen, die über ihre Krim-Reisen berichteten, immer wieder nicht nur in nüchternen geographischen Kategorien beschrieben: So von Ascherson, der in der Krim einen lebendigen Organismus sieht, dessen Küsten den „Verstand" repräsentieren, das Gebirge den „Geist" und die Steppe den „Körper".[36] Der 1932 geborene schottische Autor bedient sich damit einer seit der Antike verbreiteten Metaphorik, durch die geographische Entitäten als Leib be-

---

34 Kushko (2014), 9.
35 Vgl. z. B. Stepančuk (1999).
36 Ascherson (1996), 35.

schrieben werden.³⁷ Die „Zone des Geistes", also das Krimgebirge, stellt zwar ein gewisses geographisches Hindernis und eine Wetter- und Klimascheide zwischen der nördlichen Steppe und der Küste dar, war aber offenbar keine unüberwindbare Barriere für ursprünglich aus dem euroasiatischen Raum eindringende Völkerschaften wie die Skythen, die genauso Teil der Ökonomie und Lebenswelten des Schwarzen Meeres in der Antike wurden wie die Pontus-Griechen.

Die Zeit bis zum vierten vorchristlichen Jahrhundert gilt als Phase der Prosperität³⁸: Skythische Stämme und die diesen häufig tributpflichtigen griechischen Städte bildeten ein engmaschiges Produktions- und Handelsnetz aus, welches skythischerseits militärisch abgesichert wurde; grundsätzlich war das Verhältnis als pragmatisch zu bezeichnen, wobei Konflikte, welche die Geschäftsbeziehungen störten, ebenfalls auftraten. Neben Getreide, welches von großer Bedeutung für die Versorgung Athens war,³⁹ Pelzen, Wachs und Honig wurden SklavInnen zu einem der wichtigsten Exportgüter. Die Krim versorgte einen großen Teil der antiken Welt mit diesen Gütern. Ascherson konstatiert, dass „[d]urch die mit Getreide und Sklavenhandel erzielten Profite [...] sowohl die griechischen Kaufleute wie die skythischen Fürsten im Oberland sehr reich" wurden.⁴⁰ Dies war also für die Geschäftspartner, wie man heute sagen würde, eine ‚Win-win-Situation'. Während des 3./2. Jahrhunderts v. Chr. setzte allerdings ein ökonomischer Niedergang ein, der sich u. a. am signifikanten Einbruch der Getreideproduktion zeigte. Dies war nicht zuletzt das Resultat des zunehmenden Drucks nördlicher und östlicher SteppenbewohnerInnen auf die Küstengebiete. Einer der bislang wichtigsten Kunden für Getreide von der Krim, Athen, war nach den Kriegen mit Makedonien in eine ökonomische Krise geraten, und die Handelsströme hatten sich verändert; u. a. machte Ägypten den Getreideproduzenten im Schwarzen Meer Konkurrenz. Hinzu kam das Vordringen neuer nomadischer und halbnomadischer Gruppen. Die ohnehin vielschichtige Gemengelage auf der Halbinsel veränderte sich allmählich.

---

37 Vgl. dazu grundlegend Baeque (1993).
38 Rostovtzeff (1922), 64 f.
39 Vgl. hierzu Moreno (2007), besonders das Kapitel „Ex Ponto. The Athenian Grain Supply and Black Sea Archaeology", 144–208.
40 Ascherson (1996), 39 f.

4 Neue Akteure: Sarmaten und andere

> Nun machten es die Amazonen zur Mittagszeit immer so. Sie zerstreuten sich, einzeln oder zu Zweien, um von einander abseits zur Notdurft zu gehen. Da Das die Scythen auch merkten, machten sie's eben so; und so machte sich Einer an Eine, die ganz allein war, und die Amazone sträubte sich nicht, sondern ließ sich's gefallen. Sprechen konnten sie nun zwar nicht, weil sie einander nicht verstanden, doch bedeutete sie ihn mit der Hand, des folgenden Tags wieder an den Ort zu kommen, und einen anderen mitzubringen; mit Zeichen, daß es zwey seyn sollten, und daß auch sie eine andere mitbringen wolle. Der Jüngling ging also zurück und sagte das den Übrigen, und kam des anderen Tages mit noch Einem, wo er auch gleich die zweite Amazone schon wartend fand. Und die übrigen Jünglinge machten, da sie Das erfuhren, nun auch die übrigen Amazonen sich kirre. Hernach vereinigten sich ihre Lager, und wohnten beisammen und Jeder hatte die zum Weibe, zu der er sich zuerst gesellt habe.[1]

Aus diesen Verbindungen zwischen Skythen und Amazonen, so erzählt es zumindest Herodot, seien die Sauromaten hervorgegangen: „Und daher haben die Weiber der Sauromaten noch ihre alte Lebensart, gehen zu Pferde auf die Jagd, mit und ohne die Männer, gehen in den Krieg, und tragen auch denselben Anzug, wie ihre Männer."[2] Dies kann als Hinweis darauf gewertet werden, dass Frauen, wie in (halb-)nomadischen Gemeinschaften üblich, nicht auf die Lebensbereiche beschränkt waren, die hinlänglich als ‚weiblich' gelten – Haus, Hof, Familie etc. Die Frage, ob im Schwarzmeerraum und auf der Krim als Teil dessen Formen mutterrechtlicher, matrilokaler oder matriarchaler Gesellschaften beweisbar seien, wurde und wird immer wieder auch vor dem Hintergrund des Amazonen-Themas diskutiert.[3] Mythos oder nicht, bei der Übertragung moderner Begriffe wie „Gleichstellung" oder „Gleichberechtigung" auf vergangene Zeiten ist grundsätzlich Vorsicht angezeigt. In jedem Fall gibt es aber valide archäologische Hinweise darauf, dass Frauen Waffen trugen und wohl auch an Kampfhandlungen teilnahmen. In Kurganen, in denen weibliche Überreste gefunden wurden, befanden sich häufig Waffen als Grabbeigaben.[4] Das Amazonen-Bild ist auch deshalb von der Vorstellung waffentragender, kämpferischer Frauen geprägt. Die quasi-mythischen Amazonen seien, so heißt es beispielsweise in einem Arktinos von Milet (um 750 v.Chr.) zugeschriebenen epischen Gedicht, während des

---
1 Herodot, Historien, 4. Buch, 113, zitiert nach Schöll (1829), 501.
2 Herodot, Historien, 4. Buch, 116, zitiert nach Schöll (1829), 505.
3 Im 19. Jahrhundert erlangte insbesondere Johann Jakob Bachofens auf der Analyse antiker Mythen basierende Theorie von der sog. Gynaikokratie besondere Popularität: Bachofen (1997). Zur (Un-)Haltbarkeit der Beweiskraft der Grabungswissenschaften für die Existenz antiker Matriarchate vgl. die Positionen von Röder u. a. (1996).
4 Vgl. dazu Ascherson (1996), 177–186.

Troianischen Krieges vergeblich den Troianern zu Hilfe geeilt. Nach der Niederlage sei ihnen die Befreiung aus griechischer Gefangenschaft und die Flucht nach „Skythien", also an das nördliche Schwarze Meer, gelungen. Die ‚edle Abkunft' der Amazonen und ihr Bezug zu einem der zentralen ‚Ereignisse' in der griechischen Mythologie erklärt, warum die Sarmaten/Sauromaten im Mythenbestand so vieler Nationen (vgl. Kapitel 2) eine besondere Rolle gespielt haben.

Die in vielen alten Texten in einem Atemzug genannten Begriffe „Sarmaten" und „Sauromaten" verwirren vermutlich und bedürfen einer Erklärung: In antiken Schriften wurden die Bezeichnungen „Sarmaten" und „Sauromaten" zum Teil different, häufig aber auch synonym benutzt.[5] Mittlerweile wird der Sarmaten-Begriff zumeist als übergeordneter Terminus für verschiedene nomadische Stämme iranischer Herkunft aufgefasst; zu diesen zählen die Aorsen, Jazygen, Alanen, Roxolanen, Siraken und Maioten.[6] Doch auch gegen diese Lesart werden Einwände angeführt, werden unter dem Terminus ‚iranische Völker' doch ethnische Gruppen zusammengefasst, die indo-iranische Sprachen gesprochen haben. Einige WissenschaftlerInnen, darunter Anca Dan, weisen jedoch darauf hin, dass gar nicht bekannt ist, welche Sprache(n) die sog. Sauromaten/Sarmaten eigentlich gesprochen hätten, überliefern antike griechische Texte doch nur ein einziges unzweifelhaft sarmatisches Wort – „marha", ein Schlachtruf. Mehr Beweiskraft für die iranische Herkunft der Sarmaten gebe hingegen ihr Name selbst, dessen Ursprung in der indo-iranischen Sprachfamilie plausibel sei.[7] Zur weiteren Verwirrung trägt auch bei, dass antike Autoren häufig bei der Unterscheidung zwischen „Sarmaten" und „Skythen" in Konfusion gerieten: „Auch bei etlichen [...] Autoren der römischen Kaiserzeit werden in Exkursen immer wieder Skythen erwähnt, wobei mit diesem Begriff tatsächlich die Sarmaten gemeint sind."[8] Und der griechische Geograph Strabon (etwa 63 v.Chr. – 23 n.Chr.), der mit seinen berühmten „Erdbeschreibungen" eine wichtige Quelle über die Sarmaten lieferte und deren siebtes Buch immer noch eine wichtige Quelle auch für die Geschichte der Krim ist, verwendet beide Termini häufig synonym.[9]

Wer genau nun diese Sarmaten waren, lässt sich nicht abschließend klären. Dan hat das ‚Sarmaten-Problem' treffend zusammengefasst: „[O]ur current image of the Sarmatian is the result of loose readings of texts and archeological evid-

---

5 Lysenko (2006).
6 Grundlegend zu den Sarmaten vgl. Brzezinski u. Mielczarek (2002).
7 Dan (2017), 101. Diese Auffassung wird von anderen Autoren geteilt, vgl. z. B. Jankowski (2006), 25.
8 Parzinger (2004), 17.
9 Radt (2003).

ence, nourished by nationalistic convictions."¹⁰ Letztlich gilt dies aber nicht nur für die Sauromaten/Sarmaten oder für die bereits eingehender beschriebenen Skythen, sondern auch für viele andere Völkerschaften, die in dauernden oder vorübergehenden Kontakt mit der Krim traten. Die Forschung geht trotz mannigfacher Unklarheiten dennoch mehrheitlich davon aus, dass ab dem 3. Jahrhundert v. Chr. neue Akteure aus dem Osten auf die Krim vorstießen, welche vermutlich der indo-iranischen Sprachfamilie angehörten und die im Folgenden pragmatisch Sarmaten genannt werden. Bis zu ihrer Verdrängung durch bzw. Akkulturation mit den Goten (eine selbstverständlich ebenfalls eher unscharfe Sammelbezeichnung für ethnisch höchst heterogene Gruppen) im 4. Jahrhundert n. Chr. beeinflussten sie die Verhältnisse auf der Halbinsel nachhaltig.¹¹

Dies zeigte sich u. a. daran, dass die Sarmaten die Skythen allmählich verdrängten bzw. sich mit diesen akkulturierten, was gegen das den sarmatischen Gruppen anhaftende Prädikat „barbarisch" spricht, zumal es die Skythen doch zu beachtlichen kulturellen Veränderungen ihrer Lebensweise gebracht hatten: Ein Großteil hatte das Nomadentum aufgegeben, diverse stadtähnliche Anlagen gegründet und vor allem die Hauptstadt Neapolis (heute auf dem Gebiet Simferopol's gelegen) errichtet. Diese ist, wenn wir denn der offiziellen Homepage der Ausgrabungsstätte folgen, „the biggest and the best investigated barbarian settlement of the North Pontic region."¹² Zwischen dem Ende des 3. Jahrhunderts v. Chr. bis in die zweite Hälfte des 3. Jahrhunderts n. Chr. existierte diese vom Skythen-Herrscher Skiluros gegründete Stadt, die aus der Steppe kommenden Bedrohungen lange Zeit standhielt, ehe die Goten ihr ein Ende bereiteten. Das skythische Reich ging über die eigentliche Halbinsel hinaus und reichte im Norden bis zum unteren Dnepr bei Olbia (nahe des heutigen Parutyne, Mykolajivs'ka oblast'). Auf der Krim selbst gelang u. a. die Einnahme der Chora von Chersones, also der landwirtschaftlich genutzten Gebiete der hellenischen Stadt. Deren Bevölkerung war, wie auf der Krim üblich, ethnisch gemischt. Archäologische Funde belegen den synkretischen kulturellen Charakter der Stadt; u. a. zeigen die griechischen architektonischen Elemente oder die Münzfunde mit griechischen Aufschriften den Einfluss des Hellenismus. Das baldige Auftauchen der Sarmaten bedeutete dann sowohl für die Skythen wie für die griechischen Kolonien der Krim eine veritable Bedrohung.

---

10 Dan (2017), 97.
11 Ajbabin (1999), 36, geht von einem Rückzug sarmatischer Gruppen in das südwestliche Berggebiet unterhalb des Berges Aj-Petri im 3. Jahrhundert n. Chr. aus.
12 Neapolis Scythian (2017). Vgl. dort auch weitere Informationen zu den Grabungen und Fotos der Anlage. Zur Geschichte der Stadt vgl. Zajcev (2003).

5 Die Mithridatischen Kriege. Die Krim unter der Herrschaft Roms

> Pantikapaion ist eine an allen Seiten in einem Umkreis von zwanzig Stadien umsiedelte Höhe, im Osten hat es einen Hafen und Schiffswerften für etwa dreißig Schiffe; es hat auch eine Burg. Es ist eine Gründung der Milesier und wurde – ebenso wie alle benachbarten Siedlungen zu beiden Seiten der Mündung des Maiotischen Sees – lange Zeit monarchisch regiert von den Machthabern Leukon, Satyros, Pairisades und ihrer Familie bis zu dem Pairisades, der Mithridates die Herrschaft übergab. Sie wurden Tyrannen genannt, obwohl sie zum größten Teil, angefangen bei Pairisades und Leukon, recht ordentlich waren; Pairisades wird sogar als ein Gott betrachtet. Denselben Namen wie er trug auch der letzte, der, unfähig gegen die Barbaren standzuhalten, die höhere Abgaben verlangten als vordem, die Herrschaft dem Mithridates Eupator übergab; seitdem ist das Königreich den Römern untertan geworden. Sein größter Teil liegt auf europäischem, ein Teil jedoch auch auf asiatischem Boden.[1]

So sachlich beschrieb der Geograph Strabon das Ende des unabhängigen, lange prosperierenden und von „milde[n] Oberherren" regierten Bosporanischen Reiches und den Übergang großer Teile der Krim unter römische Herrschaft. Diese Entwicklung war nicht unbedingt abzusehen gewesen, hatte das Bosporanische Reich während der Regentschaft der Spartakoiden Leukon I. (389/8–349/8 v. Chr.) und Pairisades I. (349/8–311/10 v. Chr.) doch erhebliche Gebietsgewinne verzeichnen können, ehe Pairisades V. (ca. 150–108 v. Chr.) 108 v. Chr. sein Reich dem König von Pontos, Mithridates VI. (ca. 134 v. Chr. – 63 v. Chr.), unterstellte. Dies war für die ganze Krim ein Schritt von großer Bedeutung, wie sich alsbald zeigen sollte. Von der bereits erwähnten schweren Krise ab dem 4./3. Jahrhundert v. Chr. war nicht nur das im Osten der Halbinsel gelegene Bosporanische Reich betroffen, sondern auch die weiter westlich gelegenen griechischen Kolonien wie das bis dahin eher mit den dortigen Skythen und der Mutterstadt Herakleia Pontike verbundene Chersones oder auch Theodosia. Wirtschaftliche Probleme sowie der zunehmende Druck sarmatischer Stämme an den Grenzen verstärkten sich, wogegen man sich anfänglich mit dem Einkauf militärischer Dienstleistungen bei den Skythen und dem Ausbau der Verteidigungsanlagen behalf. Eine dauernde Entlastung brachten diese Maßnahmen allerdings nicht, so dass sich – wie von Strabon geschildert – nicht nur das Bosporanische Königreich, sondern auch Städte wie Chersones hilfesuchend an den König von Pontos, Mithridates (VI.) Eupator, wandten und damit an eine Gestalt, welche in der reichhaltigen Legenden- und Mythenwelt der Krim und des Schwarzmeerraumes ebenfalls einen

---

[1] Strabons Geographika, Buch VII, 4. Abschnitt, § 4, zitiert nach Radt (2003), 287 f.

festen Platz hat. Den Legenden nach soll dieser u. a. nach der Ermordung seines Vaters sieben Jahre in der Einöde gelebt haben, sich aus Angst vor möglichen Anschlägen durch seine Feinde durch die kontinuierliche Einnahme von Antidoten gegen jedwelche Gifte immunisiert haben, seine Mutter und den eigenen Bruder ermordet und – folgt man Plinius d. Älteren (ca. 23–79 n. Chr.) – 22 Sprachen beherrscht haben. Kein Wunder also, dass Künstler vieler Epochen (unter ihnen Jean Racine [1639–1699] oder James Joyce [1882–1941]) Bezug auf diese Gestalt nahmen.[2]

Mithridates galt aber auch als fähiger Heerführer, der u. a. im Jahr 108/107 v. Chr. einen Aufstand im Bosporanischen Reich niederschlagen konnte. In diesem ethnisch gemischten Gemeinwesen waren, zeittypisch, SklavInnen Teil der Ökonomie. Diesen und den zumeist freien, aber sozial weniger gut abgesicherten skythischen Unterschichten gefiel die Unterstellung unter das Königreich von Pontos nicht. Es kam 108–107 v. Chr. zu einem anfänglich erfolgreichen Aufstand unter dem Sklaven Saumakos (Savmak), wodurch Pairisades V. abgesetzt wurde und Saumakos sich statt seiner zum Herrscher ausrufen ließ. Er ließ sogar eigene Münzen prägen, wie archäologische Funde beweisen. Erst der von Mithridates entsandte pontische Feldherr Diophantes konnte die Aufständischen besiegen, woraufhin das Bosporanische Reich Pontos einverleibt wurde. Es ist kein Wunder, dass der sogar noch einige Jahre vor dem Aufstand des römischen Sklaven und Gladiators Spartakus gegen die römische Republik (in den siebziger Jahren v. Chr.) stattfindende Aufstand des Saumakos in den sowjetischen Geschichtswerken „besonders farbig dargestellt" wurde, wie Helmut Neubauer in einem bereits 1960 erschienenen, aber immer noch lesenswerten Aufsatz schreibt: „Der Aufstand der bosporanischen Skythen ist die erste uns auf dem Territorium der UdSSR bekannte Bewegung geknechteter Massen gegen ihre Herren", jubilierte beispielsweise ein von Neubauer namentlich nicht genannter sowjetischer Historiker in einem 1955 erschienenen Werk. Mithridates kam dementsprechend weniger gut bei WissenschaftlerInnen der UdSSR an, galt er doch als Exponent der Sklavenhalterökonomie.[3]

Mithridates herrschte über das damals mächtigste Königreich Kleinasiens, welches er dann auch noch um die schutzsuchenden von Griechinnen und Griechen bewohnten Gebiete der Krim vergrößern konnte. Damit waren seine Aspirationen aber noch nicht beendet, denn nachdem er am Schwarzen Meer Fuß gefasst hatte, versuchte er seinen Einflussbereich auf weitere kleinasiatische Gebiete auszuweiten und geriet so in Konflikt mit Rom. Die hellenischen Krim-

---

2 Dazu einführend Jung-Kaiser (2013).
3 Žukov (1955), 411, zitiert nach Neubauer H. (1960), 147.

Städte wurden auf diese Weise in die drei sog. Mithridatischen Kriege (89–63 v. Chr.) hineingezogen, aus denen das Königreich Pontos als Verlierer hervorging, dessen König angesichts der Niederlage – auch dies effektvoll – Selbstmord beging.⁴ Nach dem endgültigen Sieg Roms 63 v. Chr. unter Pompeius (106–48 v. Chr.) wurde der westliche Teil des Königreichs in die römische Provinz Bithynia et Pontus eingegliedert,⁵ der Osten und das Bosporanische Reich existierten als ein von Rom abhängiger Klientelstaat weiter, wobei Pantikapaion seinen hellenischen Charakter allmählich verlor.⁶ Im Westen der Krim, in Chersones, entstand eine von Unterstützern Roms getragene oligarchische Republik, welche zwar die Hauptbasis römischer Herrschaft auf der Halbinsel, aber nicht als römische Provinz organisiert wurde.

Es zeigt sich schon an dieser ,Verwaltung', dass die Krim auch aus der Perspektive des Römischen Reiches eine periphere Region war, welche man nicht fest in die Reichsstruktur einbinden wollte oder konnte. Dies belegt zudem die Stationierungspolitik, denn in der Regel sollten die griechischen Kolonien sich selbst gegen kriegerische Einfälle nomadischer Eindringlinge verteidigen. Dies schloss wiederholte militärische Pazifizierungsaktionen gegen skythische Verbände zur Grenzsicherung z. B. in den 60er Jahren n. Chr. nicht aus; diese beseitigten aber die vom Norden ausgehende barbarische Gefahr nicht wirklich, auch wenn Städte wie Chersones sich wegen ihrer effektiven Befestigungen zumeist verteidigen konnten. Von länger andauernden Stationierungen römischer Truppen etwa im zweiten nachchristlichen Jahrhundert zeugen erste im 19. Jahrhundert entdeckte archäologische Funde,⁷ die durch neuere Grabungen bestätigt werden konnten.⁸ Grundsätzlich hing die Intensität der römischen Präsenz auf der Halbinsel in der letzten Hälfte des 1. und am Anfang des 2. Jahrhunderts von den allgemeinen Zuständen des römischen Ostens ab, d. h. dass die Krim auch in dieser Zeit im größeren Kontext des nördlichen Schwarzmeerraumes gesehen werden muss. Als beispielsweise gegen Ende des 1. Jahrhunderts n. Chr. die sog. Dakerkriege – benannt nach den im Karpatenraum und an der unteren Donau siedelnden Dakern – begannen, zeichneten sich Folgen für die römischen Klienten immer dann ab, wenn Rom seine Truppen von der Krim abzog oder verringerte.⁹ Diese waren nicht

---

4 Vgl. dazu Højte (2009).
5 Vgl. dazu Højte (2006).
6 Rostovtzeff (1922), 155: „[I]t was no longer a real Greek city. Hellenism in Panticapaeum was perishing daily."
7 Rostowzew (1902), 85.
8 Sarnowski u. Zubar (1996).
9 Dies ist die Bezeichnung für mehrere militärische Konflikte zwischen den sog. Dakern – vermutlich auch eher ein Sammelbegriff denn ein homogener Ethnos – und dem Römischen Reich

grundsätzlich negativ. Dass sich der Spielraum eines Klientelstaates wie des Bosporanischen Reiches dadurch phasenweise erweiterte, sieht man etwa in der Zeit Kaiser Domitians (81–96): Die bosporanischen Herrscher Rhesuporis I. (68/9–93/4) und Sauromates I. (93/4–123/4) ließen Münzen mit ihren Bildnissen prägen, was nicht nur von symbolischer Relevanz war, sondern zugleich darauf hinwies, dass Rom weniger Einfluss ausüben konnte.[10]

Es ist wichtig, sich vor Augen zu halten, dass keinesfalls die ganze Krim unter – sei es nun nomineller oder tatsächlicher – römischer Herrschaft stand, denn im Norden der Halbinsel existierte, wie bereits erwähnt, das ebenfalls in wechselnden Beziehungen zu Rom stehende skythische Reich mit seiner Hauptstadt Neapolis. Wie schon in den Jahrhunderten davor changierte das Verhältnis zwischen den Barbaren (Skythen) und den Zivilisierten (Rom, Bosporanisches Reich) zwischen pragmatischer Kooperation, die insbesondere gegen eindringende sarmatische Stämme aus dem Norden immer wieder angezeigt war, friedlichen Phasen und offenen kriegerischen Auseinandersetzungen. Schwer wog beispielsweise die Niederlage des skythischen Reiches gegen das Bosporanische Reich unter Sauromates II. (174/175–210/211) am Ende des 2. Jahrhunderts n. Chr., von der sich die spätskythische Kultur nicht wieder erholen konnte. Der neuerliche Einzug von Barbaren im 3. Jahrhundert n. Chr. tat ein Weiteres und gipfelte in der Zerstörung Neapolis'. Die immer noch Skythen genannten Gruppen, die sich bereits in der Vergangenheit mit zahlreichen anderen Kulturen verbunden und verändert hatten, begannen endgültig als Akteur auf der Krim zu verschwinden.[11] Der Grund dafür waren neue Migrationsbewegungen.

---

unter Domitian (81–96) und Trajan (98–117), die mit der Annexion Dakiens durch die Römer endeten. Vgl. hierzu einführend Strobel (1989).
10 Rostowzew (1902), 87.
11 Rolle u. Brenow (2006); Rolle (1980), 150.

6 Über Goten, Hunnen, die sog. „Völkerwanderung" und ihre Folgen für die Krim

Jenseits des Mäotischen Sees und der Straße, (die es mit dem Schwarzen Meer verbindet [die Straße von Kerč']) wohnen hart am Gestade die sogenannten Tetraxitischen Gothen [...], weiterhin dann die Gothen, Westgothen, Vandalen und die anderen gothischen Völkerschaften. Diese wurden in früheren Zeiten auch Skythen genannt, da alle Völker, welche in jenen Gegenden sitzen, gemeinhin den skythischen Namen führen, einige von ihnen hießen Sauromaten oder Melanchlänen oder sonst wie. Wenn nun wahr ist, was die Leute sagen, so ereignete sich einige Zeit darauf, daß mehrere junge Kimmerier [Hunnen] sich auf der Jagd vergnügten, und eine Hirschkuh, die sie verfolgten, vor ihren Augen in die Fluten sprang. Sei es nun aus Ehrgeiz oder Jagdeifer oder auch eine göttliche Macht die Jünglinge dazu trieb; sie folgten dieser Hirschkuh und ließen nicht eher von ihr ab, als bis sie mit ihr auf das jenseitige Gestade gelangten. Das Wesen, welches sie verfolgt hatten, verschwand – wer kann sagen, was es eigentlich war?[1]

Diese Zeilen stammen von Jordanes, einem Geschichtsschreiber des 6. Jahrhunderts (gest. nach 552), dessen in Lateinisch verfasster „Getica" die historischen Wissenschaften eine der wichtigsten Quellen zur gotischen Geschichte verdanken.[2] Wir erfahren, dass die Krim auch in den Jahrhunderten nach der Zeitenwende multiethnisch war, da verschiedene gotische und sonstige Stämme auf der Krim siedelten. Darüber hinaus wird von neuen Eindringlingen – „den Hunnen, die früher Kimmerier hießen", wie Jordanes an anderer Stelle erklärt[3] – berichtet, die über die Meerenge von Kerč' im Osten der Halbinsel gekommen seien, angelockt durch eine rätselhafte Hirschkuh, von der man nicht weiß, „was es eigentlich war"[4]; zumeist wird diese Passage übrigens dahingehend interpretiert, dass die als Hunnen bezeichneten Eindringlinge in einem strengen Winter die zuge-

---

1 Jordanes (1913), 270.
2 Die „Getica" ist mit einer so großen Zahl von Forschungskontroversen verbunden, dass an dieser Stelle nicht detaillierter darauf eingegangen werden kann; eine der offenen Fragen ist, inwieweit sich Jordanes an den älteren, aber verloren gegangenen Schriften des spätantiken römischen Staatsmannes und Gelehrten Cassiodor (um 485–580) orientiert hat. Vgl. dazu Christensen (2002). Zu der ebenfalls häufig auf Jordanes zurückgeführten Behauptung, die Goten würden ursprünglich aus Skandinavien stammen, vgl. Kapitel 2.
3 Jordanes (1913), 270.
4 Stickler (2007), 45, führt diese Geschichte auf den zwischen 347/49–414 lebenden Geschichtsschreiber und Philosophen Eunapios von Sardes zurück.

frorene, knapp zwanzig Kilometer breite Meerenge überwanden.[5] Und schließlich scheint ein gewisses Durcheinander hinsichtlich der Bezeichnung der verschiedenen Stämme zu herrschen, werden doch diverse gotische Gruppen genannt, zudem Vandalen, die ebenfalls zu den Germanen gezählt werden, deren Nennung im Kontext der Krim aber eher überrascht. Vertraut ist allerdings bereits, dass „alle Völker, welche in jenen Gegenden sitzen, gemeinhin den skythischen Namen führen."[6] Damit sind in dieser kurzen Passage wesentliche Elemente einer die Zeitläufte überdauernden Geschichte der Krim vereinigt: ihre Polykulturalität, ihr Charakter als Migrationsraum und Durchzugsgebiet, die Eignung als Mythenraum, hier in Gestalt eines mysteriösen Paarhufers, welcher die „Kimmerier/Hunnen" auf die Krim lockt, sowie der recht fluide Gebrauch der Ethnonyme, die mal die eine, mal die andere Gruppe bezeichnen oder als unspezifische Sammelbegriffe gebraucht werden.

Eine einfache, weil linear und eindeutig zu erzählende Geschichte der Krim bietet auch die Zeit der sog. (germanischen) Völkerwanderung nicht, deren Dauer zumeist zwischen dem 4. und 8. Jahrhundert n. Chr. angesetzt wird. In deren Vorfeld soll ein Teil der Goten[7], von denen bereits im Kontext von Mythenbildungen ausführlicher die Rede war, nicht nur das Römische Reich erheblich in Bedrängnis gebracht haben, sondern im 3. Jahrhundert n. Chr. auch – zumeist wird dies auf das Jahr 257 datiert – von Norden her auf die Halbinsel eingerückt sein und den skythisch-sarmatischen Siedlungen den Todesstoß versetzt haben. Auf ihrem Zug von Norden an das Schwarze Meer sollen sie sich dabei bereits mit einigen zumeist ebenfalls als sarmatisch bezeichneten Gruppen zusammengetan haben.[8] So lautet zumindest die Lesart, wenn man nicht – wie es einige Forscher mittlerweile glauben – der Auffassung ist, bei den Krimgoten handele es sich um eine autochthone Ethnogenese.[9]

Den gotischen Verbänden gelang es auch entlang der übrigen nördlichen Schwarzmeerküste (etwa im weiter westlich gelegenen Olbia) ihren Einflussbereich zu erweitern und in der Region dauerhaft Fuß zu fassen. Dabei halfen die wechselseitigen Austausch- und Anverwandlungsprozesse insbesondere mit den skythisch-sarmatischen Gruppen, aber auch mit Rom. So brachten sie weite Teile der Krim unter ihre Herrschaft, einschließlich des Bosporanischen Reiches – außer dem östlichen Pantikapaion und dem weiterhin römischen Chersones im

---

5 So etwa Aleksandr A. Vasil'ev (1870–1952), der als einer der wichtigsten Byzantinisten des 20. Jahrhunderts gilt. Vasiliev (1936), 30.
6 Jordanes (1913), 270.
7 Andere Bezeichnungen sind Ostrogot(h)i, Ostrogotae oder Greutungi; vgl. hierzu Greule (2003).
8 Rosen (2007), 7.
9 Kulikowski (2007), der den Gotensturm in der Zeit vor 200 n. Chr. für fiktiv hält.

Südwesten der Halbinsel. Das gentile Gotenreich erlebte seine, allerdings nur kurz andauernde, größte Machtfülle unter ihrem Herrscher Ermanarich, der von 350 bis 375 regierte. Darauf wurde die Krim ein weiteres Mal Durchzugsgebiet mobiler Verbände, diesmal der von Jordanes erwähnten Hunnen. Auch für diese zentralasiatische Reitergemeinschaft mit anfänglich überwiegend nomadischer Lebensweise gilt, dass sie ein Sammelbegriff für Gruppen nicht feststellbarer Herkunft und Polyethnizität ist. Sie ist aber auch ein Beispiel dafür, wie es der Althistoriker Timo Stickler ausgedrückt hat, „wieviel Kraft einem einzelnen Namen innewohnen kann."[10] Unter deren Druck brach das gotische Gens unter Ermanarich zusammen. Vor allen Dingen die Goten der östlichen Steppe der Halbinsel schlossen sich nun den hunnischen Verbänden an und zogen mit diesen nach Westen, wo sie sich für knapp ein Jahrhundert festsetzen konnten. Die gotische Bevölkerung in den Bergen und im Süden der Krim war aber vor den Steppenlandschaften gewohnten Hunnen weitgehend sicher, und alsbald entstand auf einem der Tafelberge des Krimgebirges die Siedlung Dory oder Doros (heute: Mangup-Kale).[11] Dieses Fürstentum wurde auch mit Unterstützung eines neuen Akteurs vom südlichen Ufer des Schwarzen Meers – nämlich des Oströmischen Reiches – eine Art Bollwerk gegenüber nomadischen Verbänden, die weiterhin auf die Krim einzudringen suchten.

---

[10] Stickler (2007), 118.
[11] Zur Ethymologie vgl. Vasiliev (1936), 52–57.

7 Die Krim als Ort des Frühchristentums

> Als er hörte, dass die Reliquien des Heiligen Clemens immer noch im Meer lägen, betete er und sagte: „Ich glaube an den Herren und ich hoffe für den Heiligen Clemens, dass ich seine Gebeine finden und sie aus dem Meer bergen kann." Und er überredete den Erzbischof sowie die Priester und die frommen Leute ein Schiff zu nehmen, und sie segelten zu jenem Ort, wo sich das Meer beruhigte. Dort angekommen, begannen sie zu graben, während sie beteten. Und da verbreitete sich ein starker Duft, wie von einer großen Menge Weihrauch. Und dann zeigten sich die Gebeine, und sie nahmen sie mit großer Ehre und Ruhm. Und all die Priester und Bürger brachten sie in die Stadt.[1]

Diese Zeilen stammen aus der bereits zitierten (vgl. Kapitel 2) „Vita des Philosophen Konstantin", der sich im 9. Jahrhundert auf der Krim aufgehalten haben und ebendort die Reliquien des Clemens Romanus bzw. Clemens von Rom (um 50–97 oder 101) entdeckt und aus den Fluten errettet haben soll. Der als zweiter oder dritter Nachfolger des Apostels Petrus geltende Bischof von Rom erlitt, so heißt es zumindest in der Vita Konstantins, die nicht zuletzt für die Popularisierung dieser Legende sehr entscheidend war, sein Martyrium auf der Krim: Mit einem Anker um den Hals habe er den nassen Tod gefunden, woraufhin an eben dieser Stelle im Meer ein Tempel entstanden sei, in welchem seine Überreste bis zur Errettung durch den Slavenapostel Konstantin einige Jahrhunderte später bewahrt gewesen seien, der sie dann später gemeinsam mit seinem Bruder und Mit-Apostel Methodius dem Papst Hadrian II. (792–872) als Reliquie überantwortet hätte. Diese Reliquien befinden sich heute, zumindest zum Teil – das Kiewer Höhlenkloster nimmt beispielsweise für sich in Anspruch, ebenfalls einige Clemens-Reliquien zu besitzen, u. a. den Kopf des Heiligen – in der Basilika di San Clemente al Laterano in Rom.[2] Das Martyrium Clemens von Roms auf der Krim im ersten nachchristlichen Jahrhundert wäre, wenn man denn die schon geschilderte Legende des Aufenthalts des Apostels Andreas auf der Halbinsel (vgl. Kapitel 2) in das Reich der Legenden verweist, ein erster Hinweis auf die Berührung der Krim mit dem Christentum. Dabei muss allerdings außer Acht gelassen werden, dass in einigen vorkonstantinischen Quellen von einem natürlichen Tod des Nachfolgers des Petrus ausgegangen wird.

Unbestritten ist, dass die Krim ein Ort des Frühchristentums war, dessen archäologische Spuren sich bis in das beginnende 4. Jahrhundert nachweisen lassen.[3] Dessen Anfänge hatten sich vermutlich auch in diesem Teil des Schwarzen

---

1 Žitie (1999), Čtenie 3.
2 Vgl. einführend Schmitt J. (2016).
3 Pillinger (1996), 310 f.

Meeres in den bereits länger bestehenden jüdischen Gemeinden etwa im Bosporanischen Reich herausgebildet. Die Anwesenheit von ChristInnen auf der Krim ist das Eine, die Herausbildung einer kirchlichen Struktur und Nomenklatura das Andere: Die Teilnahme von Bischöfen von der Krim an dem kirchengeschichtlich so wichtigen Konzil von Nicäa 325 gilt als gesichert. Unklar ist jedoch, um wie viele es sich dabei gehandelt hat. In der Forschung wird diskutiert, ob neben einem Bischof Kadios/Kadmos von Bosporus (Kerč') auch ein Theophilus von Gotien und ein Chersones vertretender Kirchenmann mit Namen Kapiton anwesend gewesen seien, was ein Beleg für weitere Bischofssitze bereits zur Zeit Konstantins I. („des Großen", zwischen 270 und 288–337) wäre.[4] Nicht abschließend geklärt ist, ob von der Existenz eines Chersoneser Bischofssitzes nicht erst um das Jahr 381 zu sprechen ist, als ein Chersoneser Bischof am Konzil von Konstantinopel teilnahm.[5] Lange Debatten gab es auch darüber, ob es sich bei dem als Teilnehmer am Konzil von Nicäa aufgeführten Theophilus von Gotien tatsächlich um einen Vertreter aus Krim-Gotthia (Doros) gehandelt habe oder ob dieser nicht vielmehr unter den nördlich der unteren Donau siedelnden Terwingen gepredigt habe. Auch wenn sich wohl schon im ausgehenden 3. Jahrhundert ChristInnen unter den BewohnerInnen von Doros befunden haben, so ist ein krimgotischer Bischofssitz in der ersten Hälfte des 4. Jahrhunderts eher unwahrscheinlich.[6]

Unstrittig ist, dass die Krim und vor allen Dingen das unter oströmischer Herrschaft stehende Chersones ein exponierter Verbannungsort insbesondere hoher christlicher Würdenträger gewesen ist. Wie bereits an der oben geschilderten Clemens-Geschichte deutlich wird, ist eine bemerkenswert hohe ‚Märtyrerdichte' zu verzeichnen, was bereits in den 1920er Jahren den bedeutenden Byzantinisten Vasil'ev darüber sinnieren ließ, ob die Chersoneser Bevölkerung sich dies nicht nur ausgedacht hätte, um ihrer Stadt eine besondere Bedeutung zu verleihen.[7] In jedem Fall lassen sich aus diesen Befunden zwei Dinge ableiten: Erstens, dass die periphere Lage Chersones' im Gefüge des oströmischen Reiches die Stadt zu einem bevorzugten Verbannungsort machte, und zweitens, dass es erhebliche Spannungen zwischen Konstantinopel und hohen Klerikern gab.

Aus der Reihe echter und vermeintlicher Märtyrer, deren Schicksal sich auf der Krim erfüllte bzw. erfüllt haben soll, sticht Papst Martin I. (um 600–655)

---

4 Vgl. z. B. Vasiliev (1936), 5 f. Referenz ist zumeist Eusebius von Caesarea., Eusebius (2007), u. a. 319.
5 Einführend Plontke-Lüning (2012), 347.
6 Vgl. z. B. Vasiliev (1936), 15, der dies für wahrscheinlich hält. Vgl. auch Schaferdiek (1979), 287–289.
7 Vasiliev (1936), 7.

hervor. Der von 649 bis 653 amtierende Papst war mit dem Kaiser in Konstantinopel in Konflikt geraten. Letzterer ließ Martin 653 gewaltsam von Rom nach Konstantinopel verschiffen, foltern und schließlich auf die Krim verbannen, wo dieser wenige Wochen nach seiner Ankunft verstarb. Schnell entwickelte sich in Chersones ein Martins-Kult.[8] Hintergrund des Chersoneser Exils Martins war das zwischen 537 und 752 dauernde sog. Byzantinische Papsttum, während dessen die Päpste die kaiserliche Zustimmung zu ihrer episkopalen Konsekration benötigten, was dem Herrscher in Konstantinopel eine besondere Machtfülle verlieh.

Während der sog. Ikonoklastischen Krise der Kirche im 8. und 9. Jahrhundert wurden Chersones und die Südküste der Halbinsel schließlich bevorzugter Flucht- bzw. Exilort sowohl bilderfeindlicher als später dann auch bilderfreundlicher Kleriker.[9] Die lange Zeit in der Forschung vertretene Auffassung, dass gerade die ikonodulen Exilanten die Gebirgszone der Halbinsel mit dem bis heute sichtbaren und beeindruckenden Netz von Höhlenklöstern überzogen hätten,[10] konnten archäologische Grabungen der letzten Jahrzehnte nicht bestätigen, denn es gibt „für diese Periode keine Belege einer intensiven Bautätigkeit"[11]; diese müssen also in anderen Zeiten entstanden sein.

Der Südwesten der Krim war folglich in politischer und kulturell-religiöser Hinsicht wesentlich vom Oströmischen Reich und der Orthodoxie beeinflusst, das aus Steppenlandschaften bestehende Hinterland Richtung Festland vergegenwärtigte hingegen weiterhin Einfälle und pragmatische Kooperationen mit nomadischen Völkern aus dem eurasischen Raum.

---

8 Plontke-Lüning (2012), 348.
9 Gercen u. Mogaričev (1992).
10 Vgl. z. B. Jakobson (1964), 32.
11 Romančuk (2005), 88.

8 Die Krim zwischen Ostrom, Krim-Gotthia und dem Chasarenreich

Als der Fürst Svjatosláv herangewachsen und zum
Manne gereift war, begann er, Krieger zu sammeln, viele und tapfere,
denn er war auch selbst tapfer; und indem er leicht dahinzog, wie ein Panther, führte er viele Kriege. Denn wenn er dahinzog, ließ er keine Wagen hinter sich her fahren noch einen Kessel, noch ließ er Fleisch kochen, sondern sie schnitten ein dünnes Stück Fleisch vom Pferd oder vom Wild oder vom Rind heraus, brieten es auf Kohlen und aßen es.
Auch hatte er kein Zelt, sondern breitete die Satteldecke aus und den Sattel zu Häupten, und so waren auch alle seine übrigen Krieger.
Und er sandte hin zu den [anderen] Ländern und ließ sagen: Ich werde gegen euch ziehen!
Und er zog zum Fluß Oka, und zur Vólga und fand die Vjatičen.
Und er sagte zu den Vjatičen: Wem zahlt ihr Tribut?
Die aber sagten: Den Chasaren zahlen wir je einen Schilling vom Pflug.
Svjatosláv zog gegen die Chasaren.
Als aber die Chasaren das hörten, zogen sie aus, ihm entgegen, mit ihrem Fürsten, dem Kagán.
Und sie trafen zusammen, [gegeneinander] zu kämpfen.
Und als es zur Schlacht kam, gewann Svjatosláv die Oberhand über die Chasaren, und er nahm ihre Stadt Belaja Veza.[1]

Der Sieg Svjatoslavs I. (um 942–972), Großfürst des ersten altostslavischen Großreiches der Kiewer Rus', und seiner Krieger über die Chasaren im Jahr 965 wurde in der „Nestorchronik" mit den obigen Worten beschrieben. Der Fürst wird als genügsam geschildert, er führt das ‚soldatische', entbehrungsreiche Leben eines klassischen Kämpfers. Es nimmt somit eigentlich kein Wunder, dass er den Chasaren eine Niederlage beibrachte, welche das Ende ihrer seit dem Ende des 7. Jahrhunderts dauernden Herrschaft über weite Teile des nördlichen und östlichen Ufers des Schwarzen Meeres einleitete. Die turkstämmigen Chasaren waren somit für knapp drei Jahrhunderte – neben dem die südliche Krim einschließlich Chersones beherrschenden Ostrom – eine entscheidende regionale Ordnungsmacht gewesen.[2] Kleinere territoriale Herrschaften wie Krim-Gotthia entrichteten ihnen Tribut, und eine weitere bedeutende Einnahmequelle erwuchs ihnen durch die weitgehende Kontrolle des Fernhandels – einschließlich des Verkaufs von SklavInnen – zwischen dem Schwarzen Meer und Asien.[3]

---

[1] Müller L. (2001), 78 f.
[2] Vgl. u. a. Pletnjowa (1978); Zhivkov (2015). Vgl. auch die Analyse der Beziehungen zwischen den Chasaren und der Kiewer Rus': Petrukhin (2007).
[3] Zur Wirtschaft vgl. Noonan (2007), zur Krim insbesondere 219–228.

Die Beziehungen zwischen den Chasaren und Konstantinopel – einem weiteren wichtigen Machtzentrum in der Region – waren wechselhaft: Bündnisse gegen eindringende nomadisierende Gruppen wie die Petschenegen oder auch gegen das persische Sassanidenreich wurden fallweise geschlossen und wieder gelöst.[4] Wie das Kräfteverhältnis zwischen diesen beiden Akteuren gerade in ihren Interaktionen auf der Halbinsel gewesen ist, wird von der Forschung unterschiedlich beurteilt. Gegenwärtig herrscht die Auffassung vor, es habe zumindest phasenweise eine gemeinsame byzantinisch-chasarische Verwaltung über die Krim gegeben.[5] Das chasarische Großreich ging weit über die eigentliche Halbinsel hinaus und erstreckte sich über die heute südukrainischen und südrussischen Steppen zwischen Dnepr und Wolga bis in den Kaukasus. Das chasarische Chaganat hat immer wieder das Interesse der Forschung auf sich gezogen, da hier der historisch wohl exzeptionelle Fall vorliegt, dass definitiv die Oberschichten und auch Angehörige anderer sozialer Gruppen mehrheitlich dem Judentum angehört haben, eventuell einem „synkretisch verformten."[6] Ein Grund für die Annahme des jüdischen Glaubens war, so zumindest erklärte es 1962 der sowjetische Historiker Michail I. Artamonov (1898–1972) recht plausibel, eine verbindende religiöse Ideologie zu schaffen, die dieser politischen Entität ein Alleinstellungsmerkmal verlieh – gegenüber dem christlichen Byzanz und den in den Kaukasus vordringenden muslimischen Arabern.[7] Die eingangs beschriebene (vgl. Kapitel 2) vergebliche Missionsreise der sog. Slavenapostel Konstantin und Methodius zur Bekehrung der chasarischen Eliten erfreute sich insbesondere der Aufmerksamkeit der russischen (und sowjetischen) Forschung, da damit eine weitere Möglichkeit gesehen wurde, eine lineare Geschichtsinterpretation über die Verbindung zwischen Schwarzmeerraum und Orthodoxie zu schaffen.[8] Über die innere Verfasstheit des Chasarenreichs ist an dieser Stelle nur so viel zu sagen, als dass von einem „sakralen Königreich" zu sprechen ist: Der Chagan (in etwa: Großchan), so hat es zumindest P. B. Golden ausgeführt, herrschte über das Chasarenreich, regierte es aber nicht. Für die allfälligen Regierungsgeschäfte war nämlich ein in den Quellen als Beg, Yilig oder Šad bezeichneter und mit „König" zu übersetzender Angehöriger eines bestimmten Clans zuständig. In der Hierarchie stand dieser König unter dem Chagan, dem vor allen Dingen eine spirituelle Funktion zukam: „The Qaǧan is a heavenly mandate intermediary between the

---

4 Noonan (1992).
5 Vgl. dazu Albrecht u. Herdick (2013), 31.
6 Altschüler (2006), 190.
7 Artamonov (1962), 266f.
8 Vgl. einen aktuellen Forschungsüberblick bei Alikberov u. a. (2010). Vgl. auch Bujnoch (1972), besonders 54–106.

divine and this state." Die Herrschaft eines Chagan war auf maximal vierzig Jahre beschränkt, da, so glaubte man, nach diesem Zeitraum seine spirituelle Kraft erschöpft war und er abgelöst werden musste.[9]

Die bereits ausführlich beschriebene Rolle der Krim als kulturelle Kontaktzone (vgl. Kapitel 3) und als Exilort an der Peripherie von Imperien oder Großreichen wird am Beispiel des byzantinischen Kaisers Justinian II. (668/669–711) ein weiteres Mal augenfällig. Einer breiteren Öffentlichkeit ist er bis heute vor allen Dingen wegen seiner (freilich nicht von ihm selbst eingeführten) Praxis bekannt, seinen Gegnern die Nase abschneiden zu lassen; ein Schicksal, welches ihm später dann selbst widerfuhr und was ihm den Beinamen „Rhinotmetos" (etwa: „der mit der abgeschnittenen Nase") einbrachte. Während er außenpolitisch am Beginn seiner Herrschaft etwa gegenüber den an das Mittelmeer vordringenden Arabern Erfolge verzeichnen konnte, gelang die von ihm gewünschte Wiederannäherung der östlichen und westlichen Kirche nicht.[10] Innenpolitisch brachte er sowohl die Unterschichten als auch die Eliten gegen sich auf, was 695 zu seinem Sturz, der öffentlichen Abschneidung seiner Nase und – hier kommt die Krim ins Spiel – zu seiner Verbannung in den byzantinischen Außenposten Chersones führte. Sein Bestreben blieb aber die Wiedererlangung des Kaiserthrons, wofür er auch an seinem Verbannungsort agierte. Die „offen hochverräterischen Reden, die er dort führte"[11], beunruhigten die Chersoniten dem Anschein nach, die Konstantinopel über Justinians Treiben im Exil informierten. Aus Angst vor einer drohenden Gefangennahme oder Schlimmerem floh der abgesetzte Kaiser 698 oder 704 in die Bergregion der Halbinsel – in die militärisch nur schwer zugängliche Krim-Gotthia (Doros). Nicht restlos geklärt ist, welchen Status Doros zu diesem Zeitpunkt hatte: Stand es bereits unter direkter oder zumindest indirekter Herrschaft der Chasaren, wie es ein Teil der Forschung vermutet,[12] oder ist Vasil'ev zuzustimmen, der darauf beharrte, dass Doros weder Teil Byzanz' noch des Chaganats war, sondern ein neutrales Gebiet?[13] Thomas S. Noonan (1938–2001), der ohne Zweifel einer der profiliertesten Historiker der Geschichte der Chasaren im Schwarzmeerraum war, äußerte sich dahingehend, dass byzantinische Quellen von einer Kontrolle des Chaganats über weite Teile der Krim einschließlich Chersones im 7. Jahrhundert ausgehen, während für das 9. und

---

9 Golden (2006), 85; etwas abweichend die Interpretation von Altschüler (2006), 237f., der das Chaganat als „Monarchie mit Gewaltenteilung" bezeichnet, wonach es zwei Chagane gegeben habe, der eine sei für die Legislative, der andere für die Exekutive zuständig gewesen.
10 Zur Biographie Justinians II. vgl. einführend Dieten (1976); Leontsine (2012).
11 Albrecht u. Herdick (2013), 29.
12 Beispielsweise Pletnjowa (1978), 37.
13 Vasiliev (1936), 83.

10. Jahrhundert keine definitiven Aussagen möglich sind. Einige WissenschaftlerInnen gehen für diesen Zeitraum hingegen von einer abermaligen Dominanz Byzanz' über die Halbinsel aus,[14] andere halten ein byzantinisch-chasarisches Kondominium über weite Teile der Halbinsel für wahrscheinlich. Für Letzteres spricht, dass diese Praktik durchaus zum byzantinischen Repertoire der Zeit gehörte und beispielsweise zwischen Konstantinopel und den Arabern in Bezug auf Zypern Anwendung fand.[15]

Wie auch immer: Justinian II. hatte sicher nicht ohne Bedacht Doros als Zufluchtsort gewählt, erschien es ihm doch offensichtlich dem Zugriff Byzanz' entzogen. Ihm gelang dort, ein Bündnis mit dem Chagan Busir Glavan (Ende 7./Anfang 8. Jahrhundert; russ./ukr. Ibuzir Gljavan) zu schließen, der ihm zur Bekräftigung dieser Allianz seine Schwester zur Frau gab. Kaiser Tiberios II. (?–706, byzantinischer Kaiser 698–705) setzte die Chasaren nun unter Druck, drängte auf Justinians Tötung oder dessen Auslieferung. Daraufhin floh dieser abermals, diesmal nach Phanagoria (auf der Halbinsel Taman), schloss dort einen gegen Konstantinopel gerichteten Pakt mit dem Chan der Protobulgaren, Tervel (700–721), und nahm im Jahr 705 Konstantinopel nach mehrtägiger Belagerung ein. Justinian wurde zum zweiten Mal Kaiser. Und er nahm – so will es die Legende – Rache an seinen Gegnern, u. a. an Chersones, das sich vorsorglich unter den Schutz von Justinians Schwager Busir Glavan gestellt hatte. Dennoch hatte sich die Lage Justinians nicht wirklich entspannt, denn 711 kam es unter der Ägide eines exilierten Militärs der byzantinischen Armee armenischer Herkunft mit dem Namen Vardanis (als Philippikos Bardanes byzantinischer Kaiser von 711–713) zu einem Aufstand. Mit Hilfe der Chersoniten und der Chasaren ließ Vardanis sich zum Kaiser krönen, segelte nach Konstantinopel – und ließ Justinian II. und dessen noch im Kindesalter befindlichen Sohn töten.[16] Weder das erste noch das letzte Mal hatte sich das Schicksal von Imperien und ihrer Herrscher also auf der Krim – und damit aus der Perspektive der Metropolen in einer peripheren Weltgegend – entschieden.

Die hervorgehobene Bedeutung der im Südwesten der Krim liegenden Stadt Chersones im Kontext der byzantinischen Reichsstruktur wird am Beispiel der Person Justinians II. und seines Kampfes um den Thron deutlich. Insgesamt ist festzuhalten, dass dieser aus der Perspektive Konstantinopels an der Peripherie gelegene Außenposten des Imperiums von der Antike bis in das 15. Jahrhundert hinein eine große Bedeutung für die Geschichte der Krim und der Schwarz-

---

14 Noonan, The Economy of the Khazar Khaganate, 219 f.
15 Vgl. dazu ausführlich Albrecht u. Herdick (2013).
16 Vgl. dazu u. a. Brook (2006), 136 f.

meerregion insgesamt hatte.[17] Dies liegt vor allen Dingen an der strategisch-ökonomisch wichtigen Lage der Stadt Chersones und der damit verbundenen Mittlerfunktion zwischen Steppe und Metropole sowie zwischen Sesshaften und nomadischen Kulturen. Ihr kommt zudem nicht nur besondere Relevanz im Kontext der Krim selbst (einschließlich der in Kapitel 2 geschilderten Rolle in einem kulturübergreifenden Mythenbestand) zu, sondern sie zählt auch ohne Zweifel „zu den am besten erforschten byzantinischen Städten". Chersones ist geradezu „das Beispiel par excellence für eine byzantinische Stadt der ‚dunklen Jahrhunderte'", so die Feststellung Wolfram Brandes', der aber zugleich vor genau diesem Urteil warnt. Er betont vielmehr die Sonderstellung Chersones' „am Rande der byzantinischen Kultur und in nächster Nähe zu verschiedenen barbarischen Völkerschaften – meist Reiternomaden" und den Umstand, dass die archäologische Forschung seit dem ausgehenden 18. Jahrhundert – korrekter wäre das beginnende 19. Jahrhundert[18] – dort recht energisch vorangetrieben wurde.[19] Die Kenntnis über die verschiedenen historischen Schichten dieser Stadt ist somit größer als über andere vergleichbare Konglomerate.

Die Bedeutung der Krim insgesamt als Kontaktzone auch zwischen den Religionen zieht sich durch ihre Geschichte und wurde in diesem Buch schon wiederholt thematisiert. Epochenübergreifend versuchten die AkteurInnen grundsätzlich (und schon aus pragmatischen Gründen), die gemeinsame Lebenswelt gewaltarm auszugestalten. Allerdings wurde auch im Fall der Krim der Konsens zwischen den diversen religiösen und konfessionellen Gruppen zuweilen gestört. In diesem Zusammenhang wird in der einschlägigen Literatur immer wieder ein gegen die chasarische Oberhoheit gerichteter Aufstand in den Jahren 786/787 erwähnt, der zugleich Hinweise auf die „Höhen und Tiefen des byzantinisch-chazarischen Verhältnisses in der südwestlichen Krim" gibt.[20] Der, wenn man Vasil'ev folgt, erste Bischof von Krim-Gotthia, Johannes (? – 791)[21], soll eine gegen die chasarische Herrschaft gerichtete Revolte angeführt haben. Der auf der Krim geborene Kirchenmann war nach Jahren im Kaukasus wohl um das Jahr 758 auf die Halbinsel zurückgekehrt, was zumeist damit erklärt wird, dass Johannes ein Vertreter der damals dominierenden bilderfeindlichen (= ikonoklastischen) Strömung innerhalb der Kirche gewesen sein soll – und diese Position sollte durch ihn auf der

---

17 Jobst (2013a).
18 Zur Geschichte und dem Stand der Ausgrabungen: Mack u. Carter (2003). Immer noch wertvoll: Jakobson (1959), für einen Überblick über Grabungen im Zarenreich besonders 5–16.
19 Brandes W. (1988), hier 187 f.
20 Albrecht u. Herdick (2013), 31.
21 Vasiliev (1936), 80.

Krim gestärkt werden.²² Dem später heiliggesprochenen Johannes und seinen Anhängern ging es offenbar darum, Doros unter byzantinische Herrschaft zu stellen.²³ Sie erhielten nicht die Unterstützung Konstantinopels, da der „Kaiser den Status quo auf der Krim offenbar nicht antasten" wollte.²⁴ Dennoch gelang es den Aufständischen kurzzeitig, die chasarische Oberhoheit abzuschütteln und den Tudun (eine Art Statthalter) zu vertreiben. Wenige Monate später kehrte die chasarische Macht jedoch zurück, und die Rädelsführer wurden bestraft bzw. von der Krim entfernt oder konnten fliehen. So heißt es zumindest in der Vita des Johannes²⁵, welche zumeist als Grundlage für die Beschreibung dieses Aufstandes genommen wird, wobei aber einige Fragen offen bleiben müssen.²⁶

Die chasarische Macht auf der Krim war von Johannes und seinen Mitstreitern herausgefordert worden, ohne dass ihr Einfluss nachhaltig geschwächt worden wäre. Im Verlauf des 10. Jahrhunderts hatte das Chaganat jedoch neuen Eindringlingen aus dem eurasischen Steppenraum (z. B. Alanen und Petschenegen) zunehmend weniger entgegenzusetzen. Aus dem Nordwesten kamen weitere Bedrohungen – nämlich (wie eingangs bereits erwähnt) in Gestalt der Kiewer Rus', denn der Großfürst „Svjatosláv zog gegen die Chasaren. Als aber die Chasaren das hören, zogen sie aus, mit ihrem Fürsten, dem Kagán. Und sie trafen zusammen, [gegeneinander] zu kämpfen. Und als es zur Schlacht kam, gewann Svjatosláv die Oberhand", so heißt es in der „Nestorchronik".²⁷ Die zunehmende, auch militärische, Schwäche des Chaganats wurde von Zeitgenossen sehr wohl bemerkt. So wird in der berühmten Lehrschrift „De administrando imperio", die offenbar in der ersten Hälfte des 10. Jahrhunderts entstanden ist und zumeist dem byzantinischen Kaiser Konstantin VII. (Porphyrogenitus [der Purpurgeborene], 905–959) zugeschrieben wird, der Machtzerfall der Chasaren deutlich: Die Alanen könnten, „wenn sie wollen, plündern, großen Schaden anrichten und bei den Chazaren große Not verursachen", so hieß es dort. Doch die Alanen waren nicht die einzigen Gegner, genannt werden weitere potentielle Feinde, u. a. Nachkom-

---

22 Vgl. u. a. „Ioann Gotskij", in: Kogonašvili (1995), 93 f. Daher resultiert wohl auch die Auffassung, Johannes hätte am Konzil von Hiereia teilgenommen, das 754 von Kaiser Konstantin V. einberufen und auf dem die Bilderverehrung verurteilt worden war. Eine abweichende Position vertritt Vasiliev (1936), 89 f.
23 Pletnjowa (1978), 125.
24 Albrecht u. Herdick (2013), 31.
25 Vgl. die französische Übersetzung bei Auzépy (2006). Für die russische Version siehe beispielsweise Vasil'evskij (1878).
26 Vgl. Vinogradov (2010), der auf viele Unklarheiten in dieser Quelle hinweist, sowohl in Hinblick auf die Rekonstruktion der Ereignisse als auch auf die Übersetzungen aus dem Griechischen.
27 Müller L. (2001), 79/965.

men der turkstämmigen Protobulgaren.²⁸ Gemessen an der Verweildauer und dem Grad der Durchdringung der Halbinsel mit administrativen Strukturen muss die Herrschaft des Chaganats dennoch als besonders erfolgreich eingeschätzt werden, hatte sie doch für ca. drei Jahrhunderte eine gewisse Stabilität in der Region generiert.

---

28 Belke u. Soustal (1995), 87 f.

9 Die Krim zwischen der Kiewer Rus', Byzanz und seminomadischen Gruppen aus dem eurasischen Raum

> Ein [...] Teil des Volkes der Petschenegen lebt neben dem Gebiet von Cherson; diese treiben mit den Chersoniten Handel und verrichten Dienst für sie [die Chersoniten] und den Kaiser, und zwar in Rußland, Chazaria und Zichia und in allen Gebieten jenseits davon, das heißt sie erhalten von den Chersoniten den vorher für diesen Dienst vereinbarten Lohn, wie er der Arbeit und Mühe entspricht, in der Form von Purpurkleidern, Seidentüchern, Seidenstoffen, Gürteln, Pfeffer, echtem ‚Parthischem' Leder und anderen Waren, die von ihnen verlangt werden, je nach dem zu welcher Vereinbarung ein Chersonit einen Petschenegen überredet oder von diesem überredet wird. Denn weil die Petschenegen frei und sozusagen ihre eigenen Herren sind, verrichten sie nie einen Dienst ohne Lohn.[1]

In diesen ebenfalls aus der Lehrschrift „De administrando imperio" stammenden Zeilen werden einige Güter genannt (Gewürze, Stoffe etc.), die in der Ökonomie des Schwarzmeerraumes eine Rolle spielten und für die Chersones ein Umschlagplatz war. Überdies geben sie Auskunft über die ökonomischen Verflechtungen und Abhängigkeiten zwischen dem byzantinischen Außenposten Chersones, den Petschenegen und der Rus', die in der obigen Übersetzung aus dem Griechischen anachronistisch „Rußland" genannt wird. Die Petschenegen, die im 9. und 10. Jahrhundert weite Teile der heute russischen und ukrainischen südlichen Steppengebiete einschließlich der nördlichen Krim kontrollierten, waren ein weiterer aus dem asiatischen Raum vorgedrungener polyethnischer, multilingualer (überwiegend turksprachiger) Personenverband bzw. eine „nonterritorial professional community", so der Mediävist Omeljan Pritsak.[2] Für die Wirtschaft und das politische Gleichgewicht im Schwarzmeerraum waren sie von großer Relevanz; nicht umsonst heißt es in Konstantins Regierungsanweisung an seinen Nachfolger, dass „es für den Kaiser der Romäer stets von großem Nutzen ist, mit dem Volk der Petschenegen (Patzinakitai) Frieden halten zu wollen, freundschaftliche Vereinbarungen und Verträge zu schließen, jedes Jahr zu ihnen einen Gesandten mit angemessenen und passenden Geschenken zu schicken."[3] Auch die BewohnerInnen der Rus' seien am Einvernehmen mit ihnen interessiert, denn „sie kaufen Rinder, Pferde und Schafe und sie leben davon leichter und

---

1 Belke u. Soustal (1995), 75.
2 Pritsak (1975), 228.
3 Belke u. Soustal (1995), 71.

OpenAccess. © 2020 Kerstin S. Jobst, publiziert von De Gruyter. Dieses Werk ist lizenziert unter der Creative Commons Attribution 4.0 International. https://doi.org/10.1515/9783110520620-011

angenehmer, weil es keines der genannten Tiere in Rußland gibt."[4] Die Petschenegen ihrerseits strebten ebenfalls nach pragmatischen Übereinkünften mit den Nachbarn und betrieben – wie in der Region ja auch in früheren Zeiten üblich – eine flexible Bündnispolitik, schlossen Pakte mit Byzanz (z. B. 914, 968, 972), der Rus' (944) und anderen Anrainern.[5] Zu dieser Flexibilität gehörten aber auch sporadische Einfälle gegen diese, so etwa im Jahr 968, von dem es in der „Nestorchronik" heißt: „Und die Pečenegen umgaben die Stadt [Kiew] mit großer Streitmacht, eine zahllose Menge rings um die Stadt; und es war nicht möglich, aus der Stadt hinauszugehen noch Nachricht zu senden. Die Leute wurden schwach vor Hunger und [Mangel an] Wasser."[6] Im Jahr 972 erlitt die Rus' schließlich eine vernichtende Niederlage gegen die Petschenegen: „Svjatosláv [zog] zu den Schwellen, und Kurja, ein Fürst der Pečenegen, überfiel ihn. Und sie erschlugen den Svjatosláv, und sie nahmen seinen Kopf, und aus seinem Schädel machten sie einen Pokal, indem sie den Schädel umschmiedeten, und sie tranken aus ihm."[7]

Diese und weitere Auseinandersetzungen fanden zwar nördlich der Halbinsel in den Steppengebieten oder auch im Zentrum der Rus' – so die Belagerung Kiews 968 oder die Schlacht um Kiew 1036 – statt, hatten aber dennoch Auswirkungen auf die Krim. Zwischen dem ausgehenden 9. bis ins 11. Jahrhundert hinein fielen Petschenegen (zum Teil in Verbund mit anderen aus dem eurasischen Raum stammenden Verbänden) immer wieder auf der Halbinsel ein. Zu Beginn des 11. Jahrhunderts zeigte sich wieder einmal, dass vor allen Dingen die nördliche Krim und die angrenzenden Gebiete auf dem Festland ein Durchzugsgebiet waren, so dass sich dort keine zentrale Macht etablieren konnte. Hingegen stand der Süden bzw. der Südwesten (Chersones einschließlich des Umlandes sowie Krim-Gotthia) weiterhin unter dem Einfluss Byzanz'. Auch die Petschenegen-Herrschaft sollte nur eine vorübergehende sein. 1036 gelang dem Großfürsten der Rus', Jaroslav I. („Mudryj" [der Weise], um 978–1054), nämlich ein bedeutender Sieg gegen diese, was in der Rückschau als Zeichen gedeutet werden muss, dass deren Zenit überschritten war. Im Süden versuchten sie zwar noch vereinzelte Angriffe Richtung Konstantinopel, erlitten aber empfindliche Niederlagen. Und im Osten bedrohten neue mobile Gruppen diesen Verband, welcher schließlich nach Westen in das Donaugebiet abzog bzw. sich an andere BewohnerInnen akkultu-

---

4 Belke u. Soustal (1995), 72.
5 Pritsak (1975), 232.
6 Müller L. (2001), 80.
7 Müller L. (2001), 90. Das Motiv, aus den abgeschlagenen Köpfen der Gegner Trinkbecher zu machen, ist uns bereits in Herodots Skythenbeschreibung begegnet (vgl. Kapitel 3).

rierte. Eine letzte Erwähnung fanden die Petschenegen in russischen Chroniken unter dem Jahr 1169.⁸

Das Vordringen der Rus' in Richtung Schwarzes Meer war kein linearer Prozess, sondern erfolgte phasenweise. Soweit quellenmäßig erfassbar, kam es seit der Mitte des 9. Jahrhunderts sporadisch zu (teils friedlichen, teils militärischen) Kontakten mit dem Chaganat und Byzanz, die später „systematisch" wurden.⁹ Ein Ereignis von großer Wirkung bis in unsere Zeit – zumindest auf der diskursiven Ebene – war die eingangs geschilderte (vgl. Kapitel 2) Episode um das Jahr 988 herum, als der Großfürst von Kiew aus dem Geschlecht der Rjurikiden, Vladimir/Volodymyr, unter nicht ganz geklärten Umständen Chersones mit seinen Truppen erst belagerte, dann (vermutlich) dort die christliche Taufe erhielt und schließlich die Ehe mit Anna Porphyrogenneta, der Schwester der Kaiser von Konstantinopel, einging; in jedem Fall bedeuteten die Taufe und die Heirat mit einer purpurgeborenen Prinzessin einen erheblichen Prestigegewinn für die bis dahin heidnische Rus'. Dass sich Byzanz auf diese Verbindung überhaupt eingelassen hatte, ist ein Indiz für die Bedeutung, die der Rus' beigemessen wurde. Diese hatte im Gegensatz zu den meisten bisherigen Akteuren, die sich auf dem Land fortbewegten, nämlich „dauerhaften Zugang zu Schiffsressourcen und [setzten] diese auch ein."¹⁰ Friedliche Handelskontakte zwischen der Rus' und Byzanz, die sich aber weiterhin sporadisch mit Raubzügen Kiews gegen Konstantinopel abwechselten, prägten die Beziehungen vor allem seit dem 10. Jahrhundert. In diesem Zusammenhang ist noch auf die Existenz eines aus der griechischen Gründung Hermonassa hervorgegangenen slavischen Fürstentums auf der Pantikapaion/Kerč' gegenüberliegenden Halbinsel Taman hinzuweisen. Dieses trug den Namen Tmutarakan' und war Ende des 10., Anfang des 11. Jahrhunderts unter die Herrschaft eines Zweigs der Rjurikiden-Dynastie gelangt. Der „Nestorchronik" zufolge nahm einer der Söhne Vladimirs, Mstislav (um 988–1034/36), die Stadt nach einem siegreichen Ringkampf mit dem bis dahin Tmutarakan' beherrschenden Fürsten Rededja ein. Dieser hatte vorgeschlagen, nicht die Heere, sondern die beiden Heerführer gegeneinander antreten zu lassen, „[u]nd wenn du gewinnst, so magst du meine Habe und mein Weib und meine Kinder und mein Land nehmen; wenn aber ich gewinne, so nehme ich all das Deine", so das Angebot Rededjas. Als Mstislav den Zweikampf zu verlieren drohte, rief dieser die Mutter

---

8 Pritsak (1975), 231.
9 Pletnjowa (1978), 133–135.
10 Albrecht u. Herdick (2013), 34. Vgl. auch die lebendige Beschreibung des Vordringens der Krieger der Rus' auf dem Wasserweg unter der Überschrift „Über die Russen, die mit Einbäumen aus Rußland nach Konstantinopel kommen" in „De administrando imperio". Belke u. Soustal (1995), 78–86.

9 Die Krim zwischen Kiever Rus', Byzanz und eurasischem Raum

Abb. 5: Taufe Vladimirs, Gemälde von Viktor Vasnecov, 1890

Gottes um Beistand an – und er „schlachtete den Rededja."[11] Diese der Quelle zufolge mit göttlichem Beistand erlangte Herrschaft über Tmutarakan' währte allerdings nicht lange, denn schon im 12. Jahrhundert wurde durch das Vordringen der Kumanen (siehe Kapitel 10) der Niedergang des Fürstentums eingeleitet. 1094 wird es letztmalig in russischen Chroniken erwähnt. In der Folge geriet es unter unterschiedliche Herrschaften.[12] Die Konstellation – sporadisches und streckenweise erfolgreiches Vordringen der Rus' nach Süden, die Existenz Tmu-

---

11 Müller L. (2001), 181.
12 Dazu im Überblick Čchaidze (2010).

tarakan's an der Meerenge von Kerč' – wurde in der russischsprachigen Geschichtswissenschaft, nicht nur des 19. Jahrhunderts, immer wieder dahingehend interpretiert, dass der nördliche Schwarzmeerraum und vor allen Dingen auch die Krim schon seit dem 9./10. Jahrhundert einem dauerhaften slavischen Einfluss ausgesetzt gewesen sei. Diese Lesart passte nicht zuletzt seit dem ausgehenden 18. Jahrhundert den Apologeten russischer Herrschaft über die Region ins Kalkül, da man glaubte, so die Annexion der Krim von 1783 quasi als die Wiedergewinnung alten slavischen Bodens interpretieren zu können.[13] Nicht von einem relevanten Anteil slavischer BewohnerInnen auf der Halbinsel, aber immerhin von einem kurzlebigen Protektorat der Rus' über Krim-Gotthia in den Jahren 962 bis 972 geht mit Vasil'ev selbst eine unbestrittene Autorität der mittelalterlichen Geschichte der Krim aus.[14] Eine andere Autorität, der bedeutende russische Historiker Vasilij O. Ključevskij (1841–1911), widersprach hingegen derartigen Auffassungen.[15]

---

13 So z. B. dem russischem Universalgelehrten Michail V. Lomonosov (1711–1765), der Mitte des 18. Jahrhunderts sogar glaubte beweisen zu können, dass die Sarmaten eigentlich Slaven gewesen seien; demnach hätten ‚Slaven' bereits in den Jahrhunderten vor dem Beginn unserer Zeitrechnung in der Region gelebt. Vgl. Slezkine (1997), 50 und 57. Zu den Versuchen Stalins, für die Region den Beweis einer autochthonen slavischen Bevölkerung zu führen, vgl. Ascherson (1996), 74 f.
14 Vasiliev (1936), 118–126.
15 Kliutschewskij (1925 ff.), Bd. 1., 99.

10 Von Kumanen, Polowzern und Kiptschaken

> Da stieg der Fürst Igor in den goldenen Steigbügel und ritt über das freie Feld. Die Sonne vertrat ihm mit Dunkel den Weg; die Nacht aber, aufstöhnend in Unwettern, machte ihm die Vögel wach, der Tiere pfeifendes Schreien scheuchte sie in Scharen auf. Heulend erhob der Drache sich über die Bäume hin und zwang fremde Länder in seinen Schrei: die Wolga, die Landstriche am Meer und die Sula entlang, Sudak und Korsun und dich, Götzen von Tmutorakan. Und die Polowzer zogen auf unfahrbaren Wegen an den großen Don. Ihre Wagen kreischten in der halben Nacht wie Schwäne, die sich verflogen haben.[1]

Die von Rainer Maria Rilke (1875–1926) besorgte Nachdichtung des berühmten „Igor-Lieds" („*Slovo o polku Igoreve*") gehört zwar nicht zu den in wissenschaftlicher Hinsicht maßgeblichen Übersetzungen dieses ursprünglich in altostslavischer Sprache verfassten Sprachdenkmals,[2] aber sicher zu den schönsten. Von einem Teil der historischen und linguistischen Forschung wurde (und wird) die Authentizität des „Igor-Lieds" immer wieder in Zweifel gezogen,[3] eine Mehrheit hält die Erzählung über den erfolglosen Feldzug des Novgoroder Fürsten Igor Svjatoslavič (1151–1201) im Jahr 1185 gegen die Polowzer und dessen Klage über die Zerstrittenheit der Fürsten der Kiewer Rus' aber für echt und zeitnah nach den beschriebenen Ereignissen verfasst; so etwa der große sowjetische Mediävist Dmitrij S. Lichačëv (1906–1999)[4] oder der Linguist A.A. Zaliznjak (1935–2017). Auf der Basis einer Sprachanalyse des Epos kam dieser zu dem Ergebnis, dass eine Fälschung zwar nicht absolut unmöglich sei, aber dies nur unter der Annahme, „dass sie von einem ausgesprochenen Genie ausgeführt" worden sei.[5] Wie auch immer, für unseren Kontext ist die Erwähnung Tmutarakan's und der an der Südküste der Krim gelegenen Städte Sudak (russ./ukr.; krimtat. Sudaq)[6] und Korsun'/Chersones von Bedeutung. Diese ist geeignet, einmal mehr die Existenz von Verbindungen zwischen der Halbinsel und der Rus' zu untermauern. Zwischen diese beiden Akteure hatte sich allerdings ein weiterer geschoben, wie uns das Epos berichtet: die Polowzer (wie es in slavischen Überlieferungen heißt)[7] oder Kumanen (so in turksprachigen Quellen) bzw. Kiptschaken/Qipčak (in isla-

---
1 Igor-Lied (1989), 14 f.
2 Lied (1989).
3 Vgl. z. B. Filip (1990).
4 Vgl. z. B. Lichačëv (1985).
5 Zaliznjak (2008).
6 In der altoslavischen Version wird die slavische Variante Sudaks – „Surož" – verwendet, vgl. z. B. Igor-Lied (1989), 42. Eine weitere in der Zeit gebrauchte Variante lautet „Soldaia" bzw. „Sugdeja" (griech.).
7 Im Folgenden wird diese Bezeichnung verwendet.

mischen Schriftquellen).[8] Wieder einmal war ein – erneut turksprachiger – Reiterverband aus dem eurasischen Raum in das heute russische/ukrainische Steppengebiet vorgedrungen und übte von dort aus Einfluss auf die Geschicke der Krim aus, indem er im Verlauf des 11. Jahrhunderts die Handelsrouten zu kontrollieren begann. Auch in diesem Fall war er durch seine Mobilität – „Und die Polowzer zogen auf unfahrbaren Wegen an den großen Don", so heißt es im „Igor-Lied" – seinen Gegnern gegenüber im Vorteil. Politisch zeigte sich auch dieser Herrschaftsverband flexibel und etablierte z. B. Handelskontakte mit Byzanz, in denen Sudak eine gewichtige Rolle als wirtschaftliche Drehscheibe spielte. Auch die Beziehungen zur Rus' verbesserten sich ab dem 13. Jahrhundert (also in den Jahrzehnten nach dem Feldzug Igors) und es kam zu zahlreichen ehelichen Verbindungen und militärischen Bündnissen.

Gerade letztere wurden in der Folge wichtig: Als ein Vorbote des im russischen kollektiven Bewusstsein so wirkungsmächtigen sog. Mongolensturms[9] wird ein 1223 erfolgter Einfall der Mongolen auf die Krim angesehen, wo diese u. a. eben Sudak verwüsteten. Die Bedrohung durch diese Invasoren festigte den Bund zwischen den Polowzern und der Rus' nachhaltig: In der Schlacht an der Kalka (in der heutigen südöstlichen Ukraine) im Mai 1223 versuchten die nun geeinten Herrscher der Teilfürstentümer der Kiewer Rus' die Invasoren gemeinsam mit den Verbündeten zu schlagen. Sie scheiterten kläglich, ihre Bezwinger allerdings zogen – vorerst – wieder ab.[10] Als die mongolisch-tatarischen Sieger dann eineinhalb Jahrzehnte später abermals nach Westen vorstießen und dauerhaft blieben, leitete dies den endgültigen Niedergang der Dominanz der Polowzer in der nördlichen Krim und den angrenzenden Steppenregionen ein. Ein Teil akkulturierte sich in der Folge an die Kultur, Ökonomie und Lebenswelten der neuen Herren bzw. man verwandelte sich wechselseitig aneinander an, andere wiederum zogen westwärts; sie folgten somit einem in der Krim-Geschichte etablierten Muster. Die mongolischen Eindringlinge zeigten großes Potential: Batu Chan (1205–1255), Enkel des Činggis Qaγan (Dschingis Chan; um 1155, 1162 oder 1167–1227), dem die Vereinigung der bis dahin separiert agierenden mongolischen Stämme gelungen war, hatte bei seinem Vorstoß Richtung Westen einen ambi-

---

8 Vgl. einführend Golden (2003).
9 Vgl. z. B. die Deutung des slavisch-asiatischen Encounters durch den zur sog. Eurasischen Strömung in der russischen Geistesgeschichte gehörenden Historiker George Vernadsky: Vernadsky (1969).
10 Magocsi (2014), 27 f., ist der Auffassung, dass die mongolisch-tatarischen Truppen in dieser Schlacht wertvolle Erkenntnisse gewonnen hatten, die sie Ende der 1230er Jahre verwerten konnten: „This time they came with a massive military force estimated at between 120.000 and 140.000 troops under the supremecommand of Chinggis Khan's grandson, Khan Batu."

tionierten Plan verfolgt: „to conquer the divided land of quarreling Rus' [...] princes, the lands of Turkish Bulgars and Kipchaks and the Christian lands of Eastern Europe", wie es der Orientalist Brian G. Williams zusammenfasst.[11] Tatsächlich gelang es Batu Chan, die mongolisch-tatarische Herrschaft weithin am Schwarzen Meer und auf weite Teile der Rus' (ausgenommen den Nordwesten) auszudehnen und von der an der unteren Wolga gegründeten Stadt Sarai aus zu administrieren. Von der lange Zeit dominierenden Vorstellung des sprichwörtlich gewordenen „Mongolenjochs", welches so schwer auf den ostslavischen Gebieten gelastet haben soll, hat sich die Forschung übrigens partiell verabschiedet, allerdings ohne die gewaltgenerierenden Aspekte zu negieren. In der Goldenen Horde herrschte, ebenso wie in den anderen mongolischen Teilreichen, beispielsweise religiöse Toleranz, oder besser gesagt: „dem Khan war die Religion der unterworfenen Völker gleichgültig." Überdies wurde nicht versucht, „die sprachlichen, rechtlichen, wirtschaftlichen, sozialen oder kulturellen Verhältnisse zu vereinheitlichen."[12]

Das Zentrum der Horde auf der Krim wurde Eski Qırım (krimtat.: „Alte Festung") genannt – so lautete der neue Name von Solcati, wie die Stadt von den auf die Halbinsel gekommenen Italienern, auf die noch genauer einzugehen sein wird, genannt worden war. Ehe die Neuankömmlinge aus dem Osten die Stadt einnahmen, war sie – wie auf der Krim ja üblich – ethnisch und kulturell vielfältig gewesen, lebten dort doch neben romanischen und turksprachigen BewohnerInnen ebenso Nachfahren der griechischen Kolonisten oder auch Armenier, die über ein weit gespanntes Netz aus Händlern verfügten. Die heute Staryj Krym (ukr./russ.: „Alte Festung" bzw. „Alte Krim") genannte Siedlung liegt strategisch günstig zwischen den südlichen Ausläufern des Krim-Gebirges und der nördlichen Steppenregion im Osten, so dass von dort aus eine umfassende Kontrolle weiter Teile der Halbinsel möglich war.

In der Küstenregion wiederum hatten sich die Machtverhältnisse zu Beginn des 13. Jahrhunderts grundlegend geändert, denn die Herrschaft Konstantinopels über seine Außenposten wie Chersones endete. Was war geschehen? Die Krim-Städte im Süden hatten sich lange dem immer wieder anschwellenden Druck nomadischer Verbände mit mehr oder weniger großem Erfolg erwehren können bzw. Modi des Ausgleichs mit diesen gefunden. Insbesondere in Chersones hatte sich auch deshalb das Christentum früh – wie schon dargelegt – durchsetzen können. Die Oberhoheit der christlichen Macht Byzanz war dort über die Zeit

---

11 Williams (2001), 11.
12 Haumann (1996), 98 f.

weder von den ursprünglich wohl schamanischen Religionen der Polowzer[13] noch vom Judentum (Chasaren) oder dem Islam anhängenden BewohnerInnen aus dem Norden wirklich herausgefordert worden. Die Rolle des Totengräbers der byzantinischen Krim fiel indes den eigenen Glaubensbrüdern zu.

---

13 Williams (2001), 11.

11 Der vierte Kreuzzug (1202–1204) und seine Folgen für die Krim

> Au milieu et comme à la pointe vers le midi est la ville de Soldaïa, qui regarde de côté celle de Sinope: c'est là où abordent tous les marchands venant de Turquie pour passer vers les pays septentrionaux; ceux aussi qui viennent de Russie et veulent passer en Turquie. Les uns y portent de l'hermine et autres fourrures précieuses; les autres des toiles de coton, des draps de soie et des épiceries. Vers l'orient de ce pays-là est une ville appelée Matriga, où s'embouche le fleuve Tanaïs (le Don) en la mer du Pont (mer Noire, ancien Pont-Euxin); ce fleuve, à son embouchure a plus de douze milles de large: car, avant qu'il entre en cette mer, il fait comme une autre mer vers le nord, qui s'étend en long et en large quelque sept cents milles, et sa plus grande profondeur ne va pas à six pas; de sorte que les grands vaisseaux n'y peuvent aller. Mais les marchands venant de Constantinople à Matriga envoient de là leurs barques jusqu'au fleuve Tanaïs, pour acheter des poissons secs, comme esturgeons, thoses, barbotes et une infinité d'autres sortes.[1]

Wilhelm von Rubruk (zwischen 1215 und 1220–1270), ein in Sachen Forschung und Diplomatie u. a. in das Reich der Goldenen Horde[2] reisender Franziskaner-Mönch, beschrieb das auf der Halbinsel Taman liegende Matriga (das ehemalige antike Phanagoria) und vor allen Dingen die Krim-Stadt Soldaia (heute: Sudak) als prosperierende Handelsstädte und Umschlagplätze für Waren jeder Art. Kaufleute nicht nur aus der Rus' (nicht aus „Russland", wie es fälschlich in der Übersetzung heißt) und „Türken" (gemeint sind offenbar turksprachige Händler aus den Gebieten der Horde[3]) machten dort offenbar einträgliche Geschäfte, denn sie trugen „Hermeline und andere wertvolle Pelze." Die Bedeutung der Krim im Allgemeinen für den Austausch von Waren zwischen dem Norden, dem Süden und dem Osten der Schwarzmeerregion sowie dem Kaukasus wird in Rubruks Beschreibung einmal mehr anschaulich. Für Soldaia im Besonderen war die Zeit zwischen dem 11. und dem 14. Jahrhundert eine wirtschaftlich erfolgreiche, zumal es im Seidenhandel eine wichtige Position einnahm. Ibn Baṭūṭah, ein bedeutender musli-

---

1 Rubruquis u. Polo (1888), 24.
2 Die Goldene Horde wird in der einschlägigen Forschungsliteratur auch Chanat genannt. Da dieser Begriff im Deutschen wenig eingeführt ist, wird in diesem Buch der – ausdrücklich nicht pejorativ interpretierte – Terminus „Goldene Horde" präferiert.
3 Die häufige Gleichsetzung der Horde mit „Mongolenreich" ist eigentlich nicht zutreffend, denn Mongolen stellten in diesem sehr fluiden ‚Staat' über die Zeit keineswegs die Mehrheit. Der Islam wurde in der ersten Hälfte des 14. Jahrhunderts adaptiert. Vgl. dazu auch Klein D. (2014). Aus bis heute wenig nachvollziehbaren Gründen, so Magocsi (2014), 29, bürgerte sich schnell die Bezeichnung „Tataren" für die Bewohner der ganzen Horde ein, obgleich damit eigentlich die subalternen turksprachigen Verbände gemeint waren.

mischer Reisender des 14. Jahrhunderts (1304–1368 oder 1369), verglich dessen Hafen sogar mit dem Alexandrias.[4] Ohne Zweifel spielte die Krim mit Soldaia bzw. später mit Caffa (oder auch „Kaffa", heute: Feodosija),dessen Aufstieg vor allen Dingen den italienischen Stadtstaaten Genua und Venedig geschuldet war, in dem von Wirtschaftshistorikern bereits im 13. Jahrhundert ausgemachten ökonomischen „Weltsystem" eine große Rolle, worauf im Zusammenhang mit der sog. Pax Mongolica noch zurückzukommen sein wird.[5] Wie bereits in den Jahrhunderten davor, so war auch zu diesem Zeitpunkt die Rolle der Krim als wirtschaftliche Drehscheibe dann am größten, wenn in den nördlichen Steppen- und Waldgebieten Frieden herrschte und die Meerengen zwischen den Dardanellen und dem Bosporus für die verschiedenen ökonomischen Akteure durchlässig waren. Zu diesen Akteuren gehörten die Republiken Venedig und Genua, die „darauf aus waren, durch die Meerengen in die Märkte des Schwarzen Meeres einzubrechen", was die späten byzantinischen Kaiser zum großen Unmut der ambitionierten maritimen Stadtstaaten phasenweise verhinderten.[6] Im Verlauf des 13. Jahrhunderts aber gelang es ihnen, sich in der Region zu etablieren.

Dem war die bereits erwähnte weitgehende Erosion byzantinischer Macht auf der Krim vorausgegangen, die mit der Eroberung Konstantinopels 1204 im Vierten Kreuzzug ihren Anfang genommen hatte, was zu einem „beträchtlichen machtpolitischen Vakuum" führte und „gleichzeitig als Katalysator für Prozesse [wirkte], die schon vorher in der Entwicklung waren."[7] Die 1198 von Papst Innozenz III. (Ende 1160/Anfang 1161–1216) mit der Bulle „Post miserabile Ierusolimitane" ergangene Aufforderung zur Rückeroberung des Heiligen Landes aus den Händen der muslimischen Dynastie der Ayyubiden hatte bekanntlich einen ganz anderen Verlauf und Ausgang genommen als erwartet: Statt dem Landweg sollten die Kreuzfahrer den Seeweg nehmen, weshalb man sich an Fachmänner – nämlich an die mächtige „La Serenissima Repubblica di San Marco" (dt.: „Die allerdurchlauchteste Republik des Heiligen Markus"), also die Republik Venedig – gewandt hatte.[8] Man einigte sich mit dieser auf den Neubau von fünfzig Schiffen und den Einsatz bereits vorhandener Boote, welche insgesamt 4.500 Ritter, 9.000 Knappen und ca. 20.000 Mann Fußvolk fassen sollten, wofür die Kreuzritter Venedig reichen Lohn – u. a. in Form von Land in den eroberten Territorien – versprachen.[9]

---

4 Pritsak (1991).
5 Abu-Lughod (1989).
6 Ascherson (1996), 148 f.
7 Albrecht u. Herdick (2013), 35.
8 Dazu im Überblick Jaspert (2004); Lilie (2004). Speziell zum Vierten Kreuzzug vgl. Phillips (2004).
9 Karsten (2012), 31.

Das Unternehmen drohte allerdings zu scheitern, da dem Aufruf des Papstes weitaus weniger potentielle Kreuzfahrer gefolgt waren als kalkuliert, was den Ausgang des Projekts und die Entlohnung Venedigs gefährdete. Als Kompensation einigte man sich auf die Plünderung der dalmatinischen – christlichen – Stadt Zara (ital.; kroat. Zadar). Dass dieser Kreuzzug sich auch fürderhin keineswegs gegen sog. Ungläubige (d. h. Nichtchristen) richten würde, wurde alsbald evident, denn noch während sich das Kreuzfahrerheer im Winterlager in Zara befand, fiel die Entscheidung Konstantinopel anzugreifen und zu plündern. Dass Papst Innozenz III. dies durch die Verhängung eines Kirchenbanns verhindern wollte, focht die Kreuzfahrer nicht an. Ihnen galten die Byzantiner als Schismatiker, die keine Rücksicht zu erwarten hatten. Vor allen Dingen lockte sie aber die Vorstellung, in Konstantinopel unvorstellbaren Reichtum vorzufinden. Zudem versprach Alexios Angelos (1182–1204), Sohn des von dessen Bruder abgesetzten Kaisers Isaak II. (um 1155–1204), den von Bonifatius von Montferrat (um 1150– 1207) angeführten Kreuzfahrern byzantinische Soldaten und reiche Beute, falls diese ihm helfen würden, den Onkel zu vertreiben und ihn selbst als Kaiser einzusetzen.[10] Die folgenden, sehr komplexen Ereignisse können hier nicht im Einzelnen nachgezeichnet werden, in jedem Fall erreichte das Kreuzfahrerheer am 24. Juni 1203 Konstantinopel. Es begann eine Zeit der Verhandlungen, wechselseitiger Drohungen und militärischer Machtdemonstrationen sowie schließlich der Einfall der Invasoren, die den zeitgenössischen Quellen zufolge im Frühsommer 1204 ein großes Blutbad in der Stadt angerichtet haben sollen.[11] Dass nicht nur die sich im sog. Morgenländischen Schisma von 1054 ausdrückende theologische und rituelle Entfremdung eine dauerhafte Wiederannäherung der Konfessionen behindert hat, sondern auch die Erinnerung an die Gräuel von Konstantinopel den Beziehungen zwischen orthodoxen und lateinischen Christen nachhaltig schadete, ist unbestritten.[12] Für die Geschichte der Halbinsel Krim waren aber andere Folgen relevanter: Die bereits seit dem Ende des 10. Jahrhunderts von Byzanz mit Handelsprivilegien ausgestatteten Venezianer besaßen mit Pera am Goldenen Horn bereits seit Längerem einen Standort in Konstantinopel – und konnten im Verlauf des 13. Jahrhunderts ihre Stellung in der nördlichen Schwarzmeerregion weiter erheblich stärken. Dabei half die im Vorfeld der Einnahme Byzanz' im März 1204 unterzeichnete Vereinbarung „De Partitio Terrarum Imperii Romaniae" zwischen diesen und den Kreuzfahrern: Venedig erhielt danach drei Achtel des eroberten byzantinischen Gebiets, wobei es sich, „wie es sich

---

10 Dazu Norwich (2000), 202 f.
11 Norwich (2000), 203–215.
12 Vgl. dazu u. a. Külzer (2006).

für die seeorientierten Venezianer verstand, um ein ganzes Netz von Küsten- und Inselbesitzungen" handelte.[13] Dadurch, dass das einstmalig so mächtige Byzantinische Reich als sog. Lateinisches Kaiserreich nur mehr ein Torso war, erhöhte sich der (u. a. auch finanzielle) Einfluss Venedigs zwischenzeitlich noch. Ein gewisser Rückschlag für die venezianischen Schwarzmeer-Ambitionen bedeutete die 1261 erfolgte Rückeroberung Konstantinopels und die Wiederinstallierung des allerdings nie mehr zur alten Stärke gelangenden Byzantinischen Reichs, welches den Venezianern die Durchfahrt durch die Meerengen für eine Weile versperrte. Davon profitierten deren Erzfeinde, die Genuesen, mit denen der Wiedereroberer Konstantinopels und präsumtive Kaiser, Michael VIII. Palaiologos (1224 oder 1225–1282), ausgemacht hatte, sie für ihre Flottenunterstützung mit den Handelsprivilegien zu entlohnen, die bis dahin die Venezianer besaßen.[14] Das Auftauchen der Genuesen am Schwarzen Meer transformierte dieses, wie es der bedeutende rumänische Historiker, Politiker und späteres Opfer der rumänischen „Securitate" Gheorghe I. Brătianu (1898–1953) in seinem immer noch als Standardwerk geltenden Buch „Les Génois et les Vénitiens dans la mer Noire aux XIIIe-XIVe siècles" ausdrückte, in ein „lac génois"[15]; den venezianischen Anteil an der ökonomischen Dominanz der Italiener in der Region stärker berücksichtigend, bezeichnet Charles King das Schwarze Meer hingegen in italienischer Sprache als „Mare Maggiore" („Großes Meer").[16] In der Tat etablierten diese Stadtstaaten häufig in Konkurrenz zueinander, zuweilen aber auch in Kooperation miteinander auf der Krim und in der übrigen Region wichtige Handelszentren.[17] Venedig wickelte seine Geschäfte anfänglich über das prosperierende Soldaia ab, über das nicht nur der eingangs zitierte Wilhelm von Rubruk anerkennend geschrieben hatte. Gegenüber den Genuesen geriet die *„Serenissima Repubblica di San Marco"* allerdings bald ins Hintertreffen: Erstere etablierten u. a. mit Cembalo (heute: russ./ukr. Balaklava; krimtat. Balıqlava) und Lupico (heute: Alupka), vor allen Dingen aber mit Caffa, das neben Pera die wichtigste Kolonie am Schwarzen Meer werden sollte, bedeutende Handelsplätze auf der Krim.[18] Der Niederlassung Caffa sollten bald alle Kontore im Schwarzmeerraum unterstellt werden.[19] Wann genau

---

13 Karsten (2012), 33; vgl. auch Norwich (2000), 215.
14 Dazu im Detail Epstein (1996), 141–143.
15 Brătianu (2014), 171.
16 King (2004), u. a. 65.
17 Zur Kooperation gehörte beispielsweise die gemeinsame Erhaltung des Handelsplatzes Tana (heute: Azov) an der Don-Mündung und das häufige gemeinsame Vorgehen gegen die Ansprüche der Horde. Vgl. dazu Rösch (2000), 77 f.
18 Epstein (1996), 230.
19 Albrecht u. Herdick (2013), 39.

sich die genuesische Macht in Caffa installieren konnte, ist nicht mit letzter Gewissheit festzustellen[20], dass es nach 1261 gewesen ist, steht allerdings fest. Caffa, aber auch andere italienisch beherrschte Handelsplätze, sollte man sich nicht als ethnisch und kulturell kohärenten italienischen/italienischsprachigen Außenposten vorstellen, denn diese Kolonien waren als ökonomische Drehscheiben und alte Realitäten auf der Halbinsel wiedergebende Lebenswelten multiethnisch, -kulturell und -religiös.[21]

Im Verlauf des 13. Jahrhunderts finden wir somit auf der Krim eine Situation vor, die typisch für ihre bis hierhin erzählte Geschichte ist: Eine alles beherrschende Zentralgewalt fehlte weiterhin, stattdessen gab es mehrere ethnisch, religiös und kulturell differente AkteurInnen, die in einem zwischen Koexistenz und Konfrontation changierenden Austauschprozess standen. Konkret bedeutete dies, dass neben den sog. Italienischen Kolonien folgende Herrschaftskonglomerate existierten: Chersones und die u. a. von christlichen Alanen[22] besiedelten anliegenden Gebiete sowie die Krim-Gotthia gerieten in eine nicht exakt zu definierende Herrschaftsbeziehung zum Kaiserreich Trapezunt, während über andere Gebiete – wie etwa das theoretisch den Venezianern zugesprochene, praktisch von Polowzern beherrschte Soldaia/Sudak – kaum Dominanz ausgeübt werden konnte. Das Kaiserreich Trapezunt hatte sich bereits seit Ende des 12. Jahrhunderts – also noch vor dem Vierten Kreuzzug – von Byzanz gelöst und wurde in der Folge zu einem der drei Nachfolgestaaten des Byzantinischen Reiches.[23] Anders als das Kaiserreich Nikaia oder das Despotat Epirus hatte Trapezunt unter der Dynastie der Großkomnenen freien Zugang zum Schwarzen Meer. Deshalb, so die Interpretation des sowjetischen Mittelalterhistorikers G. G. Litavrin (1925–2009), konnte Trapezunt sozusagen der Erbe der byzantinischen Überseegebiete am nördlichen Schwarzmeerufer werden. Wie und wann genau der Übergang vollzogen wurde, könne nicht rekonstruiert werden. Unbestritten sei aber, dass die Krim-Kolonien regelmäßig Steuern leisteten und deren Archonten direkt dem großkomnenischen Kaiser unterstellt gewesen seien.[24] In den ersten Jahrzehnten des 13. Jahrhunderts wurden die übrigen Krim-Gebiete von den bereits hinlänglich beschriebenen Polowzern/Kumanen/Kiptschaken dominiert; es

---

20 Vgl. eine ausführliche Diskussion auf der Grundlage zahlreicher Quellen bei Brătianu (2014), 171–179.
21 Vgl. Balard (1987); Jobst (2015a).
22 Wenskus (1973). Die zur iranischen Sprachgruppe zählenden Alanen waren offenbar Nachkommen der Sarmaten.
23 Zu dessen Geschichte vgl. Karpov (2007); Bryer (1980).
24 Litavrin (1967), 29–49. Von einem größeren Einfluss lokaler Herren gehen Albrecht u. Herdick (2013), 35 f., aus.

folgte eine bis in die Mitte des Jahrhunderts andauernde Phase, in der die aus Asien stammenden oghusischen Seldschuken u. a. Sudak während zweier Zeiträume beherrschten. Trotz der relativ kurzen Dauer ihrer Herrschaft soll es zu einer nicht unerheblichen Einwanderung und zu partiellen Akkulturationen zwischen alten und neuen BewohnerInnen gekommen sein; auch dies ein sehr übliches Phänomen auf der Krim, wo sich eine byzantinisch-ostchristlich-islamische Kontaktzone herausbilden konnte.[25] Die Goldene Horde schließlich etablierte, wie bereits erwähnt, Eski Qırım als ihr Zentrum auf der Krim.

---

25 Ich folge hier Bulgakova (2008), besonders 263 und 274.

12 Pax Mongolica, Handel, Sklaverei und der „Schwarze Tod"

Bedeutende Forscher haben entdeckt, daß es neben ‚autochthonen', d. h. landgeborenen, auch ‚autothalassische', d. h. rein vom Meere bestimmte Völker gegeben hat, die niemals Landtreter gewesen sind und die nichts vom festen Lande wissen wollten, als daß es die Grenze ihrer reinen Meeresexistenz war.[1]

Die Unterscheidung zwischen sog. Landtretern und – um der Diktion des zitierten Carl Schmitts (1888–1985), eines wichtigen, aber wegen seiner Haltung zum Nationalsozialismus auch sehr umstrittenen deutschen Staatsrechtlers und politischen Philosophen, zu folgen – „Seeschäumern", hat viele Autorinnen und Autoren immer wieder beschäftigt. Bei der Betrachtung des Zeitraums zwischen 1280 und 1360 auf der Krim (und darüber hinaus) meint man fast, Schmitt hätte am Beispiel der Interaktionen zwischen der Goldenen Horde und den italienischen Protagonisten in der Schwarzmeerregion die Differenz zwischen Land- und Seevölkern besonders trefflich beschreiben können. Tatsächlich erwähnte er in seinem Werk „Land und Meer" Venedig, pries nicht nur dessen Reichtum, sondern auch „die diplomatische Überlegenheit, mit der die Seemacht die Gegensätze zwischen den Landmächten auszunützen" wusste.[2] Das mächtige Mongolenreich hingegen blieb unerwähnt. Und dies sicher nicht ohne Grund, denn in der vergleichenden Forschung zur Rolle von Imperien in der Geschichte wird immer wieder darauf hingewiesen, dass Historiker und Historikerinnen maritime Großreiche über lange Zeit (und nicht immer überzeugend) für entwickelter und moderner hielten als kontinentale. Mittlerweile ist die Imperiumsforschung von diesem strikten Diktum abgewichen und bescheinigt auch imperialen „Landtretern" innovatives Potential.[3] Wie sich zeigt, ist die Frage nach den italienisch-mongolisch-tatarischen Interaktionen und ihren Folgen für die Halbinsel Krim auch unter Einbeziehung der Kategorien ‚Rückständigkeit' oder ‚Erfolg' höchst interessant.

Tatsache ist, dass sowohl die vermeintlich modernen italienischen Stadtstaaten als auch die angeblich rückständige Goldene Horde über eine gewisse Zeit territorial sehr ausgedehnte, aber in ihren Funktionsweisen und Strukturen sehr unterschiedliche Herrschaftsentitäten aufbauen und erhalten konnten. Festzuhalten ist überdies, dass es ahistorisch wäre, diese in der Vormoderne entstan-

---

1 Schmitt C. (1981), 10.
2 Schmitt C. (1981), 20.
3 Jobst, u. a. (2008), hier 29.

denen Staatswesen mit unseren zeitgenössischen Maßstäben zu messen.[4] Gleichwohl gab es Phänomene, die uns selbst im heutigen Licht als fortschrittlich oder effektiv erscheinen und die von dem ‚rückständigeren' Kontinentalimperium etabliert wurden. Dazu zählen beispielsweise die in der Horde eingeführten Systeme der Besteuerung und Konskription sowie das Straßen- und Postwesen.[5] Es gab weitere moderne Erscheinungen, für die die Mongolen verantwortlich zeichneten: Im Schwarzen Meer und damit eben auch auf der Krim existierte ab dem ausgehenden 13. und bis in die Mitte des 14. Jahrhunderts eine intensive Kontaktzone zwischen den Mongolen, die den eurasischen Raum kontrollierten, und den italienischen Stadtstaaten, die den Seehandel dominierten. Dieser Zeitraum wird ex post als „Pax Mongolica" bezeichnet und umfasst ungefähr die Jahre 1280 bis 1360. Händler konnten in dieser Phase weitgehend sicher ihren Geschäften nachgehen – und besaßen damit einen immensen Aktionsradius, der letztlich von China bis weit nach Europa und Afrika reichte. Diese Sicherheit generierte der mongolische Staat bzw. (wie es wohl treffender ist) Staatenbund, der im Übrigen keineswegs eine Despotie nach unserem heutigen Verständnis war,[6] stellte der Chan doch eher einen Primus inter pares dar.[7] Ein Nebeneffekt der Pax Mongolica war die Verbreitung elaborierter (Kultur-)Techniken aus der Medizin, Mathematik oder Astronomie – und zwar von Osten nach Westen![8]

Durch die allmähliche Desintegration des Mongolenreiches und den sich abzeichnenden Zerfall in einzelne Chanate – eines davon wurde schließlich das Krim-Chanat –, aber auch durch den Ausbruch der Pest, die sich durch den regen Austausch von Menschen und Waren schnell verbreiten konnte, endete die Pax Mongolica. Dies bedeutete aber nicht das Ende der italienischen Kolonien auf der Krim, welche sich noch ein gutes Jahrhundert, bis das Osmanische Reich sich 1475 Caffa einverleibte und die italienischen oder armenischen Kaufleute mehrheitlich nach Pera migrierten (Kapitel 15) bzw. in die Sklaverei gerieten, halten konnten.[9]

---

4 Zur grundlegenden Literatur zur Goldenen Horde zählen u. a. (immer noch – trotz der teilweise problematischen Terminologie) Spuler (1965); Fedorov-Davydov (1973); Weatherford (2004); Halperin (1987); Ostrowski (1998). Vor allen Dingen Ostrowski arbeitet sich sehr überzeugend an der in westlichen Diskursen äußerst dominanten Vorstellung der angeblichen Rückständigkeit der Horde ab.
5 Hartog L. (1996), 164 f.
6 Als sehr wirkungsmächtig für diese Auffassungen erwies sich das mehrfach neu aufgelegte Werk des Soziologen und Sinologen Karl Wittfogels: Wittfogel (1957).
7 Ostrowski (1998), 86. Zur sozialen Schichtung vgl. Spuler (1965), 293–300.
8 Vgl. dazu Hobson (2004); Weatherford (2004).
9 Epstein (1996), 289.

Die Herrschaftsbeziehungen zwischen den metropolitanen Zentren – also Sarai bzw. Venedig und Genua – und den Außenposten/Kolonien nicht nur auf der Krim entsprachen nicht dem neuzeitlichen Muster des Kolonialismus, das von Jürgen Osterhammel treffend als Relation „zwischen Kollektiven, bei welcher die fundamentalen Entscheidungen über die Lebensführung der Kolonisierten durch eine kulturell andersartige und kaum anpassungswillige Minderheit von Kolonialherren unter vorrangiger Berücksichtigung externer Interessen getroffen und tatsächlich durchgesetzt wird",[10] beschrieben worden ist. Die italienischen Stadtstaaten standen eher einem „Emporion", also einem Netz von Handelsniederlassungen als einem „Imperium" vor, setzten auf indirekte Herrschaft und kümmerten sich wenig um die Lebensführung der lokalen Bevölkerung in den sog. Kolonien; dies zumindest solange ihre vorrangigen Interessen – und diese waren primär wirtschaftlicher Art – nicht berührt wurden.[11] Städte wie Caffa erfreuten sich somit einer gewissen Unabhängigkeit, welche zum Teil soweit ging, dass diese eigene Münzen prägen konnten. Überhaupt muss der Anteil privater, lokaler Entrepreneure im Schwarzmeerhandel in dieser Zeit betont werden.[12] Ein Merkmal der mongolischen Herrschaftsausübung wiederum war die schnelle Akkulturierung an die autochthonen Bevölkerungen der eroberten Gebiete sowie ein ausgefeiltes Tribut- und Steuersystem.[13] In dieses waren im Übrigen auch die italienischen Händler einbezogen.[14] Die Androhung und gegebenenfalls auch die Ausübung von Gewalt als Mittel zur Durchsetzung eigener Interessen spielte bei den mongolischen und den italienischen Akteuren durchaus eine Rolle, war aber auch bei der Horde eher letzter Behelf denn Mittel erster Wahl. Gleichwohl gab es zwischen den Kolonien der Seemächte auf der Krim und der Horde auch während der Pax Mongolica Konflikte, und zum Teil entluden diese sich gewaltsam; so z. B. ab 1307, als Chan Tohtu (Tutay; um 1270–1312/13) die in Sarai befindlichen italienischen Händler erst verhaften ließ, dann nach Soldaia/Sudak zurückschickte

---

10 Osterhammel (2003), 21.
11 Vgl. Karsten (2012), 41 f.
12 Di Cosmo (2010), 99. Indikator für eine gewisse Selbstverwaltung der Kolonien ist im Schwarzmeerraum z. B. die 1113 erfolgte Einrichtung einer Art Verwaltungsbüro: „Eight officials regulated navigation to Tana, Caffa and the Black Sea [...]. The office of the Crimea soon had jurisdiction over all ships sailing beyond Sicily and Maiorca." Dieses Officium Gazariae überwachte überdies das für den Schiffsverkehr geltende Regelwerk, so Epstein (1996), 193 f.
13 Der Mittelalterhistoriker Valentin Groebner macht zu Recht darauf aufmerksam, dass unter den Begriffen wie „Vermischung", „Integration" oder auch „Akkulturation" letztlich Folgendes zu verstehen ist: „Es ist das, was ankommende Migranten mit der lokalen Bevölkerung tun und umgekehrt, Eroberer mit Unterworfenen, Sklavenbesitzer mit ihren Sklavinnen und Sklaven: kurz, Sex zwischen Menschen unterschiedlicher Herkunft." Groebner (2007), 432.
14 Di Cosmo (2010), 85.

und ihre Waren beschlagnahmte. Damit nicht genug, sandte der Chan zudem Truppen nach Caffa, welche die Stadt acht Monate lang belagerten, ehe sich die BewohnerInnen mit ihren Schiffen in Sicherheit brachten, nachdem sie ihre Stadt in Brand gesetzt hatten. Erst 1316 wurde sie wieder aufgebaut.[15] Auch untereinander führten die italienischen Seestädte Krieg, so z. B. den Zweiten Venezianisch-Genuesischen Krieg (1294–1299), in dem es nicht zuletzt auch um die Suprematie im Schwarzen Meer ging; dies war ein Konflikt, aus dem die Genuesen mittelfristig siegreich hervorgehen sollten.[16]

Die unter den Bedingungen der Pax Mongolica und auch in der Zeit danach gehandelten Waren waren seit der Antike mehr oder weniger die gleichen geblieben: Getreide, Pelze, Wachs, Honig, Seide, Salz, Gewürze sowie SklavInnen.[17] Die Horde und die italienischen Stadtstaaten arbeiteten Hand in Hand – auch auf dem Gebiet des Menschenhandels.[18] Erstere fungierte als Beschaffer der Ware Mensch, die Italiener verkauften sie dann von Caffa, Tana und anderen Kolonien am Schwarzen Meer aus weiter. Der Anteil, die Folgen und auch die Diskurse über den von christlichen Kaufleuten im Schwarzen Meer durchgeführten Handel mit der Ware Mensch sind mittlerweile gut erforscht.[19] Ob der dortige Umschlag jemals das Ausmaß des transatlantischen Menschenhandels annahm, kann nicht mit Gewissheit gesagt werden,[20] er war aber in jedem Fall ein bedeutender Wirtschaftsfaktor. Nach Abschluss eines Vertrags zwischen Michael VIII. Palaiologos und dem ägyptischen Sultan Baybars (ca. 1223–1277), in welchem letzterem das Recht auf den jährlichen Import von zwei Schiffsladungen[21] voller Sklaven aus der Schwarzmeerregion zuerkannt wurde, entwickelte sich die ‚Sparte' besonders dynamisch. Genuesen und Venezianer richteten in Caffa, Tana und Alexandria gut florierende Sklavenmärkte ein. Selbst nach dem Ende der Pax Mongolica lief das Geschäft ausgezeichnet: Zwischen 1414 und 1423 sollen allein aus Caffa 10.000 importierte Sklavinnen und Sklaven nach Venedig verkauft worden sein.[22] Seit der Antike war der über das Schwarze Meer abgewickelte Menschenhandel eine sehr internationale Angelegenheit, beteiligten sich doch

---

15 Brătianu (1969), 262.
16 Vgl. Rösch (2000), 77 f.
17 Vgl. hierzu u. a. Hryszko (2004); Brătianu (1969), u. a. 186, der dem Sklavenhandel als Wirtschaftsfaktor in der mongolischen Gesellschaft eine größere Bedeutung zumisst als in den Feudalstaaten Europas.
18 Seit dem 10. Jahrhundert beteiligten sich auch slavische Händler in einem nicht genau feststellbaren Ausmaß am Sklavenhandel. Vgl. Fisher (1972b), 576.
19 Epstein (2001); Quirini-Popławska (2002).
20 King (2004), 116, und die dort angeführte Literatur.
21 Es konnte nicht eruiert werden, wie viele Menschen eine Schiffsladung umfasste.
22 Vgl. Fisher (1972b), 577.

viele ethnische, kulturelle und religiöse Gruppen daran, so z. B. die seit der Renaissance in gebildeten europäischen Oberschichtskreisen so verehrten ‚alten' Griechen oder seit dem 10. Jahrhundert auch aus der Kiewer Rus' stammende slavische Händler.[23] In westlichen Diskursen wurde jedoch primär der muslimische Anteil an diesem globalen Geschäft hervorgehoben, worauf im Kontext des Krim-Chanats noch einmal zurückzukommen zu sein wird.[24] Für die Venezianer – und dies gilt auch für die Genuesen – ist aber zu konstatieren, dass diese von Beginn an „ein Volk von Sklavenhändlern" gewesen sind.[25]

Auf die positiven Folgen der Pax Mongolica, die das Schwarze Meer mit den Worten Brătianus ja zur „plaque tournante du trafic international" gemacht hatte,[26] ist bereits hingewiesen worden, verbreiteten sich doch nicht nur Waren, sondern auch Wissen. Es gab aber genauso negative Folgen – und dazu zählte die Verbreitung der Großen Pest[27], welche verheerend wirkte, weite Landstriche Europas entvölkerte[28] und im kollektiven Gedächtnis des Kontinents traumatische Spuren hinterlassen hat.[29] Neal Ascherson fasste diese Dialektik knapp und treffend zusammen: „Die Seidenstraßen brachten Reichtum, dann aber den Tod."[30] Über Jahrhunderte und sogar noch unter Epidemiologen unserer Zeit verband/verbindet man mit Caffa das Übergreifen der Pest nach Europa. Im Zentrum steht dabei eine Geschichte, welche in leicht abgewandelten Varianten immer wieder erzählt wird und deren Authentizität stark angezweifelt werden muss. Sie sagt in jedem Fall einiges über das europäische MuslimInnen-Bild aus: Bei einer der zeitweisen Auseinandersetzungen zwischen der Horde und den Genuesen im Jahr 1347 hätten die mongolischen Belagerer die Körper von Pesttoten aus ihrem Heer in die überwiegend christliche Stadt katapultiert, um die widerständigen Bürger des ausgezeichnet befestigten Caffas zu schwächen. In der westlichen Forschung wird schon seit längerer Zeit vermutet, dass diese auf den aus Piacenza stammenden Rechtsgelehrten Gabriel de Mussis (ca. 1280 – ca. 1356) zurückgehende Geschichte nicht überzeugen kann. Mittlerweile gilt es als gesi-

---

23 Fisher (1972b), 576.
24 Dazu detaillierter für diesen späteren Zeitraum Kizilov (2007).
25 Rösch (2000), 138.
26 Brătianu (1969), 225.
27 Dazu Bernstein (2009), zur Großen Pest 138 f.
28 Zur Einführung Fouquet u. Zeilinger (2011), zur Großen Pest besonders 107–110. Über die Opferzahl herrscht in der Forschung keine Einigkeit: Brătianu (1969), 237, geht beispielsweise von ca. einem Drittel der damaligen europäischen Bevölkerung aus, was für 20 bis 25 Millionen Tote spräche. Weitaus höher die Schätzung bei Benedictow (2004), 380 f., der sechzig Prozent für wahrscheinlich hält.
29 Meier M. (2005).
30 Ascherson (1996), 152.

chert, dass de Mussis kein Augenzeuge der Ereignisse von Caffa gewesen sei – und diesen Ort niemals besucht habe, wie man lange fälschlicherweise annahm. Die Pest hat vermutlich „schon auf andere Weise [...] auf die belagerte Stadt übergegriffen", durch infizierte Ratten oder Flöhe beispielsweise, die in direkten Kontakt mit den BewohnerInnen der Stadt gekommen sein mussten.[31] In einer medizinischen Zeitschrift wurde vor einigen Jahren nämlich festgehalten, dass der in dieser Legende beschriebene Übertragungsweg der Yersinia pestis, wie der lateinische Name der Pest lautet, unrealistisch ist, denn infizierte Flöhe verlassen tote Körper, die somit selbst nicht mehr ansteckend seien.[32] Gerne wurde die Katapulterzählung aber als eine frühe Form bakteriologischer Kriegsführung interpretiert, erdacht und durchgeführt von den sinistren Angehörigen der asiatischen Horde.[33] So oder so – von der Krim aus verbreitete sich die Epidemie mit großer Geschwindigkeit und den bekannten, schrecklichen humanitären Folgen. Wirtschaftlich fiel die Bilanz der Pestfolgen für Niederlassungen wie Tana oder Caffa dennoch gemischt aus: Durch die Auseinandersetzungen mit der Goldenen Horde unter der Herrschaft des Chans Ğani Beg (Dschani Beg; ?–1357; Chan 1342–1352) und die Entvölkerung zahlreicher Städte im Schwarzmeerraum durch die Pandemie verschlechterte sich die Lage erst einmal;[34] da durch den Schwarzen Tod aber europaweit ein großer Mangel an Arbeitskräften entstanden war, verteuerte sich alsdann die Ware Mensch – wovon die italienischen Kolonien als Umschlagplatz für Sklavinnen und Sklaven profitierten.

Albrecht und Herdick stellen fest, dass sich Genua erst dann – in der zweiten Hälfte des 14. Jahrhunderts – von einem „im Wesentlichen ökonomischen zu einem bedeutenden politischen Faktor auf der Krim zu entwickeln" begann.[35] 1365 eroberte Genua beispielsweise das bislang vorwiegend von Venedig beherrschte Soldaia/Sudak, womit dem langjährigen Konkurrenten ein erheblicher Schlag versetzt wurde. In dem den Vierten genuesisch-venezianischen Krieg beendenden Frieden von Turin (1381) wurde Venedig sogar für zwei Jahre verboten, Tana anzulaufen. Es zeigte sich also: „Genua aber war mächtiger"[36] – als Venedig.

Parallel veränderte sich auch die Lage eines anderen Akteurs, denn nach dem Tod des Chans Ğani Beg zeichnete sich der allmähliche Niedergang der Goldenen

---

31 Bulst (1979), hier 46.
32 Gerste (2004).
33 Vgl. z. B. Derbes (1966). Dito bei Brătianu (1969), 244, über „[c]ette formule de guerre microbienne".
34 Ascherson (1996), 153, gibt an, dass zwischen Dezember 1347 bis September 1348 drei Viertel der europäischen Bevölkerung in den dortigen Kolonien starben.
35 Albrecht u. Herdick (2013), 41.
36 So auch der Titel einer populärwissenschaftlichen Publikation: Kurowski (1986).

Horde ab, wurden die Partikularinteressen lokaler Emire doch immer stärker. Zwar versuchte sich der Emir Mamāi (1335–1380), der sich am unteren Don und eben auf der Krim eine Machtbasis hatte aufbauen können, noch einmal an der Einigung der auseinanderstrebenden Gebiete, scheiterte damit aber: Der Versuch, die mongolische Dominanz in der Kiewer Rus', deren Gebiete ja seit Mitte des 13. Jahrhunderts fast vollständig tributpflichtig waren, wieder herzustellen, kulminierte in der im russischen kollektiven Gedächtnis bis in unsere Zeit so berühmten Schlacht auf dem Kulikovo pole (Schnepfenfeld) im Jahr 1380. Mamāis Truppen verloren diese bekanntlich, was in der Rückschau als der Anfang vom Ende der Mongolenherrschaft über die Rus' interpretiert wurde. Und sogar mehr als das: Wenn man denn Lev N. Gumilëv (1912–1992) folgen will, Sohn der großen russischen Dichterin Anna Achmatova und ein den sog. Eurasiern zuneigender Historiker, markiert diese Schlacht die Geburt der russischen Nation: „Leute aus Suzdal', Vladimir, Rostov, Pskov gingen auf das Feld von Kulikovo, um als Vertreter ihrer Fürstentümer zu kämpfen, aber sie kehrten von dort als Russen zurück."[37] Er sprach der Schlacht deshalb weltgeschichtliche Bedeutung zu. Für die Geschichte der Krim ist vor allen Dingen Folgendes von Relevanz: Im Vorfeld des Waffenganges gegen die Rus' hatte es eine Verbesserung des mongolisch-genuesischen Verhältnisses gegeben, welches ja in der ersten Hälfte des Jahrhunderts angespannt gewesen war. Folgerichtig suchte – und fand – Mamāi nach der Niederlage auf dem Kulikovo pole Zuflucht hinter den Mauern Caffas, wo er allerdings einem Giftanschlag erlag.[38]

Der Chan der Goldenen Horde Toktamış (Toktamisch/Toqtamisch/Tohtamyš; ?–1406/1407; Chan der Goldenen Horde 1380–1395) führte, obgleich er den Sonderwegen Mamāis ablehnend gegenüberstand, die von diesem wieder aufgenommene Politik der Kooperation mit den Genuesen – zum Nachteil der ohnehin schon im Schwarzen Meer ins Hintertreffen gelangten Venezianer – fort. Genua dominierte fortan letztlich die ganze südliche Krim-Küste einschließlich des Azovschen Meeres und der Halbinsel Taman. Allerdings wurden viele Gebiete in der Region in die immer stärkeren Konflikte zwischen der Goldenen Horde und dem Timuriden-Reich unter Timur (Lenk, der Lahme; 1336–1405) hineingezogen.[39] Dessen militärischen Erfolge, Talente, aber auch seine Gewaltbereitschaft werden häufig mit denen des großen Mongolen-Chans Činggis Qayan verglichen.[40] 1395

---

37 Gumilëv (1997), 173.
38 Spuler (1965), 120.
39 Nagel (1993).
40 So z. B. Soucek (2000), 123. Das Timuriden-Reich existierte zwischen 1370 und 1507, dessen Kerngebiete umfassten in etwa die heutigen Staaten Afghanistan, Iran und Usbekistan. Hauptstadt war anfangs Samarkand, später Herat.

zerstörten dessen nach Westen vordringenden Truppen Tana und auch Teile der Krim.

13 Das Fürstentum Theodoro und ein litauisches Intermezzo

> Außergewöhnliche Kirchen sehe ich und prächtige Paläste,
> unter der Erde wunderbare buntfarbige Meißelarbeiten,
> oben auch Säulen, staubige Gräber.
> Und wieso stehst Du verlassen da, ohne eine Menge Volks?
> Denn selbst, wenn das Land Chazarien unbesiedelt wäre,
> solltest du sogar allein, höchst liebliche, besiedelt sein.
> Weinend, aus der Tiefe der Seele, des Stöhnens und der Klage
> Trug sie [die Stadt] mir folgendes aus traurigem Herzen vor:
> [...] Wenn ich dir von meinen häufigen Verlusten erzähle,
> von Kriegen und den Schrecken [...]
> von den Volksstämmen, die mich ganze sieben Jahre umzingelten [...]
> und dem Gemetzel und Lanzenschwingen derer drinnen und derer draußen,
> [...] werde ich mich mit vielen Seufzern und Klagen anfüllen,
> dich wiederum mit Gejammer und Tränen übersättigen.[1]

In dieser ursprünglich in einer Mischung aus Alt- und dem damaligen Volksgriechisch verfassten Erzählung des Priestermönches (Exarch) Matthaios über seine vermutlich im Frühjahr oder Sommer 1396 durchgeführte Reise durch die Krim bedient sich der Autor einer recht interessanten narrativen Komposition: Der Erzähler Matthaios, sich selbst einleitend als „minderwertigen und nichtigen Priester" bezeichnend,[2] lässt die Leserschaft die Krim durch die Augen eines „Fremden" erleben. Dabei handelt es sich wohl um Matthaios selbst, spricht aus seinen Worten doch Landeskenntnis.[3] Er bzw. der Fremde teilt mit der Leserschaft ein offenbar intensives Erleben von Schönheit, welches er bei der Betrachtung der Umgebung empfand. Was für spätere Krim-Beschreibungen signifikant ist, ist für das ausgehende 14. Jahrhundert jedoch bemerkenswert:

> Sobald ich sie [die Stadt] plötzlich von ferne gesehen und erblickt hatte,
> geriet ich außer mir, stand still völlig stumm vor Bewunderung.
> Nach einem kleinen Spaziergang fand ich einen alten Weg;
> Ganz und gar überaus liebliche Wasser, bewässerte Gärten,
> Fontänen vor den Augen sprudeln, dass der Ort ein gutes Klima hatte.[4]

---

1 Erzählung (2003), 47, 49 und 51. Im Folgenden beziehe ich mich vor allen Dingen auf Beyers Ausführungen und seine Übersetzung.
2 Zu dessen Biographie vgl. Erzählung (2003), 28 f.
3 So auch bereits die Auffassung bei Vasiliev (1936), 188.
4 Erzählung (2003), 41 und 43.

OpenAccess. © 2020 Kerstin S. Jobst, publiziert von De Gruyter. Dieses Werk ist lizenziert unter der Creative Commons Attribution 4.0 International. https://doi.org/10.1515/9783110520620-015

Beim Näherkommen wird er aber der Zerstörung der Stadt gewahr und tritt alsdann in den Dialog mit dieser, welche ihm leer und fast unbewohnt erscheint, aber deren ehemalige Schönheit („prächtige Paläste, unter der Erde wunderbare buntfarbige Meißelarbeiten") er gleichwohl wahrnimmt. Die Stadt erzählt ihm von einer siebenjährigen Belagerung, dem „Gemetzel und Lanzenschwingen", und ihrer anschließenden Aufgabe durch ihre BewohnerInnen. Bei der genannten Stadt handelt es sich neueren Forschungen zufolge um Theodoro im bergigen Südwesten der Halbinsel, das ehemalige Doros der Krim-Gotthia und heutige Mangup-Kale, welches aufgrund seiner pittoresken Lage auf einem Tafelberg und seiner in die Felsen geschlagenen Höhlensiedlung auch heute noch viele Besucher anzieht. Die Stadt ‚erzählt' dem Fremden offenbar von der um das Jahr 1373 beginnenden Belagerung Theodoros durch Mamāi und der erst im Jahr 1381 erfolgreichen Eroberung der Stadt durch Toktamış. Dieser wiederrum konnte mit seinen Truppen die Stadt bis 1395 halten, bis der Armee Timurs das Vordringen eben auch bis in das Bergland der Halbinsel gelang. Diese beiden Besatzungen seien, so der Byzantinist Beyer, „streng zu unterscheiden [...]. Unter Tochtamyš ging das Leben in der Stadt weiter, unter Timur erlosch es für einige Zeit."[5]

Wenn wir uns von der Erzählung Matthaios' ausgehend den weiteren Ereignissen auf der Krim im ausgehenden 14. Jahrhundert zuwenden, ist Folgendes von Bedeutung: Toktamış erinnerte sich in Anbetracht seiner Niederlagen gegen Timur offenbar eines Verbündeten seines ehemaligen Konkurrenten Mamāi – des Großfürstentums Litauen, welches 1386 eine Personalunion mit dem Königreich Polen eingegangen war. Dieses hatte seine maximale geographische Ausdehnung erlangt, hatte es seinen Einflussbereich doch bis an das Schwarze Meer ausgedehnt[6] – und kurzzeitig sogar auf die Halbinsel Krim. Lange Zeit war Litauen als einzige Regionalmacht in der Lage gewesen, der Goldenen Horde militärisch etwas entgegenzusetzen. Als Toktamış nun nach einigen Misserfolgen gegen die Timuriden und seiner zwischenzeitlichen Entthronung durch den Emir Edigü (Idiqu; 1352–1419) und Timur Kuthlug (Timer Qotlığ; 1370–1399)[7] Unterstützung suchte, wandte er sich also an den Großfürsten Vytautas (Witold; 1354 oder 1355–1430), um die Macht innerhalb der Horde wiederzuerlangen. 1398 konnte dieses Bündnis tatsächlich das Zentrum der Horde auf der Krim, Eski Qırım, und wohl auch Theodoro von den Timuriden zurückerobern; dies gelang u. a. deswegen, so Albrecht und Herdick, da der bisherige Unterstützer Timurs, Edigü, „der neue Anführer der Goldenen Horde, sich gleichzeitig im Konflikt mit den Genuesen

---

5 Erzählung (2003), 31.
6 Zur frühen Geschichte Litauens vgl. Rowell (1994).
7 Dieser ist nicht zu verwechseln mit dem bereits genannten Timur Lenk, der diesen und Edigü allerdings gegen Toktamış unterstützte.

befand."⁸ Dies hätte der Beginn einer mehr oder weniger dauerhaften Präsenz litauischer Macht auf der Krim sein können. Die Niederlage der Litauer an der Seite Toktamış' 1399 bei der Schlacht an der Vorskla (einem Nebenfluss des Dneprs), einer der größten Schlachten des Mittelalters⁹, verhinderte dies jedoch. Nur noch mittelbar wurde ein litauischer Einfluss auf die Geschicke der Krim spürbar, eben im Zusammenhang mit den Auseinandersetzungen um die Dominanz innerhalb der Territorien der Goldenen Horde. Diese verlor ihrerseits weiterhin rasant an Zusammenhalt, was nach dem Tod Edigüs 1419 besonders spürbar wurde. Auch wenn die Goldene Horde formell noch bis zum Beginn des 16. Jahrhunderts bestand, so waren die Abspaltungen der Chanate Kazan' (1438) und vor allen Dingen der Krim (um 1441/1443) doch ein deutliches Zeichen für die Machterosion.

Das Fürstentum Theodoro (Krim-Gotthia) im bergigen Südwesten der Krim wurde bereits im Kontext der Goten-Phantasien in deutschsprachigen Diskursen (vgl. Kapitel 2) sowie als Nachfolgestaat des Byzantinischen Reiches im Verbund mit dem Kaiserreich Trapezunt erwähnt. Da es bis zu seiner Eroberung durch die Osmanen im Jahre 1475 existierte, war es demnach der Teil des byzantinischen Imperiums, welcher am längsten seine Unabhängigkeit bewahren konnte. Seine Bevölkerung war (wie auf der Krim üblich) vielgestaltig: neben Nachfahren der Krimgoten, Griechen, Armenier, Alanen oder Krim-Karäer (auf die noch zurückzukommen sein wird) lebten dort auch turksprachige BewohnerInnen – und mehrheitlich Orthodoxe. Zu der für die längste Zeit der Krim-Geschichte höchst signifikante Multi-Religiosität bzw. -Konfessionalität trug also die Krim-Gotthia entschieden bei, repräsentierte sie doch neben Chersones die Orthodoxie, während durch die italienischen Territorien der lateinische Ritus und durch die Horde der Islam den Weg auf die Halbinsel gefunden hatten. Jüdinnen und Juden gab es, wie schon erwähnt, bereits vor der Chasarenherrschaft auf der Krim, seit dem 1. Jahrhundert n. Chr. ist ihre Anwesenheit dort nachweisbar.¹⁰

Die Bestimmung des politischen Status und der Rolle des Fürstentums innerhalb des sehr komplexen Machtgefüges zwischen Horde und italienischen Kolonien (vornehmlich Genuas) ist nicht leicht festzustellen: Zum einen sind die Kenntnisse über die Verhältnisse im 14. und 15. Jahrhundert im Landesinneren eher bescheiden,¹¹ zum anderen klaffte eine erhebliche Lücke beispielsweise zwischen den ambitionierten Ansprüchen Genuas gegenüber Theodoro und den Möglichkeiten, diese auch durchzusetzen: Im Verlauf des 14. Jahrhunderts hatte

---

8 Albrecht u. Herdick (2013), 42.
9 So bei Bunar u. Sroka (1996).
10 „Evrei (Juden)", in: Kogonašvili (1995), 82f.
11 Albrecht u. Herdick (2013), 43.

sich in der genuesischen Administration in Caffa die Auffassung durchgesetzt, das Fürstentum befände sich ihr gegenüber in einem Vasallenverhältnis; doch dies war in der Praxis nicht zu erreichen, fehlten Caffa doch dazu die realen Machtmittel. Die theodorischen Fürsten hatten sich vordem ihrerseits unter nicht genau bekannten Umständen – „veiled in obscurity", wie Vasil'ev es ausdrückte – aus dem formellen Abhängigkeitsverhältnis gegenüber dem Kaiserreich Trapezunt lösen können.[12] Und diese ‚Lücke' wollte Caffa offenbar füllen. Das Fürstentum agierte seinerseits in den Jahren vor dem Fall Konstantinopels durchaus eigenständig, unterhielt beispielsweise recht intensive außenpolitische Verbindungen mit „anderen kleinen und mittleren Mächten des Schwarzmeerraumes" wie Bulgarien, Serbien, Moldau oder der Walachei.[13] Diese Bündnisse wurden nicht zuletzt durch eine rege und erfolgreiche Heiratspolitik gestärkt.[14] In jedem Fall entwickelte sich Theodoro in der ersten Hälfte des 15. Jahrhunderts zum dritten Machtzentrum auf der Halbinsel – neben Genua und dem aufstrebenden und noch ausführlich zu behandelnden Krim-Chanat.[15] Der Aufstieg des Fürstentums, der in Anbetracht der weitgehenden Entvölkerung nur wenige Jahrzehnte davor (von der Matthaios so eindringlich berichtet hatte) umso erstaunlicher ist, war wesentlich mit dem Namen des Fürsten Alexios I. (vermutlich 1403–1444, 1445 oder 1447) verbunden, der vermutlich aus der Adelsfamilie der Gabrades stammte, die ihre Wurzeln im Kaiserreich Trapezunt besaß. Konflikte mit den Genuesen waren in der Folge weitaus häufiger als mit den muslimischen Akteuren. Ein ständiger Konfliktpunkt war Cembalo, das heutige Balaklava, das bis 1345 zu Theodoro gehört hatte und welches Alexios – wie den übrigen Küstenstreifen, der ehemals zum Fürstentum gehört hatte – nun von Caffa zurückhaben wollte.[16] Obgleich Genua dafür wohl nicht unerhebliche finanzielle Ausgleichszahlungen an Theodoro leistete, zeigte Alexios sich damit nicht zufrieden. Es kam 1422–1424 und 1433–1441 zu bewaffneten Konflikten zwischen den Antagonisten. Die genuesische Seite fürchtete den in ihren Augen ungemein hartnäckigen, „unverschämten Alexis" („insolent"), wie Vasil'ev Quellen aus Caffa

---

12 Vasiliev (1936), 182.
13 Albrecht u. Herdick (2013), 43.
14 Brătianu (1969), u. a. 321.
15 Ich folge hier und im Folgenden primär Vasiliev (1936), 194, dessen Geschichte der Krimgoten Maßstäbe gesetzt hat. Albrecht u. Herdick (2013), 44, gehen mit Bezug auf Quellen aus dem genuesischen Überlieferungskontext sogar noch weiter als dieser, indem sie Theodoro als eine der wichtigen Mächte in der ganzen Schwarzmeerregion bezeichnen – neben den von Vasiliev genannten wird noch das bis 1461 existierende Kaiserreich von Trapezunt genannt.
16 Zu den Grenzverläufen und Konflikten zwischen Theodoro und den genuesischen Gebieten wegen Cembalo vgl. Bočarov (2017).

entnehmen konnte.[17] Grundsätzlich war das Kriegsglück in diesen Konflikten ein wechselhaftes, hatte doch mal die eine, mal die andere Seite Oberhand. Die Politik Alexios' zielte in jedem Fall darauf ab, sein Fürstentum an dem so lukrativen Schwarzmeerhandel partizipieren zu lassen. 1427 kam er diesem Ziel einen erheblichen Schritt näher: Auf der Halbinsel von Chersones, auf dem Gebiet des heutigen Inkerman, ließ er auf den Grundmauern einer strategisch günstig gelegenen, aber geschliffenen byzantinischen Festung aus dem 8./9. Jahrhundert eine neue errichten, die den Namen Kalamita erhielt; diese schützte den alsdann in der Nähe angelegten Hafen von Avlita, welcher der einzige innerhalb des Fürstentums werden sollte. Die Verantwortlichen in Caffa sahen in diesem wohl eine ernstzunehmende Konkurrenz und gingen wiederholt gegen Avlita und dessen BewohnerInnen vor.

Die Einnahme Caffas selbst – als unbestrittenes Zentrum des Handels auf der Krim – stand trotz der Existenz Avlitas ganz oben auf der Agenda des Fürsten von Theodoro.[18] Konflikte Genuas mit anderen Mächten (u. a. dem Fürstentum Moldau und Trapezunt),[19] vor allen Dingen aber mit dem unbestrittenen Gegner Nummer eins – Venedig –, nutzte Alexios aus, indem er ein Bündnis mit diesem schloss.[20] Der seit 1433 währende Konflikt wurde 1441 beendet und war von den italienischen Kontrahenten Venedig und Genua an zwei Schauplätzen, nämlich sowohl in der Heimat als auch im Schwarzen Meer, ausgefochten worden. Wirkliche Sieger gab es zumindest auf der Krim aber nicht: Das Fürstentum Theodoro verlor zwar beispielsweise Cembalo, konnte sich aber an anderen Teilen der Küste, u. a. im nun so wichtig gewordenen Avlita, halten. Genuas wirtschaftliche Lage verschlechterte sich indes, auch wenn es sich noch mehrere Jahrzehnte in der Region behaupten konnte.[21] Dennoch: Sowohl die Tage Theodoros als auch der genuesischen Kolonien waren gezählt; neue Akteure traten auf.

---

17 Vasiliev (1936), 204.
18 So Vasiliev (1936), 205: „Alexis did not abandon his cherished dream of taking possession of this important fortress and port."
19 Albrecht u. Herdick (2013), 44.
20 Dazu im Detail Vasiliev (1936), 205–207.
21 Ausführlich: Epstein (1996), 273 f.

14 Das Krim-Chanat. Die Anfänge

Das Geschlecht der Khane oder Fürsten der Tataren wurde von alters her das der Cyngiss genannt, von wo aus irgendein Khan Lochtonus stammt [...]. Lochtonus fand die griechischen Herzöge, die Mancopia und Ingermen bewohnten, und die genuesischen Italiener, die in Iamboli und Chapha siedelten, und ferner die übrigen Völker auf der Halbinsel vor. Mit ihnen hatte er Freundschaft, Frieden und Verträge, bis sie von den Türken besiegt und durch den Krieg geschwächt worden waren. Die Vorgänger der Khane betrieben sogar unbefangen und beständig über viele Jahre eine gemeinsame Münze [...]. Nachdem allerdings diese Völker niedergerungen waren und die Burgen und Städte fast der gesamten Küste entrissen und besetzt waren, zwang der Türkenkaiser [...] den Khan [...] unter seine Herrschaft und unterwarf ihn [...]. Daher anerkennen die Khane die Oberherrschaft der Türken.[1]

Diese kurze Passage stammt aus einem der ersten erhaltenen umfangreichen Reiseberichte über die Krim aus der Zeit des Humanismus. Dieser wurde 1579 von Marcin Broniewski (zuweilen auch Broniowski) verfasst, einem im Dienste des polnischen Königs Stephan Bátory (ungar. Báthory István; litauisch Steponas Batoras; 1533–1586) stehenden Diplomaten, der vermutlich 1593 verstarb. Der in lateinischer Sprache niedergeschriebene Bericht basiert auf dessen 1578 und 1579 im Auftrag Bátorys durchgeführten Gesandtschaftsreisen in das Krim-Chanat. 1595 erschien er erstmalig in Köln, gedruckt unter der lateinischen Namensform des Autors: Martinus Bronovius de Biezdzfedea.[2] Getreu dem damals unter den europäischen Eliten verbreiteten humanistischen Bildungsideal wollte der Autor dem König eine Kostprobe seiner Gelehrsamkeit und Sprachgewandtheit geben; zumindest Letzteres, so das Urteil des Übersetzers Albrecht, gelang nicht, „[d]enn trotz des sprachlichen Eifers, den er in seiner ‚Descriptio' zeigte, kann man nicht behaupten, dass er [Broniewski] ein schönes Latein schrieb."[3] Dennoch ist diese Beschreibung von großer Bedeutung für Krim-HistorikerInnen und -ArchäologInnen, liefert sie doch eine der raren Beschreibungen über das Chanat im 16. Jahrhundert, über seine Topographie und vor allen Dingen die Sitten und Gebräuche, den Glauben oder die bei Waffengängen angewandte militärische

---

1 Broniovius (2011), 97 und 99. Stefan Albrecht kommt das Verdienst zu, diese erste vollständige Übersetzung dieser so wichtigen Quelle aus dem Lateinischen ins Deutsche angefertigt zu haben. Vgl. auch ältere, unvollständige Übertragungen in russischer Sprache: Bronevskij (1867); oder in Englisch: Collections (1906).
2 Zu Broniewskis Biographie und der Veröffentlichungsgeschichte des Textes vgl. Albrecht (2011).
3 Albrecht (2011), 3.

∂ OpenAccess. © 2020 Kerstin S. Jobst, publiziert von De Gruyter. Dieses Werk ist lizenziert unter der Creative Commons Attribution 4.0 International. https://doi.org/10.1515/9783110520620-016

Taktik der krimtatarischen Bewohnerinnen und Bewohner.⁴ Es ist nicht übertrieben, diesen Bericht auch als Versuch zu sehen, den über die Zeit immer wieder gefährlichen krimtatarischen Gegner Polen-Litauens besser einschätzen zu können; dies kann man in heutiger Diktion durchaus ‚Informationsgewinnung' oder auch ‚Spionage' nennen.

In den oben zitierten Worten findet sich eine ganze Reihe von höchst relevanten Informationen – u. a. über die Herkunft und Legitimation der Krim-Chane, die Machtsituation im Vorfeld der Etablierung des Chanats sowie den darauf bald folgenden Übergang in ein noch genauer zu beleuchtendes Abhängigkeitsverhältnis gegenüber dem Osmanischen Reich: Alle Chane führten, wie Broniewski es treffend beschrieben hat, auch noch in späterer Zeit ihren Herrschaftsanspruch auf ihre (zumindest reklamierte) direkte Abstammung von Činggis Qaɣan zurück, dem ersten Großchan der Mongolen; dieser machtlegitimierende ‚Kunstgriff' war letztlich nicht zu beweisen, gab dem Begehr des Prätendenten aber einen besonderen Nachdruck. Die Krim-Chane waren keineswegs die Einzigen, die ihren Machtanspruch mit Rekurs auf besonders alte, berühmte und/oder besonders glorreiche Vorfahren zu rechtfertigen suchten.⁵ In jedem Fall erwähnte der polnische Gesandte noch andere Herrschaftsgebiete und Völkerschaften, die zu Zeiten des „Khan Lochtonus" auf der Krim existiert hätten: das Fürstentum Theodoro, welches u. a. „Mancopia", also Mangup/Theodoro/Doros, und „Ingermen" (Inkerman/Kalamita) umfasste, sowie die u. a. in „Capha" (d.i. Caffa) lebenden Italiener „und ferner die übrigen Völker auf der Halbinsel." Bei dem von Broniewski genannten „Khan Lochtonus" handelte es sich, so Albrecht, um Toktamış⁶, dessen Wirken im vorherigen Kapitel schon ausführlich beschrieben worden ist. Die Anerkennung der „Oberherrschaft der Türken" (= der Osmanen) durch die Krim-Chane war 1478 erfolgt und wurde von Broniewski ebenfalls thematisiert. Diesem war damit alles in allem eine recht präzise Wiedergabe der politischen Ereignisse auf der Halbinsel zwischen dem Ende des 14. und dem ausgehenden 15. Jahrhundert gelungen. Allein dessen Feststellung, Lochtonus/Toktamış sei „der erste Herrscher der Tauris, oder der Chersonesus in der Tauris,

---

4 Entgegen der Auffassung von Albrecht (2011), 1, war Broniewski allerdings nicht der erste, der die Landschaft der Krim besonders würdigte; die im vorherigen Kapitel ausführlich zitierte Schrift Matthaios' aus dem ausgehenden 14. Jahrhundert datiert beispielsweise weitaus früher.
5 Stellvertretend seien hier nur die Bemühungen des Moskauer Großfürsten Ivan IV. (Groznyj; im Deutschen zumeist falsch als „der Schreckliche" übersetzt) im 16. Jahrhundert genannt, der das sog. Stufenbuch (russ.: *Stepennaja kniga*) verfassen ließ. Dies ist eine Sammlung hagiographischer Fürstenviten, die dem Herrscherhaus eine besondere Würde und die Dignität einer ehrenvollen Abstammung verleihen sollte. Vgl. dazu u. a. Lenhoff (2005).
6 Broniovius (2011), 97, Anm. 151.

oder der Halbinsel" gewesen[7], – er meinte damit das Krim-Chanat – entspricht nicht dem gegenwärtigen Erkenntnisstand.

Als erster ‚richtiger' Herrscher eines von der Goldenen Horde unabhängigen Chanats gilt vielmehr Hacı I. Giray (um 1397–1466), dessen genaue Herkunft ähnlich im Dunkeln liegt wie die des krimtatarischen Ethnos insgesamt.[8] Es wird davon ausgegangen, dass er im damals zum Großfürstentum Litauen gehörenden Lida geboren wurde.[9] Kontrovers diskutiert wird, ob er tatsächlich der Enkel Taş Timurs war, dessen Lebensdaten sich nicht ermitteln ließen, der aber in jedem Fall zwischen 1395 und 1396 Chan der Goldenen Horde war und eine wesentliche Grundlage für die spätere Entwicklung einer von der Horde unabhängigen Krim-Entität gelegt hat,[10] oder ob er gar mit Toktamış verwandt gewesen sei. Dies wurde beispielsweise ausführlich von bedeutenden Orientalisten des 19. Jahrhunderts wie Vasilij D. Smirnov (1846–1922) erörtert.[11] Hacı gehörte in jedem Fall zu der als Lipka-Tataren bezeichneten Gruppe, die immer noch auf den ehemaligen Territorien Polen-Litauens siedelt und gegenwärtig zwischen 10.000 und 15.000 Mitglieder umfasst. Die ersten TatarInnen waren Ende des 13., Anfang des 14. Jahrhunderts als Glaubensflüchtlinge in das Großfürstentum gekommen, da sie sich nicht islamisieren, sondern ihren schamanischen Glauben beibehalten wollten. Ende des 14. Jahrhunderts, also während der Herrschaft des mit Chan Toktamış verbündeten Großfürsten Vytautas, siedelten sich TatarInnen dann aus ganz unterschiedlichen Gründen in Litauen an:[12] Sie kamen freiwillig auf Einladung des Großfürsten oder als Gefangene im Zuge des Krim-Feldzugs gegen Emir Edigü und Timur (vgl. Kapitel 4), die gegen ihren Willen nach Norden gebracht wurden. Es gab aber auch solche, die in Folge der aus den Kämpfen erwachsenen Unruhen auf der Krim freiwillig nach Litauen ins Exil gingen.

Die naheliegende Frage, wie ein (vermutlich) im Großfürstentum Litauen geborener Tatare Begründer des – wie sich zeigen sollte – langlebigsten Nachfolgestaates der Goldenen Horde werden konnte, ist wie so vieles in der frühen Geschichte des Chanats nicht eindeutig zu beantworten. In der Regel wird der aus dem ausgehenden 19. Jahrhundert stammenden Version des bereits erwähnten

---

7 Broniovius (2011), 97.
8 Alan Fisher, als der immer noch beste Kenner der Geschichte der Krimtataren, stellt Folgendes fest: „[T]he origins of the Crimean Tatars are as obscure as the origins of most peoples." Fisher (1978), 1. Einen Versuch einer „Ethnogenese" der Krimtataren im Kontext der multiethnischen Entwicklung der Halbinsel über die Zeitläufte bietet Williams (2001), 7–38.
9 Gajvoronskij (2007), zu Hacı I. Girays Biographie besonders 13–30.
10 Fisher (1978), 3.
11 Vgl. Smirnov (1887), 210–212.
12 Vgl. Tyszkiewicz (1989); Tyszkiewicz (2002).

Orientalisten Smirnov gefolgt.[13] Auf der Grundlage von z.T. heute nicht mehr zugänglichen Quellen berichtete dieser Folgendes: Im Jahr 1443 übermittelten „die Tataren von Perekop, Barin und Širin, denen ihr Zar [Car'] ohne Erben gestorben war, Kazimir, dem Großfürsten von Litauen, den Wunsch, er soll ihnen Hadži-Geraj zur Herrschaft geben, der, der Horde entlaufen, in dieser Zeit in Litauen lebte."[14] Und diesem Wunsch wurde, nehmen wir denn diese krimtatarische Variante der in der Geschichte im Allgemeinen als Topos recht verbreiteten Berufungslegende für bare Münze, offenbar entsprochen.[15] Diesmal gelang Hacı die Etablierung eines von Sarai unabhängigen Chanats, anders als noch einige Jahre zuvor: Vermutlich erstmals zwischen 1428 und 1434 hatte er die Macht in Eski Qırım innegehabt und im Konflikt zwischen dem Fürstentum Theodoro und Genua (vgl. Kapitel 13) eine nicht unbedeutende Rolle gespielt. Vasil'ev zufolge soll er den mit ihm auch freundschaftlich verbundenen Fürsten von Theodoro, Alexios I., ermutigt haben, den Kampf mit Genua um den Küstenstreifen um Balaklava/Cembalo aufzunehmen.[16]

Offenbar anders als bei seinem ersten Versuch, hatte Hacı in den 1440er Jahren eine zielführende Strategie zur dauerhaften Implementierung seiner fast vierzig Jahre dauernden Herrschaft entwickeln können. Nach Williams etablierte er einen Staat „based on Mongol steppe traditions."[17] Diese „Tradition" hatte mehrere Ebenen: eine symbolische, eine innenpolitische und eine außenpolitische. Auf der Symbolebene implizierte die Übernahme des in der Horde eingeführten Herrschertitels der mongolischen Reiternomaden Zentral- und Mittelasiens – Chan – ebenso einen Machtanspruch wie den Anspruch, in direkter Linie von Činggis Qaγan abzustammen. Eine eigene Münze und ein Herrschaftssiegel, ein sog. Tangha, welches in seiner Gestaltung an das Siegel der Chane der Goldenen Horde erinnerte[18], unterstrich ebenfalls Kontinuität wie Legitimität. Nur

---

13 Zu Smirnovs Leben und seinem Hauptwerk über die Geschichte des Chanats unter osmanischer Herrschaft vgl. die kurze Betrachtung Cwiklinski (2014).
14 Smirnov (1887), 227
15 Ein weiteres Beispiel aus Osteuropa ist die in der „Nestorchronik" überlieferte Gründungslegende der Kiewer Rus', nach der Bewohner der Rus' drei Brüder aus Skandinavien baten, über ihr Land zu herrschen. Anders als im ostslavischen Kontext, der eine sehr intensive, hier nicht nachzuzeichnende Kontroverse seit dem 18. Jahrhundert stimuliert hat – vgl. Lichačev (1970); Kaminskij (2012) –, ist die krimtatarische Variante wenig strittig.
16 Vasiliev (1936), 206.
17 Williams (2001), 45.
18 Vgl. Lebedev (1990). Hier wurde auf die online verfügbare englische Übersetzung zurückgegriffen: http://byzantinebronzes.ancients.info/page31.html (Stand 19.01.2018). Vgl. die Abbildungen unter http://byzantinebronzes.ancients.info/page45.html (Stand 19.01.2018). Darauf ist

auf den ersten Blick stand die Verlegung der Kapitale von Eski Qırım in die südwestliche Krim in den Ort Qırq Yer (d.i. das heutige Čufut-Kale) dazu im Widerspruch; später entstand dort schließlich mit dem Palast von Bağçasaray der eigentliche symbolische und administrative Mittelpunkt des Chanats, wo auch noch in russischer Zeit das ‚muslimische Herz' der Halbinsel schlug. Hinter dem Transfer des alten Machtzentrums stand der Wunsch Hacıs, sich dem Einfluss eingewurzelter Eliten zumindest partiell zu entziehen, um so eigene Handlungsmächtigkeit zu erlangen.[19] Zugleich musste jeder Chan sich der Loyalität dieser Eliten – auch dies in der Logik alter Steppentraditionen – versichern, was dem neuen Herrscher offenbar glückte. Hacıs Strategie beschreibt Alan Fisher mit den Worten „[his] first step was to see as many allies as he could."[20] Innenpolitisch mussten er und seine Nachfolger mit den Vertretern der einflussreichen Clans, also den Angehörigen des Adels bzw. (wie es im Krimtatarischen in Übernahme aus dem Persischen heißt) den Mirza einen Ausgleich finden. Zu diesen vier Familien oder Sippen, wie beispielsweise Mária Ivanics diese bezeichnet,[21] und welche Hacı überhaupt erst als Chan installiert hatten, zählten die bereits von Smirnov genannten Barın und Şirin sowie die Argın und Kıpçak.[22] Neben guten Beziehungen zu diesen sog. *karaçı bey*s musste jeder Chan auch eine geschickte Außenpolitik betreiben – und dies hieß in erster Linie (wie in der nördlichen Schwarzmeerregion üblich) eine flexible Außenpolitik. Solange die Goldene Horde noch existierte und das junge Krim-Chanat sich noch nicht anerkanntermaßen als deren eigentlicher Erbe fühlen konnte,[23] war das Moskauer Reich ein willkommener Partner für die Herrscher auf der Halbinsel gewesen. Später wechselten die Chane phasenweise auf die Seite Polen-Litauens, zumal wenn der ostmitteleuropäische Konglomeratsstaat mit Moskau in Konflikt geraten war. Der Aufenthalt Broniewskis in Bağçasaray diente nicht zuletzt dem Anbahnen eines Bündnisses zwischen dem Chanat und der *Rzeczpospolita* (Polen-Litauen).

Im Verlauf des 15. Jahrhunderts war die Goldene Horde in mehrere unabhängige Chanate zerfallen; das durch Hacı Giray im Süden etablierte Krim-Chanat

---

bereits das bis heute verwendete nationale Symbol der KrimtatarInnen zu sehen. Dieses findet sich auch auf der Flagge der KrimtatarInnen. (Vgl. dazu Kapitel 36, Abb. 15).
19 Williams (2001), 45.
20 Fisher (1978), 4.
21 Ivanics (2012). Der Clan der Kıpçak erwuchs aus dem bereits in Kapitel 3 erwähnten turksprachigen Ethnos der Kumanen/Kiptschaken.
22 Ivanics (2012), 27: Im 18. Jahrhundert waren neben den Barın und Şirin die Sippen der Mansur und Siciut am einflussreichsten.
23 Vgl. dazu Vásáry (2012), besonders 15, wo der Autor seine These der *translatio imperii* von der Horde auf das Chanat ausführt.

war nur eines davon. Daneben bestanden die Chanate von Kazan' und Astrachan' an der Wolga, das Chanat Sibir' im Osten, die Weiße Horde auf dem Gebiet des heutigen Kasachstan und die Nogaische Horde. Die Frage, ob das Krim-Chanat zumal aufgrund seiner mehr als dreihundertjährigen Existenz, nämlich bis weit in das 18. Jahrhundert hinein, der eigentliche Erbe der Goldenen Horde gewesen sei, kann zwar bejaht werden, ganz ohne Einschränkungen kommt man aber nicht aus. Unstrittig ist, dass erst durch die 1502 erfolgte endgültige Zerschlagung der Goldenen Horde durch Hacıs Nachfolger Mengli I. Giray (1445–1515) und die Ermordung ihres letzten Herrschers, Shaykh Ahmad, drei Jahre später[24] der Aufstieg des Krim-Chanats wirklich gesichert war. Der Orientalist István Vásáry betont, dass es erst zu diesem Zeitpunkt gelungen war, „to absorb [...] and maintain [...] all the Genghisid claims and the heritage of the Golden and the Great Hordes for more than three hundred years."[25] Dies konnte auch deshalb langfristig glücken, weil andere ernsthafte Mitbewerber wie z. B. die Chanate von Astrachan' oder Kazan' (1556 bzw. 1552) weitaus früher ihre Eigenständigkeit verloren[26] – durch das die Länder der Horde sammelnde Moskauer Reich, welches ebenfalls mit gewissem Recht als ein Erbe der Horde bezeichnet werden kann. Zum Zeitpunkt der Herrschaft Hacı I. Girays war die Existenz des Chanats als eigenständige Entität jedoch noch nicht gesichert. Dessen Territorium ging übrigens über die Halbinsel hinaus und umfasste neben den südlichen Steppengebieten der heutigen Ukraine auch das nördliche Ufer des Azovschen Meeres und den Kuban. Doch der Chan war nicht der einzige Herrscher auf der Halbinsel, denn immer noch existierten weitere Mächte auf der Krim: das Fürstentum Theodoro, mit dem der Krim-Chan ja bereits in der Vergangenheit kooperiert hatte, und die genuesischen Kolonien mit Caffa an der Spitze, in denen allerdings ein nicht unerheblicher Teil der Bevölkerung mittlerweile muslimischen Glaubens war.[27] In diesen Gebieten übte der Chan keine Macht aus, und in weiten Teilen des Nordens nur eine eingeschränkte bzw. immer wieder in Frage gestellte, lebten dort doch (semi-)nomadische Verbände, die sich nur schwer in administrative und subalterne Strukturen einbinden lassen wollten. Zu diesen Verbänden zählten u. a. die Nogai-TatarInnen, die seit dem 15. Jahrhundert vermehrt nach Westen zogen und die in den nächsten Jahrhunderten immer wieder die Chane herausfordern sollten. Insbesondere um

---

24 Fisher (1978), 2. Nach anderen Auffassungen ist Shaykh Ahmad erst 1528/29 gestorben.
25 Vásáry (2012), 15.
26 Vgl. dazu ausführlich Kusber (1998). Vgl. auch Conermann u. Kusber (1997).
27 Vgl. z. B. Kolli (1913), 108. Dort heißt es: „In Kaffa selbst, im Hinblick darauf, dass der größte Teil der Bevölkerung aus Tataren bestand, wurden alle Handelsangelegenheiten in tatarischer Sprache geführt. Im Bazar und in den städtischen Läden und Kontoren erklang fast überall die tatarische Sprache."

den über Caffa abgewickelten lukrativen Schwarzmeerhandel in die Hände zu bekommen, suchte und fand Chan Hacı 1454 einen Verbündeten: das Osmanische Reich, welches ein Jahr vorher Konstantinopel eingenommen hatte, nachdem mehrere Versuche seit 1349 gescheitert waren.[28] Dies markierte den Anfang einer besonderen Beziehung zwischen dem Chanat und der Hohen Pforte. Ob deren Resultat tatsächlich war, dass 1478 – um noch einmal Broniewski zu zitieren – „der Türkenkaiser [...] den Khan [...] unter seine Herrschaft [zwang]", wird im Folgenden genauer betrachtet.

---

[28] Williams (2001), 27 f.; Jobst (2011b), 14.

15 Die Etablierung des Krim-Chanats

Krim (the Crimea)

> This territory is governed by a Khan, who has the privilege of coining, and of having the Khotba read in the mosques, his name being mentioned immediately after that of the Osmanli Emperor, who has the right of appointing and changing the Khans. The residence of the Khan is at Baghcheserai, and that of the Sultan at Ak-mesjid. The subordinate officers are styled Shirin-begs and Masur-begs.[1]

Evliyâ Çelebi (Mehmed Zilli; 1611–1682 oder 1683), ein osmanischer „Koranrezitator, Gebetsrufer und Vorbeter, Musiker, Dichter und fürstlicher Gesellschafter, Höfling, Verwaltungsbeamter und Gesandter"[2], besuchte 1641 und 1665/1666 das Krim-Chanat. Er verfasste darüber, wie über seine zahlreichen anderen Reisen auch, einen von ihm „Fahrtenbuch" (osman.: *Seyâhatnâme*) genannten Bericht. Dieser liegt bis heute nicht vollständig in einer westlichen Sprache vor,[3] obgleich er 2013 in das Register des Weltdokumentenerbes aufgenommen wurde.[4] Als Çelebi die Krim besuchte und darüber schrieb, stand die Krim schon über 150 Jahre in einem besonderen Machtverhältnis zum Osmanischen Reich. Dieses wurde in der Forschung häufig als „Vasallenverhältnis" bezeichnet.[5] Selbst unter der Prämisse, dass sich die insgesamt über ca. 300 Jahre erstreckende Untertänigkeit über die Zeit modifiziert haben und keineswegs statisch gewesen sein dürfte[6], finden sich im Zitat Çelebis einige Hinweise auf ein privilegiertes Verhältnis des Chans gegenüber dem Sultan: Dem zufolge besaß der die Krim regierende Chan das Recht auf eine eigene Münze. Zudem sei im (im Islam ja besonders wichtigen) Freitagsgebet (auch: *Khotba, Khutbah, khuṭbah*) der Name des Chans direkt nach dem des Sultans genannt worden. Dieser habe allerdings das Recht besessen, den Krim-Beherrscher zu benennen und auszuwechseln („the right of appointing and changing the Khans"). Auf der Krim habe es überdies, auch das erfahren wir von Çelebi, eine krimtatarische (Bağçasaray) und eine os-

---

1 Çelebi (1934), 93.
2 Hillebrand (2017), 42, dem ich auch im Weiteren folge.
3 Eine erste Teilübersetzung ins Englische besorgte Joseph Freiherr von Hammer-Purgstall (1774–1856), österreichischer Diplomat und einer der Begründer der wissenschaftlichen Osmanistik. Seiner Übersetzung ist auch das obenstehende Zitat entnommen. Zur Publikations- und Übersetzungshistorie von Çelebis' Krimbericht vgl. Hillebrand (2017), 45–47; zu den Übersetzungen ins Polnische und Russische vgl. ebenda, 61, Anm. 74.
4 UNESCO (2013).
5 So z. B. Matuz (1996), 67.
6 Vgl. dazu auch Zaytsev (2010).

manische („Ak-mesjid", d.i. Aqmescit [krimtat.], das heutige Simferopol') Residenz gegeben. Daraus ist zu schließen, dass die Hohe Pforte als Machtfaktor auf der Krim zwar sehr präsent war, es aber eben auch eine krimtatarische Kapitale gab. Schließlich werden noch die bereits erwähnten Familien der Şirin und Mansur genannt, aus denen Çelebi zufolge untergeordnete Militärs stammten. Insgesamt gibt der Reisende aus dem Osmanischen Reich ein sehr treffendes Bild der Machtrelationen zwischen Chan und Sultan auf der Krim: Sowohl das Münzrecht als auch die Nennung des Chans gleich nach dem Sultan im Gebet lassen eindeutig nicht auf ein übliches Vasallenverhältnis schließen. Dass der Sultan in Istanbul das Recht auf Ein- und Absetzung des Krim-Chans, der ja stets aus der Familie der Giray stammte, besaß und dies seit dem 17. Jahrhundert auch immer wieder nutzte,[7] ist unstrittig – und Beleg dafür, dass das Chanat trotz des phasenweise auftretenden Eindrucks großer Unabhängigkeit von der Hohen Pforte eben doch in einem Suzeränitätsverhältnis stand. Allein die Einschätzung über den eher untergeordneten Status der genannten Clans der Şirin und Mansur geht in die Irre, übten diese doch durchaus großen Einfluss auf die Geschicke des Chanats aus. Bevor dieses ohne Zweifel besondere osmanisch-krimtatarische Verhältnis über die Zeitläufte und in ihren unterschiedlichen Aspekten genauer betrachtet wird, müssen aber erst die Umstände dargelegt werden, unter denen dieses überhaupt begründet wurde. Die berechtigte Frage steht nämlich im Raum, warum „das sich erst wenige Jahre von der Goldenen Horde befreite Khanat den errungenen Freiraum zugunsten eines neuen Abhängigkeitsverhältnisses" überhaupt aufgab.[8]

Dem genuesischen Caffa als Schlüssel des Schwarzmeerhandels kam dabei wieder einmal eine besondere Rolle zu: Schon während seiner ersten Regierungszeit hatte Hacı von der Stadt Tribut eingetrieben, was aber für ihn nur ein erster Schritt in Richtung ihrer Aneignung sein konnte. Caffa stand aus einer ganzen Reihe von Gründen ohnehin unter Druck, was den Spielraum gegenüber dem Chan einschränkte: Caffas bislang so lohnende Position als Zwischenhändler zwischen Asien und Nordafrika war seit den 1420er Jahren schwächer geworden; daraus resultierte, dass man die vermehrte Nachfrage aus dem Mamluken-Reich nach Sklavinnen und Sklaven aus dem Schwarzmeerraum nur mehr schlecht befriedigen konnte. Der Mangel an Sklavinnen und Sklaven war zum Teil ein ‚hausgemachtes Problem', welches u. a. daraus resultierte, dass in Folge kontro-

---

[7] Ein Ereignis führt Matuz (1964) auf der Grundlage eines Quellenfundes aus dem Kopenhagener Reichsarchiv aus, welches sein Urteil über das „Vasallenverhältnis" des Krim-Chans beeinflusst haben mag. Konkret geht es um die Ein- und wieder Absetzung des Âdil Çoban Giray in der Mitte des 17. Jahrhunderts als Krim-Chan.
[8] Jobst (2011b), 15.

verser Diskussionen über den institutionalisierten Menschenhandel in Genua selbst neue Regeln für den Umgang mit dieser ‚Ware' eingeführt worden waren. Diese führten zu einer spürbaren Verknappung. Ab 1448 galt beispielsweise in Caffa ein Gesetz, wonach muslimischen Besitzern entlaufene Sklavinnen und Sklaven befreit werden mussten, also nicht einfach weiterverkauft werden durften. Auch solche, die christlichen Herren entflohen waren und Zuflucht in den Besitzungen des Bischofs von Caffa gesucht hatten, durften nicht abermals dem ‚Markt' zur Verfügung gestellt werden. Sie mussten nun getauft und freigekauft werden.[9]

Ein weiteres Problem Caffas war, dass die Auseinandersetzungen mit der Horde bzw. dem Chanat, dem Fürstentum Theodoro und den Venezianern andauerten.[10] Der Fall Konstantinopels schließlich, bei dem die genuesischen und die venezianischen BewohnerInnen des christlichen Stadtteils Peras übrigens zu den entschlossensten Verteidigern Byzanz' gehört hatten,[11] änderte die Lage nicht nur am Südufer des Schwarzen Meeres grundlegend, sondern mittelbar auch auf der Halbinsel. Dort entstanden neue Bündnisse: Einem ersten gemeinsamen Militärschlag nebst Belagerung durch Osmanen und Krimtataren – erstere zur See, die zweiten mit ihrer schon damals berühmt-berüchtigten Kavallerie[12] – konnte sich Caffa noch durch die Zusage entziehen, zukünftig einen höheren Tribut an den Chan zu entrichten. Formell war die Stadt übrigens bereits im November 1453 von der durch die Ereignisse in Konstantinopel aufgeschreckten Verwaltung Caffas verkauft worden: an ein Privatunternehmen nämlich, die „Banco di S. Giorgio", welche schon seit einigen Jahrzehnten dort so etwas wie „un véritable État dans l'État" darstellte.[13] Wie sich zeigen sollte, waren die Tage des einst so mächtigen genuesischen Caffa gezählt.

Das Zusammengehen zwischen dem Osmanischen Reich mit Sultan Mehmed II. („dem Eroberer"; 1432–1481) an der Spitze und dem Chanat war vom Krim-Chan Hacı I. Giray ursprünglich sicher nicht als permanente Allianz gedacht gewesen. Diese verfestigte sich aber nach Girays (vermutlichem Gift-)Tod im Jahr 1466 unter seinen Nachfolgern. Das „aus dem Status einer regionalen Größe in den Rang einer Großmacht"[14] aufgestiegene Osmanische Reich gewann an Macht. Es ent-

---

9 Epstein (1996), 281–283. Tatsächlich war der Handel mit Frauen aus dem Schwarzmeergebiet lukrativer als der mit Männern, waren doch vor allem aus dem Kaukasus stammende Frauen sehr nachgefragt.
10 Vgl. Brătianu (1969), 311–314.
11 Kreiser u. Neumann (2008), 93.
12 Vgl. ausführlicher Fisher (1978), 5.
13 Brătianu (1969), 315.
14 Matuz (1996), 57.

wickelte alsbald wirtschaftliche, strategische und religiös-ideologische Ambitionen, um nicht nur auf der Krim, sondern am ganzen nördlichen Schwarzmeerufer Einfluss zu erlangen. Überlegungen, mit dem ebenfalls muslimischen Chanat gegen die christlichen Gegner in den sog. Türkenkriegen, die mit dem sog. Langen Türkenkrieg von 1463 bis 1479 gegen Venedig begonnen hatten, einen besonders verlässlichen Unterstützer zu haben, mögen dabei eine Rolle gespielt haben. Das Chanat bildete nämlich schon aufgrund seiner geographischen Lage eine Art Puffer zwischen den Opponenten Osmanisches Reich, Polen-Litauen und dem Großfürstentum Moskau. Der nach Hacıs Tod beginnende Kampf um dessen Nachfolge spielte Istanbul zusätzlich in die Hände. Zwischen dessen Erstgeborenem Nur Devlet (?–1503) und dem sechsten Sohn Mengli (1445–1515) entbrannte eine Auseinandersetzung um den Thron, welche die Hohe Pforte zu nutzen wusste: Der nach dem Tod des Vaters herrschende Nur Devlet wurde nach wenigen Monaten von Mengli vertrieben, nur um in den nächsten Jahren selbst von seinem älteren Bruder wiederholt wieder abgesetzt zu werden. Während Menglis Chanschaften (1466, 1469–1475, 1478–1515) zeigte sich der auch in späteren Zeiträumen so wichtige Einfluss der Clans auf die Geschicke des Chanats: 1468 hatte Mengli die Kontrolle über Teile der Halbinsel mit Hilfe der Şirin, des Statthalters Mamak und der zusätzlichen Unterstützung des genuesischen Caffa gewinnen können. Einige Jahre später rebellierten aber vor allem die Şirin unter ihrem neuen Oberhaupt Eminek (russ. auch Imenek; ab 1473 ḳaraçı bey/Oberhaupt der Şirin) erfolgreich gegen ihn und trugen zum Ende seiner zweiten Herrschaftsperiode 1475 bei; er suchte und fand alsdann ein kurzes Exil bei seinen Verbündeten in Caffa. Alan Fisher vermutet, dass der Grund für den Sinneswandel der Şirin Menglis Versuche waren, den Einfluss der Clans nachhaltig zu mindern.[15] Doch auch mit der Politik des von ihnen wieder eingesetzten neuen-alten Chans Nur Devlet, der seinerseits nun eng mit den Genuesen kooperierte, waren die Şirin nicht dauerhaft zufrieden. Bald antichambrierten sie beim Sultan Mehmed II. in Istanbul und baten um dessen militärische Intervention in Caffa, um Nur Devlet eines Bündnispartners zu berauben.[16] Da es ohnehin Ziel der Hohen Pforte war, auch das nördliche Ufer des Schwarzen Meeres zu beherrschen, griffen sie im Mai 1475 Caffa an. Nach mehrtägiger Belagerung kapitulierte die einst so mächtige genuesische Kolonie.

Der sich zu diesem Zeitpunkt im Exil in Caffa aufhaltende Mengli wurde nach Istanbul gebracht und lange gefangen gehalten. Offenbar reifte dort bei ihm der Entschluss, mittels einer flexiblen Bündnispolitik und der Hinzuziehung eines

---

[15] Fisher (1978), 10.
[16] Gajvoronskij (2007), 50.

starken Partners wieder die Herrschaft über die Krim zu erlangen. Er versprach sodann den Osmanen, diesen die Oberhoheit über das Chanat zu übertragen, eine Oberhoheit, „deren Ausprägung und Rechtsverbindlichkeit aber nicht eindeutig zu bestimmen" war.[17] Darauf wird noch zurückzukommen sein. In jedem Fall war Menglis Strategie erfolgreich: Anfang 1478 installierten die Osmanen Mengli als Krim-Chan. Dieser konnte allerdings nicht über die ganze Halbinsel gebieten, hatte die Hohe Pforte sich doch vor allen Dingen an der Küste die strategisch und ökonomisch bedeutenden Gebiete gesichert, vornehmlich Caffa, welches sie fortan Kefe nannten.

Es wäre zu kurz gegriffen, die fürderhin bestehende osmanisch-krimtatarische Verbindung allein auf Menglis Willen zu reduzieren, mit Hilfe der Osmanen wieder – und diesmal dauerhaft – als Chan eingesetzt zu werden. Es sprachen vielmehr mehrere Gründe für diese Allianz: Geopolitisch-strategische Umstände ließen ein Zusammengehen Istanbuls und Bağçasarays genauso angezeigt erscheinen wie finanzielle Motive, sollte sich doch das Bündnis mit der Hohen Pforte für die Chane und die krimtatarischen Oberschichten lohnen. Es gab, und darauf hat nicht zuletzt Alan Fisher hingewiesen, zudem Gemeinsamkeiten im Bereich der politischen und religiösen Ideologien, „based on historical and legendary traditions."[18] Der Umstand, dass die Osmanen ihre Legitimität grundsätzlich aus der Tatsache ableiteten, dass sie dem (sunnitischen) Islam angehörten,[19] hatte das Zusammengehen mit den ebenfalls sunnitisch-muslimischen Krimtataren ohne Zweifel erleichtert. Besonders unter Süleyman I. („der Prächtige" bzw. „der Gesetzgebende"; 1494, 1495 oder 1496–1566) wurde die Bedeutung der Religion als herrschaftslegitimierendes Element verstärkt: Eine neugegründete Rechtsschule widmete sich vorrangig dem Verhältnis zwischen Sultan, der osmanischen Dynastie und dem sunnitischen Islam und verrechtlichte es.[20] Auch wenn die osmanischen Sultane über die Jahre ihre Funktion als Kalifen, also als Schutzherrn für den Islam und die sog. Umma als Gemeinschaft der MuslimInnen[21], durchaus nicht immer gleich stark betonten,[22] hat die religiöse Nähe das Band zwischen der Krim und der Pforte nachhaltig gestärkt. Damit einher gingen kulturelle Ähnlichkeiten, beispielsweise durch die sprachlich-ethnische Ver-

---

17 Jobst (2011b), 15.
18 Fisher (1978), 12.
19 Vgl. dazu Hathaway u. Barbir (2008), 8 f.
20 Dazu grundlegend Burak (2015).
21 Vgl. Denny (2000).
22 Zur Begrifflichkeit: Heine (1990).

wandtschaft.²³ Durch den vom Sultan ebenfalls geführten Titel „Herrscher der Kiptschak-Steppe" (*Padişah-ı Deşt-i Kıpçak*) wurde zudem ein Bezug zu den Mongolen und Činggis Qayan hergestellt²⁴, was wiederum für die Girays selbst eine Quelle ihrer Legitimität war.

In dieser historiographisch nur schwer präzise zu erfassenden Phase des Machtkampfes zwischen den beiden Giray-Brüdern Nur Devlet und Mengli traten neben bekannten auch neue Akteure in Erscheinung, welche die Verhältnisse in der Region in der Frühen Neuzeit zum Teil nachhaltig mitgestalten sollten: Wesentlich war, wie gezeigt, der Aufstieg des Osmanischen Reiches. Allerdings konnte auch die Goldene Horde noch nicht völlig abgeschrieben werden, versuchte diese doch z. B. 1476 durch militärisches Eingreifen ein weiteres Mal, die Halbinsel wieder an sich zu binden. Doch hatte sie ihren Zenit endgültig überschritten, was wiederum den Aufstieg des Großfürstentums Moskau begünstigte. Dieses war zwar formal noch der Horde gegenüber tributpflichtig, hatte sich aber in zahlreichen Auseinandersetzungen mit dieser profilieren können. Es ist festzustellen, dass zwischen Moskau und dem Chanat durch die gemeinsame Gegnerschaft zur Horde eine Interessenkonvergenz entstand, welche das Zusammengehen der beiden in den nächsten Jahrzehnten erklärt.²⁵ In Abwandlung des Sprichwortes „Der Feind meines Feindes ist mein Freund" zu ‚der Feind meines Freundes ist mein Feind' pflegte das Krim-Chanat wiederum seine Gegnerschaft zum polnisch-litauischen Staat: Durch den Aufstieg Moskaus war ein Konflikt mit dem Großfürstentum Litauen um die Vorherrschaft in den Ländern der schon lange in Teilfürstentümer zerfallenen Kiewer Rus' entstanden.²⁶ Durch die Union von Krewo 1385, welche die Polnisch-Litauische Union begründete und den Beginn der Christianisierung der bis dahin heidnischen litauischen Bevölkerung markierte, konnten die Konflikte zwischen Litauen und Moskau nur kurzzeitig gemildert werden. Insgesamt vergrößerte sich die Macht Polen-Litauens – und auch dessen Engagement auf der Krim. Wie bereits erwähnt (vgl. Kapitel 13), hatte Litauen bereits im 14. Jahrhundert Einfluss auf die Geschicke der Halbinsel genommen; z. B. hatte ein Bündnis zwischen dem Großfürstentum und der Goldenen Horde im Jahr 1398 Teile der Krim aus den Händen der Timuriden zurückerobern können. In jedem Fall sollten sich die Beziehungen zwischen dem Krim-

---

23 Das Osmanische und das Krimtatarische gehören zu den Turksprachen, wobei erstere zu den sog. oghusischen Sprachen gehört, die zweite hingegen zu den kiptschakischen (tatarischen) Sprachen.
24 Fisher (1978), 13.
25 Vgl. dazu Choroškevič (2000).
26 Zur Geschichte des Großfürstentums bei Berücksichtigung auch der Zeit vor der Union von Lublin vgl. Niendorf (2010).

Chanat und dem polnisch-litauischen Staat erst im Verlauf des 16. Jahrhunderts verbessern; als eine vertrauensbildende Maßnahme kann die bereits am Beginn des vorigen Kapitels ausführlicher beschriebene Reise Broniewskis auf die Krim interpretiert werden.

Ein gutes Jahrhundert vor der Reise des polnischen Diplomaten auf die Halbinsel hatte sich ein weiterer „Player" bemerkbar gemacht: das Fürstentum Moldau, das seit 1387 seinerseits in einem Suzeränitätsverhältnis zur polnischen Krone stand.[27] Bis 1484 war das Fürstentum ebenfalls Anrainer des Schwarzen Meeres gewesen, ehe es dann durch Verluste wichtiger Handelsstädte wie Kilija (ukr./russ.; rumän. Chilia [Nouă]) und Akkerman den Zugang zum Wasser verlor. Der wohl bedeutendste Fürst Moldaus, Ștefan III. cel Mare („Stefan der Große"; ca. 1433–1504), formulierte auch unabhängig von Polen bzw. dem Osmanischen Reich[28], dem Moldau seit den 1450er Jahren tributpflichtig war,[29] seine politischen Agenden, die eben auch die Halbinsel betrafen: Dort, genau genommen in der ja immer noch existierenden Krim-Gotthia/Mangup, gelang es ihm durch die dynastisch motivierte Heirat mit Maria, der Tochter des Fürsten von Theodoro, Einfluss auf die Politik zu nehmen.[30] Mit seiner Hilfe konnte einer der Brüder Marias, Alexander, den rechtmäßigen Thronerben Isaac stürzen. Alexander wurde der letzte Herrscher der Krim-Gotthia, denn Ștefan III. konnte seinen Plan, durch die Bildung einer Art christlichen Liga die Dominanz der Osmanen im Schwarzen Meer zu verhindern, nicht durchsetzen.[31]

In der Geschichte kollektiver Ängste im sog. Abendland spielt die Furcht vor den Osmanen oder den Türken, wie sie häufig von Zeitgenossen in anachronistischer Diktion genannt wurden,[32] eine zentrale Rolle.[33] Die sog. Türkenangst als kulturhistorisch und politisch wirkungsmächtiger Topos wurde immer wieder aus verschiedenen Perspektiven beleuchtet.[34] Der Fall Konstantinopels 1453 beispielsweise beschäftigte eine ‚europäische Öffentlichkeit' (auch dies ein nicht wirklich passgenauer Terminus für das 15. Jahrhundert) immens. Zahlreiche zeitgenössische Autoren befassten sich mit diesem Ereignis und neigten auch in

---

27 Völkl (1975).
28 Dazu Binder-Iijima u. Dumbrava (2005), Leipzig 2005.
29 King (2004), 121.
30 Brătianu (1969), 321 f.
31 Dazu Vasiliev (1936), 266.
32 Diese Bezeichnung ist deshalb falsch, da das Osmanische Reich sich keinesfalls allein aus Turkvölkern und MuslimInnen zusammensetzte. Zudem sollte eine Gleichsetzung mit der erst seit 1923 existierenden Republik Türkei vermieden werden.
33 Delumeau (1985).
34 Vgl. dazu u. a. Feichtinger u. Heiss (2013), hier besonders die von den Herausgebern verfasste Einleitung (7–23); Barbarics-Hermanik (2009).

diesem Fall dazu, die Grausamkeit des (religiös und kulturell) ‚Fremden' – also in diesem Fall der muslimischen ‚Türken' – zu überzeichnen.[35] Der Fall der Krim-Gotthia Ende des Jahres 1475 nach einer sechsmonatigen Belagerung durch osmanische Truppen hatte in zeitgenössischen Quellen unterschiedlicher Provenienz ebenfalls ein erhebliches[36], aber nicht mit dem Widerhall der Ereignisse von 1453 vergleichbares Echo hervorgerufen. Auch Goten-begeisterte deutschsprachige Autoren des 19. Jahrhunderts befassten sich mit dem Ende Mangups, einige von diesen jedoch durchaus in kritischer Auseinandersetzung mit den Quellen: Der Sprachwissenschaftler und Privatgelehrte Richard Löwe (1863 – nach 1931) war einer von ihnen.[37] In seinem Werk „Die Reste der Germanen am Schwarzen Meer" befasste er sich differenziert mit dem Bericht eines „deutsche[n] Zeitgenosse[n], der [...] drei Jahre in der Türkei [sic!] gelebt hatte": dem Büchsenmeister Jörg von Nürnbergk.[38] Dieser hatte eine „Geschichte von der Türkey" verfasst, die 1496 in Memmingen veröffentlicht worden war. Der Büchsenmeister schilderte die Belagerung durch die Osmanen und die Ereignisse nach der Einnahme wie folgt:

> Darnach zog er [„der Türke"] für ein stat mit namen Sandtodero [Theodoro], dar jn warn dry künig vnd XV tusendt menschen jung vnd alt, er mocht d'nit gewynnen, vnd mit schaden must er dar von. Darnach über III monat do ergaben sy sich mit willen. Er [„der Türke"] ertodt die künig mit allem volck.[39]

Löwe hielt vor allen Dingen die vom Autor angegebene Bewohnerzahl Theodoros von 15.000 für weit übertrieben. Warum Jörg von Nürnbergk davon ausging, dass Mangup so bevölkerungsreich war, darüber kann nur gemutmaßt werden: Vielleicht war dies als dramatisierendes Stilmittel gedacht, denn auf ein lesendes Publikum mag der Fall einer für damalige Verhältnisse größeren Stadt mit 15.000 Einwohnern sowie die Ermordung des Herrschers und aller BewohnerInnen („mit allem volck") besonders verstörend gewirkt haben.[40] Über das Schicksal der Herrscherfamilie gibt es übrigens unterschiedliche Forschungsmeinungen; nicht eindeutig klar ist, ob diese gleich in Mangup zu Tode kam, wie es ja auch Jörg von Nürnbergk berichtete, oder ob es mit dieser erst in Istanbul ein böses Ende genommen hat. Wenig plausibel erscheint in jedem Fall die Annahme, die Bevöl-

---

35 Meuthen (1983), 1–6.
36 Vgl. dazu Vasiliev (1936), 254–265, der zahlreiche osmanische, arabische, aber auch europäische Quellen nennt und zitiert.
37 Zu dessen Werk und Biographie vgl. Pretzel (1987).
38 Löwe (1896), 221.
39 Jörg von Nürnbergk, zitiert nach Löwe (1896), 222.
40 Löwe (1896), 222, der sich an dieser Stelle auch mit den erwähnten „dry künig" auseinandersetzt, die er für zwei fürstliche Brüder und einen derer Söhne hält.

kerung Mangups sei komplett durch die osmanischen Truppen ausgerottet worden. Pragmatischer und üblicher war die Überführung von Gefangenen in die Sklaverei, waren doch vor allen Dingen Sklavinnen ein nachgefragtes ‚Produkt' der Region. Weiteres kommt hinzu: Inschriftenfunde aus der Zeit nach dem Fall Mangups weisen auf den Fortbestand christlicher Institutionen – und damit der Existenz einer christlichen Bevölkerung – in der Krim-Gotthia hin. Fachleute gehen im Übrigen übereinstimmend davon aus, dass in dem zum Osmanischen Reich zugeschlagenen ehemaligen Fürstentum Theodoro das Christentum nach 1475 nicht unterdrückt wurde.[41] Die Hohe Pforte ließ gegenüber den sog. Buchreligionen, also dem Judentum und dem Christentum, grundsätzlich eine pragmatische Toleranz obwalten, die auf dem auf islamischem Recht fußenden Millet-System basierte; damit unterschied sich die Lage des religiös „Anderen" prinzipiell von der muslimischer oder jüdischer Gemeinschaften in West- und Zentraleuropa in der damaligen Zeit.[42]

Generell ist jedoch festzuhalten, dass nicht-muslimische monotheistische Religionen im Osmanischen Reich genauso wie im Krim-Chanat einem Konjunkturen unterliegenden Wechselspiel von Privilegien und Einschränkungen ausgesetzt waren: Juden und Christen lebten im Osmanischen Reich, aber auch im Krim-Chanat, so der Orientalist Matuz, „in günstigen Verhältnissen, wenngleich [...] zusätzliche, aber nicht besonders drückende Steuern zu entrichten waren."[43] Planmäßige Mission war letztlich unbekannt; dies übrigens im Gegensatz etwa zur russisch-orthodoxen Kirche im angrenzenden Moskauer Reich, das seit der Mitte des 16. Jahrhunderts und der Eroberung der Chanate Kazan' und Astrachan' phasenweise eine recht rigide Politik der Zwangschristianisierung der unterworfenen muslimischen Bevölkerung verfolgte.[44]

Russischsprachige AutorInnen des 19. Jahrhunderts versuchten dessen ungeachtet häufig, die Annexion der Krim durch das Zarenreich 1783 mit dem Argument zu rechtfertigen, die Lage der christlichen Bevölkerung während der Herrschaft der Krim-Chane sei grundsätzlich bedrückend gewesen, die ‚Rückgewinnung' alten christlichen Bodens und die ‚Rettung' der verbliebenen Christen dort sei geradezu eine Pflicht des Zarenreiches gewesen.[45] Doch auch hier keine

---

41 Vgl. z.B. Vasiliev (1936), 278; Löwe (1896), 223 f.
42 Dazu grundlegend Braude u. Lewis (1982).
43 Matuz (1996), 112.
44 Hierzu und im Kontext der europäisch-christlichen Expansion im Allgemeinen vgl. Sievernich (2011).
45 Vgl. hierzu und im Weiteren sowie zum Motiv der „Rechtgläubigen Krim", das ja auch bereits in der Stilisierung der Taufe von Chersones – vgl. dazu Kapitel 2 – angelegt ist, Jobst (2007b), 289–311.

Regel ohne Ausnahme: Der aus einer alten krimgriechischen, also orthodoxen, Familie stammende Landeskundler Feoktist Chartachaj (1836–1880) beispielsweise bestritt in einer 1867 veröffentlichten Schrift diese Auffassung entschieden und betonte die enge Verbindung zwischen Muslimen und Christen. Bereits Hacı I. Giray, der erste Chan, habe Freundschaft mit den Christen auf der Krim gepflegt, und dessen Sohn Mengli sei sogar acht Jahre lang von den christlichen BewohnerInnen Caffas aufgezogen worden, von Christenverfolgung oder sonstigen Bedrückungen im Krim-Chanat könne also keine Rede sein. Chartachaj warf seinen russischen Landsleuten vor, die persönlich freien christlichen Krim-BewohnerInnen schlicht mit den christlichen Sklaven verwechselt zu haben, die es eben auch auf der Halbinsel gegeben habe.[46] Dabei spielte der Autor wohl in erster Linie auf die temporären Bündnisse zwischen christlichen und muslimischen Akteuren seit dem 15. Jahrhundert auf der Krim an. Erst in zweiter Linie interessierte er sich für die Ausgestaltung gemeinsamer christlich-muslimischer Lebenswelten. Zum positiven Urteil Chartachajs über die ersten Krim-Chane mag übrigens beigetragen haben, dass diese recht gute außenpolitische Beziehungen zum Moskauer Reich unterhalten hatten. Dennoch: Auf der Halbinsel gelang es seit der Antike immer wieder, sich über religiöse und kulturelle Differenzen hinwegzusetzen, wenn dies für die Partner einen praktischen oder strategischen Nutzen versprach.

---

46 Chartachaj (1866/1867), 2, 150.

16 Das Krim-Chanat. Osmanische Suzeränität und osteuropäisches Gleichgewicht

> Ich will Sie nun auch von der Macht und Regierungsform des Chans [...] ein wenig unterhalten. Laut Verträgen, die die Chane vor Zeiten mit der Pforte eingegangen sind, nimmt sich diese das Vorrecht, jene zu ernennen, und lässt dem tartarischen [sic!] Adel die Ehre ihn zu bestätigen, die alsdenn aus Furcht zu misfallen, selten etwas wider ihren neuen Chan einwenden. Wenn aber der türkische Hof von der tartarischen Nation bey einem Krieg [...] außerordentliche Hilfe haben will, so giebt derselbe zuweilen aus politischen Ursachen dem Adel die Ehre, ihren Fürsten zu erwählen, und bestätigt ihn.[1]

Die obigen Zeilen stammen aus der Feder des habsburgischen Untertanen Nikolaus Ernst Kleemann (1736 – vermutlich nach 1800).[2] Der Kaufmann reiste, wie dem Titel seines erstmals 1771 in Wien veröffentlichten Reiseberichts zu entnehmen ist, zwischen 1768 und 1770 in Richtung Schwarzes Meer und besuchte auch die Krim. Sogar eine Audienz bei einem der letzten Krim-Chane war ihm vergönnt, dem zwischen 1758 bis 1764 und 1768 bis 1769 herrschenden Kırım Giray. Und offenbar machte dieser auf den Handlungsreisenden Eindruck, schrieb Kleemann doch: „Niemals soll dieses Land einen größeren, klügeren, und von seiner Nation geliebtern Beherrscher gehabt haben, als den Crimm Gerey Chan, mit dem ich selbst gesprochen habe." Er lobte dessen „Verstand, seine Geschicklichkeit und Erfahrung im Krieg."[3]

Bereits wiederholt wurde das komplexe Verhältnis zwischen Istanbul und Bağçasaray angesprochen, das der ungarische Frühneuzeithistoriker Sándor Papp berechtigt als eines „der großen Themen der Erforschung des Krimkhanats" bezeichnet hat.[4] Im Folgenden wird die konkrete Ausgestaltung der osmanisch-krimtatarischen Verbindung genauer in den Blick genommen. Nach Kleemann herrschte im Chanat zwischen dem Sultan, der das Recht zur Ernennung des Chans hatte, dem Chan selbst und den Mirza, also dem tatarischen Adel, eine Art Dreiecksverhältnis. Letzteren gewähre der Herrscher der Krim, so heißt es, die Ehre, ihn zu bestätigen. Der Adel wisse dies offenbar zu schätzen, so zumindest die Einschätzung des habsburgischen Untertanen, und bemühe sich seinerseits um gute Beziehungen mit Bağçasaray. Eine zentrale Komponente im Verhältnis zwischen Istanbul und dem Chanat war bekanntlich die Beistandspflicht des

---

1 Kleemann (1771), 155.
2 Zu den wenigen vorhandenen biographischen Angaben vgl. Nikolaus Kleemann (2018).
3 Kleemann (1771), 150.
4 Papp (2012).

OpenAccess. © 2020 Kerstin S. Jobst, publiziert von De Gruyter. Dieses Werk ist lizenziert unter der Creative Commons Attribution 4.0 International. https://doi.org/10.1515/9783110520620-018

letzteren im Kriegsfall bzw. bei Eroberungsfeldzügen, die Kleemann ebenfalls erwähnt.[5] Zuweilen gab es offenbar Konstellationen – „wenn aber der türkische Hof von der tartarischen Nation bey einem Krieg [...] außerordentliche Hilfe haben will" –, in denen der Sultan offenbar auf sein Recht, den Chan zu erwählen verzichtete, um sich im Gegenzug der Unterstützung der Mirza zu versichern. Er übertrug in solchen Fällen häufiger die Auswahl eines neuen Chans dem Adel. Anders als Broniewski ungefähr 150 Jahre vor ihm war Kleemann aber offenbar nicht bekannt, dass jeder Chan zwingend ein Giray sein und von Činggis Qayan abstammen musste. Das nicht immer spannungsfreie Verhältnis zwischen der Hohen Pforte, den Chanen und den Mirza war ihm hingegen nicht entgangen.

In multiethnischen Großreichen wie dem Osmanischen Reich gab es regelhaft eine Vielzahl differierender Rechtsbeziehungen zwischen der Metropole[6], d. h. im konkreten Fall Istanbul, und den sog. Peripherien.[7] In Bezug auf das Krim-Chanat ist festzustellen, dass es „im Vergleich mit anderen Reichsteilen eine bevorzugte Position" innehatte.[8] Während sich auf der bereits oben geschilderten symbolischen Ebene daran über die Zeit nichts Wesentliches änderte, wandelte es sich jedoch auf derjenigen der realen Politik: Mehr als ein Jahrhundert nachdem sich das Chanat im Jahr 1478 in Abhängigkeit zur Hohen Pforte begeben hatte, war es die Regel gewesen, dass der allerdings vetoberechtigte Sultan sein Einverständnis zur Einsetzung eines neuen, ihm von den Mirza vorgeschlagenen Chans gab. Eine Zäsur, so Papp, der den Inaugurationsprozess der Krim-Chane untersucht hat, vollzog sich allerdings zwischen 1608 und 1628.[9] In dieser Zeit vergrößerte sich der Einfluss der osmanischen Herrscher, die nunmehr den präsumtiven Chan direkt ein- bzw. absetzen konnten. Ein jeder Kandidat musste sich nun seine sog. Bestallungsurkunde bei der Hohen Pforte persönlich abholen, musste also nach Istanbul reisen und dem Sultan gegenübertreten. Diese Prozedur sollte einerseits ein besonderes Loyalitäts- und Treueverhältnis begründen,[10] kann aber andererseits auch als Unterwerfungsgeste gedeutet werden, musste der rangniedere Partner doch beim ranghöheren (also dem Sultan) um seine Inauguration ansuchen. In jedem Fall vergrößerte sich im Verlauf des 17. Jahrhunderts der Einfluss

---

5 Vgl. dazu beispielsweise Andreev (1997), 123.
6 Vgl. dazu Barkey (2008).
7 Das Begriffspaar Metropole – Peripherie wird hier nicht im Sinne einer kritiklosen Übernahme der sog. Dependenz-, aber auch der Weltsystemtheorie o. ä. verwendet, sondern einfach um räumliche und kulturelle Disparitäten zu benennen, ohne diese werten zu wollen. Zu den Begrifflichkeiten vgl. einführend Boeckh (1993); Nölke (2006).
8 Jobst (2011b), 16.
9 Papp (2012), 77, dem ich auch im Weiteren überwiegend folge.
10 Vgl. Papp (2012), 83f.

Istanbuls, das nun auch die inneren Verhältnisse im Chanat wesentlich mitbestimmen konnte.[11] Dies hatte der aus dem Osmanischen Reich stammende Evliyâ Çelebi (s. o.) während seines Krim-Aufenthaltes ja durchaus bemerkt.[12]

Bereits die ersten Krim-Chane, Hacı I., Nur Devlet und Mengli I. Giray, konnten nicht ohne Unterbrechung herrschen, was allerdings nicht auf das Zutun der Hohen Pforte zurückzuführen war, sondern auf Konflikte innerhalb der Krim. Ab dem 17. Jahrhundert nutzten die Sultane aber regelmäßig ihr Recht auf Ein- oder Absetzung eines Chans, um „den eigenen, nicht immer gehorsamen Vasallen in Schach zu halten."[13] Zuweilen nutzte allerdings zur Durchsetzung Istanbuler Interessen nicht allein das Wort des Sultans, so dass auch militärische Mittel gegen die Krim-Herrscher eingesetzt werden mussten.[14] Istanbul machte zudem, und darauf hat Kleemann in seiner Beschreibung der Machtkonstellation auf der Halbinsel hingewiesen, von der Macht der Mirza Gebrauch. Insbesondere Clans wie die Barın oder Şirin waren in der Lage, beim ‚Loswerden' eines eigensinnigen oder aus anderen Gründen missliebigen Herrschers in Bağçasaray zu helfen. Manchmal bot die Hohe Pforte Chanen sogar finanzielle Belohnungen, damit diese ihre Absetzung akzeptierten.[15] Matuz berichtet, dass Geiselpolitik eine weitere Maßnahme war, um die politischen Entwicklungen auf der Krim im Sinne des Sultans zu gestalten: Dazu wurden Angehörige der Girays im Topkapı-Palast in Istanbul festgehalten, um gegebenenfalls den osmanischen Forderungen mehr Nachdruck verleihen zu können, indem man drohte, die ‚Gäste' zu töten oder schlecht zu behandeln.[16] Ein Nebeneffekt dieser Praxis war, präsumtiven Krim-Chanen während ihres erzwungenen Aufenthaltes in Istanbul eine Erziehung im Sinne der Osmanen angedeihen zu lassen.[17]

Die besondere Wertschätzung, die dem Chanat seitens der Osmanen – und übrigens auch später durch die zarische Macht (vgl. hierzu Kapitel 22 und 23) – entgegengebracht wurde, basierte nicht unwesentlich auf dessen militärischer Stärke. Die daraus resultierende Verpflichtung zum Waffendienst der Krimtataren an der Seite der Osmanen hatte eine ganze Reihe von Nebeneffekten. Einer davon – und noch im Detail zu betrachten – war das zwischen Angst und Bewunderung changierende Krimtatarenbild im kollektiven europäischen Gedächtnis. Ein weiterer Effekt war finanzieller Art, hatten die Chane und ihre Krieger doch konkrete

---

11 Papp (2012), 76.
12 Vgl. Hillebrand (2017), u. a. 54.
13 Matuz (1964), 134.
14 Vgl. Papp (2012), 79.
15 Papp (2012), 79 f.
16 Vgl. Matuz (1964), 135.
17 Matuz (1964),135.

ökonomische Vorteile: Nicht nur, dass gegenüber dem Osmanischen Reich keine Tributpflicht bestand – im Gegenteil, die Herrscher in Bağçasaray erhielten nicht allein aufgrund ihrer allseits geschätzten Abkunft von Činggis Qayan offenbar recht großzügige Zahlungen und Belohnungen von Istanbul, sondern auch wegen der allseits anerkannten Geschicklichkeit krimtatarischer Soldaten auf dem Felde. Kein Sultan wollte oder konnte auf solch gute Kämpfer verzichten. Die Übertragung umfänglichen Landbesitzes an die Krim-Chane in anderen Teilen des Osmanischen Reiches, eine Art jährliche Pension oder auch eine vom Sultan bezahlte Leibgarde (*sekban* genannt) waren weitere Belohnungen, durch die das Band zwischen der Halbinsel und Istanbul gefestigt wurde.[18] Die Aufstellung der sog. *sekban* zum Schutz des Chans erwies sich als eine besonders durchdachte Maßnahme, hatte Istanbul doch damit im Zweifels- bzw. Konfliktfall vom Sultan finanziell abhängige (und damit loyale) bewaffnete Kräfte in unmittelbarer Nähe des Chans positioniert. In jedem Fall gewährte Istanbul den Krim-Chanen im Vergleich mit anderen Teilen des Imperiums großzügige Zuwendungen.[19] Auch von der Hohen Pforte wurde das Chanat als eigentlicher Erbe der Horde angesehen, denn der Chan durfte weiterhin die jährlichen Tribute (pl. *upomniki*; russ. *pominki*) kassieren, die das Moskauer Reich und Polen-Litauen seit den Zeiten der Goldenen Horde entrichten mussten.

Durch den Einsatz tatarischer Hilfstruppen im Verbund mit der Hohen Pforte erweiterte sich der militärische Aktionsradius des Krim-Chanats enorm.[20] Bei Militäraktionen des Osmanischen Reiches gegen Ungarn oder Persien beispielsweise waren sie genauso involviert wie bei der sog. Ersten (1529) und Zweiten Wiener Türkenbelagerung (1683).[21] In einer wissenschaftlich akzeptablen, aber sprachlich von stereotypen Vorstellungen über eine ‚den Orientalen' eigene Grausamkeit nicht freien Abhandlung aus dem Jahre 1976 ist beispielsweise zu lesen, dass die krimtatarischen Reiter vor Wien ganz in der Art ihrer aus den eurasischen Steppen stammenden Vorväter aufgetreten seien: Sie hätten eine Spur der Zerstörung hinterlassen, die Europa seit der Invasion Batu Chans in Zentraleuropa in der Mitte des 13. Jahrhunderts nicht mehr erlebt habe.[22] Un-

---

18 Faroqhi (1994), 419, definiert diese als „mercenaries of peasant background."
19 Dazu genauer: Fisher (1972a).
20 Hierzu exemplarisch: Petritsch (1983).
21 Vgl. Kołodziejczyk (2012), 50. Insbesondere zur Wahrnehmung krimtatarischer Soldaten 1683 durch die autochthone Bevölkerung vgl. Augustynowicz (2012).
22 Barker (1967), 220. Die Mehrheit der HistorikerInnen sieht die Teilnahme krimtatarischer Truppen an der Zweiten „Türkenbelagerung" von Wien als erwiesen an. Der als absoluter Kenner krimtatarischer Außenpolitik in der Frühen Neuzeit geltende Kołodziejczyk (2012), 51, geht hingegen davon aus, dass der damalige Krim-Chan Murad Giray (1627–1696) seine Teilnahme an

strittig ist, dass es im Fall der Belagerung Wiens 1683 auch zu von Krimtataren begangenen Gewalttätigkeiten – ebenfalls gegen Zivilpersonen – gekommen war.[23] Doch ist Gewalt militärischen Konflikten inhärent und kann nicht als quasi-primordiales Kennzeichen bestimmter Kulturen oder Großgruppen angesehen werden. Insgesamt gilt, dass die „Beteiligung des Krim-Khanates am Türkenkrieg von 1683–1699 [...] noch immer nicht ausreichend untersucht worden" ist.[24]

Grundsätzlich erwartete die Hohe Pforte, dass das Chanat seine Außenpolitik an die Istanbuls anpasste bzw. zumindest mit dieser abstimmte.[25] Häufig entzogen die Chane sich diesem Anspruch jedoch und entwickelten eigenständige Interessen, die sie umzusetzen suchten. Mehr oder weniger unabhängige ‚außenpolitische' Verbindungen unterhielt das Chanat z. B. innerhalb des Osmanischen Reiches, etwa zu den Donaufürstentümern Moldau und Walachei, die ihrerseits zwar gleichsam Vasallen des Sultans waren, allerdings ebenfalls über einen bevorzugten Autonomiestatus verfügten.[26] Aber auch außerhalb des Reichszusammenhangs trat das Krim-Chanat immer wieder als eigenständiger Akteur in Erscheinung: So unterhielt es phasenweise eigene diplomatische Beziehungen zu den Königreichen Dänemark und Schweden.[27] Regelhaft gab es diplomatische Kontakte und krimtatarische Gesandtschaften an die großen europäischen Höfe wie Wien[28] und Moskau[29] oder seit dem ausgehenden 16. Jahrhundert auch zu im Aufstieg begriffenen Mächten wie Brandenburg-Preußen.[30]

Außer bei den bereits dargestellten Eingriffen der Sultane bei der Einsetzung der Chane und der daraus resultierenden Beeinflussung der Innenpolitik des

---

diesem Feldzug verweigert hat. Unbestritten ist, dass er dieser Aktion ablehnend gegenüberstand, da er sie für wenig erfolgversprechend hielt; vgl. Cardini (2004), 234. Zu den Hintergründen der Entscheidung des Großwesirs Kara Mustafa vgl. immer noch Leitsch (1981).
23 Vgl. dazu im Überblick auf der Grundlage von Augenzeugenberichten Augustynowicz (2012).
24 Schwarcz (2017), 208. Schwarcz erklärt dies mit der komplexen Quellenlage, ist das entsprechende Material doch in Istanbul, Wien, Moskau, Warschau, Paris und Teheran und zudem nur teilweise ediert.
25 Vgl. Andreev (1997), 123.
26 Vgl. hierzu Arens u. Klein (2004), 497. Das Fürstentum Siebenbürgen konnte ebenfalls den Status eines privilegierten Vasallen der Hohen Pforte beanspruchen, „und zwar zum einen durch den ihnen seitens Istanbul zugestandenen inneren und äußeren politischen Aktionsradius, zum anderen hinsichtlich ihrer Tributleistungen." Moldau und die Walachei waren durch wesentlich höhere Tribute als das Krim-Chanat oder Siebenbürgen belastet.
27 Vgl. hierzu die überaus verdienstvolle Edition und Untersuchung Matuz (1976).
28 Vgl. dazu Augustynowicz (2005).
29 Diese wechselseitigen Kontakte zwischen Moskau und Bağçasaray dienten nicht allein der Übergabe der Tribute, sondern können wohl auch als ‚normale' diplomatische Kontakte mit üblichen Konflikten interpretiert werden. Vgl. auch Zercalov (1890).
30 Dazu Hottop-Riecke (2017), besonders 69 f.

Chanats (s. u.) entstanden auf dem Feld der Außenpolitik Unstimmigkeiten – und zwar dann, wenn der krimtatarische Aktionsradius durch die Politik der Osmanen beschränkt werden sollte; dies war vor allen Dingen dann der Fall, wenn die Osmanen sich in den Steppengebieten des nördlichen Schwarzmeerraums ausbreiteten, die wiederum von den Krimtataren als ihre ureigene Interessenszone betrachtet wurden, handelte es sich dabei doch um Territorien, die ehemals mittelbar oder unmittelbar zur Horde gehört hatten. Wenn das Osmanische Reich Maßnahmen gegenüber den nördlichen Nachbarn des Chanats, also Polen-Litauen und dem Moskauer Staat, ergriff, kam es besonders häufig zu Konflikten. Nachdem beispielsweise ein Großteil des zu Polen-Litauen gehörenden Podoliens während des Osmanisch-Polnischen Krieges von 1672 bis 1676 an die Osmanen gefallen war, verschlechterte sich das Verhältnis zum Vasallen auf der Halbinsel rapide: Das Chanat hatte dadurch nämlich keinen Zugriff mehr auf eine ökonomisch wichtige Region, hatte es sich doch in Podolien über lange Zeit ein stark nachgefragtes Handelsgut besorgt: Sklavinnen und Sklaven.[31] Festzuhalten ist, dass es im 17. und frühen 18. Jahrhundert vermehrt Absetzbewegungen des Chanats von der Hohen Pforte gab, deren Ziel die Herauslösung aus dem osmanischen Reichsverband war. Sie blieben aber erfolglos.[32]

Der russische Orientalist Smirnov hatte schon im 19. Jahrhundert erkannt, nach welcher ‚Regel' die Herrscher in Bağçasaray auf dem Gebiet der Außenpolitik gegenüber Polen-Litauen und Moskau vorgingen: Sie unterstützten vorzugsweise den jeweils Schwächeren der beiden,[33] was in heutiger Diktion wohl als Politik des Gleichgewichts bezeichnet werden würde. Wenn also dieses Gleichgewicht aus der Perspektive Bağçasarays gestört zu werden drohte, resultierten daraus zuweilen Fälle von Ungehorsam gegenüber der Hohen Pforte. Das Chanat unter Devlet Giray (1512–1577) nahm 1569 gemeinsam mit den Osmanen an dem – wie sich zeigen sollte – erfolglosen Feldzug gegen das 1556 von Moskau eroberte ehemalige Chanat von Astrachan' teil. Da Devlet Giray sich wie seine Vorgänger im Palast von Bağçasaray als einziger legitimer Erbe der Mongolen sah, hatte er sich wie diese dem sog. Sammeln der Länder der Goldenen Horde verschrieben; sein Ziel war die Verdrängung des Moskauer Zarentums aus der Region, welches er hoffte an der Seite der Osmanen erreichen zu können. Als die osmanische Macht aber Anstalten machte, in der Steppe den Bau eines den Don und die Wolga verbindenden Kanals in Angriff zu nehmen, der den Einfluss des Sultans auf die von den Krimtataren beanspruchten Gebiete gestärkt hätte, änderte sich die

---

31 Zum konkreten Ereignis Kołodziejczyk (2012), 52.
32 Vgl. Fisher (1977).
33 Smirnov (1887), 555.

Sachlage. Istanbul plante nämlich mittelfristig die Verlegung der osmanischen Schwarzmeer-Flotte ins Kaspische Meer und versprach sich durch den Kanalbau massive wirtschaftliche Vorteile.[34] Als Devlet dessen während des Kriegszuges gegen Astrachan' gewahr wurde, verließ er mit seinen Truppen die Militärkampagne „in the midst" (also mittendrin), so Fisher, irgendwo an der Wolga.[35] In der krimtatarischen Erinnerungskultur hätte er sich allein mit diesem Eigensinn einen Platz verdient, geradezu unsterblich wurde Devlet aber auch im russischen kollektiven Gedächtnis. Dort kommt ihm allerdings eine negative Rolle zu, verantwortete er doch den verheerenden Raubzug gegen Moskau, in dessen Folge die Stadt im Mai 1571 niedergebrannt wurde. Nikolaj M. Karamzin (1766–1826), der bedeutende russische Schriftsteller, Sprachreformer und offizielle Reichshistoriograph am Zarenhof, beschrieb in seiner einflussreichen „Geschichte des Russländischen Staates" (1816–1829) dieses Ereignis folgendermaßen:

> Devlet-Girey vollbrachte eine große Tat [podvig]: Er wollte nicht den Kreml belagern, und von den Sperlingsbergen aus betrachtete er seinen Triumph, Haufen rauchender Asche im Umkreis von dreißig Werst, sofort entschied er zurückzugehen, aus Angst [...] vor dem unzutreffenden Gerücht, dass der Fürst oder Große König sich mit einer großen Armee nähert. Ioann [=Ivan IV., „der Schreckliche"] hatte in Rostov die Botschaft vom Rückzug des Feindes erhalten, und befahl Fürst Vorotynskij dem Chan zu folgen, dem es allerdings gelang, den Großteil der südöstlichen Regionen Moskaus zu zerstören und mehr als 100.000 Gefangene nach Taurien zu bringen. Nicht die Großherzigkeit habend, der Tröster seiner Untertanen im Moment der schrecklichen Katastrophe zu sein, [und] ängstlich, den Schauplatz des Schreckens und der Tränen sehen zu müssen, wollte der Zar nicht in die niedergebrannte Hauptstadt. [...] Es gab niemanden, der die Toten beerdigen konnte. Er [Ivan] befahl, Moskau von den verwesenden Leichen zu befreien. [...] Nur Adlige und Reiche wurden nach dem christlichen Ritus beerdigt. Die Körper der Anderen füllten die Moskva, so dass der Fluss nicht mehr fließen konnte. Sie lagen in Haufen, vergifteten das Wasser und die Luft durch die Fäulnis; und die Brunnen waren ausgetrocknet und ohne Wasser. Die übrig gebliebenen Bewohner vergingen vor Durst. Am Ende holten sie das Volk aus den umliegenden Städten; sie zogen die Leichen aus dem Fluss und begruben sie. So hat sich der endlose Zorn des Himmels über Russland ergossen.[36]

In diesen Zeilen wird, neben der sich durch Karamzins Werk ziehenden Kritik an Ivan IV. (1530–1584),[37] der nicht die Größe gehabt habe, „der Tröster seiner Un-

---

34 Matuz (1996), 139.
35 Fisher (1978), 45.
36 Karamzin (2013).
37 Der das autokratische System grundsätzlich rechtfertigende Karamzin mag sich bei seinen deutlichen Vorbehalten gegenüber Ivan IV. von der Gewalt der Opričniki, einer speziellen Militäreinheit des Zaren, leiten lassen haben. Hosking (1997), 87, ist der Auffassung, dass die durch

tertanen im Moment der schrecklichen Katastrophe zu sein",[38] eine Zerstörung fast apokalyptischen Ausmaßes geschildert: eine durch die Krimtataren weithin verheerte Stadt, von der allein der Kreml verschont geblieben war, überall Leichen, die niemand beerdigen konnte. Und die Davongekommenen mussten den Weg in die Sklaverei nach Taurien, also auf die Krim, antreten – all das interpretierte Karamzin als göttliche Strafe, welche die russischen Länder heimgesucht hätte.

Der Einfall der Krimtataren in das Moskauer Reich von 1571 war weder der erste noch der letzte, aber wohl der verheerendste seiner Art. Gerade im 16. Jahrhundert und im Kontext des Kampfes um das Erbe der Goldenen Horde kam es immer wieder zu überraschenden Vorstößen krimtatarischer Truppen nach Norden; genau fünfzig Jahre vorher, im Sommer 1521, hatte es bereits eine unerwartete Kampagne gegeben, bei dem Truppen von der Krim fast bis nach Moskau gelangt waren, ehe sie sich wieder zurückzogen. Dies stand übrigens im Zusammenhang mit den krimtatarischen Versuchen, eine dauerhafte Präsenz des Moskauer Reiches an der Wolga zu verhindern. Seit 1521 war es dem Krim-Chanat wiederholt gelungen, den Chan-Thron in Kazan' mit Girays zu besetzen. Damit hatte die seit 1487 währende erste Einnahme dieses Chanats durch Ivan III. (1440–1505) vorerst beendet werden können, was den Krimtataren in Allianz mit dem Chanat von Astrachan' und den Nogaiern gelungen war.[39] Doch währte die Freude darüber nicht lange, nahm Ivan IV. doch 1552 Kazan' ein – und konnte es diesmal dauerhaft für sein Reich sichern.

In jedem Fall zeigen die genannten Beispiele, dass das Krim-Chanat durchaus als eigenständiger Akteur gegenüber den Osmanen auftreten konnte – und auftrat! Wie sind nun abschließend der Spielraum und die Position des Krim-Chanats in der Frühen Neuzeit in der nördlichen Schwarzmeerregion und sein Einfluss bis ins östliche und ostmitteleuropäische Europa hinein zu bewerten? In der Forschung gibt es divergierende Meinungen, so sieht der russische Historiker Ilya Zaytsev die Macht der Chane immer auch als „a reflection of the power of the Ottoman padişah [Sultan]."[40] Dies ist insofern richtig, als dass ein mächtiger Sultan – wie gezeigt – sich leichter tat, einzelnen Thronprätendenten aus der Familie der Girays die Macht zu geben und wieder zu entziehen, als ein schwacher Sultan. Aufgrund ihrer reklamierten Abkunft von Činggis Qaɣan und des gemeinsamen Glaubens besaßen die Chane in den Augen des Hofes von Istanbul

---

Gesetzlosigkeit korrumpierte und geschwächte Truppe Ivans IV. 1571 unfähig gewesen sei, „den Angriff der Truppen des Dewlet-Girei abzuwehren."
38 Vgl. grundlegend Hoffmann P. (1991).
39 Fisher (1978), 40f.
40 Zaytsev (2010), 25.

aber in jedem Fall auch einen Ehrenvorteil gegenüber den meisten anderen Vasallen.[41] Das zeigt sich u. a. daran, dass nicht wenige Girays dort hohe Positionen bekleideten. Dass die übrigen KrimtatarInnen aus der Perspektive der Eliten des Osmanischen Reiches als primitiv und rückständig angesehen wurden, als islamisierte Barbaren, „whose task was to protect the northern border of the Empire", so Zaytsev[42], spricht zumindest für deren Wertschätzung auf dem Gebiet des Kampfes, wenn auch nicht auf dem der nichtmilitärischen Kultur. Welche Vorstellungen über krimtatarische Unterschichten osmanische Eliten pflegten, wäre in jedem Fall weitere Untersuchungen wert.

Das Verhältnis zwischen dem Krim-Chanat und dem Osmanischen Reich war über einen langen Zeitraum eher das eines zwischen Verbündeten denn zwischen Vasall und Lehnsherr, bewiesen seine Eliten doch vielfach Eigensinn und den Willen, eine von der Pforte unabhängige Politik nach innen (s. u.) und außen durchzusetzen. Auch wenn sich der Gestaltungsspielraum über die Zeit verringert haben mag, so ist dem Urteil Fishers über das Chanat zuzustimmen: „The Crimean Tatar Khanate was one of the most important states in eastern Europe from the early sixteenth century until the end of the seventeenth century."[43]

---

41 Dies belegte u. a. der von Hillebrand (2017) untersuchte Reisebericht des osmanischen Untertanen Evliyâ Çelebi.
42 Zaytsev (2010), 25.
43 Fisher (1978), 17.

17 Sklaverei und der Topos des krimtatarischen Kriegers

> Die Tataren führen gewöhnlich Krieg gegen die Polen, die Bewohner der Rus', Moskaus, die Čerkessen, Moldauer und Ungarn. Viele der Gefangenen, die sie diesen Völkern abnehmen, machen sie zu Sklaven. Eine andere Beschäftigung außer der Kriegsführung kennen sie nicht.[1]

Diese aus der Feder eines Dominikanermönchs mit Namen Jean de Luc stammende Beschreibung der Krimtataren wurde im Jahre 1625 verfasst. Sie zeichnet sich durch eine gewisse Überzeitlichkeit aus, zog sich doch die Vorstellung, dass die Krimtataren keine „andere Beschäftigung außer der Kriegsführung kennen", und dass das Krim-Chanat ein auf die Kosten der Anrainer lebender Parasitenstaat sei, bis in das 20. Jahrhundert: „Die hauptsächliche Beschäftigung der Krimtataren waren der Krieg und Raubzüge, die Plünderung und Gewinn zum Ziel hatten"[2], so war beispielsweise in der „Großen Sowjetischen Enzyklopädie" (*Bol'šaja Sovetskaja Ėnciklopedija*, BSĖ) aus dem Jahre 1953 zu lesen. Diese negative Einschätzung einer Nationalität, welcher immerhin in den 1920er Jahren innerhalb der UdSSR im Rahmen einer Autonomen Sozialistischen Sowjetrepublik (ASSR) begrenzte Sonderrechte zugestanden worden waren, mag erstaunen, erklärt sich aber durch die Ereignisse im Zweiten Weltkrieg. Die krimtatarische Bevölkerung war im Mai 1944 nach Zentralasien deportiert und die ASSR 1945 aufgelöst worden, da ihre muslimischen BewohnerInnen von Stalin unter den Kollektivverdacht gestellt worden waren, sie hätten im Weltkrieg mit den nationalsozialistischen Besatzern kollaboriert. Die KrimtatarInnen hatten in der Nachkriegszeit in der UdSSR entschieden keine Lobby (Kapitel 35).

In beiden Zitaten wird noch etwas anderes deutlich, nämlich dass sowohl der Mönch de Luc als auch der namentlich nicht erfassbare Autor des Eintrags über die Krimtataren in der „Großen Sowjetischen Enzyklopädie" nicht an Krimtatarinnen dachten, als sie über das Wesen dieser Gruppe sinnierten. In diesen und anderen Beschreibungen galt zumeist Folgendes: „Der idealtypische Krimtatare war […] männlichen Geschlechts, hatte sich über lange Zeit mehr oder minder ausschließlich mit Krieg befaßt [und] war der Ordnung und Sauberkeit nicht sehr zugeneigt."[3] In der Wahrnehmung der meisten AutorInnen aus dem Norden waren Krimtataren Krieger und besaßen zumindest ein Pferd, um das ein jeder Tatare

---

[1] Opisanie (1879), 470.
[2] Krymskie Tatary (1953).
[3] Jobst (2007b), 206. Vgl. zum männlichen Blick auf die krimtatarische Bevölkerung 206–218.

sich, so noch einmal de Luc, mehr kümmere „als um sich selbst."⁴ Der polnische Diplomat Broniewski widmete dem Thema Tataren und Pferde sogar einen eigenen Abschnitt, in dem er sich anerkennend über die Qualität dieser Tiere äußerte: „Alle [Krimtataren] benutzen tatarische Pferde nach ihrem Bedarf, die elegant, sehr gut, kräftig, schnell, mittelhoch und sehr bequem sind und alle Mühe aushalten."⁵

Dass sich nicht-muslimische AutorInnen über lange Zeit viel mehr mit krimtatarischen Kriegern befassten als beispielsweise mit krimtatarischen Bauern, hatte einen einfachen Grund: Die Kontakte zwischen dem Krim-Chanat (in Verbund mit dem Osmanischen Reich oder auch alleine) und seinen nördlichen Nachbarn waren über fast dreihundert Jahre überwiegend kriegerischer Natur, und diese ‚Erfahrung' wirkte lange im kollektiven Bewusstsein von PolInnen, RussInnen oder UkrainerInnen nach. Ohnehin, also nicht nur in Bezug auf die KrimtatarInnen, hat sich durch die jahrhundertelange wechselhafte ostslavisch-muslimische Beziehungsgeschichte ein spezifisches MuslimInnenbild im russischen Kontext herausgebildet, in dem das Bild des Kriegers eine große Rolle spielte.⁶ Da das krimtatarische Heer im Wesentlichen aus Kavalleristen bestand, prägte sich der Topos des reitenden Krimtataren besonders ein. Broniewski beschrieb dieses Phänomen, welchem ein Moment der Täuschung, der Kriegslist innewohnte, eindringlich wie folgt:

> Sehr viele in ihrem tatarischen Heer sind durchaus unkriegerisch und waffenlos, und diese führen wegen des zahlreichen Heeres beinah unendlich viele Pferde mit in den Krieg – denn auch ein Tatar von niedrigstem Stande gibt sich nicht mit einem oder zwei, ja nicht mit drei oder vier und mehr Pferden, die er eben an der Hand mit sich führen kann, zufrieden. Darum erscheint das Tatarenheer so zahlreich, riesig und gar furchtbar, das – wenn es aus der Ferne erblickt wird – von unseren Leuten für ein ziemlich gewaltiges und zahlreiches und bedeutendes Heer gehalten wird.⁷

Nicht alle Kontakte zwischen dem Krim-Chanat und Moskau oder Polen-Litauen waren aber kriegerischer Natur. Häufig fungierten die Chane auch als Mittler zwischen dem Kreml und der Hohen Pforte: Als etwa russische Kaufleute den Handel mit den Küstenstädten des Schwarzen Meeres intensivieren wollten und dafür gute Beziehungen mit den Osmanen notwendig waren, stießen sie auf konkrete Probleme. Der Weg nach Istanbul war lang, das osmanische Hofzere-

---

4 Opisanie (1879), 480.
5 Broniovius (2011), 119.
6 Vgl. Jobst (2011a).
7 Broniovius (2011), 119.

moniell komplex und fremd, was den Austausch von Gesandtschaften schwierig machte. Schon deshalb wandten sich die mit dem Osmanischen Reich handelnden russischen Kaufleute noch im 16. Jahrhundert an Bağçasaray und baten um Vermittlung in Handelsdingen.[8]

Das Schwarze Meer und die Halbinsel Krim hatten wegen ihrer geographischen Lage eine wichtige Mittlerfunktion: Zwischen Peripherie und Metropole bzw. zwischen Steppe und Küste gelegen, war hier seit der Antike ein bedeutender Umschlagplatz für Waren aller Art gewesen – und der zeittypische und kulturübergreifende Menschenhandel war ein bedeutender Wirtschaftszweig.[9] Bei der flüchtigen Lektüre zeitgenössischer oder auch aktuellerer Darstellungen wie die de Lucs oder der BSĖ gewinnt man allerdings den Eindruck, der Sklavenhandel sei ausschließlich das Metier der Krimtataren, zuweilen im Verbund mit dem Osmanischen Reich, gewesen. Die Opfer dieser Profession seien entsprechend ausnahmslos die slavische bäuerliche Bevölkerung in dem der Halbinsel vorgelagerten Steppengürtel, dem sog. Wilden Feld (russ. Dikoe Pole; poln. Dzikie Pole; ukr. Dike Pole) gewesen, das somit zu einer unsicheren, für die dauerhafte Besiedlung und Bewirtschaftung unbrauchbaren Grenzregion geworden sei. Diese Einschätzung ist keineswegs von der Hand zu weisen, denn es ist unstrittig, dass krimtatarische Reiterarmeen beinahe jährlich gen Norden zogen, um dort Gefangene und Beute zu machen.[10] Ökonomisch waren die fruchtbaren Gebiete sowohl für Polen-Litauen als auch für den Moskauer Staat somit nur eingeschränkt nutzbar und erforderten zudem umfängliche Grenzsicherungen. Während im letzteren Fall ein unumschränkter zarischer Herrscher die Sicherungsmaßnahmen ohne Widerstand anordnen konnte (auch wenn diese keinesfalls immer erfolgreich waren), gelang dies in Polen-Litauen nicht so einfach. Der König stand dort sehr selbstbewussten Adligen gegenüber, die „sich in Durchsetzung ihrer Partikularinteressen weitgehend den Forderungen" nach finanzieller Beteiligung entzogen.[11] Und nach der Union von Lublin 1569 oblag die Sicherung der südlichen Grenzen ohnehin allein den Herrschern, die fortan den polnischen Juden spezielle Steuern auferlegten, welche die Kosten für die Grenzsicherung aber nicht abdecken konnten.[12] Die Einfälle der bewaffneten Reiter aus dem Süden verschärften überdies ein Problem, an dem alle europäischen Staaten in der Frühen Neuzeit litten – den Bevölkerungsmangel, der durch

---

8 Vgl. dazu Kusber (1998).
9 Vgl. hierzu auch die Hinweise in den Kapiteln 3 und 5.
10 Vgl. hierzu die Aufstellung über „Tatar Raids for Captives" von 1468 bis 1694 bei Fisher (1972b), 580–583.
11 Jobst (2011b), 21.
12 Skorupa (1994), insbesondere 263 und 285.

einen geringen Geburtenüberschuss, Naturkatastrophen, Epidemien und Kriege schon ohne Sklavenbeutezüge eklatant war. Wie hoch die Zahl der dauerhaft oder zeitweise in die Sklaverei gelangten Menschen aus dem östlichen Europa war, wurde lange Zeit kontrovers diskutiert: Michael Khodarkovsky hielt 2002 beispielsweise zwischen 150.000 und 200.000 in die Sklaverei gelangte UntertanInnen allein in der ersten Hälfte des 17. Jahrhunderts für wahrscheinlich.[13] Der Rückkaufswert jedes Einzelnen – der Freikauf von Gefangenen galt im Moskauer Reich Ivans IV. als Christenpflicht, für die eine spezielle Steuer eingeführt wurde[14] – lag bei ca. fünf Rubel, so dass allein für den besagten Zeitraum zwischen 750.000 und 1.000.000 Rubel fällig gewesen wären. Das war eine hohe Summe und inkludierte nicht die Tribute, „Geschenke" und Steuern, die ohnehin an das Chanat zu entrichten waren.[15] In Polen-Litauen gab es übrigens keinen organisierten Rückkauf von in Gefangenschaft gelangten UntertanInnen.[16] In jedem Fall war der Menschenverlust immens, gehen neuere Schätzungen doch allein für den Zeitraum zwischen 1500 und 1700 von ca. zwei Millionen Menschen aus.[17] Auch für den frühneuzeitlichen Kontext ist unklar, ob der über das Schwarze Meer abgewickelte Sklavenhandel den transatlantischen übertraf.[18]

Ohne Zweifel war das Schicksal vieler Sklavinnen und Sklaven sehr hart. Broniewski, der ansonsten ja kein gänzlich negatives Krimtatarenbild zeichnete,[19] wurde an dieser Stelle sehr deutlich: „Das Los der Gefangenen bei den Tataren ist ganz erbärmlich, denn die einfacheren werden von ihnen durch Hunger, Nacktheit und Prügel niedergedrückt, sodass sie lieber sterben als leben wollen."[20] Auch Alan Fisher kam vor einigen Jahren auf der Grundlage zeitgenössischer Berichte zu einer ähnlichen Einschätzung: „[O]ften in chains and always on

---

13 Khodarkovsky (2002), 223.
14 Vgl. Lavrov (2009).
15 Khodarkovsky (2002), 223 f.
16 Vgl. Lavrov (2009), 443, der darauf hinweist, dass allein der Vatikan und katholische Orden sich auf dem Gebiet des Gefangenenfreikaufs engagierten.
17 So das Ergebnis des polnischen Osmanisten Dariusz Kołodzieczyk: Kołodzieczyk (2006), 151. Vgl. die Diskussion der verschiedenen Forschungspositionen bei Davies B. (2007), 23–27.
18 So Kołodziejczyk (2011), xiv. Vgl. demgegenüber, dass insgesamt ca. zwölf Millionen Menschen aus dem westlichen, zentralen und südlichen Afrika als Sklaven in beide Amerikas verbracht wurden: Segal (1995), 4. Ein weiterer Hotspot des Sklavenhandels war das Mittelmeer, der dort allerdings häufig in ‚privater' Initiative durchgeführt wurde, nämlich durch Piraten. Vgl. dazu: Davies R. (2004). Dieser Autor schätzt, dass von 1500 bis 1800 dort zwischen einer und eineinhalb Millionen Menschen in die Sklaverei gerieten.
19 Vgl. dazu Albrecht (2011).
20 Broniovius (2011), 115.

foot"[21], starben viele von ihnen bereits auf dem Weg zum wichtigsten Sklavenumschlagplatz am nördlichen Schwarzen Meer – Kefe, das ehemalige Caffa, auf der Krim.[22] Dort wurden diejenigen weiterverkauft, welche nicht fürderhin auf der Halbinsel selbst ihr Sklavendasein fristen mussten, wurde doch ein gewisser Prozentsatz vor Ort verteilt. So standen dem Krim-Chan und militärischen Führern Anteile an der ‚Ware' zu, welche diese offenbar auch regelhaft beanspruchten. Broniewski beschrieb die Verteilung folgendermaßen:

> Sobald er an der Grenze [des Chanats] angekommen ist, erhält der Khan vom ganzen Heer den zehnten Teil der vornehmen Gefangenen. Die Anführer der Truppen aber bekommen von den einzelnen Abteilungen, und die, die eine größere Zahl von Gefangenen herbeibringen, erhalten von den übrigen vornehme Gefangene. Die übrigen Tataren des gemeinen Volks teilen sich die Gefangenen innerhalb ihrer Truppeneinheit.[23]

Damit nahm, zumindest wenn wir unserem polnischen Diplomaten folgen, der Chan immerhin weniger als das obligatorische Fünftel, welches nach dem Koran Allah zugestanden hätte.

Nachdem in Kefe Zwischenhändler die übrigen Sklaven aufgekauft hatten, wurden diese auf Schiffen nach Istanbul gebracht, die unter den damaligen technischen Bedingungen mit einem Zwischenstopp zumeist in Sinope an der Nordküste des Schwarzes Meeres (heute: Sinop) ca. zehn Tage für die Überfahrt benötigten. Dort wurden sie weiterverkauft, wenn nicht ein Abgesandter des Sultans Bedarf anmeldete: Attraktive Frauen kamen häufig in den Harem des Palastes, kräftige Männer wurden zu Dienstboten – und nicht selten noch vor Ort kastriert. Viele männliche Sklaven aus dem östlichen Europa endeten auch auf den Galeeren des Sultans, wo die Todesrate traditionell sehr hoch war.[24] Das Los vieler von krimtatarischen Reitertruppen gefangengenommenen Menschen aus dem östlichen Europa war – wie geschildert – unbestritten sehr hart. Allerdings waren die über das Schwarze Meer und die Krim abgewickelten Geschäfte mit Menschen keinesfalls eine tatarische oder – zumal wenn man die Rolle Istanbuls beim Weiterverkauf berücksichtigt – osmanische oder exklusiv muslimische An-

---

21 Fisher (1972b), 582f., dem ich auch im Weiteren überwiegend folge.
22 Kefe war der zentrale Verschiffungshafen. Primär galt für Gefangene aus dem Moskauer Staat, dass diese von Azov aus dorthin übers Meer transportiert wurden, während die aus Polen-Litauen einen Umweg über Özi/Özü, der heutigen zur Ukraine gehörenden Hafenstadt Očakiv (ukr.; russ. Očakov), nehmen mussten, bevor sie per Schiff nach Kefe gebracht wurden.
23 Broniovius (2011), 115.
24 Fisher (1972b), 584.

gelegenheit, sondern eine internationale.[25] Die institutionalisierte Sklaverei überschritt auch in damaliger Zeit die Grenzen von Imperien genauso wie die von Religionen und Kulturen.[26] Bei der Betrachtung des Menschenhandels darf deshalb nicht vergessen werden, dass bereits die von den europäischen Oberschichten seit der Renaissance so verehrte Kultur der Hellenen auf einer Sklavenhalterökonomie fußte. Und mit einem deutlichen Seitenhieb gegen das westliche, vermeintlich so entwickelte römisch-katholisch geprägte Europa ätzte ein namentlich nicht genannter russischer Autor noch im Jahr 2003 gegen die am Schwarzen Meer lange einflussreichen Stadtstaaten von Venedig, Genua, Pisa und Florenz, ohne deren Zutun der Sklavenhandel nicht möglich gewesen wäre, wie er zu Recht bemerkte: Europäische Renaissance und Sklavenhandel hätten sich „Hand in Hand" entwickelt.[27] Wenn das Phänomen auch ein globales war, so war dessen Bewertung doch uneinheitlich, wie es Mikhail Kizilov auf der Grundlage von Quellen christlicher, muslimischer und jüdischer Autoren anschaulich dargelegt hat: Ohne die Sklaverei grundsätzlich in Frage zu stellen – galt diese in der Zeit doch als normale Handelsaktivität –, wurde implizit und explizit häufig unterschieden, wer Opfer und wer Täter, was akzeptabler und inakzeptabler Menschenhandel war. ChristInnen störten sich demnach besonders an der Gefangennahme ihrer Landsleute durch MuslimInnen, würden diese doch dadurch dem ihrer Meinung nach schädlichen Einfluss des Islams ausgesetzt. Zudem unterstellten sie MuslimInnen ohnehin, besonders grausam zu sein. Die unfreie Arbeit der eigenen Leibeigenen wurde indes nicht kritisiert.[28] Für muslimische Autoren sind umgekehrt weniger Klagen über das Schicksal ihrer Glaubensbrüder in Gefangenschaft bekannt, zumal die Rolle der Sklaverei schon im Koran als „common human institution" betrachtet wurde.[29] Die größten Unterschiede in den jüdischen, muslimischen und christlichen Diskursen über die Sklaverei gab es wohl hinsichtlich der Frage nach möglichen Konversionen: Während jüdische Autoren den Religionswechsel ihrer in Gefangenschaft geratenen Glaubensbrüder überwiegend strikt ablehnten, wurde dieser in den beiden anderen Fällen zuweilen als legitime Option zur Verbesserung des persönlichen Schicksals gewertet.[30]

Wie dem auch sei: Die Beschaffung der ‚Ware', also der SklavInnen, oblag im Schwarzen Meer in aller Regel nicht den BewohnerInnen der italienischen Ko-

---

25 Vgl. hierzu den Sammelband Witzenrath (2016), in dem zahlreiche Beiträge den Anteil von Slaven sowohl als ‚Opfer' als auch als ‚Täter' behandeln.
26 Zur Geschichte der Sklaverei u. a. Lavrov (2009), 425–443.
27 Russkij Krym (2003), 1.
28 Kizilov (2007), 30.
29 Vgl. Fisher (1972b), 575.
30 Kizilov (2007), 30 f.

lonien, die eher im Verkauf tätig waren. Schon vor der Vertreibung der Genueser durch die Osmanen im Jahr 1475 lag diese in den Händen der Tataren – und Emissäre ostslavischer Adliger aus dem Moskauer Reich lieferten ebenfalls den begehrten Handelsgegenstand aus den Reihen ihrer eigenen Landsleute auf die Sklavenmärkte von Caffa oder Tana.[31] Selbst nachdem Caffa zum osmanischen Kefe geworden war, lag der Handel weiterhin nur zu einem geringen Teil in muslimischer Verantwortung. Mehrheitlich wurde dieser von Griechen, Armeniern, Italienern oder Juden durchgeführt.[32] Auch Polen-Litauen und das Moskauer Reich machten ihrerseits während der osmanischen und krimtatarischen Raubzüge Gefangene – die sie entweder selbst behielten oder nach Westeuropa verkauften.[33] Dementsprechend gab es ebenso in Moskau Sklavenmärkte, auf denen u.a. Menschen aus den baltischen oder deutschsprachigen Gebieten verkauft wurden, übrigens bis Mitte des 17. Jahrhunderts auch an muslimische Händler.[34]

Eine Unterscheidung in – im weitesten Sinne – staatliche (z.B. das Krim-Chanat, das Moskauer Reich) und private (griechische, armenische Händler etc.) Akteure im Sklavengeschäft oder beim Rückkauf von in Gefangenschaft geratenen Menschen im Schwarzen Meer greift zu kurz. Vielmehr gab es noch weitere handelnde Gruppen, die grundsätzlich in einem besonderen herrschaftlichen Loyalitätsverhältnis standen oder, besser, hätten stehen sollen und die sich ebenfalls in diesem Geschäft umtaten. Zu nennen sind hier insbesondere Folgende: die im Chanat ohnehin häufig selbständig agierenden Clans[35], die Nogaier sowie die Zaporoger und Don-Kosaken.[36] Während über die Mirza als Faktor in der Geschichte des Krim-Chanats bereits einiges berichtet worden ist, müssen Zaporoger und Don-Kosaken nicht nur im Kontext der Menschenraubzüge noch genauer betrachtet werden.

---

31 Fisher (1972b), 577.
32 Fisher (1972b), 583 und 584. Der Sklavenhandel in Istanbul lag nach Fisher „[w]ithout exception" in jüdischen Händen. Vgl. aber auch die differenzierteren Aussagen zur Täter- und Opferrolle von Juden im Menschenhandel bei Kizilov (2007), 25–30.
33 Beispiele dafür bei Spuler (1965), 386.
34 Hellie (1982), 73f. und 82f. Die Unterschiede zwischen der bekanntlich erst 1861 im Zarenreich abgeschafften Leibeigenschaft und Sklaverei können hier nicht im Detail ausgeführt werden. Kurz gesagt besaßen Leibeigene eine geminderte Rechtsfähigkeit, und deren BesitzerInnen hatten ihrerseits auch gewisse rechtliche Verpflichtungen diesen gegenüber. Sklaven hingegen galten als – sprechende – Sachen. Dass es in beiden Fällen häufig Unterschiede zwischen Theorie und Praxis gab, ist unstrittig.
35 Vgl. einige Beispiele bei Fisher (1972b), 589.
36 1641 eroberten die Donkosaken das osmanische Azov am Unterlauf des Don und beteiligten sich Ende des 17. Jahrhunderts auf Seiten des Zarenreichs an diversen Feldzügen gegen das Krim-Chanat.

18 Nogaier als Faktor der frühneuzeitlichen Krim-Geschichte

[L]eur obéissance est fort privilégiée. Ils le [le Chan] suivent á la guerre, lui donnent une partie de leur butin, et lui payant pour chaque prisonnier depuis un rixdaler [= Reichstaler] jusqu'á trois ducates [...]. Ils mangeant de la chair de cheval, buvant le lait de jument, en un mot ayant aussi peu de goût pour la propreté que leurs ancêtres, ils ont le visage plat, d'un brun-noirâtre, et ridé, les yeux petits et enfoncés, le nez recourbé en dedans et peu de barbe. Ils sont enclins au pillage, et quand ils peuvent trouver l'occasion de dépouiller quelque voyageur, ils ne la manquent pas; mais ils ne sont pas meurtriers, et des qu'ils se croient en sureté, ils préfèrent de vendre leur prisonniers.[1]

Diese 1784 erstmalig (und damit posthum) veröffentlichten Zeilen hatte der schwedische Gelehrte Hans Erich Johann Thunmann (1746–1778) verfasst. Der an der Universität in Halle/Saale wirkende Skandinavist, Balkanforscher und Romanist bekleidete einen Lehrstuhl mit der beeindruckenden Denomination „Professur für Weltweisheit und Beredsamkeit."[2] Mit dem östlichen Europa einschließlich des Schwarzmeerraumes hatte er sich nicht nur in seiner kleinen Abhandlung über den „krimschen Staat", wie der Titel im deutschen Original lautete, befasst, sondern auch in dem umfänglichen Werk „Untersuchungen über die Geschichte der östlichen europäischen Völker."[3] Wie in der Beschreibung des Dominikanermönchs de Luc über die Krimtataren wird auch hier von Kriegern berichtet, die offenbar eine symbiotische Beziehung zu Pferden hatten, Pferdefleisch („la chair de cheval") aßen und Stutenmilch („le lait de jument") tranken – und damit wie ihre Vorfahren wenig Geschmack gehabt hätten. Auch sie machten Gefangene, durch Raubzüge oder – und hier beginnt der Bericht des schwedischen Wissenschaftlers von dem de Lucs zu differieren – durch den Überfall auf Reisende: Diese wurden bei Gelegenheit beraubt, aber – denn „sie sind keine Mörder" – nicht umgebracht, da es besser gewesen sei, sie zu verkaufen. Alsdann berichtet Thunmann recht ausführlich vom Aussehen der von ihm Beschriebenen. Diese entsprachen ganz offenbar nicht dem ihm bekannten ‚europäischen Typ', sahen aber auch nicht wie die typischen Krimtataren der Südküste oder der

---

1 Thounmann (1786), 63 f. Das deutsche Original Thunmann (1784) lag nicht vor.
2 J Eberhard (1779).
3 Thunman (1774). Darin ging es um die „Allgemeine Geschichte der Völker welche an dem Schwarzen Meere und der Mäotischen See bis auf den Einfall der Mogolen [sic], gewohnt haben." In dem Kapitel „Über einige Gegenstände der russischen Geschichte" befasste er sich u. a. eingehend mit dem Anteil aus Skandinavien stammender Ethnien an der Geschichte der Kiewer Rus' und positionierte sich in der sog. Warägerfrage bzw. Normannentheorie, 367–406, hier besonders 371–390.

OpenAccess. © 2020 Kerstin S. Jobst, publiziert von De Gruyter. Dieses Werk ist lizenziert unter der Creative Commons Attribution 4.0 International. https://doi.org/10.1515/9783110520620-020

Bergregionen aus, so steht zu vermuten. Der Professor für „Weltweisheit und Beredsamkeit" schilderte vielmehr Menschen (wieder einmal Männer), die deutlich anders aussahen mit ihren flachen, dunklen und faltigen Gesichtern sowie gebogenen Nasen: die Nogaier. Bereits de Luc hatte phänotypisch einen Unterschied zwischen den Tataren der Steppe und des Südens ausgemacht und damit eine Charakteristik vorgelegt, die sich in den nächsten Jahrhunderten als recht stabil erweisen sollte[4]: Die Nogaier hätten ein flaches und volles Gesicht, einen großen Kopf, kleine Augen und eine platte Nase. Er vergegenwärtigte immerhin, dass es auch Nogaierinnen gab, die allerdings nur in der Jugend hübsch seien, im Alter hingegen hässlich, so sein Urteil.[5]

Unstrittig ist, dass sich die Ethnogenese der Nogaierinnen und Nogaier linguistisch, kulturell und anthropologisch von der der Tatarinnen und Tataren in den Bergregionen und an der Küste unterschied und die Ähnlichkeit mit den BewohnerInnen der kasachischen Steppe viel größer war.[6] Dies trifft auch auf die Lebensweise zu, lebten die in den nördlichen Steppen der Krim und des angrenzenden Festlandes siedelnden NogaierInnen doch bis weit in das 19. Jahrhundert zumindest teilweise nomadisch; anders hingegen die übrigen TatarInnen der Krim, die weitaus früher in einen wechselseitigen Akkulturationsprozess mit den Nachfahren der griechischen, gotischen, alanischen, italienischen oder anderer BewohnerInnen eingetreten waren, ganzjährig in Städten oder Dörfern wohnten und sich vorrangig mit Handel, Handwerk oder mit Wein-[7], Tabak- oder Obstanbau befassten. Beide Gruppen standen dennoch in einem engen, auch wirtschaftlichen, Austauschverhältnis, denn ‚der Süden' war vom ‚Norden' in Bezug auf in der Steppe produzierte Waren aus der Weidewirtschaft abhängig. Umgekehrt benötigte der ‚Norden' den ‚Süden' als Absatzmarkt und in dessen Funktion als Zwischenhändler. Ökonomie und Lebenswelten hatten auch Einfluss auf die Religionsausübung, folgten sesshafte TatarInnen doch eher dem osmanischen Vorbild islamischer Praktiken, die insgesamt institutionalisierter waren als die der nomadischen Gruppen.[8] Dies wurde von nicht-muslimischen AutorInnen häufig dahingehend interpretiert, dass die Nogaier weniger gläubig, weniger ‚fanatisch' seien.[9] Interessant ist in diesem Zusammenhang, dass das als fremd wahrgenommene Aussehen und die überwiegend nomadische Lebens-

---

4 Vgl. dazu Jobst (2007b), 90f., 156f.
5 Opisanie (1879), 487.
6 Dazu ausführlicher Williams (2001), 88f., dem ich hier folge.
7 Auch in Zeiten des Krim-Chanats wurde auf der Halbinsel Wein produziert und konsumiert, auch von den muslimischen Krimtataren. Vgl. dazu Halenko (2004), 507–547.
8 Vgl. Williams (2001), 58f.
9 Jobst (2007b), u.a. 220.

weise der Nogaier die sesshaften europäischen AutorInnen dennoch häufig urteilen ließ, dass die übrige tatarische Bevölkerung der Krim zivilisierter und damit attraktiver sei. So schwärmte beispielsweise ein russischer Reisender der zweiten Hälfte des 19. Jahrhunderts von den Bergtatarinnen, die helle Haut hätten, europäisch aussähen und somit „manchmal sogar schön" seien. Dies gelte auch für die kleinen Tataren und Tatarinnen, die den russischen Kindern ähnlich seien, da in ihnen kein mongolisches Blut fließe. Der Autor schloss:

> Wenn Du Dich an viele Sitten der Tataren des südlichen Ufers erinnerst, die Freiheit ihrer Frauen, die Achtung einiger christlicher Feiertage und Denkmäler, ihre Liebe zur Sesshaftigkeit, und diese Befunde mit ihrer äußeren Erscheinung vergleichst, so bist Du auf den ersten Blick davon überzeugt, dass die sog. Tataren dem kaukasischen Stamm ebenso nahe sind wie wir selbst.[10]

Vergleichbare Hierarchien zwischen ,uns' und dem ,Fremden' in seinen konstruierten Abstufungen entwickelten viele europäische AutorInnen, wie z. B. der in seiner Zeit recht populäre Entdecker und Reiseautor Harry Willes Darell de Windt (1856–1933). Er hielt die Küstentataren für „more refined in appearance and manner" als die Nogaier und führte dies auf die Verbindungen mit den Griechen und Genuesen zurück. Zugleich seien sie aber träger („more indolent"), was de Windt für eine Folge des milden südlichen Klimas hielt.[11]

Die Nogaier Horde war eines der der Goldenen Horde nachfolgenden Herrschaftskonglomerate und führte ihren Namen auf den Emir und erfolgreichen mongolischen Feldherren Nogai (?–1299) zurück. Wie andere Horden waren die Nogaier ethnisch heterogen und in Clans organisiert. Vom 15. Jahrhundert an drangen sie von Osten her weit in die Pontisch-Kaspischen Steppen vor, zeigten sich in ihrer Bündnispolitik sehr geschmeidig – und traten nach den eindrucksvollen Erfolgen des Moskauer Reiches gegenüber den Chanaten von Kazan' und Astrachan' im 16. Jahrhundert zu ihrem Schutz in ein informelles Suzeränitätsverhältnis mit dem Krim-Chanat.[12] Wie das Krim-Chanat selbst gegenüber dem Osmanischen Reich, so zeichneten sich auch die Nogaier als Vasallen durch Eigensinn aus. Keinesfalls folgten sie regelhaft der Politik Bağçasarays gegenüber der Steppe, zogen u.a. selbständig in den Norden, was sich eben auch in der eigenmächtigen Beschaffung von SklavInnen (s.o.) zeigte. Ihre Raubzüge trugen ebenfalls dazu bei, dass slavische SiedlerInnen die nördlichen Steppengebiete der

---

10 Markov (1994), 212. Dies ist ein beredtes Beispiel für die Anwendbarkeit des Ähnlichkeitskonzepts, das auch in kolonialen Kontexten eine Rolle spielt. Vgl. Bhatti u. Kimmich (2015).
11 Windt (1917), 187.
12 Fisher (1978), 24.

Krim nicht dauerhaft und nur in geringer Zahl bewohnen konnten. Bis in die unmittelbare Zeit vor der Herauslösung des Krim-Chanats aus der osmanischen Einflusssphäre in der zweiten Hälfte des 18. Jahrhunderts blieben die Nogaier ein aufrührerisches Element innerhalb des Krim-Chanats und ließen sich phasenweise von dessen Gegnern instrumentalisieren.[13]

---

[13] Fisher (1977), 69 f.

19 Kosaken als Faktor der frühneuzeitlichen Krim-Geschichte

> Hier haben jene kriegerischen Völker ihren Ursprung genommen, die den Namen der Zaporowischen Kosacken führen, und seit so vielen Jahren in verschiedenen, am Dnieper und nahe dabey liegenden Oertern sich aufhalten, deren Anzahl sich jetzt noch auf 120.000 streitbare Menschen beläufe, welche auf den Befehl des Königs in weniger als acht Tagen zu seinem Dienste bereit sind. Diese Völker sinds, welche oft und fast jährlich sich zum größten Nachtheil der Türken aufs Schwarze Meer begeben. Oft haben sie die Krim, welche einen Theil der Tataren ausmacht, geplündert, Natolien [=Anatolien] beraubt, Trebisonde verheert und sich selbst bis zur Mündung des schwarzen Meers, 3 Meilen von Konstantinopel gewagt, wo sie alles verbrannt und gerödtet haben, und sind hierauf mit großer Beute und einigen Sklaven, welche gemeiniglich junge Kinder sind, die sie zu ihrem Dienst behalten oder an die Adelichen zum Geschenke machen, zurückgekehrt.[1]

Anders als in den bislang zitierten zeitgenössischen Berichten über Raubzüge, Beutemachen und Sklavennehmen waren die ‚Täter' in dieser Darstellung nicht die „Türken" oder Krimtataren, sondern die „Zaporowischen Kosacken." Verfasst hat sie Guillaume le Vasseur de Beauplan (ca. 1600–1673), ein in Diensten der polnischen Krone stehender französischer Festungsarchitekt und Kartograph. Seine vielgelesene und häufig zitierte „Description d'Ukraine" enthält eine der ersten längeren Beschreibungen der Ukraine als eine sich von Polen-Litauen unterscheidende, distinkte Region und ihrer BewohnerInnen, zu denen eben auch die „kriegerischen" Kosaken zählten.

Diese multiethnischen (später überwiegend slavischen und orthodoxen), egalitären Gemeinschaften sog. Freier Krieger (= Kosaken; tat. qazaq), die sich spätestens seit dem 15. Jahrhundert an den Steppengrenzen zwischen Dnepr, Don und Terek herausgebildet haben, müssen ebenfalls als Akteure in der Geschichte der Krim gesehen werden, worauf nicht zuletzt de Beauplans Zitat hinweist.[2] Die über die Zeit entstandene Melange aus geflüchteten Leibeigenen aus den slavischen Gebieten, versprengten Kriegern auch tatarischer Herkunft und vielen an-

---

1 Beauplan (1780), 23 f. Das französische Original erschien erstmalig 1650 in Rouen unter dem Titel „Description d'Ukraine qui sont plusieurs Provinces du Royaume de Pologne contenuës depuis les confins de la Moscouie, iusques aux limites de la Transilvanie, ensemble levrs moevrs, façons de viuns, et de faire la guerre."
2 Zu den Kosakengemeinschaften im Überblick vgl. Kappeler (2013). Immer noch nützlich ist zudem die Arbeit Stökl (1953). Neben den oben genannten Kosakengemeinschaften, von denen die beiden Erstgenannten für unseren Zusammenhang besonders wichtig sind, gibt es noch weitere, u. a. Jajk-Kosaken oder Sibir-Kosaken.

deren Männern³, die Grund hatten, die Zentren der Macht zu verlassen (u. a. als Glaubensflüchtlinge), hatte sich in den herrschaftlich nur schwer zu durchdringenden Räumen zwischen Polen-Litauen, Moskau und dem Krim-Chanat festgesetzt. Sie bildeten, so Andreas Kappeler, „kleine Personenverbände, die Jagd, Fallenstellen, Fischfang, Grenzdienst und Raubzüge organisierten."⁴ Die Zaporoger Kosaken beispielsweise operierten von Heerlagern aus, die sie auf Inseln des Dneprs errichtet hatten, die auch wegen der dortigen Stromschnellen für die meisten potentiellen Gegner nur schwer zugänglich waren. Schon früh in Auseinandersetzungen mit dem Chanat und dessen osmanischem Suzerän verwickelt, wurden ihnen seit der Mitte des 16. Jahrhunderts zunehmend Abwehr- und Wachaufgaben in den Grenzlandfestungen Polen-Litauens übertragen. Dies galt zumindest für diejenigen, die direkt der polnischen Krone unterstellt waren und Dienst- oder Registerkosaken genannt wurden.⁵ Allerdings gab es daneben sowohl auf polnisch-litauischem Territorium als auch im Don-Gebiet und noch weiter im Osten freie Kosakenverbände sowie Söldnerkosaken; gerade letztere ‚erwirtschafteten' ihren Unterhalt mittels Beutezügen. Sowohl diese als auch die im Herrschersold stehenden Kosaken erkannten insbesondere in dem Jahrhundert zwischen 1550 und 1650 häufig weder (polnische) Könige noch (russische) Zaren als ihre Oberhäupter an – oder nur bei Gelegenheit. Die Kosaken wurden zu einem distinkten Akteur und waren häufig ein ‚Stachel im Fleisch' Polen-Litauens oder des Moskauer Reiches, opponierten sie doch offen.⁶ Dies mag ein typisches Merkmal für die Bevölkerung einer komplexen Grenzlandzone sein, welche folgendermaßen definiert werden kann: „Keine klare Zuordnung zu den anliegenden und konkurrierenden Herrschaftsbereichen, eine ambivalente Loyalität der ethnisch und religiös heterogenen Bevölkerung, sozial fluktuierende Strukturen sowie ein permanenter Kleinkrieg" mit anderen Akteuren.⁷ Wie die Nogaier machten

---

3 In der Tat waren Kosakengemeinschaften ursprünglich rein männlich, dem Selbstverständnis nach eine militärische „Bruderschaft, die männliche Werte wie Ehre, Tapferkeit, Körperkraft und Ausdauer hochhält und die an mittelalterliche Ritterorden gemahnt", so Andreas Kappeler. Später hatten Zaporoger Kosaken in der Regel Familien, ihre Frauen waren z.T. geraubte Tatarinnen aus dem Osmanischen Reich oder dem Kaukasus. Kappeler (2013), 91.
4 Kappeler (2013), 14.
5 Grundlegend hierzu Kumke (1993a).
6 Erwähnt werden soll hier neben dem noch zu betrachtenden sog. Chmel'nyc'kyj-Aufstand der Dnepr-Kosaken gegen Polen-Litauen ein weiterer: Der des Kosaken-Führers Ivan I. Bolotnikov (?–1608). Dieser war ein in krimtatarische Gefangenschaft geratener ehemaliger Leibeigener, der nach jahrelangem Galeeren-Dienst in die Heimat zurückkehrte und einen großen Aufstand gegen die Zarenmacht anführte. Vgl. Crispin (2006).
7 Pausz (2017), 15.

auch die Kosaken eigenmächtige Raubzüge gegen die Nachbarn – nur in umgekehrter Richtung: nach Süden.

Wenn man heutzutage an Kosakenverbände denkt, stellt man sich diese zumeist – wie die Tataren auch – zu Pferd vor. Dies traf aber erst in späterer Zeit zu, denn anfänglich war ihr „primärer Lebensbereich [...] nicht die Steppe, das unwegsame ‚wilde Feld', sondern der Fluss. [...] Sie waren geschickte Bootsfahrer nicht nur auf den Flüssen, sondern bald auch auf dem Schwarzen und dem Kaspischen Meer", so Kappeler.[8] Ihre auch von de Beauplan beschriebenen zerstörerischen Einfälle zu Land und zu Wasser auf osmanisches und krimtatarisches Gebiet führten wiederholt zu tiefgreifenden außenpolitischen Verwerfungen, beschweren sich doch sowohl die Hohe Pforte als auch das Chanat darüber, dass die Kosaken ihre eigene ‚Außenpolitik' machten.[9] Anfang des 17. Jahrhunderts überfielen diese wiederholt Kefe und rechtfertigten sich u. a. gegenüber der polnischen Krone damit, man habe orthodoxe Sklaven befreien wollen, die dort zum Verkauf stünden. Dass sie bei dieser Gelegenheit reiche Beute machten, war aber sicher ein nicht unwillkommener Nebeneffekt. Das Bild räuberischer Kosaken passt übrigens nicht in das Konzept heutiger ukrainisch-nationaler Kreise, sind die Zaporoger ‚Freien Krieger' doch ein zentraler Baustein ihrer nationalen Mythologie.[10] HistoriographInnen benachbarter Nationalitäten gehen hingegen kritisch mit diesen um: Schon im 19. Jahrhundert bemerkte der bereits zitierte zarische Orientalist Smirnov, dass nicht nur die Krimtataren Gefangene nähmen und Lösegeld eintrieben, sondern eben auch die Kosaken.[11] Auch für den polnischen Historiker Skorupa sind viele kosakische Überfälle auf krimtatarisches und osmanisches Gebiet eher räuberisch denn defensiv gewesen.[12] Besonders harsch urteilt Neal Ascherson über Kosakengemeinschaften: „Verglichen mit den indoiranischen Völkern der Antike und mit einigen der Turkvölker, die auf sie folgten, waren die Kosaken primitiv. Gewalt, Volkstum und Männlichkeit sind selten die Werte einer stabilen und traditionsbewussten Gesellschaft, sondern eher die von Banditen."[13] Ohne Zweifel ist das gegenwärtige postsowjetische Neo-Kosakentum häufig durch Chauvinismus, Machismus und Xenophobie gekennzeichnet,[14] die

---

[8] Kappeler (2013), 12.
[9] Vgl. zu der Reaktion des osmanischen Militärs auf die kosakischen Übergriffe den Beitrag und die Quellenübersetzung Ostapchuk (1990).
[10] Vgl. Jobst (2015b), 106–115.
[11] Smirnov (1887), 546.
[12] Skorupa (1994), 261.
[13] Ascherson (1996), 173 f.
[14] Nach dem Ende der UdSSR haben sich in den Gebieten der Gemeinschaft unabhängiger Staaten (GUS) zahlreiche Kosakenverbände neu konstituiert. Dieses sog. Neo-Kosakentum

frühneuzeitlichen Kosakenverbände sollten allerdings unter den spezifischen politischen und ökonomischen Bedingungen der osteuropäischen Grenzlandkultur interpretiert werden.

Und zu dieser gehörte, wie schon an einigen Beispielen gezeigt werden konnte, auch eine den jeweiligen Umständen und Bedürfnissen einer Gemeinschaft angepasste Bündnispolitik. Ein besonders folgenreiches Beispiel für die Flexibilität der Akteure im nördlichen Schwarzmeerraum war die Allianz zwischen den Zaporoger Kosaken und dem Krim-Chanat während des sog. Chmel'nyc'kyj-Aufstands 1648.[15] Dieser richtete sich gegen die polnische Adelsrepublik, sein Hintergrund war sozial (u. a. gegen die Beschneidung der kosakischen Privilegien durch den polnischen König) und konfessionell (gegen die Diskriminierung der Orthodoxie). Ein ursprünglich vom Het'man Chmel'nyc'kyj (1595–1657) gewünschtes Bündnis mit dem Zartum war zu diesem Zeitpunkt noch nicht zustande gekommen, wohl aber das mit dem Chanat, dem als Lohn für die Unterstützung Land und Sklaven versprochen wurden. In diversen Schlachten (Zbaraż [poln.; ukr. Zbaraž] 1649, Zborów [poln.; ukr. Zboriv] 1649, Beresteczko [poln.; ukr. Berestečko] 1651) kämpften kosakische und krimtatarische Verbände unter Islam III. Giray (1604–1654) Seite an Seite. Auch Islams Außenpolitik war, wie die seiner Vorgänger, darauf ausgerichtet, keinen der Anrainer zu stark werden zu lassen. Als also aus seiner Sicht Polen-Litauen schwach genug geworden war, versagte er den Kosaken allmählich seine Unterstützung. Chmel'nyc'kyj musste sich abermals an Moskau wenden – und diesmal kam Anfang 1654 unter Zar Alexej Michajlovič (1629–1676) die sog. Übereinkunft von Perejaslav zustande. Damit unterstellten sich – nach russischer Lesart – die Kosaken dem Zaren, während die ukrainische Seite darin bis heute lieber einen Vertrag zwischen zwei gleichberechtigten Völkerrechtssubjekten erkennen will.[16] Somit hat das Krim-Chanat auch seinen Anteil an diesem so bedeutungsschweren Ereignis im russisch-ukrainischen Verhältnis. Im Russisch-Polnischen Krieg 1654–1667 wechselte es endgültig die Seite – und kämpfte mit Polen-Litauen gegen Moskau. Mit dem 1667 zwischen der *Rzeczpospolita* und dem Moskauer Staat ausgehandelten Waffenstillstand von Andrusovo begannen schließlich die russischen Bemühungen, das Krim-Chanat dem Einfluss des Osmanischen Reichs zu entziehen.

---

zeichnet sich häufig durch einen starken (russischen bzw. ukrainischen) Nationalismus aus. Vgl. u. a.: Skorik (1995); Toje (2006); Ganzer (2005); Schorkowitz (2008).
15 Dazu grundlegend Plokhy (2001).
16 Vgl. dazu Kumke (1993b), 84 f.

20 Innere Verhältnisse im Chanat der Krim

> Nur wenige der edleren oder einfacheren Tataren kümmern sich um die Vermögensverhältnisse, auch wenn sie fruchtbaren Boden haben. Die meisten bebauen weder Äcker noch pflanzen sie etwas an. An Pferden, Kamelen, Ochsen, Kühen, Kleinvieh und Schafen haben sie Überfluss und davon ernähren sie sich. Die edleren haben dennoch Brot und Fleisch zur Speise, als Trank aber Branntwein und Honigwein. [...] Einige aber sind dem Khan oder den höhergestellten Tataren, damit sie nur Nahrung haben und sich kleiden können, wie Mietlinge dienstbar – nur ohne Lohn. Die übrigen aber, und das sind die meisten, sind stets müßig.[1]

Auch diese Passage aus der Krim-Beschreibung des polnischen Gesandten Broniewski aus dem Jahr 1579 transportiert ein Bild der ‚fremden' krimtatarischen Bevölkerung von überzeitlicher Gültigkeit: Aus der Perspektive eines christlichen Europäers werden die allermeisten Krimtataren (wieder nur Männer) unabhängig ihres sozialen Standes als wenig umtriebig, ja sogar faul beschrieben. Obgleich es die Natur offenbar gut mit der Krim gemeint hat, denn es gibt fruchtbare Äcker und eine reichhaltige Fauna, nutzten die BewohnerInnen dieses Kapital nicht, so der mehr oder weniger implizite Vorwurf. Nur wenige gingen aus purer Not einer mit Naturalien entlohnten Arbeit (als dienstbare „Mietlinge") nach, die meisten aber seien „stets müßig." In seiner Krim-Beschreibung verwickelte sich der Autor übrigens durchaus in Widersprüche, berichtete er doch an anderer Stelle über „[v]orzügliche Obstgärten, Weingärten, Gemüsegärten", die es „ohne Zahl" gebe[2] – und für die auch irgendjemand hat Sorge tragen müssen, wachsen Obst, Gemüse und Weinreben doch nicht ohne aufmerksame Pflege. Broniewski oder der bereits oben zitierte Reiseschriftsteller de Windt, der die Krim mehr als dreihundert Jahre später besuchen sollte und die Krimtataren der Südküste wegen des dortigen angenehmen Klimas ebenfalls nicht für gerade fleißig hielt – sie stehen in einer Reihe mit vielen hier ungenannten Autorinnen und Autoren aus dem sog. christlichen Abendland. Broniewskis Aussage über ‚faule' Muslime transportiert ein bekanntes Stereotyp über ‚den Orientalen' an sich,[3] dass in dem Zitat allein der Hinweis auf den Alkoholkonsum der Muslime in Form von Brannt- und Honigwein erstaunt; wobei, wie schon erwähnt, die muslimische Krimbevölkerung ohnehin nicht nur Alkohol produzierte, sondern diesen auch trank. Auch hoch-

---

[1] Broniovius (2011), 105.
[2] Broniovius (2011), 79.
[3] Darauf hat bekanntlich am Beispiel der professionalisierten Orientalistik besonders nachdrücklich Edward Said hingewiesen, u. a. Said (1978). Zur Rolle des „Orientalismus" in der Osteuropäischen Geschichte vgl. u. a. Jobst (2000); Schimmelpenninck van der Oye (2010).

gradig gebildete, sich der objektiven Wissenschaft verpflichtet fühlende Reisende wie Peter Simon Pallas (1741–1811), ein in Preußen geborener Forscher in russischen Diensten und Mitglied der dortigen Akademie der Wissenschaften, bedauerte zutiefst, dass Krimtataren mit dem natürlichen Reichtum der Halbinsel angeblich nichts anzufangen wüssten.[4] Als er in den Jahren 1793 und 1794 diese im Auftrag der Zarin Katharina II. besuchte, um die dortige ökonomische Lage zu prüfen und in der Folge St. Petersburg Vorschläge zur künftigen Politik zu unterbreiten,[5] klagte er:

> Es ist zu bedauern, daß alle die schönen und warmen Thäler des südlichen Ufers, theils mit unnützen, unthätigen, ja wohl gar in gewissen Fällen gefährlichen Tataren besetzt sind, die mehr zu verwüsten als anzupflanzen wissen, theils, was der Krone zugehörte, an solche Eigenthümer verschenkt worden ist, welche weder das Vermögen, noch den guten Willen haben, in so günstigen Gegenden Anlage für das gemeine Beste zu machen.[6]

Aus ökonomischen und sicherheitsstrategischen Überlegungen empfahl er der russischen Administration die Enteignung tatarischer Landbesitzer und ihre Deportation ins Landesinnere, denn sie seien „unnütze und unwürdige BewohnerInnen in paradisischen Thälern, in welchen sie sonst immer die ersten und fertigsten Aufrührer gegen Russland waren." An ihrer Stelle seien „industriöse Colonien" mit Neusiedlern anzulegen.[7] Dies war eine Politik, der die russischen Machthaber in den nächsten Jahrzehnten übrigens folgten (vgl. Kapitel 25). Die krimtatarische Bevölkerung wurde aus westlicher Perspektive recht übereinstimmend also als wenig nützlich und – hier war der Bezug auf die bereits geschilderte, historisch gewachsene Überzeugung, ein jeder Krimtatare sei zugleich ein Krieger – als gefährlich bezeichnet. Die im europäischen Diskurs seit der Frühen Neuzeit tief verankerte Vorstellung, beim Krim-Chanat handele es sich um einen Parasitenstaat, der allein auf Raub, Beutemachen und Sklavenhandel fuße, erwies sich demnach als sehr wirkungsmächtig. Dessen innere Verfasstheit, sein Bevölkerungsgemisch und auch die wirtschaftlichen und militärischen Strukturen waren aber ungleich komplexer, als dieses Bild glauben macht.

---

4 Peter Simon Pallas, Bemerkungen auf einer Reise in die südlichen Statthalterschaften des Russischen Reiches in den Jahren 1793 und 1794, im Folgenden zitiert nach der Ausgabe Pallas (1967). Erstmalig 1799 auf Deutsch erschienen, wurde dieses Werk in der Folge in fast alle europäischen Sprachen – auch ins Russische – übersetzt. Zur Person vgl. Wendland (1992). Pallas bereiste nicht nur die Krim, sondern unternahm auch umfangreiche Expeditionen in andere Teile des Russländischen Reiches, u. a. in den Ural und nach Sibirien.
5 Vgl. dazu Jobst (2007b), 117–122.
6 Pallas (1967), Bd. 2, 259.
7 Pallas (1967), Bd. 2, 349f.

Dass vielfältige Akkulturationsprozesse auf der Krim zu allen Zeiten an der Tagesordnung gewesen sind und dort eine besondere Melange von Kulturen und Religionen entstehen ließen, wurde in diesem Buch bereits wiederholt thematisiert und ist geradezu ein roter Faden in der Geschichte der Halbinsel. Die Zeit des Krim-Chanats stellt keine Ausnahme dar, so dass die in wissenschaftlichen Debatten seit einigen Jahren so lebhaft diskutierten sog. hybriden Kulturen sich eben auch besonders gut am Beispiel der Krim in der Frühen Neuzeit beobachten und erforschen lassen.[8] Lange Zeit überwiegend nomadisch wirtschaftende Gruppen wie die Nogaier wurden zum Teil sesshaft, andere ethnische und religiöse Gruppen – Nachfahren der italienischen Kolonisten, Armenier, Juden, Karäer, Griechen etc. – tatarisierten sich partiell, etwa in Sprache und Kleidung. Auch veränderten sich die religiösen Verhältnisse: Besonders im 16. Jahrhundert kam es in den Küstengebieten, Städten und Bergregionen vermehrt zu Konversionen bislang nicht-muslimischer Einwohner zum Islam. Und im Unterschied zur Zeit des Russländischen Imperiums, als exogenes Heiratsverhalten (also Eheschließungen zwischen Angehörigen unterschiedlicher Religionen) eine absolute Ausnahme darstellte[9], war dieses Phänomen in der Frühen Neuzeit häufiger zu beobachten. Der Glaubenswechsel brachte den bisherigen NichtmuslimInnen bekanntlich wirtschaftliche Vorteile, entfielen doch die im Osmanischen Reich wie auch im Chanat erhobenen Sondersteuern. Zuweilen wurde für die muslimische Seite die große Zahl der Übertritte sogar zum Problem, da dies mit weniger Steuereinnahmen einherging.[10] In jedem Fall ist festzuhalten, dass bis wenige Jahre vor der russischen Annexion im Chanat nicht-muslimische Bevölkerungsgruppen in aller Regel mit ihren muslimischen Nachbarn in friedlicher Koexistenz lebten; zu interreligiösen Konflikten größeren Ausmaßes kam es erst später.

In der Geschichte der Halbinsel sind Vielfältigkeit und eine daraus erwachsende bemerkenswerte kulturelle Gemengelage angelegt, die aber zugleich die Entwicklung protonationaler Kulturen nicht verhinderte. Und dies galt eben auch für die spezifische, krimtatarische Kultur, von der sich selbst russische AutorInnen des 19. Jahrhunderts ungeachtet ihrer Vorbehalte gegenüber allem ‚Tatarischen' beeindruckt zeigten.[11] Trotz aller über die Zeit – und am entschlossensten in den

---

8 Vgl. dazu den Reader kanonischer Texte zur Debatte: Bronfen (1997).
9 Nach Williams (2001), 124, gibt es keinerlei Erkenntnisse über christlich-tatarische Heiraten in zarischer Zeit; er interpretiert dies als einen Akt der Verteidigung muslimischer Identität seitens der krimtatarischen Bevölkerung. Vgl. demgegenüber Jobst (2007b), 212–215, die einige Fälle solcher Verbindungen auf der Grundlage russischer Quellen dokumentiert hat.
10 So zumindest die Interpretation von Fisher (1981), 141, zur Situation in der zum Osmanischen Reich gehörenden Stadt Kefe.
11 Jobst (2007b), 192–195.

Jahren nach dem Zweiten Weltkrieg im Spätstalinismus – erfolgten Zerstörungen bedeutender Moscheen, Archive oder Teile des heute sehr viel kleineren Palasts von Bağçasaray sind die Überreste krimtatarischen kulturellen Schaffens immer noch beeindruckend. Das Herzstück war und ist der Chanspalast, mit dessen Bau der Chan Sahib I Giray (1501–1551) begonnen hatte.[12] Wenige Jahrzehnte nach Baubeginn, im ausgehenden 16. Jahrhundert, kam Broniewski nicht umhin, die Palastanlage und die Ortschaft zu loben: Die Stadt an sich sei nicht unbedeutend, das Gebäude selbst aus „vorzüglichen Steinen" gefertigt und „auf verschwenderische und großartige Weise mit Gebäuden, Tempeln, Grabmälern und Bädern ausgeschmückt."[13] Auch Reisende aus dem Osmanischen Reich, die mit der prächtigen Architektur des Topkapı-Palastes in Istanbul vertraut waren, an dem sich die persischen, osmanischen und italienischen Architekten auf der Krim im Übrigen orientiert hatten, zeigten sich beeindruckt: Evliyâ Çelebi, der ein gutes dreiviertel Jahrhundert nach Broniewski die Krim bereiste, lobte ebenfalls die gelungene Architektur des Palastes und zollte der Infrastruktur, den Dörfern und Städten auf der Krim Anerkennung.[14]

Offenbar ließ sich die elaborierte krimtatarische Kultur selbst von kritischen, dem Chanat eher ablehnend gegenüberstehenden Autoren nicht überzeugend unter dem Begriff „barbarisch" subsumieren; zu beeindruckend war vieles, was sie auf der Halbinsel sehen konnten. Leichter fiel es zumindest christlichen Autoren aufgrund ihrer spezifischen (Kriegs-)Erfahrungen mit dem Krim-Chanat, den Ursprung dieses Wohlstands auf Beutezüge und Tributeintreibungen zu reduzieren. Selbst der profunde Kenner der krimtatarischen Geschichte Alan Fisher bemerkte an einer Stelle seines wichtigen Buches, dass die Wirtschaft des Chanats zuvorderst darauf sowie auf den Unterstützungszahlungen der Hohen Pforte beruht habe.[15] Auch wenn ohne Zweifel diese Einkünfte von großer Relevanz waren, so sollte die agrarische Leistungsfähigkeit auch der muslimischen KrimbewohnerInnen nicht unterschätzt werden: Wie bereits dargestellt, waren die BewohnerInnen der nördlichen Steppen in der Vieh- und zum Teil auch in der Getreidewirtschaft tätig (s. o.). Gerade in der Bergregion war neben der Imkerei die

---

12 Zur Geschichte und Architektur des vermutlich um 1540 begonnenen Palasts, der in mehreren Etappen erbaut wurde, vgl. neben Fisher (1978), 29 f. die offizielle Website Bachčisarajski zapovednik (2018). Interessant ist auch die russischsprachige Wikipedia-Seite: Der Palast wird nicht, wie im russischen und sowjetischen Diskurs lange dominierend, als Bauwerk minderer Güte eingeschätzt, sondern im Gegenteil: Er sei ein Denkmal von universeller Bedeutung. Vgl. Chanskij dvorec (2018).
13 Broniovius (2011), 79.
14 Vgl. Hillebrand (2017), 53.
15 Fisher (1978), 16.

Abb. 6: Chan-Palast von Bağçasaray

Gartenwirtschaft, die ja auch Broniewski bemerkt hatte, ein wichtiger Faktor.[16] Der große sowjetische Archäologe und Kunsthistoriker des nördlichen Schwarzmeerraumes Anatolij L. Jakobson (1906–1984) bescheinigte den sesshaften Tataren Erfolge auf dem Gebiet des Obst- und Weinanbaus, des Handwerks und der Architektur. Er führte ihre Fähigkeiten allerdings darauf zurück, dass sie sich schon früh an die Nachfahren der griechischen Kolonisten assimiliert – also quasi von diesen gelernt – hätten.[17]

Ohne Zweifel kam dem Militärwesen im Chanat eine zentrale Bedeutung zu. So war jeder männliche Tatare seit dem 16. Jahrhundert verpflichtet, dem Ruf des Krim-Chans zu folgen, wenn dieser den Wunsch äußerte, „sich aufs Pferd zu setzen", d. h. einen Kriegszug zu unternehmen.[18] Bei Zuwiderhandlung, Nichterscheinen am Sammelplatz oder Feigheit vor dem Feind drohten, wie in der Zeit nicht nur bei MuslimInnen üblich, Strafen bis zum Tod.[19] Ein stehendes Heer unterhielt das Chanat also nicht – und war dabei in guter Gesellschaft, bildeten

---

16 Vgl. zur landwirtschaftlichen Produktion auf der Krim während des Chanats Vozgrin (1992), 156–158.
17 Jakobson (1973), 148.
18 Chartachaj (1866/1867), 1, 207.
19 Collins (1975), 259.

sich solche in den aufkommenden Territorialstaaten der Frühen Neuzeit doch erst allmählich heraus. Stehende Heere waren eine Reaktion auf häufig unzuverlässige Söldner, zu denen letztlich auch die bereits beschriebenen Registerkosaken in Polen-Litauen zählten. Üblich waren zudem Milizarmeen.[20] Die sehr schlagkräftige und gefürchtete Armee der Krimtataren bestand hauptsächlich aus Milizen, denn nur eine vergleichsweise kleine Zahl betrieb ausschließlich das Kriegshandwerk – sie war damit im Kontext der Zeit eher eine Armee älteren Typs. Doch eine effektive Mobilisierungspolitik machte das Zusammenziehen zehntausender Krieger – in Einzelfällen vermutlich bis zu 80.000 – binnen sehr kurzer Zeit möglich, was ein großer Vorteil gegenüber gegnerischen Armeen war.[21]

Die Mehrheit der krimtatarischen Männer widmete sich also entgegen den landläufigen Meinungen christlicher Autoren nicht ausschließlich dem Kriegsdienst. Nur ein kleiner Prozentsatz der Krimtataren konnte es sich nämlich leisten, ihr Leben ganz dem Militär zu widmen; die anderen benötigten zusätzliche Einkommensquellen. Durch den bereits in der Kindheit engen Kontakt mit Pferden zumindest bei den (halb-)nomadischen Tataren und dem ebenfalls früh geübten Gebrauch ihrer wichtigen Waffe, dem Reflexbogen, brachten es die Armeen des Chans dennoch zu hoher Perfektion.[22] Wenn die Chane aber nicht zum Kriegszug riefen, hüteten männliche Krimtataren zumeist ihr Vieh, bewirtschafteten ihr Land oder arbeiteten als Handwerker.

Grund und Boden wurden übrigens gemeinschaftlich bearbeitet, und gemeinsam wurden auch die Steuern an den jeweiligen Grundbesitzer, der zumeist einem der einflussreichen Clans angehörte, entrichtet.[23] Ein entscheidender Unterschied zu den angrenzenden Gebieten Polen-Litauens und des Moskauer Reiches war, dass die krimtatarischen Bauern keine Leibeigenen waren, also persönlich frei und räumlich zumindest de jure mobil; daneben gab es aber die ja schon hinlänglich beschriebenen Sklaven, die als ‚sprechender Besitz' galten. Auch nach 1783 und der Annexion der Krim durch das Russländische Reich wurde die krimtatarische Bevölkerung übrigens nicht in die Leibeigenschaft gezwungen. Neben Bağçasaray und dem zum Osmanischen Reich gehörenden Kefe gab es, wie bereits in vortatarischer Zeit, ein differenziertes urbanes Leben, an dem die tatarische Bevölkerung großen Anteil hatte, vielfach sogar die Mehrheit stellte; zu den wichtigen Städten gehörten u. a. das im Westen der Halbinsel gelegene Gözleve (türk.; krimtat.: Kezlev; das heutige Jevpatorija/ Evpatorija [ukr./russ.]), das

---

20 Dazu im Überblick Papke (1983).
21 Collins (1975), 259 f.
22 Collins (1975), 262–264.
23 Magocsi (2014), 43.

für das Chanat ein wichtiger Handelsplatz wurde, das im Landesinnere gelegene Aqmescit (krimtat.; das heutige Simferopol' [ukr./russ.]), oder Qarasuvbazar (krimtat.; heute: Bilohirs'k/Belogorsk [ukr./russ.]). Die vielfach sprachlich und habituell tatarisierten Armenier, Georgier, Griechen oder Karäer (letztere primär in Qarasuvbazar) hatten großen Einfluss auf Handel und Finanzgeschäfte.[24] Vor allen Dingen in den Küstenstädten waren übrigens nicht alle tatarischen BewohnerInnen Subjekte des Krim-Chans, sondern häufig UntertanInnen des Sultans. Im Verlauf der Frühen Neuzeit stellte die krimtatarische Bevölkerung insgesamt – also die der Küsten- und Gebirgsregion, die von Ethnologen zumeist als „Tat" bzw. „Yalyboyu" bezeichnet werden[25], sowie die Nogaier im Norden – die Mehrheit der Bevölkerung auf der Krim. Magocsi schätzt, dass auf dem Territorium des Krim-Chanats insgesamt, welches ja weitaus größer war als die Halbinsel, in der Mitte des 16. Jahrhunderts eine halbe Million Menschen lebte.[26]

Auf die Begrenzung der Macht der Chane nicht nur durch den osmanischen Sultan, sondern auch durch die Clans wurde bereits hingewiesen. Die hervorgehobene Position der Familien war in den Nachfolgestaaten der Goldenen Horde eine übliche Erscheinung, im Osmanischen Reich hingegen unbekannt. Die Clan-Häupter waren Teil des sog. Divan, des Beratergremiums des Chans. Neben diesem Divan existierte der Kurultay, die Clan-Versammlung aus Großgrundbesitzern und Kriegsherren, der u. a. als Sprachrohr gegenüber dem Sultan fungierte und überragenden Einfluss auf die Staatsgeschäfte ausübte.[27] Bis zum Ende des Chanats scheiterten alle Giray-Chane daran, den Einfluss der Sippen zu beschneiden und ihre eigene Zentralgewalt zu stärken.

Es steht zu fragen, wie sich das Krim-Chanat in der Struktur der frühneuzeitlichen europäischen Staaten ausnahm, wo sich zumindest im mitteleuropäischen Kontext in den Städten differenzierte Rechts- und Organisationsformen entwickelten und sich andernorts der Territorialstaat mit einem Souverän an der Spitze allmählich herausbildete. Diese Tendenzen sind im Krim-Chanat nicht feststellbar. Auch eine Einordnung in den ost(mittel)europäischen Kontext der

---

24 Fisher (1978), 30.
25 Zur Ethnogenese der Krimtataren vgl. Williams (2001), 7–39; Vojtovyč (2009). Die Unterscheidung zwischen „Tat" und „Yaliboyu" erfolgt entlang linguistischer Grenzen, da letztere einen oghusischen, also südwesttürkischen Dialekt sprechen.
26 Magocsi (2014), 43. Demnach hätte sich die Bevölkerungszahl bis in das 18. Jahrhundert nicht erhöht; vgl. hierzu die Gegenüberstellung der verschiedenen Schätzungen bei Williams (2001), 69 f.
27 Davies B. (2007), 23, ist der Auffassung, dass die zahlreichen nach Norden unternommenen Sklavenzüge letztlich auch ein Resultat der übergroßen Macht der Clans im Khanat gewesen seien: „[T]he Chan had to offer them frequent opportunities to raid for prisoners for ransom", andernfalls hätten diese auf eigene Faust gehandelt.

Zeit gelingt nicht wirklich, so dass von einer Sonderstellung des Chanats auszugehen ist, die Alan Fisher folgendermaßen umreißt: „Unlike its neighbors (i.e. Poland-Lithuania, Moscow, and the Ottoman Empire) the Khanate was not a feudal monarchy, an absolute monarchy, a patrimonial state, or an oriental despotism. It was something quite different, perhaps without European or eastern European parallel."[28] Das Chanat entzieht sich also auf diesem Feld einer eindeutigen Bewertung, zumal das bereits ausführlich dargelegte komplexe Verhältnis zum Osmanischen Reich nicht außer Acht gelassen werden darf. In jedem Fall war das Chanat nicht der barbarische, despotische Parasitenstaat, als der er oft beschrieben wurde.

---

28 Fisher (1978), 21.

21 Im Vorfeld der Annexion. Das Erstarken des Russländischen Reiches, der „Griechische Plan" und der Vertrag von Küçük Kaynarca von 1774

Siehst du nicht den Halbmond sinken
Trüb in Wolken wetterschwer
Mit des Silbers fahlem Blinken
Nieder in das schwarze Meer?

Als er einstens sturmesschnellen
Laufes aus der Wüste stieg,
Dunkelten die Dardanellen
Und das Lied der Vögel schwieg. [...]

Und es tobte um die Wälle
Von Byzanz Gewittersturm,
Bis der Mond mit blut'ger Helle
Still stand auf Sophiens Turm. [...][1]

Der Verfasser dieses vermutlich im zeitlichen Zusammenhang mit dem Krimkrieg (1853–1856) entstandenen Gedichts ist ein offenbar außerhalb von Waldsassen/Oberpfalz weitgehend vergessener Autor und Altphilologe namens Franz Binhack (1836–1915).[2] Sein insgesamt 26 Strophen umfassender Reim trägt den Namen „Die orientalische Frage" und beschreibt deren Ausgangspunkt – nämlich die Einnahme Konstantinopels von 1453 durch die Osmanen – aus Sicht eines gedachten christlichen Europas als Katastrophe, auf welche selbst die Natur mit Schrecken reagierte, denn „das Lied der Vögel schwieg." Das Grauen, welches die ChristInnen in Byzanz' erwartete, wird drastisch beschrieben, kennen die einfallenden Muslime doch offenbar kein Pardon mit den Insignien byzantinischer Kultur (die „Griechenkron" wird von ihnen „zum Klumpen umgeschmolzen", der Kaiserthron wird „blutbefleckt") – und schlimmer noch, auch nicht mit den der Christenheit heiligen Dingen:

Am Altare umgestoßen
Hell in Scherben unter Schutt
Lag der Kelch, und ausgeflossen
Trank die Asche Christi Blut.

---

1 Binhack (2018).
2 Seine lateinische Casus-Lehre ist antiquarisch immer noch zu erwerben: Binhack (1877).

Und die Stürme wütend hetzten
Über Land und Meere fort
Auf besudelten, zerfetzten,
Losen Blättern Christi Wort.³

Alsdann sei, so der Dichter weiter, über Konstantinopel eine „lange Nacht herein" gesunken, „[d]reimalhundert Jahr", ehe sich die Nachtigallen „zum Morgengruß" gerührt hatten und wieder „Früchte an dem gold'nen Hörn" gewachsen seien, also in der Bucht des Bosporus in Istanbul, der den europäischen Teil der Stadt in einen südlichen und nördlichen Bereich trennt und wohin zaghaft neues Leben zurückgekehrt sei.⁴ Dreihundert Jahre nach der Eroberung Konstantinopels – in der Mitte des 18. Jahrhunderts – hatten sich die Machtverhältnisse in der Schwarzmeerregion und auch an seinem nördlichen Ufer tatsächlich allmählich zu Ungunsten der Hohen Pforte und damit mittelbar auch des Krim-Chanats verschoben. Dies hatte verschiedene Gründe: Beispielsweise zeigten sich die über so lange Zeit gefürchteten osmanischen und tatarischen Reitertruppen militärtechnisch und strategisch der Armee des Zartums immer weniger gewachsen. Das Militär des Moskauer Zaren setzte nämlich zunehmend auf Artillerie, moderne Schusswaffen sowie Wagenburgen als defensive Formationen gegen die mobile Kavallerie aus dem Süden. Zudem wurden streng disziplinierte kalmückische Söldner verpflichtet, welche in der kriegerischen Auseinandersetzung mit Krimtataren oftmals erfolgreich waren.⁵ Der polnisch-litauische Staat hatte seinerseits die eigene Kavallerie-Taktik gleichsam modernisiert, sodass die berittenen Soldaten nunmehr gemeinsam mit der Infanterie und Artillerie vorgehen und somit dem Ansturm des Gegners besser standhalten konnten, was vor allen Dingen die Nogaier vor Probleme stellte.⁶ Diese Innovationen auf kriegstechnischem Gebiet hatten das Chanat und das Osmanische Reich hingegen weitgehend ‚verschlafen'. Hinzu kamen wirtschaftliche Probleme im Inneren: Im Osmanischen Reich hatte sich schon seit dem Ende des 16. Jahrhunderts die Abgabenlast der Bevölkerung drastisch erhöht, Lebensmittel verknappten sich durch den starken Bevölkerungszuwachs im Mittel- und Schwarzmeerraum. Die Gefahr von Aufruhr erhöhte

---

3 Binhack (2018).
4 Das endgültige „Ende der langen Nacht", also der osmanischen Dominanz, sah der 1836 geborene Autor rückblickend durch die 1830 erreichte Unabhängigkeit Griechenlands eingeläutet. Der fast ein Jahrzehnt dauernde Unabhängigkeitskampf der Griechen wurde bekanntermaßen von allen europäischen Großmächten einschließlich des Russländischen Reiches unterstützt. Binhack warnte die orthodoxen Griechen aber vor einer Bindung an das Zarenreich, „jenem Bären, der an deinen Toren harrt" bzw. „den Adler, der im Schilfe sitzet in dem Donausand."
5 Vgl. Collins (1975), 274 f.
6 Davies B. (2007), 191.

sich, was wiederum bewaffnete Kräfte band.[7] Bei den trotz aller Besonderheiten doch engen Beziehungen zwischen Istanbul und Bağçasaray konnte dies nicht ohne Rückwirkungen auf letzteres bleiben. Beide verabsäumten es zudem, neue wirtschaftliche Strukturen zu implementieren, die den phasenweise schwierigen Sklavenhandel als wichtigen Erwerbszweig hätten ersetzen können. Dieser war, wie ja bereits die Händler in den italienischen Kolonien hatten erfahren müssen (vgl. Kapitel 12) und wie jede andere Ware auch, Konjunkturen unterworfen, sei es aus Gründen der Nachfrage oder einer von außen herbeigeführten Verknappung, die zu Preisanstiegen führte. Die Beschaffung großer Zahlen von Gefangenen war beispielsweise mit dem Erstarken der Kosaken ab Ende des 16. Jahrhunderts (vgl. Kapitel 19) zeitweise schwieriger geworden, stoppten diese doch häufig die tatarischen Raubzüge.[8] Während des Bündnisses zwischen dem Chanat und den Kosaken unter Het'man Bohdan Chmel'nyc'kyj ab 1648 war es hingegen für die krimtatarische Seite besonders leicht gewesen, Tribute einzutreiben und „harvesting the steppe for slaves", so Brian L. Davies.[9] Nach der kosakisch-russischen Übereinkunft von Perejaslav von 1654 hatten die krimtatarischen Reiterarmeen aber wieder einen schlechteren Zugang zur Steppe, und die Zahl der Gefangenen sank. ‚Globale' Entwicklungen kamen hinzu, veränderten sich in dieser Phase doch weltweit die Handelsrouten und Warenströme; schließlich wurde der Schwarzmeerhandel zugunsten des transatlantischen nachhaltig geschwächt. Überdies wurden die Akkumulation von Kapital und damit der Aufbau eines funktionierenden Kreditwesens weder in Istanbul noch in Bağçasaray entschieden genug vorangetrieben. Eine Folge daraus war die vergleichsweise geringe Zahl entstehender Manufakturen, die ja ein Merkmal des beginnenden Frühkapitalismus waren.[10] Und letztlich hatte sich das Moskauer Reich in den ersten Jahrzehnten nach dem Ende der sog. Zeit der Wirren (russ. *smuta*) um 1613 sowie der Einbindung der Kosaken in das Reichsgefüge deutlich zu stabilisieren vermocht und an Macht gewonnen.[11]

---

7 Vgl. Matuz (1996), 143–164.
8 Vozgrin (1992), 216–220.
9 Davies B. (2007), 192. Er weist zudem auf den parallelen Aufstieg der Kalmücken als Steppenmacht hin, welche wiederholt in die Gebiete der östlichen Nogaier im Gebiet von Azov eindrangen.
10 Inalcik (1969); Rodinson (1966). Spezielle Untersuchungen zur Wirtschaftsgeschichte des Krim-Chanats fehlen leider.
11 Taagepera (1988).

Somit kam es nicht von ungefähr, dass aus dieser Zeit die ersten Pläne überliefert sind[12], dem – aus der Perspektive der nördlichen Nachbarn des Krim-Chanats – südlichen Anrainer den Garaus zu machen. Interessanterweise wurden konkrete Vorstellungen nicht von polnisch-litauischer bzw. russischer Seite entwickelt, sondern von einem katholischen Kroaten: Juraj Križanić (1618–1683) war Theologe, Schriftsteller und Politiker, und erfuhr u. a. deshalb eine gewisse Berühmtheit, da er der Feldgeistliche des polnischen Königs Jan Sobieski (1629–1696) während der Zweiten Großen Türkenbelagerung und des Entsatzes von Wien war. Als solcher erlag er einen Tag nach der Schlacht am Kahlenberg seinen sich dabei zugezogenen Verletzungen.[13] Der sich zwischen 1659 und 1676 im Moskauer Reich aufhaltende Križanić arbeitete zeitweilig im Kreml als Archivar, ehe er beim Zaren in Ungnade fiel und nach Sibirien verbannt wurde. Ob katholische Missionsversuche oder sein Engagement als eine Art Proto-Slavophiler dafür verantwortlich waren, kann hier nicht entschieden werden. In jedem Fall trat er für die Vereinigung aller Slaven unter der Führung des Zartums und (!) des Papstes ein. Voraussetzung für die von Križanić vorgesehene Führungsrolle Moskaus wäre die Konversion der orthodoxen Ostslaven zum lateinischen Ritus gewesen; dies war ein Ansinnen, das beim damaligen Zaren Alexej Michajlovič (1629–1676) nicht auf Zustimmung traf – und der daraufhin offenbar die Verbannung des Kroaten befahl, und dies obgleich der Herrscher den Beinamen „der Sanftmütigste" (russ. *Tišajšij*) führte. Križanić skizzierte in seinem zwischen 1663 und 1666 entstandenen Hauptwerk „Politik oder Gespräche über die Herrschaft" (russ. *Politika ili razgovory ob vladatel'stvu*) in zwei Kapiteln, wie eine gemeinsame Armee aus Ost-, West- und Südslaven das Chanat würde besiegen können.[14] Diese Planungen realisierten sich bekanntlich nicht, dennoch: Die Idee war in der Welt, Machtverhältnisse begannen sich zu wandeln, und eine Zäsur in den Beziehungen zwischen dem Zartum und dem Osmanischen Reich und mittelbar auch zum Chanat wurde zumindest in der Rückschau sichtbar.

Eine wichtige Voraussetzung dafür bildete der 1667 ausgehandelte Waffenstillstand von Andrusovo zwischen der *Rzeczpospolita* und dem Moskauer Staat, der einen mehrjährigen militärischen Konflikt zwischen den beiden Antagonisten beendete. An dessen Folgen lassen sich die Veränderungen der Machtverhältnisse in diesem Teil Europas deutlich erkennen, leitete er doch das Ende der polnisch-litauischen Großmachtstellung zugunsten des Zartums ein: Die *Rzeczpospolita* musste sowohl im Norden Verluste hinnehmen (u. a. den der Woiwodschaft von

---

12 Nach Fisher (1978), 50, gab es im Umfeld Ivans IV. bereits erste Überlegungen, massiv das Chanat zu bekämpfen. Diese Pläne wurden aber wegen ihrer Aussichtslosigkeit fallen gelassen.
13 Ich folge hier und weiters Heller (1992).
14 Berežkov (1891).

Smolensk) als auch weiter südlich, ging die Linksufrige Ukraine (östlich des Dnheprs) doch genauso verloren wie Kiew und Umgebung; ursprünglich sollte diese auch symbolisch so wichtige Stadt nur für zwei Jahre unter Moskauer Herrschaft gestellt werden, tatsächlich wurde das Gebiet aber dauerhaft Moskau zugeschlagen. Das Kosaken-Het'manat hätte eigentlich als gemeinsame Moskauer-polnisch-litauische Herrschaftssphäre behandelt werden sollen, insofern, als dass es beiden Reichen Kriegsdienst – eben gegen Osmanen und Krimtataren – leisten sollte. Tatsächlich, und dies erwies sich in den nächsten zwei Jahrzehnten als relevant, wurden die Kosaken-Gebiete zu einem Spielball oder, wie es der ukrainischstämmige Historiker Orest Subtelny ausdrückt, „zu einem Objekt" beider Mächte degradiert.[15] Auf Dauer bedeutete dieses Abkommen die – auch innere – Spaltung des Het'manats zwischen diesen zwei Herrschaftskonglomeraten.[16] Polen-Litauen und das Zartum verpflichteten sich in Andrusovo weiters zur gemeinsamen Verteidigung gegen das Osmanische Reich und das Krim-Chanat. Für den russischen Historiker Vozgrin markiert diese Übereinkunft zugleich eine Wende in der russischen außenpolitischen Kommunikation, wurde hier doch erstmalig bewusst eine dezidiert antimuslimische Propaganda bemüht.[17]

Im ersten sog. Russisch-Osmanischen Krieg von 1676 bis 1681 – insgesamt gab es bis 1877–1878 zehn – wurde die ganze Komplexität der nördlichen Schwarzmeerregion mit allen ihren Akteuren noch einmal deutlich[18]: Das Osmanische Reich stritt gemeinsam mit den Krimtataren gegen das Zartum um die Gebiete, die heute zur südlichen Ukraine gehören. Gleichzeitig kämpften verschiedene Kosaken-Führer auf beiden Seiten und gegeneinander. Am bekanntesten wurde Petro Dorošenko (1627–1698), Het'man der Rechtsufrigen Ukraine. Dieser verbündete sich mit den ‚ungläubigen'– aus der Perspektive der Orthodoxie – Krimtataren und Osmanen gegen das von den Kosaken der Linksufrigen Ukraine unterstützte Moskauer Reich – und verlor.[19] Dieser Waffengang endete schließlich 1681 mit dem Vertragswerk von Bağçasaray, das einen zwanzigjährigen Waffenstillstand begründen sollte (was es nicht tat, wie sich zeigen sollte) und die osmanisch-russische Grenze entlang des Dneprs festlegte. Weiter wurden Ansiedlungsverbote für alle Beteiligten zwischen dem Südlichen Bug (poln. Boh; ukr. Pivdennyj Buh;

---

15 Subtelny (1993), 96.
16 Hoensch (1983), 150. Letztlich hatte sich die Aufspaltung der Kosaken schon seit 1654 abgezeichnet, was in der ukrainischen Historiographie zumeist als schmerzliche Spaltung des protonationalen ukrainischen ‚Staates' angesehen und als „Ruïna" (ukr. für Ruin) bezeichnet wird. Vgl. Jobst (2015b), 111.
17 Vozgrin (1992), 226.
18 Zum Verlauf insgesamt vgl. Davies B. (2007), 159–172.
19 Hierzu im Detail Subtelny (1993), 96–98.

russ. Južnyj Bug) und dem Dnepr vereinbart, womit eine Art Pufferzone entstehen sollte.[20] Für die Geschichte der Krim, die ja im Mittelpunkt des Interesses steht, ist Folgendes an diesem Friedensschluss von Relevanz: Zum einen wurde den Nogaiern trotz der erwähnten Ansiedlungsbeschränkungen weiterhin das Recht zugestanden, durch diese Gebiete zu ziehen, was ihre Lebensgrundlage sichern sollte. Zum anderen führte Chan Murad Giray (1627–1696) die Verhandlungen in Bağçasaray als Stellvertreter des Sultans, was abermals auf die wichtige Position des Chanats im Gefüge des Osmanischen Imperiums hinweist. Allerdings, so zumindest der habsburgische Orientalist Hammer-Purgstall, gingen die Chane fortan dieser Funktion verlustig:

> Bis jetzt hatte unmittelbarer Verkehr von Gesandten zwischen Russland und der Krim stattgefunden. Weil Murad Geraj aber die russischen Gesandten misshandelte, wurden von nun an keine russischen Gesandten mehr nach der Krim gesandt und der diplomatische Verkehr Russlands blieb auf Konstantinopel [=Istanbul] beschränkt.[21]

Welche Misshandlungen an russischen Gesandten Murad Giray, der vor allen Dingen wegen seiner Teilnahme und Vorbehalte gegenüber der sog. Großen Türkenbelagerung von 1683 bekannt wurde, begehen ließ, ist nicht bekannt; der Bedeutungsverlust des Chanats wurde in jedem Fall sichtbar.[22]

Die territoriale Integrität des Chanats – sofern im Kontext einer im Norden ja eher offenen, fluiden Grenze überhaupt davon die Rede sein kann – wurde von diesen Ereignissen nicht berührt.[23] Erste konkrete Versuche zur Beendigung der Existenz dieses Gemeinwesens durch das Zartum folgten aber bereits wenige Jahre später, durch die russischen Kampagnen der Jahre 1687 und 1689 unter dem Kommando von Vasilij V. Golicyn (1643–1714). Durch den ein Jahr zuvor erfolgten Beitritt des Moskauer Reiches zur antiosmanischen Heiligen Liga (ursprünglich einem Bündnis des Heiligen Römischen Reiches Deutscher Nation, des Papsttums, Polen-Litauens und Venedigs) konnte das Moskauer Reich das Vordringen

---

20 Vgl. genauer Davies B. (2007), 171 f.
21 Hammer-Purgstall (1970), 171. Es ist bemerkenswert, mit welcher Hartnäckigkeit christliche AutorInnen an der anachronistischen Bezeichnung „Konstantinopel" für „Istanbul" festhielten.
22 Zur Herrschaft des zwischen 1678 und 1683 regierenden Chans, der auf Bitten der Clans vom Sultan wieder abgesetzt wurde, vgl. Hammer-Purgstall (1970), 169–171. Es steht zu vermuten, dass Murad Giray auch deshalb abgesetzt wurde, da er das Scharia-Gericht, das bis dahin einem von den geistlichen Autoritäten in Istanbul eingesetzten Mufti unterstand, zugunsten eines dem Chan verpflichteten Hofgerichtes schwächte. Diese Stärkung der Position des Chans dürfte weder den Mirza noch dem Sultan gefallen haben.
23 Ohnehin verzichtete das Chanat gegenüber seinen nördlichen Nachbarn wohl schon aus Kostengründen auf eine konsequente Grenzsicherung. Vgl. Arens u. Klein (2004), 494.

gegen das Chanat als Vasall der Hohen Pforte ideologisch rechtfertigen. Der Erfolg blieb aber vorerst aus, denn sowohl 1687 als auch 1689 gelang es den tatarischen Truppen unter dem Kommando des Chans Selim I. Giray (1631–1704), eine dauerhafte Einnahme der Halbinsel und das russische Festsetzen an der nördlichen Schwarzmeerküste zu verhindern. Ein ausländischer Zeitgenosse führte diesen Misserfolg Golicyns weniger auf die Leistung der Krimtataren im Kampf, sondern auf deren Geschick am Verhandlungstisch zurück: Die krimtatarischen Unterhändler hätten die Gespräche mit dem Feldherren so in die Länge gezogen, dass der russischen Armee der Nachschub ausgegangen sei und sie sich deshalb habe zurückziehen müssen. Überhaupt seien die Feldzüge gegen das Chanat für die „Moskowiter" ein Schlag ins Wasser gewesen.[24]

Erst unter Peter I. (1672–1725) sollte sich dies ändern – zumindest temporär gelang diesem gegenüber dem Osmanischen Reich ein Gebietsgewinn: die Festung von Azov, das ehemalige italienische Tana. Sowohl die Dnepr- (1559) als auch die Don-Kosaken (1637) hatten sich in der Zeit davor mit unterschiedlichem Erfolg an deren Eroberung versucht; letztere konnten die Feste zwar einnehmen, Zar Michail I. (1596–1645) gab sie jedoch bereits 1642 den Osmanen zurück, um kriegerische Auseinandersetzungen zu vermeiden. 1696 eroberte Peter I. schließlich Azov, nachdem ein erster Versuch ein Jahr vorher gescheitert war.[25] Auch wenn er die Stadt einige Jahre später – nach dem Frieden vom Pruth, der den vierten „Russischen Türkenkrieg" 1711 beendete – wieder zurückgeben musste, war das Ziel, Russland Zugang zum Schwarzen Meer zu verschaffen, deutlich zutage getreten. Das Krim-Chanat, welches eine Funktion als Pufferzone zwischen Russland und dem Osmanischen Reich hatte, musste zur Umsetzung dieses Plans ausgeschaltet werden, was mittelfristig gelingen sollte.

Die innenpolitische Lage des Chanats wurde parallel zu diesen internationalen Entwicklungen zunehmend instabiler. Ein Indikator dafür war die seit dem ausgehenden 17. Jahrhundert große Zahl an Herrscherwechseln, wobei eine ganze Reihe von Chanen mehrfach ein- bzw. abgesetzt wurde.[26] Dies weist darauf hin, dass entweder die einflussreichen Mirza oder aber der osmanische Sultan mit dem jeweiligen Herrscher unzufrieden waren – und dieser sich wiederum nicht gegen die partikularen Interessen durchsetzen konnte. Unter den Clan-Führern gab es unterschiedliche Lager, nämlich solche, welche die osmanische Oberherrschaft grundsätzlich in Frage stellten und von den Chanen verlangten, das Verhältnis zur

---

24 Vgl. hierzu den aus dem Französischen übersetzten zeitgenössischen Bericht eines polnischen Gesandten am Moskauer Hof Zapiski (1891).
25 Dazu Fisher (1973).
26 Hammer-Purgstall (1970), 22, nennt insgesamt 54 verschiedene Chan-Herrschaften. Eine ganze Reihe von Girays übernahm mehrfach die Chanschaft.

Hohen Pforte im Sinne einer größeren Unabhängigkeit neu zu regeln. Seit den 1760er Jahren waren separatistische Strömungen unter der Führung der Clane der Şirin und Barın dominierend, welche sogar die Unabhängigkeit vom Osmanischen Reich erreichen wollten. Daneben gab es aber diejenigen Mirza, die mit dem Sultan und dessen Macht, Chane ein- oder auch abzusetzen, durchaus zufrieden waren, war dies doch ein Hebel, um unliebsame, gegenüber den Mirza zu selbständig agierende Herrscher loszuwerden.[27] Die Hohe Pforte ihrerseits forderte immer häufiger krimtatarische Truppen an, die u. a. im Kaukasus oder in Persien die Interessen Istanbuls durchsetzen sollten – und zwar zuweilen gegen den erklärten Willen der Clan-Führer. Abermals für Unruhe sorgten überdies „des Krim-Chans unsichere Kantonisten"[28], die Nogaier, die wiederholt auch von den Clans für ihre Zwecke bei der Ein- oder Absetzung von Chanen instrumentalisiert wurden.[29]

Als Folge des Friedens von Karlowitz 1699 zwischen dem Osmanischen Reich auf der einen und dem Heiligen Römischen Reich, Polen-Litauen, Venedig, dem Kirchenstaat sowie Russland auf der anderen Seite kam es zu einer dieser Rebellionen der Nogaier, bei der sich der zweimalige Chan Devlet II. Giray (1648–1718; Chanschaften 1699–1702 bzw. 1709–1713) erstmalig als entschlossener Herrscher zeigte.[30] 1701 gelang ihm die Niederschlagung des Aufruhrs der Nogaier, die gegen das im Vertrag von 1699 festgesetzte Verbot des Eindringens und der Raubzüge in die nördlichen Anrainerstaaten des Chanats rebellierten. Ein zweites Mal machte Devlet II. Giray im Zuge des Großen Nordischen Krieges (1701–1721) von sich reden. Der grundsätzlich eher an der Sicherung der Position des Zarenreichs an der Ostsee und dem Baltikum interessierte Zar Peter I. musste sich im Verlauf dieses Waffenganges auch mit dem Chanat und Devlet II. Giray auseinandersetzen: Nach dem Sieg des Zaren bei Poltava über die Schweden und einen Teil der verbündeten Kosaken 1709, der den Wendepunkt in diesem Krieg bedeutete, betrieb Devlet II., nunmehr das zweite Mal Chan der Krim, eine Politik, die in Istanbul nicht auf Zustimmung traf[31]: Auch um das Vordringen des Zarenreichs nach Süden zu verhindern, unterstützte er die mit den Schweden ver-

---

27 Vgl. Fisher (1977); Fisher (1978), 50.
28 So die Turkologin Barbara Kellner-Heinkele auf einer Tagung zur Geschichte des Krim-Chanats 2008 in München. Vgl. das Tagungsprogramm: Krimkhanat (2008).
29 Vgl. Hammer-Purgstall (1970), 194–198.
30 Zur Bewertung der Rebellion von 1699–1701 in der tatarischen und osmanischen Historiographie vgl. Klein D. (2012b). Zum Friedensschluss von 1699 vgl. Molnár (2013).
31 Ich folge hier vor allen Dingen Vozgrin (1992), 238–244.

bündeten Kosakenverbände unter Ivan Mazepa (1639–1709)[32] genauso wie die geschlagenen schwedischen Truppen unter ihrem König Karl XII. (1682–1718), denen er Zuflucht im Chanat gewährte. Zugleich warnte er die Russland gegenüber auf Ausgleich bedachte Hohe Pforte vor weiter reichenden russischen Ambitionen gegenüber dem Osmanischen Reich und dem Chanat. Um diesen entgegenzutreten, marschierte Devlet eigenständig 1711 mit einer Streitmacht von über 80.000 Tataren sowie Mazepa-Kosaken und schwedischen Soldaten Richtung Norden. Die Pforte, die aus Angst vor einem weiteren Krieg mit dem Zarenreich die Warnungen des Chans anfänglich ignoriert hatte, musste nolens volens abermals den Krieg mit Russland beginnen, der dann im Sommer desselben Jahres mit dem Frieden vom Pruth endete. Unter einem Vorwand – einem angeblich unangemessenen Auftreten gegenüber Karl XII. – ließ Sultan Ahmed III. (1673–1736) den eigenständig agierenden Devlet II. im Jahr 1713 abermals absetzen und nach Rhodos verbannen. Der russische Historiker Vozgrin sieht hier einen Wendepunkt in der Geschichte des Chanats: „Ab jetzt konnten die Chane nur warten, wer von den mächtigen Nachbarn als erster die Hand nach dieser reifen Frucht ausstrecken würde – die Türkei [sic!], Russland oder Polen."[33] Es war letztlich das Russländische Imperium, welches erfolgreich die Hand nach der Krim ausstreckte, jedoch dauerte es bis zum Vollzug noch einige Jahrzehnte.

Unter der Zarin Anna Ivanovna (1693–1740) rückten das Schwarze Meer sowie das Verhältnis zum Osmanischen Reich und damit auch zum Krim-Chanat wieder stärker in den Fokus St. Petersburgs, zumal die Verhältnisse im Norden durch den Sieg im Großen Nordischen Krieg im Sinne des Zarenreichs bzw. Peters I. geregelt worden waren. Der nächste Russisch-Osmanische Krieg von 1735 bis 1739 wurde allerdings insgesamt kein Erfolg für das Zarenreich, waren die territorialen Gewinne doch gering; immerhin ging Azov nun aber dauerhaft in russische Hände über. Gravierend waren die wirtschaftlichen Auswirkungen, denn Istanbul beschnitt die Handelsrechte russischer Händler im Schwarzen Meer in den folgenden Jahren. Immerhin gelang den russischen Militärs unter Burkhard Christoph Graf von Münnich (1683–1767) erstmalig der Vorstoß auf die Halbinsel sowie nach Bağçasaray und damit die Einnahme des Machtzentrums des langjährigen Gegners. Die Freude der russischen Emissäre dauerte aber nicht lange, denn abermals standen Nachschubprobleme[34] und diesmal auch das Auftreten von Seuchen

---

32 Vozgrin (1992), u. a. 240 f., antizipiert die Position der ukrainisch-nationalen Geschichtsschreibung, nach der die Zaporoger Kosaken eine protonationale Staatlichkeit repräsentierten und schreibt von einem krimtatarisch-ukrainischen Rapprochement.
33 Vozgrin (1992), 245 f.
34 Nach Hosking (1997), 48, hatten die Krimtataren „vorausblickend ihre Getreidespeicher angezündet und ihre Brunnen vergiftet."

(vermutlich der Pest) einer dauerhaften Einnahme der Krim entgegen.[35] Für die Wirtschaft und Infrastruktur des Chanats waren die Folgen des russischen Einmarsches gleichwohl bedeutend, hinterließen die Eindringlinge doch eine Spur der Zerstörung: „Münnich's [sic!] Heereszug durch die schöne Krim verödete Felder und Städte", so das Urteil Hammer-Purgstalls; aber auch zarische Historiker wie Vasilij Ključevskij kritisierten die Brutalität, mit der die russischen Militärs auf der Halbinsel vorgegangen waren.[36] Durchaus als bewusste Symbolpolitik darf die teilweise Niederbrennung des Chan-Palasts durch die Invasoren gedeutet werden, ist die Zerstörung der kulturellen Insignien der gegnerischen Seite doch elementarer Teil kriegerischer Auseinandersetzungen. Bei dem Brand in der Hauptstadt des Chanats ging überdies ein Großteil des im Palast verwahrten krimtatarischen Schrifttums verloren,[37] was Fachleute als einen unersetzlichen Verlust bezeichnen.[38] Nach dem Rückzug der russischen Armee wurde der Palast zwar schnell in Teilen, aber nie mehr in seinen ursprünglichen Ausmaßen wiedererrichtet.[39] Der Niedergang des einst so machtvollen Chanats zeigte sich nunmehr auch materiell.

Auch wenn weder eine dauerhafte Einnahme noch die Vernichtung des Krim-Chanats zu diesem Zeitpunkt gelungen war, zeichnete sich doch die Machtverschiebung zugunsten des Russländischen Imperiums ab. Zugleich war eine neue ideologische Qualität sichtbar geworden: Die Sicherung der offenen, volatilen Grenzen und die Verhinderung des Verlusts von Menschen war lange Zeit die vordringliche und in Anbetracht der Lage auch dominierende Aufgabe des Moskauer Reiches bzw. des Zarenreichs gewesen; und da die Einfälle krimtatarischer Truppen auch noch bis in die zweite Hälfte des 18. Jahrhunderts andauerten – der letzte Raubzug fand 1769 unter Kırım Giray (1717–1769) statt –, ist dies nachvollziehbar. Das religiöse Motiv erfuhr, wie bereits erwähnt, in der zweiten Hälfte des 17. Jahrhunderts einen Bedeutungszuwachs, zumal sich das Moskauer Reich der antiosmanischen Koalition anschloss, die ihr Vorgehen eben auch als Kampf der Christenheit gegen den Islam verstand. Letztlich war – und dies wurde im Verlauf

---

35 Auf Seuchen und Quarantänemaßnahmen wird noch zurückzukommen sein. Vgl. auch Robarts (2017), besonders das Kapitel „Instruments of Despotism (II): Epidemic Disease, Quarantines, and Border Control in the Russian Empire", 139–168.
36 Hammer-Purgstall (1970), 205; Kliutschewskij (1945), Bd. 2, 66; Seymour (1855), 28. Dieses im Kontext des Krimkriegs veröffentlichte Werk diente der Desavouierung Russlands.
37 Vgl. Jaremčuk u. Bezverchyj (1994), 21, wo das 1833 auf Geheiß der Verwaltung erfolgte Einsammeln und Verbrennen krimtatarischer Bücher und Urkunden genannt wird.
38 Vgl. dazu die bei Fisher (1978), 213, Anm. 3, angegebene Literatur.
39 Nach Fisher (1978), 51, war der teilweise Wiederaufbau des Palasts nach dem Abzug der russischen Truppen innerhalb von nur drei Jahren eine beeindruckende Leistung.

des 19. Jahrhunderts mit der Kulmination im Krimkrieg von 1853 bis 1856 noch deutlicher[40] – die Krim-Frage aber deutlich komplexer. Sie wird von der Forschung als Teil der so ausführlich behandelten sog. Orientalischen Frage interpretiert.[41] Daran zeigt sich, dass eine Reduktion dieses Themas auf die religiöse Differenz unzulässig ist.

Die Konkurrenz der europäischen Großmächte um den Einfluss auf das Osmanischen Reich hatte im Verlauf des 18. Jahrhunderts ihren Anfang genommen und wird zumeist mit entstehenden technologischen, militärischen und ökonomischen Defiziten der einst so mächtigen Hohen Pforte erklärt. Aus diesen versuchten die europäischen Großmächte ihren Nutzen zu ziehen. Nationale Bewegungen innerhalb des Osmanischen Reiches wie die der Griechen, auf die auch der Dichter Binhack angespielt hatte, wurden von diesen genauso instrumentalisiert wie die religiöse Differenz zwischen Islam und Christentum. Der russisch-osmanische Gegensatz war also ein wichtiges, allerdings nicht das einzige Element bei der Entstehung der Orientalischen Frage. Auch Frankreich – im 18. Jahrhundert zumeist ein wesentlicher Unterstützer der Hohen Pforte –, welches sich nach der Revolution von 1789 und der ägyptischen Expedition Napoleon Bonapartes 1798/99 aber auf Kosten Istanbuls zu bereichern suchte, Großbritannien oder das Habsburgerreich taten Einiges, um die sog. Orientalische Frage zu einem Dauerbrenner der europäischen Diplomatie zu machen. Die sog. Meerengenfrage schließlich – und damit die Schwarzmeerregion – war ein wesentliches Problem in diesem Kontext.[42]

Welche Rolle spielte die Halbinsel in dieser internationalen Gemengelage? Offenbar keine geringe: Für den Verfasser einer Geschichte des Schwarzen Meeres, Charles King, ist die Krim-Frage regional und substantiell deren „true heart" gewesen; mit dieser seien die Meerengenfrage, aber eben auch und vor allen Dingen der Krimkrieg und dessen Folgen verbunden.[43] Ähnlich sah es der deutsche Historiker Edgar Hösch bereits vor mehr als fünfzig Jahren in einem immer

---

40 Dazu immer noch Baumgart (1972). Vgl. auch Figes (2010), in der deutschen Übersetzung mit einem programmatischen Untertitel: „Der Krimkrieg. Der letzte Kreuzzug", Figes (2011).
41 Ich beziehe mich hier im Wesentlichen auf die ältere, aber immer noch relevante Arbeit Anderson M. (1966), sowie Bitis (2007) und Frary u. Kozelsky (2014). Vgl. dort auch die Einleitung (3–34) mit einem aktuellen Forschungsüberblick, der allerdings die deutschsprachigen Beiträge nicht berücksichtigt.
42 Vor allen Dingen Großbritannien und die Habsburgermonarchie bevorzugten lange Zeit ein Mächtegleichgewicht und wollten die territoriale Integrität des Osmanischen Reiches zumindest de jure aufrechterhalten; gegen eine starke wirtschaftliche und politische Einflussnahme auf das Osmanische Reich hatten allerdings alle Großmächte nichts einzuwenden. Nach dem Krimkrieg wurde die Orientalische Frage mehr und mehr zur Balkanfrage.
43 King (2004), 5.

noch maßgeblichen Aufsatz, in dem er Folgendes festhielt: Für die russische Diplomatie habe die Orientalische Frage lange Zeit ausschließlich im Verhältnis zum Krim-Chanat gelegen,[44] was in Anbetracht der ausführlich geschilderten Bedrückungen, die für die ost- (und west-)slavischen Gebiete lange Zeit vom Krim-Staat ausgingen, auf der Hand lag. Nun waren zwar bis 1769 immer noch Einfälle krimtatarischer Reiter zu beklagen, deren Ausbeute war aber aufgrund besserer Abwehrmaßnahmen und einer erfolgreichen russischen Offensivstrategie zunehmend geringer geworden. Alsbald kamen jedoch russischerseits weitere Motive hinzu, welche auf die Ausschaltung des Pufferstaates Krim-Chanat zielten: Die von osmanischer Seite wiederholt aufgebauten Handelserschwernisse für russische Kaufleute (s. o.) verärgerten St. Petersburg. Wiederholt beschwerten sich die Zaren bei der Hohen Pforte darüber, und besonders nachdrücklich tat dies Katharina II.: „In ihren wiederholten Beschwerden über die Pforte hat sie [Katharina II.] eine Förderung und Sicherung der freien Handelsschiffahrt auf dem Schwarzen Meer mit besonderem Nachdruck betrieben und ihr wachsendes Interesse an der wirtschaftlichen Erschließung des Südens bekundet"[45], so die Feststellung Höschs. Sie war aber nicht die erste gewesen, denn schon gegen Ende der Regierungszeit Elisabeth Petrovnas (1741–1762) hatten Privatpersonen im Zarenreich ein verstärktes Interesse am Schwarzmeerhandel formuliert. Ein Resultat war 1759 die Beauftragung einer Studie über neue Handelswege zwischen dem Het'manat und Istanbul durch Handelskammer und Senat. Diese Routen würden in jedem Fall durch das Chanat führen und schon deshalb besondere militärische, und damit auch staatliche, Schutzmaßnahmen erfordern, so hieß es in der Studie. Ein 1762 und damit nur wenige Monate nach dem Regierungsantritt Katharinas II. verfasster Bericht des Hofrats Dmitrij Ladygin über die wirtschaftlichen Aussichten des Schwarzmeerhandels weckte das Interesse der neuen Zarin. Die Perspektive, zukünftig eine größere Rolle im profitablen Schwarzmeerhandel spielen zu können, dürfte den Beginn des für die Geschichte der Krim so folgenreichen Russisch-Osmanischen Kriegs von 1768–1774, auf den noch zurückzukommen ist, in jedem Fall begünstigt haben.[46]

Als Teilaspekt der sog. Orientalischen Frage im 18. Jahrhundert wird das „Griechische Projekt" angesehen; dieses sei, so noch einmal Hösch, der Versuch Russlands gewesen, jenes Problem zu lösen.[47] Seit Herrschaftsantritts Katharinas II. 1762 konkretisierte sich der Plan zur Aufteilung des europäischen Teils des Osmanischen Reichs zwischen Russland, das die nördliche Schwarzmeerküste

---

44 Hösch (1964), 196.
45 Hösch (1964), 196.
46 Hierzu und zum Bericht Ladygins vgl. Jones (1996), 125 f.
47 Hösch (1964), 202.

gewinnen wollte, den Habsburgern, die Interessen an den Donaufürstentümern Moldau und Walachei formulierten, und der Republik Venedig. Die Region um Car'grad, wie Istanbul in der russischen Diktion hieß, sollte nach diesem „Griechischen Plan" eine Sekundogenitur der Romanovs werden. Die Forschung bringt dies zuweilen mit der Taufe des zweitgeborenen Enkels Katharinas auf den Namen Konstantin im Jahr 1779 in Verbindung; dieser sei überdies von „eigens nach Moskau geholten griechischen Ammen" gesäugt worden und mit griechischen Spielgefährten aufgewachsen, was manchen als Beweis gilt, dass Konstantin für diese Aufgabe auserwählt worden sei.[48] An dieser Stelle kann nicht überprüft werden, ob die Erziehung Konstantins ursächlich mit den Aspirationen Russlands gegenüber dem Osmanischen Reich verknüpft war. Allerdings ist unstrittig, dass ein sog. Griechischer Plan schon älter ist: Es gibt Hinweise, dass eine Art Griechisches Projekt, zu dessen Verwirklichung die Beseitigung des Krim-Chanats ja eine Voraussetzung war, schon während der Herrschaft Alexej Michajlovičs und der Zarin Anna Ivanovna konturiert wurde (s. o.).

Im Verlauf der 1770er Jahre wurden die russischen Planungen zur Eliminierung des strategisch relevanten Krim-Chanats konkret; über die Form wurde am Zarenhof aber kontrovers debattiert: Der bis 1781 die russische Außenpolitik gestaltende Nikita I. Panin (1718–1783)[49] plädierte für eine indirekte politisch-militärische Einflussnahme auf das Krim-Chanat. Kanzler Michail I. Voroncov (1714–1767) und bald auch andere sprachen sich indes für die direkte russische Herrschaft über die Krim aus. Voroncov übergab Katharina II. nach ihrer Thronbesteigung ein Memorandum mit dem bezeichnenden Titel „Bericht an Kaiserin Katharina II. nach Ihrer Thronbesteigung, das System der Krimtataren schildernd, deren Gefährlichkeit für Russland und die Forderungen an sie. Über das Kleine Tatarien." Darin wurden das Chanat im Kontext des russisch-osmanischen Verhältnisses behandelt und dessen tatarische BewohnerInnen in eingeführter Diktion als gefährlich und wesentliches Hindernis zur Erlangung der Dominanz des Zarenreichs über das Schwarze Meer dargestellt.[50] Solange die Krim „in türkischer Untertänigkeit bleibt, wird es für Russland immer gefährlich sein", hieß es in dem Memoire Voroncovs – und überhaupt befände sich im Süden alles, u. a. wegen der

---

48 Hösch (1964), 183 f.
49 Panin sah – in einer älteren Tradition stehend – Russland als eine ‚nordische' Macht an; dies war eine Meinung, die bis zum Ende des Krimkriegs innerhalb Russlands häufig anzutreffen war. Die imperialen Ambitionen im Süden stießen deshalb bei ihm eher auf Ablehnung. Zum Wandel der russischen kollektiven Eigenverortung von einer ‚nordischen' zu einer ‚östlichen Macht' vgl. Lemberg (1985).
50 Voroncov (1916).

eigenmächtigen Kosaken, in Unordnung und bedürfe der Herstellung von Ordnung durch die russische Macht.[51]

Den von Vasilij M. Dolgorukov (1722–1782) befehligten zarischen Truppen gelang 1771 im Verlauf des fünften Russisch-Osmanischen Krieges die Einnahme großer Teile der Krim. Doch anders als bei der ersten Besetzung unter von Münnich einige Jahrzehnte vorher agierte man dieses Mal gegenüber der Zivilbevölkerung mit größerer Vorsicht.[52] Katharina II. machte sich sogar die – am Hof von St. Petersburg offenbar bekannten – Dispute unter den Clans über das Verhältnis zwischen dem Chanat und Istanbul zu Nutze: Sie ließ ein Manifest veröffentlichen, in dem den Krimtataren die Wiedererlangung der verlorenen Unabhängigkeit versprochen wurde. Diese seien unschuldige Sklaven der Pforte gewesen, aber nun durch Russland befreit worden.[53] Die Machtverhältnisse hatten sich zwar umgekehrt, von einer regelrechten Inkorporation des Chanats in das Zarenreich wollte Katharina, die somit dem ‚Modell Panin' und nicht dem ‚Modell Voroncov' folgte, dennoch nichts wissen – noch nicht.

In dem im Juli 1774 zwischen St. Petersburg und der Hohen Pforte geschlossenen Friedensvertrag von Küçük Kaynarca (türk.; russ. Kjučuk-Kajnardža) sicherte sich das Zarenreich u. a. die Dnepr-Mündung (und damit Zugang zum Schwarzen Meer) sowie Teile des Nordkaukasus und durfte in den bislang von der Pforte kontrollierten Gewässern ohne Einschränkung Handel betreiben. Die bisher von den Osmanen gehaltenen Festungen Kerč', Yeñi Qale (krimtat.; russ. Enikale; ukr. Jenikale) und Kinburn (russ./ukr.; türk. Kılburun) gingen in russische Hände über.[54] Das Krim-Chanat wurde zwar von Russland als auch dem Osmanischen Reich als ein unabhängiger Staat bezeichnet, es stand aber tatsächlich unter starkem russischen Einfluss. Allerdings behielt der Sultan in Rückbesinnung auf seine Kalifen-Würde in religiösen Angelegenheiten Mitsprache im Krim-Staat, so dass der Vertrag von 1774 weder eine völlige Niederlage der Pforte noch ein totaler russischer Triumph war.[55]

Für das seit 1478 eng mit dem Osmanischen Reich verbundene Krim-Chanat begann 1774 eine neue und (wie sich zeigen sollte) nur kurze Phase der formalen Unabhängigkeit.

---

51 Voroncov (1916), 191 f.
52 Fisher (1970), 41.
53 Fisher (1978), 54. Vgl. den vollständigen Text: Forma manifesta (1896).
54 Hierzu immer noch grundlegend Družinina (1955). Nach Anderson M. (1966), XI, gilt dieser als einer der wichtigsten Friedensschlüsse der europäischen Diplomatiegeschichte überhaupt.
55 Vgl. die unterschiedlichen Positionen bei Davison (1976) bzw. Weisband (1973), 211.

22 „Unabhängiges" Krim-Chanat und russische Annexion (1774–1783)

Von zwei Hauptfragen der auswärtigen Politik, die damals auf der Tagesordnung standen, warf Rußland in den Jahren 1725–1762 unentschlossen und erfolglos die eine auf und rührte kaum an die andere [sic!]. Es handelte sich um die folgenden Fragen: an der Südgrenze des Reiches lebten die räuberischen Tataren, halbe Nomaden, die selber den Boden der südlichen Steppen nicht nutzten, auf ihnen aber auch keine ackerbautreibende Bevölkerung zuließen. Rußland mußte seine südliche Grenze bis zu ihrem natürlichen Abschluß, der Uferlinie des Schwarzen Meeres vorschieben; darin bestand für Rußland damals die eine Frage, die ‚türkische', und in nichts anderem bestand sie zu jener Zeit [...]. Die Lösung des ersten Problems, des türkischen, war notwendig für eine erfolgreiche russische Volkswirtschaft, deren Bereich weite fruchtbare Räume der russischen Ebene entzogen waren; die Lösung des zweiten, des polnischen Problems, wurde hauptsächlich durch das national-religiöse Gefühl des russischen Volkes gefordert.[1]

Der bereits einige Male erwähnte russische Historiker Ključevskij stellte Ende des 19. Jahrhunderts der zarischen Außenpolitik zwischen dem Tod Peters I. (1725) und dem Regierungsantritt Katharinas II. (1762) kein gutes Zeugnis aus. Sie erschien ihm wenig zielgerichtet und sogar misslungen. Erst mit der Ausschaltung Peters III. (1728–1762) durch einen von seiner Ehefrau Katharina initiierten Staatsstreich und ihrer Etablierung als allein herrschende Zarin sah er die Wende zu einer aktiven, die von ihm ausgemachten „zwei Hauptfragen" lösenden Politik eingeleitet. Ohne Frage vollzog das Russländische Reich unter der Ägide der später „die Große" genannten Kaiserin einen erheblichen imperialen Schub. Im Zuge dessen sollten auch die beiden von Ključevskij angesprochenen Probleme gelöst werden: Polen wurde – allerdings nicht im russischen Alleingang, sondern im Verbund mit dem Habsburgerreich und Preußen – durch die sukzessive Aufteilung in den Jahren 1772, 1793 und 1795 für mehr als ein Jahrhundert von der Landkarte getilgt,[2] und die Krim wurde 1783 das erste und nicht das letzte Mal in seiner Geschichte von einer russischen Macht annektiert.

Vordem, d. h. in einer seit 1774 andauernden Phase der Scheinselbständigkeit des Chanats, versuchte sich die Zarin dort an der „Erprobung eines Modells zur Ausübung indirekter Herrschaft [...]. Schon damals kam der Halbinsel damit ein gewisser Laboratoriumscharakter" zu, wurden dort doch Modi ‚moderner' Kolonialpolitik getestet.[3] Die Zarin zeigte sich von den Ratschlägen vieler ihrer Berater

---

1 Kliutschewskij (1945), Bd. 2, 167.
2 Dazu immer noch Müller M. (1984).
3 Jobst (2012), 213.

gänzlich unbeeindruckt. Diese hatten in Teilen für eine formale Annexion des Chanats bereits im zeitlichen Umfeld des Friedensschlusses von Küçük Kaynarca 1774 plädiert. Katharina widerstand selbst den brieflichen Interventionen des von ihr geschätzten Philosophen Voltaire (= François-Marie Arouet, 1694–1778), der sich wiederholt für die schnelle Umsetzung des sog. Griechischen Plans (vgl. hierzu Kapitel 21) und die dafür notwendige Ausschaltung des Chanats aussprach. In einem Brief vom Februar 1773 – und damit vor dem Friedenschluss von 1774, der die ‚Unabhängigkeit' der Halbinsel von der Hohen Pforte postulierte – hieß es beispielsweise:

> Eure Kaiserliche Majestät waren auch nicht geschaffen, über Dummköpfe zu regieren. Deswegen habe ich ja auch immer gemeint, die Natur habe Sie dazu bestimmt, über Griechenland zu herrschen. [...] Es wird dahin kommen, daß in zehn Jahren Mustapha sich mit Ihnen entzweit, Ihnen in der Krim Schwierigkeiten macht und Sie ihm dann Konstantinopel wegnehmen. An Teilungen sind Sie ja schon gewöhnt; das Türkenreich wird auch geteilt werden, und Sie werden ‚Oedipus' von Sophoklen in Athen aufführen lassen.⁴

Voltaire sollte zwar insofern falsch liegen, als dass die Zarin „Mustapha" – gemeint ist Sultan Mustafa III. (1717–1774) – „Byzanz" nicht „abnehmen" konnte und dass die Unabhängigkeit Griechenlands vom Osmanischen Reich zu beider Lebzeiten nicht gelingen sollte. Mit einem hatte er allerdings Recht: Der sich bereits 1773 abzeichnende Frieden zwischen St. Petersburg und Istanbul sollte nicht von Dauer sein; er hielt nicht einmal die von Voltaire prophezeiten zehn Jahre. 1787 kam es nämlich – um die Ereignisse vorweg zu nehmen – neuerlich zu einem Russisch-Osmanischen Krieg. Und einen Anlass für diese kriegerische Auseinandersetzung bot die Krim-Frage.[5]

Die Etablierung eines von beiden Mächten formal unabhängigen Chanats im Jahr 1774 hatte kurz auf der Kippe gestanden, verhaftete der von 1771 bis 1775 amtierende Chan Sahib II. Giray (1726–1807) doch den zu den Vertragsverhandlungen angereisten russischen Gesandten P. G. Veselickij nebst seiner schwangeren Frau. Beide konnten aber von russischen Truppen befreit werden.[6] Diese verblieben in der folgenden Zeit auf der Krim, was den scheinselbständigen Charakter dieses „Staates" bereits offenbarte und im Chanat zu Unzufriedenheit führte. Grundsätzlich waren dessen politische Eliten geteilter Meinung darüber,

---

4 Voltaire an Katharina II., Ferney, 13. Februar 1773, in: Katharina u. Voltaire (1991), 316–318, hier 316.
5 Interessant ist in jedem Fall der leicht ironische Hinweis Voltaires auf die wenige Monate zuvor erfolgte erste Teilung Polens mit den Worten „An Teilungen sind Sie ja schon gewöhnt."
6 Vozmuščenie (1872). Nach Fisher (1970), 61, wurde der russische Gesandte von Devlet III. Giray befreit (s.u.), um sich der russischen Unterstützung zu vergewissern.

ob dieser neue Status vorteilhaft sei. Der Chan stand vor dem Problem, dass seine Kompetenzen in dem Vertragswerk von Küçük Kaynarca nicht genau definiert worden waren und er somit Schwierigkeiten hatte, seine Politik nach innen und außen zu legitimieren. Eine nicht geringe Zahl der Mirza präferierte alsbald die Rückkehr in den alten Zustand, in ein Suzeränitätsverhältnis gegenüber der Hohen Pforte.[7] Devlet IV. Giray (1730–1781) wiederum, dessen erste Chanschaft von 1769 bis 1770 gedauert hatte, wollte sich mit dem Einfluss der ‚Ungläubigen' (= Russen) auf die Halbinsel nicht abfinden. 1775 setzte er mit seinen Anhängern von der Halbinsel Taman nach Kerč' über, besetzte Kefe, vertrieb Sahib II. Giray und übernahm abermals die Chanschaft.[8]

Nach Fisher ist die Geschichte des Chanats in der Zeit zwischen 1774 und 1783 in drei Phasen zu unterteilen: In der ersten (1774–1776) loteten die Elitenangehörigen im Chanat die Spielräume aus, die sie zwischen den beiden Großmächten hofften erlangen zu können; Devlet Girays relativ unproblematische Machtinstallierung beispielsweise wurde von den Russen ohne Intervention akzeptiert, was auf gewisse krimtatarische Gestaltungsmöglichkeiten hindeutet. In einer zweiten Phase (1776–1778) etablierten diese jedoch mit Hilfe der notorisch mit Bağçasaray unzufriedenen Nogai-Tataren einen anderen Chan, Şahin Giray (1745–1787): „[U]nder Catherine's tutelage he tried to modernize the Crimean government along Western lines", so Fishers Urteil. In dem bis zur Annexion von 1783 währenden Zeitraum (dritte Phase) versuchte Chan Şahin schließlich mit den traditionellen tatarisch-muslimischen Institutionen zu brechen, ohne dass es ihm gelungen wäre, so Fisher weiter, neue zu implementieren. In der Konsequenz habe Katharina II. schließlich die Geduld verloren („lost patience") und die Krim annektiert.[9]

Wie gestalteten sich nun die inneren Verhältnisse auf der Krim, wie agierten das Osmanische bzw. das Russländische Reich in diesen Jahren? Die Vermutung liegt nahe, dass Katharina das Projekt eines formell unabhängigen Krim-Staates unterstützte, solange russische Interessen nicht verletzt wurden. Tatsache ist aber, dass sich die Lage im Chanat unübersichtlich und somit für das Zarenreich nur schlecht kalkulierbar entwickelte, so dass aus der Perspektive der Zarin die Annexion schließlich als ultima ratio erschien. Bereits Sahib II. Giray galt vielen als Marionette der Russen, und schließlich hatten „die Tataren genug vom russophilen Sahib und stürzten ihn im Frühling 1775 zugunsten eines energischen und klugen Mitglieds der Chan-Familie – Devlet IV Giraj III", so die knappe Zusam-

---

7 Hammer-Purgstall (1970), 229–232.
8 Im Detail Fisher (1978), 56–59.
9 Fisher (1978), 59.

menfassung Valerij Vozgrins.¹⁰ Der Absetzung Sahibs und der Machtübernahme Devlets (Phase 1) hatte die Zarin deshalb nichts entgegen gesetzt, da man innenpolitisch durch die Nachwirkungen des Pugačev-Aufstands der Jahre 1773/1774 die Kräfte anderweitig gebunden sah. Zudem herrschte in dieser Zeit zwischen St. Petersburg und Istanbul insofern eine Interessenkonvergenz, als beide ebenso wie die Mirza kein konsolidiertes, wirklich eigenständiges Chanat wollten und u.a. deshalb die von Devlet gewünschte Einrichtung eines Erb-Chanats ablehnten.¹¹ Als Ende 1776 klar wurde, dass der Chan innenpolitisch allen Rückhalt verloren hatte und das Osmanische Reich überdies in einen Krieg mit Persien verstrickt war, sah Katharina II. die Gelegenheit gekommen, sozusagen zwei Fliegen mit einer Klappe zu schlagen: erstens nämlich die formelle Aufrechterhaltung eines Krim-Staates durch die Einsetzung eines prorussischen Thronprätendenten aus dem Hause Giray, was der Angelegenheit die nötige Legitimität geben sollte, ohne – zweitens – die Vertragsbestimmungen von 1774 formell zu verletzen (Phase 2). Ein solcher Kandidat war schnell gefunden, war dieser doch schon seit Beginn der 1770er Jahre in St. Petersburg bekannt und hatte sogar mit der Zarin selbst verkehrt – nämlich der bereits erwähnte Şahin Giray, der zum letzten Krim-Chan werden sollte. Er hatte zu einer prorussischen Delegation von krimtatarischen Adligen in St. Petersburg gehört, die 1772 den von der Geschichtswissenschaft weitgehend unbeachteten (weil letztlich folgenlosen) Vertrag von Qarasuvbazar (krimtat.; russ. Belogorsk; ukr. Bilohirs'k) schloss, wonach zwischen dem Chanat und dem Zarenreich eine Allianz und „ewige Freundschaft" hätte herrschen sollte.¹² Şahin Giray weilte mehr als ein Jahr in Petersburg, und die Zarin zeigte sich von ihm beeindruckt. Gegenüber Voltaire ließ sie sich über seine sanfte Gemütsart aus, er habe Geist, verfasse arabische Verse und verpasse keine Theateraufführung, was die schauspielbegeisterte Zarin zusätzlich beeindruckte.¹³

Regierende Herrscherinnen, insbesondere mit einer so großen Machtfülle ausgestattete wie Zarin Katharina, erweck(t)en sowohl bei GeschichtswissenschaftlerInnen als auch bei einer gespannten Öffentlichkeit ein besonderes Interesse, zumal politisch einflussreiche Frauen historisch (und auch noch im 21. Jahrhundert) eher die Ausnahme als die Regel waren. Und während die zahlreichen und oft einflussreichen Geliebten männlicher Potentaten deren

---
10 Vozgrin (1992), 265. Hier irrt Vozgrin, denn es handelt sich um Devlet IV., nicht um Devlet III., der von 1716 bis 1717 regiert hat.
11 Fisher (1970), 69.
12 Vgl. hierzu die Aufzeichnungen eines Vortrages von Il'ja Zajcev, in denen das Krim-Chanat trotz des irreführenden Titels als hochstehendes Gemeinwesen anerkannt wird: Sočnev (2016).
13 Katharina II. an Voltaire, 23. März/3. April 1772, in: Katharina u. Voltaire (1991), 285–287, hier 287.

Nimbus häufig erhöhten, bilden Macht und Virilität ein doch scheinbar untrennbares Paar, wird gelebte Sexualität bei Herrscherinnen mit einer Mischung aus Argwohn, Abscheu und Faszination betrachtet. Dies gilt in einem geradezu übergroßen Maß für Katharina II. Ihre Beziehungen zu Männern und ihre sexuellen Aktivitäten wurden Gegenstand vieler Diskurse und nicht selten übertrieben dargestellt.[14] Vor diesem Hintergrund ist es interessant, dass auch Katharinas Krim-Politik der 1770er/1780er Jahre häufig damit erklärt wird, sie habe eine ‚Schwäche' für, wenn nicht gar eine sexuelle Beziehung mit dem später von ihr eingesetzten Şahin Giray gehabt.[15] Dies ist nicht völlig abwegig, zumal persönliche Vorlieben oder Abneigungen in der Politik selbstverständlich (und keinesfalls nur bei Akteurinnen) ein Faktor sind und im Falle der Zarin mit der Einsetzung ihres Exfavoriten, Stanisław Poniatowski (1732–1798), als polnischen König eine Parallele existieren würde. Vielleicht ist die Betonung des (angenommenen) privaten Faktors auch nur das Resultat dessen, dass die Forschung letztlich keine endgültige Erklärung dafür hat, warum sich die Zarin auf das Experiment einer ‚unabhängigen' Krim eingelassen hat. Edward L. Lazzerini gibt zu bedenken, dass sie als eine ihrem Verständnis nach aufgeklärte Herrscherin zur gewaltsamen Lösung der südlichen Grenzfrage eine – gewaltarme – Alternative aufzeigen wollte;[16] dies mag im Zusammenhang mit der erst wenige Jahre zuvor vollzogenen und von der europäischen Öffentlichkeit als historisch präzedenzlose Machtpolitik kritisierten ersten Teilung Polens nicht verwundern. Zudem weist die Forschung auf das letztlich respektvolle Verhalten der Zarin gegenüber nichtchristlichen Religionen hin, welches sich beispielsweise nach 1783 durch das Verbot der orthodoxen Mission gegenüber der krimtatarischen Bevölkerung äußerte.[17] Letztlich sind die genauen Motive, warum sich die Zarin dann doch für die Annexion entschied, nicht abschließend zu klären. Tatsache aber ist, dass Şahin Chan innerhalb weniger Jahre zu einer Belastung für das Zarenreich werden sollte.

Şahin, sich des Rückhalts der Zarin anfangs sicher, versuchte sich an der Umgestaltung der politischen, militärischen, ökonomischen und außenpolitischen Verhältnisse (Phase 3). Wie viele Chane vor ihm, so strebte auch er nach einem Erb-Chanat, womit die Macht der Clans limitiert worden wäre. U. a. setze er den vom Chan bis dahin unabhängigen sog. Staatsrat ab, also den Divan, der sich aus Clan-Vertretern zusammensetzte, und besetzte ihn mit ihm wohlgesonnenen

---

14 Dazu Gajda (2002).
15 Fisher (1978), 55; Williams (2001), 77, Anm. 8.
16 Lazzerini (1988), 124.
17 Dies interpretieren z. B. Bennigsen u. Broxup (1993), 17 f., als Zeichen des respektvollen Umgangs mit dem Islam.

Kräften. Von Istanbul verlangte er überdies Territorien u. a. im Kuban zurück, die im Zuge des Vertrags von 1774 verloren gegangen waren. Er stellte zudem die religiöse Oberherrschaft des Kalifen, also des osmanischen Sultans, in Frage, was auch unter islamischen Würdenträgern im Chanat für Befremden sorgte. Überhaupt erfasste der über westliche Bildung verfügende Chan die religiösen und kulturellen Befindlichkeiten seiner Mirza und wohl auch vieler seiner UntertanInnen nicht. Mit Maßnahmen wie der Einkleidung seiner Soldaten in europäische Uniformen, der Öffnung der Armee auch für Christen sowie deren Befreiung von der bislang obligatorischen höheren Steuerlast machte er sich keine Freunde. Die russischerseits in dieser Zeit beginnende Kolonisierung mit slavischen und griechischen SiedlerInnen – die zumeist als „Albancy" bezeichnet wurden – erhöhte zwar den Anteil christlicher und vermutlich auch prorussisch gestimmter BewohnerInnen, erfüllte die eingewurzelte muslimische Bevölkerung aber mit Misstrauen. Dies nicht ohne Grund, waren diese doch zumeist keine gewöhnlichen Siedler, sondern eher prorussische Militärs[18], bereit, im Krisenfall im Sinne St. Petersburgs zu intervenieren. Partielle, am russischen Beispiel orientierte Verwestlichung, Enttraditionalisierung und Autokratisierung waren also die Ziele Şahins – und diese gingen einflussreichen Krimtataren zu weit, so dass es ein halbes Jahr nach dem Thronwechsel zu einer Revolte kam, an deren Spitze der zweimalige Chan Selim III. Giray (1713–1786) stand. Allerdings konnte diese von russischen Truppen und den „Albancy" schnell und brutal erstickt werden.[19]

Das Experiment ging weiter, denn die Zarin unterstützte Şahin weiterhin, und dieser nahm seine Umgestaltungspläne wieder auf. Wiederholt brandete Widerstand auf, und wiederholt wurde der von russischen Waffen und Finanzen abhängige Chan auf dem Thron gehalten. In der Rückschau unverständlich erscheint, dass die Zarin 1778 einen Großteil der christlichen Krimbevölkerung von der Halbinsel abzog und damit, so Fisher, letztlich das Element, welches das Projekt Şahins aus ureigenem Interesse unterstützen musste.[20] Mit der Durchsetzung russischer Interessen im Süden hatte Katharina II. ihren engen Vertrauten Fürst Grigorij A. Potemkin (1739–1791) beauftragt, der auch die Aussiedlungspläne erarbeitet hatte. Er wollte damit, so sein Biograph Detlef Jena, Folgendes erreichen: „Der tatarische Staat sollte so geschwächt werden, dass seine Bereitschaft zu einem ‚freiwilligen' Anschluss an Russland ohne massierten Truppeneinsatz erreicht werden konnte." Zudem erhoffte er sich den Zuzug ‚nützlicher' UntertanInnen in das notorisch unterbevölkerte Russländische Imperium. Allerdings

---

18 Fisher (1970), 90 f.
19 Laut Vozgrin (1992), 267 f., starben nach offiziellen Zahlen über 12.000 EinwohnerInnen.
20 Fisher (1978), 66.

zeigte sich, dass die Aktion schlecht geplant, ja „geradezu chaotisch", war.[21] Dass die Ungeduld in St. Petersburg mit dem Chan und den Zuständen im Chanat seit 1781/1782 anwuchs, lässt sich anhand des Briefwechsels zwischen der Zarin und Potemkin ablesen, wobei es insbesondere der solange zögerlichen Katharina plötzlich nicht mehr schnell genug mit der formalen Aneignung der Krim gehen konnte. Potemkin hatte lange auf die Zarin eingewirkt, die Halbinsel formell zu annektieren, und dabei vor allen Dingen mit deren geographischer Lage argumentiert: Gerade in Bezug auf die Politik gegenüber dem Osmanischen Reich sei die Krim ein Störfaktor – „immer ist die Krim da"; sie sei wie „eine Warze auf der Nase", die beseitigt gehört, und „plötzlich [wäre] die Lage an den Grenzen wunderbar" („*vot vdrug položenie granic prekrasnoe*").[22] Als es im Sommer 1782 abermals zu Aufständen auf der Halbinsel kam, intervenierten russische Truppen unter der Führung Potemkins ein letztes Mal zugunsten Şahin Girays. Im Kontakt mit krimtatarischen Würdenträgern überzeugte sich Potemkin, dass es auch Fürsprecher für eine direkte Beherrschung durch das Russländische Reich gab. Am 8. April 1783 wurde schließlich das Manifest der Zarin Katharina II. über die „Aufnahme der Krim in den Bestand des Russländischen Reiches" veröffentlicht.[23] Die Existenz eines formell unabhängigen Krim-Staats war durch die russische Annexion beendet worden.

---

21 Jena (2001k), 180 f.
22 Potemkin an Katharina II., 14.12.1782, in: Lopatin (1997), Brief 635, 154 f., hier 155.
23 Vgl. den russischen Text in Polnoe sobranie (1830), 897 f. sowie die englische Übersetzung bei Vernadsky u. a. (1972), 412 f.

23 Die ersten Jahrzehnte russischer Herrschaft über die Krim

Ich lag des Abends in der Laube des Chans
Inmitten der Muslime und des muselmanischen Glaubens
Gegenüber dieser Laube steht eine Moschee
Dorthin ruft der Imam das Volk fünfmal täglich zusammen
Ich hatte vor zu schlafen und gerade schlossen sich die Augen
als er [der Imam] mit verstopften Ohren aus Leibeskräften aufheulte
Oh Wunder Gottes! Wer von meinen Vorfahren
Schlief ruhig der Horden und ihrer Chane wegen?
Und mich stört am Schlaf mitten in Bachčisaraj
Tabakrauch und Geschrei allein...
Ist hier nicht ein paradiesischer Platz?
Ruhm Dir, mein Freund! Der Du dieses Land erobert hast
Festige Du mit Deiner Wachsamkeit alles Weitere.[1]

Mit diesem Gedicht bedankte sich 1787 Zarin Katharina II. bei Fürst Potemkin für die vier Jahre zuvor erfolgte Eingliederung der Halbinsel in das Russländische Reich und die Ausschaltung des Krim-Chanats als eigenständiger Akteur an der südlichen Grenze des Imperiums.[2] Es wurde während der sog. Taurischen Reise verfasst, der mit kaiserlicher (Joseph II.) und königlicher (Stanisław Poniatowski, König von Polen) Entourage durchgeführten Reise in den neuerworbenen Süden des Reiches – und zwar direkt im ehemaligen Zentrum der tatarischen Macht, im Palast von Bağçasaray, in dem die Kaiserin nächtigte. Lesende europäische ZeitgenossInnen verfolgten dieses Medienereignis mit großem Interesse, da es eine für die Zeit beispiellose Menge an Menschen und Material bewegte: Zwischen Jänner und Juli 1787 wurden über 6.000 Kilometer zurückgelegt, ein Teil davon auf dem Dnepr auf Schiffen. Von St. Petersburg über Smolensk, Kiew und Ekaterinoslav reiste die illustre Gesellschaft – begleitet von ca. 3.000 DienerInnen und Militärs – auf die Krim und retour. Die Vorbereitungen waren dementsprechend umfangreich und auf der Höhe der Zeit: Das Vorhaben, eine längere Strecke auf dem Wasser zurückzulegen, garantierte eine schnelle Art der Fortbewegung und war bei Herrschaftsreisen der Zeit äußerst beliebt.[3] Gestaltet wurden die Schiffe nach antikem Vorbild als römische Galeeren; Speisen, die Menüfolge und Getränke waren genauso wie die Unterkünfte erlesen und den hochherrschaftlichen

---

1 Katharina II. an Potemkin, 20.–21.5. 1787, in: Lopatin (1997), Brief 762, 216.
2 Ich folge hier Jobst (2007b), vor allen Dingen 105–117, sowie Jobst (2017c).
3 Vgl. u. a. Schama (1995), Pochody (1896).

Gästen angemessen.[4] Selbst der Natur wurde eine Rolle bei der Inszenierung zugewiesen, sollte die Zarin doch pünktlich mit dem Erwachen dieser im Frühling ihr neues Kleinod, die Krim, in Augenschein nehmen.[5] Der bald zum „Fürsten von Taurien" erhobene Potemkin hatte zwar befürchtet, dass die Zarin unzufrieden sein könnte,[6] doch dies war unbegründet, denn die Zarin zeigte sich genauso wie die meisten Mitreisenden begeistert von ihrer neueroberten Provinz und der von Potemkin geleisteten Arbeit. Dies steht in Widerspruch zu dem Negativmythos der sog. Potemkinschen Dörfer, welcher anlässlich der Taurischen Reise entstanden ist und als Synonym ‚typischer' – stereotyper – russischer Täuschung und Unfähigkeit gilt: Ein Teil der europäischen Öffentlichkeit zeigte sich nämlich überzeugt, dass Potemkin der illustren Reisegruppe die blühenden Landschaften im Süden des Reiches durch Attrappen, Pappmaché-Bauten und extra vor Ort gebrachte Menschen nur vorgetäuscht habe. Die Forschung sieht diesen hartleibigen Vorwurf mittlerweile differenzierter, gab es doch dort „weder Scheindörfer noch Gipspaläste."[7] Zudem gehör(t)en Realitäten verschleiernde Maßnahmen immer bis zu einem gewissen Grad zur Vorbereitung jeder HerrscherInnen- oder PolitikerInnenreise auch außerhalb des östlichen Europas.

Die Zarin hatte schon kurz nach der Eroberung den Wunsch geäußert, die Krim selbst in Augenschein nehmen zu dürfen; jedoch wurde die Reise wiederholt – auch aus sicherheitspolitischen Erwägungen – verschoben. Das fünfundzwanzigjährige Thronjubiläum der Zarin bot letztlich den äußeren, der lange drohende und wenige Monate später beginnende Russisch-Osmanische Krieg den eigentlichen Anlass, die Reise durchzuführen. Die Zarin führte während dieser nämlich vor allen Dingen mit Kaiser Joseph II. (1741–1790) Gespräche über das gemeinsame Vorgehen gegenüber dem Osmanischen Reich, das wenige Wochen nach Beendigung der Taurischen Reise der russischen und der österreichischen Macht den Krieg erklären sollte. Denn Istanbul wollte den Verlust weiter Teile des Nordufers des Schwarzen Meeres nicht hinnehmen. Vergeblich: Der 1792 mit dem Vertrag von Jassy (russ./dt.; rumän. Iași) endende russisch-österreichische Waffengang gegen die Hohe Pforte brachte dem Russländischen Reich weitere Gebietsgewinne am Schwarzen Meer und die endgültige Anerkennung des Krim-Erwerbs durch die Hohe Pforte. Allerdings führte der Krieg nicht, wie russischerseits erhofft, zur Zerschlagung des Osmanischen Reichs und damit zur Realisierung des „Griechischen Plans". Die Taurische Reise im Vorfeld des Krieges

---

4 Vgl. dazu Jobst (2007b), 107 f.
5 Zorin (2001), 108.
6 Potemkin an Katharina, 1787 (o.D.), in: Lopatin (1997), Brief 754, 214.
7 Jena (2001), 278.

hatte in jedem Fall auch eine imminente politische Bedeutung und sollte die potentiellen Bündnispartner von der Stärke Russlands auch auf militärischem Gebiet überzeugen. Damit war man recht erfolgreich, lobte beispielsweise Joseph II. doch den Naturhafen von Sevastopol' überschwänglich als „le plus beau port que j'aie vu de ma vie."[8] Zwar lägen gegenwärtig nur etwas über zwanzig Schiffe dort, aber 150 hätten bequem Platz in der Bucht, die durch drei Batterien gut geschützt sei. Joseph, ein kritischer Zeitgenosse und nicht leicht zu beeindrucken, prophezeite der im Aufbau befindlichen Stadt und ihrem Hafen eine große Zukunft: Es gäbe bereits viele Häuser, Magazine und Kasernen, und wenn die Russen so weiter machen würden, werde Sevastopol' stark florieren („cette place deviendra certainement très-florissante"), so sein Eindruck.[9]

Gänzlich unempfänglich zeigte sich der Kaiser des Heiligen Römischen Reiches von der exotischen Schönheit der Halbinsel, die so viele Reisende seit dem Ende des 18. Jahrhunderts gefangen nehmen sollte. Bei dem eher nüchtern veranlagten Herrscher verfing dies nicht, bei seinen Mitreisenden hingegen schon: Nicht zuletzt durch die während der Taurischen Reise entstandenen Schriften wurde die Vorstellung popularisiert, die Krim gehöre – wegen ihres an der Küste milden Klimas und ihrer muslimischen BewohnerInnen – zu Asien. ‚Asien' als künstlerisches Thema beschäftigte die europäischen Oberschichten zu diesem Zeitpunkt bekanntermaßen stark und sollte die Vorstellung, die Krim sei ein orientalischer Ort, nachhaltig beeinflussen. Dabei war die Ambivalenz des sog. Orients evident und im Sinne der bereits angesprochenen Denkgewohnheit des „Orientalism" ausgebildet worden: Während der reale, zeitgenössische Orient in den Augen der europäischen Eliten zumeist rückständig, gefährlich oder unzivilisiert wirkte, war der imaginierte ein blühendes, sexualisiertes und schwüles Morgenland.

Bereits ein Jahr vor der Reise der Zarin in die südlichen Provinzen hatte es eine Art Probedurchlauf gegeben, als die englische Adlige Lady Elizabeth Craven (1750–1828) die Halbinsel unter den Auspizien der russischen Administration – und vermutlich in enger Abstimmung mit Potemkin selbst – bereiste. Ihr knapp zwei Jahre nach der Taurischen Reise in Briefform veröffentlichter Reisebericht wurde ein europäischer Bestseller, was nicht zuletzt auch am Lebenswandel der Autorin lag. Diese hatte sich, und für die damalige Zeit spektakulär, von ihrem Gatten getrennt, um einen anderen Adligen, den Markgrafen Karl Alexander von Ansbach und Bayreuth, Prinz zu Say (1736–1806), zu ehelichen.[10] Ihre immens

---

8 Joseph II. an Feldmarschall Lascy, 3.6.1787, in: Arneth (1869), 363.
9 Joseph II. an Lascy, 3.6.1787, in: Arneth (1869), 363f.,
10 Zu Leben und Werk vgl. Franke (1995).

erfolgreiche Krim-Beschreibung half in jedem Fall dabei, einen nicht geringen Teil der europäischen Öffentlichkeit vom Erfolg der russischen Herrschaft über das ehemalige Chanat zu überzeugen. Sie popularisierte zugleich Bilder der exotischen oder auch antiken Krim. Das war nicht wenig, bedenkt man, dass Craven unmittelbar vor Reiseantritt 1786 in St. Petersburg mit ihrem Ansinnen, nach Süden reisen zu wollen, großes Unverständnis geerntet hatte: Die hochgestellten Angehörigen der höfischen Gesellschaft befürchteten den nahen Tod der Engländerin, sei die Luft auf der Krim doch ungesund und das Wasser vergiftet.[11] Dass sich die Halbinsel in den nächsten Jahrzehnten zu einer bevorzugten Sommerfrischedestination des russischen Adels entwickeln sollte, war in den 1780er Jahren also nicht absehbar. Lady Craven war aber höchst weitblickend, als sie die Krim als „delicious country" bezeichnete und als einen Erwerb, den Russland „niemals aufgeben" solle. Bemerkenswert ist auch, dass sie der von der Zarin ausdrücklich gewünschten Sprachregelung folgte, nach der tatarische geographische Bezeichnungen durch hellenisierte zu ersetzen seien: Craven besuchte demnach „Taurien" und nicht die Krim und segelte auf dem „Boristhenes" statt dem Dnepr. Dies war ebenfalls eine Reverenz an die im 18. Jahrhundert geschätzte Antike und gleichzeitig der Versuch der russischen Macht, die krimtatarischen Spuren zu tilgen.[12]

Die 1787 die Halbinsel Krim besuchende internationale, untereinander auf Französisch plaudernde Gesellschaft aus gekrönten Häuptern und Diplomaten war schließlich besonders erfolgreich darin, das Bild des ‚Zauberlandes Krim' zu verbreiten. Wie in zeitgenössischen Reiseberichten üblich, überschritten die Autorinnen (Katharina II.) und Autoren bewusst die Grenze zwischen Authentizität und Fiktion, um Spannung und Interesse zu erzeugen, so dass zuweilen weniger die reale Krim dargestellt wurde als ein metaphorisches Paradies. Besonders einflussreiche Berichte über die Taurische Reise legten die Gesandten Frankreichs, Louis Philippe de Ségur (1753–1830)[13], und des Habsburgerreichs, Charles

---

11 Craven (1789), 183 f.
12 Die von höchster Stelle gewünschten geographischen Termini setzten sich nur teilweise durch: Katharinas II. Sohn, Paul (1754–1801), verfügte die Re-Tatarisierung der Ortsnamen der Krim, sein Nachfolger Alexander I. machte diese Maßnahme allerdings wieder rückgängig, so dass beispielsweise Aqmescit wieder offiziell zu Simferopol' wurde. 1826 erging dann auf „Allerhöchsten Befehl" Nikolaus' I. die Anordnung, „Sevastopol" von nun an nicht länger Achtiar zu nennen, sondern immer Sevastopol'." Vysočajšee povelenie (1902), 87. Der Begriff „Taurien" (statt „Krim") überlebte beispielsweise nur insofern, als dass in sowjetischer Zeit die „Tavričeskaja oblast'" geschaffen wurde, eine Verwaltungseinheit, welche über das Territorium der Krim hinausging.
13 Ségur (1926). Die Krimreise wird im dritten Band beschrieben.

Joseph François de Ligne (1735–1814)[14], sowie der in sächsischen Diensten stehende Georg Adolf von Helbig (1757–1813)[15] vor. De Ségur und de Ligne lieferten positive, stellenweise enthusiastische Krim-Darstellungen ab und lobten die russischen Erfolge; Helbig wird hingegen nicht zu Unrecht für eine negative Rezeption der Taurischen Reise verantwortlich gemacht und sogar als Erfinder der Gerüchte über die Potemkinschen Dörfer bezeichnet.[16]

Für de Ségur und de Ligne war die Krim offenbar ein Ort, an dem die sich im 18. Jahrhundert großer Popularität erfreuenden Geschichten aus „1001 Nacht" hätten spielen können[17] und die so lange in weiten Teilen Europas Angst und Schrecken verbreitenden Krimtataren von der russischen Macht domestiziert worden wären. In den Schriften de Lignes hieß es beispielsweise, die Krim-Muslime lägen lediglich faul auf dem Dach herum, von dem sie nur „würdevoll [...] heruntersteigen, um ihre Schafe nun anstelle ihrer Frauen einzusperren, die sie bei Tag stets verborgen halten."[18] Die Halbinsel sei allerdings trotz ihrer unproduktiven BewohnerInnen die „herrlichste Gegend der Welt [...]. Feigenbäume, Palmen, Ölbäume, Kirschen, Aprikosen, Pfirsiche blühen, durchduften die Luft und schützen [...] vor der heißen Sonne. Die Meereswellen spülen diamantene Kiesel an [...] [die] Füße."[19] Die TeilnehmerInnen der Taurischen Reise wie de Ligne oder auch die Zarin selbst machten sich mental und real auf die Suche nach einem Zauberland auf der Krim, wo Elemente der klassischen Sagen gleich denjenigen von der Iphigenie mit einem konstruierten Orient, wie ihn sich die europäischen Oberschichten der Zeit eben durch die „Geschichten aus 1001 Nacht" erlasen, miteinander verschmolzen. Durch die Grenzlage der Halbinsel zwischen Europa und Asien und ihre zu dem Zeitpunkt noch mehrheitlich muslimische Bevölkerung wurde diese Sichtweise begünstigt.[20] Doch was hatte dieses von europäischen Elitenangehörigen stilisierte Zauberland mit der realen Krim gemein? Wie gestalteten sich die Verhältnisse dort? Inwieweit wurde die zarische Herrschaft über das ehemalige Chanat von der eingewurzelten Bevölkerung und dem ehemaligen Suzerän, dem Osmanischen Reich, akzeptiert?

Ein Indiz dafür, dass es zumindest Vorbehalte gegen die neue Herrscherin gab, mag ein Bericht geben, der im Kontext der Vorbereitungen der kaiserlichen Reise von 1787 entstanden ist. Er belegt, dass der triumphale Einzug der hoch-

---

14 Ligne (1989).
15 Helbig (1804).
16 Jena (2001), 18–27.
17 Dazu ausführlich Jobst (2001a), 140.
18 Elbin (1979), 64.
19 Elbin (1979), 57–60.
20 Dazu ausführlich Jobst (2007a); Jobst (2001a).

Abb. 7: Katharinas Triumpf. Allegorie auf die Reise der Kaiserin Katharina II. auf die Krim, Gravur von Jean Jacques Avril dem Älteren, 1790

gestellten BesucherInnen durch ein Spalier kostbar ausstaffierter krimtatarischer Reiter beileibe keine spontane Ehrenbezeugung, sondern eine administrativ koordinierte Inszenierung gewesen ist. Die Huldigungen tatarischer Würdenträger, welche die Kaiserin so erfreuten, waren von der russischen Vorhut sorgfältig geplant worden.[21]

Es sollte sich aber zeigen, dass keineswegs alle Bereiche einer zukünftigen Krim-Politik von den Verantwortlichen in St. Petersburg und vor Ort so gut durchdacht waren wie die Reise von 1787; im Gegenteil, viele Maßnahmen der folgenden Zeit wirkten erratisch, waren eher die in imperialen Kontexten häufig zu beobachtenden Ad-hoc-Entscheidungen als Teil sorgfältiger Planungen. Fest stand nur, dass die Eingliederung der Halbinsel von St. Petersburg auf Dauer

---

21 V.V. Kochovskij an V.S. Popov, 12.3.1787, in: Mursakovič (1877–1879), 262. Zu anderen Inszenierungen in diesem Kontext vgl. Jobst (2017c).

angelegt war, nicht als vorübergehendes Zwischenspiel. Bereits in dem von der Zarin erlassenen Manifest über die Inkorporierung der Krim vom April 1783 hatte es geheißen, die Krim sei fortan „auf ewig" Teil des Russländischen Reiches.[22] Die Bedeutung, die dem Gebiet im Kontext des sog. Griechischen Planes (vgl. Kapitel 21) zukam, machte politische, wirtschaftliche und bevölkerungsstrukturelle Maßnahmen notwendig, die es stabil in das Imperium einzubinden vermochten. „[H]andfester als die eher wolkige Vision eines Romanovs auf dem Thron von Byzanz"[23] wurde die strategische Sicherung des Neuerwerbs immerhin beherzt in Angriff genommen. Truppen aus den nördlichen Gebieten wurden auf die Halbinsel verbracht und drei tatarische Regimenter stellte Potemkin 1784 in Dienst, die sogar im Russisch-Osmanischen Krieg von 1787–1792 eingesetzt wurden.[24] Obwohl sich das Misstrauen der zarischen Administration der krimtatarischen Bevölkerung insgesamt, aber vor allen Dingen deren Soldaten gegenüber, aufgrund historischer Erfahrungen bis zum Ende des Zarenreiches nicht wirklich zerstreuen sollte,[25] wollte man auf deren legendäre Kampfkunst nicht verzichten. Auch wenn krimtatarische Kämpfer sich in der Auseinandersetzung mit ihren muslimischen Glaubensbrüdern bewähren sollten, blieben russischerseits stets Zweifel an ihrer Loyalität. Bis zur Einführung der allgemeinen Konskription 1874 dienten sie nur als Freiwillige.[26]

Die militärische Bedeutung des Erwerbs stand also ungeachtet der im Verlauf des 19. Jahrhunderts betonten ideologisch-religiösen Komponente, auf die im Kontext der Krim-Mythen hingewiesen worden ist (vgl. Kapitel 2), im Zentrum russischer Krim-Politik. Die unmittelbar nach der Annexion erfolgte Gründung des Kriegshafens von Sevastopol' auf dem Gebiet der kleinen krimtatarischen Siedlung „Achtiar" bzw. „Ak-Jar" war ein Ausdruck dessen. Dass dieser Ort durch die zweimalige ‚heldenhafte' Verteidigung im Krim- und im Zweiten Weltkrieg einen besonderen Platz im kollektiven russischen Gedächtnis einnehmen sollte, in dessen Folge er als unveräußerlicher Teil Russlands gilt, war damals nicht abzusehen.[27] Der imposante Naturhafen war dafür verantwortlich, dass ein Ka-

---

22 Vernadsky u. a. (1972), 412. Vgl. auch den Überblick bei Conermann (1998).
23 Jobst (2012), 215.
24 Gabaev (1913); O'Neill (2008). O'Neill berichtet hier von ca. 250 krimtatarischen Soldaten, die desertierten. O'Neill (2017).
25 Vgl. hierzu Jobst (2007b), insbesondere das Kapitel „Der zeitgenössische Orient III. Exodus, Nützlichkeit und Illoyalität", 219–253.
26 Zur Position muslimischer Soldaten in der zarischen Armee vgl. Davies F. (2016). Ich danke Franziska Davies, dass sie mir die Einsichtnahme in ihre Arbeit schon vor der Drucklegung gewährt hat.
27 Vgl. Jobst (2017b); Qualls (2009).

pitän II. Ranges (im russischen Rangsystem das Äquivalent zu einem Fregattenkapitän) mit Namen Ivan Bersenev Katharina II. diesen als Standort der künftigen imperialen Schwarzmeerflotte empfahl.[28] In der folgenden Zeit wurde der Ausbau der Hafenanlage und der militärischen Infrastruktur zielgerecht angegangen. Allerdings erlahmte dieser Elan alsbald, und Odessa (als Handelshafen) und die Ostsee (als Marinebasis) wurden von St. Petersburg stärker gefördert als die Stadt im Südwesten der Krim. Insgesamt blieb deren Leistungsfähigkeit sowohl auf dem Gebiet des Militärs als auch des Handels hinter dem kollektiv-emotionalen Nimbus zurück, den sie im Zarenreich genauso wie in dessen Nachfolgestaaten genoss (und genießt).[29]

Für die zu diesem Zeitpunkt noch überwiegend muslimische Bevölkerung waren andere Maßnahmen wichtiger: Das ehemalige Chanat sollte administrativ und ohne Sonderstatus in den Reichsverband eingegliedert werden und überdies – sehr zeittypisch – dem Nutzen des Reiches dienen. In der Praxis wurde jedoch schnell deutlich, dass die Krim für die imperiale Verwaltung weitgehend eine *terra incognita* darstellte, was eine effektive Politik erschwerte. Das plurale, religiöse und auf Clane ausgerichtete Loyalitätssystem der tatarischen Gesellschaft irritierte die neuen HerrscherInnen. Selbst die Geographie und das Klima wussten die imperialen Verwalter anfangs nicht richtig einzuordnen, und über die wirtschaftliche Leistungskraft des Neuerwerbs existierten ebenfalls keine validen Angaben. Unmittelbar nach der Annexion ordnete Potemkin deshalb die Abfassung einer umfassenden Krim-Beschreibung an: Berichte über die Topographie, Lage der Landwirtschaft, Informationen über die zu erwartenden Steuereinkünfte, Konflikte innerhalb der tatarischen Gesellschaft oder die Anzahl und den Zustand christlicher und muslimischer Dörfer und der Gotteshäuser wurden zusammengetragen. Dabei griff die russische Verwaltung auf das Wissen und die Orts- und Sprachkenntnisse der autochthonen BewohnerInnen zurück, indem sie auch tatarische Mitarbeiter mit dem Datensammeln beauftragte. Die Informationen wurden gedruckt und für den Dienstgebrauch bereitgestellt;[30] sie sollten bei der effektiven und ‚nützlichen' Administrierung des kolonialen Neuerwerbs helfen.

Das Russländische Reich bediente sich auf der Krim letztlich effektiver Herrschaftswerkzeuge, denn es war zwar ein transkontinentales, aber zugleich ein modernes Imperium. Dies wurde zwar von einer älteren Imperiumsforschung zum

---

28 Semin (1955), 33.
29 Dazu im Detail Jobst (2017b).
30 Vgl. hierzu Laškov (1886) sowie Potemkin an Katharina II., 16. 6.1783, in: Lopatin (1997), Brief 669, 176–177, hier 176.

Teil in Abrede gestellt, was aber im Spiegel neuerer Untersuchungen nicht mehr haltbar ist.[31] Im Kontext der Krim fällt auf, dass sie seitens der russländischen imperialen Eliten nur selten als eine Kolonie bezeichnet wurde, wobei sie unstrittig trotz aller historischen Legitimationsversuche eine solche war. Dafür spricht nicht allein der Verlust der Eigenständigkeit des Chanats, sondern einiges mehr: Durch die Eroberung waren die lokalen Gesellschaften weitreichenden Transformationen durch (Proto-)Industrialisierung und Enttraditionalisierungsmaßnahmen ausgesetzt. Im Bewusstsein russländischer Eliten, die an der ‚Imperialität' des Zarenreiches nicht zweifelten, changierte die Halbinsel nebst ihrer autochthonen Bevölkerung zwischen eigen und fremd, wobei rassistische Auslassungen nicht fehlten, aber weniger stark ausgebildet waren als etwa bei dem häufig als Maßstab herangezogenen British Empire.

Anfänglich setzte die zarische Macht zur Sicherung des ehemaligen Chanats auf vertrauensbildende Maßnahmen und vermittelte den Eindruck, „die alten muslimischen Eliten hätten weiterhin ein gewisses Mitspracherecht"; „für eine kurze Übergangsphase [verblieben] wesentliche Aufgaben des Gemeinwesens (wie das der Steuereintreibung) in tatarischen Händen."[32] Nur übergangsweise erhielt das ehemalige Chanat bis Anfang 1784 mit der „Landesverwaltung der Krim" (*Krymskoe zemskoe pravitel'stvo*) „eine besondere Ordnung", in die einige bereits unter dem letzten Chan einflussreiche Mirza eingebunden wurden.[33] Die Bildung der Verwaltungseinheiten *Tavričeskaja oblast'* (Taurische Provinz) bereits 1784 bzw. später *Tavričeskaja gubernija* (Taurisches Gouvernement) unterstrichen dann den Willen nach dem Aufgehen in der Reichsstruktur.[34] Parallel dazu arbeitete eine Militärverwaltung, die von dem aus dem Baltikum stammenden Grafen Osip A. Igel'strom (Otto Heinrich Igelström, 1737–1823)[35] geleitet wurde und direkt dem Gouverneur Potemkin unterstand. Igel'strom, obgleich nur wenige Monate im Amt, setzte – entsprechend den Paradigmen seiner sich der Aufklärung und religiösen Toleranz verpflichtet fühlenden Herrscherin – auf eine pragmatische und integrative Politik gegenüber den muslimischen UntertanInnen.[36] Davon profitierten besonders die tatarischen Eliten, auf deren Integration Wert gelegt wurde, wurde doch auch auf der Krim – wie in kolonialen Kontexten nicht unüblich – auf Elitenkooption gesetzt.[37] Viele Gedanken machte sich die

---

31 Vgl. hierzu u. a. Osterhammel (2008).
32 Jobst (2017a), 95.
33 Laškov (1886), 91.
34 Vgl. hierzu Fisher (1979), 78.
35 Vgl. Igelström (2018).
36 Fisher (1968), besonders 548–552.
37 Vgl. hierzu O'Neill (2010), die dieses Phänomen in den größeren imperialen Kontext setzt.

Führungsriege um Potemkin beispielsweise über den Inhalt und die Inszenierung der Ableistung des Eides auf die Zarin, den die krimtatarischen Elitenvertreter im Frühjahr 1783 ablegen mussten. Man achtete darauf, dass lokale Attribute – z. B. ein Kuss auf den Koran als Zeichen der Ernsthaftigkeit, ja Sakralität – Teil der Zeremonie waren.[38] Die Elitenkooption, welche sich u. a. in der Eingliederung krimtatarischer Eliten in die sog. Rangtabelle (*Tabel' o rangach*)[39] des Zarenreichs ausdrückte, war eine gelungene integrative Maßnahme, die wohl auch deshalb glückte, da es sich mit ca. 500 Angehörigen um eine zahlenmäßig eher kleine Gruppe handelte. In der Verwaltung der Halbinsel sollten Krimtataren jedoch schon bald kaum eine Rolle mehr spielen, was mit dem Hinweis auf mangelhafte Russischkenntnisse exekutiert wurde.[40] Insgesamt ist Folgendes festzuhalten: „Auf der Ebene des Rechts besaßen die *mirza* demnach die gleichen Privilegien wie russische Adlige in Moskau oder Saratov" – wenn sie denn von den Behörden als Pendant zu diesen anerkannt wurden, was keinesfalls immer der Fall war.[41]

Insgesamt stand die neue Verwaltung vor schwierigen Aufgaben, bot die Krim nach ihrer Einnahme doch kein gutes Bild: Invasoren aus dem Zarenreich und bürgerkriegsähnliche Kämpfe hatten diese weitläufig zerstört. Hohe Bevölkerungsverluste durch reguläre Kriegsopfer und den Exodus christlicher Krim-BewohnerInnen in den 1770er Jahren waren ein Problem.[42] Nach 1783 verließen zudem sowohl tatarische als auch osmanische UntertanInnen das nun von ‚Ungläubigen' (= orthodoxen ChristInnen) beherrschte Gebiet in Richtung der Hohen Pforte, von mehreren 10.000 Menschen bis zum Osmanisch-Russischen Frieden von Jassy an der Jahreswende von 1791/1792 ist in der Forschung die Rede;[43] der Höhepunkt des tatarischen Exodus fiel in die Jahre nach dem Krimkrieg (vgl. Kapitel 28), erst zu Beginn des 20. Jahrhunderts versiegte dieser Strom spürbar.[44] Der Verlust eines nicht unerheblichen Teils der muslimischen Bevölkerung wurde russischerseits ambivalent bewertet: Einerseits verfolgte das Zarenreich zeittypisch eine aktive Peuplierungspolitik in ihrem im Verhältnis zum Territorium insgesamt dramatisch unterbevölkerten Imperium,[45] andererseits zieht sich durch

---

38 Vgl. O'Neill (2008), 6 f. Ich danke Ricarda Vulpius (Berlin) für die Bestätigung, dass dieses Vorgehen bei Eidesleistungen unterworfener Gruppen schon vor dem 18. Jahrhundert üblich war.
39 Diese unter Peter I. eingeführte Gliederung höherer Laufbahnen in der Staatsverwaltung, bei Hofe und im Militär war bis 1917 gültig.
40 Fisher (1978), 83.
41 Vgl. dazu Jobst (2017a), 96. Siehe auch O'Neill (2010), 403.
42 Gavril (1844).
43 Jobst (2017a), 98 und 110.
44 Fisher (1978), S. 74–75.
45 Vgl. hierzu im Überblick Brandes D. (1998).

den russischen Krim-Diskurs von der Annexion bis in die Gegenwart die Auffassung, dass eine Krim ohne Krimtatarinnen und Krimtataren „so viel besser" wäre, wie es schon Fürst Potemkin 1783 an seine Zarin geschrieben hatte.[46] Unter Stalin sollte im Frühjahr 1944 eine fast vollständig seiner krimtatarischen BewohnerInnen beraubte Halbinsel für Jahrzehnte traurige Realität werden (vgl. Kapitel 34).

Ein weiteres administratives Problem bestand in der Verproviantierung und Ausrüstung der Truppen sowie in der Seuchenprävention[47], was bis weit in das 19. Jahrhundert im ganzen Schwarzmeerraum ein Thema war und immer wieder umfängliche Quarantänemaßnahmen nötig machte.[48] Der Mangel an lokalem Wissen, man könnte auch sagen ein Übermaß an Ignoranz seitens der neuen Macht, verschärfte die Probleme: Beispielsweise erhöhte die von Zeitgenossen wie Peter Simon Pallas beklagte Zerstörung der tatarischen Frischwasserleitungen durch die fremden Truppen die Seuchengefahr entschieden; die russischen Soldaten hatten sich aus den Rohren Munition gegossen oder verkauften sie.[49] An den Erwerb der Krim hatten sich russischerseits zwar in erster Linie machtpolitisch-strategische Hoffnungen geknüpft, aber auch wirtschaftlich waren, wie sich nicht zuletzt in der Meerengenfrage abbildet, die Erwartungen hoch, „[s]ie sollten sich allerdings niemals in dem erwarteten Maß erfüllen."[50] Erst einmal litt die landwirtschaftliche Produktion unter dem durch die krimtatarische Auswanderung bedingten Arbeitskräftemangel, der erst mit erheblicher Verzögerung durch SiedlerInnen aus anderen Teilen des Imperiums (vorzugsweise russischer oder ukrainischer Herkunft), aus den südwestlichen deutschsprachigen Gebieten, der Schweiz oder auch Skandinavien halbwegs behoben werden konnte. Bis 1819 und dann wieder nach dem Krimkrieg wurde ein einigermaßen konsequentes Ansiedlungsprogramm im nördlichen Schwarzmeerraum einschließlich der Halbinsel durchgeführt.[51]

Trotz der genannten und weiterer Schwierigkeiten begrüßten die imperialen Eliten im Zarenreich, d.h. diejenigen, die sich mit der Realität des Imperiums intellektuell oder künstlerisch auseinandersetzten, die Erwerbung der Krim nach anfänglicher Skepsis begeistert. Der Krone nahestehende Literaten wie Gavrila R. Deržavin (1743–1816) schrieben enthusiasmierte Oden wie „*Na priobretenie Kry-*

---

46 Potemkin an Katharina, 29. Juli 1783, in: Lopatin (1997), Brief 672, 178–179, hier 178.
47 Über das Seuchenproblem gibt der Briefwechsel zwischen Katharina und Potemkin aus dem Jahr 1783 Auskunft.
48 Dazu erschöpfend Robarts (2017).
49 Pallas (1967), Bd. 2, 32f.
50 Jobst (2012), 224.
51 Vgl. hierzu Brandes D. (1993) sowie Auerbach (1965).

ma" („Auf die Erwerbung der Krim").[52] Auch im westlichen Europa überwog vielfach die Freude, dass das Zarenreich das alte ‚Taurien' ‚den Muslimen' entrissen hatte. Werke wie „An das Bild der Selbstherrscherin aller Reussen auf der Medaille von der Unterwerfung der Krimm im Jahre 1783. Gesungen von C.L. v. Klenke, zu Berlin 1789" wurden veröffentlicht und offenbar auch gelesen.[53]

An dieser allgemein positiven Einschätzung der russischen Herrschaft über das ehemalige Krim-Chanat hatte neben einer europaweiten ‚Türkenangst' auch die Taurische Reise beigetragen, die alles in allem eine propagandistisch sehr erfolgreiche „epic open-air performance" gewesen war, wie Larry Wolff sie treffend bezeichnet.[54] Trotz des ebenfalls mit dieser Herrschaftsreise verbundenen antirussischen Mythos der Potemkinschen Dörfer nutzte der Verantwortliche, Potemkin, die Gunst der Stunde, durch die Annexion, die Herrscherreise und den gewonnenen Russisch-Osmanischen Krieg von 1787–1792 nicht nur die Osmanen vom nördlichen Schwarzmeerufer zu vertreiben, sondern auch das negative Image des Russländischen Imperiums als vergleichsweise rückständig bei einigen europäischen ElitenvertreterInnen zu zerstreuen.[55]

---

52 Zorin (2001), 102 f.
53 Zitiert nach Billbassof (1897), Bd. 1 (Die Literatur bis zu Katharina's Tode), 504. Vgl. dort auch weitere Oden und Gedichte.
54 Wolff (1994), 127.
55 Zur Entstehung dieser Vorstellung vgl. grundlegend Wolff (1994). Sehr wirkungsmächtig erwies sich von einer ökonomischen Basis aus diskutierend Gerschenkron (1962). Mittlerweile ist die Forschung z.T. von diesen dichotomischen Vorstellungen abgerückt und unterstreicht eher das Konzept multipler Modernen: Eisenstadt (2007).

24 Die multiethnische und multireligiöse Krim unter zarischer Herrschaft: Die tatarische Bevölkerung – Geschlechterverhältnisse

> I now proceed to give some account separately of other colonists [...]. The Nogay Tatars, if not the original inhabitants of the country, at least wandered over the immense steppes of New Russia, with their tents, flocks, and herds, at the time of the Russian Conquest, and the ages before [...]. The government has at length conquered the inveterate prejudices of this wandering horde, and induced them to lay aside their roving habits, settling them in villages, and inciting them to cultivate the ground. They are, however, of all the colonists, far the worst cultivators.[1]

Diese Beschreibung der Nogaier stammt von der Engländerin Mary Holderness, deren Leben vor allen Dingen deshalb Spuren hinterlassen hat, da sie über ihren (vermutlich) zwischen 1816 und 1820 dauernden Krimaufenthalt einen mehrmals aufgelegten Reisebericht verfasst hat: Gemeinsam mit ihrem Mann und ihren Kindern verbrachte sie einige Jahre als landwirtschaftliche Kolonistin auf der Krim. Die Familie war damit der Aufforderung des anglikanischen Geistlichen Arthur Young (1769–1827) gefolgt, der sich seit 1805 wiederholt auf Einladung der russländischen Regierung zu agrarischen Studien in Russland aufgehalten hatte und 1810 in der Nähe des ehemaligen Kefe (Feodosija) ein großes Gut erworben hatte; nur deshalb – und anders als sein berühmterer Vater gleichen Namens (1741–1820), der sich als Agrarwissenschaftler und Publizist einen Namen gemacht hatte – sei er überhaupt einer Studie wert, wie sein eigener Biograph wenig wohlwollend schrieb.[2] In jedem Fall verdanken wir Youngs Engagement einen Bericht über die Krim, der aus mehreren Gründen interessant ist: Er wurde von einer Frau verfasst, was erst einmal im Kontext der Reisejournale über die Halbinsel an sich nicht exzeptionell ist, denken wir beispielsweise an die so bekannte Beschreibung der Lady Craven im Vorfeld der Taurischen Reise (vgl. Kapitel 23).[3] Hervorzuheben ist aber der vergleichsweise lange Aufenthalt Holderness', der dieser eine eingehendere Befassung mit dem Locus und der Bewohnerschaft ermöglichte als es bei ihrer Landsmännin Craven der Fall war. Holderness selbst betonte in ihrem Vorwort, dass trotz „zahlloser Mängel" („numberless deficiencies") ihr langer Aufenthalt und ihr weibliches Geschlecht

---

1 Holderness (1823); Anonyma (1855), 140 f. Vgl. zur ihrer Biographie Mary Holderness (2017).
2 Gazley (1956), 360.
3 Zu reisenden Frauen im imperialen Kontext vgl. z. B. Marbo (1991), 163; Pratt (1992). Speziell über die Krim Jobst (2001d).

bei der Abfassung des Berichts von Vorteil gewesen seien: „I am induced to think that, as a resident and a female, I possessed advantages for acquiring information, superior to those of the passing traveller."[4] Doch wie in zahllosen anderen europäischen Reiseberichten der Zeit nicht nur über die Krim, sondern allgemein über vermeintlich exotische Gegenden, so waren die Urteile Angehöriger einer selbsterklärten zivilisierten Nation über fremde Kulturen und Nationalitäten von einem Überlegenheitsgefühl geprägt: Die russische Krim-Bevölkerung, obzwar den neuen Machthabern zugehörig, galt ihr durchweg als ungebildet, sofern sie nicht hochadlig war.[5] Schlimmer noch kamen die Nogaier – wie bereits in älteren Berichten – weg. Sie seien miserable Landwirte, aber immerhin so versierte Pferdediebe, dass selbst die Kosaken nicht an sie herankämen, wie Holderness ironisch vermerkte. Ihr Gesamturteil über die nicht-sesshaften BewohnerInnen der nördlichen Krim war ein schlechtes: „The moral character of the Nogays is of the worst description, and there is hardly any kind of mischief which they will not perpetrate."[6] Ein weiteres Mal zeigt sich die Geringschätzung nomadisch lebender Gemeinschaften, die seit der Antike (vgl. Kapitel 3) ein Signum vieler Krim-Berichte gewesen ist; vielleicht geschah diese scharfe Abgrenzung in zivilisiert versus unzivilisiert auch in Rücksicht auf den erwarteten Publikumsgeschmack, denn es existierte ein gewisser Widerspruch zu den Beschreibungen über MuslimInnen, die in einem administrativen Kontext entstanden sind: So galt für die zarische Verwaltung, dass diese bis zum Krimkrieg eher pragmatisch/analytisch über ihre neuen UntertanInnen berichtete und sich normativer Äußerungen meist enthielt, obwohl sie ihnen grundsätzlich misstraute.[7] Eine Unterhaltung und Spannung erwartende Leserschaft wünschte freilich eine weniger nüchterne Schilderung des Fremden in den europäischen Peripherien – und dieser Erwartung kamen Autorinnen und Autoren häufig nach.

Der von Holderness selbst ins Spiel gebrachte Vorteil ihres Geschlechts griff vor allen Dingen dann, wenn sie über eine Sphäre schrieb, die männlichen Autoren in der Tat verschlossen blieb: nämlich die der tatarischen Frauen, hielt sich doch die weitgehende Segregation weiblicher und männlicher Lebensbereiche in den krimtatarischen Zentren wie Bağçasaray oder Qarasuvbazar bis in die ersten Jahrzehnte des 20. Jahrhunderts. Somit sind Berichte aus erster (männlicher) Hand über muslimische Frauen selten bzw. eher Phantasieprodukte.[8] Während das Urteil Holderness' über die männlichen Tataren der Südküste mehr oder

---

4 Holderness (1823), 2.
5 Holderness (1823), z. B. 122 f.
6 Holderness (1823), 141.
7 Dies ist eine Beobachtung der Verfasserin dieser Zeilen. Vgl. auch Fisher (1978), 82.
8 Jobst (2007b), 209.

weniger genauso stereotyp ausfiel wie über die Nogaier, gelangen ihr interessante Beschreibungen von Mutter-Kind-Beziehungen oder tatarischen Stillgewohnheiten.[9] Anders bewertete sie die Geschlechterverhältnisse in der muslimischen Gesellschaft im Allgemeinen: Für die meisten westeuropäischen Autorinnen war der imaginierte Orient ein Ort weiblichen Sklaventums und häufig auch eine Sphäre, wo das Ausleben ungezügelter Leidenschaften vermutet wurde, wobei der Topos des Harems bzw. die (auf der Krim aus wirtschaftlichen Gründen allerdings nur eingeschränkt praktizierte) Vielehe als Beweis genommen wurde. Aber große Prüderie galt ebenfalls als typisch orientalisch.[10] Holderness' Einschätzung bildete keine Ausnahme:

> A Tatar wife is most completely the slave of her husband, and that the men consider her such, I had from the mouth of one of the most respectable of them. Thus she is only desirable as she serves to gratify his passions, or to connect him with some Tatar of better family or greater riches than himself.[11]

Allein bei Bauernfamilien meinte sie eine größere auch emotionale Nähe zwischen den Paaren zu erkennen, welche wahre Liebe nicht ausschloss.[12] Parallelen zu den Geschlechterverhältnissen in der eigenen Kultur und Gesellschaft etwa hinsichtlich der weit verbreiteten ökonomisch-politisch motivierten (Oberschichts-)Heiraten ignorierte sie genauso wie die in christlichen und muslimischen Kulturen existierenden weiblichen Handlungsspielräume.

Inwieweit die zarische Herrschaft über die Krim Einfluss auf die Geschlechterverhältnisse innerhalb der muslimischen Gemeinschaften nahm, kann auf der Grundlage der gegenwärtigen Forschung nicht beurteilt werden. Unstrittig ist Folgendes: Keineswegs alle Musliminnen auf der Krim waren verschleiert bzw. vollverschleiert.[13] Heiraten zwischen Angehörigen des Islams und des Christentums unabhängig von der Konfession waren in zarischer Zeit eine Ausnahme[14], waren aber von der russischen Administration durchaus erwünscht. Rassismus spielte im Vergleich zu westeuropäischen Kolonialreichen eine geringere Rolle, und russische Akteure versprachen sich von muslimisch-christlichen Verbin-

---

9 Holderness (1823), vgl. u. a. 223 f.
10 Melman (1992), 52.
11 Holderness (1823), 225.
12 Holderness (1823), 225.
13 Dazu Jobst (2007b), 208–212. Vgl. auch einige Abbildungen in dem kommentierten Wiederabdruck eines erstmalig 1856 und 1857 erschienenen Werkes des Naturkundlers und Mitglieds der Petersburger Akademie Gustav Ferdinand Richard Radde (1831–1903): Radde (2008).
14 Williams (2001), 124, will keinen dokumentierten Fall kennen, anders bei Jobst (2007b), 216.

dungen eine Annäherung der ‚fremden' Kulturen an die slavisch-orthodoxe Bevölkerungsmehrheit.[15]

Insgesamt waren die Auswirkungen der Annexion von 1783 für die ehemalige Titularnation ganz unabhängig vom Geschlecht gewaltig. Der Verlust der (eingeschränkten) Selbstständigkeit des frühneuzeitlichen Chanats und die unfreiwillige Eingliederung in ein Reich der ‚Ungläubigen', d. h. von NichtmuslimInnen, waren bereits tiefgreifende Zäsuren. Besonders nachhaltig waren aber die Folgen für die Bevölkerungsentwicklung, Wirtschaft, Kultur und die allgemeinen Partizipationsmöglichkeiten.[16]

Wie schon erwähnt, setzte St. Petersburg in seiner kolonialen Politik gegenüber dem ehemaligen Chanat auf die Inklusion der neuen UntertanInnen, auch um die Gefahr einer starken pro-osmanischen Opposition zu verhindern, welche die neuerliche Verbindung mit der Hohen Pforte anstreben würde.[17] Ein entsprechendes Anreizsystem sollte dabei helfen: Neben der bereits erwähnten Kooption tatarischer Mirza gehörte die muslimische Geistlichkeit (Ulema) zu den Profiteuren der russischen Herrschaft, weshalb sie auch den Romanovs bis zum Verfall des Zarenreichs treu ergeben war. Die traditionellen Rechte der Geistlichkeit auf der Halbinsel wurden weitgehend anerkannt. Für den russischen Staat lag der Vorteil dieser Politik des ‚Teile und Herrsche' darin, dass die islamische Gelehrtenschaft und der im Verlauf der ersten Jahrzehnte nach der russischen Annexion von der Lokalpolitik weitgehend (außer in Bağcasaray und in Qarasuvbazar) ausgeschlossene Adel unterschiedliche Interessen entwickelten – und keine gemeinsame Front gegen die neue Macht entstehen konnte.[18] ‚Geboten' wurde der Ulema ein großes Maß an Selbstkoordination: Einer im Jahr 1794 formierten muslimischen „Geistlichen Versammlung" stand ein von der Zarin bzw. dem Zaren ausgewählter Mufti vor. Dieser erhielt, wie im Zarenreich üblich, einen Adelstitel und war für die religiösen Belange der MuslimInnen der Krim und derjenigen in der Provinz bzw. dem Gouvernement Taurien verantwortlich.[19] Der Mufti und die übrigen muslimischen Geistlichen wurden vom Staat entlohnt, womit ein besonderes Loyalitätsverhältnis zur Krone begründet wurde. Der Besitz der muslimischen Gemeinschaft – in erster Linie, aber nicht ausschließlich von Grund und Boden – wurde von staatlichen Abgaben befreit.[20] Daneben behielt die

---

15 Jobst, u. a. (2008), 45.
16 Im Folgenden orientiere ich mich u. a. an Jobst (2014); Jobst (2017a).
17 Zu diesem Kalkül vgl. z. B. den zarischen Historiker Laškov (1886), 91.
18 Fisher (1979), 84–85.
19 Die 1784 gebildete *Tavričeskaja oblast'* (Taurische Provinz) wurde 1802 zur *Tavričeskaja gubernija* (Taurisches Gouvernement).
20 Djuličev (2002), 241.

muslimische Gemeinschaft die Kontrolle über das *vaḳıf*-Stiftungsvermögen.²¹ Die religiösen und rituellen Angelegenheiten und verwaltungsrelevante Aufgaben wie das Führen von Geburts- und Sterberegistern blieben ebenfalls eine Domäne der Ulema.²²

Neben diese älteren Ordnungs- und Verwaltungsmuster traten die neuen, aus der Metropole eingeführten: Die Parallelität tradierter und neu implementierter Rechts- und anderer Systeme ist in imperialen Kontexten zumindest für eine Übergangszeit üblich.²³ Im Falle der Krim erhoffte sich St. Petersburg aber – wie bereits dargelegt – mittel- bis langfristig die weitestmögliche strukturelle Angleichung an die zentralrussischen Gebiete. Zudem wünschte man sich – u. a. durch gesetzlich-administrative Maßnahmen befördert – einen idealerweise durch die orthodoxe Taufe abgeschlossenen Akkulturationsprozess der nicht-slavischen, nicht-christlichen Krimbevölkerung. Dies war im Übrigen ein niemals erreichtes Ziel, denn weder auf der Krim noch in den anderen muslimischen Gebieten des Imperiums kam es zu nennenswerten Konversionsbewegungen auf freiwilliger Basis. In einer Hinsicht unterschieden sich die Verhältnisse auf der Halbinsel aber von anderen, ebenfalls stark muslimisch geprägten Regionen, wie beispielsweise an der Wolga: Während es in den bereits in der Mitte des 16. Jahrhunderts eroberten ehemaligen Chanaten von Kazan' und Astrachan' phasenweise zu einer massiven orthodoxen Missionstätigkeit gekommen war, die nicht selten in gewaltsamen Zwangskonversionen gipfelte, war diese auf der Krim bereits von Katharina II. verboten worden.²⁴ Akteure der orthodoxen Kirche bemühten sich zwar seit den 1840er Jahren zunehmend, das orthodoxe Christentum auf der zu diesem Zeitpunkt noch überwiegend muslimischen Halbinsel zu stärken und eine orthodoxe Infrastruktur durch den (Wieder-)Aufbau von Kirchen und Klöstern zu schaffen, indem sie auf die Krim als Ort ‚der Taufe der Rus'' rekurrierten (vgl. Kapitel 2). Auch strebten kirchliche Kreise danach, mit Hilfe archäologischer Grabungen zu beweisen, dass die Krim seit dem 3. Jahrhundert durchgehend ein vom Christentum *und* Slaven geprägter Ort gewesen sei. Allerdings waren die Resultate eher unbefriedigend: Der Missionierung der dortigen

---

21 Dies bezeichnet fromme Stiftungen islamischen Rechts. Muslimische Gläubige unterstützen damit religiöse Institutionen (z. B. Moscheen, Medresen oder Mausoleen) oder auch allgemeine wichtige Einrichtungen einer Gemeinschaft (z. B. Brunnen): Hartung (2005).
22 Lazzerini (1988), 131 f.
23 Zum Russländischen Reich unter Einbeziehung der allgemeinen Imperiumsgeschichte vgl. Burbank (2006). Ein weiteres Beispiel an der Westgrenze des Imperiums schildert Ganzenmüller (2013).
24 Vgl. hierzu u. a. Lemercier-Quelquejay (1967). Eine Betrachtung der sog. Apostasiewelle im 19. Jahrhundert bietet Frings (2010).

nicht-orthodoxen BewohnerInnen wurden durch St. Petersburg und zum Teil auch durch die örtliche Verwaltung enge Grenzen gesetzt. Nur unter den außerhalb der orthodoxen Kirche stehenden christlichen Gruppen wie den Altgläubigen, KatholikInnen (z. B. polnischstämmige Grundbesitzer) oder ProtestantInnen (z. B. aus den Reihen der deutschen KolonistInnen) durfte ohne Beschränkungen missioniert werden. Selbst nach dem Krimkrieg, als in der russischsprachigen Öffentlichkeit die Halbinsel kollektiv in einen heiligen ‚russischen' Raum umgedeutet wurde (vgl. Kapitel 26), galten diese von Katharina II. festgesetzten Regeln noch. Immerhin konnte 1860 eine eigene orthodoxe Diözese eingerichtet werden.[25]

Über die Kooption krimtatarischer weltlicher Oberschichten in das russländische Rangsystem wurde bereits berichtet. Dies förderte mittelbar die Akkulturation der Mirza, die zum Teil den Lebensstil des russischen Adels und die russische Sprache für sich entdeckten und sich vereinzelt sogar orthodox taufen ließen.[26] Dies traf auf Mitglieder des in der Chanatszeit so einflussreichen Clans der Şirin zu, welche erkannt hatten, dass die Übernahme des orthodoxen Christentums Voraussetzung für die Erlangung politischen/sozialen Einflusses war. Einzelne Angehörige der sich nun einer russifizierten Namensform bedienenden und seit 1836 gefürsteten Familie Širinskij (= Şirin) erlangten im Russländischen Imperium hohes Ansehen und wichtige Positionen. Platon A. Širinskij-Šichmatov (1790–1853) beispielsweise gelang eine besonders eindrucksvolle Karriere: Als Absolvent der Kaiserlichen Marine-Akademie nahm er u. a. am Vaterländischen Krieg 1812 bis 1814 gegen Frankreich teil. Nach verschiedenen Positionen im Ministerium für Volksaufklärung (*Ministerstvo narodnogo prosveščenija*) wurde er ab 1850 schließlich dessen Minister. Er war zudem Mitglied der Akademie der Wissenschaften, wo er u. a. für die Abfassung von Wörterbüchern des Altkirchenslavischen und der russischen Sprache mitverantwortlich zeichnete. Überdies wirkte er als Schriftsteller.[27] Ein Aufstieg in der Hierarchie des Reiches war also auch für nicht-slavische, ‚fremde' Untertanen möglich, wenn ihnen denn die Seite der Macht das Prädikat der (sozialen) Ebenbürtigkeit zuerkannte und die ‚Fremden' sich in Sprache, Religion und Habitus der metropolitanen Kultur annäherten. Im Vergleich mit dem britischen Imperium waren solche ‚Erfolgsgeschichten' im russländischen Reich weitaus häufiger.[28]

Für die muslimische Bauernschaft bedeutete die Eingliederung in das Imperium eine nachhaltige Zäsur, die auf den ersten Blick allerdings nicht unbedingt

---

25 Dazu Kozelsky (2010).
26 Bennigsen (1972), 147.
27 Rudakov (1903).
28 Vgl. Jobst, u. a. (2008), 45.

zu erkennen war: Sie blieben weiterhin persönlich frei, da die bis 1861 in den zentralrussischen Gebieten geltende Leibeigenschaft in den neueroberten Gebieten des nördlichen Schwarzen Meeres nicht eingeführt wurde. Während beispielsweise im Gouvernement Kiew 1857 über sechzig Prozent der Bauernschaft leibeigen waren, waren es auf der Krim nur gut sechs Prozent. Dabei handelte es sich nicht um muslimische Untertanen, sondern zumeist um Slaven (nach heutiger Diktion primär um RussInnen und UkrainerInnen), die an der Seite ihrer Grundherren aus den nördlichen Gebieten zugewandert waren.²⁹ Dessen ungeachtet ist eine deutliche Verschlechterung der Lage der krimtatarischen Bauernschaft zu konstatieren, u. a. da russische, aber auch tatarische Großgrundbesitzer sich konstant an der Beschneidung traditioneller bäuerlicher Rechte (z. B. der Wasser- oder Wiesennutzung) versuchten und den Anteil Leibeigener auf der Krim deutlich erhöhen wollten. Die Grundbesitzer argumentierten unabhängig von ihrer Herkunft mit mangelnder Leistungsfähigkeit der eingewurzelten Bauern oder interessanterweise mit der (vermeintlichen) Notwendigkeit der Vereinheitlichung des Reiches: Man müsse die Bauernschaft auf der Halbinsel so stellen wie in den zentralrussischen Gebieten, was praktisch die Überführung tatarischer Bauern in die Leibeigenschaft bedeutet hätte. Die zarische Administration verschloss sich diesen adligen Wünschen, insbesondere während der Amtszeit des General-Gouverneurs von Neurussland (1823–1844), Michail S. Voroncov (1782–1856).³⁰

Innerhalb des Imperiums waren die krimtatarischen BewohnerInnen de jure keine Gruppe minderen Rechts im Vergleich mit den BewohnerInnen der zentralrussischen Gebiete, zumal sie persönlich frei blieben. Im Vergleich zu den übrigen MuslimInnen im Zarenreich ist Folgendes zu konstatieren: Die Regierungszeit Katharinas II. bedeutete insgesamt für die MuslimInnen eine Zäsur, da die vordem herrschende gezielte Unterdrückungspolitik etwa gegenüber den MuslimInnen im Wolga-Ural-Gebiet eingestellt wurde. Islamische Institutionen wurden nach einer Phase forcierter Integrationspolitik in der ersten Hälfte des 18. Jahrhunderts reinstalliert, eine kulturelle Renaissance des Islams war zu vermerken, und Mullahs konnten als niedrige Amtsträger fungieren. Ein relevanter Unterschied zur Krim bestand darin, dass es im Wolga-Ural-Gebiet selten institutionalisierte Stiftungsverwaltungen gab, und dass es in der Mitte des 19. Jahrhunderts in der Wolga-Ural-Region nur noch Relikte eines staatlicherseits anerkannten Adels gegeben hat.³¹ Somit ist von einer vergleichsweise bevorzug-

---

29 Herlihy (1986), 79 f.
30 Rhinelander (1990), 89 f.
31 Ich folge hier Noack (2000), besonders 49–77.

ten Lage der Krim-MuslimInnen auszugehen. Dennoch ist die zarische, wie später übrigens auch die sowjetische Politik (vgl. Kapitel 32) gegenüber den muslimischen BewohnerInnen der Halbinsel von einer „Diskrepanz zwischen (rechtlichen) Normsetzungen und (gelebten) Praktiken" gekennzeichnet. Diese konnte „der krimtatarischen Bevölkerung situativ zum Vor- oder aber auch zum Nachteil gereichen."[32] Für die zarische Zeit gilt: Nicht allein Elitenangehörige wie aus dem Geschlecht der Širinskij-Šichmatovs konnten von den neuen Verhältnissen profitieren, sondern auch sozial weniger exponierte Aufsteiger. Für einen Großteil der bäuerlichen Krimtatarinnen und Krimtataren traf dies trotz ihres persönlich freien Status nicht zu. Am deutlichsten lässt sich dies am krimtatarischen Exodus in das Osmanische Reich zeigen, der von Brian G. Williams ausführlich untersucht worden und eines der signifikantesten Phänomene dieser ersten ‚russischen Phase' in der Geschichte der Krim ist. Analytisch, in der Art der Durchführung und in Hinsicht auf die Motivlage der verschiedenen Akteure ist diese Migrationsbewegung von *„sürgün"* – der Deportation im Mai 1944 (vgl. Kapitel 34) – zu trennen. Dies erschließt sich freilich nicht auf den ersten Blick: Grundsätzlich waren Bevölkerungsverschiebungen zwischen christlichen und muslimischen Imperien zwischen dem ausgehenden 18. und dem beginnenden 20. Jahrhundert keine Seltenheit. Vergleichbare Migrationsbewegungen gab es beispielsweise in der Kaukasus-Region, auf der unter habsburgischer Herrschaft stehenden Balkan-Halbinsel, im nördlichen Afrika, dessen Gebiete unter französische Herrschaft gefallen waren, oder im Herrschaftsgebiet des Sultans. Was waren die Hintergründe? In den Islamwissenschaften wird häufig auf das Gebot hingewiesen, nach dem eine jede Muslima, ein jeder Muslim die Verpflichtung habe, aus dem Herrschaftsgebiet der NichtmuslimInnen auszuwandern. Die muslimische Gemeinschaft – die sog. Umma – sollte dadurch geschützt werden. Diese religiös motivierte Auswanderung (*hijra; hiğra*) mag bei vielen Migrationen dieser Zeit eine Rolle gespielt haben, von einer regelrechten Pflicht zur Auswanderung aus dem Land der Ungläubigen zu sprechen, geht aber vielen IslamwissenschaftlerInnen zu weit.[33] Im Fall der Halbinsel kam eine Reihe von Motiven zusammen, welche die Migrationswellen mittelbar veranlassten: Neben den hier nicht im Einzelnen zu klärenden religiösen Gründen stürzten tiefgreifende ökonomische Veränderungen inklusive dem Eindringen kapitalistischer Produktionsbedingungen die krimtatarische Agrargesellschaft in eine Krise, was Auswanderungen Vorschub leistete.[34] In der Land- und Viehwirtschaft der Halbinsel waren noch im

---

32 Jobst (2017a), 93.
33 Dazu Meier F. (1991); Masud (1990).
34 Karpat (1984/1985) sowie Karpat (1986).

19. Jahrhundert ca. 90 Prozent der Bevölkerung beschäftigt. Dies ist eine für die Zeit nicht ungewöhnliche Quote, doch ist verständlich, dass Probleme in diesem Bereich Auswirkungen auf die Gesamtökonomie hatten. Konflikte mit Grundbesitzern, der Anbau von für das Klima ungeeigneten Produkten durch zugewanderter Landwirte oder auch der zum Teil von russischen Besatzern verursachte Wassermangel verschärften die Lage der Bauernschaft.[35] Die allgemeine politische Lage und die Haltung imperialer AkteurInnen gegenüber den MuslimInnen kamen hinzu: Die unmittelbar im Zusammenhang mit der Annexion von 1783 geäußerte Meinung Potemkins, dass die Krim ohne die Tataren eine bessere sei, teilten nicht wenige Elitenangehörige auch noch in späteren Dekaden. Insbesondere nach dem Krimkrieg war das Misstrauen gegenüber dem religiös Fremden so spürbar, dass Gerüchte – als „Information im Medium des Hörensagens ohne bestimmbaren Autor"[36] – viele krimtatarische Familien zur Ausreise veranlassten. Edward Lazzerini fasst die Stimmungslage folgendermaßen zusammen: „[E]ndless rumormongering [...] fed the anxieties of many Tatars, thereby contributing significantly to the episodic, and sometimes frenzied, flight abroad."[37] Marc Blochs Beobachtung, dass Gerüchte schon Massen bewegt hätten, zeigte im krimtatarischen Fall drastische Konsequenzen.[38]

---

35 Lynch (1965), 162. Insbesondere der im letzten Viertel des 19. Jahrhunderts zu Weltruhm gelangte Wein und Sekt von der Krim war anfänglich kein Erfolg, da die von auswärtigen Winzern auf die Halbinsel gebrachten prestigeträchtigen Trauben keine guten Erträge brachten.
36 Neubauer H.-J. (1998), 13.
37 Lazzerini (1997), hier 170.
38 Bloch (1963), hier 43.

25 Die multiethnische und multireligiöse Krim unter zarischer Herrschaft: ‚Alte' und ‚neue' BewohnerInnen – die wirtschaftliche Entwicklung

> The character of the Greeks is exceedingly litigious; they are jealous of each other's prosperity, and anxiously engage in the pursuit of gain. They live in the most parsimonious manner, and I have seen them, though employed in day labour, subsisting on onions, or garlic and bread.[1]

Die zwischen 1816 und 1820 auf der Krim lebende Engländerin Mary Holderness beschrieb die griechischen KrimbewohnerInnen als streitsüchtig („litigious"), sparsam und auf Gewinn bedacht; sie seien aber auch „respectable merchants" und zeichneten sich durch die strikte Befolgung ihrer Glaubensregeln aus.[2] Die englische Kolonistin kam insgesamt zu einem ambivalenten Urteil über die krimgriechische Bevölkerung, den Nachfahren der hellenischen Kolonisten (vgl. Kapitel 3), die sich bereits in vorchristlicher Zeit am nördlichen Schwarzmeerufer angesiedelt hatten und über die Jahrtausende in einen wechselhaften Austauschprozess mit den vielen die Krim berührenden Völkerschaften getreten waren.

Wenn man sich den gesamteuropäischen Kontext der Zeit vor Augen führt, schrieb Holderness damit vorsichtig gegen die Mehrheitsmeinung der europäischen Eliten an, erfreuten sich Griechen bei diesen doch einer besonderen, zum Teil geradezu enthusiastischen Sympathie: Der seit 1821 und bis in die 1830er Jahre ausgefochtene griechische Unabhängigkeitskrieg gegen das Osmanische Reich[3] hatte unter Intellektuellen eine regelrechte Griechen-Begeisterung ausgelöst, welche sich nicht nur politisch und intellektuell, sondern auch ästhetisch in Kunst und Literatur ausdrückte.[4] Viele suchten und fanden – wie Goethes „Iphigenie auf Tauris" (vgl. Kapitel 2) zeigt – „[d]as Land der Griechen mit der Seele suchend" auch auf der Krim. Der Philhellenismus speiste sich nicht allein aus der Begeisterung für die ‚alten Griechen' und ihre kulturellen Errungenschaften, sondern hatte auch eine aktuelle, antiosmanische Komponente. Diese ist sogar noch im russischsprachigen Wikipedia-Eintrag zum Lemma „Philhelle-

---

1 Holderness (1823), 144.
2 Holderness (1823), 144 f.
3 Zelepos (2015).
4 Vgl. z. B. Meyer A. (2013).

nismus" angelegt, heißt es doch dort, es handele sich dabei um Sympathie oder Hilfe für den griechischen Kampf „um die Befreiung vom türkischen Joch" („*za osvoboždenie ot tureckogo iga*").[5] Damit wird den BenutzerInnen suggeriert, die osmanische Herrschaft sei ähnlich drückend wie die der Mongolen über die Gebiete der Kiewer Rus' gewesen, welche ja im Russischen als sog. Mongolenjoch (*mongol'skoe igo*) bezeichnet wird (vgl. Kapitel 12). In jedem Fall waren viele intellektuelle RussInnen auch noch Jahrzehnte nach dem Scheitern des „griechischen Plans" Katharinas II. glühende UnterstützerInnen der griechischen Unabhängigkeitsversuche – und dieser Umstand schlug sich in ihren Meinungen über die Krimgriechen nieder. Die von Holderness thematisierte angeblich besondere Geschäftstüchtigkeit etwa wurde russischerseits häufig gelobt. Hinzu kam, dass diese als ‚Hellenen' und als orthodoxe Christen den Russen als ‚ähnlich', als Glaubensbrüder erschienen; dies zumal im Vergleich mit der ‚fremden' muslimischen Bevölkerung. Diese antizipierte Ähnlichkeit hatte zudem den Vorteil, die von einem Teil der europäischen Eliten nicht anerkannte Ebenbürtigkeit und Kulturfähigkeit der russischen Oberschichten mit dem Hinweis auf die ‚Verwandtschaft' mit den Griechen zu entkräften. Hinzu beanspruchte man die angenommene Dignität deren alter Zivilisation.[6] Ignoriert werden musste (und wurde!) in diesem Konstrukt allerdings, dass sich viele Krimgriechen durch den langen kulturellen Austauschprozesse während der Zeit des Krim-Chanats weitgehend (zumeist sprachlich und habituell, seltener religiös) tatarisiert hatten.

Doch welche Griechen beschrieb die englische Autorin Holderness eigentlich? Diese Frage stellt sich, da sowohl die in der Zeit des ‚unabhängigen' Krim-Chanats nach 1774 auf Geheiß der Zarin angesiedelten griechischstämmigen sog. *Albancy* als auch auf der Krim eingewurzelte Pontusgriechen (und Armenier) im Sommer 1778 die Halbinsel verlassen hatten.[7] Der Exodus von ca. 30.000 Menschen hatte nicht nur die Herrschaft des letzten Krim-Chans destabilisiert, der damit Unterstützer verlor, sondern war auch das Ergebnis eines seit längerer Zeit andauernden Konfliktes zwischen MuslimInnen und ChristInnen, der vor allen Dingen in den Küstenregionen ausgetragen wurde und wohl primär ökonomische Gründe hatte.[8] Die den Migranten von den zarischen Behörden zugewiesene ‚neue Hei-

---

5 Filélliny (2018).
6 Dazu sehr überzeugend Zorin (2001), hier das Kapitel „*Russkie kak Greki*" („Russen als Griechen"), 31–64.
7 Ich folge hier u.a. Zelepos (2007) sowie Jobst (2007b), 243–247. Sieh hierzu auch Kapitel 21.
8 Auch diese Zahl ist nur eine Schätzung, da keine validen Statistiken vorliegen und die zeitgenössischen Zählungen nicht zwischen der eigentlichen Halbinsel und den nördlich davon liegenden Gebieten unterscheiden. Die erste Volkszählung im Russländischen Reich wurde erst 1897 durchgeführt. Ich folge hier Magocsi (2014), 50 f.

mat' am Nordufer des Azovschen Meeres und des Mündungsgebietes des Dons mit den Zentren Mariupol', Taganrog (russ.; ukr. Tahanroh/Tahanrih) und Rostov war allerdings eine schwierige. Trotz zugesagter Privilegien (u. a. Land, Steuerbefreiung für das erste Jahrzehnt und einer eigentlich auf ewig garantierten, tatsächlich aber in der zweiten Hälfte des 19. Jahrhunderts aufgehobenen Befreiung vom Militärdienst[9]) zog es viele der ehemaligen christlichen KrimbewohnerInnen nach der Annexion zurück auf die Halbinsel. Dies wurde in russischsprachigen Berichten der Zeit als Ausdruck der besonderen Verbundenheit mit der alten Heimat und einer besonderen Loyalität mit der Romanov-Dynastie interpretiert. Kaum ein Autor bezweifelte, dass die griechische Bevölkerung der Krim sich „das Recht auf die Zugehörigkeit zum russischen Staat erworben" hätte.[10] Und tatsächlich: Bis zu den Revolutionen des Jahres 1917 würden sich die griechischen Untertanen des Zaren im nördlichen Schwarzmeerraumes eines privilegierten Status erfreuen. Das Königreich Griechenland hingegen, welches ja immerhin seit 1832 bestand, wurde erst gegen Ende des 19. Jahrhunderts und auch nur für eine kleine Gruppe zum Bezugs- und Identifikationspunkt der Russland-GriechInnen.[11] Ein Ausblick sei an dieser Stelle erlaubt: In der UdSSR der 1920er Jahre genossen auch die SowjetgriechInnen im Rahmen der Nationalitätenpolitik – der sog. Einwurzelungspoltitik (russ.: *korenizacija*) – eine besondere Förderung. Nach dem Zweiten Weltkrieg allerdings war die russisch-griechische Verbundenheit Vergangenheit: „[W]ie die notorisch ‚untreuen' Krimtataren, die sich nicht den Russen anpassenden Deutschen (1941) oder die angeblich so eng mit den Russen verwandten Bulgaren", so wurde auch die krimgriechische Bevölkerung deportiert.[12] Als die 1944 noch mehr als 15.000 Menschen zählende Gruppe die Halbinsel unter Gewaltandrohung der Truppen des sowjetischen Geheimdienstes verlassen musste,[13] war die fünftausend Jahre währende Geschichte der Besiedlung der Krim mit Griechinnen und Griechen vorüber. Die in zarischer Zeit ebenfalls von St. Petersburg bevorzugten Bulgaren und Bulgarinnen teilten dieses Schicksal genauso wie die dortigen Armenier und Armenierinnen.

> The Bulgarians, though ranking low in point of numbers amongst the other colonists of New Russia, are perhaps deserving the first notice, from the high character they bear, as sober, industrious, and meritorious class. These people have migrated from the arbitrary subjection of the Turkish government, to the mild one of the Crimea, which, in affording a refuge from the despotic tyranny, possesses a sufficiently strong inducement to the peas-

---

9 Zelepos (2007), 619.
10 Safonov (1844), hier 219.
11 Zelepos (2007), 619.
12 Jobst (2007b), 247.
13 Naimark (2008), 132.

ant, who lives there in ease and independence, such as he can scarcely find equaled in any of the part of the world.[14]

Wie die russische Administration, so war auch Holderness von den Bulgaren, obzwar klein an Zahl – und übrigens auch von Armeniern, solange sie römisch-katholisch waren[15] – begeistert: Die Engländerin pries deren hochstehenden Charakter, den Fleiß und ihre Ablehnung des Alkohols („sober"). Vor der „willkürlichen Unterwerfung der türkischen Regierung" hätten sie Zuflucht bei der milden russischen Herrschaft gesucht, könnten die Bauern dort doch angenehm und unabhängig leben. Die russische Verwaltung wurde von Holderness also ausdrücklich gelobt. Diese hatte sich seit Beginn des 19. Jahrhunderts vermehrt um die Ansiedlung bulgarischer UntertanInnen des Sultans aus dem Gebiet von Edirne (türk.; griech. Adrianopolis; bulg. Odrin) bemüht. Die neuen KrimbewohnerInnen wurden wie die GriechInnen russischerseits als ‚ähnlich' identifiziert, denn sie teilten mit der russischen Bevölkerung den orthodoxen Glauben und waren ebenfalls Slaven. Wegen unsicherer Verhältnisse in deren Heimatregion war zwischen 1801 und 1810 zarischen Anwerbern die Rekrutierung von Griechen, Bulgaren und Gagausen im Osmanischen Reich gelungen.[16] Diese siedelten sich in den zum Teil ohnehin nur spärlich besiedelten bzw. durch Krieg und den krimtatarischen Exodus entvölkerten Regionen des nördlichen Schwarzen Meeres (nun „Neurussland", *Novorossija* genannt[17]) einschließlich der Krim an; dort gründeten sie drei Dörfer und wurden – wie üblich – dem für ausländische KolonistInnen zuständigen „Fürsorgekomitee für die ausländischen Ansiedler der südlichen Gebiete Russlands" unterstellt, das bis 1871 existierte. Dies war das Jahr, in dem das Imperium alle bis dahin gewährten Privilegien für KolonistInnen kassierte, was im Kontext der Vereinheitlichung der Reichsstruktur zu interpretieren ist, weniger als russifizierende Maßnahme. Bis 1819 wurde insgesamt recht konsequent versucht, die neuerworbenen Gebiete zu peuplieren. Da sich in den

---

14 Holderness (1823), 163.
15 Holderness (1823), 178: Neben den römisch-katholischen Armenierinnen und Armeniern lebten auf der Krim auch eingewurzelte arianische ChristInnen.
16 Vgl. Brandes D. (2007a), 433. Der Anteil der Gagausen an dieser ‚bulgarischen' Einwanderung auf die Krim wird in der Literatur zumeist ignoriert. Brandes weist hingegen ausdrücklich auf diese Gruppe hin. Es ist zu fragen, inwieweit die russische Seite sich überhaupt über deren Differenz zu den Bulgaren bewusst war, sind Gagausen doch auch christlich-orthodox. Dieses Turkvolk spricht allerdings Gagausisch, das eng mit dem osmanischen Türkisch verwandt ist.
17 Dieses Gebiet umfasst ungefähr den Süden der heutigen Ukraine einschließlich des historischen Bessarabiens, Teile der Ostukraine und Südrusslands, die an das Azovsche und das Schwarze Meer grenzen. In der Zeit zählten die Gouvernements Cherson (mit Odessa), Ekaterinoslav und eben Taurien dazu.

politischen Kreisen St. Petersburgs die Zweifel am Erfolg dieses Programms mehrten und vor allen Dingen die Furcht anwuchs, insbesondere die KolonistInnen aus den deutschsprachigen Gebieten würden revolutionäres Gedankengut nach Russland einschleppen, wurde es offiziell eingestellt. Allerdings kam damit die Einwanderung nicht zum Erliegen, wanderten doch in den nächsten Jahren mehrere Tausend Menschen nach Russland ein, denen aber kein kostenloses Land mehr zugeteilt wurde.[18]

Eine einerseits begehrte, andererseits besonders seit dem Ende des 19. Jahrhunderts in russischsprachigen Kreisen heftig diskutierte Kolonistengruppe im Schwarzmeerraum waren die Deutschen: Durch ein 1785 erlassenes Manifest waren zuerst MennonitInnen aus der Danziger Region in den Süden des Imperiums einschließlich der Krim gelenkt worden, versprach man doch u.a. freie Religionsausübung sowie die damit verbundene Freistellung vom Militärdienst, die der preußische Staat nicht gewährt hatte. LutheranerInnen, Reformierte und KatholikInnen aus dem Süden und Westen der deutschsprachigen Gebiete, aber auch aus der Schweiz und Skandinavien und schließlich aus den heute estnischen Regionen folgten in den nächsten Jahrzehnten. Wirtschaftlich waren diese Ansiedlungen sehr erfolgreich und die erwirtschafteten Erträge und Geburtenraten hoch, so dass ein weitgespanntes Netz von Tochterkolonien entstand. Auf der Krim betrug der Anteil Deutscher im Gebiet von Perekop, wie Dietmar Neutatz auf Grundlage der Volkzählung von 1897 dargelegt hat, sogar über 22 Prozent.[19] Dennoch erfüllten die deutschen SiedlerInnen nur partiell die von der russischen Führung in sie gesetzten Erwartungen: Anders als ihre Konnationalen in den Städten, die sich recht schnell an die Mehrheitsgesellschaft akkulturierten, segregierten sich die deutschen KolonistInnen weitgehend von ihrer slavischen Umwelt. Sie heirateten strikt endogen und erfüllten somit die ihnen eigentlich von der russischen Seite zugedachte (und seit 1804 auch rechtlich fixierte) Aufgabe der ‚Hebung' der slavischen Bauernschaft durch Vorbild nicht. Vielmehr bemühten sie sich, diejenigen lebensweltlichen „Elemente zu bewahren, die ihnen zur Aufrechterhaltung ihrer Identität wichtig schienen" und sich nur soweit an die neue Umgebung anzupassen, wie unbedingt notwendig.[20] Umfassende Akkulturationen erfolgten nicht, was die Kenntnisse des Russischen einschloss, da zumeist nur die für ‚Außenbeziehungen' zuständigen Akteure in den Kolonien diese Sprache erlernten.[21] Vielleicht basiert darauf das sehr abwertende Urteil Holder-

---

18 Neutatz (1993), 23f.
19 Neutatz (1993), 258f.
20 Myeshkov (2008), 24f.
21 Brandes D. (2007b), 514, gibt an, dass nur 0,75 Prozent der Deutschen im Zarenreich zur Orthodoxie konvertierten; damit waren die deutschen SiedlerInnen letztlich besonders integrati-

ness', welche die deutschen KolonistInnen für schwer von Begriff und dumm hielt, vermutlich da sie sich nicht mit ihnen unterhalten konnte: „[T]hey are low, and brutal in their manners, more especially the men, who appear the least civilized inhabitants of the Crimea."[22] Gegen Ende des 19. Jahrhunderts begannen größere (außen-)politische Kontexte im Verhältnis zwischen russischer Macht und ‚fremden' KolonistInnen ebenfalls eine Rolle zu spielen: Die mit dem Thronwechsel 1881 zu beobachtende verstärkte russisch-nationalistische Tendenz in der zarischen Politik heizte das Misstrauen gegenüber als fremd deklarierten Gruppen an – eben auch gegen deutsche UntertanInnen. Diese wurden zudem von chauvinistischen Kreisen im Deutschen Reich instrumentalisiert, und zwar ganz überwiegend ohne deren Wissen, Willen und Zutun.

Die Beziehungen zwischen den NeusiedlerInnen und der ‚eingewurzelten' Bevölkerung auf der Halbinsel wurden davon wenig berührt: So war das Zusammenleben zwischen Deutschen und den Nogaiern in den nördlichen Regionen der Halbinsel und den angrenzenden Gebieten weitgehend konfliktfrei. Es wurde offenbar beidseitig „von für beide Seiten vorteilhaften Alltagsinteressen bestimmt", so Dmytro Myeshkov.[23] Dass sich die Kontakte gewaltarm und vital gestalten würden, war keinesfalls vorhersehbar gewesen, war es doch in den ersten Jahrzehnten des 19. Jahrhunderts zu Auseinandersetzungen gekommen, da die russische Verwaltung teilweise von den Nogaiern und ihren Familien beanspruchtes Land an die neuen SiedlerInnen vergeben hatte. Insgesamt deuten Berichte der ZeitgenossInnen aber darauf hin, dass sich das Zusammenleben zwischen neuen und alten KrimbewohnerInnen – egal welcher Nationalität und Religion – überwiegend friedlich-pragmatisch gestaltete. In vielen Gemeinden fungierte das Krimtatarische sogar als Verkehrssprache, während das Russische eher weniger beherrscht wurde. Das Heiratsverhalten blieb davon allerdings weitestgehend unberührt, waren interethnische bzw. interreligiöse Eheschließungen außerhalb der russischsprachigen, also russisch-ukrainischen Gruppen doch seltene Ausnahmen.[24]

Die bereits im Zusammenhang mit der Bevorzugung bulgarischer SiedlerInnen durch die verantwortlichen Stellen thematisierte Kategorie der Ähnlichkeit in Konfession und Sprache traf im höchsten Maße auf die russische bzw. ukrainische (in der Diktion der Zeit zumeist ‚kleinrussisch' genannte) Bauernschaft zu. Diese wurde deshalb und vor allen Dingen als ohnehin disponible eigene UntertanIn-

---

onsunwillig. Dies bedeutete aber dezidiert keine mangelnde Loyalität zur Dynastie und dem Imperium.
22 Holderness (1823), 162.
23 Myeshkov (2008), 348.
24 Vgl. z. B. den Reisebericht Elpat'evskij (1998), 62 f.

nen bevorzugt in den südlichen Gebieten des Zarenreiches einschließlich der Krim angesiedelt. Bald nach dem Krimkrieg machte diese Gruppe ca. drei Viertel der Bevölkerung in Neurussland aus, was durch den tatarischen Exodus erheblich befördert wurde.[25] Mit vergleichsweise weniger Privilegien ausgestattet als ausländische KolonistInnen, erfüllten sie für die russische Macht aber eine wichtige Funktion, ‚sicherten' sie doch durch ihre Anwesenheit die Gebiete für das Imperium. Ihre auch von Seiten der administrativen Akteure beklagte Rückständigkeit vor allem auf dem Gebiet der landwirtschaftlichen Leistungskraft, sollte – wie schon erwähnt – durch das gute Vorbild ausländischer Musterkolonien überwunden werden. Dass sich dieser Wunsch nicht erfüllte, ist nicht allein der Abschottung zumal der deutschsprachigen KolonistInnen anzulasten, sondern auch dem niedrigen Bildungsgrad der slavischen bäuerlichen Unterschichten. Das stark vernachlässigte russländische Schulsystem sollte sich erst in der zweiten Hälfte des 19. Jahrhunderts und durch die Einführung eines Systems lokaler Selbstverwaltung (*zemstvo/zemstva*) verbessern. Holderness, die übrigens Unterschiede zwischen russischer und ukrainischer Bevölkerung nicht wahrnam, sah in der völlig vernachlässigten Bildung den Grund für den von ihr ausgemachten niedrigen Zivilisationsgrad der ostslavischen Bauern auf der Krim; die Engländerin, an ihrer eigenen Überlegenheit und der ihrer Landsleute nicht zweifelnd, hielt die „russischen Rüpel" aber nicht für gänzlich verloren: „That civilization will not raise the Russian boor to a more respectable rank in the scale of human existence, who can doubt?"[26]

Die zum Teil bereits in der Antike oder im Zusammenhang mit den chasarischen Einflüssen auf die Krim gelangte jüdische Bevölkerung trug ebenfalls in zarischer Zeit zum multi-ethnischen und -religiösen Charakter der Halbinsel bei: Anhänger des rabbinischen Judentums ostjüdischer Provenienz und die ebenfalls rabbinischen Krimtschaken (krimtschak.: *Qrımçah*) als auch die bereits erwähnten Karäer zentrierten sich in verschiedenen Orten, u. a. in größeren Städten wie Feodosija und Evpatorija. Nachdem die nördliche Schwarzmeerküste im Verlauf des 18. Jahrhunderts sukzessive unter russische Herrschaft gelangt war, fanden sich die jüdischen BewohnerInnen der Region als UntertanInnen Katharinas II. wieder. Dies hätte zu einer Verschlechterung im Vergleich zum toleranten Umgang der Osmanen und des Krim-Chanats mit Jüdinnen und Juden führen können. Es mag der pragmatisch-religiösen Toleranz der Zarin geschuldet gewesen sein oder ihrer Angst vor weiteren Bevölkerungsverlusten, in jedem Fall übten die Behörden

---

25 Brandes D. (2007c), 1065.
26 Holderness (1823), 126.

keine Zwangsmaßnahmen gegen die neuen jüdischen UntertanInnen aus bzw. stellten sich der Ansiedlung neuer Gemeinden in Neurussland nicht in den Weg. Diese Politik stand im krassen Gegensatz zu den bislang üblichen Praktiken gegenüber Jüdinnen und Juden in den russischen Kerngebieten. Vor den Teilungen Polens 1772, 1793 und 1795 waren Jüdinnen und Juden rare Ausnahmen im Russländischen Reich gewesen, hatte man deren Ansiedlung doch unterbunden. Auf der Krim war dies traditionell anders, und der englischen Kolonistin Holderness erschien die dortige jüdische Bevölkerung sehr zahlreich. Mit der Grundrechenart der Division offenbar nicht ganz vertraut, schätzte sie deren Anzahl „in all the colonies from one-fifth to one-tenth [sic!] of the whole population."[27] Zeittypische antisemitische Stereotype fehlen in ihrer kurzen Beschreibung weitgehend, für erwähnenswert erachtete sie, dass diese im Handel tätig seien, und die russische Regierung in den neurussischen Gebieten sich daran versuchte, sie in der Landwirtschaft zu beschäftigen. Die relevante Unterscheidung zwischen Juden und Krimtschaken innerhalb der rabbinischen Judenheit thematisierte Holderness nicht, möglicherweise da sie diese nicht wahrnahm. Die krimtschakischen Jüdinnen und Juden waren vermutlich in den ersten nachchristlichen Jahrhunderten auf die Krim gelangt und hatten sich stark tatarisiert. Vor dem Ersten Weltkrieg lebten ca. siebentausend von ihnen auf der Halbinsel. Sie werden von der Wissenschaft als eigenständige Gruppe innerhalb des Judentums bezeichnet.[28]

Von den Karäern zeigte sich Holderness beeindruckt, denn sie seien wohlhabend und „most respectable."[29] Auch mit dieser Einschätzung lag sie ganz auf der Linie der russischen Macht, und es steht zu fragen, womit denn die Abgrenzung von anderen Juden und der gute zeitgenössische Leumund der Karäer erklärt wurde. Die Herkunft der Krim-Karäer, welche außerhalb der Krim noch heute in begrenzter Zahl in litauisch-weißrussischen Gebieten leben, ist letztlich ungeklärt und Quelle andauernder wissenschaftlicher Kontroversen. Diese können in diesem Rahmen nicht erörtert werden; erwähnt sei hier nur, dass sie manchen als Nachkommen der Chasaren gelten.[30] Wie die Krimtschaken sprachen (und sprechen) sie einen sich am Krimtatarischen orientierenden turksprachigen Dialekt. Der Unterschied zum rabbinischen und anderen Varianten des Judentums besteht in erster Linie darin, dass Karäer allein den Tanach und nicht den Talmud als Grundlage ihres Glaubens anerkennen. Letzterer enthält keine biblischen Geset-

---

27 Holderness (1823), 178. Wegen der bereits erwähnten unzureichenden Datenlage kann diese Zahl nicht verifiziert werden, sie erscheint aber sehr hoch gegriffen zu sein.
28 Ich folge hier Kizilov (2007/2008).
29 Holderness (1823), 178.
30 Einführend Schur (1992); Szyszman (1989).

zestexte, stattdessen zeigt er deren Auslegung und Anwendung durch Rabbiner. Auch Karäer beanspruchen für sich – wie bei konfessionellen Disputen üblich – die originale Form ihrer Religion auszuüben, während die ‚Anderen' als Abweichler gesehen werden. Es bestehen insofern Ähnlichkeiten mit dem christlichen Protestantismus, als dass Gläubige die Glaubensvermittlung durch Gelehrte (Rabbiner, Pastoren o. ä.) nicht brauchen, da das religiöse Regelwerk durch die eigenständige Lektüre der Tora erkennbar werde. Lebensweltlich wurde die karäische Identität durch die Separation von den rabbinischen Juden, aber auch den Angehörigen anderer Religionen aufrechterhalten, was dadurch erleichtert wurde, dass die karäische Gemeinschaft bis in die 1850er Jahre primär im Bergland, in Mangup-Kale und Çufut Qale (krimtat.; russ./ukr. Čufut-Kale) siedelte. Zum neuen Machthaber, dem Russländischen Reich, baute man gute Beziehungen auf, was auch deshalb ausgezeichnet gelang, da die karäischen Gläubigen sich als von den anderen Juden distinkt präsentierten. Neal Ascherson hat die paradoxe, aber erfolgreich Strategie folgendermaßen zusammengefasst: „[M]it ihrem Versuch, reiner und ursprünglicher jüdisch zu sein als andere Juden, erreichten die Karäer, daß ihre Umgebung sie gerade nicht für echte Juden hielt."[31] Mittelfristig gelang es ihnen, von den zahlreichen judendiskriminierenden Regeln im Zarenreich ausgenommen zu werden; u. a. durften sie sich auch außerhalb des sog. Ansiedlungsrayons niederlassen, und 1863 erhielten sie die rechtliche Gleichstellung mit ChristInnen und MuslimInnen. Nicht nur bei Holderness, sondern ebenso in zahlreichen anderen von EuropäerInnen – also auch RussInnen – verfassten zeitgenössischen Berichten wurde diese stark tatarisierte, religiös-jüdisch eigenständige Gruppe also positiv dargestellt. Karäer erscheinen als Gegenpart zu den Krim-Muslimen und den einem stark anwachsenden Antisemitismus ausgesetzten ‚normalen' Jüdinnen und Juden. Besonders wurde russischerseits auf ihre (angenommene) Loyalität gegenüber dem Zarentum hingewiesen – und unausgesprochen, aber stets mitgemeint, waren sie somit das Gegenteil zu den angeblich illoyalen Krimtataren. Während des Krimkriegs beispielsweise reiste ein höchst erfreuter russischer Autor durch eine karäische Siedlung und traf auf den hochangesehenen Šolem-Beim, der Bilder des Zaren Nikolaus I., der Kaiserin und des damaligen General-Gouverneurs Voroncov in seinem Haus habe aufhängen lassen und der überdies gut Russisch spräche.[32] „Den Krim-Karaiten", so kann es zusammengefasst werden, „kam somit in den Debatten über die verschiedenen Volksgruppen auf der Halbinsel eine bemerkenswert positive Sonderrolle zu – als Angehörige einer jüdischen Sekte, als orientalische und traditionell lebende En-

---

31 Ascherson (1996), 44.
32 Perevodščikov (1853), 16.

tität und zugleich ‚gute' und loyale Gruppe im religiösen und ethnischen Sinn."[33] Selbst nationalsozialistischen Rassefanatikern, die im Zweiten Weltkrieg auch auf der Krim den Völkermord an der dortigen jüdischen Bevölkerung begingen, ‚entkamen' die Karäer (vgl. Kapitel 33).

Nach dem Krimkrieg hatte die Halbinsel vor allen Dingen durch eine weitere Migrationswelle tatarischer Menschen fast vierzig Prozent ihrer Bevölkerung verloren.[34] Die ohnehin geschwächte (land-)wirtschaftliche Leistungskraft – und dies trotz der günstigen klimatischen Verhältnisse – nahm weiteren Schaden. Schwer wog, dass die Versuche der Anwerbung ‚nützlicher' und ‚loyaler' (= slavischer und orthodoxer) KolonistInnen weniger erfolgreich waren als erhofft: 1858 hatte das Staatsdomänenministerium (*Ministerstvo gosudarstvennych imuščestv*) mit der Übersiedlung slavischer Staatsbauern aus den innerrussischen Gebieten in die verwaisten südrussischen begonnen.[35] Ab 1860 folgte dann im Austausch mit krimtatarischen EmigrantInnen eine weitere bulgarisch-gagausische Migrationswelle aus dem Osmanischen Reich bzw. aus den von Russland im Zuge des Pariser Friedens von 1856 abgetretenen Regionen Bessarabiens. Die Neuankömmlinge galten den imperialen Stellen zwar als zuverlässig, allerdings gelang ihnen die Eingewöhnung auf der Krim und in den von Tataren verlassenen Höfen nur schwer, und nicht wenige kehrten bereits 1862 in ihre alte Heimat zurück.[36] ZeitgenossInnen bewerteten die administrativen Versuche zur (Re-)Peuplierung der Halbinsel nach dem Krimkrieg und den Aufbau einer leistungsfähigen ökonomischen Struktur verhalten: Die Ersetzung der „apathischen Krimtataren", so eine recht stereotypische Formulierung fünf Jahre nach dem Ende des Krimkrieges, durch andere ethnische Gruppen sei kein großer Erfolg gewesen, und auf anderen Gebieten wie dem der Infrastruktur sei ebenfalls kein Durchbruch zu verzeichnen.[37] Die Fortschritte auf den Gebieten der Peuplierung und Wirtschaft der Krim waren im Verlauf des 19. Jahrhunderts begrenzt. Die Erwartung, die Krim würde sich unter russischer Herrschaft in einen Hort der Prosperität entwickeln, sollte sich nur zum Teil erfüllen.[38] Während auf dem Gebiet des Weinbaus oder des Tourismus mit dem Zentrum Jalta einiges erreicht wurde, entwickelte sich der

---

33 Jobst (2007b), 244.
34 Williams (2001), 177 und 173f.
35 Neutatz (1993), 31–33.
36 Pinson (1970), 4f. Neutatz (1993), 32, spricht hingegen von einer erfolgreichen Ansiedlung mit Bulgaren.
37 Kratkij otčet (1868), 354.
38 Zu den wirtschaftlichen Hoffnungen unmittelbar nach der Annexion vgl. Jobst (2007b), 118f. Zur wirtschaftlichen Lage in den ersten Jahrzehnten zarischer Herrschaft vgl. Lynch (1965).

Rest der Halbinsel nur langsam.[39] Die Versäumnisse sowie die erratischen Strategiewechsel in der Migrations- und Wirtschaftspolitik wurden in ihrer Dramatik erst durch den für Russland unglücklich verlaufenden Krimkrieg von den Verantwortlichen erkannt: Die Infrastruktur auf der Halbinsel selbst und der Anschluss an die imperialen Zentren im Norden waren nach einer ersten euphorischen Phase kurz nach der Annexion nicht genügend ausgebaut worden. Die fehlende Anbindung an das gesamtrussische Eisenbahnnetz sollte besonders dramatische Folgen haben. Zwar war der Anschluss an das russische Streckennetz seit 1851 genehmigt und durchgeplant, bis zum Beginn der Kämpfe im Krimkrieg 1853 waren die Arbeiten aber noch nicht begonnen, geschweige denn beendigt worden, was die zarischen Truppen vor immense Probleme auf dem Gebiet des Nachschubs stellte.[40] Auch die Entwicklung Sevastopol's, nicht in seiner Funktion als Militärhafen, sondern als Handelshafen, zeitigte nicht den gewünschten Erfolg, was ebenfalls an der wenig konsequenten ‚Strategie' der Akteure lag: Zwar war dort 1802 erstmalig ein kommerzieller Hafen eröffnet worden, der aber allein bis 1820 vier Mal geöffnet und wieder geschlossen wurde. Die Russland durch den Pariser Frieden von 1856 auferlegten Handelsbeschränkungen führten dazu, dass erst 1867 der internationale Warenverkehr wieder aufgenommen wurde, bevor 1890 der Haupthandelshafen endgültig nach Feodosija verlegt wurde.[41]

Wie ist die bevölkerungspolitische Bilanz, die ja in ökonomischer Hinsicht ein wichtiger Faktor ist, zu beurteilen? Folgendes ist festzuhalten: Bis zur Wende zum 20. Jahrhundert stieg die Bevölkerungszahl der Halbinsel auf über eine halbe Million Einwohner an, d. h. dass auf diesem Gebiet nicht nur eine Konsolidierung, sondern sogar eine Steigerung zu verzeichnen war.[42] Die die Krim-Geschichte so stark prägende Multikulturalität und religiöse Vielfalt wurde auch unter russischer Ägide aufrechterhalten, denn nachhaltig homogenisiert wurde die Halbinsel bekanntlich erst nach dem Zweiten Weltkrieg durch das Regime Stalins (vgl. Kapitel 34). Die Zusammensetzung der Bevölkerung hatte sich aber nachhaltig verändert: Die über mehrere Jahrhundert die Mehrheit stellenden muslimischen TatarInnen waren zu einer Minderheit geworden, die nur noch ein gutes Drittel der Bevölkerung stellte. Die Halbinsel war ‚russischer' geworden.

---

39 Vgl. Ežov u. a. (2016) sowie Mal'gin (2006).
40 Baumgart (1972), 122.
41 Petrov (2004).
42 Djuličev (2006), 145.

26 Der Krimkrieg: Ein ‚moderner' Krieg?

Das wesentlichste und erhebendste Gefühl, das wir davontragen, ist die Überzeugung, daß es unmöglich ist, Sewastopol zu nehmen, und nicht nur Sewastopol zu nehmen, sondern auch – wo immer es sei – die Kraft des russischen Volkes zu erschüttern [...]. Wegen eines Ordens, wegen einer Beförderung oder wegen einer Drohung können sich Menschen solch entsetzlichen Lebensbedingungen niemals unterwerfen: es muß ein anderer, höherer, zwingenderer Grund vorhanden sein [...] – die Liebe zum Vaterland [...]. Für lange Zeit wird diese Epopöe von Sewastopol, deren Held das russische Volk war, in ganz Rußland die tiefsten Spuren hinterlassen.[1]

Der während der 349 Tage dauernden Belagerung Sevastopol's durch alliierte Truppen im Krimkrieg (1853–1856) als Offizier der zarischen Armee auf der Halbinsel stationierte große russische Schriftsteller Lev Tolstoj verarbeitete seine Kriegserlebnisse in seinen „Sevastopol'er Erzählungen" ganz unmittelbar. Noch während die Kampfhandlungen andauerten, wurden sie erstmalig in der von seinem nicht minder berühmten, bereits verstorbenen Schriftstellerkollegen Alexander Puškin gegründeten Zeitschrift „Sovremennik" („Der Zeitgenosse") publiziert. Der Autor beschrieb darin für die Zeit ungewohnt plastisch die Schrecken des Krieges mit seinen Toten und Verstümmelten, mit dem vielen Blut, den zerfetzten Gliedmaßen. Zugleich pries er das Heldentum der die Stadt verteidigenden Matrosen und Soldaten, der Frauen und Kinder, gleich welchen sozialen Standes. Tolstojs „russisches Volk" wurde von ihm als eine nationale Familie geschildert. Der Schriftsteller prophezeite mit bemerkenswerter Voraussicht, welche kollektive emotionale Bedeutung Sevastopol' und die Krim für die russische Bevölkerung fortan haben sollte; eine Bedeutung, welche sich zuletzt im Kontext der Annexion der Krim im Frühjahr 2014 gezeigt hat.

Der Krimkrieg hat sich zudem tief in die nationale Erinnerung der Gegner Russlands bei diesem Waffengang eingeprägt:

> Half a league, half a league,
> Half a league onward,
> All in the valley of Death
> Rode the six hundred.
> 'Forward, the Light Brigade!
> Charge for the guns!' he said:
> Into the valley of Death
> Rode the six hundred. [...]

---

[1] Tolstoj (1989), 20.

> When can their glory fade?
> O the wild charge they made!
> All the world wondered.
> Honour the charge they made!
> Honour the Light Brigade,
> Noble six hundred![2]

Wie Tolstojs „Sevastopol'er Erzählungen" so wurde auch das Gedicht „The Charge of the Light Brigade" des Briten Alfred Tennyson (1809–1892) noch während des Krieges (Dezember 1854) veröffentlicht und ist im angelsächsischen Sprachraum bis heute immens populär.[3] Davon zeugen nicht zuletzt zahlreiche künstlerische Umsetzungen des Sujets: Zu nennen ist beispielsweise die Verfilmung von Michael Curtiz aus dem Jahr 1936 mit Errol Flynn und Olivia de Havilland in den Hauptrollen, deren Originaltitel direkten Bezug auf Tennysons Opus nimmt; der deutschsprachige Titel lautete hingegen „Der Verrat des Surrat Khan", wohl weil eine deutschsprachige Zuschauerschaft mit dem Tennyson-Gedicht nichts verbinden konnte. Ein ganz anderes Zielpublikum hatte die britische Heavy-Metall-Band Iron Maiden im Visier, die sich für ihr Lied „The Trooper" (1983) ebenfalls von Tennysons Gedicht und dem zugrundeliegenden Ereignis inspirieren ließ.[4] Der historische Hintergrund dieser und anderer, hier ungenannt bleibender künstlerischer und popkultureller Umsetzungen ist die Schlacht von Balaklava vom 25. Oktober 1854. Der im Südwesten der Halbinsel gelegene Ort war während des Krimkriegs die Militärbasis der britischen Streitkräfte. Wohl aufgrund eines Kommunikationsproblems in der Führungsspitze führte ein Angriff britischer Kavalleristen auf die russischen Stellungen zu großen Verlusten bei den Engländern. Im angelsächsischen Raum ging der Begriff „Charge of the Light Brigade" in den allgemeinen Sprachgebrauch ein – als Synonym für ein von vornherein zum Scheitern verurteiltes, aber höchst ambitioniert durchgeführtes Unternehmen.

Der Krimkrieg (1853–1856) zwischen dem Russländischen Reich und den Alliierten (Briten, Franzosen, Osmanisches Reich, gegen Ende auch Sardinien-Piemont) wurde unlängst von dem in Passau lehrenden Historiker Hans-Christof Kraus als einer der bedeutendsten, aber weithin vergessenen Konflikte des 19. Jahrhunderts bezeichnet.[5] Zu dieser Einschätzung führte offenbar sein innerhalb des deutschsprachigen Raums geprägter Blick, gehörten Preußen und die

---

2 Tennyson (2002).
3 Krahé (1998); Tate (2003).
4 Iron Maiden (2009).
5 Vgl. den Tagungsbericht der 2015 in Coburg abgehaltenen Konferenz „Der Wiener Kongress und seine Folgen": Tagungsbericht (2015).

Habsburgermonarchie doch nicht zu den kriegführenden Parteien. Eigentlich galt dies eher für Preußen als für Österreich, da letzteres sich zwar offiziell als neutral bezeichnete, aber hinter den Kulissen beharrlich seine Interessen, etwa in den Donaufürstentümern, verfolgte und im Vorfeld der Friedensverhandlungen von Paris eine entscheidende Rolle spielte. Jedoch – und dies ist ein entscheidender Unterschied zum Zarenreich und den Alliierten – ist der Krimkrieg im deutschsprachigen Raum definitiv kein kollektiv memoriertes Ereignis, da keine Toten zu beklagen und somit keine Denkmäler aufzustellen waren. Dieser Konflikt ist daher im öffentlichen Raum nicht präsent, anders als im russischen oder englischen Kontext oder jenem der sonstigen Akteure.[6]

Im Krimkrieg als Teil der sog. Orientalischen Frage ging es den europäischen Großmächten letztlich um die (in-)direkte politische und wirtschaftliche Einflussnahme auf das Osmanische Reich.[7] Allerdings spielte man seit Ende des 18. Jahrhunderts offiziell lieber die religiöse Karte, indem die Schutzmachtfunktion europäischer Staaten für die nicht-muslimischen UntertanInnen im Osmanischen Reich beansprucht wurde. Diese machten ungefähr ein Drittel der Bevölkerung (ohne Ägypten) aus.[8] Den Anlass – nicht tieferen Grund – zum Krieg gab dann allerdings wirklich ein ‚religiöser Konflikt', nämlich das sog. Mönchsgezänk zwischen orthodoxen und katholischen Mönchen. Dabei ging es um die Nutzungsrechte der heiligen Stätten im unter osmanischer Herrschaft stehenden Jerusalem. Das vom Zarenreich daraufhin geforderte offizielle Protektorat über die orthodoxen UntertanInnen des Sultans lehnte die Hohe Pforte ab, und im Juli 1853 marschierten russische Truppen in die dem Osmanischen Reich tributpflichtigen Donaufürstentümer Moldau und Walachei ein. Es folgte am 4. Oktober 1853 die Kriegserklärung Istanbuls an St. Petersburg. Frankreich und Großbritannien blieben vorerst neutral – bis zu einem Ereignis, das aus ganz unterschiedlichen Gründen sowohl in der Erinnerungskultur Russlands als auch seiner Gegner eine prominente Stellung einnimmt: Die Rede ist von der Schlacht bei Sinope, die in der Nacht vom 30. November auf den 1. Dezember 1853 (nach julianischem Ka-

---

6 Zudem ist in Deutschland ein erinnerungspolitisches Primat der Weltkriege festzustellen, vor allen Dingen des vom Deutschen Reich entfesselten Zweiten Weltkriegs. Dies erklärt sich aus dem Zivilisationsbruch der Shoa.
7 Die Krimkriegsforschung ist außerordentlich ergiebig – und wurde vor allem von deutschsprachigen Historikern wie Winfried Baumgart wesentlich beeinflusst: Baumgart (1972) sowie seine mehrbändige Aktenedition: Baumgart (1979 ff.). Vgl. auch Seaton (1977); Wetzel (1985); Tarle (1959); Goldfrank (1994); Palmer (1987) sowie Figes (2010), der den religiösen Charakter des Konflikts betont.
8 Während England sich u. a. zur Schutzmacht der osmanischen Juden und anderer Gruppen erklärte, beanspruchte Frankreich die Protektion über die Katholiken und das Russländische Reich über die orthodoxen Untertanen des Sultans.

lender 18.–19. November 1853) stattfand. Mittelbar kommt hier erstmalig die dem Konflikt seinen Namen gebende Halbinsel ins Spiel, lief vom Kriegshafen Sevastopol' doch die zarische Segelflotte aus, welche die vor Sinope vor Anker liegenden osmanischen Kriegsschiffe fast vollständig vernichtete. Unter dem Kommando des später im Kampf gefallenen, hochgeschätzten Kriegshelden, Admiral Pavel Nachimov (1802–1855), wurden erstmalig in einer Seeschlacht mit Schiffsgeschützen Sprenggranaten verschossen, die das hölzerne Geschwader der Osmanen in Flammen aufgehen ließen. Das Feuer griff nach russischem Beschuss sogar auf die Stadt über.[9] Dies bedeutete zwar einen beeindruckenden Sieg für die von Erfolgen nicht eben verwöhnte zarische Marine, aber die Folgen von Sinope wogen schwer: Die ohnehin stark antirussisch eingestellte britische Presse geißelte das russische Vorgehen als unehrenhaft, da der Erfolg nicht im regulären Kampf Flotte gegen Flotte und Mann gegen Mann errungen worden war, sondern in einem nächtlichen Überfall auf eine vor Anker liegende Armada. Somit schrieben in Westeuropa die Medien „von einem Massaker statt von einem regulären Seekriegsereignis."[10] Dies trug zum Kriegseintritt Großbritanniens und Frankreichs an der Seite der Osmanen bei.

Der Krimkrieg wurde keineswegs allein auf der Krim bzw. im Schwarzen Meer und im Donauraum ausgetragen, sondern hatte viele Schauplätze: So kam es z. B. in der Ostsee zur Bombardierung des mit dem Zarenreich in Personalunion verbundenen Großfürstentums Finnland durch die englische Marine, die zudem im Fernen Osten das russische Kamčatka angriff. Auch im südlichen Kaukasus und im nordöstlichen Anatolien wurde Krieg geführt. Gleichwohl bürgerte sich für diesen über das geographische Europa hinausgehenden Konflikt die Bezeichnung „Krimkrieg" ein; wie ist dies zu erklären? Eine plausible Erklärung dürfte ein eher unmilitärischer Aspekt sein: Im Vergleich zu vorherigen Kriegen war dieser Waffengang besonders „lesbar und sichtbar" – und diese Les- und Sichtbarkeit rührte von Ereignissen her, die einen engen Bezug zur Halbinsel hatten.[11] Grundsätzlich wird der Krimkrieg übereinstimmend als erster Krieg bezeichnet, in dem die Öffentlichkeit eine große, vielleicht gar kriegsentscheidende Rolle gespielt hat, und zwar besonders, aber nicht nur, auf den Britischen Inseln. „Lesbar und sichtbar" wurde der Krimkrieg durch technischen Fortschritt, durch Telegraphie und Photographie. Kriegsberichterstatter und Photographen popularisierten die weit entfernt von der Heimat stattfindenden Kämpfe schneller, als es in der Vergangenheit möglich gewesen wäre – und dies machte den Krieg auch für

---

9 Treue (1980), 137.
10 Daniel U. (2006), 44.
11 So Keller (2001), xii, der von einem „eminently readable and viewable" Krieg schreibt.

Abb. 8: Die Schlacht von Sinope am 18. November 1853 (Nacht nach der Schlacht), Gemälde von Ivan Ajvazovskij, 1853

Unbeteiligte ‚nachspürbarer'. Vorreiter waren die „London Times" und Akteure wie William Howard Russel (1820–1907)[12], Roger Fenton (1819–1869)[13] oder James Robertson (1813–1888). Sie alle trugen dazu bei, dass der Konflikt untrennbar mit einem seiner Schauplätze, nämlich der Krim, verbunden und assoziiert wurde, wurde doch von dort viel berichtet. Photographien vom Schauplatz fanden schnell ihren Weg in das übrige Europa. Kriegs- und Heimatfront wurden und konnten dadurch leichter ‚zusammengedacht' werden, was insbesondere russischerseits im Kontext der 349 Tage von den Alliierten belagerten Stadt Sevastopol' der Fall war. Dort – und darauf wird noch zurückzukommen sein – wurden Männer, Frauen und sogar Kinder AkteurInnen im Kriegsgeschehen.

Und nicht nur in medialer Hinsicht wird der Krimkrieg in der Forschung häufig als erster moderner Krieg bezeichnet, sondern auch im Gegensatz zu den bis dahin üblichen sog. beschränkten oder Kabinetts-Kriegen.[14] Dieses ‚Prädikat' erhielt er aus mehreren Gründen: Er gilt als erster Stellungskrieg, der zudem unter

---

12 Vgl. zu Russel Royle (1987).
13 Gernsheim u. Gernsheim (1954).
14 So Schieder (1977), 88, dessen Auffassungen sich nicht durchsetzen konnten.

Abb. 9: Die Verteidigung von Sevastopol' 1854–1855, Panoramagemälde von Franz Rubo, 1904

Einsatz moderner Waffensysteme alle damaligen Teilstreitkräfte involvierte.[15] Gleichzeitig, und dies mag erstaunen, war der Krimkrieg über lange Strecken und von allen Beteiligten ein hinsichtlich der zugrundeliegenden Strategien und der allfälligen Vorbereitungen (z. B. im Bereich der Verproviantierung und des Nachschubs im Allgemeinen) ein sehr schlecht geführter Krieg.[16] Die Betonung der ideologischen Dimension auf Seiten Englands und Frankreichs – nämlich als Kampf gegen das autokratische Russländische Imperium – als Ursache und nicht als nachträgliche Begründung für den Krieg überzeugt hingegen weniger. Diese Interpretation ignoriert die wirtschaftlichen und machtpolitischen Interessen der Verbündeten der Hohen Pforte. Das Osmanische Reich wurde von den Großmächten – und eben auch von St. Petersburg – vielfach als eine Art kolonialer Ergänzungsraum betrachtet, auf den man Einfluss haben wollte. Dass der Krimkrieg vor allen Dingen ein Konflikt zwischen zwei zivilisatorischen Polen (West versus Ost, d. h. Russland) gewesen sei, ist nicht stichhaltig.[17]

Die Einbindung von Frauen in die Rüstungsindustrie[18] und in die Kriegskrankenpflege wurde in dieser Form erstmalig im Krimkrieg vollzogen: Während Florence Nightingale (1820–1910) als Begründerin bzw. Reformerin auf dem Gebiet des Sanitätswesens durch den Krimkrieg weithin bekannt wurde, wird ihren Pendants im Zarenreich, den „Wohltätigen Schwestern des Ordens der Erhebung des Kreuzes" (russ.: *Sestry miloserdija Krestovozdviženskoj obščiny*) beispielsweise, außerhalb des russophonen Raums wenig Aufmerksamkeit gewidmet. Angehörige des Hochadels wie die Großfürstin Elena Pavlovna (1806–1873) oder

---

15 Vgl. Edgerton (1999), 1–3. Im Krimkrieg wurden erstmalig Dampfschiffe und Minen eingesetzt, es gab zudem erste Pläne, chemische Kampfstoffe und U-Boote zu verwenden. Bis zum Ersten Weltkrieg war überdies kein Krieg ähnlich verlustreich verlaufen.
16 Nieuważny (2011).
17 Wetzel (1985), 159.
18 Keller (2001), 177.

adlige Damen wie Ekaterina M. Bakunina (1810 oder 1811–1894), übrigens eine Verwandte des Anarchisten Michail Bakunin (1814–1876), förderten diesen Krankenpflegeorden bzw. nahmen selbst als Schwestern am Krimkrieg teil.[19] Sie werden heute noch hoch verehrt.[20] Dies gilt auch für sog. einfache Frauen wie die Seemannstochter Daša Aleksandrova „Sevastopol'skaja" (Dar'ja L. Michajlova, 1836–1892), deren Vater bei der bereits erwähnten Seeschlacht von Sinope sein Leben gelassen hatte. Bereits in dem berühmten Panorama von Sevastopol' von Franz A. Rubo (1856–1928) ist sie verewigt worden: Der 1905 anlässlich des fünfzigsten Jahrestags der Verteidigung feierlich eröffnete Rundbau stellt in einem kolossalen Gemälde einen Tag während der Belagerung dar. Signifikant in der Darstellung ist, dass „nicht nur der ‚einfache Soldat' berücksichtigt [wird]; vielmehr wird eine ikonographierte, das mythisch ‚Außeralltägliche' im Leben der ‚russischen Nation' unterstreichende" Ansicht komponiert.[21]

Wenn man sich die wissenschaftlichen Arbeiten über den Krimkrieg anschaut, fällt Folgendes auf: Dessen diplomatische Vorgeschichte wurde genauso intensiv behandelt wie seine Folgen für das sog. europäische Mächtekonzert. Zentrale Ergebnisse der durch den Pariser Frieden geschaffenen (allerdings durch den Berliner Kongress von 1878 teilweise revidierten) Ordnung wurden ausführlich gewürdigt, so z. B. die Existenzgarantie für das Osmanische Reich und dessen Einbettung in eine gesamteuropäische Sicherheitsarchitektur. Der Pariser Frieden von 1856 markierte wegen seiner Festlegungen über die neutrale Handelsschifffahrt einen Fortschritt im Seerecht. Hinsichtlich eingeführter Grundmuster des *peace-making* war dieser Vertrag aber nur partiell eine Zäsur, so das Ergebnis der

---

19 Einführend Curtiss (1966); Mienert (2000).
20 Vgl. Machaev (1914). Zur heutigen Verehrung Bakuninas als „Stolz der Erde von Tver'" vgl. Morozov (2016).
21 Jobst (2007b), allgemein zum Panorama als Kunstform und zum Sevastopol'er im Speziellen 373–376, hier 374.

Forschung.[22] Der Waffengang als solches wurde in Bezug auf Faktoren wie Technologie, Medien, Lazarettwesen, Strategie (wie gezeigt) solide untersucht. Dies gilt auch hinsichtlich der Folgen für die Innenpolitik der beteiligten Staaten, zwang der Konflikt doch vor allen Dingen das Osmanische und das Russländische Reich zu tiefgreifenden innenpolitischen Reformen, da innere Missstände evident geworden waren: Die Hohe Pforte sah sich zu einer grundlegenden Revision der Politik gegenüber den nicht-muslimischen UntertanInnen genötigt, die in einem sog. Kaiserlichen Handschreiben (osm.: *hatt-ı hümayun* bzw. *Tanzimat Fermanı*) 1856 veröffentlicht wurde und eine Reformperiode einläutete. Die sog. Großen Reformen unter dem „Befreier-Zar" Alexander II. (1818–1881) schließlich sind ebenfalls im Kontext von ‚Reform durch Niederlage' verortet worden.[23] Während mithin die Umstände des Krimkrieges in vielen Facetten beleuchtet wurden, bleiben die Ereignisse in diesen Jahren auf dem zentralen Schauplatz – der Krim – merkwürdig unerforscht. Davon ist allein die ‚heldenhafte' Verteidigung Sevastopol's auszunehmen. Beide Aspekte werden im Folgenden genauer beleuchtet.

---

[22] Dazu grundsätzlich Wegner (2002).
[23] Vgl. u. a. Beyrau u. a. (1996).

27 Der Krimkrieg: Die Ereignisse auf der Halbinsel

Ruined Pompeii is in good condition compared to Sebastopol. Here, you may look in whatsoever direction you please, and your eye encounters scarcely anything but ruin, ruin, ruin! – fragments of houses, crumbled walls, torn and ragged hills, devastation everywhere! It is as if a mighty earthquake had spent all its terrible forces upon this one little spot. For eighteen long months the storms of war beat upon the helpless town, and left it at last the saddest wreck that ever the sun has looked upon.[1]

Der später als Schöpfer der literarischen Figuren Tom Sawyer und Huckleberry Finn weltberühmt gewordene US-amerikanische Schriftsteller Mark Twain (1835–1910; bürgerlicher Name Samuel Langhorne Clemens) schilderte seinen Eindruck von Sevastopol', das er mehr als ein Jahrzehnt nach Ende der Belagerung im August 1867 in Augenschein nahm. Als Reporter im Auftrag der Zeitung „San Francisco California Alta" nahm er an einer Vergnügungsreise mit dem Schiff „Quaker City" teil und veröffentlichte seine Eindrücke 1869 unter dem Titel „The Innocents Abroad – Or the New Pilgrims' Progress" in Buchform.[2]

Die Spuren der „Stürme des Krieges", so entnimmt man Twains Zeilen, waren auch mehr als eine Dekade nach Kriegsende noch nicht beseitigt worden. Die „hilflose Stadt" hatte sich im Krimkrieg zwar nicht achtzehn Monate, wie der Amerikaner schrieb, aber immerhin 349 Tage – vom 13. September (26. September) 1854 bis zum 27. August (9. September) 1855 – im Belagerungszustand durch alliierte Truppen befunden. Der, beginnend mit Tolstoj (Kapitel 26), als heldenhaft bezeichnete Widerstand der Frauen, Männer und Kinder der Stadt stellt in der Geschichte der Krim seit 1783 wohl den Moment dar, welcher im Bewusstsein vieler Russinnen und Russen am nachhaltigsten die emotionale Aneignung nicht nur Sevastopol's, sondern der ganzen Krim befördert hat. Durch eine zielgerichtete geschichtspolitische Lancierung und komplexe erinnerungskollektive Prozesse wurde die Halbinsel mit Rekurs auf die ‚349 Tage' zur unveräußerlichen Heimat nicht nur für die auf der Krim lebende russische Bevölkerung, sondern in einem übergeordneten Sinne auch für ‚das' russische Volk in anderen Landesteilen. Das belagerte Sevastopol' wurde zur Chiffre des Ruhmes und des Leidens einer ganzen Nation – und zwar sowohl in zarischer als auch in sowjetischer Zeit.

---

[1] Twain (1966), 284.
[2] Zu Twains Russlandreise und seiner Haltung zum Zarenreich vgl. Fuchs (2011).

Und das gilt noch heute, wie die in der Russländischen Föderation verbreitete Begeisterung für die Annexion der Krim 2014 belegt.[3]

Wenn auch der Wiederaufbau der zerstörten Gebäude Twain (und anderen, hier nicht genannten Autoren) zufolge auf sich warten ließ, so war bereits unmittelbar nach Kriegsende die Schaffung einer materiell greifbaren heroisch-militärischen Infrastruktur mit Denkmälern und Erinnerungstafeln begonnen worden, anfänglich übrigens in privater – nicht staatlicher – Initiative.[4] Später erhielt Sevastopol' zahlreiche Ehrenzeichen: 1954 wurde die Stadt mit dem „Orden des Roten Banners" ausgezeichnet, 1965 erhielt sie den Titel *gorod-geroj* (Heldenstadt), womit sowohl der Ereignisse im sog. Großen Vaterländischen Krieg (vgl. Kapitel 33) als auch im Krimkrieg gedacht wurde. Der sowjetische Militärhistoriker E.V. Tarle (1874–1955) benannte folgerichtig sein 1954 erschienenes Werk „Stadt des russischen Ruhms."[5] Nach dem Zweiten Weltkrieg nahm die Stadt Sevastopol' auch administrativ eine Sonderrolle ein: Wegen ihrer militärischen Bedeutung durfte sie selbst von Sowjet-BürgerInnen von 1948 bis in die 1990er Jahre hinein nur mit Sondergenehmigung besucht werden. Sie verfügte über ein selbst zu verantwortendes Budget, was innerhalb der stark zentralistischen UdSSR besonders war.[6] Nur mit Moskau und Leningrad zu vergleichen war auch ihr Status als „Stadt föderalen Ranges."[7] Seit der russischen Annexion 2014 genießt sie unter den insgesamt 85 Unionssubjekten der Russländischen Föderation übrigens erneut eine bevorzugte Position.

Der Nimbus des unter Potemkin neugegründeten Sevastopol's entstand nachhaltig erst durch die ‚heldenhafte Verteidigung' im Krimkrieg. Ursprünglich war sie eine „militärische Zweckgründung"[8], wie Detlef Jena feststellt, war die „Erhabene Stadt" (so die Übersetzung ihres Namens) doch ganz auf militärische Erfordernisse zugeschnitten: Zahlreiche Kasernen, Magazine, Arsenale, Werften und breite, gerade angelegte Straßen entstanden. Entgegen der Bevölkerungsstruktur in den meisten anderen Teilen der Halbinsel war Sevastopol' am stärksten slavisch (d. h. russisch-ukrainisch) geprägt, zum einen weil es als Gar-

---

3 Zur Genese des Sevastopol'-Mythos in der russischen und sowjetischen Geschichtspolitik vgl. Plokhy (2000).
4 Vgl. hierzu Semin (1955), 152–169, der einen Überblick über die unmittelbar nach dem Ende der sog. *oborona* (Verteidigung) begonnenen erinnerungspolitischen Maßnahmen aus den Reihen „des Volkes" gibt. Die von der Administration und der Zarenfamilie initiierten Aktionen zur Ehrung der Gefallenen bezeichnete er zeittypisch als „heuchlerisch", 154 f.
5 Tarle (1954).
6 Vaneev (1983), 22.
7 Sasse (2007), 229.
8 Jena (2001), 188, zum Wirken Potemkins bei der Stadtgründung besonders 188–190.

nisonsstadt primär von Soldaten bewohnt war und viele sog. fremdstämmige männliche Untertanen (einschließlich der Krimtataren) vor der Einführung der allgemeinen Wehrpflicht von 1874 nur auf freiwilliger Basis in der Armee dienten, zum anderen weil der Anteil von Nichtslaven aus Sicherheitserwägungen gering gehalten wurde. Vor 1853 zählte es knapp 40.000 Einwohner, wobei der Anteil der weiblichen Bevölkerung überproportional niedrig war, was in Militärstädten, wo sich zumeist nur die Familienangehörigen der Soldaten ansiedelten, die Regel war.[9] In- und ausländische Besucher zeigten sich bereits vor dem Krimkrieg von der Lage und der Architektur Sevastopol's beeindruckt, nach 1855/56 priesen nicht wenige auch das ‚russische Heldentum', also die Standhaftigkeit während der Belagerung.[10] Russischsprachige Autorinnen und Autoren maßen die ‚349 Tage' häufig an biblischen oder antiken Ereignissen. Nicht nur bei Twain war Pompeji, welches bekanntlich durch den Ausbruch des Vesuvs 79 n. Chr. zerstört worden war und das zu einem kulturübergreifenden Synonym für Katastrophen wurde, eine Vergleichsgröße: In einer in den 1880er Jahren veröffentlichten Befassung verglich ein russischer Autor die Reaktionen der BewohnerInnen beider Städte im Angesicht des Schreckens. Während die Bevölkerung der römischen Stadt in panischer Angst geflohen sei und sich passiv der unumstößlichen Kraft der Naturgewalten ergeben hätte, wehrten sich im belagerten Sevastopol' „die Menschen gegen die feindliche Macht und entfesselten selbst Naturgewalten, in dem stolzen Wunsch am Ende alles zu vernichten, was zu verteidigen unmöglich war."[11] Auch Ausländer, die nach 1855 in großer Zahl die Stadt als sog. Battle-Field-Reisende besuchten, zollten dem Beharrungswillen ihrer BewohnerInnen häufig mit transzendenten Bezügen Anerkennung: Sevastopol' sei zu Recht, so ein deutschsprachiger Autor, „zum russischen Sanctuarium der russischen Armee, der russischen Nation" geworden.[12]

Während also die Belagerung Sevastopol's im Krimkrieg ZeitgenossInnen und in der Forschung präsent ist, trifft dies auf die Ereignisse auf der übrigen Halbinsel weitaus weniger zu. Kaum einmal wurden das Leben und die Lage abseits der Kampfgeschehnisse konkret untersucht. Abgesehen von Arsenij Markevičs (1855–1942) Beschreibung des Taurischen Gouvernements, die aus dem Jahr 1905 stammt, lagen bis vor kurzem keine seriösen Untersuchungen über die Geschichte

---

9 Nach Seaton (1977), 106, hatte sich die Bevölkerungszahl bis 1854 sogar auf 45.000 erhöht. Dies ist vermutlich mit dem in Kriegszeiten höheren Anteil an Militärs zu erklären.
10 Vgl. dazu Jobst (2007b), 354–367 und 380–406.
11 Vjazmitinov (1882), 62.
12 Schweiger-Lerchenfeld (1887), 204.

der Halbinsel im Krimkrieg vor.[13] Sie sind wichtig, um die schon angesprochenen krimtatarischen Migrationswellen in den folgenden Jahren zu verstehen: Die Halbinsel war 1854 im Verlauf des Septembers zum Kriegsschauplatz geworden. Es begann die von Zeitgenossen „das Chaos" genannte Phase, die nicht zuletzt eine Folge unglücklicher militärischer Entscheidungen des damaligen Oberbefehlshabers über die Krim-Truppen, Fürst Alexander S. Menšikov (1787–1869), gewesen war. Der altgediente, schon während der Napoleonischen Kriege aktive Militär hatte nämlich die in der Rückschau fatale Entscheidung getroffen, die russischen Truppen in Sevastopol' zu massieren und damit die anderen weitläufigen Küstenabschnitte der Halbinsel möglichen – und dann auch eingetretenen – gegnerischen Angriffen schutzlos auszuliefern.[14] Damit sind mit seinem Namen gleich zwei schlechte Entscheidungen im Zusammenhang mit dem Krimkrieg verbunden: Anfang 1853 war er bekanntlich von Zar Nikolaus I. (1796–1855) nach Istanbul entsandt worden, um dem Sultan die russischen Forderungen zur Lösung des sog. Mönchsgezänks zu überreichen. Die von Menšikov einkalkulierte Ablehnung Istanbuls hatte St. Petersburg den Vorwand zur Auslösung des Konflikts gegeben.

In jedem Fall hat sowohl seine Strategie des alleinigen Schutzes der Hafenstadt als auch die Entscheidung, zivile Behörden und alle staatlichen Stellen weitestgehend nach Norden auf das Festland zu evakuieren, Angst bei der Bevölkerung ausgelöst. Die schutzlose Bevölkerung, gleich welcher Nationalität, flüchtete panisch. Verschlimmert wurde die Situation noch durch Anweisungen, Lebensmitteldepots zu zerstören, um sie nicht in gegnerische Hände fallen zu lassen, was zu Versorgungsengpässen führte. Wer nicht (was häufig tatarische BewohnerInnen betraf) über genügend Eigenmittel verfügte, um auf eigene Faust nach Norden zu gelangen, geriet in bedrohliche Lagen. Plünderungen und Gewalt waren die Folge.[15] Der Versuch der Behörden, die Situation mittels des Einsatzes von Don-Kosaken zu kalmieren, bewirkte das Gegenteil, weil sich diese an Räubereien beteiligten und nicht selten mit unangemessener Gewalt gegen vermeintliche und tatsächliche Plünderer vorgingen. Es kam zu zahlreichen Verhaftungen auch Unschuldiger sowie zu Vergewaltigungen einheimischer Frauen.[16]

Die Alliierten wiederum hatten sich – auch dies mutet ‚modern' an – Gedanken darüber gemacht, ob man nicht den muslimischen Untertanen des Zaren

---

[13] Markevič (1994). Erst durch die Beiträge Mara Kozelskys, auf die ich mich im Folgenden stütze, hat sich dies geändert. Vgl. besonders: Kozelsky (2018).
[14] Kozelsky (2014), 168 f.
[15] Kozelsky (2014), 168 f.
[16] Gercen (1861), 973.

konkrete Angebote zur Kollaboration machen sollte, um die zarische Kampfkraft ‚von innen' zu schwächen. So veröffentlichte der französische Oberbefehlshaber Armand Jacques Leroy de Saint-Arnaud (1798–1854) eine Proklamation, die den von der russischen Obrigkeit verlassenen Krim-MuslimInnen Schutz und Nahrung versprach. Es nimmt kein Wunder, dass einige KrimtatarInnen dieses Angebot annahmen. Dies zumal in Evpatorija, wo die Alliierten bei ihrer Anlandung im März 1854 außer einigen verletzten russischen Soldaten keine Mitglieder der zarischen Armee vorfanden. Stattdessen vergegenwärtigten sie „a real humanitarian crisis", da an die 40.000 geflohene tatarische Bauern unversorgt in der Stadt vegetierten.[17] Dass es vor diesem Hintergrund zur partiellen, aber keineswegs massenhaften Zusammenarbeit muslimischer BewohnerInnen mit den Besatzungstruppen kam, darüber wunderten sich auch ZeitgenossInnen nicht. Einer von diesen war der im Exil lebende zarenkritische Schriftsteller Alexander Herzen (= Gercen; 1812–1870), der nur einer der ‚Verteidiger' der krimtatarischen Bevölkerung vor dem Vorwurf der Kollaboration mit dem Gegner war.[18] Mittelfristig fatal war, dass der ohnehin schon seit der Annexion von 1783 erhobene Vorwurf tatarischer Illoyalität neue Nahrung bekam. Dass tatarische Vertreter zu Beginn des Waffenganges wiederholt Adressen ihrer engen Verbundenheit mit dem Herrscherhaus veröffentlicht hatten und ihre Glaubensbrüder – und -schwestern – an ihren Treueeid gegenüber den Romanovs erinnerten, überzeugte einflussreiche russische Kreise immer weniger.[19] Selbst der nach dem Tod seines Vaters den Thron besteigende sog. Befreier-Zar Alexander II. soll der krimtatarischen Bevölkerung gegenüber ablehnend gewesen sein und später dann ihre Auswanderung ausdrücklich gutgeheißen haben. Nicht zuletzt das Misstrauen des Zaren und Gerüchte über geplante Umsiedlungen (die es zum Teil gab) und Zwangstaufen – zu denen es nicht kam – sollen nicht wenige TatarInnen zur Ausreise ins Osmanische Reich veranlasst haben.[20] Den Deportationen der krimtatarischen Bevölkerung im Mai 1944 ging eine lange Vorgeschichte des Misstrauens voraus (vgl. Kapitel 34).

In Kriegen kommt es regelhaft nicht nur zu Kampfhandlungen und damit zu Gewalt zwischen Kombattanten, sondern auch zwischen diesen und der einheimischen Zivilbevölkerung und sogar zwischen verschiedenen Gruppen innerhalb dieser. Auch geht die zivile oder militärische Verwaltung nicht selten gegen ‚eigene Leute' vor, aus Angst vor Verrat und Kollaboration. Der Krimkrieg war hier

---

17 Figes (2010), 339.
18 Gercen (1861), 973 f. Vgl. dazu auch Jobst (2007b), 239–243.
19 Kozelsky (2010), 168 f.
20 Jobst (2007b), 236.

keine Ausnahme. In zeitgenössischen Debatten wurde u. a. darauf hingewiesen, dass sich tatarische Bauern in der Region Evpatorija gegen Exponenten der zarischen Macht aufgelehnt hätten, sobald sie der sich nähernden alliierten Schiffe gewahr geworden seien, und so die fremde Invasion begünstigt hätten. Zudem sollen sie flüchtende russische Menschen überfallen oder sogar ermordet haben.[21] Nach der russischen Wiedereinnahme Evpatorijas unter General Korf kam es zu drastischen Vergeltungsmaßnahmen und Zwangsumsiedlungen nicht nur kollaborierender TatarInnen – die Rede ist von bis zu 20.000 –, ohne dass die Schuldfrage im Einzelnen geprüft wurde.[22] Die Alliierten ihrerseits übten ebenfalls abseits des Schlachtfelds Gewalt aus; so etwa nach der Aufgabe Sevastopol's durch die russische Armee, als die französische Führung ihren Soldaten die Erlaubnis zur Plünderung gab bzw. erst verspätet dagegen einschritt. Auch im Osten der Halbinsel kam es zu Ausschreitungen: Das Vordringen in das Azovsche Meer und die Einnahme von Kerč' hatte für die alliierte Führung ursprünglich den Versuch dargestellt, Sevastopol' vom Nachschub abzuschneiden, was allerdings nicht gelingen sollte. In jedem Fall wüteten ihre Truppen dort in „betrunkener Raserei" („drunken rampage"), verwüsteten die Stadt und drangsalierten ihre Einwohner, so Orlando Figes. Osmanische Soldaten sollen gemeinsam mit Tataren russische Läden ausgeraubt und zerstört sowie russische Frauen vergewaltigt haben.[23] Englische und französische Soldaten wurden ebenfalls der Vergewaltigung bezichtigt, allerdings sollen diese unterschiedslos russische *und* tatarische Frauen geschändet haben.[24] Im Einzelnen können die Ereignisse nicht verifiziert werden, festzuhalten ist, dass erstens militärische/ideologische Gegner häufig der Vergewaltigung bezichtigt werden, und dass zweitens sexuelle Gewalt gegen Frauen und Männer (obgleich in niedrigerer Zahl) bei militärischen Konflikten ein gängiges Kriegsmittel ist. Dabei geht es keinesfalls allein um sexuelle Befriedigung, sondern ebenso um die Demonstration von Macht.[25] Weitere symbolisch wichtige ‚Kapitalien' des Kriegsgegners werden verwüstet oder gestohlen, denn nicht erst im Zweiten Weltkrieg wurde Beutekunst – auch hier war der Krimkrieg durchaus ‚modern' – zu einem Thema: Das französische Militär beispielsweise bemächtigte sich diverser auf der Halbinsel vorgefundener Kulturdenkmäler, darunter zwei Sphinxen und mehrere Basisreliefs. Es verschiffte und stellte sie im

---

21 Markevič (1994), 18–23
22 Gercen (1861), 974.
23 Figes (2010), 344.
24 Vgl. hierzu Trustam (1984), 175, sowie Edgerton (1999), 142.
25 Vgl. zur Diskussion des Topos Vergewaltigung Burgess-Jackson (1996), besonders 43–64. Eine Systematisierung der Kategorien Nationalismus, Sexualität und Vergewaltigung im Kriegsfall vgl. bei Pryke (1998).

Sommer 1856 vor der Orangerie beim Palais des Tuileries aus. Pariser und Pariserinnen konnten sich so an der Beute und dem auch materiell greifbaren Sieg ihrer Truppen erfreuen.[26]

Allerdings musste zunächst der Krieg beendet werden. Auf der Krim ging er im Herbst 1855 allmählich zu Ende, wurde Sevastopol' doch im September 1855 nach massivem dreitägigem Beschuss geräumt. Vorher waren aber noch die Befestigungsanlagen von den russischen Verteidigern gesprengt worden, erst dann konnte die weitläufig zerstörte Stadt von französischen Truppen eingenommen werden. Trotz der Aufgabe Sevastopol's galt das Zarenreich in strategischer Hinsicht allerdings noch nicht als besiegt[27], stand es doch etwa im Kaukasus noch auf osmanischem Gebiet. Bedeutend, auch im Hinblick auf die dann einige Monate später in Paris beginnenden Friedensverhandlungen, war die von General Nikolaj N. Murav'ëv-Karskij (1794–1866) geführte Belagerung der Festung Kars, die nach der Räumung Sevastopol's andauerte: Im November 1855 kapitulierten die osmanischen und englischen Verteidiger wegen einer Cholera-Epidemie und Lebensmittelknappheit. Trotzdem entschloss sich der erst seit kurzem regierende Zar Alexander II., auf das alliierte Friedensangebot einzugehen. Das Vordringen des ‚neutralen', aber Russland offen mit Krieg drohenden Österreichs in die Donaufürstentümer war ein Grund dafür; ein anderer (vielleicht sogar wichtigerer) die Angst vor dem „unweigerlichen Bankrott" bei Fortführung der Kampfhandlungen, wie Winfried Baumgart meint.[28] Wie so häufig führten also pragmatische Überlegungen dazu, den Krieg zu beenden, da man sich diesen schlechterdings nicht länger leisten konnte.[29] Hinzu kam die Angst vor bäuerlichen Unruhen, wovon erste Ausschreitungen nach der Einberufung der Landstände in frontfernen Reichsteilen kündeten.[30] Groß war zudem das Misstrauen gegenüber den nichtrussischen Nationalitäten – nicht nur gegenüber der krimtatarischen, galten doch z. B. die Polen genauso als Unruhekandidaten wie die Völkerschaften im nördlichen Kaukasus. Dort führte das Zarenreich bekanntlich seit den 1820er Jahren einen ‚kleinen', hybriden Krieg gegen die sog. *Gorcy* (Bergbewohner) unter der Führung Imam Šamils (1797–1871), der bis in die 1860er Jahre dauern sollte. Trotz des starken Misstrauens gegenüber den nicht-slavischen, religiös oder konfessionell divergenten Gruppen im Russländischen Reich: Der Krimkrieg war eigentlich ein Beleg für die Stabilität des Vielvölkerreiches, da es nicht zu um-

---

26 Senner (1999), hier 137 und 145.
27 Baumgart (1972), 11.
28 Baumgart (1972), 116
29 Nach Wegner (2002), XXIV, ist dies bei vielen Friedensschlüssen ausschlaggebend.
30 Baumgart (1972), 123.

fassendem Aufruhr kam; er war mit den Worten des russischen Historikers Gorizontov „an evaluation of the robustness of the imperial structure."[31]

Der zeittypische, eher konventionelle Pariser Frieden beendete den ersten ‚modernen' Krieg und war nicht von langer Dauer; seine wesentlichen Ergebnisse – zumindest bis zum Russisch-Osmanischen Krieg von 1877–78 bzw. dem Berliner Kongress – waren die Neutralisierung des Schwarzen Meeres, die Festlegung, in der Ostsee und im Schwarzen Meer Festungsanlagen, Waffenarsenale etc. nicht wieder aufzubauen, eroberte Gebietsteile zu räumen und Kriegsgefangene auszutauschen.[32] Die Resultate des Pariser Friedens, so Orlando Figes Urteil, waren insgesamt den hohen Blutzoll „nicht wert" („not worthy"), den der Krieg gefordert hatte. Allein Russland hatte mehr als 400.000 Mann verloren und zwar mehr durch Seuchen als durch direkte Kampfhandlungen.[33]

Im Artikel V des Pariser Vertrags wurde festgelegt, dass die Beteiligten „accordent une amnistie pleine et entière à ceux de leurs sujets qui auraient été compromis par une participation quelconque aux évènements de la guerre en faveur de la cause ennemie."[34] Dieser Punkt wurde jedoch, wie mit den Hinweisen auf den krimtatarischen Exodus nach dem Krimkrieg gezeigt, nicht erfüllt. Weder das Osmanische Reich noch das Russländische Imperium gewährten ihren Untertanen eine „vollständige Amnestie" für vermeintliche oder tatsächliche Zusammenarbeit mit dem Gegner, so dass es nicht nur auf der Halbinsel zu Bevölkerungsverschiebungen gewaltigen Ausmaßes im Nachklang des Pariser Friedens gekommen ist: Neben ca. 200.000 muslimischen KrimbewohnerInnen verließen zeitgleich Schätzungen zufolge ca. eine Million Menschen aus dem nördlichen Kaukasus das Zarenreich Richtung Osmanisches Reich, während bulgarische, gagausische und griechische UntertanInnen des Sultans in umgekehrter Richtung aufbrachen. Dies geschah aus wirtschaftlichen und religiösen Gründen, um dem Klima des Misstrauens zu entfliehen, und/oder aus Angst vor Repressionen. Mithin wendeten beide Imperien spezifische, strukturelle Gewaltmechanismen gegen eigene UntertanInnen an, die von Mark Pinson schon vor einigen Jahrzehnten treffend als „demographische Kriegsführung" – „demographic warfare" – bezeichnet worden sind.[35]

---

31 Gorizontov (2012), 66.
32 Vgl. den Text des Pariser Friedens nebst Beilagen in: Traité (1856).
33 Figes (2010), 432.
34 Traité (1856).
35 Pinson (1970).

28 Nach dem Krieg: Die Krim zwischen 1856 und 1905

Nachts las ich Tschechow in dem karg eingerichteten Pensionszimmer, und wenn ich morgens vom Balkon nach Westen schaute, dachte ich mir Tschechow nicht anders als mit den riesigen Felsen auf den Schultern, unter ihrer Last Worte über Ebenen aufs Papier keuchend. Ich war mit einer spärlich markierten Karte im Kopf hierher gekommen, auf der neben Tschechow der unvermeidliche Puschkin verzeichnet war, dazu Mickiewicz' Krim-Sonette, Marina Zwetajewa in Feodossja (sic), Mandelstamm in Koktebel, stets befasst mit dem Bogen von den Weißen Nächten des kalten Nordens zu diesem blauen, warmen Land, das unzerreißbare Fäden zur Antike bereithielt. An diesen Fäden ließ sich Russland vor die Wiege der Kultur spannen, an Hellas anbinden, der Bauer im nördlichen Schnee zähmen. Mehr Licht![1]

Die Reiseerzählung des Autorenpaars Esther Kinsky (*1956) und Martin Chalmers (1948–2014) basiert auf einer im Oktober 2013 – also noch vor der Annexion 2014 – durchgeführten Fahrt über die Halbinsel. Geschildert wird darin kein mythisiertes, schönes Zauberland, sondern eine kaum verklärte Destination, wie bereits der Untertitel „Aufzeichnungen von der kalten Krim" andeutet. In der zitierten Passage sind einige Elemente angeführt, welche für die Wahrnehmungen der Krim nach 1856 typisch sind. Der Slavistin und Übersetzerin Kinsky sind diese Krim-Bilder bekannt, ist sie doch sicher mit mehr als „einer spärlich markierten Karte im Kopf" auf die Krim gereist. Treffend wird die Halbinsel als ein Ort bezeichnet, der russische und nichtrussische Autorinnen und Autoren des 19. und 20. Jahrhunderts (wie beispielsweise den genannten Polen Mickiewicz) inspirierte. Alsdann wird auf den Stolz russischer Elitenangehöriger hingewiesen, mit der Krim ‚ihren' Teil an der hellenischen Hochkultur zu besitzen (Kapitel 23), was auch in der zweiten Hälfte des 19. Jahrhunderts nachwirkte. In den Jahrzehnten vor dem Ersten Weltkrieg war die Krim – und auch darauf verweisen Kinsky und Chalmers – zu einem nachgesuchten südlichen Gegenentwurf der „Weißen Nächte des kalten Nordens" geworden. Dies galt nicht nur für Künstler und Künstlerinnen, die ihren Beitrag zur Entstehung des sog. Krim-Texts, wie es in der Literaturwissenschaft heißt, und zur Mythisierung (Kapitel 2) der Halbinsel als Ort russischer Kultur geleistet haben. Dass auch eine ökonomisch und gesellschaftlich gutgestellte Hautevolee in ihren Sommerhäusern und angemieteten Refugien an der malerischen, mediterranen Südküste eine enge, auch emotionale Verbindung zur Krim aufbaute, nimmt kaum Wunder. Wie ließ sich aber der von Kinsky und Chalmers erwähnte „Bauer im nördlichen Schnee" durch den russischen Besitz der Krim „zähmen", also von einem vermeintlich wilden in einen kultivierten

---

[1] Kinsky u. Chalmers (2015), 81.

Zustand transformieren? Und gibt es weitere ‚reale Aussagen' über die Halbinsel hinter der literarisch-künstlerischen Form, der sich die AutorInnen bedienen?

Dass von der Verbindung mit der Krim ein Modernisierungsschub in das von westeuropäischen AutorInnen vielfach als „rückständig" bezeichnete Russländische Imperium ausgegangen sei,[2] drücken Kinsky und Chalmers mittels der Johann Wolfgang von Goethe zugesprochenen, aber vermutlich so nicht gefallenen berühmten letzten Worte „mehr Licht" aus, steht Licht doch im Allgemeinen für Aufklärung und Fortschritt. Dies kann auf das ambitionierte Reformprogramm des Imperiums durch Alexander II. hinweisen, das bereits genannt worden ist (Kapitel 26) und nach dem Krimkrieg von den Verantwortlichen in Angriff genommen wurde. Dessen Kernstück war die Aufhebung der Leibeigenschaft 1861.[3] Auf der Krim mit ihrer vergleichsweise niedrigen Anzahl unfreier Bauern stellte diese Maßnahme allerdings keine große Zäsur dar. Die Reformen im Bildungswesen (1863 und 1871), der Justiz (1864) und die Einführung lokaler Selbstverwaltungseinheiten (1864 und 1870) beeinflussten hingegen die Verhältnisse auf der Krim nachhaltig, wurden die Partizipationsmöglichkeiten vieler Krim-BewohnerInnen doch unabhängig von ihrer ethnischen oder religiösen Zugehörigkeit erweitert.[4] Auch wenn die Schäden durch Krieg und Besatzung auf der Halbinsel erst mit Verzögerung beseitigt werden konnten, wurden mittelfristig einige grundlegende Verbesserungen erreicht.[5] Dies galt vor allen Dingen für überfällige infrastrukturelle Maßnahmen: Das Straßennetz auf der Krim selbst als auch die Verbindungen nach Norden waren nach einer ersten Phase unmittelbar nach der Annexion von 1783 nämlich nicht ausreichend ausgebaut worden. Die Anbindung an das gesamtrussische Eisenbahnnetz, deren Fehlen im Krimkrieg dramatische Folgen für den russischen Nachschub gezeigt hatte, erfolgte endlich im Jahr 1875; bereits 1851 war der Anschluss genehmigt, aber nicht umgesetzt worden, was die Säumigkeit der Verantwortlichen zeigt.[6]

Die Anbindung an das Streckennetz ermöglichte nicht nur eine Belebung des Warenflusses, etwa den Transport der auf der Krim angebauten Agrarprodukte wie Obst, Gemüse, Wein oder Tabak in den Norden. Sie beförderte auch die Entwicklung des Tourismus, konnten mittels Eisenbahn doch viel mehr Menschen einfacher und schneller auf die Krim reisen als vordem – und sich so persönlich von deren Schönheit und Geschichtsträchtigkeit überzeugen. Dies wiederum beförderte die kollektive Verbindung vieler UntertanInnen des Zaren mit ihr, und

---

2 Vgl. dazu neben Wolff (1994) auch Jobst (2013b).
3 Moon (2001).
4 Vgl. zu den Folgen auf dem Gebiet der Rechtsprechung Kirmse (2013).
5 Vgl. Jobst (2007b), 403–406.
6 Baumgart (1972), 122.

zwar ähnlich stark wie die Erinnerung an den dort ausgetragenen ‚heldenhaften', aber leider vergeblichen Kampf gegen Engländer, Franzosen und Osmanen. Im Übrigen stellt dies keine russische Besonderheit dar, hat die Forschung doch gezeigt, dass der moderne Tourismus kollektive Aneignungsprozesse von Räumen und Territorien befördert. Regionen, die bis dahin unbekannt waren, werden als Teil des eigenen Staates empfunden und emotional angeeignet.[7] Eine persönliche Inaugenscheinnahme entlegener touristischer Gebiete ist dazu gar nicht immer notwendig und war im Fall der Krim ohnehin für die meisten nicht leistbar. Das Wissen um ihren besonderen Wert für das Imperium wurde durch Kanäle wie Reiseberichte[8], Erzählungen oder Postkarten von Bekannten, die dort gewesen waren, bzw. durch die sich gegen Ende des 19. Jahrhunderts im Zarenreich dynamisch entwickelnden Medien weithin popularisiert.[9] Der zitierte „Bauer im nördlichen Schnee" konnte somit auch von der Besonderheit der Krim Kenntnis erlangen, selbst wenn er niemals einen Fuß dorthin setzen würde; ob ihn dies aber „ zähmte", sei dahingestellt.

Schon in zarischer Zeit war die Krim zu einer bevorzugten Touristendestination des Imperiums geworden, deren Kapitale Jalta wurde.[10] Die Metamorphose des einstmals kleinen tatarischen Dorfes war beeindruckend: Jalta konnte es hinsichtlich der BesucherInnenzahlen Ende des 19. Jahrhunderts mit dem böhmischen Karlsbad aufnehmen.[11] Die wirtschaftlichen Erwartungen, die an die Krim als Ganzes gestellt wurden, sollten sich indes nicht erfüllen.[12] Besonders spürbar wurde die Krise des Agrarsektors nach dem tatarischen Massenexodus infolge des Krimkriegs. Es sollte sich nämlich zeigen, dass die seit Potemkins Zeiten gehegte Phantasie einer ‚besseren Krim ohne Krimtataren' Nachteile barg. Die als Ersatz für die muslimischen Bauern auf die Halbinsel verbrachten bulgarischen oder deutschen NeusiedlerInnen in den von den TatarInnen verlassenen Gebieten hatten Schwierigkeiten, das Land zu bewirtschaften.[13] Der Fremdenverkehr, vor allen Dingen im südlichen Küstenort Jalta, nahm hingegen – wie auch der Weinanbau – ab der zweiten Hälfte des 19. Jahrhunderts eine gute Entwicklung. Der dortige Tourismus trug zur – durchaus nicht als ungebrochene Erfolgsgeschichte zu verstehenden, sondern ambivalente Folgen zeitigenden –

---

7 Vgl. Jaworski (2014), 19.
8 Zu den zahlreichen Reiseberichten über die Krim in russischer Sprache vgl. Nepomniaščij (1999).
9 Telesko (2014).
10 Dazu im Überblick Usyskin (2000); McReynolds (2003).
11 Mal'gin (2006), 100.
12 Zu den ersten Jahrzehnten unter russischer Herrschaft vgl. Lynch (1965).
13 Vgl. den zeitgenössischen Bericht Kratkij otčet (1868).

Modernisierung und zur Entwicklung der Konsumgesellschaft in diesem Teil des Russländischen Reiches bei.[14] Die Verwaltung Jaltas und anderer Küstengebiete stand durch den Reiseboom vor großen Aufgaben, musste doch die gesamte Infrastruktur – Straßen, die Versorgung mit Wasser und Energie und so weiter – optimiert werden.

Begonnen hatte die Entwicklung der Halbinsel zu einem nachgesuchten Ziel mit der sog. Taurischen Reise der Zarin Katharina II. 1787 (Kapitel 23). Darauf folgten die gelehrten Touristen wie Peter Simon Pallas, dem Männer und Frauen aus ganz Europa folgten.[15] Deren Berichte wurden gerne gelesen, erfreute sich das Genre des Reiseberichtes doch in der ersten Hälfte des 19. Jahrhunderts großer Beliebtheit. Dies galt umso mehr für Krim-Beschreibungen, war diese doch bereits in der Antike bedeutend gewesen und landschaftlich schön. Im Zusammenhang mit der sog. Orientalischen Frage und der militärischen Relevanz der Krim zog es schließlich auch Reisende wie den Engländer Laurence Oliphant (1829–1888) dorthin: Sein auf der Grundlage einer im Herbst 1852 durchgeführten Krim-Reise ein Jahr später veröffentlichter und immens erfolgreicher Bericht kam zur rechten Zeit, zumal er sowohl als Unterhaltungsliteratur als auch als eine Art Spionagereport gelesen wurde. Dieser gab zugleich Auskunft über die militärische Schlagkraft der auf der Halbinsel stationierten zarischen Armee und Marine.[16] Nach dem Krimkrieg zog es dann allerlei Schlachtfeldtouristen auf die Halbinsel, die ebenfalls einen erheblichen Anteil an der Popularisierung des Reiseziels hatten. Eine noch größere Rolle spielte dabei allerdings die kaiserliche Familie der Romanovs selbst.

Im Jahre 1825 hatte diese mit dem Oreanda-Palast ein erstes Anwesen in der Nähe Jaltas erworben, welches allerdings vorerst nur sporadisch genutzt wurde. Erst mit der Herrschaft Alexanders II. verbrachte die Zarenfamilie regelmäßig Urlaube auf der Halbinsel. In dem ehemals verschlafenen Küstenort wurde also schon von dem Februar 1945 und der berühmten Jalta-Konferenz (Kapitel 35) Politik gemacht: Nach dem Krimkrieg entstanden zahlreiche repräsentative Bauten nebst einer erforderlichen ‚hauptstädtischen' Infrastruktur, da Jalta und Umgebung in den Sommermonaten zum temporären imperialen Regierungssitz wurden. Der tatkräftig in Angriff genommene Ausbau des Telegraphen- und Straßennetzes beispielsweise resultierte nicht zuletzt aus der Begeisterung der Romanovs für die Halbinsel.[17] Und diese Begeisterung übertrug sich auf Adlige

---

14 Dazu Böröcz (1992).
15 Deutsche und Franzosen stellten nach Russen die wohl größte Zahl, aber auch Polen wie K. Kaczkowski bereisten die Halbinsel und hinterließen Berichte: Kaczkowski (1829).
16 Oliphant (1854). Vgl. auch dessen Biographie bei Taylor (1982).
17 N. Kalinin u. Zemljaničenko (1993), 122–124.

und finanziell potente Angehörige höherer Schichten. Ende des 19. Jahrhunderts ‚entdeckten' auch die Mittelschichten – und auch diese gab es in einem gewissen Ausmaß im Russländischen Reich – die Krim für sich.

Als Lenin (Vladimir I. Ul'janov, 1870–1924) im Dezember 1920 in seinem berühmten Dekret „Über den Gebrauch der Krim für die medizinische Behandlung der Werktätigen" („*Ob ispol'zovanij Kryma dlja lečenija trudjaščichsja*")[18] die Rolle der frisch und diesmal dauerhaft von den Bol'ševiki eingenommenen Halbinsel als wichtigen Kurort Sowjetrusslands bzw. der Sowjetunion (ab 1922) definierte, konnte er auf bereits in vorrevolutionärer Zeit gelegte Grundlagen zurückgreifen. Die vom Aufbau des Sozialismus erschöpften ProletarierInnen erholen sich fortan in den enteigneten und umgebauten Villen und Palästen des Adels und der Bourgeoisie; neue Sanatorien kamen hinzu.

Auch wenn ein Massentourismus nach unseren heutigen Maßstäben erst in sowjetischer Zeit einsetze und die Krim damit zur ‚Badewanne der UdSSR' werden sollte, so hatte sich die Südküste bereits in zarischer Zeit irreversibel verändert. Die Moderne mit all ihren Widersprüchlichkeiten zog ein: Einerseits brachten der Tourismus und das Kurwesen positive Dinge mit sich, neben den ausgebauten Straßen vergrößerte sich zum Beispiel das Sortiment an dargebotenen Waren, und die ärztliche Versorgung in Jalta und Umgebung verbesserte sich.[19] Die Architektur veränderte sich, und die damals entstandenen prachtvollen Villen und andere Bauwerke ziehen bis in unsere Zeit Reisende an und begeistern sie. Andererseits beklagten schon im 19. Jahrhundert nicht wenige KrimbewohnerInnen und Auswärtige die hohen Lebenshaltungskosten und den Verlust des exotischen Flairs.[20] Viele Einheimische profitierten aber von diesem neuen Wirtschaftszweig und nahmen das Geschäft mit den Zugereisten beherzt in ihre Hände: Mit der Einführung der Selbstverwaltungsorgane – der schon erwähnten *zemstva* – wurden der Tourismussektor und das Kurwesen ab 1871 eine Angelegenheit örtlicher Akteure. Ein Pionier und Exponent der im Kapitalismus sehr üblichen Verquickung privater und politischer Interessen wurde z. B. Jaltas erster gewählter Bürgermeister Sergej P. Galachov (1806–1873), dem zugleich das beste Hotel vor Ort gehörte.[21] Nicht nur slavische KrimbewohnerInnen machten Geschäfte mit den Reisenden, dies taten auch die anderen nationalen Gruppen: Krimtataren etwa arbeiteten als Kutscher, Eisverkäufer oder Bergführer.[22] Der Tourismus und

---

18 Vgl. den Text unter Dekret SNK (1920).
19 Fisher (1978), 99.
20 Dazu Jobst (2007b), 340.
21 Mal'gin (2006), 95–96.
22 Mal'gin (2006), 105.

das Kurwesen veränderte also das Leben der KrimbewohnerInnen unabhängig ihrer Nationalität.

Dass im 19. Jahrhundert „das Kurhaus als nationale Aufgabe" zu betrachten ist, wurde von der Forschung an vielen Beispielen exemplifiziert.[23] Und dies gilt auch für Russland und die Krim, brandmarkten doch manche russische AutorInnen des 19. Jahrhunderts die Vorliebe reicher RussInnen für ausländische Spas wie Baden-Baden oder Bad Ems als unpatriotisch und empfahlen stattdessen eine Erholungsreise in die heimischen Kurbäder – in den Kaukasus, in das Baltikum oder aber in das „russische Italien", also auf die Krim.[24] Letztere wurde zunehmend nicht mehr als fremdes, muslimisches Gebiet empfunden oder gar als Kolonie, sondern als integraler Teil des eigenen Vaterlandes, was der Reiseschriftsteller und Ethnograph Evgenij Markov (1835–1903) auf den Punkt brachte und damit vielen Landsleuten aus der Seele sprach: „Alles, was Du suchst, findest Du in Deinem eigenen Land, an der Südküste der Krim."[25]

---

23 Fuhs (1992), 173.
24 Mazurevskij (1845), hier 27.
25 Markov (1994), 245.

29 Die krimtatarische Bevölkerung nach dem Krimkrieg

Von den hochrangigen Krim-Adligen hat nicht einer von ihnen seine Kinder in die [krimtatarische] Schulabteilung gegeben, obwohl diese 28 Jahre lang bestand. Viele Beamte und Wahlhelfer schrieben und schreiben nur mit Mühe ihren Vor- und Nachnamen auf Russisch, immer haben sie es vermieden, unter irgendeinem Vorwand, ihre Kinder gründlich Russisch lernen zu lassen. Die Folge war, dass früher, als die Krimbevölkerung mehrheitlich noch aus Tataren bestand, die tatarische Schulabteilung keinerlei Nutzen brachte, dass kaum die Notwendigkeit gegeben war, diese für die Tataren aufrechtzuerhalten. [...] Niemand hat jemals den tatarischen Adel daran gehindert, ihre Kinder in gemeinsame [gemischtnationale, K.S.J.] Lehranstalten zu geben. Im Gegenteil, alle örtlichen Kräfte haben sie, wann immer sie konnten, dazu ermuntert, aber ohne jeden Nutzen, weil sie sich augenscheinlich weigerten, ihre Kinder gemeinsam mit anderen Nationen zu erziehen, anscheinend fürchten sie, dass ihre Kinder, wenn sie eine Ausbildung erhalten, aufhören, Muselmanen [„byt' Musul'manami"] zu sein [...] Das ist keine Verleumdung, sondern die reine Wahrheit.[1]

So düster schätzte der ungenannte Autor 1863 in der „Zeitschrift des Ministeriums für Volksbildung" das Interesse der krimtatarischen Eliten an der Bildung ihres Nachwuchses ein. Diese hielten, wie es weiter hieß, ebenso wie die Krim-Karäer, „ihre Kinder in tiefer Dummheit", während die rabbinischen Juden bildungsbeflissen seien.[2] Der Autor lieferte eine detaillierte Beschreibung des Zustandes des Simferopol'er Bildungswesens, des Zentrums des Taurischen Gouvernements, in den ersten Jahren nach dem Krimkrieg. Darin sparte er auch nicht an Kritik an den staatlichen Stellen, welche insbesondere die Mädchenbildung vernachlässigen würden. Die gegen Ende der 1850er Jahre einsetzende große Emigrationswelle der TatarInnen thematisierte er ebenfalls: Bis zur „Aussiedlung" („do vyselenija") der krimtatarischen Bevölkerung hätten diese ein Drittel der Bevölkerung gestellt, 1863 jedoch nur noch ein Elftel; ob er dies als Verlust empfand oder nicht, ist seinen Zeilen nicht zu entnehmen.[3]

Die krimtatarische Gemeinschaft befand sich nach dem Krimkrieg in einer grundlegenden Krise: Das ihnen kollektiv von Teilen der zarischen Administration und slavischen UntertanInnen entgegengebrachte Misstrauen sowie die prekäre wirtschaftliche Lage hatte viele – wie geschildert – migrieren lassen. Kulturell und gesellschaftlich, so zumindest das Urteil des Kenners der krimtatarischen Geschichte, Edward Lazzerini, war ihre Lage zusätzlich durch Passivität

---

1 Vesti (1863), 242 f.
2 Vesti (1863), 245.
3 Vesti (1863), 242.

OpenAccess. © 2020 Kerstin S. Jobst, publiziert von De Gruyter. Dieses Werk ist lizenziert unter der Creative Commons Attribution 4.0 International. https://doi.org/10.1515/9783110520620-031

auf intellektuellem und künstlerischem Gebiet gekennzeichnet, worauf die oben erwähnte Verweigerung des Besuchs staatlicher Schulen hindeutet.[4] Es war allerdings keineswegs so, dass die Krim-MuslimInnen die Schule an sich verweigerten, denn es gab ein flächendeckendes Netz tatarischer Bildungseinrichtungen, welches auch in Anspruch genommen wurde. Die Bildungseinrichtungen standen allerdings unter der Ägide der muslimischen Geistlichkeit. Dieser oblagen überdies das Führen von Geburts- und Sterberegistern und die Rechtsprechung in Angelegenheiten, welche die muslimische Gemeinschaft betrafen.[5] Ihrerseits bestand kein Interesse, dass sich daran etwas änderte. In den Grund- und höheren Schulen – den *mekteb* bzw. *medrese* – blieben somit religiöse Inhalte und das Studium des Arabischen und des Korans auch im 19. Jahrhundert vorherrschend. Krimtatarisch in Wort und Schrift wurde dort nicht gelehrt, und die Versuche der imperialen Administration zwischen den 1840er und 1860er Jahren zur Einführung eines Basisunterrichts in russischer Sprache war ohne rechte Energie durchgeführt worden und hatte somit wenig Erfolg gezeitigt.[6] Hinzu kam der nicht überzeugende Zustand des gesamtrussländischen Bildungswesens, das nicht wirklich eine Alternative zu den muslimischen Einrichtungen bot. Es erhielt erst in der Reformära die entscheidenden Impulse, die auch unter der krimtatarischen Bevölkerung die AbsolventInnenzahlen moderat ansteigen ließen. Die sog. Russisch-Tatarischen Lehranstalten wurden zum großen Teil vom Erziehungsministerium finanziert und sollten die „Russifizierung und Verschmelzung [„slijanie"] aller innerhalb der Grenzen unserer Heimat lebenden Fremdstämmigen [„inorodcy"] mit den Russen befördern", wie es in einer Direktive dieser Stelle hieß.[7] Die Vermutung unseres oben genannten Autors, dass die muslimische Elite aus Angst vor der Entfremdung bislang praktizierter religiöser und lebensweltlicher Regeln ihrem Nachwuchs den Besuch dieser Einrichtungen verweigerte, war nicht aus der Luft gegriffen, war diese ‚Entfremdung' doch erklärtes Ziel der zarischen Verantwortlichen. Die Bewahrung ihrer muslimisch-tatarischen Identität inmitten einer zunehmend slavisch-orthodoxen Umgebung erschien krimtatarischen AkteurInnen gerade im Bewusstsein ihrer seit den 1860er Jahren so stark dezimierten Zahl wichtig; nicht wenige wählten daher den Weg der Abgrenzung von der slavischen Mehrheitsgesellschaft. Auch die Emigration war ein Versuch, die durch den Modernisierungsdruck gefährdete muslimische Identitätskonstruktion zu stabilisieren. Eine weitere Auswanderungswelle, nachdem 1874 im Zarenreich die allgemeine Wehrpflicht eingeführt worden war, unter-

---

4 Lazzerini (1988), 136.
5 Fisher (1978), 96 f.
6 Kirimli S. (1990), 29–39.
7 Zitiert nach Kirimli S. (1990), 39.

streicht dies. Viele Krimtataren fürchteten, in der zarischen Armee ihren religiösen Geboten nicht nachgehen zu können.[8] Zugleich erfreuten sich krimtatarische Soldaten eines hohen Renommees.[9] Selbst nach dem Krimkrieg, in dem nach verbreiteter Auffassung die tatarische Bevölkerung mit den Gegnern Russlands kollaboriert hätte, zeigte sich Alexander II. von deren militärischen Leistungen beeindruckt: Im Jahre 1863 wurde als Anerkennung für deren Verdienste eine spezielle berittene Einheit geschaffen, welche dem Zaren persönlich unterstellt wurde.[10]

Ein komplexes Wechselspiel zwischen Integration und Abschottung, zwischen Vertrauen und Misstrauen war im krimtatarisch-russischen Kontakt konstituierend. So soll noch angeführt werden, dass auch akkulturierende Erscheinungen und ein wechselseitiger Austausch zwischen alten und neuen KrimbewohnerInnen existierten – auch wenn es kaum gemischtreligiöse Heiraten gab.[11]

Russische AutorInnen waren überzeugt, dass die ‚rückständigen' KrimtatarInnen nur mittels der Ausbildung in imperialen Institutionen und in russischer Sprache zivilisiert und damit ‚vollwertig' werden könnten. Dabei wurde in der Regel die Freiwilligkeit gegenüber Zwangsmaßnahmen bevorzugt und das Versagen der zarischen Verantwortlichen beklagt, die zu wenig Anreiz für den Besuch russischsprachiger Schulen boten.[12] Interessant ist auch, dass den traditionellen krimtatarischen Bildungseinrichtungen zuweilen ein recht gutes Zeugnis ausgestellt wurde: Zu Beginn der 1880er Jahre, so hieß es in einer Analyse zur Lage der krimtatarischen Bevölkerung in der Nachemigrationsphase, könnten immerhin siebzig Prozent beiderlei Geschlechts (!) lesen und schreiben, aber eben nicht auf Russisch und nur selten auf Krimtatarisch.[13] Auch wenn diese Zahl an sich nichts über die Qualität dieser Fähigkeit aussagt, erscheint sie im Vergleich mit anderen (auch russischsprachigen) Teilen des Imperiums hoch.[14] Dass in den von der Geistlichkeit beaufsichtigten Schulen auf der Krim allerdings die religiöse Unterweisung absolute Priorität hatte, war nicht wegzudiskutieren.

Seitens krimtatarischer Akteure wurde dies genauso kritisiert wie die allgemein pessimistische Grundstimmung in der muslimischen Bevölkerung in den

---

8 Vgl. dazu Davies F. (2013), 165 f.
9 So z. B. der General-Gouverneur Neurusslands und Vertrauter der Zarin Katharina II, Platon A. Zubov (1767–1822). Vgl. Kirpenko (1897).
10 Vgl. Fisher (1978), 88, sowie Zenkovsky (1960), 124 f.
11 Jobst (2010).
12 Vgl. Jobst (2007b), 202–204.
13 Gol'denberg (1883), 84 f.
14 Zur Geschichte der Alphabetisierung im Russländischen Reich vgl. Brooks (1985).

Jahrzehnten nach dem Krimkrieg. Zu Beginn der 1880er Jahre entstand schließlich auf der Krim selbst (ähnlich wie bereits vordem bei den TatarInnen der Wolgaregion) eine Bewegung[15], die sowohl für diese selbst als auch für die Ausbildung einer spezifischen muslimisch-russischen Identität von fundamentaler Bedeutung werden sollte, nämlich der sog. Djadidismus (in etwa „neue Methode"; arab.: *al-usul al gadida;* pers.: törki *usul-i gadid).* Als „the architect of modernism among Muslim Turkic subjects of the Russian Empire" gilt İsmail Gaspıralı (krimtat.; russ. Ismail Gasprinskij; 1851–1914).[16] Er gehörte zu der ersten Generation der „Trans Imperial People" (James H. Meyer) der Russlandmuslime, zu denen auch der Wolgatatare Yosıf Aqçura (tat.; russ. Jusuf Akčurin; 1876–1935) oder der Aseri Əli bəy Hüseynzadə (aser.; russ. Ali-bek Gusejnzade; 1864–1940) zählen, und welche Verbindungen zu Intellektuellen im Osmanischen Reich unterhielten.[17] Wie Aqçura oder Əli bəy Hüseynzadə erhielt Gaspıralı sowohl eine Ausbildung im Zarenreich selbst (in Moskau) und im westlichen Europa (Paris) als auch in Istanbul.[18] Seine Rolle bei der Schaffung eines muslimischen Kommunikationsraumes innerhalb des Russländischen Reiches wird von der Forschung immer wieder unterstrichen.[19] Zugleich sah er sich, worauf Ulrich Hofmeister erst kürzlich hingewiesen hat, als Muslim von der Halbinsel Krim offenbar in einer „Mittlerposition" zwischen dem europäischen Russland und dessen muslimisch bewohnten Gebieten in Zentralasien. Dazu gehörte, dass er die Rolle der Bildung als entscheidenden Faktor für die sog. Zivilisierung der muslimischen UntertanInnen identifizierte und den Islam als solches – und anders als viele seiner russischen ZeitgenossInnen – nicht grundsätzlich als Modernisierungshindernis sah.[20] Im Jahre 1881 erschien seine Schrift *„Russkoe Musul'manstvo"* („Der russische Islam")[21] und ab 1883 die Zeitschrift *„Terciman/Perevodčik"* („Der Übersetzer"), die seine Auffassungen weit über eine krimtatarische LeserInnenschaft hinaus popularisierte.[22] Zentrale Forderung war die Erneuerung des Islams im Zarenreich durch die Übernahme des westlichen, konkret des russischen Bildungsmodells. Das religiöse Erziehungsmonopol der Geistlichkeit sollte aufgehoben werden, die Verständigung der RusslandmuslimInnen durch den Gebrauch

---

15 Dazu im Detail Noack (2000).
16 Lazzerini (1997), 177.
17 Meyer J. (2014), 21.
18 Zur Biographie Gaspıralıs vgl. Lazzerini (1973).
19 Vgl. zuletzt Tuna (2015).
20 Hofmeister (2017), besonders 124 und 135.
21 Erste Ausgabe: Gasprinskij (1881).
22 AbonnentInnen hatte der „Terciman" auch im Osmanischen Reich und selbst in Indien, vgl. Fisher (1978), 103.

einer von ihm entwickelten Turk-Standardsprache, die (vereinfacht ausgedrückt) eine Variante des gesprochenen Tatarisch ohne arabische und persische Wörter war, gefördert werden. In dieser war auch der turksprachige Teil des zweisprachigen, auch russische Artikel enthaltenden „*Terciman*" geschrieben.[23] Zur Verbreitung dieser Sprachvariante entwickelte er eine neue, effektive Lehrmethode. Im Jahre 1884 wurde auf seine Initiative hin in Bachčisaraj, wo er vordem einige Jahre als Bürgermeister tätig gewesen war, eine erste Reformschule gegründet, in der das Lesen und Schreiben nach dieser Methode genauso gelehrt wurde wie eine weltliche Bildung sowie die russische Sprache. Anfangs zeigten sich MuslimInnen in anderen Teilen des Imperiums wenig beeindruckt von Gaspıralıs Engagement, schließlich übernahmen jedoch beispielsweise WolgatatarInnen dieses Modell.[24] Gaspıralı und seine Mitstreiter und Mitstreiterinnen – die gleichberechtigte Teilnahme von Frau und Mann am gesellschaftlichen Leben wurde eine zentrale Forderung der Djadidisten[25] – waren überzeugt, dass nur eine moderne, weltlich geprägte muslimische Gesellschaft sich dauerhaft der Russifizierung entziehen könnte.

Letztlich formierte sich von der Krim ausgehend eine auf die ‚gemeinsame Erfahrung' der turkstämmigen Abstammung, auf eine gemeinsame Sprach- und Kulturgemeinschaft einschließlich der Religion und auf den Rekurs auf eine ‚gemeinsame Geschichte' (die der Goldenen Horde) gestützte ‚moderne' Gruppenidentität. Der „djadidistische [...] Diskurs schuf [...] mithin eine Gemeinschaft muslimischer Eliten aus allen Teilen Russlands als Kommunikationsverbund", so das Urteil Christian Noacks.[26] Gaspıralı und seine Generation mögen den Djadidismus noch als eine primär kulturelle Bewegung interpretiert und geplant haben, letztlich war ihr Tun allerdings politisch.[27] Dennoch: Was bedeutete ein ‚weltlicher Islam' für die gedachte Gemeinschaft aller Muslim, die Umma, und für die Rolle des Osmanischen Reiches? War der Djadidismus eine Art Nationalbewegung der KrimtatarInnen oder der RusslandmuslimInnen insgesamt? Wie wurde das Verhältnis zur ethnisch türkischen Bevölkerung im Osmanischen Reich interpretiert? Welche Folgen erwuchsen dadurch für St. Petersburg oder Istanbul? Gaspıralı selbst betonte zwar immer wieder – bei dezidierter Ablehnung einer

---

23 Vgl. Bennigsen u. Lemercier-Quelquejay (1964), 35–46.
24 Noack (2000), 147 f.
25 Seine Tochter Şefiqa Gaspıralı (krimtat.; russ. Šefika Gasprinskaja; 1886–1975) gehörte zu seinen engsten MitarbeiterInnen und war Herausgeberin mehrerer für eine weibliche Leserschaft konzipierter Zeitschriften. In westlichen und slavischen Sprachen fehlt leider eine zufriedenstellende Untersuchung, vgl. aber Gankevič (1994); Hablemitoğlu u. Hablemitoğlu (1998).
26 Noack (2000), 150.
27 Vgl. z. B. Gankevič u. Šendrikova (2008).

Abb. 10: İsmail Gaspıralı (Ismail Gasprinskij)

russifizierenden Politik – die Verbundenheit der RusslandmuslimInnen mit dem Imperium, ihm schlug aber gerade seitens nationaler und orthodoxer russischer Eliten, die in jedem Muslim einen religiösen Fanatiker sehen wollten, immer wieder ein kalter Wind entgegen.[28] Nach der Russischen Revolution von 1905 zeigte sich, dass der Djadidismus auch innerhalb der muslimischen Gemeinschaft kritisiert wurde: Seitens der sich zunehmend national als tatarisch oder ethnisch-türkisch definierenden sog. Jungtatarischen Bewegung[29] regte sich ebenso Widerstand wie seitens der traditionellen muslimischen Geistlichkeit, die von russischen Stellen weiterhin bevorzugt wurde. Am Beispiel der von Gaspıralı ge-

---

28 Hofmeister (2017), 124–128.
29 Kirimli H. (1993), hier 534.

prägten Bewegung lässt sich Folgendes zeigen: Zum einen, dass auch die vermeintlich so rückständige krimtatarische Bevölkerung in etwa parallel zu anderen Nationalitäten innerhalb der zeitgenössischen Imperien am Beginn eines Nationsbildungsprozesses stand, der spätestens in den Jahren vor dem Ersten Weltkrieg große Teile der intellektuellen Eliten berührte.[30] Es begann eine Entwicklung, in der immer mehr KrimtatarInnen die Halbinsel als geistig-emotionalen Bezugspunkt sahen und nicht mehr länger das Osmanische Reich bzw. die abstrakte Umma.[31] Zum anderen werden die existierenden Handlungsspielräume der krimtatarischen Bevölkerung bzw. ihrer Eliten sichtbar. Erst durch die imperiumsweiten Reformen konnten diese etwa in der lokalen Selbstverwaltung genutzt werden – und sie wurden genutzt, was u. a. die Installierung der Gaspıralıschen Reformschulen belegt. Dennoch: „[D]en krimtatarischen Eliten [war] unbestritten der Primat des selbständigen politischen Handelns entzogen und die eigenverantwortliche gesellschaftliche Gestaltungskompetenz zumindest eingeschränkt, so wie es in kolonialen Kontexten üblich ist."[32] Und dass das ehemalige Krim-Chanat eine Kolonie und dessen Titularnation eine unterworfene Nationalität war[33], daran kann kein Zweifel bestehen. Kolonialismus gibt es allerdings in unterschiedlichen Varianten und Ausprägungen. Im Unterschied beispielsweise zu einigen zentralasiatischen Eroberungen des Russländischen Reiches war die Krim – wie beschrieben – fest in den Reichsverband eingebunden, die für die zentralrussischen Gebiete eingeführten rechtlichen Normsetzungen galten im Wesentlichen auch dort. Die krimtatarische Bevölkerung unterlag auch nicht dem 1822 eingeführten „Statut über die Verwaltung der Fremdstämmigen" („*Ustav ob upravlenii inorodcev*"), die als eine besondere Rechtskategorie für eine große Zahl nicht-slavischer BewohnerInnen des Zarenreichs geschaffen worden war und die somit außerhalb des Rechtskodex der zentralrussischen Gebiete stand. Gleichwohl wurden KrimtatarInnen häufig abwertend als „*inorodcy*" (Fremdstämmige)

---

30 So auch Kappeler (1993), 196.
31 Williams (2001), 190.
32 Jobst (2017a), 101.
33 Nach dem freilich zur damaligen Zeit noch nicht ausgebildeten Völkerrecht hat die krimtatarische Bevölkerung als sog. indigene bzw. autochthone Nationalität zu gelten. Vgl. United Nations (2007). Vgl. auch United Nations (2013), 6: „Indigenous communities, peoples and nations are those which, having a historical continuity with pre-invasion and pre-colonial societies that developed on their territories, consider themselves distinct from other sectors of the societies now prevailing on those territories, or parts of them. They form at present non-dominant sectors of society and are determined to preserve, develop and transmit to future generations their ancestral territories, and their ethnic identity, as the basis of their continued existence as peoples, in accordance with their own cultural patterns, social institutions and legal system."

bezeichnet, auch wenn dieser Begriff ursprünglich nicht pejorativ gewesen war.[34] Und dieses Spannungsfeld, welches übrigens auch in sowjetischer Zeit bestand (Kapitel 32), war und ist kennzeichnend für das Verhältnis zwischen TatarInnen und der russischen Macht auf der Halbinsel: Auch in zarischer Zeit gab es keine Benachteiligung auf der juristischen Ebene. Mindere Rechte auf Grund der Nationalität (auf Grund der sozialen Zugehörigkeit allerdings schon) existierten nicht, strukturelle und praktizierte Diskriminierungen allerdings sehr wohl. Wie allerdings u. a. das Beispiel der Djadidisten zeigt, verstanden Akteure die sich bietenden Partizipationsmöglichkeiten zu nutzen, besonders nach der Revolution von 1905.

---

34 Slocum (1998).

30 Die Revolution 1905 und ihre Folgen auf der Krim

> Nach der Hinrichtung bitte ich, mit Nachdruck und allen Mitteln, dass mein Leichnam vor den Arbeitern Sewastopol's aufgebahrt wird, damit sie Herr und Meister der Beerdigung sind. Ich bin ihr Vertreter, ich bin stolz auf diesen Titel, denn sie [die Arbeiter Sevstopol's, KSJ] gaben meinem Leben mehr Glück, als all die Leute, die je ich getroffen habe. [...] Wenn die Stadt irgendwann ein Monument errichten wird, dann sollen sie in den Stein meinen Eid eingravieren. [...] Ich erhob das Banner der Revolution der russischen Flotte, die dem Volk treu blieb, und lasst diese Flagge der Freiheit auf meinem Grab flattern.[1]

Der Verfasser dieser Zeilen war Leutnant Petr P. Šmidt (1867–1906), der im Verlauf der Russischen Revolution von 1905 eine Reihe revolutionärer, gegen die zarische Regierung gerichteter Aktivitäten entfaltete; er schrieb sie kurz vor seiner Hinrichtung. Nach mehreren Zusammenstößen mit der Ordnungsmacht und daraus resultierenden Verhaftungen hatte er im Herbst 1905 auf dem in Sevastopol' vor Anker liegenden Panzerkreuzer „Očakov" das Kommando über die aufständischen Matrosen übernommen. Das Hissen der Roten Fahne gelang, nicht aber die geplante Einnahme strategisch wichtiger Punkte der Stadt und die Verhaftung der kaisertreuen Offiziere. In einem von Šmidt unterzeichneten Telegramm war Zar Nikolaus II. (1868–1918) zur sofortigen Einberufung einer verfassungsgebenden Versammlung aufgefordert worden. Das hatte allerdings keine Folgen. Regierungstreuen Einheiten gelang eine rasche Niederschlagung der Revolte. Der sich als unabhängiger Sozialist bezeichnende Šmidt war zwar nicht der Einzige, aber der bekannteste unter den Verhafteten in Sevastopol', das während der ersten Russischen Revolution der zentrale Kriegshafen der zarischen Marine im Schwarzen Meer war. Nach einem kurzen Gerichtsverfahren unter Ausschluss der Öffentlichkeit wurden er und einige seiner Mitstreiter zum Tode verurteilt und auf der kleinen, heute unbewohnten Insel Berezan' in der Nähe des Dnepr-Bug-Limans hingerichtet. Im Abschiedsbrief des bis heute in den Nachfolgestaaten der UdSSR populären Helden des „revolutionären Kampfes der Volksmassen", wie es in Publikationen aus sowjetischer Zeit hieß,[2] hatte er nicht nur den Wunsch nach einer öffentlichen Trauerfeier geäußert, sondern wollte zudem seinen Leichnam an der Seite anderer Opfer der revolutionären Ereignisse von 1905 in Sevastopol' beerdigt wissen. St. Petersburg erfüllte dieses Ansinnen – wenig erstaunlich – nicht. Erst nach einem weiteren revolutionären Ereignis, der Februarrevolution

---

1 Pis'mo (1983), 107.
2 Vgl. z. B. Vaneev (1983), 12.

Abb. 11: Panzerschiff „Panteleimon" (ehemals „Knjaz' Potemkin-Tavričeskij"), Fotografie von 1906

von 1917, wurden Šmidts Überreste an seine revolutionäre Wirkstätte zurückgebracht. Dies geschah ausgerechnet unter dem sozialistischen Strömungen strikt abgeneigten damaligen Befehlshaber der Schwarzmeerflotte und späteren Protagonisten der sog. Weißen Bewegung, Admiral Aleksandr V. Kolčak (1874–1920). Um die aufrührerische Stimmung unter den Matrosen und Soldaten zu besänftigen, ließ er einige Leichname der Opfer von 1905, darunter auch den Šmidts, exhumieren und im Mai 1917 in der Sevastopol'er Pokrovskij-Kathedrale neu bestatten. Diese Geste half tatsächlich, die Lage vorerst zu beruhigen. 1923 fanden Šmidts Gebeine auf dem städtischen Friedhof Sevastopol's ihre letzte Ruhe.[3] Ihren Sinn für Symbolträchtigkeit bewiesen die Bol'ševiki, als sie Šmidts Grabstein aus der Grabplatte des während der Meuterei auf dem Panzerkreuzer „Potemkin" 1905 von Aufständischen getöteten Kapitäns Evgenij N. Golikov (1854–1905) fertigen ließen, der AnhängerInnen der zarischen Ordnung als positive Erinnerungsfigur galt.[4]

---

[3] Smolin (2012), 165 f.
[4] Vgl. als Beispiel für die positive Bewertung Golikovs: Tjuljakov (2014).

Auch der Panzerkreuzer „Potemkin" wurde zu einem revolutionären Symbol: Durch Sergej Ėjzenštejns (1898–1948) gleichnamigen Film (russ.: „Bronenosec Potëmkin") von 1925, der nicht zuletzt wegen der berühmten „Treppenszene" eines der wohl am häufigsten zitierten Werke der Filmgeschichte ist,[5] wird außerhalb des russischsprachigen Raumes die Revolution von 1905 vor allem mit den Ereignissen auf der „Potemkin" in Odessa assoziiert. Allerdings blieb die Revolution keineswegs auf St. Petersburg und Moskau bzw. Odessa beschränkt.[6] Sowohl auf dem Land als auch in den nicht mehrheitlich russisch besiedelten Peripherien des Imperiums wie im Baltikum, der Kaukasusregion oder in Polen kam es zu revolutionären Ausschreitungen.[7] So auch auf der Krim. Die Begebenheiten des Jahres 1905 trugen dazu bei, dass Sevastopol' in der russischen Erinnerungskultur als ein militärisch-revolutionärer Ort eingeschrieben ist,[8] auch wenn der Krimkrieg bzw. der Krieg von 1939/41–1945 ohne Zweifel noch stärker kollektiv erinnert werden. Die sowjetische Geschichtspolitik nutzte Leutnant Šmidt und seine Mitstreiter, um der Vorstellung von Sevastopol' als exponiertem revolutionären *hot spot* Nachdruck zu verleihen. Zudem versuchte die sowjetische Geschichtsschreibung, eine aufständisch-revolutionäre Traditionslinie zu konstruieren, die schon vor 1905 ihren Anfang genommen haben soll: So wurde beispielsweise der durch Lebensmittelknappheit verursachte sog. *ženskij* oder *čumnoj bunt* (Frauen- bzw. Pestaufstand) von 1830 immer wieder als Beginn der revolutionären Geschichte der Stadt interpretiert.[9] Leutnant Šmidt schließlich, obzwar kein Bol'ševik, war Teil der die ganze Sowjetunion – vom westlichen Tver' bis zum östlichen Vladivostok[10] – durchziehenden revolutionär-heroischen materiellen und immateriellen Denkmal- und Erinnerungskultur: Brücken, wie etwa die erste feste Brücke über die Neva in Leningrad (St. Petersburg), die seit 2007 Blagoveščenskij-Brücke heißt, wurden nach ihm benannt; zahlreiche AutorInnen nahmen sich seiner an, unter ihnen Boris L. Pasternak (1890–1960), Autor des

---

5 Nachzuschauen unter folgendem Link: http://cinema.arte.tv/de/artikel/die-treppenszene-aus-panzerkreuzer-potemkin (Stand 14.03.2018).
6 Zum Forschungsstand der Revolution von 1905 vgl. vor allem Kusber (2007). Vgl. auch Ascher (1988/1994).
7 Zu den verschiedenen revolutionären Schauplätzen vgl. den Sammelband Frings u. Kusber (2007) sowie z. B. Tych (1990).
8 Vgl. dazu die eher für LiebhaberInnen der Militärgeschichte geeignete Publikation von Melvin (2017).
9 Vgl. z. B. Polkanov (1936). Vgl. auch Jobst (2017b), 166.
10 Im russischen Wikipedia-Eintrag zu Šmidt sind z. B. – ohne Anspruch auf Vollständigkeit – mehr als fünfzig Städte in der ehemaligen Sowjetunion genannt, in denen ihm mittels einer Straßenbenennung, eines Denkmals oder einer Erinnerungstafel gedacht worden war: Šmidt (2018). Vgl. auch Qualls (2009), 138.

„Doktor Živago", der ihm ein Poem widmete, und es gibt mindestens zwei Opern, die nach ihm heißen – eine von Nikolaj I. Platonov (1894–1967) aus dem Jahr 1938, eine andere von B. L. Jarovinskij (1922–2000) von 1970.

Aufruhr – und aus der Perspektive der jeweiligen Machthaber sind Revolutionen und Aufstände nichts anderes als ein Aufstand gegen eine als legitim angesehene Ordnung – ist in einer so stark militärisch geprägten Stadt wie Sevastopol' nicht ungewöhnlich: Die Bevölkerung von Hafenstädten gilt allgemein als „turbulent und unkontrollierbar."[11] Wie verlief das Jahr 1905 aber in den anderen Teilen der Krim? Wie stand es mit der Teilnahme bäuerlicher und intellektueller Tataren und Tatarinnen – eine Industriearbeiterschaft im klassischen Sinne gab es auf der agrarisch geprägten Halbinsel nur in Ansätzen – und anderer nationaler Gruppen? In städtischen, gemischt besiedelten Gebieten außerhalb Sevastopol's wie in Feodosija oder Simferopol' kam es vereinzelt zu Streiks und 1905 auch zu Demonstrationen zum 1. Mai, während in den von TatarInnen bewohnten Dörfern kein besonderer Aufruhr festzustellen war.[12] Ab Ende des Jahres 1905 zeigte sich aber, dass die revolutionären Ereignisse zu einer bis dahin unvorstellbaren „Organisierung der Gesellschaft" beitrugen[13]: In Regie örtlicher Akteure, weitgehend ohne die Intervention zugereister Agitatoren, formierten sich bäuerliche Organisationen. Vereinzelt kam es zu Landarbeiterstreiks, und tatarische Kleinbauern, die traditionell mit slavischen und muslimischen Grundbesitzern über ihre traditionellen Landnutzungsprivilegien stritten, fühlten sich ermuntert, ihre Rechte beherzter einzufordern.[14] Wie in anderen Teilen des Imperiums kam es im Verlauf der Ereignisse auch zu antisemitischen Ausschreitungen, welche zum Teil von den staatlichen Stellen vor Ort initiiert worden waren.[15]

Die imperiumsweite Bewegung der RusslandmuslimInnen, die ja durch Gaspıralı und den Djadidismus (Kapitel 29) seit den 1880er Jahren wesentliche Impulse bekommen hatte, erfuhr durch das Jahr 1905 weiteren Antrieb. Bald sollte sich zeigen, dass Kazan' oder Orenburg zu den eigentlichen Zentren einer muslimischen Bewegung wurden. Auf der Krim begannen dessen ungeachtet unter den muslimischen Eliten bis dahin unbekannte Debatten über das Wesen krimtatarischer Identität abseits von Religion und Sprache. Diese hatten auch einen

---

11 So Osterhammel (2009), 402.
12 Vozgrin (1992), 362.
13 Neutatz (2013), 111.
14 Ganz ähnlich verhielten sich tatarische Bauern im Wolga-Gebiet, vgl. Noack (2000), 235.
15 Vozgrin (1992), 363 f., betont, dass sich Krimtataren nicht an antisemitischen Ausschreitungen beteiligt hätten. In einem Fall sei eine berittene tatarische Einheit zur Auflösung der „*Pogromščiki*" (Pogromtäter) eingesetzt worden.

generationellen Aspekt: Während ältere, etablierte Akteure sich mit bildungspolitischen Erfolgen wie der Gründung von über 350 Schulen mit tatarischer und russischer Sprache auf der Halbinsel begnügten,[16] stellten Jüngere weitergehende Fragen nach dem Verhältnis der KrimtatarInnen zu anderen RusslandmuslimInnen, dem Russländischen Imperium und dem Osmanischen Reich. Waren KrimtatarInnen eine von den übrigen RusslandtatarInnen bzw. von den TürkInnen distinkte Gruppe? War einer spezifisch krimtatarischen Sprachvariante der Vorzug zu geben oder einer anderen? Wie sollten die ökonomischen und politischen Probleme der krimtatarischen BewohnerInnen gelöst werden – innerhalb des Zarenreichs, in Anbindung an Istanbul oder unabhängig von beiden Mächten?[17] Und welche Ausprägung hatten die vielgestaltigen pantürkischen Elemente der Debatten?[18] Es zeigte sich, dass es in diesen intellektuellen Diskursen nicht mehr primär um die Bedeutung des Islam als identitätsstiftendes Moment ging, wie es noch einige Dekaden davor der Fall gewesen war und wie es ja grundsätzlich auch noch auf Gaspıralı zutraf, der in der Religion einen wichtigen Orientierungspunkt sah.[19] In der neben Bağçasaray wichtigsten tatarischen Stadt auf der Krim, in Qarasuvbazar, sammelten sich die Akteure einer häufig als Jungtataren (Genç Tatarlar) bezeichneten Gruppe, welche die ‚krimtatarische Frage' sozial, politisch und eben auch national definierten. Sie äußerten Zweifel, ob das autokratische russländische System diese zu lösen im Stande sei. Zentrale Figur war der spätere Bürgermeister Qarasuvbazars, Abdurreşit Mehdi (in russischer Form auch Rešid Medievič Mediev, 1880–1912), der Abgeordneter in der nur zwischen Februar und Juni 1907 tagenden und dann aufgelösten zweiten Duma war. In dieser waren 36 der 450 Abgeordneten Muslime, die ursprünglich eine eigene Fraktion gebildet hatten, von der sich aber einige aus dem Kaukasus und dem Wolga-Gebiet stammende Abgeordnete wegen abweichender Auffassungen in der Agrarfrage abspalteten.[20] In Wahlbezirken, in denen keine eigenen Kandidaten aufgestellt werden konnten, hatte man mit der liberalen Partei der Konstitutionellen Demokraten („Kadetten") kooperiert. In der russländischen Volksvertretung, die dem Zaren durch den imperiumsweiten Druck geradezu abgerungen worden war, dominierten politisch links verortete Politiker, was ein Grund für ihre Kurzlebigkeit war.[21] Auch Mehdi stand politisch sozialrevolutionären Positionen nah. Be-

---

16 Fisher (1978), 104.
17 Magocsi (2014), 75 f.
18 Pekesen (2014).
19 Lazzerini (1997), 177.
20 Dazu im Detail Noack (2000), 256 f.
21 Zudem wurde der Modus zu den Wahlen der 3. Duma zu Lasten nationaler Minderheiten verändert.

sonders die Not der landarmen krimtatarischen Bauern wurde sein Thema, forderte er doch die Verbesserung von deren Lage durch die Verteilung des in den Händen der Gutsbesitzer, des Staates oder der muslimischen Gemeinschaft befindlichen Landes.[22] Trotz seiner vergleichsweise radikalen Ansichten wurde er einer der stellvertretenden Sprecher der muslimischen Duma-Fraktion, die sich ansonsten programmatisch an den Kadetten orientierten.[23] In der Rückschau spielt Mehdi in der Geschichte der krimtatarischen nationalen Identitätsbildung vor allen Dingen deshalb eine Rolle, da er wohl als erster die Krim als Entität sui generis definiert hat: Sie war für ihn „not a province of the Russian Empire, segment of the Dar al-Islam [Haus des Islams, d. h. alle Gebiete unter muslimischer Herrschaft] or adjunct of a larger Turkish homeland, but as the national patrimony of the Crimean nation."[24] Obgleich er und seine Anhänger die etablierte muslimische Geistlichkeit als Hauptgegner ansahen, bediente er sich einer religiös gefärbten Sprache, um die krimtatarische Bauernschaft zu erreichen. Dies war aber nur eine sprachliche Anpassung, denn letztlich ist die Taktik dieser Bewegung mit jener der frühen russischen Sozialisten der Narodniki (Volkstümler oder Volksfreunde) zu vergleichen, sowohl in ihrer antireligiösen Haltung als auch in ihrem Antimonarchismus.[25]

Dieser Entwicklung vorausgegangen war ein erster, von muslimischen Delegierten aus allen Teilen des Imperiums beschickter Muslim-Kongress im August 1905 in Nižnij Novgorod, dem 1906 ein zweiter in St. Petersburg folgen sollte. Fragen der Verbesserung des Bildungswesens sowie rechtlicher, juristischer und religiöser Probleme der RusslandmuslimInnen wurden diskutiert. Gaspıralı konnte seine Vorstellungen von der Notwendigkeit einer Einbindung in und Orientierung am russländischen System vorerst noch erfolgreich einbringen.[26] Man einigte sich in Erwartung der Installierung einer Staatsduma auf die Gründung einer muslimischen Partei. Im Endergebnis kam es vorerst ‚nur' zur Gründung des „Bundes der Muslime Russlands" (*Rusiya Musulmannarynyng Ittifaky* bzw. *Rusiya Musulmanlarının İttifakı*, kurz: Ittifak). Ittifak befand sich immerhin, so Christian Noack, „auf dem Weg zur Partei."[27] In dieser wurden jedoch alsbald, genauso wie in der eher als Einheit gedachten denn real existierenden Gruppe der RusslandmuslimInnen insgesamt, die Unterschiede evident. Auf der Krim gab es neben den Anhängern Gaspıralıs und den sog. Jungtataren um Mehdi und ihrem

---

22 Williams (2001), 320.
23 Noack (2000), 258.
24 Williams (2001), 320.
25 Williams (2001), 321 f.
26 Fisher (1978), 104.
27 Noack (2000), 254.

Journal „*Vatan Hadimi*" („Diener der Nation") bald eine dritte, mal als „Nationalisten" (Fisher), mal als „Separatisten" (Vozgrin) bezeichnete Gruppe.[28] In jedem Fall war diese Strömung zeittypisch, formierten sich doch in den Jahrzehnten vor dem Ersten Weltkrieg allenthalben nationale Bewegungen, die ihr definiertes ‚nationales Schicksal' außerhalb der großen Imperien zu erfüllen glaubten.

Die Köpfe dieser Bewegung unter den Krimtataren waren der Jurist und spätere Mufti Noman Çelebicihan (1885–1918) und Cafer Seydahmet Qırımer (1889–1960), der ebenfalls ein Studium der Rechtswissenschaft abgeschlossen hatte; beide sollten während der revolutionären Ereignisse auf der Krim in den Jahren 1917 und 1918 noch wichtige Rollen spielen (Kapitel 31).[29] Beide lernten sich vermutlich um das Jahr 1908 in Istanbul kennen, wo sie wie viele andere RusslandmuslimInnen auch ihre Ausbildung komplettierten.[30] Die Erfahrung der sog. Jungtürkischen Revolution in dieser Zeit mag zur im Osmanischen Reich erfolgten Politisierung der beiden Akteure und der übrigen krimtatarischen Diaspora beigetragen haben. Durch die Wiedereinführung der Verfassung eröffneten sich im Osmanischen Reich auch für RusslandmuslimInnen einschließlich der KrimtatarInnen neue Freiheiten, die sich u. a. in journalistischen Aktivitäten niederschlugen. Sie gründeten zudem verschiedene teils geheim, teils offen agierende politische Vereine. Als Ziel wurde schließlich die ‚Befreiung der krimtatarischen Nation' definiert.[31] Eine von Seydahmet in der osmanischen Hauptstadt verfasste Broschüre mit dem Titel „Die unterdrückte krimtatarischen Nation im 20. Jahrhundert" führte 1911 sogar zur diplomatischen Intervention St. Petersburgs, welches von den osmanischen Behörden seine Verhaftung forderte. Dieser entzog er sich aber durch seine Flucht nach Paris.[32] Ohnehin beobachteten russisch-imperiale Stellen mit großer Aufmerksamkeit die Tätigkeiten ihrer muslimischen UntertanInnen im Osmanischen Reich, sahen sie darin doch potentielle Probleme sowohl für die innerimperialen als auch für die außenpolitischen Konstellationen.[33] 1909 hatte sich in Istanbul unter Seydahmets und Çelebicihans Ägide die „Vatan-Gesellschaft" (*Vatan Cemiyeti*) formiert, die in der Forschung übereinstimmend als wichtige Etappe in der nationalpolitischen Genese einer sich an das Territorium der Halbinsel bindenden krimtatarischen Identität bewertet wird: „The Members of the Fatherland Society were proposing nothing less than independent Crimean Tatar statehood in their Crimean home-

---

[28] Fisher (1978), 106; Vozgrin (1992), 381.
[29] Vgl. beide Kurzbiographien bei Kogonašvili (1995), 252 und 310.
[30] Dazu grundlegend Adam (2002).
[31] Dazu ausführlicher Kirimli S. (1990), 102–104.
[32] Bowman (2005).
[33] Vgl. Adam (2002), 194 f. sowie 428–448.

land", so beispielsweise Williams.[34] Den im Exil politisierten krimtatarischen Rückkehrern gelang der Aufbau eines zum Teil illegalen Kommunikationsnetzes, das ‚nationales' Schriftgut verteilte, Lesezirkel gründete und Multiplikatoren wie Lehrer in den Gaspıralıschen Reformschulen in ihrem Sinne beeinflussen konnte. Von einem die Mehrheit der krimtatarischen Bevölkerung durchdringenden Nationalbewusstsein kann allerdings zu diesem Zeitpunkt nicht die Rede sein; auch hier ist der krimtatarische Fall vergleichbar mit dem anderer nichtdominierender Nationalitäten in den osteuropäischen Landimperien. Die mobilisierten Eliten konnten die Frage nach ihrem ultimativen Ziel – nach Unabhängigkeit oder einer stärker ausgeformten pantürkischen Verbindung unter den Tataren im Russländischen Reich oder in Anlehnung an das jungtürkische Beispiel – nicht final beantworteten. Nach 1905 zeigten sich einige Aktivisten enttäuscht über Gaspıralı. Dieser sei zu ‚flexibel', lehnte revolutionäre Strömungen ab und sei vor allen Dingen „gegenüber dem Zaren, der Reichsduma und der bestehenden Gesellschaftsordnung" zu loyal. Der Umstand, dass er „das Vertrauen des Innenministeriums genoß", machte ihn verdächtig.[35] Der Nachwuchs verfolgte weitergehende Ziele, deren Erreichung spätestens ab 1917 möglich erschien. Dies erlebte der trotz aller Kritik auch heute noch von Musliminnen und Muslimen hochgeschätzte Gaspıralı nicht mehr, verstarb er doch im September 1914 nach kurzer und schwerer Krankheit.

---

34 Williams (2001), 325.
35 Adam (2002), 94.

31 Der Erste Weltkrieg und die Revolution in der Peripherie. Die Halbinsel Krim 1917–1920

Die nationale Frage ist im Grunde nicht richtig gelöst worden [...]: 1) im bürgerlich-kapitalistischen System hatten die Tataren die Möglichkeit, Grundbesitz zu pachten und ihr Brot zu verdienen; im sowjetischen System nahm ihr Landmangel zu; 2) früher hatten die Krimtataren ihre nationale Militäreinheiten: Die tatarischen Kavalleriegeschwader in Simferopol' und Bağçasaray, welche die Krim bewachten, befanden sich in den besten Kasernen; die sowjetische Regierung hat nicht nur die nationalen Militäreinheiten, sondern auch die im Kampf getesteten internationalen Einheiten der Roten Armee von tatarischen Freiwilligen eliminiert [...]; 4) im bürgerlichen System genoss die tatarische Bevölkerung Freizügigkeit, und heute wird ihr diese Möglichkeit vorenthalten [...]; 5) im alten Regime konnten die Tataren [...] ihre Produkte gegen Brot und Fertigwaren frei eintauschen – die Sowjetregierung aber nahm ihnen alle Vorräte an Wein, Tabak und Früchten, und gaben ihnen im Gegenzug nichts. Das sind nackte Tatsachen, auf denen die Krimtataren ihr Urteil über die Sowjetmacht gründen.[1]

Diese düstere Beschreibung der Lage auf der Krim und der Stimmung der krimtatarischen Bevölkerung stammt nicht etwa aus der Feder eines Gegners der Bol'ševiki, sondern aus der des überzeugten Kommunisten wolgatatarischer Herkunft, Mirsäyet Soltanğäliev (tat.; russ. Mirsaid Sultan-Galiev; 1892–1940[?]). Und Soltanğäliev wurde noch deutlicher in seiner Kritik an der sowjetrussischen Politik gegenüber KrimtatarInnen: Diese sei Ausdruck der „institutionalisierten, aber verborgenen Kolonisierungspolitik der Sowjetmacht", die getrieben von Misstrauen gegenüber „dem Osten"/„dem Orient" („k Vostoku") sei. Für die Sowjets sei die Krim ein Land voller Kleinbürger und sie betrieben deshalb das Ziel „der vollständigen wirtschaftlichen und politischen Demoralisierung der Türken-Tataren." Die Sowjetmacht und der Kommunismus seien letztlich nur eine neue Form des europäischen Imperialismus, die allerdings „auf der Leugnung des Rechts auf Privateigentum beruht und deshalb noch mächtiger und gewaltiger als zuvor ist." Die KrimtatarInnen seien deshalb voller „giftiger Gedanken" und stürben überdies „an Hunger und Tuberkulose."[2]

Gerichtet waren diese ungeschönten Zeilen an den damaligen Volkskommissar für Nationalitätenfragen, Josef Stalin. Verfasst wurden sie im Frühjahr 1921, wenige Monate nach der endgültigen Einnahme der Halbinsel Krim durch die Bol'ševiki. Erst nach der mit Hilfe britischer Schiffe vollzogenen Massenevakuierung der zarentreuen Weißen Truppen unter General Pëtr N. Vrangel' (1878–

---

1 Sultan-Galiev (1997).
2 Sultan-Galiev (1997).

1928) war dies gelungen, war die Krim doch der Teil des zarischen Imperiums gewesen, wo sich die Widersacher der Sowjetmacht am längsten hatten halten können – von einigen kleinen Enklaven in Sibirien abgesehen.)

Im November 1920 hatten die Voraussetzungen für einen freundlichen Empfang der Bol'ševiki durch die Krim-BewohnerInnen gut gestanden, da Vrangel's Vorgänger, der ‚weiße' General Anton I. Denikin (1872–1947) mit großer Brutalität regiert hatte.[3] Vrangel' selbst bemühte sich darum, Recht und Ordnung wiederherzustellen. Er setzte das Standrecht aus und installierte stattdessen Militärgerichte. Allerdings bevorzugten einige seiner durch jahrelange Gewalterfahrungen geprägten Mitstreiter weiterhin den buchstäblichen ‚kurzen Prozess' und nahmen das Recht zum Nachteil der örtlichen Bevölkerung in eigene Hände: Notorisch berühmt wurde der weiße Offizier Ja. Slaščëv (1885/86–1929), der Gegner zuweilen eigenmächtig erschoss, auch wenn diese vom Gericht zuvor freigesprochen worden waren.[4]

Die sich im Herbst 1920 auf der Halbinsel etablierende Sowjetmacht unter dem ehemaligen faktischen Chef der kurzlebigen Ungarischen Räterepublik und späterem Opfer der stalinistischen Säuberungen, Béla Kun (1886–1938), und Rozalija S. Zemljačka (eigentlich: Rozalija S. Zalkind; 1876–1947) präsentierte sich aber nicht als Alternative. Wie bereits während der nur wenige Wochen existierenden *Sovetskaja Socialističkeskaja Respublika Tavridy* (Sowjetische Sozialistische Republik Taurien) im Frühjahr 1918, war Gewalt das Mittel der Wahl.[5] Unterschiedslos wurden Gegner und Gegnerinnen des neuen Regimes, seien es gefangene Soldaten der Freiwilligen-Armee, Angehörige der sogenannten Bourgeoisie oder für einen unabhängigen Krim-Staat kämpfende krimtatarische Partisanen, die sog. Grünen, mit großer Rücksichtslosigkeit bekämpft. In der Forschung wird von mind. 25.000 und bis zu 120.000 Opfern allein auf der Krim durch Weiße und Rote ausgegangen.[6]

Die Krim im 20. Jahrhundert ist wohl auch deshalb – wie der nördliche Schwarzmeerraum und weite Teile Osteuropas – als peripherer Teil eines definierten Gewaltraums ausgemacht worden, der von der rezenten Forschung zuweilen als „Bloodlands"[7] bezeichnet oder dessen „soziogeographische Exklusi-

---

3 Jobst (2001c), hier 103.
4 Žiromskaja (2004).
5 Diese wurde im April 1918 durch die deutsche kaiserliche Armee und Truppen der ebenfalls kurzlebigen Ukrainischen Volksrepublik (UNR) vertrieben.
6 Litvin (1995), 81. Konkretere Angaben zu den Opferzahlen will er aufgrund einer schlechten Quellenlage nicht machen.
7 Snyder (2011).

vität" – so von Felix Schnell[8] – festgestellt wurde. Gegen diese Sichtweise ist Einiges – auch Substantielles – eingewandt worden,[9] wird dieser Teil des ehemaligen Russländischen Imperiums doch nicht allein durch entgrenzte Gewalt und ungebremsten Terror markiert. Auch im Fall der Halbinsel gilt: Die Periode seit 1917 bis Ende der 1930er Jahre ist von mehreren Zäsuren gekennzeichnet, die sich keinesfalls nur durch das jeweilige Maß der Gewaltanwendung unterscheiden. Auch auf der Krim konnte, wie in anderen Teilen der Sowjetunion, die ununterbrochene Terrorisierung der Bevölkerung nicht durchgehalten werden. Es gab Konsolidierungsphasen, denen freilich – und erst in der Rückschau deutlich – neue Wellen der Repressionen folgten. Die Bevölkerung der Krim erlebte somit unabhängig von ihrer Nationalität ‚schlechte' und ‚gute' Jahre: Aus dem Ersten Weltkrieg heraus entwickelten sich die Februarrevolution, der Oktobercoup und der Bürgerkrieg. Die Jahre zwischen 1917 und 1921 forderten ca. acht Millionen Opfer unter den ehemaligen zarischen UntertanInnen – und damit mehr russländische Tote als während der Kampfhandlungen im Ersten Weltkrieg, der ‚nur' ca. 1,7 Millionen getötete Soldaten und ca. zwei Millionen zivile Opfer forderte,[10] ein selbstverständlich ebenfalls unermesslicher Blutzoll. Nach Manfred Hildermeier müssen Weltkrieg, Revolutionen und Bürgerkrieg als Einheit gesehen werden; und letzterer fungierte dabei als „nachgeholter Revolutionskrieg".[11] Diese Jahre waren zweifellos auch für die KrimbewohnerInnen Zeiten des Schreckens und der Gewalt. Es folgte aber mit der ca. bis 1928 dauernden „Neuen Ökonomischen Politik" (*Novaja Ėkonomičeskaja Politika*; NĖP) mit ihrer dezentralisierten und partiell liberalisierten Wirtschaft einschließlich marktwirtschaftlicher Elemente eine Stabilisierung auf wirtschaftlichem und gesellschaftlichem Gebiet. Zudem förderte die unionsweit eingeführte sog. Einwurzelungspolitik (russ: *korenizacija*) auf der Halbinsel krimtatarische Eliten und Kultur. Die zwanziger Jahre gelten somit bis heute in der krimtatarischen Erinnerungspolitik als „Goldene Jahre".[12] Dieses Muster entspricht auf den ersten Blick einer gesamtsowjetischen Entwicklung. Bei genauerer Betrachtung fallen aber die Spezifika ins Auge, auf die Martin Aust unlängst in seinem Buch über die Russische Revolution wieder hingewiesen hat, in dem er die Pluralität der vom Russländischen Imperium ausgehenden weltgeschichtlichen Zäsur 1917 und der

---

8 Schnell (2012), 12.
9 Die Vielzahl der Meinungen zu Snyders „Bloodlands" kann hier nicht ausgeführt werden. Vgl. stellvertretend: Forum (2012); Hagen (2014).
10 Opfer (2014); Overmans (2014), 665, geht von 1,8 Millionen gefallenen Soldaten des Zaren aus.
11 Hildermeier (2017).
12 Ausführlich hierzu Jobst (2017a).

folgenden Jahre betont.¹³ Auch auf der Krim zeigten sich, wie in anderen Peripherien des Imperiums, sowohl Parallelen zu als auch Abweichungen von der Entwicklung in den hauptstädtischen Zentren und dem ostslavisch bewohnten Kernland, wo teilweise entkoppelte bäuerliche Revolutionen stattfanden. Die imperialen Erfahrungen der lokalen Akteure und ihr geschichtsregionales Eingebundensein prägten den Verlauf der Ereignisse ebenfalls unterschiedlich.

Der eingangs zitierte Soltanğäliev wurde übrigens eines der frühen Opfer der schon Mitte der zwanziger Jahre einsetzenden Verfolgung der eigenen sowjetischen Nomenklatura: Bereits 1923 wurde er erstmalig verhaftet und aus der Kommunistischen Partei ausgeschlossen, da er als muslimischer Nationalkommunist und protürkischer Agent galt.¹⁴ Vordem – 1921 – hatte er dem Kreml in seinem Schreiben an den Genossen Stalin aber einen radikalen Politikwechsel auf der Krim empfohlen, um die dortige Bevölkerung für die Sache der Bol'ševiki zu gewinnen: Neben dem Ende des Terrors sollte das von der Bauernschaft abgelehnte Projekt der Einführung staatlicher landwirtschaftlicher Großbetriebe vorerst gestoppt und den Bauern Land zugeteilt werden. Die Krim sollte eine eigene Gebietskörperschaft mit autonomen Rechten werden, um das sozialistische Projekt auch für krimtatarische Intellektuelle attraktiv zu machen.¹⁵ Moskau ging auf Soltanğälievs Vorschläge aus pragmatischen Gründen ein, um nach dem zerstörerischen Bürgerkrieg nationale Minderheiten in den Peripherien an das neue Regime zu binden. Auch die geographische Lage der Krim und die enge ethnisch-kulturelle Verwandtschaft der Tataren mit den Türken spielten dabei eine Rolle. Die auf Annäherung ausgerichtete Politik Sowjetrusslands bzw. der UdSSR (ab Dezember 1922) gegenüber dem Osmanischen Reich bzw. der Türkei (ab 1923) sollte nicht gefährdet werden.¹⁶ Eine positive Tatarenpolitik sollte zudem im angrenzenden Ausland von den Vorteilen der neuen sozialistischen Ordnung künden. Der Kreml setzte in dieser Phase insgesamt auf eine inklusive Politik – nicht nur auf der Krim. Die gezielte Vorteilsgewährung nichtrussischer Nationalitäten – die bereits erwähnte *korenizacja*¹⁷ – führte auf der Krim 1921 zur Etablierung einer Autonomen Sozialistischen Sowjetrepublik (krimtat.: *Qırım Muhtar Sotsialist Sovet Cumhuriyeti*; russ.: *Krymskaja Avtonomnaja Socialističeskaja Sovetskaja Respublika*; ASSR). Ab Februar 1922 folgten die Tatarisierung des Parteiapparats und

---

13 Vgl. den Klappentext zu Aust (2017).
14 1928 wurde er abermals verhaftet und musste für sechs Jahre ins Gefängnis. 1937 geriet er im Zuge der Großen Säuberungen erneut in Gewahrsam und wurde 1940 exekutiert: Bucher-Dinc (1997).
15 Sultan-Galiev (1997).
16 Vgl. hierzu die solide Zusammenschau von Pusat (2017).
17 Vgl. hierzu Martin (2001).

die Verwendung des Krimtatarischen in den Institutionen der Republik.[18] Autonome Republiken waren stets Teil einer Unionsrepublik – die ASSR der Krim beispielsweise gehörte zur Russländischen Sozialistischen Föderativen Sowjetrepublik (russ.: *Rossijskaja Sovetskaja Federativnaja Socialističeskaja Respublika*; RSFSR), der die Überwachung der Einhaltung der Unionsgesetze oblag und die auf die wesentlichen Personalentscheidungen vor Ort Einfluss nahm. Im Unterschied zu den Unionsrepubliken, wie z. B. Georgien, der Ukraine oder Kasachstan, stand Autonomen Republiken kein Recht auf den Austritt aus der Sowjetunion zu. Dieses in den sowjetischen Unionsverfassungen garantierte Recht stellte aber ohnehin keine ernstgemeinte Option für Unionsrepubliken dar. Als eingewurzelt geltenden Nationalitäten wie der krimtatarischen wurden innerhalb der ASSR immerhin bestimmte autonome Rechte garantiert. Damit begannen die bereits erwähnten „Goldenen Jahre", die ohne das Ende des Russländischen Imperiums und der Machtübernahme der Bol'ševiki nicht möglich gewesen wären.

Begonnen aber hatte die Entwicklung mit dem von ZeitgenossInnen als „Großer Krieg" bezeichneten Waffengang, der erst im Laufe der Kriegshandlungen zum „Weltkrieg" und noch später zum „Ersten Weltkrieg" wurde. Die Entwicklung auf der Halbinsel seit Sommer 1914 hatte sich nicht wesentlich von der in den meisten anderen frontfernen Gebieten im Russländischen Reich unterschieden. Dies bedeutete nicht, dass der Krieg nicht spürbar wurde: Auch auf der Halbinsel wurde das tägliche Leben durch im Krieg übliche Restriktionen erschwert – es gab Einschränkungen auf den Gebieten der gewährten Freiheiten und Einberufungen zum Militär, die Teuerung war rasant. Ende Oktober 1914 waren Sevastopol' und andere Städte am nördlichen Schwarzmeerufer überdies von unter osmanischer Flagge stehenden deutschen Kriegsschiffen bombardiert worden. Einige Seegefechte folgten, und das Zarenreich erklärte daraufhin dem Osmanischen Reich den Krieg. Die Krim diente fortan primär als Einschiffungsort für zarische Truppen, die in Richtung der Kaukasus-Front aufbrachen, sowie als Lazarett. Und ArmenierInnen und GriechInnen, die vor Massakern im Osmanischen Reich geflohen waren, fanden zudem in größerer Zahl auf der Halbinsel Zuflucht.[19]

Symptomatisch für die imperiale Peripherie war das seit dem Krimkrieg weiter angewachsene Misstrauen gegenüber dem ‚Fremden'– sei es ethnisch und/ oder religiös oder auch ‚nur' konfessionell. Auf der Krim waren davon zuerst die

---

18 Vgl. beide Varianten unter Guboglo u. Červonnaja (1992): Dekret (1918); Postanovlenie (1922).
19 Magocsi (2014), 81. Es ist auffällig, dass in den meisten Darstellungen die Jahre zwischen 1914 und 1916 kaum einer Erwähnung wert sind. Der Erste Weltkrieg ‚beginnt' meist mit der Februarrevolution, vgl. stellvertretend die dürren, sogar mit „„Die Ruhe' vor dem Sturm" (‚*Zatiš'e*' *pered burej*) überschriebenen Ausführungen bei Vozgrin (1992), 382f.

traditionell in Kriegssituationen als illoyal eingeschätzten TatarInnen betroffen. Die Nachfahren der seit Ende des 18. Jahrhunderts eingewanderten KolonistInnen aus dem deutschsprachigen Raum wurden davon jedoch ebenfalls berührt. In einer besonderen Lage waren dabei die verbliebenen, überwiegend aus dem deutschsprachigen Raum stammenden Mennoniten, die den Kriegsdienst traditionell ablehnten. Bereits nach der Einführung der allgemeinen Wehrpflicht 1874 hatten viele von ihnen Russland den Rücken gekehrt. Auf der Krim waren dennoch seit der zweiten Hälfte des 19. Jahrhunderts einige Tochterkolonien entstanden, die von Abkömmlingen der mit der Zeit zu klein gewordenen Siedlungen gegründet worden waren. Deutschstämmigen SiedlerInnen und KrimtatarInnen wurde ab 1914 teils offen, teils implizit der Vorwurf gemacht, eine Art Fünfte Kolonne der Gegner Russlands, konkret des Deutschen Kaiserreichs und des Osmanischen Reichs, zu sein.[20] Davon konnte zwar nur in Einzelfällen die Rede sein, dennoch wurden Maßnahmen gegen eigene UntertanInnen ergriffen. Die Angst vor deren ‚Verrat' ging interessanterweise von den weit entfernten Stellen in der Zentrale aus, nicht von den Vertretern der imperialen Macht vor Ort: Nach Beginn des Krieges versicherten sowohl der Gouverneur Nikolaj Knjaževič (1871–1950) als auch sein Stellvertreter, dass sich die krimtatarische Bevölkerung vorbildlich und zarentreu verhielt.[21] Die traditionell bewunderte krimtatarische Kavallerie, auf die auch Soltangäliev in seinem Schreiben an Stalin hingewiesen hatte, diente u. a. an der Westfront, ohne dass Klagen über eine überproportional hohe Zahl von Desertationen die Runde gemacht hätten.[22]

Wie in anderen Peripherien abseits des Frontverlaufs so bedeutete auch auf der Krim das Jahr 1917 die eigentliche Zäsur, nicht der Kriegsbeginn im Sommer 1914: Die Umbrüche in den Hauptstädten Petrograd und Moskau zeitigten in Randgebieten nämlich ein verspätetes, zum Teil abgeschwächtes, aber letztlich in ihren Etappen ähnliches Echo, wie die vergleichsweise spät einsetzenden Forschungen zum Thema der Revolutionen in der Provinz gezeigt haben.[23] Auch auf der Krim folgte nach dem Sturz des Zaren die Machtübernahme einer von konstitutionellen Demokraten unter N. Bogdanov (1875–1930) geführten Provisorischen Regierung – und zwar recht reibungslos. Die Errichtung eines unabhängigen Krim-Staats stand vorerst nicht auf der Agenda der verschiedenen Nationalitäten, wohl aber

---

20 Zur (bislang nur ansatzweise erforschten) Lage der Russlandmennoniten im Ersten Weltkrieg vgl. Nelipovič (2016), 361 f. Mennoniten, auch aus dem Gouvernement Taurien, wurden während des Krieges primär für den Straßenbau und im Sanitätswesen eingesetzt.
21 Davies F. (2016), 215 f.
22 Davies F. (2016), 254.
23 Stellvertretend seien hier genannt: Suny (1972); Raleigh (1986); Figes (1989); Penter (2000).

der Wunsch nach größeren Partizipationsmöglichkeiten.[24] Die in Petrograd verkündete Gleichberechtigung der Nationalitäten und die Gewährung der Rede- und Versammlungsfreiheit galt auch auf der Halbinsel und führte zur politischen Mobilisierung weiter Bevölkerungskreise, die mehrheitlich unabhängig von ihrer Nationalität das Ende der Monarchie begrüßt hatten.

In den Gebieten außerhalb des russischen Kernlandes verschwammen die Grenzen zwischen sozialer und nationaler Revolution, bestand dort doch häufig (aber nicht immer ausschließlich) ein Zusammenhang zwischen sozialer Lage und der Zugehörigkeit zu einer bestimmten Nationalität.[25] So stand z. B. im Baltikum eine estnische Bauernschaft häufig deutschen Großgrundbesitzern gegenüber oder ukrainische Bauern in Wolhynien polnischen Latifundieneignern, was den sozialen Konflikt national ‚anreicherte'. Auf der multiethnischen Krim und als Folge zarischer Krimpolitik war die Situation noch komplizierter: Die Erwartungen der krimtatarischen Bauernschaft an das neue Regime unterschieden sich von denen eines russischen oder ukrainischen Matrosen in Sevastopol', nicht aber von denen landarmer Bauern in Zentralrussland. Die Interessen eines Großgrundbesitzers, sei er nun russischer oder tatarischer Herkunft, konnten demgegenüber durchaus identisch sein, unabhängig von Nationalität und religiösem Bekenntnis. Das war auch ein Ergebnis der Elitenkooption.

In jedem Fall wurde die krimtatarische Bevölkerung wie viele nichtrussische Ethnien im Jahr 1917 politisch und sozial noch stärker aktiviert als zuvor, auch wenn über das Ausmaß der Mobilisierung keine exakten Angaben gemacht werden können. Krimtatarische, aber auch sowjetische AutorInnen sprechen der im Juni 1917 gegründeten tatarischen Partei *Milliy Fırqa* (krimtat.: Volkspartei), die zu diesem Zeitpunkt allein eine territoriale Autonomie der Krim innerhalb eines föderativen und demokratischen russländischen Staats forderte, einen erstaunlichen Einfluss zu. Bis zu 60.000 Anhänger soll diese politisch links von den Konstitutionellen Demokraten stehende Gruppierung bis zum Jahresende gewonnen haben.[26] Eine mehr als sensationelle (und mit Vorsicht zu genießende) Zahl, wären damit doch „ein gutes Drittel aller auf der Krim beheimateten Tataren [ca. 180.000] männlichen und weiblichen [!] Geschlechts direkt oder indirekt Unterstützer der [...] Milli Firka [...] gewesen."[27]

Wie hoch der Zuspruch zu dieser Gruppierung auch immer gewesen sein mag, Tatsache ist, dass bereits Anfang April 1917 KrimtatarInnen auf einem Kongress

---

24 Ich folge hier im Wesentlichen Jobst (2001c).
25 So z. B. Penter (2000).
26 Korolev (1993), 25.
27 Jobst (2001c), 90.

verschiedene politisch-nationale Optionen diskutierten und mit den bereits erwähnten Noman Çelebicihan und Cafer Seydahmet Qırımer zwei aus dem osmanischen Exil heimgekehrte Exponenten der krimtatarischen Nationalbewegung eine zentrale Rolle spielten.[28] Die beiden Aktivisten hatten sich seit ihrer Politisierung während ihrer Studentenzeit in Istanbul auseinander entwickelt. Sie verkörperten in den Revolutionsjahren exemplarisch unterschiedliche Richtungen, die nationale Akteure zeittypisch einnahmen – also keinesfalls nur im Kontext der muslimischen Krimbevölkerung: Das ‚Lager' des zum Großmufti der Muslime auf der Krim, Polens und Litauens gewählten (und damit auch eine religiöse Funktion ausübenden) Çelebicihan plädierte für einen grundsätzlichen Ausgleich mit der slavischen Bevölkerung auf der Halbinsel. Çelebicihan erachtete sogar eine Zusammenarbeit mit den Bol'ševiki für möglich, falls diese sich zu einem föderalen russländischen Staat bekennen sollten. Seydahmet sprach sich hingegen für die Wiedererrichtung eines modernisierten Krim-Chanats in enger Beziehung zum Osmanischen Reich aus. Mit dem Status quo wollten sich aber beide Richtungen nicht abfinden, und so ist es zu erklären, dass sie seit Sommer 1914 sowohl bei Russlands Verbündeten als auch in Berlin und Wien auf die ihrer Meinung nach bedrückende Lage der KrimtatarInnen aufmerksam machten und um Unterstützung baten.[29] Eine aus den Klauen Russlands befreite Krim, so hieß es in einer an die Mittelmächte gerichteten Denkschrift, böte dem Deutschen Reich aufgrund der günstigen geopolitischen Lage Vorteile; zudem besäßen die KrimtatarInnen einen ‚gesunden Volkskörper' und seien bessere Partner als die Slaven, da „Alkohol und Unzucht religionsgesetzlich verboten sind, [und] Krankheiten als Folgen jener Laster unter den Mohammedanern geringer als unter Russen" seien.[30]

Dies nun als Beweis für die Illoyalität ‚der' KrimtatarInnen im Ersten Weltkrieg zu nehmen – und damit als ein Präludium des Zweiten Weltkriegs zu verstehen (vgl. Kapitel 33) – greift zu kurz. Auch wenn es vereinzelt zu freudigen Begrüßungen der deutschen Okkupationstruppen gekommen ist: Noch handelte es sich primär um die Aktivitäten einer kleinen nationalbewegten Elite, deren Gedankengut sich vorerst nicht bei der Mehrheit der tatarischen Bevölkerung hatte festsetzen können. Überdies nahmen (und nehmen) Kriegsgegner ‚Angebote' nationaler oder religiöser Akteure des Feindstaates zur Kooperation zu allen Zeiten gerne an bzw. initiieren solche selbst.[31] Dies gilt zumal, wenn einer Region

---

28 Vgl. dazu die national aufgeladene Schrift Kirimal (1952), 35–39.
29 Detailliert bei Jobst (2001c), 90–92.
30 Aktschura Oglu (1916), 3 und 11.
31 Dies gilt auch für das Zarenreich, das z. B. schon in den Jahren vor dem Ersten Weltkrieg gezielt die Unterstützung der sog. Russophilen im österreichischen Kronland Galizien und Lodomerien

strategische Bedeutung zugesprochen wird, was sowohl die Mittelmächte als auch die Alliierten im Fall der Krim taten.[32] Das Antichambrieren krimtatarischer Nationalisten beflügelte aber die ohnehin in deutschen intellektuellen Kreisen kursierende Vorstellung, bei der Krim handele es sich ‚eigentlich' um ein ehemalig germanisches Gebiet, hätten doch dort lange Goten gelebt[33], und die damit verbundenen Phantasien im kaiserlich-deutschen General- und Admiralstab. So hatte Erich Ludendorff (1865–1937), der als stellvertretender Chef der dritten Obersten Heeresleitung (OHL) die deutsche Kriegführung maßgeblich beeinflusste, schon vor Hitlers „Gotengau"-Plänen von der Einrichtung einer von deutschen KolonistInnen besiedelten Krim geträumt.[34] Vorerst waren dies aber Gedankenspiele, dauerte es doch bis zur Besetzung durch die Mittelmächte noch einige Monate.

Wie in anderen Teilen des Imperiums so verschärften sich auch auf der Krim im Verlauf des Sommers 1917 die gesellschaftlichen Spannungen: Neben dem primär sozialen Dissens, also zwischen der Provisorischen Regierung einerseits und den im Kriegshafen von Sevastopol' entstandenen Matrosen- und Soldatenräten (überwiegend aus Russen und Ukrainer zusammengesetzt) andererseits, spielten mit den Krimtataren eben auch nationale Akteure eine Rolle, die sich vom russländischen Staat ‚an sich' entfremdet hatten. Doch der Reihe nach: Seit Frühsommer 1917 forderte *Milliy Fırqa* von der Provisorischen Regierung eindeutige Bekenntnisse zur Implementierung territorial-autonomer Rechte für die Krim.[35] Deren überwiegend slavische Mitglieder hielten indes an der Vorstellung der Erhaltung eines großrussischen Einheitsstaates fest. In der krimtatarischen Presse wurde folglich gegen die Provisorische Regierung polemisiert. Weitere Themen waren die Entwicklung des krimtatarischen Bildungswesens und die Rückführung der an der Westfront kämpfenden tatarischen Verbände, welche die Keim-

---

suchte, wobei es in den österreichischen Ukrainern freilich einen Teil des russischen Volkes sah. Zur entsprechenden Politik des Deutschen Kaiserreichs vgl. Zetterberg (1978). Auch Çelebicihan und Seydahmet Qırımer engagierten sich in diesem vom Berliner Auswärtigen Amt finanzierten Verbund.

32 Wesentlich sind dabei die Planungen Berlins zur Ukraine, vgl. dazu stellvertretend Golczewski (2010), 27–346.
33 Dies wird in Kapitel 2 hinlänglich beschrieben.
34 Baumgart (1966).
35 Auf einem im Mai 1917 in Moskau abgehaltenen Kongress der Muslime Russlands war es darüber zu Kontroversen gekommen: VertreterInnen (von den ca. 900 Delegierten waren ca. 200 weiblich) territorial geschlossener Regionen wie der Krim plädierten für national-territoriale Gebietskörperschaften, während andere eine extra-territoriale Kulturautonomie innerhalb eines reformierten Russlands präferierten. Zu dem Kongress im Detail Fenz (2000), 100–114.

zelle einer nationalen Armee bilden sollten. Dies irritierte die Anhänger der Idee des ‚Einigen unteilbaren Russlands'. Die Verhaftung krimtatarischer Integrationsfiguren wie Çelebicihan im Juli 1917, der zwar schnell wieder freigelassen wurde, verbesserte die Atmosphäre zwischen den Nationalitäten nicht. Daneben traten die sozialen Forderungen der krimtatarischen Akteure, die sich teilweise mit denen der Matrosen- und Soldatenräte in Sevastopol' trafen, etwa wenn es um die Forderung nach Abschaffung der Adelsprivilegien und der Verteilung von Grund und Boden an Bauern ging. Konform ging man mit den Räten auch in dem Wunsch nach Beendigung des Krieges. Dies waren mithin Ansinnen, welche weder die Petrograder Provisorische Regierung noch ihr Ableger in Simferopol' erfüllen wollten.[36]

Während man die Monate nach dem Februarumsturz in den Metropolen zu Recht als Phase der Doppelherrschaft (Provisorische Regierung versus Soldatenräte) bezeichnen kann, trifft die zugegebenermaßen unlogische Bezeichnung ‚dreipolige' Herrschaft für die Krim besser zu: Neben der Provisorischen Regierung in Simferopol' und den Matrosen- und Soldatenräten in Sevastopol' bildeten *Milliy Fırqa*, bewaffnete krimtatarische Verbände und der *Qurultay* (Volksversammlung) den dritten Pol. Die von Petrograd in Aussicht gestellte Einberufung einer Allrussischen Verfassungsgebenden Versammlung führte im Herbst bei allen Beteiligten zu entsprechenden Vorbereitungen; mögliche Delegierte wurden bestimmt, und der *Qurultay* in Bağçasaray nahm die Arbeit auf. Sowohl dessen Zusammensetzung, nämlich auf der Basis eines die Geschlechter gleichbehandelnden Wahlrechts, als auch die Ergebnisse waren bemerkenswert.[37] Der *Qurultay* erklärte sich zum Vertreter national-kultureller Interessen der ganzen Krimbevölkerung, was darauf hindeutet, dass von einem nationalen Krim-Staat offenbar noch nicht die Rede war – einerseits! Andererseits deuteten andere Beschlüsse genau darauf hin: Cafer Seydahmet Qırımer wurde zum Oberbefehlshaber über die auf der Halbinsel befindlichen krimtatarischen Einheiten, die als Kern einer nationalen Armee bezeichnet wurden. Ein Verfassungsentwurf der parlamentarisch-demokratischen Krimrepublik „auf der Grundlage der Gewaltenteilung (§7) und der ‚absolute[n] Gleichberechtigung von Mann und Frau (§18)'" wurde kreiert.[38] Mit der Anerkennung der Gleichberechtigung der Geschlechter, die ja bereits ein Postulat der russländischen Reformmuslime

---

36 Jobst (2001c), 92–94.
37 Ich folge hier Jobst (2001b), 216 f.
38 Jobst (2001b), 216.

(Djadidisten) gewesen war, innerhalb der muslimischen Gemeinschaft aber umstritten blieb, war sie den meisten anderen Verfassungen ihrer Zeit voraus.[39]

Bemerkenswert sind auch die Ausführungen zur Stellung der Nationalitäten, hieß es doch, dass jede ihre Angelegenheiten eigenständig regeln sollte und die „Form der Krimverwaltung nur auf dem Wege der Konstituante aller Krimbewohner festgesetzt werde."[40] Auch wenn diese den Vielvölkercharakter der Halbinsel anerkennende Formulierung aus Realismus gespeist worden ist, da ohne die nicht-tatarische Bevölkerungsmehrheit – die KrimtatarInnen stellten ja nur ein Viertel der BewohnerInnen – „kein Krimstaat zu erreichen war"[41], ist die in sowjetischen Veröffentlichungen verbreitete Charakterisierung dieses Verfassungsentwurfes als nationalistisch ungerechtfertigt. Die „Demokratische Krimrepublik" besaß außerhalb Simferopol's und Bağçasarays nur wenig Macht und wurde schon bald von den vorrückenden Bol'ševiki hinweggefegt. Exponenten der krimtatarischen Nationalbewegung gilt sie dennoch als Meilenstein.[42]

Im Kriegshafen von Sevastopol' waren parallel dazu durch die Petrograder Oktoberereignisse die bislang marginalisierten Bol'ševiki einflussreicher geworden und diese wurden zudem durch zuströmende Land- und Seestreitkräfte sukzessive gestärkt. Die Provisorische Regierung war klanglos verschwunden, die sich nicht zu den Bol'ševiki bekennende übrige slavische Bevölkerung bildete ihrerseits eine Konstituierende Versammlung, in der die Sozialrevolutionäre die Mehrheit hatten.[43] Aus Angst vor den erstarkenden Bol'ševiki arbeitete die (tatarische) Krimrepublik mit der (slavischen) Konstituierenden Versammlung zusammen. Gleichwohl obsiegten vorerst die durch lange Kampferfahrungen gewaltbereiten Roten Garden und etablierten den ersten kurzlebigen und bereits erwähnten Krim-Staat unter den Bol'ševiki. Eine erste Welle ‚Roter Gewalt' suchte die Halbinsel heim. Höhepunkt war die sog. Sevastopol'er Bartholomäusnacht im Februar 1918, bei der Mitglieder des *Qurultay* erschossen wurden. Unter ihnen befand sich auch Noman Çelebicihan, der auch die inoffizielle krimtatarische Nationalhymne komponiert hatte und heutigen KrimtatarInnen als nationaler Märtyrer gilt.[44] Sowjetische Publikationen sahen diese erste Phase der Herrschaft über die Krim als Erfolg, sei doch durch die Arbeit des *Revkom* (Revolutionsko-

---

39 Dies wird jedoch die Lebenswelten der Krimtatarinnen vermutlich nicht verändert haben. Auf dem Kongress selbst blieben die vier weiblichen Delegierten (von insgesamt 76) deutlich unterrepräsentiert.
40 Vgl. den vollständigen Text in Deutsch und Türkisch bei Kirimal (1952), 107–114.
41 Jobst (2001b), 217.
42 Vgl. z. B. Seïdahmet (1921), 75.
43 Fisher (1978), 118.
44 Magocsi (2014), 86.

mitees) eine „große Liebe" der Bevölkerung für die Kommunistische Partei erwachsen.[45] Diese wirkte nicht lange nach, denn nachdem die Deutschen im April 1918 die Halbinsel eingenommen hatten (was das ohnehin problematische Vertragswerk von Brest-Litovsk zwischen den Mittelmächten und der Sowjetmacht, in dem ein Vorrücken auf die Krim nicht vorgesehen war, weiter entwertete), kam es zu regelrechten Lynchaktionen an Menschen, die sich im *Revkom* exponiert hatten. Auch KrimtatarInnen beteiligten sich daran.[46]

Die Akteure der deutschen Besatzungsmacht verfolgten unterschiedliche Pläne. Die OHL und allen voran Ludendorff hegten weitreichende imperialistische Vorstellungen: Die bereits erwähnte Einrichtung eines deutschen Kolonistenstaates auf der Halbinsel stand ganz oben auf seiner Wunschliste. Gebildet werden sollte dieser aus Russlanddeutschen aus allen Teilen des ehemaligen Zarenreiches.[47] Dies war sozusagen ein Fernziel. Das Nahziel war es, die im Brester Vertrag festgelegte Übergabe der Reste der zarischen Marine an die Sowjetmacht durch die Einnahme der Krim zu verhindern.[48] Verglichen mit den Krim-Visionen der OHL gab sich das deutsche Außenamt unter Richard von Kühlmann (1873–1948) zurückhaltender. Es hatte sich entschieden gegen die Besetzung der Halbinsel ausgesprochen, die Ludendorff beim deutschen Kaiser aber schließlich hatte durchsetzen können. Kühlmann fürchtete nicht zu Unrecht Probleme mit dem Osmanischen Reich, das mit den Mittelmächten verbündet war und sich Berlin gegenüber energisch für die Einrichtung eines muslimischen Krim-Staates unter der Ägide Istanbuls ausgesprochen hatte, wofür nun auch Seydahmet eintrat.[49] Für die nahe Zukunft sahen die deutschen Außenpolitiker die Errichtung eines interimistischen Krim-Staates vor, welcher langfristig unter ukrainische Oberhoheit kommen sollte. Wichtig ist, dass dem ebenfalls von deutschen Truppen besetzten ukrainischen Het'man-Staat unter dem ehemaligen zarischen General aus altem Kosaken-Geschlecht, Pavlo Skoropads'kyj (1873–1945), ebenfalls keine vom Deutschen Reich unabhängige Politik zuerkannt werden sollte.[50] Beiden Gebieten wurde seitens deutscher Stellen der Status von Marionettenstaaten zugedacht.

Zwischen der Ukraine und der Krim gibt es ohnehin zahlreiche Parallelen, nicht nur hinsichtlich der ihnen von deutschen Politikern zugewiesenen quasi-

---

45 Vaneev (1983), 19.
46 Pipes (1997), 186 f.
47 Baumgart (1966), 532.
48 Zur Flottenfrage vgl. die zeitgenössische Bewertung Pavlo Skoropads'kyjs: Skoropads'kyj (1999), 209 f., besonders Anm. 338 und 339.
49 Vgl. Jobst (2001c), 96.
50 Der Het'man-Staat war Nachfolger der UNR.

kolonialen Rolle in einem vom Kaiserreich dominierten Osteuropa nach dem erhofften Sieg im „Großen Krieg". Sowohl Teile der ukrainischen als auch der krimtatarischen Bevölkerung hatten den Einmarsch der Truppen der Mittelmächte begrüßt, versprach man sich doch irrigerweise die Förderung der eigenen nationalen oder auch sozialen Agenda durch diese (wie übrigens auch im Zweiten Weltkrieg). Deutscherseits war die Unterstützung nationaler Bewegungen pragmatisch ausgerichtet. Symbolträchtige Manifestationen waren ein Teil dessen, wenn etwa sowohl während der Okkupation der Ukraine als auch der Krim die Förderung nationaler Kulturen im Bildungssektor einschließlich der Gründung einer Universität in Simferopol' oder Presseförderung zum Programm gehörten.[51] Einer unabhängigen tatarischen Krim-Regierung wurde aber die Anerkennung verweigert – und der präsumtive Regierungschef Seydahmet musste einige Tage einsitzen, allerdings unter luxuriösen Umständen, wie er später bekundete.[52] Stattdessen setzten die Deutschen – und auch hier liegt der Vergleich mit der Ukraine nahe – mit dem lipka-tatarischen Generalleutnant und späteren Chef des Generalstabes der kurzlebigen Aserbaidschanischen Demokratischen Republik (1918–1920) Maciej Sulkiewicz (1865–1920) als Premierminister ebenfalls ein ehemaliges Mitglied der zarischen Armee ein, das einen regionalen Bezug zum Okkupationsgebiet besaß. Wie die *Ukraïns'ka Deržava* (ukr.; Ukrainischer Staat) unter Skoropads'kyj, so war der Krim-Staat die Marionette deutscher Strippenzieher. Dennoch: Dieses Staatsgebilde gilt der krimtatarischen Nationalbewegung rückblickend als unabhängig, da es nicht mit Russland verbunden war. Zur Bestätigung dieser Vision half die Einführung einer distinkten, nationalitätenübergreifenden Krim-Staatsbürgerschaft. In der parteilich eher konservativ ausgerichteten Regierung waren viele der auf der Krim beheimateten Nationalitäten vertreten: Neben Tataren komplettierten Russen – die Wahrnehmung einer eigenen ukrainischen Nationalität, die ja ca. ein Viertel der slavischen KrimbewohnerInnen ausmachte, war offenbar bei den Akteuren noch nicht angelegt –, Vertreter deutscher Kolonisten und auch ein Armenier das Regierungsteam.[53] Ein Schönheitsfehler aus krimtatarischer Perspektive war, dass die Minister mehrheitlich für die spätere Rückführung in ein neues unteilbares Russland eintraten, während tatarische Akteure von einem unabhängigen Krim-Staat träumten. In der späteren sowjetischen Historiographie wiederum wird die Phase der deutschen Besatzung zwischen April und November 1918 gerne in eine fortlaufende Narration über das revolutionäre Potential Sevastopol's eingepasst: Die Sevastopol'er

---

51 Zur deutschen Besatzung der Ukraine vgl. Mark (1993), 181–187; Jobst (2001b), 222–224; Kirimal (1952), 181f. und Anm. 731.
52 Sejdahmet Krym (1930), 110.
53 Arslan-Bej (1932), hier 249.

Bevölkerung soll heftigen Widerstand gegen die „deutschen Imperialisten" geleistet haben, Streiks sollen den von der kaiserlichen Marine genutzten Kriegshafen erschüttert haben und revolutionäre Bündnisse zwischen russischen Arbeitern und Matrosen der kaiserlichen Marine des deutschen, aber unter osmanischer Flagge fahrenden Schlachtkreuzers „SMS Goeben" entstanden sein.[54]

Das ambitionierte außenpolitische Programm der *Ukraïns'ka Deržava* brachte die deutschen Besatzer in die Bredouille. Verantwortlich dafür war weniger Het'man Skoropads'kyj als vielmehr sein ukrainisch-national stark bewegter Außenminister Dmytro Dorošenko (1882–1952).[55] Dieser formulierte als einer der ersten ukrainischen Politiker überhaupt Ansprüche auf die Krim als Teil der Ukraine.[56] Er argumentierte weniger aus der Perspektive eines vermeintlichen historischen Rechts, sondern strategisch und bevölkerungspolitisch: Sevastopol' sei der Schlüssel zum Schwarzen Meer und auf der Krim der Anteil ukrainischer BewohnerInnen mit ca. 25 Prozent der russophonen Bevölkerung hoch.[57] Dass die Ukrainer auf der Krim stark russifiziert waren und sich nicht groß für die ukrainische Sache exponierten, ignorierte er. Berlin wiederum ignorierte Dorošenko, auch um die sowjetrussische Regierung, die ihrerseits die Krim politisch nicht aufgegeben hatte, nicht zu verprellen. Und auch der ukrainische Het'man, ohnehin eher russländisch als ukrainisch geprägt, erachtete die Wiederherstellung eines allrussischen Staates für realistischer als eine ukrainische Krim. Dennoch: Zwischen Spätsommer und Oktober 1918 kam es zu diversen Gesprächen zwischen Vertretern Kiews, Berlins, Istanbuls und Simferopol's über den künftigen Status der Halbinsel. In der Krim-Regierung plädierten die tatarischen Minister wenig erstaunlich für einen krimtatarischen Staat, um dessen Anerkennung sie in Istanbul gebeten hatten, während die übrigen einen nichtsozialistischen russländischen Staat präferierten. Georgij V. Čičerin (1872–1936), zwischen 1918 und 1930 amtierender Volkskommissar für Auswärtige Angelegenheiten Sowjetrusslands bzw. der UdSSR, machte seinerseits den Mittelmächten klar, dass die Krim „ebenso wie das Dongebiet zum Bestandteil der Sowjetrepublik gehöre."[58]

---

54 Vgl. z. B. Vaneev (1983), 16 f. Der türkische Name der Goeben lautete „Yavuz Sultan Selim".
55 Ich folge hier und im Weiteren im Wesentlichen Jobst (2001b), 223–228.
56 Vordem ist die Einbeziehung der Krim in einen – allerdings sozialistischen – ukrainischen Staat in der Schrift *„Ukraïna Irredenta"* von Julijan Bačyns'kyj aus dem Jahr 1897 gefordert worden: Jobst (1997).
57 Dorošenko (1923), 35.
58 Ansprüche (1918).

Der Rückzug der deutschen Truppen im November 1918 enthob Berlin der Verantwortlichkeit für die Lösung der Frage nach dem zukünftigen staatsrechtlichen Status der Krim. Im Hinblick auf die Ereignisse im Zweiten Weltkrieg und die Lage der deutschen Krim-BewohnerInnen ist jedoch Folgendes interessant: Anders als die sog. völkischen Verbände im Kaiserreich, wie der Alldeutsche Verband[59], zeigte sich die offizielle Politik vor 1914 wenig an der Instrumentalisierung der KolonistInnen mit deutschen Vorfahren im Zarenreich interessiert.[60] Diese änderte sich freilich im Weltkrieg und führte zu ambitionierten ‚Plänen' wie denen Ludendorffs. Die von der russischen Regierung nach 1914 erlassenen diskriminierenden Verfügungen wurden gleich nach dem Einmarsch vom Besatzungsregime rückgängig gemacht,[61] und in den nächsten Monaten entstand zwischen der Okkupationsadministration einerseits und den Krimdeutschen andererseits ein gemeinsamer Kommunikationsraum, der über 1918 und bis in den Zweiten Weltkrieg nachwirkte. Einige Krimdeutsche versuchten schließlich, im Zuge des deutschen Rückzuges im Herbst 1918 in die (vermeintliche) eigentliche Heimat ‚zurückzukehren' – nach Deutschland. Deutsche Stellen bremsten deren Erwartungen jedoch und mahnten, die Krim sei der Ort, „wo der Kolonist [sich] mit aller Kraft einsetzen muss, den Deutschen zum Sieg zu verhelfen."[62] Man benötigte nämlich die Eisenbahnen dringend für den Rücktransport der Truppen und des Materials. Ausreisewillige deutschstämmige KolonistInnen, die „ihre bewegliche Habe (inklusive des Viehbestandes) mitnehmen wollten"[63], störten dabei nur.

Nach dem Abzug der Besatzer etablierte sich unter dem ehemaligen Abgeordneten der ersten Duma und Konstitutionellen Demokraten krimkaräischer Herkunft, Solomon Krym (1864–1936), eine weitere kurzlebige Regierung, die sich sowohl gegen die Bol'ševiki als auch gegen die Weißen Russen stellte. Berühmtester Minister dieser im Frühjahr 1919 ein weiteres Mal von den Roten Garden[64] hinweggefegten Administration war der für Justiz zuständige Vladimir D. Nabokov (1870–1922), Politiker und Vater des bekannten Schriftstellers Vladimir V. Nabokov (1899–1977). Die Familie Nabokov hatte wegen des Oktobercoups auf der Krim Zuflucht gesucht. Nabokov, Krym und andere Mitglieder der Regierung inklusive ihrer Angehörigen wurden Anfang 1919 mit der „Hope", einem der seit

---

59 Vgl. einführend Puschner (2013).
60 Neutatz (1993), 437.
61 Jobst (2001c), 100.
62 Deutsche Zeitung (1918).
63 Jobst (2001c), 101.
64 Für ca. acht Wochen entstand die sog. Sowjetisch-Sozialistische Republik Krim (*Krymskaja Sovetskaja Socialističeskaja Respublika*), der die Freiwilligenarmee der Weißen ein Ende bereitete.

Ende 1918 auf der Krim angelandeten alliierten Schiffe, evakuiert; Krym ging nach Frankreich, die Nabokovs nach England.[65] Vladimir D. Nabokov wurde drei Jahre später während eines Treffens exilierter Konstitutioneller Demokraten in Berlin von rechtsextremen Russen ermordet.

Und auch die Krim trat in eine Phase der Gewalt ein, die Phase des bereits beschriebenen ‚roten' und ‚weißen' Terrors.

---

65 Ėndel' (2014).

32 Die Halbinsel Krim 1920–1941

Ach wirklich, immer diese Krim. Staub, Hitze, Berge ragen begriffsstutzig in den Himmel. So dass ich kein besonderes Interesse habe, dort hinzufahren. Aber im Herbst fahre ich vielleicht. Aber für die ganze Krimreise würde ich gerne nur zwei, drei Stunden brauchen. Wenn dann einmal Stratosphärenflugzeuge fliegen, wird das auch so sein. Um zwölf steigst du in Leningrad ein – um drei badest du im Schwarzen Meer. Und abends um sechs bist du zurück daheim. Das wird interessant sein. Doch im Grunde habe ich nicht vor, diese Zeit abzuwarten, und drei Tage Reise halten mich auch nicht wirklich zurück. Überhaupt, einen herzlichen Gruß den Krimreisenden. Und wie auch immer man über diese Krim schimpfen mag, sie ist halt doch eine wunderbare Perle unter den Kurorten. Und was die Rahmenbedingungen angeht, die werden immer besser."[1]

In der 1935 verfassten Glosse „Rüge der Krim" (russ.: *„Poricanie Kryma"*) Michail M. Zoščenkos (1894–1958), des in den 1920er und 1930er Jahren in der Sowjetunion sehr erfolgreichen und im Neostalinismus in Ungnade gefallenen Schriftstellers[2], wird halbernst die Beliebtheit der Krim in sowjetischer Zeit beklagt. Diese war zu einem Sehnsuchtsort der sowjetischen Werktätigen geworden. Im Sommer, so heißt es bei Zoščenko, zöge es viele Sowjetbürger ans Schwarze Meer, in dem Glauben, durch ein Bad darin „wären sie wieder jung und schön." Junge Menschen führen mit nur wenig Geld in der Tasche „beim geringsten Anlass auf die Krim", und überhaupt gefalle diese „vielen Leuten."[3] Die Reise dorthin sei zwar anstrengend und die Verkehrsmittel überfüllt, aber, so schließt der Autor am Ende halb ironisch, halb hoffnungsfroh – „[W]as die Rahmenbedingungen angeht, die werden immer besser."[4]

An die sich ja bereits in der zweiten Hälfte des 19. Jahrhunderts ausbildende Tourismus- und Kurindustrie auf der Halbinsel (vgl. Kapitel 28) wollte die junge RSFSR anknüpfen. Und dies machte sie mit Tatkraft. Dies war aber nur möglich, weil die Befriedung – hier als Abwesenheit von direkter Gewalt großen Ausmaßes – gelungen war: Der Bürgerkrieg war vorbei und die sog. Weißen im Exil, die übrigen Gegner wie etwa die Anhänger der Sozialrevolutionäre oder der Men'ševiki größtenteils vertrieben oder verhaftet.[5] Wirtschaftlich konnte unionsweit durch die NĖP und politisch durch die von Terry Martin untersuchte gezielte

---

1 Soschtschenko (2010), 270 f. Vgl. die vollständige russische Version: Zoščenko (2018).
2 Scatton (1993).
3 Soschtschenko (2010), 266.
4 Soschtschenko (2010), 271.
5 Dazu Liebich (1997).

 OpenAccess. © 2020 Kerstin S. Jobst, publiziert von De Gruyter. Dieses Werk ist lizenziert unter der Creative Commons Attribution 4.0 International. https://doi.org/10.1515/9783110520620-034

Vorteilsgewährung nichtrussischer Nationalitäten in der frühen Sowjetunion[6] eine Beruhigung erreicht werden.

Die Betrachtung der Geschichte der postrevolutionären Phase im ehemaligen Russländischen Reich zeigt, dass sich die Bol'ševiki in den ersten Jahren ihrer Herrschaft geschmeidig und flexibel gegenüber den nationalen Minderheiten zeigten. Die Annahme beispielsweise, auf der Krim hätte die neue Macht von Anfang an die tatarische Bevölkerung repressiert[7], ist falsch. Weder auf der Halbinsel noch in der Sowjetunion als Ganzes existierte anfänglich „a straightforwardly asymmetric relationship between Moscow and the periphery", wie Grégory Dufaud am Beispiel der Krim minutiös nachgezeichnet hat; vielmehr standen in den nichtrussischen Gebieten komplexe Aushandlungsprozesse bevor. Dies gewährte den lokalen Akteuren einen Spielraum, den etwa krimtatarische Kommunisten und selbst außerhalb der Partei stehende nationale Akteure zu nutzen wussten. Dass dieser Spielraum seitens des Kremls überhaupt gewährt wurde, war aber kein Ausdruck eines besonderen Altruismus. Dufaud schreibt dazu:

> The new rulers had no intention of sanctioning the existence of a national movement which might have rivalled or disputed their authority. Nonetheless these rulers urgently needed local executives and individuals ready to help them strengthen their hold on a population alienated by Bolshevik harassment and persecution.[8]

Wie bereits die zarische Regierung Ende des 18. Jahrhunderts, so mussten also auch die neuen Herren sich der Unterstützung lokaler Akteure versichern und deshalb Zugeständnisse zu Lasten der reinen Ideologie machen – und dabei wurde nicht nur an die KrimtatarInnen gedacht: Innerhalb des regionalen Zweiges der Bol'ševiki auf der Krim wurden neben der muslimischen Sektion auch eine armenische, jüdische und schließlich eine deutsche etabliert.[9]

---

6 Martin (2001), 183: „By encouraging the growth of national identity and resolutely opposing assimilation, the Soviet government showed an ostentatious and unthreatening respect for the national identity of all non-Russians." Vgl. auch Slezkine (1994).

7 Uehling (2015). Die Autorin, auch Verfasserin der Studie Uehling (2004), stellt folgende Aussage an den Beginn ihrer Ausführungen: „The Soviet authorities began committing crimes against Crimean Tatars from the time they got control of Crimea."

8 Dufaud (2012b), 258 f.

9 Dufaud (2012a), 105: Formell hätten alle nationalen Sektionen gleichberechtigt dem lokalen Komitee der Kommunistischen Partei unterstanden, „[e]n réalité, le bureau tatar jouissait d'une prééminence en raison de l'activité des porte-parole tatars qui avaient réussi à faire admettre ‚l'indigénité' de leur groupe d'appartenance."

Die bereits untersuchte – und nicht einheitlich bewertete – sowjetische Nationalitätenpolitik stellt sich bis ca. 1923 und dem 12. Parteitag in vielen Aspekten als eine Reihe von ad-hoc-Entscheidungen dar.[10] Trotz des von Lenin in der Revolutionsphase abgegebenen Bekenntnisses zum Selbstbestimmungsrecht der Völker war vieles recht vage geblieben; dies auch aus Propagandagründen, konnten die jeweiligen Akteure doch so jeweils das in diese Formel interpretieren, was sie aus dieser herauslesen wollten. Der von Friedrich Engels formulierten Annahme folgend, dass die Nationalitätenfrage im Verlauf der revolutionären Entwicklung automatisch gelöst werden würde (so zumindest dessen hier stark verkürzt wiedergegebene Auffassung), hatten sich auch die Bol'ševiki lange nicht systematisch mit diesem Problem auseinandergesetzt. Bekanntlich wurde dann Josef Stalins im Auftrag Lenins im Wiener Exil 1913 verfasste (und eigentlich nur als Kritik an den Nationalitätentheorien österreichischer Sozialisten wie Otto Bauer [1881–1938] und Karl Renner [1870–1950] gedachte) Abhandlung „Marxismus und nationale Frage" zur Leitlinie der Nationalitätenpolitik in der frühen Sowjetunion. Aus der heutigen Sicht ist seine Definition von Nation schlicht, dennoch für die Zeit typisch: „Eine Nation ist eine historisch entstandene Gemeinschaft von Menschen", die auf der Grundlage der Gemeinschaft der Sprache, des Territoriums, des Wirtschaftslebens und der sich in der Gemeinschaft der Kultur offenbarenden psychischen Wesensart entstanden sei. Damit seien „alle Merkmale der Nation erschöpft".[11] Wie die eigentlich von ihm kritisierten Austromarxisten auch, so war Stalin der Auffassung, eine jede Nationalität bedürfe einer gemeinsamen Sprache, Kultur und besäße eine gemeinsame „psychische Wesensart". Vor allen Dingen aber brauche eine Nationalität ein Territorium. Für viele Nationalitäten unter Moskauer Herrschaft bedeutete dies, dass sie sich in national-denominierten Verwaltungseinheiten – also etwa den schon erwähnten ASSR oder auch sog. (niederrangigeren) Autonomen Gebieten – wiederfanden. Letztlich galt dies auch für die KrimtatarInnen, auch wenn dieses Ethnonym nicht offiziell in die Republik-Bezeichnung einging.[12]. Anders als in zarischen Zeiten, in denen die 1802 gebildete sog. *Tavričeskaja Gubernija* größer war als die Krim selbst, blieb die sowjetische ASSR auf das Gebiet der Halbinsel beschränkt.

---

10 Pipes hat sich diesem Thema bereits in den 1950ern ausführlich gewidmet, zur Genese der Nationalitätenfrage von Marx und Engels über die Austromarxisten bis zu Lenin und Stalin vgl. besonders Pipes (1997) 29–49.
11 Stalin (1946), 7–10.
12 Vor dem Zweiten Weltkrieg existierten über zwanzig Autonome Republiken. Außer bei der ASSR der Krim fehlten Ethnonyme noch bei der ASSR Naxçıvan (aserb.; russisch Nachičevan'), Turkestan (bis 1924) und Dagestan (bis 1991).

Die Politik der Einwurzelung (*korenizacija*) beziehungsweise der Indigenisierung wurde sowohl von der Moskauer Zentrale als auch von lokalen Akteuren als nachholende Modernisierung verstanden, durch die eine antizipierte Rückständigkeit aufgeholt werden sollte.[13] Zudem sollten die Wunden der zarischen Herrschaft ‚heilen' und das neue Regime die Möglichkeit bekommen, sich als antikoloniale Kraft zu präsentieren, eben auch gegenüber dem Ausland. In Bezug auf die KrimtatarInnen hatte man beispielsweise primär die Türken im Osmanischen Reich im Blick[14] oder im Falle der ukrainischen Bevölkerung die unter polnischer Herrschaft lebenden Landsleute. Diese sollten von der positiven Lage ihrer Konnationalen in Sowjetrussland bzw. der UdSSR überzeugt werden.

Seit 1922 wurden die nationalen Minderheiten auf der Krim insgesamt, vor allen Dingen aber die krimtatarische, auf den Gebieten der Sprache, Bildung und Kultur besonders gefördert. Schon vordem, im August 1921, war dem Tatarischen neben dem Russischen der Status einer lokalen Staatssprache zugesprochen worden.[15] Dass in zarischer Zeit im tatarischen Bildungswesen die muslimische Geistlichkeit sehr großen Einfluss auf das Schulwesen gehabt hatte, daran hatten die Gaspıralıschen Reformschulen (vgl. Kapitel 29) nicht grundlegend etwas ändern können. Die Bol'ševiki hingegen säkularisierten die Bildung, allerdings ohne dass bis in die 1930er Jahre islamische Schulen vollständig eliminiert worden wären.[16] Auch dies ist als pragmatische Rücksichtnahme des Kremls zu werten, um nichtrussische Nationalitäten an die neue Macht zu binden. Insgesamt waren die Erfolge auf dem Gebiet des Schulwesens und der Steigerung der Alphabetisierungsrate beeindruckend. Allein für die krimtatarische Bevölkerung entstanden fast vierhundert Volksschulen. Insgesamt sank die Krim-weite Analphabetenrate auf ca. drei Prozent, mehrere Hochschulen entstanden.[17] Dass die Lehrinhalte allerdings die Ziele und Anschauungen des neuen Regimes widerspiegelten, war keine Überraschung.

Die Etablierung der ASSR hatte nicht auf einen Schlag zur Tatarisierung der Krim-Verwaltung geführt. Diese setzte sich aus mehreren Elementen zusammen: je einem Arbeiter-, Bauern- und Matrosenrat, dem zentralen Exekutivkomitee und dem Rat der Volkskommissare. Die tatarisch-ländliche Bevölkerung wurde benachteiligt, denn am einflussreichsten war der Arbeiterrat, in dem ein Delegierter/eine Delegierte 500 StadtbewohnerInnen – und das hieß primär RussInnen oder UkrainerInnen – repräsentierte. Ein bäuerlicher Vertreter sprach hingegen für

---

13 Vgl. Martin (2001), 5.
14 Dufaud (2012b), 267.
15 Dufaud (2012b), 264.
16 Vgl. Bogomolov u. a. (2010), besonders 77–88.
17 Vgl. Williams (2001), 355f.; Magocsi (2014), 107.

2.500 (überwiegend tatarische) LandbewohnerInnen.[18] Die erste sowjetische Verfassung von 1924 beendete diesen Nachteil für die krimtatarische bzw. insgesamt für die ländliche Bevölkerung insofern, als die eigentlichen Repräsentanten des Föderalismus – die Räte – von der Macht ausgeschlossen wurden.[19] Damit gelang zumindest auf der Krim die Stärkung nicht-slavischer Gruppen. Gegen den Widerstand lokaler oder aus der Zentrale auf die Krim entsandter zumeist slavischer Kommunisten musste ‚tatarisches Personal' gefunden und ausgebildet werden. Dies erwies sich als schwierig[20], was die anfängliche Einbindung ‚bourgeoiser' oder ‚kleinbürgerlicher' Elemente etwa aus den Reihen ehemaliger *Milliy Fırqa*-Unterstützer erklärt. Schließlich gelang es, aus der ASSR am Schwarzen Meer quasi ein Vorzeigeterritorium der Indigenisierung zu machen, so das Urteil von Chantal Lemercier-Quelquejay: „[The Crimean ASSR] was one of the few Muslim territories of Soviet Russia where the political importance of the native element was greater than its numerical value."[21]

Gleichwohl, und auch hier in Analogie zur Annexion des Krim-Chanats durch das Russländische Imperium im Jahr 1783 (Kapitel 22) stellte die Krim-Geschichte unter sowjetischer Ägide keinen Sonderweg dar. Als ASSR innerhalb der RSFSR und getreu des stark zentralistischen Aufbaus der UdSSR trotz aller föderalen Propaganda wurde sie fest in die staatliche Gesamtstruktur eingebunden. Alle wesentlichen Entwicklungen und Zäsuren vollzogen sich auch in der ASSR und zwar im Positiven wie im Negativen. Zu den Positiva gehörten beispielsweise die Implementierung der Krim als Autonome Republik an sich, die Segnungen der Indigenisierung, die Stabilisierung der Wirtschaft, insbesondere auf dem Agrarsektor und im Tourismus. Zu den Negativa gehörten Hungersnöte und Verfolgung politischer Abweichler (oder solcher, die dazu erklärt wurden) und letztlich auch religiöser Institutionen und ihrer Vertreter.

Die Hungersnot der Jahre 1920/21 hatte ihr Zentrum in der Wolga-Region als auch in den Gebieten südlich des Urals gehabt, sie betraf aber auch die Schwarzmeerterritorien einschließlich der Halbinsel. Ausgelöst wurde sie durch die Folgen des Weltkriegs, der revolutionären Verwerfungen und des Bürgerkriegs, aber auch von den Bol'ševiki selbst. Diese versuchten sich schon früh an ersten Kollektivierungen, was ja auch Soltanğäliev heftig kritisiert hatte (Kapitel 31). Hinzu kam eine Dürreperiode. Anders jedoch als bei der sog. Großen

---

[18] Vgl. Fisher (1978), 136.
[19] Hildermeier (1998), 203.
[20] Vgl. Williams (2001), 351f.
[21] Lemercier-Quelquejay (1968), 23.

Hungersnot von 1932/33, die ebenfalls in vielen Teilen der Union Opfer forderte[22], reagierte die Kremlführung nach einigem Zögern pragmatisch. Man ließ auswärtige Hilfe ins Land[23] und setzte die vordem bereits projektierte NĖP um.[24] Dennoch waren die Folgen dramatisch, starben doch bei diesem Hungerereignis selbst und an seinen Auswirkungen, wie einer daraus resultierenden höheren Sterblichkeitsrate durch andere Krankheiten, viele Menschen.[25] Der unionsweite Hunger von 1932/33 schließlich wirkte auch auf der Krim noch verheerender als der von 1921/22. Um die Hungersnot kreist seit den 1980er Jahren eine bis heute andauernde Debatte, die wesentlich von der nordamerikanischen Diaspora initiiert worden ist. Mit Blick auf die Krim wird allerdings nicht diskutiert, ob der Große Hunger ein gezielter, also genozidaler Anschlag auf die ukrainische Nation seitens des Kremls gewesen sei.[26] Dies lag auch daran, dass etwa seitens der krimtatarischen AkteurInnen das Thema ‚Völkermord' im Zusammenhang der Deportationen von 1944 behandelt wird (Kapitel 34).[27] Der Grund, warum es in der Sowjetunion überhaupt zu einer Hungersnot mit einer noch größeren Opferzahl als 1921/22[28] kam, wird unstrittig in der Wiederaufnahme der Kollektivierung gesehen bzw. im Falle der kasachischen Nomaden in dem Versuch, diese sesshaft zu machen.[29] Anders als zu Beginn der 1920er Jahre wurden Kollektivierungen seit

---

22 Der Hunger Anfang der dreißiger Jahre erscheint heute vielfach fälschlicherweise als Ereignis, welches exklusiv die Ukraine betroffen habe, gehört der sog. Holodomor (ukr.: Hungerseuche) doch zu den zentralen Erinnerungsressourcen dieses Landes, vgl. Jobst (2015b), das Kapitel „Das ukrainische ‚Traumagedächtnis'. Holodomor und Čornobyl'", 234–252.

23 Anders Kirimal (1952), 288, der davon ausgeht, die Bol'ševiki hätten keine ausländischen Hilfslieferungen auf die Krim gelassen.

24 Vgl. z. B. Patenaude (2002).

25 Die Angabe von Opferzahlen ist insofern problematisch, da in der Regel von Akteuren möglichst hohe Zahlen angegeben werden, um den Gegner als möglichst grausam zu desavouieren. Unionsweit wird von bis zu 10 Millionen Toten durch Hunger ausgegangen; Fisher (1978), 137, nimmt für die Krim einen Bevölkerungsverlust von ca. 21 Prozent an, rechnet aber hier nicht nur Tote, sondern auch Geflüchtete mit ein. Wie groß diese Prozentzahl in absoluten Zahlen wäre, kann nicht exakt bestimmt werden, weil die erste sowjetische Volkszählung 1926 stattfand und die der letzten im Zarenreich aus verschiedenen Gründen nicht als Vergleichszahl herangezogen werden kann. Nach der Zählung von 1926 lebten 713.823 Personen auf der Krim: Vsesojuznaja perepis' (2006).

26 Die Veröffentlichungen zum Holodomor sind Legion. Hier sind nur zwei Werke zu nennen, die unterschiedliche Aspekte – u. a. erinnerungspolitische und transethnische – behandeln: Kas'janov (2010); Sapper u. a. (2004).

27 Vgl. auch Seydahamet (2005).

28 Die Opferzahlen werden im Kontext des Hungers von 1932/33 noch kontroverser diskutiert. Die Debatte kann hier aber nicht nachgezeichnet werden, die Zahlen bewegen sich in der Regel zwischen sieben und elf Millionen Toten unionsweit.

29 Kindler (2018).

1929 mit größtem Rigorismus durchgezogen. Wie in anderen Teilen der Sowjetunion kam es auch auf der Krim zu bäuerlichem Widerstand dagegen, wollten die Bauern das ihnen erst vor wenigen Jahren zugeteilte Land nicht kampflos aufgeben.[30] Die Sowjetmacht griff mit harter Hand durch, Bauern wurden exekutiert, deportiert oder verhungerten. Fisher schätzt, dass zwischen 1917 und 1933 ca. fünfzig Prozent – nach seiner Rechnung 150.000 Menschen – der krimtatarischen Bevölkerung durch die eine oder andere Weise zu Tode kamen bzw. die Krim freiwillig oder gezwungenermaßen verließen.[31]

Doch nicht nur primär menschlich verantwortete Katastrophen wie Hungersnöte suchten die immer noch multiethnische Krim heim, sondern auch eine echte Naturkatastrophe, nämlich das Erdbeben von 1927. Dabei handelte es sich eigentlich um zwei Erdbeben, ein erstes weniger starkes am 26. Juni, ein zweites in der Nacht vom 11. auf den 12. September, das zudem von einem Seebeben vor der Südküste der Halbinsel begleitet wurde. Bei diesem traten unter dem Meeresboden befindliche Gase aus, so dass es zudem zu Feuerentwicklungen kam.[32] Auch wenn die Krim nicht als besonders erdbebengefährdete Region gilt, so kam es über die Zeit dennoch immer wieder zu kleineren und größeren Erdbebenereignissen, wie dem während des 3. Mithridatischen Krieges 63 v. Chr.[33] Das Juni-Beben hinterließ keine Toten, aber Verletzte, umfängliche Zerstörungen und panische TouristInnen, die versuchten in wilder Eile die Krim zu verlassen. Die Erdstöße im September waren weitaus stärker, wurden auf der ganzen Halbinsel spürbar, und es waren, so heißt es, drei Tote zu beklagen.[34] Selbst wenn es also gemessen an den Opferzahlen ein vergleichsweise kleines Beben war, so waren die Zerstörungen erheblich. Nigel A. Raab führt aus, dass die Erdstöße im September an der Küste die Stärke 9 der zehnstufigen Rossi-Forel-Skala erreichten. Diese bemisst im Gegensatz etwa zur instrumentenabhängigen Richterskala die Auswirkungen eines Bebens auf Landschaft, Straßen oder Gebäude ohne Einsatz von Messgeräten.[35] Katastrophen wie Erdbeben bedeuten für menschliche Kollektive tiefgreifende Zäsuren, wie z. B. die Ereignisse in Lissabon 1755 gezeigt haben.[36] Dem Erdbeben auf der Krim 1927 kommt nun sicher nicht die Bedeutung des global als desaströs gewerteten Großereignisses von 1755 oder anderer dieser Größenordnung zu. In der sowjetischen Literatur wurde das Ereignis dennoch

---
30 Dazu genauer Fisher (1978), 143–145, dem ich im Weiteren folge.
31 Fisher (1978), 145.
32 Yalçiner u. a. (2004).
33 Blavatskij (1977).
34 Vgl. zu den Zerstörungen und dem Wiederaufbau Aluštas: Zemletrjasenie (2009).
35 Raab (2017), 40.
36 Breiden (1994).

umfänglich verarbeitet, so etwa in dem berühmten satirischen Roman „*Dvenadcat' stul'ev*" („Zwölf Stühle", von 1928) der sowjetischen Schriftsteller Ilja Ilf (d.i. Iechiel Lejb Fajnzil'berg; 1897–1937) und Evgenij Petrov (d.i. Evgenij Petrovič Kataev; 1903–1942). Auch der schon zitierte Zoščenko verfasste eine seiner kleinen ironischen Geschichten, in der das Ereignis eine Rolle spielt. In „*Zemletrjasenie*" („Das Erdbeben", 1930) verschläft der in Jalta beheimatete Schuster Snopkov das große Beben betrunken in seinem Hof unter einer Zypresse. Ohne Orientierung und Wissen ob des nächtlichen Bebens irrt er anschließend durch die Stadt, die er nicht mehr zu erkennen vermag und fragt sich, ob er in Batumi oder in der Türkei sei. Nachdem er abermals eingenickt ist, erwacht er ohne Hosen und beschließt nach Charkiv (ukr.; russ. Char'kov) zu gehen, wo er eine Entziehungskur machen möchte, um vom Alkohol loszukommen. Rhetorisch fragt Zoščenko, was der Autor mit dieser Erzählung ausdrücken will: „Mit diesem Werk setzt sich der Autor der Trunkenheit energisch entgegen." Er weist zudem – und auch hier ironisch – auf die Gefahren des Alkohols für den Klassenkampf hin, indem er ein zeitgenössisches sowjetisches Plakat zitiert: „Trinke nicht! Mit betrunkenen Augen könntest Du deinen Klassenfeind umarmen!"[37]

Auch jenseits dieser humoristischen Befassung sind im sowjetischen Kontext Naturkatastrophen in ihren politischen und gesellschaftlichen Bezügen interessant. Da die „Idee der Beherrschbarkeit der Elemente durch Wissenschaft und Technik" in der UdSSR eine zentrale Rolle spielte, waren „Katastrophen ein dem real existierenden Sozialismus systemfremdes Ereignis."[38] Dennoch passierten diese, worüber sich ein sowjetischer Wissenschaftler in einem zeitgenössischen deutschsprachigen Fachjournal auslieɮ: Zwar habe das Erdbeben „keinen übermäßig stürmischen katastrophalen Verlauf" gehabt, aber sein unvorhergesehenes Eintreten bereitete ihm Sorgen. Dies zumal deshalb, da in der Bevölkerung nun „der Glaube an die wissenschaftliche Prognose erschüttert" sei.[39] Die sowjetische Administration in der Zentrale und vor Ort hatte ihrerseits alle Hände voll zu tun, die Krise zu bewältigen – die örtliche Bevölkerung und die auch Ende September noch auf der Krim befindlichen TouristInnen mussten beruhigt werden, denn, so Raab, „chaos was in the air."[40] Die Schäden sollten schnell beseitigt werden, da die Behörden den Einbruch der Tourismusindustrie fürchteten und der Kreml in der militärstrategisch wichtigen Gegend keine Unruhe und Unzufriedenheit gebrauchen konnte. Die dann eingelangte Hilfe in Form von Geld, Material und

---

37 Zoščenko (1958), 74.
38 Guski (2008), 73f.
39 Brussilowski (1928), hier 442f.
40 Raab (2017), 44, dem ich auch im Weiteren folge (39–50).

Arbeitskraft war vielfältig: Die RSFSR, deren Teil die ASSR der Krim ja war, gewährte Kredite und finanzielle Unterstützung, das sowjetische Rote Kreuz half vor Ort, und es gab auch Spenden aus anderen Teilen der Union, zwar nicht in überwältigenden Mengen, „but help did trickle in."[41]

Das Erdbeben passierte zu einem Zeitpunkt, zu dem sich der politische Wind in der Sowjetunion zu drehen begann und der Anfang vom Ende der sog. Goldenen Jahre sich zumindest in der Rückschau abzeichnete. Stalin hatte seine Macht zu diesem Zeitpunkt bereits konsolidiert und konnte somit ohne Rücksicht auf Mitbewerber vorgehen. Die unionsweite Politik der Indigenisierung hatte er immer als nachgeholten Nationsbildungsprozess verstanden, der in nur wenigen Jahre beendet sein sollte – und bereits Ende der 1920er Jahre hielt er den Zeitpunkt für gekommen. In der Folge war eine weitgehende, allerdings nicht völlige Abkehr von der *korenizacija* zu verzeichnen. Der Kampf gegen sog. Nationalkommunisten, dessen erstes Anzeichen ja bereits das Außergefechtsetzen Soltanğälievs 1923 gewesen war (Kapitel 31), wurde mit einem Paukenschlag fortgeführt. Der ursprünglich in der *Milliy Fırqa* aktive und später zu den Bol'ševiki übergetretene krimtatarische Parteiführer Veli İbraimov (auch Ibragimov; 1888–1928) wurde 1928 des Nationalkommunismus und der Konspiration mit der Türkei angeklagt und gemeinsam mit sechzehn seiner Mitstreiter hingerichtet.[42] Noch vor dem häufig als Wende in der sowjetischen Nationalitätenpolitik bezeichneten sog. Šachty-Prozess (ebenfalls 1928) in der ukrainischen SSR wurden also auf der Krim schon Tatsachen geschaffen.[43] Die unter Ausschluss der Öffentlichkeit durchgeführten Prozesse wurden in der Presse diskutiert, wohl auch um disziplinierend zu wirken. Die Gründe für dieses Vorspiel weiterer Säuberungen auch in anderen Teilen der Sowjetunion liegen außerhalb und innerhalb der ASSR der Krim. Während Stalins Abkehr von der Politik der Förderung der Nationalitäten als nachholende Modernisierung als wichtigstes außerhalb der Halbinsel liegendes Moment zu bezeichnen ist, kam innerhalb der Krim einiges zusammen. Der Kreml war zu der Auffassung gelangt, dass auf der Krim der Parteiapparat schlecht funktionierte.[44] In der Tat hatte es seit 1924 einige Verwerfungen gegeben, als der damalige für die Arbeiter- und Bauerschaft zuständige Kommissar İbraimov gemeinsam mit anderen krimtatarischen Genossen gegen den Einfluss der von Moskau auf der Krim eingesetzten Wolgatataren protestierte. Die lokalen Kräfte pflegten, so Dufaud, „une vision maximaliste de la korenizatsiia" und bean-

---

41 Raab (2017), 47.
42 Dufaud (2012a), 123, berichtet, dass İbraimov zudem unter Mordanklage gestellt worden sei.
43 Vgl. hierzu Jobst (2015b), 185 f.
44 Dufaud (2012a), 117.

spruchten die Besetzung der Schlüsselpositionen mit ihren Leuten.[45] Anfänglich unterstützten der Kreml und sogar Stalin diese Position und vor allen Dingen İbraimov[46], doch als die Lage unübersichtlich blieb und Gerüchte über verschiedene, gegeneinander arbeitende Fraktionen nach Moskau gelangten, änderte sich die Lage.[47] Weiteres kam hinzu: İbraimov arbeitete vehement gegen die in Moskau projektierte sog. Produktivierungskampagne sowjetischer Jüdinnen und Juden, die mit umfänglichen Landzuweisungen an jüdische SiedlerInnen auf der Krim verbunden sein sollte. Dies muss nicht mit antijüdischen Ressentiments krimtatarischer Kommunisten in Verbindung stehen,[48] sondern vor allen Dingen mit dem Wunsch lokaler Genossen, den seit zarischer Zeit desaströsen Verlust krimtatarischer Bevölkerung zu kompensieren. KrimtatarInnen aus der Diaspora, vor allen Dingen aus den ehemaligen Gebieten des Osmanischen Reiches wie der Dobrudscha, sollten in die alte Heimat zurückkehren. Zwischen 1925 und 1927 waren so tatsächlich bereits zwei Dutzend neue krimtatarische Siedlungen entstanden.[49] Um jüdische Ansiedlungen in größerem Maßstab zu verhindern, ‚blockierte' İbraimov zudem ausgesuchte Territorien, indem er dort krimtatarische Bauern aus der südlichen Krim siedeln ließ.[50] Was aus seiner und der Sicht anderer Akteure als Wiedergutmachung für das in russischem Namen begangene Unrecht an den muslimischen KrimbewohnerInnen gedacht war und auch der bis dahin propagierten Indigenisierungspolitik entsprochen hätte, war im Frühjahr 1928 für den Kreml nicht mehr opportun: Der Prozess und die Hinrichtung der Funktionsträger um İbraimov bereitete der muslimischen Zuwanderung ein Ende. Zu einer Besiedlung mit ‚produktivierten' Jüdinnen und Juden auf der Krim kam es dennoch nicht im großen Stil, denn bekanntlich wurde das Projekt eines jüdischen Territoriums innerhalb der Sowjetunion im sog. Autonomen Bezirk Birobidžan in der Amur-Region verwirklicht; allerdings war dieser Plan nur ein mäßig erfolgreicher. Auf der Halbinsel am Schwarzen Meer entstanden immerhin 1931 und 1935 mit den Kolonien Fraydorf und Larindorf zwei jüdische Rayons und 32

---

45 Dufaud (2012a), 108.
46 So z. B. in einem Disput mit der damaligen örtlichen Geheimpolizei, dem [O]GPU (*Ob„edinënnoe gosudarstvennoe političeskoe upravlenie*; Vereinigte staatliche politische Verwaltung). Stalin selbst intervenierte 1925 zugunsten İbraimovs im Fall einer von der GPU verfügten Exekution zweier tatarischer Bauern, vgl. Dufaud (2012b), 269.
47 In beiden hier zitierten Beiträgen Dufauds wird dies ausführlich beschrieben.
48 So argumentierte der krimtatarische Diaspora-Politiker Kirimal (1952), 29, mit Betonung der langen Tradition jüdisch-tatarischer Koexistenz auf der Krim. Tatsächlich gibt es keine Hinweise auf eine antijüdische Haltung İbraimovs.
49 Fisher (1978), 141; Williams (2001), 360–368.
50 Williams (2001), 365.

weitere kleinere Gebietskörperschaften.⁵¹ Der Anteil der jüdischen Bevölkerung, die ja in der Sowjetunion als distinkte Nationalität angesehen wurde, hatte sich durch die bis Ende der 1930er dauernde Zuwanderung auf ca. 60.000 erhöht;⁵² dies ist ein Umstand, der im Kontext der Shoah auf der Krim (Kapitel 33) noch zu betrachten sein wird.

Repressionen unter dem Vorwurf des Nationalkommunismus, Einsetzung neuer Eliten, Kollektivierung, Widerstand und Hungersnöte – dies alles zeigt, dass die Krim in den Jahren zwischen den Ereignissen von 1917 und dem Überfall des Deutschen Reiches auf die Sowjetunion in den staatlichen Gesamtkontext eingebunden war. Die lange in Relation mit der orthodoxen Kirche vergleichsweise pfleglich behandelte islamische Geistlichkeit wurde seit den 1930er Jahren verfolgt, da sie nach Meinung der Behörden sog. Kulaken, wie in der sowjetischen Diktion angebliche Großbauern bezeichnet wurden, unterstützt haben soll.⁵³ Zwischen 30.000 und 40.000 KrimtatarInnen sind nach den Schätzungen Williams Opfer der verschiedenen Säuberungswellen geworden,⁵⁴ für andere Nationalitäten auf der Halbinsel fehlen entsprechende Untersuchungen. Die größte Verfolgungswelle begann, wie in der UdSSR insgesamt, 1936. Der Parteiapparat wurde rücksichtslos ‚gesäubert', wie es in der Sprache des Stalinismus hieß, und tatarische Funktionsträger wurden wie der seit 1931 amtierende Parteichef auf der Krim, İlyas Tarhan (1900–1938), exekutiert. Die durch die sog. Stalin-Verfassung der UdSSR von 1936 vorgegebene Reduktion des politischen Handlungsspielraums Autonomer Republiken schränkte auch die Möglichkeiten auf der Halbinsel ein. Schließlich wurden auch die nichtrussischen Nationalitäten in ihren kulturellen Freiheiten beschränkt; die Zahl krimtatarischer Zeitungen sank beispielsweise von 23 (1935) auf neun (1938).⁵⁵

Trotzdem kam die Indigenisierungspolitik nicht völlig zum Stillstand, sondern spielte sich vor allen Dingen auf der Ebene der propagandistischen Inszenierung ab. Symbolträchtig war, dass es weiterhin in den Ausweispapieren unter der Rubrik „Nationalität" den Eintrag „krimtatarisch" gab, bzw. „deutsch", „armenisch" etc. (wie eben in der UdSSR üblich). In den Bildungseinrichtungen waren ‚nationale' Themen fürderhin obligatorisch, die Folklore der verschiedenen

---

51 Dazu grundsätzlich Kuchenbecker (2000), zur Rolle der Krim vgl. besonders 91–112.
52 Magocsi (2014), 105 f.
53 Bogomolov u. a. (2010), 88. Der Höhepunkt war die Verhaftung von hundert muslimischen Geistlichen 1937, von denen 99 hingerichtet worden sein sollen.
54 Williams (2001), 368.
55 Kirimal (1952), 297–299.

Nationalitäten wurde untersucht, gepflegt – und zum Teil erst kreiert.[56] Die sowjetische Nationalitätenpolitik hatte, wenngleich anders als vom Kreml intendiert, nationale Identitätskonstruktionen gefördert, welche auch im krimtatarischen Fall ein Eigenleben entfalteten.[57] Die sowjetische Macht hatte ein säkulares nationales Bewusstsein eben auch unter KrimtatarInnen befördert. Anders als die meisten anderen Nationalitäten auf der Halbinsel lebten diese ausschließlich auf dem Territorium der Krim, was die Verbindung zwischen Ethnos und Gebiet festigte.[58]

Der ASSR als Territorium wurde 1934 schließlich eine besondere Anerkennung zu Teil: Sie erhielt die höchste sowjetische Auszeichnung, denn für ihre Errungenschaften auf dem Gebiet der Kultur wurde sie mit dem Lenin-Orden ausgezeichnet.[59] In sowjetischer Zeit und zumindest bis Mitte der 1930er Jahre waren der multiethnische Charakter der Halbinsel und eine Fallweise positive bzw. negative Politik gegen die nicht-slavischen BewohnerInnen noch erkennbar. Der Zweite Weltkrieg veränderte die Situation.

---

56 Vgl. Hirsch (2005).
57 Martin (2001), 13, weist auf die vielfach aggressive Förderung „of symbolic markers of national identity" hin.
58 Dazu ausführlich Williams (2001), 368 f.
59 Fisher (1978), 148.

33 Die Krim im Zweiten Weltkrieg

Von unten näselt das Akkordeon ‚Die Wacht am Rhein'.
Dunkelheit. Schatten eines deutschen Bajonetts.
Um Mitternacht weckt der alte Matrose der Schwarzmeerflotte Koška
den Matrosen der Roten Flotte Ševčuk.

Und sie gehen von Inkerman,
durch finstere Totenstille
auf den Malachov-Hügel
vorbei am Korabel'noj-Viertel[1]

Der vor allem als Verfasser patriotischer Reime und Kriegskorrespondent im Zweiten Weltkrieg berühmt gewordene sowjetische Schriftsteller Aleksej A. Surkov (1899–1983) war in der UdSSR einer der höchstausgezeichneten Literaten. In der Nachfolge des in der Sowjetunion so verehrten Maksim Gorki (1868–1936) stand er von 1953 bis 1959 sogar dem Schriftstellerverband der UdSSR vor. In dem Gedicht „Die Sevastopol'er" („*Sevastopol'cy*") von 1943, dessen erste zwei Strophen hier zitiert werden, fließen zwei Zeitebenen zusammen – für die sowjetische Leserschaft der Zeit gut verständlich –, nämlich die des Krimkriegs von 1853 bis 1856 mit der des Zweiten Weltkriegs. Bei Surkov ‚weckt' einer der bekanntesten Helden des Krimkriegs, der Matrose Pëtr M. Koška (1828–1882), einen Matrosen der Roten Flotte, um mit ihm „durch finstere Totenstille" an den Feinden vorbei auf den Malachov-Hügel, einen der blutigsten Schauplätze des Krimkrieges, zu gehen und schließlich in einem Bezirk Sevastopol's mit dem Namen Korabel'noj zu landen; von ferne hört man das Lied „Die Wacht am Rhein", welches im Deutschen Kaiserreich als eine Art inoffizielle Nationalhymne und im Ausland als Signum deutschen Eroberungswillens galt. Der Zweite Weltkrieg begann für die Sowjetunion insgesamt und auch für die BewohnerInnen der Krim im Juni 1941 mit ersten Angriffen der deutschen Luftwaffe auf Sevastopol'. Ein militärisch und erinnerungskulturell wirkungsmächtiger Höhepunkt des Kampfes um die Halbinsel wurde die 250 Tage währende Belagerung Sevastopol's durch die Wehrmacht, die vom 30. Oktober des Jahres 1941 bis Anfang Juli 1942 dauerte. Erst dann konnten deutsche Truppen Vollzug nach Berlin vermelden, nämlich die Besetzung der ganzen Halbinsel, bevor Anfang 1944 mit dem Rückzug begonnen werden musste. Die ‚Heldenstadt' Sevastopol' hielt im 20. Jahrhundert zwar knapp hundert Tage kürzer der Belagerung der Gegner stand als im Krimkrieg, gleichwohl wurde der mindestens ebenso tapfere Opferwille des Sowjetvolks –

---

[1] Surkov (1989), 137.

zumal in der konstruierten Gleichzeitigkeit im Gedicht Surkovs – in heroischer Diktion beschworen.

Die Heldennarration Sevastopol's hat den Systembruch vom Zaren- zum Sowjetreich und letztlich bis in unsere Zeit unbeschadet überstanden. Auf einer russischen Website mit dem Titel „Wargaming.net" heißt es unter dem Eintrag zu Pëtr M. Koška beispielsweise, dass nur diejenigen diesen Matrosen nicht kennen, die niemals von der „heldenhafte Verteidigung" der Stadt in den Jahren 1854–1855 gehört hätten, was aber – so die Vermutung des unbekannten Verfassers – eigentlich unmöglich sei.² Um noch einmal auf Surkovs Gedicht zurückzukommen: Es ist bemerkenswert, dass der sowjetische Autor beileibe nicht nur den einfachen Matrosen Koška erwähnte und damit die im Mittelpunkt der Ideologie stehenden Werktätigen, sondern auch sozial und militärisch hochgestellte, aber verdiente Helden der Schwarzmeerflotte: Den Weltumsegler, Forscher und Kommandeur der Schwarzmeerflotte Michail P. Lazarev (1788–1851) beispielsweise oder die im Krimkrieg gefallenen Offiziere Vladimir A. Kornilov (1806–1854, Vize-Admiral) und Vladimir I. Istomin (1809–1855, Konter-Admiral), die beide auf dem Malachov-Hügel tödliche Verwundungen davontrugen. Die Zusammenführung unterschiedlicher Zeitebenen (hier also des Krimkrieges mit dem Zweiten Weltkrieg) hilft, eine lineare Geschichtserzählung zu konstruieren. Dies ist ein Stilmittel der Geschichtspolitik sowohl der Sowjetunion als auch der Russländischen Föderation, spielt aber auch in anderen nationalen Kontexten eine Rolle. Signifikant ist überdies – darauf hat Serhii Plokhy schon Jahre vor der Annexion der Krim 2014 hingewiesen –, dass Sevastopol' in diesen Erzählungen zu einer exklusiv russischen Stadt wird; sogar der Anteil der ukrainischstämmigen Bevölkerung wird unterschlagen.³

Das deutsche Besatzungsregime brachte die ganze Bandbreite des nationalsozialistischen Vernichtungskriegs gegen die Sowjetunion auch auf die Krim – Gewalt, Judenvernichtung, Zwangsarbeit, Kollaboration, Ausbeutung, Passivität und Partisanentätigkeit prägten die Verhältnisse. Die ersten Opfer im Krieg waren die Krimdeutschen. Diese hatten nach den Zahlen der ersten Volkzählung im Zarenreich von 1897 5,78 Prozent der Bevölkerung im Taurischen Gouvernement gestellt, welches aber, wie erwähnt, größer als die Halbinsel war,⁴ so dass eine exakte Schätzung schwerfällt. Bei Kriegsbeginn lebten vermutlich mehr als 53.000 Deutsche auf der Krim. Im August 1941, also noch bevor die Wehrmacht die

---

2 Koška (2017).
3 Plokhy (2000), 372.
4 Pervaja perepis' (2018).

Halbinsel erreicht hatte, verfügte Stalin deren Umsiedlung in den frontfernen Osten der Sowjetunion, um die – wie bereits im Ersten Weltkrieg (Kapitel 31) – gefürchtete Kollaboration mit den deutschen Angreifern zu verhindern. Viele von ihnen landeten in der sog. Trudarmija (russ.; eig. Trudovaja armija; Arbeitsarmee), einer Anfang der 1920er Jahre erstmalig eingeführten und im Zweiten Weltkrieg neu belebten Form der Zwangsarbeit.[5]

Im Herbst 1941 (zum Zeitpunkt des deutschen Einmarsches) befanden sich nur knapp 1.000 sog. Krimdeutsche auf der Halbinsel, so dass sie allein aufgrund ihrer geringen Zahl nur bedingt als Nukleus für die von den Nationalsozialisten geplante Germanisierung in Betracht kamen. Dieser Umstand musste die tollkühnen Pläne der Nationalsozialisten zur Errichtung des sog. Gotengaus (Kapitel 2) also beeinflussen.

Im Vernichtungskrieg gegen die Sowjetunion hatte die Halbinsel trotz wolkiger Träumereien von einer ‚deutschen Krim' anfänglich keine zentrale Rolle gespielt, da ihr militärisch ein „Sackgassencharakter" zugesprochen worden war.[6] Durch den bald gestoppten Vormarsch Richtung Osten wurde dies aber alsbald von den deutschen Strategen als Vorteil gedeutet. Auch als Ausgangspunkt der geplanten Einnahme kriegswichtiger Ölfelder im nördlichen und südlichen Kaukasus wurde der Krim Bedeutung zugemessen. Zudem hofften Berliner Stellen, mit ihrem Besitz einen Unterpfand in den Händen zu halten, durch den sich die offiziell neutrale Türkei dem Deutschen Reich annähern würde. Dass für diese „die Krim dagegen kein Interessengebiet erster Wahl" war,[7] enttäuschte nicht nur die Deutschen, sondern auch exilierte KrimtatarInnen wie Seydahmet, die in Polen[8], Rumänien, aber auch in Istanbul, Ankara und sogar im Libanon dezidiert antisowjetische Ziele verfolgten.[9] Vergeblich hofften sie auf die aktive Unterstützung Ankaras für die Sache der KrimtatarInnen. Nationale Akteure wie der in der Dobrudscha geborene Müstecib Ülküsal (1899–1996) oder der nach der Hinrichtung İbraimovs und seiner Mitstreiter (Kapitel 32) von der Halbinsel geflohene Mustafa Edige Qırımal (= Edige Kirimal; 1911–1980) bemühten sich nach dem Sommer 1941 in Berlin sogar um die Erlaubnis zur Organisierung der krimtatarischen Bevölkerung und um die Freilassung krimtatarischer Rotarmisten aus

---

5 Dazu u. a. Eisfeld u. Herdt (1996). Vgl. auch den Bericht einer betroffenen Krimdeutschen: Riss (2007/2008).
6 Kunz (2005), 16.
7 Kunz (2005), 27.
8 Krimtatarische Exilanten wirkten auch in der von Polen unterstützten antisowjetischen Prometheus-Bewegung mit, Copeaux. Vgl. auch Gasimov (2011).
9 Vgl. zu den transnationalen Netzwerken der krimtatarischen Diaspora in der Zwischenkriegszeit Gasimov (2017).

deutscher Kriegsgefangenschaft. Es sollte sich aber wie im Ersten Weltkrieg (Kapitel 31) zeigen, dass die deutsche Seite auf die Angebote zur Kollaboration nur dann einging, wenn es ihren Interessen nützte. Einen unabhängigen krimtatarischen Staat unterstützen die Deutschen keinesfalls.[10] Der sowjetischen Regierung boten solche Aktionen allerdings Anlass,[11] nach dem Krieg die Unzuverlässigkeit der ganzen krimtatarischen Nationalität zu behaupten, was im Kontext der Deportationen 1944 (Kapitel 34) noch auszuführen ist. In jedem Fall ging es weder Hitler noch den zahlreichen anderen nachgeordneten Stellen bei der Besetzung der Krim um die Befreiung der KrimtatarInnen.

Nicht zu unterschätzen war der Nimbus Sevastopol's, welches sowohl von den Sowjets als auch deutscherseits als eine der am besten befestigten Militäranlage der Welt bezeichnet wurde; für die Angreifer stand also, wie Norbert Kunz auf den Punkt bringt, „bei der Eroberung der Stadt einiges Prestige auf dem Spiel."[12] Tatsächlich machten es die Frauen und Männer Sevastapol's den Angreifern nicht leicht, widerstanden sie doch 250 Tage, was den deutschen Triumph dann umso größer erscheinen ließ.

Der Marsch auf die Krim hatte für die Wehrmacht nach der erfolgreichen Schlacht am Azovschen Meer im Herbst 1941 begonnen. Die unter dem Befehl des neuinstallierten Generals Erich von Manstein (1887–1973) stehende 11. Armee[13] stieß an der Seite der verbündeten 3. Rumänischen Armee über die Landenge von Perekop auf die Halbinsel vor. Ende Oktober begann die Belagerung Sevastopol's, an der sich rumänische Streitkräfte abermals beteiligten. Auch im Osten, auf der Halbinsel Kerč', setzte sich die Wehrmacht anfänglich nicht durch, war doch zum Jahreswechsel 1941/42 die Rote Armee zurückgekehrt. Das sog. Unternehmen Trappenjagd im Mai 1942 endete für die deutsch-rumänischen Verbände schließlich mit der Einnahme von Kerč'.[14] 100.000 Rotarmisten gerieten in Gefangenschaft. Das „Unternehmen Störfang" schließlich, dessen Verlauf der Mittelalterhistoriker Percy Ernst Schramm (1894–1970) als Kriegstagebuchschreiber im Oberkommando der Wehrmacht aus der Sicht der obersten Führung festgehalten hat,[15] führte Anfang Juli 1942 zum Fall Sevastopol's. Doch der Preis war

---

10 Vgl. zu dieser Berlin-Reise Aydin (2002); Williams (2001), 377 f.
11 Kirimal beispielsweise, der nach dem Krieg in der Bundesrepublik Deutschland verblieb, war u. a. Mitglied der Waffen-SS. Vgl. Roman'ko (2004). Vgl. zudem Roman'ko (2011).
12 Kunz (2005), 18.
13 Der vorherige Befehlshaber Eugen Siegfried Erich Ritter von Schobert (1883–1941) war kurz vorher bei einem Unfall ums Leben gekommen.
14 Vgl. z. B. die apologetische Deutung Erich von Mansteins: Manstein (2004), 256–261.
15 Schramm (1982). Zur Bewertung vgl. Messerschmidt (2004).

hoch: Manstein und die rumänischen und nun auch italienischen Angreifer[16] opferten über ein Drittel ihrer Angriffsstärke.

Auch auf der Krim wurde schon beim deutschen Vormarsch die tödliche Bedrohung der lokalen jüdischen Bevölkerung sichtbar: Auch dort wurden sog. Einsatzgruppen (EG) – im Falle der südlichen Sowjetunion war dies die EG D unter Otto Ohlendorf (1907–1951) – als Vor- oder auch Nachhut der Armee eingesetzt. Neben der Ausschaltung angeblicher oder tatsächlicher Partisanen und kommunistischer Funktionsträger gehörte die Ermordung von Juden und Roma zu ihren ‚Aufgaben'. Im sog. Massaker von Simferopol' im Dezember 1941 hatte die Einsatzgruppe D bereits schreckliche Berühmtheit erlangt. Unmittelbar nach der Eroberung Sevastopol's wurden über viertausend Jüdinnen und Juden massakriert.[17] Dies war allerdings erst das Vorspiel zur systematischen rassistischen Ausrottungspolitik.

Für Manstein war der Krim-Feldzug ein hart errungener Erfolg, für den er mit dem Rang eines Generalfeldmarschalls belohnt wurde. Und für die überlebenden Wehrmachtssoldaten kreierte die Wehrmachtsführung eine eigene Auszeichnung, den Krimschild. Propagandistisch wurde die Einnahme der vermeintlich uneinnehmbaren Feste Sevastopol' weidlich ausgeschlachtet: Pressevertreter und Diplomaten aus dem Reich und den verbündeten Ländern besuchten die zerstörte Stadt, und selbst der rumänische König Michael I. (1921–2017) kam.[18]

In seiner verdienstvollen Studie über die Jahre 1941 bis 1944 auf der Krim kommt Kunze zu dem Ergebnis, dass unter Manstein ein „in mancher Hinsicht moderateres Besatzungsregime" herrschte als in vielen anderen Teilen der von den Deutschen überrannten Gebieten der Sowjetunion.[19] Dieser Aussage kann in Anbetracht der verbrecherischen Politik des Dritten Reiches insgesamt nicht zugestimmt werden. Dies zumal, wenn man der recht erfolgreichen apologetischen Selbststilisierung des Generalfeldmarschalls Manstein nach dem Krieg nicht folgen mag, dem nach seiner Entlassung aus der Kriegsgefangenschaft Anfang der 1950er Jahre übrigens eine zweite Karriere als inoffizieller Berater beim Aufbau

---

16 In dem militärgeschichtlich und national-apologetisch ausgerichteten Werk des russischen Autors A.B. Širokorad (2006), 233–248, widmet sich dieser dem italienischen Anteil des Krimfeldzuges, indem er vor allen Dingen das eingesetzte Material auflistet. Interessant ist die Überschrift dieses Kapitels: „Die ungewöhnlichen Abenteuer der Italiener in Russland" („*Neobyknovennye priključenija ital'jancev v Rossii*"), erinnert er doch damit an eine in der Sowjetunion sehr populäre Komödie aus dem Jahr 1974 – „Die ungewöhnlichen Abenteuer von fünf Italienern in Russland".
17 Vgl. Angrick (2003), besonders 324–360.
18 Kunz (2005), 18 f.
19 Kunz (2005), 236.

der Bundeswehr gelang. Er verstand es, einerseits sich der bundesrepublikanischen Öffentlichkeit gegenüber als militärischer Experte zu präsentieren und andererseits das Bild eines von den Niederungen der Politik unbeleckten, ‚sauberen' Wehrmachtssoldaten zu stilisieren – im Gegensatz zur ‚verbrecherischen' SS oder den Einsatzgruppen.[20] Beides waren Interpretationsangebote, denen die Bevölkerung der Bundesrepublik Deutschland der Nachkriegszeit mehrheitlich nur zu gern folgte.

Nach dem Überfall auf die Sowjetunion im Juni 1941 war die Wehrmacht in manchen Gebieten (z. B. in dem seit Ende 1939 unter sowjetischer Verwaltung stehenden ehemaligen Ostgalizien) in Verkennung der eigentlichen Ziele des nationalsozialistischen Staates freundlich empfangen worden. Auch auf der Halbinsel begrüßten Teile der verbliebenen, d. h. nicht in der sowjetischen Armee dienenden Krimtataren bzw. die wenigen nicht deportierten sog. Volksdeutschen die Wehrmacht in positiver Erwartung. Die seit Mitte der 1930er Jahre erlittene Verfolgung, der auch Vertreter der vordem geförderten krimtatarischen Kultur wie der Turkologe und Schriftsteller Bekir Çoban-zade (1893–1937) zum Opfer gefallen waren,[21] mag dies erklären. Hinzu kamen die – zumindest in den ersten Monaten der Besatzung – pragmatisch motivierten Zugeständnisse der deutschen Politik. Insgesamt ist dem Urteil Johannes Hürters über die nationalsozialistische Politik gegenüber den nichtrussischen Nationalitäten im Besatzungsgebiet zuzustimmen: Diese sei ein nur „halbherziges Werben um die einheimische Bevölkerung" gewesen, der unzureichende Angebote hinsichtlich der Agrarpolitik, Selbstverwaltung und Religion gemacht wurden, die deshalb „ins Leere laufen" mussten.[22] Die nationalsozialistische Politik war wesentlich von rassistischen Urteilen und Leitlinien geprägt, die weitergehende Angebote an die Nationalitäten verhinderten, die als minderwertig angesehen wurden. Die nationalsozialistische Krim-Politik war jedoch nicht allein rasseideologisch oder strategisch motiviert: Auch die Berlin nicht verborgen gebliebene Schönheit, ihre nun kriegswirtschaftlich wichtig eingeschätzte Lage im Rahmen des „Generalplans Ost" des Reichssicherheitshauptamtes (RSHA) sowie die Gotengau-Phantasien Hitlers beeinflussten diese. Die partiell

> weniger restriktive Politik gegenüber der krimtatarischen Bevölkerung (etwa durch die partielle Förderung tatarischer kultureller Aktivitäten oder durch Zugeständnisse in der Selbstverwaltung) ist als Teil eines in Besatzungsregimen notwendigen Kooperationsangebotes zu verorten, nicht als positive Tatarenpolitik. Letztlich war KrimtatarInnen in den

---

20 Dazu ausführlich Wrochem (2006).
21 Vgl. Bowman (2003).
22 Hürter (2012), 25.

nationalsozialistischen Umsiedlungsplänen mittelfristig nämlich ein ähnliches Schicksal zugedacht wie anderen ‚nichtarischen' Gruppen.²³

Dies hieß letztlich Deportation, auch wenn laut dem Anfang Juli 1942, also noch vor der Einnahme Sevastopol's, von Hitler erlassenen Deportationsbefehl nur „alle Russen, Armenier und sonstige Bolschewisten" umgesiedelt werden sollten, nicht aber KrimtatarInnen oder Krimdeutsche; in einem ersten Entwurf war allerdings von Krim-Muslimen die Rede gewesen.²⁴ Der „Führer" konnte von den Akteuren vor Ort nur mit Mühe von diesen Plänen abgebracht werden, da die Umsiedlung von ca. drei Viertel der gesamten Krim-Bevölkerung logistisch und zumal unter den Bedingungen des Krieges schwer zu bewerkstelligen gewesen wäre. Überdies wäre diese Entvölkerung für die Ziele des Reiches kontraproduktiv gewesen, u. a. da der Halbinsel im nationalsozialistischen Raub- und Ernährungskrieg eine hervorragende Rolle zugesprochen wurde. Der Verlust eines großen Teils der Erntearbeitskräfte hätte nicht ausgeglichen werden können – und in der Tat wurde der Befehl aus Nützlichkeitserwägungen zurückgezogen.²⁵

Mehr Pragmatismus in der letztlich auf Entrechtung, wenn nicht gar Ausrottung abzielenden Bevölkerungspolitik wünschten nicht nur die militärischen Akteure vor Ort. Ähnlich dachte auch der Gesandte Werner Otto von Hentig (1886–1984), der dem Auswärtigen Amt im April 1942 die negativen Folgen des Judenmords auf der Krim schilderte: Er berichtete nach Berlin von den Massenerschießungen an Jüdinnen und Juden – allein in Simferopol' 12.000 in kürzester Zeit – und beklagte die „Wirkungen einer solchen Schlächterei." Diese beschränkten

> sich ja keineswegs auf die Opfer selbst; sie berühren einmal die gesamte Bevölkerung des besetzten Gebietes, weil es natürlich keiner für möglich gehalten hat, daß wir Frauen und Kinder töten. Sie berühren aber auch die Moral der Truppen und weiterhin auch unsere wirtschaftliche Stellung. Von den Wirkungen im weiteren Ausland natürlich vollkommen abgesehen.

Wirtschaftlich sei das Vorgehen ebenfalls negativ zu bewerten, da in den Städten der Region Juden häufig im Handwerk tätig gewesen seien, deren Fähigkeiten und Arbeitskraft nun fehlten.²⁶ Solche raren Stimmen blieben ungehört, denn auch auf der Krim wurde die Shoah rücksichtslos exekutiert, so dass bereits nach nur sechs Monaten nach Berlin gemeldet werden konnte, die Halbinsel sei nun „ju-

---

23 Jobst (2017a), 106.
24 Zitiert nach Kunz (2005), 65.
25 Kunz (2005), 66.
26 Hentig (2018).

denfrei". Dem vorangegangen waren die ‚üblichen' Entrechtungen, Stigmatisierungen und Demütigungen der jüdischen Bevölkerung sowie die Verbrämung des Ausrottungswillens der Besatzungsmacht, welche die bevorstehende Ermordung als „Umsiedlung" bezeichnete. Auch auf der Krim unterstützte die Wehrmacht den Völkermord der Einsatzgruppen. Unterschiede zu anderen Schauplätzen des nationalsozialistischen Genozids existierten indes ebenfalls[27]: Aufgrund der Geographie der Halbinsel wurden die lokalen Jüdinnen und Juden nicht erst in Konzentrationslager gebracht, sondern vor Ort ermordet und verscharrt. Wohl auch, um die psychischen Belastungen der Täter zu verringern – die der Opfer spielte in der nationalsozialistischen Vernichtungslogik kaum überraschend keine Rolle –, wurde auf der Krim ausführlich mit Tötungsmaschinen experimentiert, die von Einheimischen *„dušegubka"* (russ.; „Seelentöter") genannt wurden. Neben Gaswagen sind u. a. Kähne zu nennen, die mitsamt den darauf befindlichen Menschen im Schwarzen Meer versenkt wurden; mehr als tausend Menschen kamen so zu Tode. Anders als beispielsweise im ehemaligen Ostgalizien[28] kam es auf der Krim aber nicht zu lokalen Pogromen gegen die jüdischen Nachbarn, was allerdings vereinzelte antisemitische Taten tatarischer, aber auch slavischer KrimbewohnerInnen nicht ausschloss.[29]

Der wohl wesentliche Unterschied zur Shoah im übrigen Okkupationsgebiet war das sich den nationalsozialistischen Akteuren vor Ort und den Rassekundlern im fernen Berlin präsentierende „Durcheinander", wie Kunz es lax, aber treffend ausgedrückt hat.[30] Durch die von den Nationalsozialisten beanspruchte Definitionsmacht konnten sie entscheiden, wer als Jude zu gelten hatte oder nicht. Die eindimensionale Reduktion auf das obskure Merkmal ‚Rasse' wurde der Vielfältigkeit des Judentums nicht gerecht. Während die Unterschiede zwischen Aschkenasim und Sephardim den Nationalsozialisten bekannt waren und Angehörige beider Gruppen gleichermaßen der Shoah zum Opfer fielen, stellte der Formenreichtum jüdischen Lebens auf der Krim diese vor ein Definitionsdilemma. Neben den talmudistischen Jüdinnen und Juden (ca. 60.000), die auf der Krim überwiegend Aschkenasim waren und umstandslos der Vernichtung anheimgefallen sind, existierten noch drei weitere Gruppen: Bergjuden, sog. Krimčaken (ca. 6.400) sowie die bereits erwähnten Karäer (Kapitel 25), die mit ca. 8.300 Personen den größten dieser kleineren Zweige repräsentierten.[31]

---

27 Ich folge im Wesentlichen Kunz (2005), 179–204.
28 Vgl. dazu Struve (2015).
29 Dazu aber auch zur antisemitischen Propaganda der Besatzungsmacht auf der Krim vgl. Tyaglyy (2011).
30 Kunz (2005), 191.
31 Ich folge hier Green (1984), 171. Alle Zahlen beziehen sich auf die Zeit vor 1941.

Die ursprünglich aus dem Kaukasus stammenden Bergjuden waren erst Ende der 1930er Jahre durch die Unterstützung des zwischen 1924 und 1938 auch in der Sowjetunion tätigen American Jewish Joint Distribution Committee auf die Krim gelangt, und zwar im Rahmen der sog. Produktivierungskampagne. An deren ‚Jüdischsein' hegten die verantwortlichen deutschen Täter keinen Zweifel, und somit wurden sie Opfer der Shoa.[32] Anders sah die Lage hinsichtlich der Krimčaken, einer sprachlich tatarisierten jüdischen Gruppe, und der Karäer aus. Ohlendorf selbst nahm diese beiden im Dezember 1941 vorerst von der Vernichtung aus und wandte sich hilfesuchend an den Chef des für „Rassefragen" zuständigen „Reichsministeriums für die besetzten Ostgebiete", Alfred Rosenberg, mit der Bitte, deren „Rassenzugehörigkeit" zu prüfen. In Berlin kam man zu dem Ergebnis, dass erstere in jedem Fall Juden seien. Mit ihrer Vernichtung wurde sogleich begonnen, und wie auch in anderen Teilen des besetzten Europas konnten sich nur wenige von ihnen durch Verstecken retten.[33] Im Fall der Karäer kam man hingegen zu einem anderen Urteil, denn wie bereits die zarischen Behörden so gingen auch die Deutschen letztlich davon aus, dass es sich bei den Karäern nicht um Juden handle. Wie Kiril Feferman ausführt, befassten sich deutsche Rassepolitiker und Wissenschaftler bereits in den 1930er Jahr mit der Karäer-Frage – und kamen dabei zu divergierenden Ergebnissen. Es war ein Glück für die Krim-Karäer, dass während der Besatzung der Halbinsel die Auffassung überwog, diese seien keine Juden, wobei die Deutschen sich auf ‚wissenschaftliche' Urteile als auch auf Selbstauskünfte aus den Reihen dieser Gruppe verließen.[34] Immer wieder wird in der Literatur darauf verwiesen, dass Mitglieder der anderen jüdischen Gemeinden sich für ihre Glaubensverwandten eingesetzt hätten – indem sie bestätigten, bei den Karäern handele es sich eben nicht um Juden.[35] Wie auch immer, der „Reichsführer SS" selbst, Heinrich Himmler (1900–1945), entschied schließlich zu ihren Gunsten, was für Feferman beweist, welche Bedeutung der NS-Staat der Karäer-Frage zuwies.[36] Dass dennoch vereinzelt Karäer auf der Krim Opfer der Nationalsozialisten wurden, war zum Teil schlicht ein Versehen. In jedem Fall scheinen bei der Verschonung der Krim-Karäer pragmatische Erwägungen die deutsche Politik bestimmt zu haben, da sie „den Rückhalt insbesondere der tatarischen Nachbarn genossen, eines aus deutscher Sicht unverzichtbaren Partners also."[37] Möglicherweise wäre es, wenn es denn zum sog.

---

32 Feferman (2007), besonders 104.
33 Vgl. Green (1984), 172 f.
34 Feferman (2011), 283 f.
35 Vgl. z. B. Ascherson (1996), 45.
36 Feferman (2011), 284.
37 Kunz (2005), 190.

Endsieg für das Deutsche Reich gekommen wäre und keine Rücksichten mehr genommen werden müssten, zur Neubewertung der ‚Rassenzugehörigkeit' der Karäer gekommen. Vorerst waren diese aber nützlich, zumal einige von ihnen in deutsche Dienste traten und im April 1944, als die Wehrmacht den Rückzug antrat, mit dieser die Krim in Richtung Westen verließen.[38]

Über die Unterstützung der Besatzungsmacht durch die lokale Bevölkerung wird im Kontext der Deportationen nach der Rückeroberung der Halbinsel durch die sowjetische Armee zu sprechen sein (Kapitel 34). Hier sei schon erwähnt, dass die Begeisterung vieler Kollaborateure der ersten Stunde schnell in Enttäuschung umschlug. Auch die nicht per se aufgrund dubioser Zuordnungen von Wehrmacht und Einsatzgruppen verfolgten Gruppen spürten bald die Brutalität des Regimes. Razzien, Kontrollen und Nahrungsmittelengpässe prägten den Alltag. Da die fruchtbare Krim für die Versorgung der Soldaten an der Ostfront eine große Rolle spielte, wurden viele Lebensmittel abgezogen.[39] Bis zum Rückzug der Wehrmacht stand die Krim wegen der verschärften Sicherheitslage unter strenger militärischer Verwaltung: Auf der Krim und zwar besonders im für die herkömmliche Kriegführung schlecht zugänglichen Gebirge, tobte ein erbitterter Partisanen- bzw., wie es in der Sprache der Nationalsozialisten hieß, „Bandenkrieg". Auch wenn die Besatzer phasenweise den Widerstandskämpfern erheblich zusetzten, letztlich waren die deutschen Kräfte diesen und vor allen Dingen den sowjetischen Truppen nicht gewachsen. Im April 1944 musste der Rückzug angetreten werden. Und die Krim wurde wieder sowjetisch.[40]

---

[38] Feferman (2011), 285, schreibt von „hundreds of Karaites."
[39] Kunz (2005), besonders 133–154.
[40] Kunz (2005), besonders 109–132.

34 Die Deportationen 1944/45 und ihre Hintergründe

> Ich konnte meine Jugend dort nicht verbringen,
> Weil Ihr mir mein Land wegnahmt
> Ich konnte meine Jugend dort nicht verbringen,
> Weil Ihr mir mein Land wegnahmt[1]

Die 1983 in der damaligen Kirgisischen Sozialistischen Sowjetrepublik geborene Susana Camaladinova wurde im Mai 2016 schlagartig bekannt: Die aus einer krimtatarisch-armenischen Familie stammende lyrische Sopranistin vertrat unter ihrem Künstlernamen Jamala (krimtat.: Camala; ukr./russ.: Džamala) die Ukraine beim weltweit populären „Eurovision Song Contest" (ESC) in Stockholm. Ihr in Englisch und Krimtatarisch vorgetragenes Lied „1944" gewann den ersten Preis, wenn auch vergleichsweise knapp vor Australien und der Russländischen Föderation, was der Abstimmung eine besondere Brisanz verlieh. Sie holte damit den ESC das zweite Mal nach Kiew. Bereits 2004 hatte die Westukrainerin Ruslana Lyžyčko (*1973) den Sängerwettbewerb für sich entschieden, so dass dieser 2005 erstmalig in der ukrainischen Hauptstadt stattfinden konnte. Sowohl Ruslana als auch Jamala reüssierten somit in Zeiten, in denen die Ukraine im Interesse der Weltöffentlichkeit stand: Der ESC 2005 in der ukrainischen Hauptstadt geriet zu einer freudigen Feier der erst wenige Monate vorher stattgefundenen sog. Orangen Revolution. Der Auftritt Jamalas 2016 in Schweden war hingegen von einer anderen, nämlich düsteren Grundstimmung geprägt – und dies aus zwei Gründen: Zum einen lag die Annexion der Krim durch Russland im März 2014 erst gut zwei Jahre zurück, zum anderen besang Jamala ein Ereignis, das ohne Einschränkung als ‚der' traumatische Wendepunkt der jüngeren krimtatarischen Geschichte bezeichnet werden muss und im Krimtatarischen als *sürgün* bezeichnet wird. Dies bedeutet übersetzt „Deportation" oder „Exil" und ist die Bezeichnung für die gewaltsame Aussiedlung der krimtatarischen Bevölkerung von der Halbinsel im Mai 1944. Kein Wunder also, dass Beobachter den ukrainischen Beitrag als solches und auch den Sieg Jamalas selbst als politisch einschätzten. Aus der Russländischen Föderation kamen im Vorfeld Klagen gegenüber den Veranstaltern, da dezidierte politische Stellungnahmen auf diesem Forum nicht vorgesehen seien. Die Verantwortlichen folgten aber Jamalas Erklärung, bei dem Lied handele es sich um die persönliche Geschichte ihrer Großmutter, die im Frühjahr 1944 mit

---

[1] Ich folge der Übersetzung des Originalrefrains in: Jamala (2017). Dieser lautet „Yaşlığıma toyalmadım/Men bu yerde yaşalmadım/Yaşlığıma toyalmadım/Men bu yerde yaşalmadım."

ihren fünf Kindern – eines starb unterwegs – in den Osten der Sowjetunion deportiert worden war. Es sei keine Stellungnahme zum angespannten Verhältnis zwischen der Ukraine und der Russländischen Föderation wegen der Annexion oder der Lage in der Ostukraine, so die Sängerin.[2]

Auch wenn, wie dargelegt, Diasporaerfahrungen seit dem ausgehenden 18. Jahrhundert die krimtatarische Gemeinschaft begleitet hatten, so waren die Vorkommnisse um den 18. Mai 1944 herum – hier auch der Bezug zu Jamalas Lied – von besonderer Bedeutung für das krimtatarische Kollektiv, prägen sie doch dessen Erinnerungskultur bis heute nachhaltig.[3] Nur ca. zwei Wochen nach dem Rückzug des deutschen Militärs und der kompletten Rückeroberung der Halbinsel durch die Rote Armee wurde praktisch die gesamte zu diesem Zeitpunkt auf der Halbinsel befindliche krimtatarische Bevölkerung durch die Sowjetmacht nach Zentralasien und Sibirien bzw. in den Ural deportiert. Diese zählte ungefähr 220.000 Menschen, wovon gut 20.000 Männer in der sowjetischen Armee dienten und sich somit nicht auf der Krim, sondern bei ihren Einheiten befanden. Die KrimtatarInnen waren nicht die einzige Gruppe, die in den Osten der Sowjetunion deportiert wurde. Auf der Krim teilten sie dieses Schicksal mit den Krimdeutschen, die nach dem Überfall Deutschlands auf die Sowjetunion in den Osten des Landes verbracht worden waren (Kapitel 33), sowie mit ArmenierInnen, GriechInnen und BulgarInnen. In anderen Teilen der Sowjetunion traf es u. a. TschetschenInnen oder InguschInnen des nördlichen Kaukasus oder die Nachfahren deutscher KolonistInnen im Wolga-Gebiet.[4]

Das stalinistische Regime begründete die Deportation im krimtatarischen Fall mit deren angeblicher Kollaboration mit deutschen und rumänischen Besatzern *en masse* sowie einer überproportional großen Desertation krimtatarischer Rotarmisten. Durch die einschlägige russischsprachige Literatur geistert(e) beispielsweise immer wieder die Zahl von 20.000 Deserteuren krimtatarischer Herkunft. Der ukrainische Historiker Serhiy Hromenko hat in seinem meinungsfreudigen und insgesamt lesenswerten, allerdings vom ukrainischen „Ministerium für Informationspolitik" unterstützten Buch „Crimea is ours. History of the Russian Myth" diese Zahl überprüft. Er kommt – nachvollziehbar – zu folgendem Ergebnis: Da insgesamt, wie bereits erwähnt, nur ca. 20.000 männliche Krimtataren im Zweiten Weltkrieg überhaupt in der Armee gedient hätten, sei diese Zahl zu hoch gegriffen, da dann doch alle krimtatarischen Soldaten de-

---

2 Adler (2016). Vgl. auch Bayer (2016).
3 Vgl. Uehling (2004).
4 Dazu neben Naimark (2008) Pohl (1999); Nekrich (1978); Deportationen (2012). Alle Werke befassen sich auch mit dem krimtatarischen Fall.

sertiert seien. Er geht von ca. viertausend Deserteuren krimtatarischer Abstammung aus.⁵ Der Vorwurf der Massenkollaboration mit den Besatzungstruppen läuft nicht nur im Fall der KrimtatarInnen ins Leere, darüber ist sich die Forschung weitgehend einig. Schon Nikita Chruščev (1894–1971) kam in seiner berühmten „Geheimrede" auf dem 20. Parteitag der KPdSU 1956 zu folgendem Urteil:

> Nicht nur für Marxisten-Leninisten, sondern für jeden vernünftig denkenden Menschen ist es unverständlich, wie man die Verantwortung einzelner Personen oder Gruppen für feindliche Handlungen auf ganze Völker übertragen konnte, Frauen und Kinder, Alte, Kommunisten und Komsomolzen nicht ausgenommen, wie man ihnen gegenüber Massenrepressalien anwenden und sie Entbehrungen und Leiden aussetzen konnte.⁶

Allerdings bezog er dies dezidiert nicht auf die muslimische Krimbevölkerung, wurde diese in seiner Rede doch nicht erwähnt und damit auch nicht rehabilitiert. Dies geschah erst 1967 unter seinem Nachfolger Leonid Brežnev (1906–1982), wobei dieser kollektive ‚Freispruch' kein Recht auf Rückkehr inkludierte. Auch so ist zu erklären, dass Krimtataren und Krimtatarinnen erst nach dem Ende der Sowjetunion in größerer Zahl in die alte, den Jüngeren nur aus Erzählungen der Älteren vertraute Heimat zurückkommen konnten.

Wie ist aber die Kollaboration der Krim-MuslimInnen während des Zweiten Weltkrieges zu bewerten? Unstrittig ist, dass sich die Wehrmacht „[ä]hnlich wie in anderen Gebieten [...] auch am Schwarzen Meer die ethnischen Gegebenheiten zunutze" machte und sie sich alles in allem mit der krimtatarischen Unterstützung zufrieden zeigte.⁷ Auch die verbliebenen Krimdeutschen, die der vorsorglichen Umsiedlung durch die sowjetischen Stellen im Sommer 1941 entgangen waren, KrimbulgarInnen sowie vereinzelt auf der Halbinsel lebende RumänInnen oder ItalienerInnen hatten mit deutschen oder rumänischen Stellen kollaboriert und erhielten dafür gewisse Vergünstigungen.⁸ Schon vor Jahrzehnten wurde darauf hingewiesen, dass der Begriff der Kollaboration differenziert zu betrachten ist,⁹ war doch für viele KrimbewohnerInnen die Kooperation mit den Besatzern schon allein wegen des dort geführten Raub- und Ernährungskrieges (Kapitel 33)

---

5 Hromenko (2017), 97–106.
6 Chruščev (2011).
7 Kunz (2005), 205.
8 Kunz (2005), 207. Er weist darauf hin, dass über die Kollaboration der nichttatarischen Bevölkerung wenig Erkenntnisse vorliegen.
9 Hoffmann S. (1968) unterschied beispielsweise zwischen unfreiwilliger (als widerwillige Anerkennung einer Notwendigkeit) und freiwilliger (als Versuch, die Notwendigkeit der Zusammenarbeit für eigene übergeordnete Zwecke auszunutzen) Kollaboration.

pure Lebensnotwendigkeit; nicht zu sprechen ist von der permanenten (un-) ausgesprochenen Gewaltandrohung, welche schon allein durch die Shoah auch den nichtjüdischen BewohnerInnen stets präsent gewesen sein muss. Gleichwohl gab es auch auf der Krim im Zweiten Weltkrieg (wie bereits 1918) indigene Akteure, die sich von der Zusammenarbeit mehr als nur einen erleichterten Zugang zu knappen Lebensmitteln versprachen. In Anbetracht der Verfolgungen großer Gruppen während der sog. Großen Säuberungen nimmt es allerdings auch nicht Wunder, dass der Wunsch nach Befreiung von der sowjetischen Herrschaft von manchen KrimbewohnerInnen gehegt worden ist. Manche träumten sogar von einem unabhängigen Krim-Staat; dass die Nationalsozialisten dafür die denkbar schlechtesten ‚Partner' waren, versteht sich allerdings von selbst, ging es diesen doch nicht um die Befreiung repressierter Nationalitäten und ein Begegnen auf Augenhöhe, sondern um deren antizipierte Nützlichkeit bei der Errichtung der deutschen Dominanz in Osteuropa.

Wie so häufig in historisch kontroversen Fragen variieren die Annahmen über die Zahlen krimtatarischer Kollaborateure erheblich. Nicht mit letzter Sicherheit kann festgestellt werden, wie viele sog. Hilfswillige sich in den Dienst der Besatzer stellten – ob nun als Mitglieder der aufgestellten Selbstverteidigungseinheiten, Hilfspolizisten, Dolmetscher oder in sonstigen das Besatzungsregime stützenden Einrichtungen. Die Schätzungen reichen von ca. 6.000[10] über 15.000[11] bis zu 20.000 Personen.[12] Von einer Massenkollaboration ‚der' krimtatarischen Bevölkerung, welche Moskau im Frühjahr 1944 dann schließlich als Grund für die Deportationen anführte, ist in jedem Fall nicht zu sprechen. Einige krimtatarische Soldaten in der Roten Armee erhielten überdies höchste Auszeichnungen.[13] Dies bewahrte die krimtatarische Bevölkerung 1944 aber nicht vor Vertreibung und jahrzehntelangem Exil. Umstritten ist, wie vollständig Kreml und NKVD die Deportation angelegt und durchgeführt haben, finden sich doch unterschiedliche Deutungen: Nach dem US-amerikanischen Historiker Norman Naimark „mußte jeder Tatare gehen, ungeachtet der sozialen Stellung oder russischer Ehepartner."[14] Andere Autoren gehen hingegen davon aus, dass diejenigen KrimtatarInnen der Deportation entkamen, die sich im Partisanenkampf gegen die Deutschen

---

10 Magocsi (2014), 111.
11 Hromenko (2017), 120.
12 Kreindler (1986), 391.
13 Gemäß einem nach der Annexion von 2014 veröffentlichen Artikel der russischen Zeitung „Kommersant" sollen zwischen 1941 und 1944 35.000 Krimtataren in der sowjetischen Armee gedient haben: Galustjan u. a. (2015). Hromenko (2017), 100, hält eine solche Zahl für überhöht, seien doch in der Regel nur zehn Prozent einer Nationalität mobilisiert worden.
14 Naimark (2008), 131.

engagiert oder an der Front gekämpft hatten. Auch ist die Rede davon, dass Krimtatarinnen, die mit Angehörigen anderer Nationalitäten verheiratet waren, nicht verschleppt wurden bzw. nach einiger Zeit wieder auf die Krim zurückkehren durften.[15] Wie auch immer: Einige Einzelschicksale werden in dem Zusammenhang immer wieder genannt, etwa das Amet-Han Sultans (russ./ukr.: Amet-Chan Sultan; 1920–1971), eines Fliegerasses, der als höchstausgezeichneter Soldat der UdSSR nicht-slavischer Herkunft gilt. Nicht nur auf der Krim erinnern zahlreiche Straßennamen, Büsten und Denkmäler an diesen Helden der Sowjetunion; in seiner Geburtsstadt Alupka wurde vor einigen Jahren sogar ein Museum für ihn eingerichtet.[16] Über sein Schicksal und das seiner Familie im Zuge der Vertreibung gibt es mehrere nicht eindeutig zu verifizierende Varianten, wobei hier der Einfachheit halber den russisch- und englischsprachigen Wikipedia-Einträgen gefolgt wird: Während eines Fronturlaubs in seiner Geburtsstadt soll Amet-Han die Deportationen erlebt haben und nach einer Version die Deportation seiner Eltern dank seines Heldenstatus verhindert haben; zugleich kursiert die Geschichte, dass die Familie der Deportation entkam, weil der Vater Amet-Hans ein aus Dagestan stammender Angehöriger der Volksgruppe der Laken gewesen sei. Nur sein jüngerer Bruder Imran, der während der deutschen Besatzung ein tatarischer Hilfspolizist war, sei bestraft worden. Dramatisch ist die Variante, nach der ein NKVD-Offizier Amet-Han und seine Eltern zum Deportationsplatz bringen wollte, es zu einem Kampf gekommen sei und Amet-Han sich schließlich als Held der Sowjetunion zu erkennen geben konnte. Dies sei von anderen Soldaten bestätigt worden, und der Geheimpolizist hätte sich entschuldigt. Und schließlich wird auch kolportiert, dass die Familie nicht nach Zentralasien, sondern ‚nur' nach Dagestan umsiedeln musste und zudem mehr Zeit zum Packen gehabt habe als andere Krim-MuslimInnen.[17]

Dass *sürgün* als wichtigste erinnerungskulturelle Ressource der krimtatarischen Nationalität auch in Kunst und Kultur Eingang gefunden hat, verwundert nicht. Swetlana Czerwonnaja und Martin Malek haben erst unlängst, und wohl das erste Mal in deutscher Sprache, darauf hingewiesen, wie das „Trauma der Deportation und die kollektiv als Tragödie empfundene Verfemung"[18] sich im- oder explizit durch die krimtatarische Literatur zieht. Für AutorInnen wie Èmil' Amit (1938–2002) oder Èrvin Umerov (1938–2007) wurde *sürgün* zum Lebens-

---

15 So z. B. bei Krugosvetov (2016).
16 Die Website dieses Museums war im Oktober 2018 nicht aufrufbar, eventuell weil es nun als Teil des Krimtatarischen Kunstmuseums (Simferopol') fungiert: http://www.krtmuseum.com.ua/poster/muzei-dvazhdy-geroya-sovetskogo-soyuza-amet-khana-sultana.
17 Amet-Chan (2018).
18 Czerwonnaja u. Malek (2017), 219.

Abb. 12: Amet-Han Sultan – zweimaliger Held der Sowjetunion, Fotografie von 1945

thema. Erst 2013 erschien eine erste kinematographische Verarbeitung des Sujets durch den krimtatarischen Regisseur und Schauspieler Achtem Sejtablaev (*1972) mit dem Titel „*Haytarma*" (krimtat.; „Die Rückkehr"). Sejtablaev übernahm darin auch die Hauptrolle, nämlich die des Amet-Han Sultan. Für Gerhard Gnauck von der „Welt" ist „*Haytarma*" ein „eher konventionell gedrehter, aber schlüssig erzählter und anrührender Film" mit guten Spezialeffekten, in denen sich deutsche und sowjetische Piloten über den Krimbergen Luftkämpfe lieferten. Nach der Annexion der Krim durch die Russländische Föderation 2014 wirke der Film, so der Journalist, „wie ein Epitaph für eine verlorene Landschaft und Heimat."[19] In jedem Fall wird versucht, die kollektive Katastrophe zugleich als Aufbruch zu

---

[19] Gnauck (2015).

interpretieren, endet der Film doch mit der Geburt eines Kindes in einem der Eisenbahnwagons, mit denen die Deportierten ins Exil gebracht wurden, und der Frage, wie das Kind heißen soll. Selbst in Zeiten größter Not und Verzweiflung entsteht also neues Leben – und damit geht auch das Leben des krimtatarischen Kollektivs weiter.[20]

Serhiy Hromenko hat in seiner bereits zitierten Streitschrift über die russischen Krim-Mythen ein Kapitel mit dem Titel „Crimean Tatars are a ‚traitor people'" verfasst.[21] Darin zeichnet er diese im russischen Kontext virulente Denkgewohnheit am Beispiel der sowjetischen Debatten nach 1944 nach. Dieses ältere Stereotyp erfuhr nach dem Zweiten Weltkrieg eine neuerliche Hochzeit, um die Deportationen zu rechtfertigen. Der von Fürst Potemkin geäußerte Wunsch nach einer Krim, die ohne Tataren so viel besser sei, ‚erfüllte' sich erst unter Stalin. Und mehr als das: Die Krim wurde erstmalig in geschichtswissenschaftlich fassbarer Zeit ethnisch weitgehend homogenisiert, war sie doch fast vollständig slavisch, d. h. russisch und ukrainisch, geworden. Die multiethnische Krim existierte nicht mehr.

---

20 Der Film „Haytarma" wird unter folgendem Link vom ukrainischen Konsulat in Edinburgh auf Youtube zur Verfügung gestellt: https://www.youtube.com/watch?v=f181jS4_egs (Stand 09.09. 2018).
21 Hromenko (2017), 107–117.

35 Die Krim nach dem Zweiten Weltkrieg

Medea Mendez, geborene Sinopli, war, abgesehen von ihrer Ende der zwanziger Jahre nach Moskau verzogenen jüngeren Schwester Alexandra, die letzte reinrassige Griechin in ihrer Familie, die sich vor Urzeiten an den mit Hellas verwandten taurischen Gestaden angesiedelt hatte. Sie war auch die letzte in der Familie, die noch eine Art Griechisch sprach, vom Neugriechischen ebenso tausend Jahre entfernt wie das Altgriechische von der nur in den taurischen Kolonien erhaltenen mittelalterlichen pontischen Mundart. Unterhalten konnte sie sich seit langem mit niemandem mehr in dieser abgetragenen klangvollen Sprache [...]. Die taurischen Griechen in Medeas Alter waren entweder ausgestorben oder ausgesiedelt worden, sie aber war auf der Krim geblieben, was sie, wie sie meinte, Gottes Gnade verdankte, zum Teil aber auch ihrem spanischen Witwennamen, ihr verblieben von ihrem verstorbenen Mann, einem fröhlichen jüdischen Dentisten mit kleinen, aber auffälligen Fehlern und großen, aber tief verborgenen Vorzügen.[1]

Der 1996 im russischen Original erschienene Roman „Medea und ihre Kinder. Eine Familienchronik" („*Medeja i ee deti. Semejnaja Chronika*") stammt von der mittlerweile zwischen Russland und Israel pendelnden Schriftstellerin und Putin-Gegnerin Ljudmila Ulickaja. Er erzählt das Leben einer weitverzweigten sowjetischen, d.h. multinationalen Familie, die zwischen den Zentren der UdSSR und einer ihrer Peripherien, der Halbinsel Krim nämlich, verstreut lebt. Deren auch emotionalen Mittelpunkt bildet mit der Titelheldin Medea eine Nachfahrin pontischer GriechInnen. Dem Schicksal der übrigen KrimgriechInnen nach dem Zweiten Weltkrieg, die wie die TatarInnen oder BulgarInnen der Halbinsel in ihrer Mehrheit vom stalinistischen Regime deportiert worden waren, soll sie, so ihre Erfinderin Ulickaja, wegen ihrer Ehe mit einem sowjetischen Juden entgangen sein. Die jüdische Bevölkerung galt in der Sowjetunion bekanntlich als eigenständige Nationalität, und die Romanfigur Medea lebte somit in einer gemischt-nationalen Ehe, die sie vor der Verbannung schützte. Der Vorname der Protagonistin – Medea – führt uns abermals in die klassische Antike und zu der mit dieser Region verbundenen Mythenwelt: Medea war die Tochter des Königs Aietes von Kolchis, an der Ostküste des Schwarzen Meeres, im Gebiet des heutigen Georgiens gelegen. Die Argonauten unter der Führung Iasons erbeuten, so will es der Mythos, mit Hilfe der in Liebe zu Iason entbrannten Medea das von ihrem Vater gehütete Goldene Vlies. Medea und Iason müssen deshalb aus Kolchis fliehen, heiraten und bekommen miteinander zwei Söhne, die sie tötet, nachdem Iason sich der Tochter Kreons zugewandt und sie verstoßen hat.

---

1 Ulitzkaja (1997), 5f. In der deutschen Übersetzung fehlt der im russischen Original beigegebene Untertitel.

Das Medea-Thema ist ein in der Kunst vielfach verarbeitetes Sujet, das u. a. Euripides, Seneca (ca. 1–65 n.Chr.), Franz Grillparzer (1791–1872), Hans Henny Jahn (1894–1959) oder Christa Wolf (1929–2011) in ganz unterschiedlichen Formen aufgegriffen haben. Ulickajas Medea aber hat mit ihrer mythischen Namensvetterin nur wenig gemein, für den Slavisten Wolfgang Kasack ist sie vielmehr vor allen Dingen ein „Kraftfeld, auf das eine unüberschaubare Menge von Verwandten ausgerichtet ist", die sich aus „Menschen vieler Nationen" zusammensetzt. Medea symbolisiert für ihn „das Verbundensein der Menschen überhaupt."[2] Sie versinnbildlicht aber zugleich die keinesfalls nur von den sowjetischen Führern propagierte, sondern in Ansätzen existente sowjetische Völkerfamilie: Die Menschen heirateten oder verbanden sich auf sonstige Weise miteinander über die ethnischen Grenzen hinweg und kommunizierten in der *lingua franca* der UdSSR, dem Russischen. Der Roman spiegelt das Schicksal einer Handvoll familiär verbandelter Menschen im 20. Jahrhundert wider, ohne die Brüche und Zäsuren – die Revolution, den Aufbau des Sozialismus, den Zweiten Weltkrieg, die Deportationen – in den Mittelpunkt der Erzählung zu rücken; gleichwohl werden diese Ereignisse in ihrem Einfluss auf die Figuren spürbar. Deutlich wird deren Beziehung nicht nur zu Medea, sondern auch zur Halbinsel selbst: Man spürt deren Freude, an diesem schönen Ort ihre Ferien verbringen zu können, selbst wenn dessen Polyethnizität in der zweiten Hälfte des 20. Jahrhunderts nicht mehr vorhanden war, sieht man von ‚Relikten' wie der griechischstämmigen Medea einmal ab.

Die Krim war nach dem Zweiten Weltkrieg eine andere geworden, was nicht nur an den weitläufigen Zerstörungen lag, sondern eben auch an dem Menschenverlust durch Kampfhandlungen, Massaker und Deportationen, welche in heutiger Terminologie als Genozid (so die Shoa) und ethnische Säuberungen zu bezeichnen sind, denen ebenfalls genozidale Elemente innewohnten. Weiteres kam hinzu: Es änderte sich der Status der Halbinsel innerhalb des staatlichen Gefüges, wurde doch ein gutes Jahr nach der Deportation der tatarischen Bevölkerung, am 30. Juni 1945 die seit Anfang der 1920er Jahre existierende Autonome Sozialistische Sowjetrepublik aufgelöst. Die Halbinsel war für die nächsten Jahre eine sog. *oblast'* (d. h. ein Verwaltungsbezirk) innerhalb der Russländischen Sozialistischen Föderativen Sowjetrepublik (RSFSR). Öffentlich bekanntgemacht wurde dieser Statuswechsel allerdings erst ein Jahr später, nämlich Ende Juni 1946. Als Grund dafür und für die Umsiedlung der TatarInnen wurde abermals die vermeintliche Massenkollaboration mit den Nationalsozialisten angeführt. Und

---

2 Kasack (1997), 732.

wieder wurde der Anteil tatarischer Menschen an der Befreiung von den Invasoren als Rotarmisten oder Partisanen verschwiegen.³

Bezeichnend war ebenso, dass die sowjetische Führung und Administration vor Ort danach strebten, die Erinnerung an die deportierten Völker, allen voran das krimtatarische, auszulöschen: Die während der *korenizacija* (Kapitel 32) in den 1920er Jahren gedruckten Schulbücher in krimtatarische Sprache wurden verbrannt, Moscheen, Friedhöfe etc. zerstört, topographische Bezeichnungen krimtatarischer (zuweilen auch vortatarischer) Provenienz umgewidmet. Diese Politik der Ausmerzung älterer, nun missliebiger historischer Spuren ist nicht neu: Während unter Katharina II. noch gräzisierten Namensformen der Vorzug gegenüber tatarischen Toponymen gegeben worden war (Kapitel 23), war nun Russifizierung das Stichwort; so wurde beispielsweise aus Qarasuvbazar „Belogorsk" oder aus Bağçasaray „Puškinskij", was zugleich eine Reminiszenz an Alexander Puškin und sein Poem „*Bachčisarajskij fontan*" war (Kapitel 2). Diese kulturelle und administrative Russifizierung, wie Brian G. Williams dieses Vorgehen bezeichnet hat,⁴ wurde begleitet von einer zielgerichteten Einwanderung russischer und ukrainischer SiedlerInnen. Diese sollten die entvölkerten ländlichen Regionen wiederbeleben und die dringend gebrauchten Arbeitskräfte stellen. Letztlich erscheint dieses Vorgehen als Wiederholung der Politik, welche das zarische Russland knapp hundert Jahre vordem, also nach dem Krimkrieg, verfolgt hat, als es die ausgereiste tatarische Bevölkerung ebenfalls durch Slaven ersetzte (vgl. Kapitel 28). Es wird geschätzt, dass ca. neunzig Prozent der slavischen Krim-Bevölkerung erst nach dem Zweiten Weltkrieg auf die Halbinsel gelangt sei.⁵ Erst seitdem war diese im wahrsten Wortsinn ‚russisch geworden'.

Die Weltöffentlichkeit nahm die Krim aber nicht unbedingt wegen der auf ihr stattfindenden ethnopolitischen Verwerfungen wahr, sondern vielmehr wegen der Konferenz von Jalta, die vom 4. bis zum 11. Februar 1945 dort abgehalten wurde. Bei diesem diplomatischen Treffen der alliierten Staatschefs der USA (Franklin D. Roosevelt, 1882–1945), Großbritanniens (Winston Churchill, 1874–1965) und der Sowjetunion (Josef Stalin) im Livadija-Palast bei Jalta ging es vor allen Dingen um die Zukunft des sich damals bereits in Agonie befindenden Deutschen Reichs, das ein Vierteljahr später endlich kapitulieren sollte. Weitere Themen in Jalta waren die europäische Nachkriegsordnung, die Einbeziehung Frankreichs in den Kreis der Siegermächte sowie der Eintritt der Sowjetunion in den Krieg gegen Japan, der nach der Kapitulation Deutschlands geschehen sollte.

---

3 Vgl. u. a. Fisher (1978), 167 f.
4 Williams (2001), 404.
5 Guboglo u. Chervonnaia (1995), 39.

Die in Jalta erfolgte Festlegung der sog. Einflusssphären in Europa zwischen den Alliierten machte diese Konferenz, so hat es Stefan Troebst plausibel dargelegt, allein für Polen zu einem (allerdings negativ besetzten) Erinnerungsort. Während zum Beispiel im deutschen Kollektivgedächtnis die Potsdamer Konferenz (August 1945) diejenige der sog. Dreimächtekonferenzen[6] war, die sich am nachhaltigsten eingeprägt hat, und mit dem Begriff „Jalta" nur wenig verbunden wird, ist „Jalta" in polnischen Ohren eine Chiffre für eine ungerechte Nachkriegsordnung. Diese habe Polen – immerhin ein aktiver alliierter Verbündeter vom Exil aus – der Sowjetunion ausgeliefert.[7] Worauf fußte diese Sichtweise? Die im Zuge des Geheimen Zusatzprotokolls im Hitler-Stalin-Pakt von 1939 an die UdSSR gelangten östlichen Territorien der Zweiten Polnischen Republik verblieben nach den Beschlüssen von Jalta bei der Sowjetunion. Als Kompensation erhielt das neue Polen Teile Ostpreußens und bis dahin deutsche Gebiete östlich der Flüsse Oder und Neiße. Die bürgerliche polnische Exilregierung wurde durch eine prosowjetische ersetzt und die Umsiedlung weiter Bevölkerungsteile beschlossen. Während die Aussiedlung der deutschen Bevölkerung aus den neuen polnischen Gebieten im polnischen Diskurs weniger umstritten war, wurde die in Jalta nicht offen kommunizierte Vertreibung eingewurzelter Polen und Polinnen aus den nun der UdSSR zugeschlagenen Gebieten naturgemäß beklagt. So oder so: Jalta – und damit eben auch die Krim – steht somit für Teile der polnischen Bevölkerung für einen Verrat des Westens am Vaterland. Neben dem (positiven) Sarmatenmythos (Kapitel 2) wird mit der Halbinsel also auch ein negativer Mythos verbunden.

Das nächste Ereignis, welches der Krim über das eigentliche Territorium hinaus eine gewisse Aufmerksamkeit hätte bescheren können, aber aufgrund der sowjetischen Propagandastrategie weithin unbeachtet blieb, fand 1954 statt, also ein Jahr nach dem Tod Stalins. Gemeint ist die häufig, aber unzutreffend als sog. Chruščevsche Schenkung bezeichnete Übergabe der *oblast'* Krim aus dem Territorialbestand der RSFSR in den der Ukrainischen Sowjetrepublik. Die Öffentlichkeit nahm diesen Transfer vor dem Hintergrund umfänglicher Feierlichkeiten anlässlich des dreihundertsten Jahrestags der Übereinkunft von Perejaslav 1654 wahr; damals hatten sich bekanntlich die ukrainischen Kosaken unter Chmel'nyc'kyj dem Zaren Alexej Michajlovič unterstellt. Dies wird in der ukrainischen Historiographie lediglich als temporäre, pragmatische Verbindung gegen den polnischen König gesehen. Die russische Geschichtsschreibung interpretiert dieses Vertragswerk lieber mit Rekurs auf den ersten ostslavischen Staat der Kiewer

---

[6] Die erste Dreimächtekonferenz hatte Ende 1943 in Teheran stattgefunden.
[7] Ich folge hier Troebst (2017), 344 f.

Abb. 13: Gruppenfoto bei der Konferenz von Jalta, 1945 (von links: Winston Churchill, Franklin D. Roosevelt und Josef Stalin)

Rus' als eine Wiedervereinigung zwischen ‚Groß-' und ‚Kleinrussen' (= Ukrainer).[8] In jedem Fall wurde 1954 der Transfer der Krim als eine Art Unterpfand für die ‚unverbrüchliche Freundschaft' zwischen diesen beiden zahlenmäßig größten Nationalitäten der Union präsentiert.

Die politischen Hintergründe der Feiern der Ereignisse von 1654 und die Unterstellung der Krim unter die Jurisdiktion der Ukraine sind komplex und lassen sich – dies sei vorangestellt – bis heute nicht abschließend klären. Und offenbar wurde dies nicht einmal versucht, wie die Politikwissenschaftlerin Gwendolyn Sasse bereits vor Jahren feststellen musste. Sie präsentiert ihrerseits einige verschiedene Varianten und mögliche Erklärungen, die ein wenig Licht in

---

8 Plokhy (2017), 282, weist zu Recht auf die unterschiedlichen Bewertungen durch die sowjetische Geschichtsschreibung hin: Während zu Beginn der 1920er Jahre diese Übereinkunft noch als das Zarentum stärkend und damit negativ beurteilt wurde, geriet man später zu positiveren Einschätzungen des Russländischen Imperiums.

die Angelegenheit bringen.⁹ Folgendes steht außer Zweifel: Von einem Alleingang Chruščevs konnte in dieser Angelegenheit nicht die Rede sein, so dass sich der Begriff ‚Schenkung' schon aus diesem Grund verbietet. Wohl wegen seiner engen persönlichen Beziehungen zur Ukraine wurde häufig argumentiert, Chruščev habe der Ukraine mit der Krim eine besondere Ehre erweisen wollen oder – weniger elegant ausgedrückt – die Halbinsel „wie ein[en] Sack Kartoffeln" (Vladimir Putin) weggegeben.¹⁰ Die politische Gemengelage im Kreml und der noch nicht abgeschlossene Machtkampf um die Nachfolge Stalins stehen dieser Interpretation allerdings entgegen, verfügte Chruščev doch zu diesem Zeitpunkt noch nicht über den notwendigen Einfluss. Zumindest das Präsidium des Zentralkomitees der KPdSU unter Georgij M. Malenkov (1901–1988) habe diese Entscheidung mittragen müssen, so vermutet der ukrainische Historiker Jurij Šapoval.¹¹ Debattiert wurde auch darüber, ob mit der Übergabe an die Ukraine dieser nicht ein erheblicher Teil der logistischen und finanziellen Lasten für den Wiederaufbau der durch den Krieg zerstörten Krim aufgebürdet werden sollte. Einer gewissen Plausibilität entbehrt auch folgende Erklärung nicht, nach der die Ukraine somit ihren Teil der Verantwortlichkeit für die moralisch und völkerrechtlich verwerfliche Massenumsiedlung eingewurzelter Nationalitäten von der Krim übernehmen musste.¹² Auch ganz pragmatische Überlegungen könnten eine Möglichkeit darstellen, da durch die (bis zum Sommer 2017) fehlende Landverbindung zwischen der Halbinsel und der RSFSR die Versorgung und der Wiederaufbau von der Ukraine aus leichter zu bewerkstelligen waren.¹³ Vermutlich spielte also, wie so oft in der Geschichte, eine ganze Reihe von Gründen eine Rolle.

In jedem Fall sollte die Eingliederung der Krim in die Ukrainische Sowjetrepublik auch im Zusammenhang mit dem russisch-ukrainischen Verhältnis und im gesamtsowjetischen Kontext betrachtet werden. Die Krim war ohne Zweifel ein „verschwenderisches Geschenk" („lavish gift") Moskaus an Kiew, so die Feststellung Plokhys,¹⁴ und sollte die ‚Wiedervereinigung' Russlands und der Ukraine auf der symbolischen Ebene stärken. Dies gilt übrigens genauso für eine andere Maßnahme: der bereits bei der Gründung der Vereinten Nationen sowohl der Ukraine als auch der Weißrussischen SSR zuerkannte eigene Sitz in der dortigen Vollversammlung, was nur mit Billigung der Westalliierten geschehen konnte. Die

---

9 Ich halte mich im Folgenden an Sasse (2007), besonders 107–128, sowie an Plokhy (2017), 280–284.
10 Vgl. Hromenko (2017), 198–203.
11 Šapoval (2009).
12 Potichnyj (1975), hier 308.
13 So z. B. Subtelny (2000), 500.
14 Plokhy (2017), 283.

zweitgrößte ostslavische Nationalität wurde nach dem Zweiten Weltkrieg zur *secunda inter pares* nach der russischen. Dies wurde von den nicht-slavischen Nationalitäten als Botschaft verstanden, denn ungeachtet aller Beschwörungen des Sowjetpatriotismus dominierte politisch und demographisch eben doch das slavische Element in der UdSSR. Die mit der ‚Schenkung' verbundenen Signale an die Ukrainische SSR und ihre Nomenklatura waren ebenfalls komplex: Chruščev konnte sich der besonderen Unterstützung der ukrainischen politischen Elite zwar relativ sicher sein, aber die Krim als zusätzliche Morgengabe Moskaus schadete nicht. Zugleich wurde mit der Halbinsel ein Territorium Teil der Ukraine, dessen Bevölkerung ganz überwiegend russisch und in einem noch höheren Maße russophon war, verwendeten (und verwenden) doch die meisten ethnischen UkrainerInnen auf der Krim Russisch als Erstsprache. In Anbetracht des Umstandes, dass der Kreml bereits in den 1920er Jahren Angst vor sog. ukrainischen Nationalbolschewisten gehabt hatte,[15] mag die Stärkung des russischen Bevölkerungsteils in dieser Sowjetrepublik ein erwünschter Nebeneffekt gewesen sein. Plausibel ist aber vor allen Dingen eines: Zum Zeitpunkt der ‚Schenkung' stand die Sowjetunion nach dem gewonnenen Weltkrieg und dem Aufstieg zur Super- und Atommacht auf dem Zenit ihrer Macht. Der Zerfall dieses sozialistischen Imperiums erschien allen als undenkbar. Und in Anbetracht der trotz föderaler Bekenntnisse stark zentralistischen Staatsstruktur war die Zugehörigkeit eines bestimmten Territoriums zu der einen oder anderen Sowjetrepublik nur von eingeschränkter praktischer Relevanz. Oder anders gesagt: Dass die schöne Krim für Russinnen und Russen jemals Ausland werden würde, war weder 1954 noch in den Dekaden danach denkbar. 1991 freilich wurden die Karten neu gemischt (Kapitel 36).

Auch wenn eine befriedigende Untersuchung der politischen und ökonomischen Entwicklung der Krim nach dem Zweiten Weltkrieg und der Eingliederung in die Ukrainische SSR bislang fehlt,[16] so können doch folgende Aussagen getroffen werden: Weiterhin war die Entwicklung der Halbinsel von der gesamtstaatlichen abhängig, wobei lokale Handlungsoptionen, die selbst die Sowjetunion bot, genutzt wurden. Die Situation war demnach ambivalent: Wie schon 1921/22 und 1932/33, so war auch die Krim von der durch Dürre und Zerstörung hervorgerufenen Hungersnot 1946/47 betroffen, allerdings fielen dieser durch den

---

15 Vgl. z. B. Jobst (2015b), 199–201.
16 Für Sevastopol' nach 1944 gilt dies nicht, da Qualls (2009) diese Lücke weitgehend geschlossen hat. Bislang unerschlossenes Quellenmaterial zur Moskauer Wirtschaftspolitik gegenüber der Krim im Zusammenspiel mit Kiew hat Sasse (2007), besonders 121–126, konzis bearbeitet und bewertet.

Zugang zu frischem Fisch vergleichsweise weniger Menschen zum Opfer.[17] Die Krim war, wie andere von der sowjetischen Armee rückeroberte Gebiete, großflächig zerstört worden. Städtische Gebiete waren besonders umkämpft gewesen – so Sevastopol' (neben Kerč' im Osten der Halbinsel), wo im Jahr 1944 nur drei Prozent der Bausubstanz aus der Vorkriegszeit noch intakt war. Dazu beigetragen hatte die weithin praktizierte Taktik der deutschen Wehrmacht, beim Rückzug möglichst große Schäden im zu räumenden Gebiet zu hinterlassen. Im Fall der Krim war u. a. die Wasserversorgung zerstört worden.[18] Da die Halbinsel seit jeher unter Wassermangel litt, wog dies besonders schwer und führte in der unmittelbaren Nachkriegszeit zu Epidemien. Projekte wie der 1961 begonnene Bau des Nord-Krim-Kanals, der vor allen Dingen die nordöstlichen Gebiete mit Wasser versorgte,[19] konnten längerfristig Entlastung bringen. Neben dem Wiederaufbau zerstörter Gebäude und Infrastruktur gehörte die Repeuplierung der Halbinsel zu den gravierenden Problemen. Der Bevölkerungs- und damit eben auch Arbeitskräftemangel rührte nicht nur von der Besatzungspolitik, der Shoa und dem nationalsozialistischen System der Zwangsarbeit her, sondern waren eben auch ein Produkt der Deportationen (Kapitel 34). Die russischsprachige Historiographie geht von einem Absinken der Bevölkerung von gut 1,2 Millionen vor 1941 auf ca. 350.000 im Sommer 1944 aus.[20] Bei der auf die Deportationen folgenden Ansiedlung wurden, wie bereits erwähnt, russische und ukrainische Familien bevorzugt, die im landwirtschaftlichen Bereich arbeiteten, der neben dem Tourismus einen ausgeprägten Sektor in der Ökonomie der Halbinsel darstellte. Trotz diverser Rückschläge, etwa durch die Rücksiedlung unzufriedener NeusiedlerInnen, übertraf die Einwohnerzahl schon 1959 die der Vorkriegszeit um ca. 75.000.[21] Dennoch blieb der Mangel an Arbeitskräften ein drängendes Problem. Es war nur eines von vielen, denn wirtschaftlich fiel die Krim auch wegen von der Zentrale zu verantwortender Investitionsdefizite und schlechter Planungen im Vergleich mit anderen Regionen der Ukrainischen SSR oder auch der RSFSR zurück. Sasse verweist in diesem Zusammenhang auf die Problematik sowjetischer Daten, welche eine Einschätzung der tatsächlichen Leistungsfähigkeit der Wirtschaft der Krim erschweren. Tatsache ist, dass die Meldungen über qualitative und quantitative Produktionssteigerungen häufig nur wenig mit der Realität korrelierten. Sie waren Teil der Propaganda, um die realsozialistische Welt (und am besten auch die außerhalb) von der Systemüberlegenheit der Sowjetunion zu überzeugen. Nur

---

17 Siegelbaum (2018); Qualls (2009), 109 f.
18 Qualls (2009), 1 f.
19 Vgl. Tymčenko (2014).
20 Djuličev (2006), 196 f.
21 Maksimenko (1990), 58.

partiell ist feststellbar, woher die Mittel für den Wiederaufbau und die weitere Wirtschaftsförderung kamen – von Moskau oder von Kiew?²² Zur Beantwortung der Frage, inwieweit die Übergabe der Krim in ukrainische Hände ein Erfolg war, wäre dies aber wichtig. Sasse kommt letztlich zu dem Ergebnis, dass sich bei Großprojekten wie dem Nord-Krim-Kanal eine „hierarchy of decision making" ausgebildet hatte, die von Moskau und dem allmächtigen staatlichen Wirtschaftsplanungskomitee „Gosplan" (*Gosudarstvennyj planovyj komitet*) über Kiew und erst dann nach Simferopol' verlief.²³

Eine gewisse eigene Handlungsmacht konnte das ab 1965 dann auch offiziell mit dem Titel „Heldenstadt" geehrte Sevastopol' ausüben: Von 1948 bis in die 1990er Jahre hinein verfügte die wegen ihrer militärstrategischen Bedeutung selbst von SowjetbürgerInnen nur mit einer Sondergenehmigung zu besuchende geschlossene Stadt über ein eigenes, selbst zu verantwortendes Budget.²⁴ Zudem besaß sie, neben Moskau und Leningrad, als dritte Stadt der Sowjetunion den Sonderstatus des „föderalen Ranges". Ein populärer russischer Mythos besagt, dass die Stadt nicht nur wegen ihrer Verdienste während des Krimkriegs und des Zweiten Weltkriegs zu dieser Auszeichnung gekommen sei, sondern auch – eher banal – weil Stalin 1948 bei einem Besuch der Stadt feststellen musste, dass der Wiederaufbau nur schleppend vorangehe. Die Sonderverwaltung stellte daraufhin weitere finanzielle Mittel zur Verfügung.²⁵ Der rechtliche Status Sevastopol's kann hier nur im Ansatz dargestellt werden, wichtig ist aber Folgendes: In den Debatten über die angenommene Unrechtmäßigkeit des Transfers der Krim 1954 in den Bestand der Ukrainischen SSR wird russischerseits zuweilen argumentiert, Sevastopol' sei als Stadt föderalen Ranges stets russisch und niemals ukrainisch gewesen (vgl. Kapitel 37).

Sevastopol' war als Kriegshafen gegründet worden und sollte somit primär den militärischen Erfordernissen der russischen bzw. später dann sowjetischen Flotte genügen. Dennoch waren an die Stadt von Anbeginn auch wirtschaftliche Erwartungen geknüpft worden, die sich jedoch über die Zeit nur eingeschränkt erfüllen sollten.²⁶ Standortgemäß dominierten Schiffsbau, Fischerei, Weinproduktion sowie kleinere Textil- und Lebensmittelbetriebe die städtische Wirtschaft. Der Aufbau einer Großindustrie wurde durch den felsigen Untergrund in der Umgebung verhindert.²⁷ Beim Wiederaufbau der zerstörten Stadt zeigten ihre

---

22 Sasse (2007), 122f.
23 Sasse (2007), 124.
24 Vaneev (1983), 22.
25 Vgl. hierzu die Diskussion bei Hromenko (2017), 178–203.
26 Vgl. Jobst (2017b), 172f.
27 Qualls (2009), 13.

BewohnerInnen Handlungsmacht, vielleicht sogar einen kollektiven Eigensinn, der in der unmittelbaren Nachkriegszeit mit dem Wiederaufleben des Stalinismus durchaus heldenhafte Züge trug. Wie Karl Qualls zeigen konnte, verweigerten sich die lokalen Akteure beispielsweise der zeittypischen architektonischen Tendenz im Städtebau, welche als „Zuckerbäckerstil" bezeichnet wird. Stattdessen wurde die Stadt mehr oder weniger nach ihrem historischen Vorbild rekonstruiert: Letztlich (und bis heute) vereint Sevastopol's Architektur einen primär russischen Charakter mit sowjetischen Zitaten – sie steht für „the re-creation of glorious past and future promise of the great Soviet utopia."[28]

Dass eine so große Zahl ehemaliger SowjetbürgerInnen unabhängig ihrer ethnischen Herkunft so positive Gedanken mit der Krim verbindet, hängt nicht nur mit der populären Erzählung von der „Heldenstadt" Sevastopol' zusammen, sondern auch mit der schwunghaften Entwicklung der Halbinsel zum wohl wichtigsten Ort des sowjetischen Massentourismus. Die Krim hatte ja schon immer Reisende angelockt, wurde geradezu zu einem Sehnsuchtsort, aber erst in der zweiten Hälfte des 20. Jahrhunderts wurde sie eine Destination für die Volksmengen.[29] Die Formen und die Kontexte des Reisens entwickelten eine große Bandbreite: Neben die bereits in zarischer Zeit begründete Sanatoriumskultur traten von Gewerkschaften und sonstigen gesellschaftlichen Organisationen durchgeführte Reisen (oftmals in eigene Heime und Unterkünfte) sowie der Individualtourismus, der auch in der Sowjetunion möglich war. Ein spezifisches Phänomen des Reisens kam der Verwirklichung der „great Soviet utopia" wohl am nächsten: die sowjetische Pionierlagerkultur, deren unbestrittene ,Hauptstadt' das 1925 in der Nähe von Gurzuf gegründete „Artek" wurde.[30] Unter den zahlreichen Pionierlagern in der UdSSR und im sog. Ostblock war es das bekannteste, größte und prestigeträchtigste. Es besteht bis heute, wenngleich unter gewandelten Vorzeichen.[31] „Artek" wurde ein Synonym für die kollektiven Träume mehrerer Generationen junger Sowjetmenschen. Diese verwirklichten sich nicht für alle, denn nur diejenigen Kinder, die sich in Schule und Jugendorganisation besonders verdient gemacht hatten, durften ihre Ferien dort verbringen. So zumindest in der Theorie, denn praktisch gelangten auch die weniger begabten Sprösslinge der sowjetischen Nomenklatura in das Ferienlager. „Artek" sollte genauso außerhalb der realsozialistischen Welt von der reklamierten systemischen Überlegenheit künden und wurde deshalb zugleich ein Zentrum des in-

---

28 Qualls (2009), 5.
29 Zur Entwicklung des sowjetischen Tourismus im Allgemeinen vgl. Koenker (2013).
30 Dazu als Einstieg Furin u. Rybinski (1975).
31 Vgl. die Website Artek (2018), die gegenwärtig das Lager mit dem Motto „In der Sonnenstadt" [V solnečnom gorode] bewirbt.

Abb. 14: Pionierlager Artek, 1986

ternationalen Kinder- und Jugendaustausches. Die Pionierlager waren Teil einer möglichst früh, also im Kinder- und Jugendalter greifenden und der Kleinfamilie entzogenen Erziehung zum sog. Neuen (= sozialistischen) Menschen. Die ideologische Indoktrination durch Erziehung war zum Teil durchaus kindgerecht[32], junge Talente wurden gesucht und gefördert, berühmte Persönlichkeiten wie der Kosmonaut Jurij Gagarin (1934–1968) oder in- und ausländische Staatschefs wie Walter Ulbricht (DDR, 1893–1973), Georgi Dimitrov (Bulgarien, 1882–1949) oder Ho Chi Minh (Vietnam, 1890–1969) besuchten „Artek". Die weitläufige, aus mehreren Haupt- und Nebenlagern bestehende Anlage setzte auch architektonisch Maßstäbe, besonders der Ausbau zwischen 1957 und 1966, der zudem die Kapazitäten so erhöhte, dass ab Mitte der 1960er Jahre jährlich über 20.000 Kinder und Jugendliche gleichzeitig dort Ferien machen konnten.[33]

Insgesamt war die wirtschaftliche Entwicklung der Halbinsel nach dem Zweiten Weltkrieg dennoch keine Erfolgsgeschichte, trotz des wichtigen Fremdenverkehrssektors, der Lebensmittelindustrie (z. B. Fischkonservierung) oder vereinzelter industrieller Großanlagen wie das Eisenerz-Kombinat in Kerč'

---

32 Vgl. Kelly (2007), 548 f.
33 Winkelmann (2003).

("Kamyš-Burunskij-Eisenerz-Kombinat"). Dies gilt letztlich auch für den traditionell bedeutenden Agrarbereich. Neben dem Tabakanbau[34] sind hier vor allen Dingen Obst und Gemüse sowie Wein zu nennen; dies waren Bereiche, die immer wieder von Rückschlägen heimgesucht wurden, die allerdings weniger der ukrainischen Verwaltung anzulasten waren, sondern vielmehr im gesamtsowjetischen Kontext zu verstehen sind.[35] Außerhalb des sog. Ostblocks machte die Wirtschaft der Halbinsel einmal besonders von sich reden: in der Mitte der 1980er Jahre durch die sog. Antialkohol-Kampagne des letzten Generalsekretärs der KPdSU, Michail Gorbačev (*1931). Diese war nur eine von diversen Initiativen gegen den übermäßigen Genuss alkoholischer Getränke in sowjetischer Zeit; die der Jahre 1985 bis 1987 erregte aber das größte Aufsehen. Abstinenz sollte die Produktivität und die Lebenserwartung vor allen Dingen der Männer in der UdSSR steigern und die Kriminalität senken. Die unter dem Motto „Nüchternheit ist die Lebensnorm" (russ.: *„Trezvost' – Norma žizni"*) durchgeführte Kampagne bestand aus einem ganzen Bündel von Maßnahmen, u. a. der Verteuerung des Produkts, Einschränkung der Verkaufsstellen und Öffnungszeiten, aber eben auch der drastischen Reduzierung von Anbauflächen. Für die Krim mit ihren im 19. Jahrhundert zu Weltruhm gelangten Weingütern wie Massandra bedeutete dies nichts anderes als eine Katastrophe, wurden doch alte und wertvolle Rebsorten zum Teil für immer zerstört.[36]

Die Betrachtung der Geschichte der Halbinsel Krim in der Nachkriegszeit wäre nicht vollständig ohne einen Hinweis auf das Schicksal der deportierten KrimtatarInnen, die seit 1944 mehrheitlich in Zentralasien leben mussten. Auch fern der Heimat hatten die meisten von ihnen die Krim nicht vergessen, sondern bewahrten generationenübergreifend eine lebhafte Erinnerung an diese, wie die Ethnologin Greta Lynn Uehling hat zeigen können.[37] Krimtatarische AkteurInnen beließen es in sowjetischer Zeit trotz aller Pressionen nicht dabei, nur von der „Rückkehr" (krimtat.: *avdet*) auf die Halbinsel zu träumen, sondern versuchten diese unter der Ausnutzung weitgehend legaler Möglichkeiten aktiv voranzutreiben. Wie so viele SowjetbürgerInnen, so hatte auch die krimtatarische Bevölkerung nach Stalins Tod auf Erleichterungen ihres harten Schicksals gehofft. Sie wurden insofern enttäuscht, als dass diese Nationalität – wie dargelegt – in der sog. Geheimrede Chruščevs von 1956 eben nicht genannt und erst zwei Dekaden später rehabilitiert wurde. In den sog. Spezialsiedlungen, in denen krim-

---

34 Auch deutsche Unternehmen waren während der Besatzungszeit unter brutaler Ausnutzung örtlicher Arbeitskräfte im Bereich der Tabakproduktion tätig: Roth u. Abraham (2011).
35 Vgl. Sasse (2007), 123.
36 Zur Bewertung der Folgen der Kampagne vgl. Latyš (2010).
37 Uehling (2004).

tatarische und andere deportierte Nationalitäten untergebracht waren, kam es im Verlauf der 1950er Jahre immerhin zu besseren Lebensbedingungen. Vordem jedoch war die Todesrate hoch, selbst wenn man die offiziellen sowjetischen Zahlen zugrunde legt: Nach diesen sollen innerhalb von achtzehn Monaten nach der Deportation im Frühjahr 1944 ca. achtzehn Prozent der krimtatarischen Bevölkerung gestorben sein; krimtatarische Quellen gehen – wenig erstaunlich – mit 46 Prozent von einer deutlich höheren Zahl aus.[38] Signifikant bei ethnischen Säuberungen und auch im krimtatarischen Fall ist die relativ höhere Opferzahl unter Kindern und Frauen.[39] In den Nachkriegsjahren versuchte die krimtatarische Diaspora mit unterschiedlichem Erfolg, sich in die neue Umgebung einzuleben und mit der lokalen Bevölkerung zu arrangieren. Dies gelang, wie Williams auf der Grundlage von Interviews hat feststellen können, mal besser und mal schlechter: Während in Kasachstan das Verhältnis zwischen Neu- und AltsiedlerInnen in der Regel auskömmlich war, traf dies in der Republik Mari oder im Hauptdeportationsgebiet der Usbekischen SSR weniger zu.[40]

Eine wirkliche Zäsur in der krimtatarischen Frage bedeutete das Jahr 1967, in der es zu einer Teilrehabilitierung der KrimtatarInnen durch den Obersten Sowjet der UdSSR kam. Sie wurden von dem Vorwurf der Massenkollaboration freigesprochen, aber immer noch blieb ihnen das Recht auf Rückkehr auf die Krim versagt. Interessant war die gewählte Sprachregelung: Bezeichnenderweise richtete sich das Dekret nämlich an die „tatarische Nationalität, die früher die Krim bewohnte." Das Wort „krimtatarisch" wurde vermieden und nichts deutete daraufhin, dass die „tatarische Nationalität" dereinst wieder die Halbinsel bewohnen würde. Zudem wurde das die KrimtatarInnen entlastende Schriftstück nicht in der ganzen Sowjetunion veröffentlicht, sondern allein in den Deportationsgebieten.[41] Außerhalb dieser blieb diese Nationalität somit für viele SowjetbürgerInnen weiterhin ein Volk von Verrätern. Vereinzelte krimtatarische Familien, die sich nach 1967 auf eigene Faust auf die Krim zurückschlugen, wurden von den örtlichen Behörden zumeist zurückgewiesen.[42]

In der Auseinandersetzung über das Erbe und die Folgen des Stalinismus mit seinen großen Opferzahlen war seit den späten 1950er Jahren eine DissidentInnenbewegung entstanden. Durch die Vervielfältigung und Verbreitung von Schriften im Selbstverlag (russ.: Samizdat) wurde die staatliche Zensur umgangen und es bildete sich eine wenn auch kleine Gegenöffentlichkeit heraus, die anti-

---

38 Marples u. Duke (1995), 277.
39 Naimark (2008), 132.
40 Williams (2001), 391.
41 Vgl. den vollständigen Text bei Fisher (1978), 179.
42 Naimark (2008), 133.

stalinistisch, aber insgesamt systemimmanent argumentierte. Seit Mitte der 1960er Jahre, vor allen Dingen aber in dem global so entscheidenden Jahr 1968 traten die DissidentInnen zunehmend in das Licht der Öffentlichkeit. Auch krimtatarische Akteure als Angehörige einer besonders von den stalinistischen Repressionen betroffenen Gruppe spielten in dieser Bewegung eine Rolle. Einer von ihnen und bis heute die wichtigste und bekannteste Gallionsfigur der krimtatarischen Bewegung ist Mustafa Cemilev (krimtat.; ukr.: Mustafa Džemiljev; russ.: Mustafa Džemilev). Der 1943 in der Nähe von Sudak geborene spätere Aktivist wurde im Kleinkindalter mit seinen Eltern nach Zentralasien deportiert. Seit Ende der 1950er Jahre engagierte er sich mit Petitionen für die krimtatarische Sache und geriet deshalb mit der Sowjetmacht in Konflikt. Beruflich legte man ihm immer wieder Steine in den Weg, so durfte er beispielsweise nicht wie gewünscht Orientalistik studieren. Wegen sog. anti-sowjetischer Aktivitäten 1966 erstmalig verhaftet, saß er insgesamt fünfzehn Jahre in sowjetischen Gefängnissen bzw. Lagern ein, was ihm einen „Mandela-ähnlichen" Status einbrachte. Er trat in der Gefangenschaft wiederholt in mehrmonatige Hungerstreiks, die er nur wegen der von der Gefängnisleitung angeordneten Zwangsernährung überlebte.[43] Die sowjetischen Behörden fürchteten ganz offenbar die Verehrung Cemilevs als Märtyrer, der dieser für seine Landsleute wurde. 1969 war er gemeinsam mit anderen sowjetischen Aktivisten wie Viktor Krasin (1929–2017) Gründungsmitglied der „Initiativgruppe zur Verteidigung der Menschenrechte in der Sowjetunion", die u.a. internationale Organisationen mit Informationen zu Menschenrechtsverletzungen in der Sowjetunion versorgten.[44] Cemilev wurde neben Andrej Sacharov (1921–1989) und dem ehemaligen hohen Militär Petr Grigorenko (russ.; ukr.: Petro Hryhorenko; 1907–1987) eine der populärsten Figuren der DissidentInnenszene. An der Verbindung zwischen Grigorenko und der krimtatarischen Bewegung ist zu zeigen, dass das Schicksal des *sürgün* – also der Deportation von 1944 – auch außerhalb tatarischer oder muslimischer Diskursgruppen als Unrecht empfunden wurde. Dieses wurde auch beim Namen genannt: In einer bis heute als legendär geltenden Rede in Moskau vor für ihre Rückkehr auf die Krim protestierenden KrimtatarInnen 1968 erklärte Grigorenko, das spätere Gründungsmitglied der Moskauer Helsinki-Gruppe für Menschenrechte und zeitweise ihr inoffizieller Vorsitzender, deren Deportation für verfassungswidrig. Und er forderte sie auf, nicht aufzugeben: „So begin to demand. And demand not just parts, pieces, but all that was taken from you unlawfully – demand the reestablishment

---

[43] Zur Biographie Cemilevs vgl. u.a. Williams (2001), 427–430, Zitat 427.
[44] Daniel A. (2016).

of the Crimean Autonomous Soviet Socialist Republic! [Stormy applause and cries of ‚Hail the Crimean Autonomous Soviet Socialist Republic']."[45]

Die Reaktion des anwesenden krimtatarischen Publikums auf die Rede des später in die USA emigrierten und dort auch verstorbenen Grigorenkos – „Hail the Crimean Autonomous Soviet Socialist Republic" – weist darauf hin, dass die meisten DissidentInnen einschließlich der krimtatarischen lange innerhalb des Systems standen und agierten. Im krimtatarischen Fall war der politische Bezugspunkt bis in die Zeit Gorbačevs nicht die Auflösung der UdSSR, die staatliche Unabhängigkeit oder die Wiederauferstehung eines Krim-Chanats mit mehr oder weniger engen Verbindungen zur Türkei, sondern die Wiedererrichtung der ASSR. Die sowjetische Führung wusste aber im Fall der Krim diesen Umstand nicht zu nutzen. Die seit dem Beginn der 1980er Jahre von sowjetischen Behörden begonnenen Überlegungen zur Schaffung einer tatarischen Ersatz-Heimat weitab von der Nordküste des Schwarzen Meeres in den trockenen Steppengebieten südlich von Samarkand und Buchara stießen bei den zukünftigen BewohnerInnen auf Protest.[46] Die enge emotionale Bindung der krimtatarischen Bevölkerung zur Halbinsel verstanden die zumeist russischstämmigen Vertreter der sowjetischen Nomenklatura offenbar nicht. Und dies obwohl gerade die russische Bevölkerung selbst eine so enge Beziehung zur Halbinsel entwickelt hatte, dass sie diese für ein unveräußerliches russisches Terrain hielt und von „unserer Krim" (russ.: *Krym naš*) sprach. Es zeigt aber auch, wie wenig sich die politischen Eliten von der bereits in der frühen Sowjetunion entwickelten Strategie der nationalen Territorialisierung gelöst hatten, nach der ein jeder Ethnos ‚sein' Territorium erhalten sollte. Für die KrimtatarInnen stand aber fest, dass ihr Territorium allein die Krim war. Das Ende der Sowjetunion brachte sie diesem Ziel näher.

Die schon zu anderen Zeiten für die Krim als imperiale Peripherie geltende Regel, dass die Ereignisse im Zentrum zumeist einen (manchmal abgeschwächten) Widerhall auf der Halbinsel zeitigten, wiederholte sich am Ende der Sowjetunion abermals, wobei Zeitgenossen freilich nicht klar gewesen sein dürfte, dass sie in einem sich auflösenden Imperium lebten. Weniger der von Gorbačev verordnete „Umbau" (die sog. Perestrojka) als vielmehr die gleichfalls von ihm gewünschte „Transparenz" (also die Glasnost') eröffnete den SowjetbürgerInnen einen größeren Kommunikationsraum als bisher. Für die in der Diaspora lebenden KrimtatarInnen führten die weggefallenen Sprechverbote zu einer massiven Mobilisierung. Doch auch auf der überwiegend slavischen Krim selbst, veränderte sich die Lage. Die Reaktorkatastrophe von Čornobyl' im April 1986 hatte vor allem

---

[45] Die vollständige Rede in englischer Übersetzung vgl. bei Grigorenko (2018).
[46] Dazu Williams (2001), 430–433.

in der Ukraine zur Formierung zivilgesellschaftlicher Kräfte geführt. Es verschränkten sich nationale und umweltpolitische Forderungen, wobei letztere schnell zu Gunsten nationaler Postulate an Gewicht verloren.[47] Auch auf der Krim formierte sich eine ‚grüne' Bewegung, die sich vor allen Dingen gegen die Moskauer Pläne zur Errichtung eines Atomkraftwerkes auf der Halbinsel richtete. Sogar die örtliche Kommunistische Partei machte sich diesen Standpunkt zu eigen und verfügte im Frühjahr 1989 ein Moratorium – und zwar ohne Rücksprache mit den eigentlich zuständigen Stellen in Moskau; Kiew war dafür ohnehin nicht zuständig.[48]

Die Parteieliten der Halbinsel setzten sich seit Mitte der 1980er Jahre ohnehin vom offiziellen Moskauer Kurs ab. Dies geschah allerdings nicht, weil ihnen Gorbačevs Pläne zum Umbau des sowjetischen Systems nicht weit genug gingen, sondern weil sie ihnen *zu weit* gingen; die russophone Nomenklatura war nämlich – und blieb es bis heute – stark strukturkonservativ, diffus an sowjetischen gesellschaftlichen und politischen Vorstellungen verhaftet. Dies lag nicht zuletzt daran, dass die schöne Krim ein bevorzugter Ort für pensionierte, aber noch immer gut vernetzte Funktionsträger geworden war. So nimmt es nicht wunder, dass bereits Ende der 1980er Jahre aus diesem Kreis Pläne laut wurden, welche an die vermeintlich guten Jahre der frühen Sowjetunion erinnerten, an die vorstalinistische Zeit nämlich: Der Krim sollte danach der Vorkriegsstatus einer Autonomen Sozialistischen Sowjetrepublik (ASSR) gegeben werden, u.U. als wirtschaftliches Sondergebiet innerhalb der gerade noch existierenden Sowjetunion. Zugleich hoffte man so, den stärker werdenden tatarischen Zustrom kanalisieren zu können. In pragmatischer Ausnutzung der ansonsten abgelehnten Gorbačev-Politik wurde im Jänner 1991 ein Referendum zur Re-Installierung einer ASSR der Krim durchgeführt. Erstaunliche 93 Prozent der an der Abstimmung teilnehmenden örtlichen Bevölkerung sprachen sich dafür aus. Die Enttäuschung war allerdings groß, als der formal ja für die Krim zuständige Oberste Sowjet der Ukraine die „Wiederbegründung der ASSR Krim" nur im Bestand der Ukrainischen SSR annahm.[49] Selbstverständlich hatte die Mehrheit der Krimbevölkerung auf die Anbindung an die russländische Sowjetrepublik gehofft. Sowohl in der sowjetischen Verfassung von 1977 als auch der der Ukrainischen SSR war so ein autonomes Gebilde zwar nicht vorgesehen, in der insgesamt recht unübersichtlichen Zeit am Ende der UdSSR wurde der ASSR-Plan jedoch von Kiew adaptiert.[50]

---

47 Für die Ukraine ohne die Halbinsel vgl. z. B. Jobst (2011c). Zum sowjetischen Phänomen des sog. Ökonationalismus vgl. Dawson (1996).
48 Sasse (2007), 131 f.
49 Im Detail dazu Sasse (2007), 133–140.
50 Vgl. Magocsi (2014), 134 f.

In den folgenden Jahren führte dies zu Problemen zwischen Simferopol', dem alten und neuen politischen Zentrum der Halbinsel, und Kiew sowie zwischen der Ukraine und der Russländischen Föderation.

Es ist für die eigentümliche prorussische/prosowjetische Gemengelage selbst unter der ukrainischstämmigen Bevölkerung auf der Krim bezeichnend, dass sich die in der Nach-Čornobyl'-Zeit ab 1986 so lebhaft ausbildenden ukrainischen zivilgesellschaftlichen Bewegungen dort nicht oder nur kurzfristig bemerkbar machten. Von der schnell von alten kommunistischen Kadern ‚gekaperten' Anti-Atomkraft-Bewegung auf der Krim abgesehen, waren dissidente Gruppen wie *„Narodnyj Ruch Ukraïny"* („Nationale Bewegung der Ukraine"; kurz: *Ruch*), die in der Ukraine selbst eine große Rolle spielten, nur vorübergehend sichtbar.[51] Und auch die in den 1970er Jahren in der ganzen Sowjetunion ihre Spuren hinterlassende sog. Helsinki-Bewegung hatte auf der Krim selbst unter der slavischen Bevölkerung kaum Widerhall gehabt; anders als unter KrimtatarInnen, welche sich jedoch zu jenem Zeitpunkt überwiegend noch außerhalb der Halbinsel aufhielten.[52]

---

51 Über den Anteil des „Ruch" beim Auflösungsprozess der UdSSR vgl. Haran u. Prokoptschuk (2013).
52 Saal (2014); Peter u. Wentker (2012).

36 Nach der Auflösung der Sowjetunion. Die Krim als Teil der unabhängigen Ukraine

„Holt uns zurück!" – schrien die Sevastopol'er dem Moskauer Bürgermeister zu [...] In Sevastopol' wurde Jurij Lužkov mit russischen Fahnen und Transparenten „Russisches Sevastopol'" begrüßt. Ungefähr Tausend Mitglieder prorussischer Organisationen versammelten sich auf dem Nachimov-Platz und riefen dem Moskauer Bürgermeister zu: „Wir sind mit Russland!", „Holt uns zurück!". Nach der feierlichen Eröffnung des Geschäfts- und Kulturzentrums „Moskau", das in Sevastopol' bereits verkürzt „Moskauer Haus" genannt wird, erklärte Lužkov den Sevastopol'ern, dass „die Prozesse, die Sevastopol' und die Krim Russland entrissen, Wunden im Herzen des russischen Volkes verursacht haben". Dann brach der Applaus der Menge aus. Nach der Kundgebung brachte ein Boot des Kommandanten der Schwarzmeerflotte der Russländischen Föderation Lužkov zum Kreuzer „Moskau", wo das Abendessen auf ihn wartete. Es wurde bekannt, dass dem teuren Gast nach Flottenbrauch geröstetes Spanferkel serviert wurde.[1]

Der in der Zeitung der Kommunistischen Partei der Ukraine 2007 veröffentlichte Artikel über den Besuch des von 1992 bis 2010 amtierenden Moskauer Bürgermeisters, Jurij Lužkov (*1936), deutet einige der politischen Probleme an, welche die Halbinsel nach der Auflösung der Sowjetunion im Jahr 1991 zu vergegenwärtigen hatte: Ein nicht unerheblicher Teil der Bevölkerung der mehrheitlich von RussInnen und UkrainerInnen bewohnten Halbinsel (beileibe nicht nur in Sevastopol') wollte die Zugehörigkeit zur unabhängig gewordenen Ukraine nicht akzeptieren – sie waren deshalb „mit Russland". Genauso wollte die Mehrheit der Bewohnerinnen und Bewohner der Russländischen Föderation eine ‚ukrainische Krim' nicht akzeptieren. Der seit 2000 als zeitweiliger Unterstützer Vladimir Putins und lautstarker Homosexuellengegner in Russland sehr populäre Lužkov gehörte zu den Politikern, die sich seit Beginn der 1990er Jahre besonders gegen eine ukrainische Krim positioniert hatten und antiukrainische Kräfte auf der Halbinsel aktiv unterstützten; wegen der gegen ihn erhobenen Korruptionsvorwürfe verlor er später sein Amt. Vordem erklärte er die Halbinsel aber zum „russischen Palästina"[2] und Sevastopol' zu einer russischen Stadt, was ihm 2008 zeitweilig ein Einreiseverbot in die Ukraine eintrug.[3] Ungeachtet seiner und anderer Proteste gegen die Zugehörigkeit ‚unserer Krim', wie es in den russischen Debatten seit den 1990er Jahren dann bald hieß, zur Ukraine, verpflichtete sich der Kreml auf dem internationalen Parkett zur Anerkennung der nach dem Zerfall

---

1 Pupčenko u. Dremova (2007).
2 Lužkov (2000), 5.
3 Kalnyš u. Solov'ev (2008).

der UdSSR entstandenen Grenzen: In der sog. Budapester Erklärung von 1994 hatten die USA, Großbritannien und die Russländische Föderation, u. a. als Gegenleistung für einen Nuklearwaffenverzicht der Ukraine, Kasachstans und Weißrusslands, deren Souveränität und die bestehenden Grenzen anerkannt; dies sollte im Kontext der Ereignisse von 2014 noch relevant werden (Kapitel 37).[4] Zweifellos hatte Moskau in der schwierigen Situation Anfang der 1990er Jahre aber eher aus politischer Machtlosigkeit als aus Überzeugung auf die Halbinsel verzichtet.

Sevastopol' – so Charles King 2010 – „liegt in der Ukraine und ist nicht wirklich Teil von ihr".[5] Tatsächlich wurde die Stadt nach 1991 das Zentrum prorussischer Gruppen und blieb Stützpunkt der Schwarzmeerflotte der Russländischen Föderation. Zugleich beherbergte sie auch die ukrainische Marine. In den ersten Jahren nach der Unabhängigkeit war der Status der ehemaligen sowjetischen Marineeinrichtungen sowie der Roten Flotte zwischen Kiew und Moskau höchst umstritten gewesen. Der Vertrag von 1997 regelte schließlich die Aufteilung der Schiffe und den Verbleib der russischen Streitkräfte in Sevastopol' – und hätte eigentlich bis 2017 gültig sein sollen. Aber schon 2010 verlängerte der prorussisch eingestellte ukrainische Präsident Viktor Janukovyč (*1950) mit der sog. Charkiver Vereinbarung den Vertrag bis 2042. Im Gegenzug sicherte der damalige russische Präsident Dmitrij Medvedev (*1965) der Ukraine günstigere Konditionen für die stets zwischen beiden Ländern umstrittenen russischen Gaslieferungen sowie weitere finanzielle Ausgleichszahlungen zu.[6]

Ein weiteres Thema war die seit dem Ende der 1980er Jahre zunehmende, von manchen Rückschlägen begleitete Rückkehr krimtatarischer Menschen auf die Halbinsel. Die Wanderungsbewegung wurde so groß, dass bis zur Annexion 2014 ihr Anteil ca. zwölf Prozent der Gesamtbevölkerung betrug.[7] Die Repatriierung war in den letzten Jahren der UdSSR übrigens von Moskauer Seite geplant gewesen, und ein „staatliches Programm für die Rückkehr der Krimtataren in die Oblast' Krim" war dafür aufgelegt worden. 1989 hatte die sowjetische Regierung das Rückkehrrecht offiziell garantiert, was erst durch Gorbačev möglich geworden war. Schon Ende 1986 war es zudem zur Entlassung des Jahre seines Lebens in Lagern und Gefängnissen weggesperrten krimtatarischen Aktivisten Cemilev gekommen, und seit 1987 gab es wiederholt tatarischerseits größere Protestkampagnen, die in der ganzen Sowjetunion zur Kenntnis genommen wurden. Das

---

4 Kappeler (2014), 355. Für den entsprechenden Text vgl. u. a. Memorandum (2014).
5 King (2010), hier 319.
6 Klußmann (2014). Nach dem Vertrag von 1997 hatte Moskau lediglich 98 Millionen US-Dollar jährlich an Kiew bezahlt, so dass dieses schon deshalb auf Nachbesserung gedrängt hatte.
7 Vgl. die Tabelle (Appendix 1) bei Sasse (2007), 275.

staatliche Rückkehrprogramm sollte bei praktischen und finanziellen Problemen der Ankömmlinge helfen; das Ende der Sowjetunion allerdings – also des Staates, der die Deportationen exekutiert hatte – bedeutete dann zugleich das Ende der Unterstützung, was einer gewissen Ironie nicht entbehrt.[8] Weitere Schwierigkeiten kamen für die Rückkehrwilligen hinzu: Der Übertritt von einer Staatsbürgerschaft (z. B. der usbekischen) zu einer anderen (also der ukrainischen) gestaltete sich kostenintensiv und aufwendig, da dies mit hohen Gebühren und Reisetätigkeiten verbunden war. Den von der Ukraine bestimmten Stichtag für den erleichterten Zugang zur ukrainischen Staatsbürgerschaft hatten viele verpasst. Doch selbst wenn diese Probleme gelöst worden waren, die Übersiedlung gelungen und ein Ausweispapier vorhanden war, so gab es weitere Schwierigkeiten: Die russophone Mehrheitsbevölkerung auf der Krim zeigte sich nämlich keinesfalls begeistert über die Neuankömmlinge. Deren Ansprüche auf Boden und Besitz fürchteten sie genauso wie die Konkurrenz auf dem angespannten Arbeitsmarkt. Zudem hatte das in zarischer und in sowjetischer Zeit gepflegte Misstrauen gegen KrimtatarInnen (die als ‚fremd', ‚gefährlich' und ‚verräterisch' wahrgenommen wurden) bei der slavischen Bevölkerung Spuren hinterlassen. Vielleicht regte sich auch bei einigen russischen oder ukrainischen Krim-BewohnerInnen so etwas wie ein schlechtes Gewissen, waren die Deportationen doch ohne Zweifel Unrecht gewesen. In jedem Fall kam es vor allen Dingen seit 2003 zu einer ganzen Serie von gewaltsamen Zusammenstößen zwischen tatarischer und slavischer Bevölkerung, bei denen es um symbolische und finanzielle Wiedergutmachung erlittenen Leidens, Land, Wohnraum und im Allgemeinen um die Konkurrenz um die knappen ökonomischen Ressourcen ging.[9]

Die sog. Orange Revolution gegen Ende 2004[10], die nach zielgerichteten Fälschungen der Präsidentenwahlen zu einer weitgehend gewaltlosen Protestbewegung gegen das korrupte System geführt und Viktor Juščenko (*1954) schließlich zu seinem verdienten Sieg verholfen hatte, hatte auf der Krim relativ wenige Anhänger. Dies zeigte sich in den Ergebnissen, welche Juščenko bei den beiden umstrittenen Wahlgängen dort und abweichend von den meisten anderen Gebieten in der Ukraine erreichte: im November 14,59 Prozent (in Sevastopol' 7,61 Prozent) und im Dezember 15,41 Prozent (in Sevastopol' 7,96 Prozent). Sein prorussischer Gegenkandidat Janukovyč hatte eindeutig die Nase vorn.[11] Allgemein stimmte die Krim (so wie die ebenfalls russisch-sowjetisch geprägte Ostukraine) bei Wahlen anders als die übrige Ukraine ab. Schon die im Dezember

---

8 Vgl. Williams (2001), 451.
9 Spannung (2003). Ausführlich hierzu Malek (2017), hier 168–177.
10 Vgl. u. a. D'Anieri (2011).
11 Vgl. Sasse (2007), 263.

1991 abgehaltene Volksabstimmung über die Anerkennung der am 24. August erklärten Unabhängigkeit hatte dies gezeigt: Insgesamt neunzig Prozent der zu den Urnen gegangenen Bevölkerung stimmten für einen eigenständigen Staat, was bedeutete, dass nicht nur UkrainerInnen für die Unabhängigkeit votiert hatten, stellte diese Nationalität doch nur 73 Prozent der Bevölkerung. Auf der Krim hingegen war die Zustimmung weitaus geringer ausgefallen, denn nur 54,2 Prozent befürworteten die Loslösung von der in Auflösung begriffenen Sowjetunion.[12]

Während ein nicht unerheblicher Teil der slavischen Bevölkerungsmehrheit also in einem bewahrenden Sinne agierte, zeigten sich die krimtatarischen Rückkehrer an einem politischen Neuanfang – allerdings mit deutlichen Rückbezügen auf die als „golden" eingeschätzte Vergangenheit (Kapitel 32) – interessiert. Die politische Organisierung war ein wesentlicher Teil dieses Projekts. Schon im Juni 1991, also vor der oben angesprochenen Unabhängigkeitserklärung und in Anwesenheit des schnell zur allseits anerkannten Führungspersönlichkeit avancierten Cemilev, gründeten sie in Simferopol' eine Nationalversammlung. Sie wählten dafür abermals den bereits in der Revolutionsphase von 1917/1918 gebräuchlichen Namen *Qurultay*. In einer „Deklaration über die nationale Souveränität des krimtatarischen Volkes" wurden die Halbinsel als „nationales Territorium" beansprucht und Entscheidungen über eine eigene Flagge und Hymne getroffen. Das Verhältnis zu den nichttatarischen Nationalitäten sollte auf der Grundlage der allgemeinen Menschen- und Bürgerrechte geregelt werden. Als Repräsentativorgan wurde ein 33 Personen umfassender „Meclis des Krimtatarischen Volkes" (krimtat.: *Qırımtatar Milliy Meclisi*) konstituiert, der die Interessen gegenüber der Zentralregierung vertreten und mit internationalen Körperschaften kommunizieren sollte. Mit großer Selbstverständlichkeit wählte man Cemilev zum Vorsitzenden. Als Stellvertreter trat erstmalig der heute ebenfalls zur Gallionsfigur gewordene Refat Çubarov (*1957) in Erscheinung. Schnell entwickelte sich ein funktionierendes Netz lokaler Vertretungen über weite Teile der Halbinsel.[13] Dass sich sowjetische bzw. dann russische Kräfte innerhalb und außerhalb der Halbinsel an dem Anspruch der tatarischen Bevölkerung auf die Krim als nationales Territorium störten und immer wieder die Auflösung des Meclis forderten,[14] nimmt nicht wunder, ging es doch letztlich um die mehr als nur symbolische Frage, wem die Krim eigentlich ‚gehöre'. Formal stand die Zugehörigkeit zum unabhängigen Staat der Ukraine aber fest. Dennoch erkannte Kiew lange Zeit den

---

12 Kappeler (2014), 253.
13 Ich folge hier Malek (2017), vor allen Dingen 181–191.
14 Pro-Russia Groups (2010).

Abb. 15: Flagge der KrimtatarInnen

Meclis nicht offiziell an. Erst unter dem Präsidenten Leonid Kučma (*1938, Präsident 1994–2005) wurde ein „Rat der Repräsentanten des krimtatarischen Volkes" installiert, der mit den Mitgliedern des Meclis ident war; ob dies aber nun die rechtliche Anerkennung bedeutete, wurde kontrovers diskutiert.[15]

Kiew hatte nach der Unabhängigkeit Schwierigkeiten, auf der Halbinsel reale Macht zu implementieren und kam deshalb der Region insofern entgegen, als dass dieser als einziger innerhalb der zentral aufgebauten Verwaltungsstruktur Autonomiestatus gewährt wurde. 1992 verabschiedete das von prorussischen Parteien dominierte Parlament der Krim (ukr.: *Verchovna Rada Avtonomnoï Respubliky Krym*; russ.: *Verchovnyj Sovet Avtonomnoj Respubliki Krym*; krimtat.: *Qırım Muhtar Cumhuriyetiniñ Yuqarı Radası*) eine eigene Verfassung und positionierte sich eindeutig separatistisch. Zentral dabei war das *„Respublikanskoe dviženie Kryma"* (RSD, Republikanische Bewegung der Krim) unter Jurij Meškov (*1945), das offen für die Abspaltung von der Ukraine und den Anschluss an Russland oder einen unabhängigen Krim-Staat im Rahmen der Gemeinschaft Unabhängiger Staaten (GUS) plädierte.[16] Kiew gelang es aber vorerst, die zentrifugalen Kräfte zu beruhigen, u. a. durch eine in Übereinstimmung mit der ukrainischen Konstitution stehende Krim-Verfassung. Diese erklärte neben dem Ukrainischen und dem Russischen das Krimtatarische zur offiziellen Sprache. Sasse bewertet das damalige Kiewer Vorgehen als klug, sei es doch gelungen, die „Region (Krim), de[n] Staat (repräsentiert durch die Institutionen in Kiew) und d[as] internationale

---

15 Malek (2017), 182f.
16 Marples u. Duke (1995), 276.

Umfeld (das die politischen Akteure in Moskau prägten)" durch Anreize und Restriktionen in Balance zu halten.[17]

Eine Zeitlang war diese Strategie erfolgreich, solange nämlich auf der Krim genauso wie in anderen Teilen der Ukraine die Hoffnung auf Normalisierung der Verhältnisse – u. a. eine deutliche Reduktion der in allen Teilen der ehemaligen Sowjetunion allgegenwärtigen Korruption – und Prosperität bestanden hatte. Diese erfüllte sich nicht, nur reagierte die Bevölkerung in den verschiedenen Regionen der Ukraine sehr unterschiedlich: Während man im Westen des Landes und auch in der Zentralukraine sowohl während der sog. Orangen Revolution als auch während des Euromaidans 2013/14 (Kapitel 37) das Land von innen reformieren wollte, waren die Ostukraine und auch die russische Krim auf eine Lösung von außen fokussiert – durch die Russländische Föderation. Während der Administration Juščenkos, der nicht nur die Mitgliedschaft in der Europäischen Union, sondern auch in der Nato für erstrebenswert hielt, war in russischen Kreisen die Vorstellung von der Ukraine als eine Art trojanisches Pferd des Westens gewachsen. Der Widerhall dieses Konflikts war in Sevastopol' spürbar, z. B. Anfang 2006, als ukrainische Vertreter der Hafenverwaltung von Jalta den Leuchtturm Ya–13 in Besitz nahmen, der bis dahin von der russischen Flotte genutzt worden war, auf den nun aber auch die Ukraine Anspruch erhob. Als im Spätsommer 2008 im Zusammenhang mit der Südossetien-Krise in weiten Kreisen der Ukraine die Angst umging, man könne das nächste Opfer Russlands sein, reagierten viele BewohnerInnen Simferopol's und Sevastopol's mit Anti-Nato-Demonstrationen. Und daran nahmen beileibe nicht nur Personen teil, die ihre Jugend in der UdSSR verbracht hatten und denen somit eine gewisse Nostalgie unterstellt werden konnte, nein – „[e]s waren vor allem junge Leute mit Handys und Designer-T-Shirts, die ein kreatives Straßentheater aufführten, um gegen die US-Präsenz [in Gestalt eines US-amerikanischen Kommandoschiffes vor der Küste; K.S.J.] aufzubegehren", so berichtete Charles King.[18] Auch das Verbot der Annahme einer zweiten – russischen – Staatsbürgerschaft, die Moskau ukrainischen StaatsbürgerInnen offerierte, führte auf der Krim zu Anti-Kiew- und Anti-NATO-Demonstrationen.[19]

Trotz der genannten Probleme war die Annexion der Halbinsel Anfang 2014 nicht vorauszusehen. In jedem Fall sollte die 2010 getroffene Feststellung Sasses, dass die ukrainische Krim-Politik ein „Muster für erfolgreiche Konfliktprävention" gewesen sei, sich als Irrtum erweisen.[20]

---

17 Sasse (2010), 115.
18 King (2010), 328.
19 Vgl. Jobst (2015b), 260 f.
20 Sasse (2010), 105.

37 Wieder russisch?! Die Krim nach der zweiten Annexion von 2014

„Was geht eigentlich drunten auf der Krim vor? Ist das ukrainische Militär auf eine russische Invasion vorbereitet?" Bixby zuckte die Achseln. „Darauf kann ich Ihnen nur eine nicht klassifizierte Antwort geben. Ich weiß, dass Sie immer noch die entsprechende Sicherheitsfreigabe haben, aber ich habe trotzdem noch nicht begriffen, was zum Teufel Sie hier wirklich wollen." [...] „Ich bin nur ein amerikanischer Tourist, der darüber nachdenkt, seinen Urlaub in Odessa zu verbringen." Bixby schüttelte den Kopf. „Okay... Also, an Ihrer Stelle würde ich lieber nach Maui gehen [...]. Die Krim wird schon bald hochgehen. Die Russen sind bereit, einzumarschieren. Sie suchen nur noch nach einem Vorwand. Die Ukrainer verlegen ihrerseits Truppen in die Region, um sie notfalls zu vertreiben [...]. Höchstwahrscheinlich werden die Russen diese ukrainischen Truppenbewegungen als Provokation bezeichnen, die mit einer Militäraktion beantwortet werden müsse." Mit dem Argument, die russischen Staatsbürger auf der Krim zu schützen. „Genau."[1]

Dieser Dialog stammt nicht, wie man meinen könnte, aus einem Gespräch zwischen zwei US-amerikanischen Geheimdienstmitarbeitern unmittelbar vor der ab Februar 2014 beginnenden „Arbeit zur Rückholung der Krim nach Russland"[2], sondern aus dem Thriller „Command Authority. Kampf um die Krim" von Tom Clancy (1947–2013). Dieser war Schöpfer zahlreicher erfolgreicher Krimis und Erfinder der auch auf der Leinwand in der Verkörperung des Schauspielers Harrison Ford immens erfolgreichen Agentenfigur Jack Ryan. In „Command Authority" hat es Jack Ryan bereits zum Präsidenten der Vereinigten Staaten von Amerika gebracht, und sein Gegenspieler ist der unschwer als Vladimir Putin zu erkennende Präsident der Russländischen Föderation mit Namen Valerij Volodin. Nun sind mehr oder weniger literarische Umsetzungen historischer Ereignisse nichts Besonderes, selbst für einen Autor wie Clancy, der aus dem Bereich der „Leichensackliteratur" stamme und der „literarisch eben doch nicht mehr als ein Dritt-Liga-Le Carré" gewesen sei, wie es ein Rezensent uncharmant in „Die Welt" ausdrückte.[3] Erstaunlich ist dennoch das Erscheinungsdatum des englischsprachigen Originals, nämlich der 3. Dezember 2013 (die deutsche Version erschien ein knappes Jahr später): Dies war Monate bevor der sog. Euromaidan richtig an Fahrt aufgenommen hatte. Die ukraineweiten Bürgerproteste richteten sich damals bekanntlich gegen die überraschende Nichtunterzeichnung des Assoziierungsabkommens mit der Europäischen Union durch den prorussischen Präsi-

---

1 Clancy u. Greaney, 239. Clancy arbeitete oft mit Co-Autoren zusammen, hier mit Greaney.
2 So Präsident Putin in der vom russischen Kanal „Rossija 1" erstmalig am 15.03.2015 ausgestrahlten Sendung Krym (2017).
3 Krekeler (2014).

OpenAccess. © 2020 Kerstin S. Jobst, publiziert von De Gruyter. Dieses Werk ist lizenziert unter der Creative Commons Attribution 4.0 International. https://doi.org/10.1515/9783110520620-039

denten Janukovyč sowie gegen dessen kleptokratisches Regime. Eine Entwicklung nahm damit ihren Anfang, die in die Flucht Janukovyčs nach Russland, seine letztlich nicht gesetzeskonforme Amtsenthebung durch das Parlament in Kiew (die Rada), den Beginn der Kampfhandlungen in der östlichen Ukraine und die russische Annexion der Krim mündete; dies ist ein Konflikt, der bis heute (Winter 2018) andauert und bisher schon über 10.000 Tote gefordert hat.

Clancy selbst erlebte weder das Erscheinen seines Buches noch die „Rückholung der Krim nach Russland", denn der 1947 geborene Autor starb im Alter von nur 66 Jahren bereits im Oktober 2013. Er bewies in jedem Fall mehr Gespür für die Pläne des Kremls als die meisten ExpertInnen und politischen AnalystInnen, die vom russischen Eingreifen auf der Krim und in der Ostukraine kalt erwischt wurden. In Clancys Roman geriet die „Rückholung der Krim nach Russland" zu einer hochbrisanten militärischen Angelegenheit – „Langstreckenraketen schalteten ukrainische Verteidigungsstellungen aus, und Kampfbomber zerstörten Flugplätze auf der östlichen Krim", und dies, nachdem „vor einigen Monaten in Estland [...] Panzer über die Grenze nach Westen" gerollt seien; es ist von „erbitterten Panzergefechten und dem gegenseitigen Beschuss von Grad-Mehrfachraketenwerfern" die Rede.[4] In der Realität verhielt es sich – Glück im Unglück – etwas anders: Der Nato-Staat Estland wurde nicht wie im Roman von russischen Truppen überrollt, was nämlich den Bündnisfall nach Artikel 5 des NATO-Vertrages ausgelöst und vermutlich einen Krieg zwischen der Russländischen Föderation und dem westlichen Bündnis zur Folge gehabt hätte. Und auch die Okkupation der Krim gestaltete sich anders als von Clancy dargestellt, nämlich vergleichsweise gewaltarm, auch wenn der Akt als solches gewaltsam war. Dieser Akt stellt die erste Besetzung eines Territoriums eines anderen Staates durch eine Großmacht seit dem Ende des Zweiten Weltkrieges dar. Dem ukrainischen Staat, in dem es durch den Euromaidan das zweite Mal nach der sog. Orangen Revolution gelungen war, durch eine „spontane zivilgesellschaftliche Massenbewegung" einen Machtwechsel herbeizuführen,[5] fehlten die Macht und die Möglichkeiten dies zu verhindern. Hinzu kam, dass im Osten der Ukraine, zum Teil auch im Süden, aber in jedem Fall auf der Krim die Zustimmung zu Kiew und einem ukrainischen nationalen Projekt geringer war (und ist) als etwa im Westen oder in der Zentralukraine. Eine diffuse russisch-sowjetische Einstellung, der mit über 68 Prozent russischstämmiger Menschen höchste Anteil innerhalb der Ukraine sowie die unbefriedigende sozial-ökonomische Lage, die der ukrainische Staat nicht zu lösen vermochte, hatten gerade auf der Krim dazu geführt, dass

---

4 Clancy u. Greaney (2014), 534f.
5 Kappeler (2014), 346. Vgl. dort auch (338–351) zum Euromaidan.

viele ihre Hoffnungen auf Moskau richteten. Mit dem abermaligen zivilgesellschaftlichen Aufbegehren in anderen Teilen des Landes konnten Krim-BewohnerInnen nichts anfangen. Im Gegenteil, im Verlauf des Februars 2014 fanden auf der Halbinsel mehrere prorussische Demonstrationen statt. Im Parlament der Autonomen Republik der Krim sprachen sich Abgeordnete offen für den Wiederanschluss an Russland aus. Der damalige Präsident des Krimparlaments, Vladimir A. Konstantinov (*1956), flog sogar zu politischen Gesprächen nach Moskau „und wurde ausgiebig mit Aussagen zitiert [...], die der Kreml jederzeit als ‚Hilferuf' interpretieren könnte", so war am 20. Februar 2014 in der „Frankfurter Allgemeinen Zeitung" zu lesen.[6] Und das tat der Kreml dann auch.

Moskau hatten die Ereignisse in Kiew rund um die Annäherung an die EU von Anbeginn mit Sorge erfüllt, erachtete man doch die Ukraine (wie andere Teile der ehemaligen Union auch) als Teil der eigenen Einflusssphäre bzw. als (so der offizielle Begriff) „Nahes Ausland" (russ.: *Bližnee zarubež'e*). Und besonders ‚nah' fühlen sich viele RussInnen den UkrainerInnen, deren nationalen Sonderweg viele ‚GroßrussInnen' mit Unverständnis zur Kenntnis nahmen und nehmen. Sowohl die Orange Revolution als auch der Euromaidan ließen den Kreml fürchten, die Ukraine nun endgültig zu verlieren. Nachdem die Olympischen Winterspiele in Soči am 23. Februar 2014 beendet waren und sich die Lage in der Ukraine nicht im Sinne Moskaus beruhigt hatte, wurde am 27. Februar eingegriffen: Gutausgebildete und schwerbewaffnete Kämpfer ohne Hoheits- und Rangabzeichen besetzten wichtige strategische Einrichtungen auf der Krim wie den Flughafen in Simferopol', Standorte der ukrainischen Armee und das Parlament. Diese waren im Sinne des Kriegsvölkerrechts keine Kombattanten und wurden wahlweise als „kleine grüne Männer" – ukrainischerseits (ukr.: *zeleni čolovički*) – oder als „freundliche Leute" (russ.: *vežlivye ljudi*) bezeichnet. In der Tat handelte es sich aber um Angehörige des russischen Militärs und seiner Spezialeinheiten, die durch die legal auf der Krim stationierten Soldaten ergänzt wurden. Sie wurden dann bald von einer nicht unerheblichen Zahl eigentlich in ukrainischen Diensten stehender Truppen verstärkt.[7] Sergej V. Aksenov (*1972), der seit 2010 einer weitgehend einflusslosen Partei mit Namen „Russische Einheit" (russ.: *Russkoe Edinstvo*) vorgestanden hatte, wurde zeitgleich von einigen Abgeordneten im militärisch besetzten Parlament in Simferopol' zum Präsidenten erklärt, was nicht in deren Befugnis lag. Mittlerweile ist er Mitglied in der alles dominierenden Partei „Einiges Russland" (russ.: *Edinaja Rossija*) und Präsident der Republik

---

6 Schmidt (2014).
7 Kappeler (2014), 352, geht davon aus, dass sich mehr als die Hälfte der auf der Krim befindlichen ukrainischen Soldaten bis zum 24.03.2014 in russische Dienste gestellt haben.

Krim innerhalb der Russländischen Föderation.[8] Seine ‚Regierung' rief sogleich Moskau um „Schutz vor gewaltbereiten ukrainischen Nationalisten und Extremisten" an;[9] in bewährter sowjetischer Manier (u. a. Ungarn 1956, ČSSR 1968, Afghanistan 1979) gewährte Moskau diese ‚Hilfe'. Am 16. März wurde ein schnell anberaumtes Referendum abgehalten, in dem angeblich über 90 Prozent der zur Abstimmung gegangenen Krim-BewohnerInnen – nach offiziellen Zahlen 82 Prozent aller Wahlberechtigten – für den Anschluss an Russland plädierten; diese Abstimmung war, was selbst das russischsprachige Wikipedia nicht verschweigt, nicht mit der immer noch geltenden ukrainischen Verfassung in Einklang zu bringen.[10] Einen Tag später wurde die Unabhängigkeit der Krim von der Ukraine erklärt und am 18. März zwischen Putin und Vertretern der illegitimen Krim-Regierung ein Vertrag über die Aufnahme der Halbinsel in die Russländische Föderation unterzeichnet. Genau genommen traten zwei neue sog. Unionssubjekte in diese ein – die Republik Krim und die Stadt föderalen Ranges, Sevastopol', womit sich die besondere Bedeutung der ‚Heldenstadt' abermals auch administrativ abbildete.

Bemerkenswert ist die Rede, die Präsident Putin anlässlich der dann auch offiziell zum Abschluss gebrachten Annexion – oder, wie Putin sagte, der „Wiedervereinigung" – vor dem Föderationsrat und der Staatsduma am 18. März 2014 hielt: Einleitend zeigte er sich von der Rechtmäßigkeit der Abstimmung überzeugt, sie habe internationalen Rechtsnormen entsprochen; dies war allerdings eine Auffassung, die außerhalb Russlands nur von wenigen Fachleuten geteilt wurde.[11] Putin bediente sich in dieser Rede nicht das erste und nicht das letzte Mal ausgiebig aus dem Repertoire historischer Legitimationen für eine russische Krim (Kapitel 2), sei doch dort „buchstäblich alles von unserer gemeinsamen Geschichte und unserem Stolz erfüllt." Die Halbinsel sei der Ort der Taufe der Rus', sie sei heilig und voller Symbole des russischen militärischen Ruhms und Heldenmutes.[12] Den traditionellen Vielvölkercharakter der Halbinsel – „Russen und Ukrainer, Krimtataren und Vertreter anderer Völker lebten und arbeiteten nebeneinander" – verschwieg er nicht, machte aber deutlich, dass RussInnen die absolute Mehrheit unter den ca. 2,2 Millionen BewohnerInnen stellten. Die 350.000 ethnischen UkrainerInnen seien zudem russophon und selbst die krimtatarische Bevölkerung sei „auf Russland ausgerichtet". Davon konnte allerdings

---

8 Für eine Annäherung an die Person Aksenovs vgl. Shuster (2014).
9 Kiew (2014).
10 Krymskij krizis (2018).
11 Zur Bewertung der Aneignung der Krim 2014 durch internationale Rechtsgelehrte vgl. Luchterhandt (2014).
12 Hier und im Folgenden: Obraščenie (2014).

nicht die Rede sein, hatten die meisten KrimtatarInnen das Referendum doch boykottiert und sich klar gegen die Annexion positioniert. Die stalinistischen Deportationen wurden von Putin in recht verklausulierter Form erwähnt: Die krimtatarische Bevölkerung habe, „wie auch einige andere Völker der UdSSR, grausame Ungerechtigkeiten" erfahren, das größte Opfer aber hätte das russische Volk erbracht. Als ein Angebot des Präsidenten an die muslimischen und die ukrainischen KrimbewohnerInnen mag die Offerte der Einführung dreier gleichberechtigter Sprachen auf der Krim gelten; neben dem Russischen zählten dazu das Ukrainische, welches selbst vor der Annexion dort ein Schattendasein gefristet hatte, und eben auch das Krimtatarische; dies war allerdings bereits vor 2014 der Fall gewesen. Die Übergabe der Krim an die Ukraine 1954 und deren Verbleib bei dieser nach 1991 wurde von Putin – kaum erstaunlich – als ungesetzlich bezeichnet. Die Halbinsel sei „von Hand zu Hand gegeben worden wie ein Sack Kartoffeln" (*„kak mešok kartoški"*), was eine krasse historische Ungerechtigkeit gewesen sei, wogegen Russland aber seinerzeit nichts habe ausrichten können. Die seiner Meinung nach chaotische Lage in der Ukraine durch den, wie er es nannte, „Putsch" (= Euromaidan) habe die russischsprachigen Krim-BewohnerInnen bewogen, Moskau um den Schutz ihrer Rechte und ihres Lebens zu bitten... „Natürlich konnten wir nicht anders, als auf diese Anfrage zu antworten", so Putin. Der Präsident der Russländischen Föderation versprach bzw. drohte zudem, dass Russland die Interessen der „Millionen russischsprachiger Bürger [...] in der Ukraine [...] immer mit politischen, diplomatischen und rechtlichen Mitteln vertreten" werde.

Die von Moskau beanspruchte Schutzfunktion russischer Menschen im sog. Nahen Ausland hatte sich nach dem Zerfall der Sowjetunion erstmalig im August 2008 während des Georgien-Krieges um Süd-Ossetien und Abchasien materialisiert. Der Thriller-Autor Clancy hatte offenbar diesen Fall vor Augen und erklärte Russlands Vorgehen in seinem Roman wie folgt:

> „Sie wissen wahrscheinlich, dass diese ethnischen Russen nur deshalb zu russischen Staatsbürgern wurden, weil Moskau Pässe an die Ukrainer russischer Abstammung verteilt hat. Es war von Anfang bis Ende eine FSB-Operation [FSB=Federal'naja služba bezopasnosti Rossijskoj Federacii (Föderaler Sicherheitsdienst der Russländischen Föderation); KSJ], die den russischen Einmarsch vorbereiten sollte [...]. Schließlich werden sie erklären: ‚Wir müssen unseren Staatsbürgern auf der Krim zu Hilfe kommen'. Sie haben dasselbe vor ein paar Jahren in Georgien gemacht."[13].

---

13 Clancy u. Greaney (2014), 239 f.

Tatsächlich hatte die 2008 amtierende ukrainische Administration unter Juščenko Doppelstaatsbürgerschaften für die BürgerInnen der Ukraine aus diesem Grunde unter Strafe gestellt.[14] 2014 argumentierten Putin und andere etwas anders, da sie zumeist von der russophonen Bevölkerung in der Ukraine sprachen, die zu schützen sei. Damit beanspruchte Moskau sogar noch mehr, ging es doch nicht mehr allein um den angeblichen Schutz ethnischer RussInnen. Russischerseits hatte es übrigens nach der Georgien-Krise eine bedeutende formale Anpassung zur Verwirklichung der Ziele gegenüber dem „Nahen Ausland" gegeben: die unter Präsident Dmitrij A. Medvedev verabschiedete – und deshalb manchmal auch nach ihm benannte – „Militärdoktrin 2020" von 2010. Neben vielen anderen Punkten erweiterte diese auch die Einsatzoptionen der russländischen Streitkräfte im Ausland, u. a. zum ‚Schutz' der Bürgerinnen und Bürger Russlands, die in einer der ehemaligen Sowjetrepubliken lebten. Auf diese Art und Weise hatte der Kreml nachträglich versucht, das Vorgehen in Georgien zu rechtfertigen.[15]

Nicht nur in der zitierten Rede Putins wird immer wieder von einer Bedrohung nationaler Minderheiten – hier der RussInnnen in der Ukraine – gesprochen und damit die Annexion quasi als ein Akt der Selbstverteidigung dargestellt. Nun ist im kodifizierten Völkerrecht nationale Selbstbestimmung durchaus ein hohes Gut, welches allerdings in realiter häufig mit einem wohl noch höher erachteten kollidiert – dem der territorialen Integrität von Staaten. Im Falle der Krim-Annexion wurde die der Ukraine in jedem Fall verletzt, soviel ist festzuhalten. Und benötigten russische Menschen auf der Halbinsel den Schutz Moskaus, wurden sie drangsaliert oder bedroht? Das war „überhaupt nicht erkennbar", so der Völkerrechtler Bruno Simma, ehemaliger Richter am Internationalen Gerichtshof in Den Haag und Professor für Völkerrecht an der Ludwig-Maximilians-Universität München, der die russische Intervention verurteilt. Zugleich beklagt er, dass das völkerrechtliche Gewalt- und Interventionsverbot in der jüngeren Vergangenheit auch von den USA oder Teilen der Europäischen Union, z. B. im Falle des Kosovo (auf den sich die russische Seite gerne berief), „immer wieder durchlöchert und aufgeweicht worden" sei.[16] Die Krim-Annexion wird recht übereinstimmend von ExpertInnen als Verstoß der Russländischen Föderation gegen das allgemeine Gewaltverbot des Artikels 2, Nr. 4 der Charta der Vereinten Nationen gewertet. Darin heißt es:

---

14 Jobst (2015b), 260 f.
15 Im Überblick: Klein M. (2010).
16 Hipp (2014).

> Alle Mitglieder unterlassen in ihren internationalen Beziehungen jede gegen die territoriale Unversehrtheit oder die politische Unabhängigkeit eines Staates gerichtete oder sonst mit den Zielen der Vereinten Nationen unvereinbare Androhung oder Anwendung von Gewalt.[17]

Es gibt nur wenige russische JuristInnen, die dieser Argumentation folgen.[18] Auch wenn einzelne Politiker wie der ehemalige SPD-Vorsitzende Matthias Platzeck (*1953) oder auch der hochgeschätzte Altbundeskanzler der Bundesrepublik Deutschland, Helmut Schmidt (1918–2015), großes Verständnis für den Kurs Putins gegenüber der Krim und der Ostukraine zeigten,[19] so reagierte u. a. die Europäische Union mit umfangreichen Sanktionen gegenüber der Russländischen Föderation. Bis heute (d. h. Ende 2018) wurden diese immer wieder verlängert. Während gegenwärtig die ‚russische Krim' ein Faktum ist, dauern die militärischen Auseinandersetzungen in der Ostukraine an. Wann und ob Moskau den hybriden Krieg gegen die Ukraine, deren sukzessive Destabilisierung geplant ist, einstellen wird, ist nicht vorauszusehen. Tatsache ist, dass die großen Hoffnungen, die viele Ukrainerinnen und Ukrainer in den Euromaidan und die Regierung Petro Porošenkos (*1965) gesetzt hatten, sich bislang nicht erfüllt haben.

Dies gilt nicht zuletzt für die KrimtatarInnen, die sich in ihrer überwältigenden Mehrheit für den Verbleib der Krim bei der Ukraine ausgesprochen haben. Die neuerliche Eingliederung der Krim in ein russisches Staatswesen, welches im kollektiven Gedächtnis für diese negativ besetzt ist, stellt sie vor weitere Herausforderungen. Der abermalige Verlust ihrer Heimat wird befürchtet und ist für manche von ihnen schon wieder Realität geworden. Einer von diesen ist ausgerechnet der 1998 als prowestlicher Abgeordneter ins ukrainische Parlament gewählte krimtatarische Nationalheld Cemilev (Kapitel 35). Ihm und Refat Çubarov wurde russischerseits die Einreise auf die Krim für die nächsten fünf Jahre verweigert. Weitere Pressionen der tatarischen Bevölkerung folgten, die aber eher als eine ‚Gleichschaltung' an die insgesamt problematische politische und zivilgesellschaftliche Situation in der Russländischen Föderation denn als eine genuin antitatarische Maßnahme interpretiert werden sollten. Nach dem sog. Referendum befürchteten krimtatarische Vertreter zu Recht Konflikte mit der neuen Krim-Regierung unter der Führung Aksenovs und erfolgstrunkenen russischen Nationalisten. Auch deshalb verließen, so die Berechnungen der „Gesellschaft für bedrohte Völker", von den rund 280.000 KrimtatarInnen unmittelbar nach der russischen Machtübernahme mehrere Tausend die Halbinsel.[20] Hunderte retteten

---

17 Charta (2018).
18 Gall (2015).
19 Russland-Politik (2014); Krim-Krise (2014).
20 Gesellschaft für bedrohte Völker (2017), 7.

sich beispielsweise in das westukrainische L'viv (ukr.; poln.: Lwów; dt.: Lemberg), obgleich tatarische Akteure zum Bleiben auf der Halbinsel aufriefen.[21] Der *Qurultay* (Kapitel 36) sprach sich für Gewaltlosigkeit und eine partielle Kooperation mit der russischen Macht aus und hoffte mit einer gewissen Naivität auf die Errichtung einer national-territorialen Autonomie für ihre Nationalität. Zugleich erklärte er das Referendum aber für illegal und suchte die Verbindung zu internationalen Organisationen (Vereinte Nationen, Europarat, OSZE, Organisation Islamischer Zusammenarbeit).[22] Die Türkei, die ja eine enge historische, kulturelle und auch sprachliche Verbindung zur krimtatarischen Nationalität besitzt und wo zudem eine große krimtatarische Diaspora lebt, engagierte sich erstaunlich wenig für die Glaubensbrüder und -schwestern, wohl um die Beziehungen zu Moskau nicht zu gefährden.[23]

Die russische Führung signalisierte – wie bereits am Beispiel der Rede Putins vom 18. März 2014 gezeigt wurde – anfänglich ein gewisses Entgegenkommen gegenüber der krimtatarischen Bewegung. Doch immer wieder kommt es auf der Halbinsel zu Zusammenstößen zwischen dieser, russischen Milizen sowie offiziellen Stellen; ein vertrauensvolles Miteinander konnte sich schon aufgrund der historischen Erfahrungen kaum ausbilden. Fälle von „Verschwindenlassen", Entführungen und Prozesse mit zweifelhaften juristischen Standards gegen politisch aktive KrimtatarInnen sind häufig.[24] Auch in westlichen Medien, die ihr Interesse am Krim-Thema schnell wieder verloren hatten, machte der Fall der Schließung des auch in krimtatarischer Sprache ausstrahlenden TV-Senders ATR Anfang 2015 Furore. Der Sender gehört dem krimtatarischen Geschäftsmann Lenur Edem oğlu İslâmov (*1966) und hatte sich gegen die russische Annexion in Stellung gebracht. Mehrere Male wurde der Sender von der Polizei durchsucht und schließlich endgültig geschlossen, da er angeblich nicht ordnungsgemäß registriert war.[25] Mittlerweile sendet er aus der nicht-besetzten Ukraine weiter.

Durchsuchungen und Repressionen vergegenwärtigten auch der Meclis (Kapitel 36), die Wochenzeitung „Avdet" und andere krimtatarische Einrichtungen.[26] Dem Meclis wurde russischerseits politisch-religiöser Extremismus vorgeworfen oder sogar dem „Islamischen Staat" nahezustehen. Seit dem 26. April 2016 ist er deshalb verboten. Getreu dem Motto „Teile und Herrsche" hatte Moskau prorus-

---

21 Eichhofer (2014).
22 Halbach (2014).
23 Zur Haltung der Türkei in der Krim-Krise vgl. Gasimov (2014).
24 Vgl. Gesellschaft für bedrohte Völker (2017), 7 f.
25 Krymskij telekanal (2015).
26 Ich folge Malek (2017), 192–196, und Halbach (2014).

sische Alternativorgane wie die „Qırım birligi" („Einigkeit der Krim") gebildet.[27] Ohnehin gibt es einzelne krimtatarische Politiker sowie die hohe Geistlichkeit, die sich mit der russischen Macht arrangiert haben.[28] Uwe Halbach, Experte für die muslimischen Regionen im (post-)sowjetischen Raum, hat Ende 2014 auf die aus der Annexion erwachsenen ethno-politischen Herausforderungen zwischen den russischen, ukrainischen und tatarischen Bevölkerungsgruppen hingewiesen. Er sieht zudem das Risiko, dass sich „in Russland und in anderen Teilen des postsowjetischen Raums tätige islamistische Netzwerke der krimtatarischen Frage annehmen – unter der Parole des Kampfs gegen die Unterdrückung von Muslimen. [...] Russland [läuft] mit seinem Krim-Anschluss womöglich Gefahr, sich eine neue islamistische Front zu eröffnen." Und einige krimtatarische Krieger hätten sich bereits nach Syrien abgesetzt.[29]

Weitaus mehr Krimtataren kämpfen allerdings in den ukrainischen Streitkräften, auch in der umkämpften Ostukraine sowie in einer 2015 gebildeten Freiwilligen-Einheit. Das „Noman Çelebicihan Batalyonı" ist nach dem Aktivisten des Ersten Weltkriegs und Schöpfer der inoffiziellen krimtatarischen Hymne Noman Çelebicihan (Kapitel 31) benannt, der im Bürgerkrieg von den Bol'ševiki hingerichtet wurde. Organisiert wurde es von dem bereits erwähnten İslâmov, stationiert ist es im Gebiet von Cherson westlich der Krim. Die gut 500 Mann umfassende Gruppe plant, so İslâmov Ende 2015, „to defend the borders of the Crimea inside Crimea"[30]; zur Vertreibung Russlands von der Halbinsel ist es bisher allerdings nicht gekommen.

Im Gegenteil werden die Verbindungen zwischen der Krim und Russland in vieler Hinsicht immer enger. Wie bereits 1783, so machte sich die russische Administration auch 2014 daran, die Krim „zügig in den russischen Staat [zu] integrieren"[31] und die Verbindungen zwischen dem Festland und der Halbinsel zu festigen. Dies ist auch ganz wörtlich zu nehmen, denn bis vor kurzem fehlten Verbindungswege, um die Krim von Russland aus zu versorgen, sah man von den Fährverbindungen in der Straße von Kerč' einmal ab. Viele Waren und auch Energie mussten von Norden über die Landzunge von Perekop und damit von der Ukraine aus eingeführt werden. Und die ukrainische Seite ließ häufiger ihren einzigen ‚Muskel' spielen, den sie gegenüber Moskau in der Krim-Frage hat, indem sie die Grenze immer wieder mal schloss. Der Bau einer „patriotischen Brücke" zwischen Kerč' und Taman war in Moskau schnell beschlossen; Pläne

---

27 Rubljow (2017).
28 Malek (2017), 196 f.
29 Halbach (2014).
30 Crimea blockade (2017).
31 Kappeler (2014), 354.

dafür lagen schon länger vor[32] – und wurden tatsächlich umgesetzt. Die ca. neunzehn Kilometer lange Brücke (russ.: *Krymskij most*) wurde im Mai 2018 in einer ungeheuren Schnelligkeit gebaut und für den Straßenverkehr geöffnet. In einer wohlinszenierten Zeremonie wurde sie von einem sichtlich stolzen Präsidenten Putin eröffnet, der persönlich einen Lastkraftwagen über die Brücke steuerte. Er demonstrierte damit der Welt nicht nur die russische Ingenieurskunst, sondern auch, dass er einen LKW lenken kann. 2019 soll die Brücke ebenso für den Eisenbahnverkehr geöffnet werden. Die ökologischen und ökonomischen Folgen des Bauwerks können noch nicht abgesehen werden.[33] In jedem Fall hat Moskau mit der Krim-Brücke bessere Möglichkeiten zur Kontrolle der Straße von Kerč' und des Azovschen Meeres. An diesem liegen mit Berdjans'k und Mariupol', welches ein wichtiger Tiefseehafen für die Ukraine ist, zwei für die Ukraine wichtige Umschlagplätze. In Mariupol' konzentriert sich überdies die wichtige ukrainische Stahlindustrie. Kiew war nicht nur aus politischen, sondern auch aus wirtschaftlichen Gründen unter den gegenwärtigen Umständen gegen den Brückenbau: Großschiffe über 33 Meter können diese nicht durchfahren, immer häufiger wurden russischerseits aufwendige und teure Kontrollen durchgeführt, obwohl 2003 vereinbart worden war, dass beide Staaten dieses Meer befahren dürften. Am 25. November 2018 kam es dann zu einem schwerwiegenden Zwischenfall, der die Bedeutung der Krim als ein in den letzten Jahren zwar weithin vergessener, aber virulenter Krisenherd vor Augen führte: Die russische Marine brachte drei Schiffe der ukrainischen Marine unter ihre Kontrolle, eines von ihnen soll vordem gerammt worden sein, und verhaftete die Besatzung, wobei es Verletzte gab. Russland sprach von einer Provokation Kiews, hätten die ukrainischen Schiffe doch die Grenze zwischen der Ukraine und Russland illegal überquert.[34] Der ukrainische Präsident Petro Porošenko ließ daraufhin erstmalig seit dem Ausbrechen des Konflikts 2014 das Kriegsrecht ausrufen; allerdings beschnitt die Rada dessen zeitlichen und inhaltlichen Umfang erheblich, da der Verdacht doch nicht von der Hand zu weisen war, dass der angeschlagene Präsident sich vor den bevorstehenden Wahlen im Frühjahr 2019 noch einmal als ‚harter Hund' prä-

---

32 Birger (2015). Bereits vor dem Ersten Weltkrieg wurde der Bau einer Brücke diskutiert. Im Zweiten Weltkrieg versuchten sich sowohl deutsche und später dann auch sowjetische Akteure daran. Die deutsche Anlage wurde 1943 von der Wehrmacht gesprengt, die eilig errichte sowjetische brach im Februar 1944 unter dem Druck von Eismassen zusammen. Vgl. u. a. Hoppe (2016).
33 Romashchenko u. a. (2018).
34 Esch (2018).

Abb. 16: Bau der Krim-Brücke, 13. Oktober 2017

sentieren wollte.³⁵ Die Wahl des neuen Präsidenten Volodymyr Zelenskyj (*1978) im Mai 2019 zeigte, dass diese Strategie beim Wahlvolk nicht verfing.³⁶

Kiew hat zwar immer wieder die russische Politik etwa gegenüber den KrimtatarInnen kritisiert – und zwar viel heftiger und schneller als es die EU dann letztlich tat.³⁷ Dennoch konnte man sich bis zur Festsetzung der ukrainischen Marineboote nicht des Eindrucks erwehren, dass Kiew die Krim verloren gegeben hat und den drohenden endgültigen Verlust der Ostukraine als deutlich gravierender betrachtet.

Ist die Krim nun wirklich russisch geworden, also „Krym naš", wie die Parole seit 1991 immer wieder lautete? Gehört sie Russland? Der bereits zitierte Halbach antwortet darauf mit einem bedenkenswerten Vergleich: „In Wirklichkeit gehört

---

35 Zum Ablauf vgl. u.a. Ballin (2018). Vgl. auch den Beitrag Stomporowski (2018). Die Autorin macht „Vorverurteilungen" der russischen Seite bei deutschen Politikern und Medien aus; der insgesamt gut recherchierte und kenntnisreiche, aber eindeutig um Verständnis für Russland werbende Artikel beklagt auch die kritische Haltung der Partei „Die Grünen" gegenüber Moskau sowie das Wirken der NATO in der Region.
36 Welche Strategie Zelens'kyj letztlich in der Krim-Frage verfolgen wird, ist noch nicht erkennbar, er hat allerdings wiederholt den Dialog mit Russland angeboten, ohne von der Forderung nach Rückgabe der Krim abzuweichen.
37 Krim (2016).

diese Region so selbstverständlich zu Russland wie Algerien zu Frankreich gehört hat – nämlich kolonialgeschichtlich."[38]

---

[38] Halbach (2014).

Abkürzungsverzeichnis

BdČ	Biblioteka dlja čtenija [Die Lesebibliothek] – (1834–1865)
BSĖ	Bol'šaja Sovetskaja Ėnciklopedija [Große Sowjetische Enzyklopädie]
IIRGO	Izvestija Imperatorskogo russkogo geografičeskogo obščestva [Mitteilungen der Kaiserlichen russischen geographischen Gesellschaft] – (1865–1924)
ITUAK	Izvestija Tavričeskoj učennoj archivnoj komissii [Mitteilungen der Taurischen wissenschaftlichen Archivkommission] – (1887–1917)
KOL	Kolokol [Die Glocke] – (1857–1867)
KS	Kievskaja starina [Das Kiewer Altertum] – (1882–1906)
ÖZG	Österreichische Zeitschrift für Geschichtswissenschaften
RS	Russkaja starina [Das russische Altertum] – (1870–1918)
SIRIO	Sbornik Imperatorskogo russkogo istoričeskogo obščestva [Sammelband der Kaiserlichen russischen historischen Gesellschaft] – (1867–1916)
SOV	Sovremennik [Der Zeitgenosse] – (1836–1866)
VE	Vestnik Evropy [Der europäische Bote] – (1802–1830; 1866–1918)
ZIOOiD	Zapiski Imperatorskogo odesskogo obščestva istorii i drevnostej [Aufzeichnungen der Kaiserlichen Odessaer Gesellschaft für Geschichte und Altertümer] – (1844–1916)
ŽIRVIO	Žurnal Imperatorskogo russkogo voenno-istoričeskogo obščestva [Journal der Kaiserlichen russischen militärgeschichtlichen Gesellschaft] – (1846–1917)
ŽMNP	Žurnal Ministerstva Narodnogo Prosveščenija [Journal des Ministeriums für Volksaufklärung] – (1834–1917)

Abbildungsverzeichnis

Abb. 1: Portrait Alexander Puškin, Gemälde von Orest Kiprenskij, 1827
Abb. 2: Tränenbrunnen im Chan-Palast von Bağçasaray
         Fotografiert von Andreas56; Lizenz: Creative Commons Attribution-Share Alike 3.0 Unported (https://creativecommons.org/licenses/by/3.0/deed.de)
Abb. 3: Skythische Bogenschützen, Pantikapaion, 475–450 v. Chr.
         Fotografiert von PHGCOM im Musée du Louvre; Lizenz: Creative Commons Attribution-Share Alike 3.0 Unported (https://creativecommons.org/licenses/by/3.0/deed.de)
Abb. 4: Ruinen von Chersones
         Fotografiert von Dmitry A. Mottl; Lizenz: Creative Commons Attribution-Share Alike 3.0 Unported (https://creativecommons.org/licenses/by/3.0/deed.de)
Abb. 5: Taufe Vladimirs, Gemälde von Viktor Vasnecov, 1890
Abb. 6: Chan-Palast von Bağçasaray
         Fotografiert von Fluid70; Lizenz: Creative Commons Attribution-Share Alike 3.0 Unported (https://creativecommons.org/licenses/by/3.0/deed.de)
Abb. 7: Katharinas Triumpf. Allegorie auf die Reise der Kaiserin Katharina II. auf die Krim, Gravur von Jean Jacques Avril dem Älteren, 1790
Abb. 8: Die Schlacht von Sinope am 18. November 1853 (Nacht nach der Schlacht), Gemälde von Ivan Ajvazovskij, 1853
Abb. 9: Die Verteidigung von Sevastopol' 1854–1855, Panoramagemälde von Franz Rubo, 1904
         Fotografiert von Rumlin; Lizenz: Creative Commons Attribution 3.0 Unported (https://creativecommons.org/licenses/by/3.0/deed.de)
Abb. 10: İsmail Gaspıralı (Ismail Gasprinskij)
Abb. 11: Panzerschiff „Panteleimon" (ehemals „Knjaz' Potemkin-Tavričeskij"), Fotografie von 1906
Abb. 12: Amet-Han Sultan – zweimaliger Held der Sowjetunion, Fotografie von 1945
Abb. 13: Gruppenfoto bei der Konferenz von Jalta, 1945 (von links: Winston Churchill, Franklin D. Roosevelt und Josef Stalin)
Abb. 14: Pionierlager Artek, 1986
         Foto: FORTEPAN / Györgyi Dóra; Lizenz: Creative Commons Attribution-Share Alike 3.0 Unported (https://creativecommons.org/licenses/by/3.0/deed.de)
Abb. 15: Flagge der KrimtatarInnen
Abb. 16: Bau der Krim-Brücke, 13. Oktober 2017
         Foto: Rosavtodor.ru; Lizenz: Creative Commons Attribution 4.0 International (https://creativecommons.org/licenses/by/4.0/deed.de)

Quellen- und Literaturverzeichnis

Quellen

Aktschura Oglu (1916): Jussuf Aktschura Oglu (d.i. Yosıf Aqçura), *Die gegenwärtige Lage der mohammedanischen Turko-Tataren Russlands und ihre Bestrebungen*, Bern.

Anonyma (1855): Anonyma, *The Crimea. Its Towns, Inhabitants and Social Customs by a Lady, Resident near the Alma*, London.

Ansprüche (1918): „Ansprüche der Sowjetregierung", *Der Neue Orient*, 2, Heft 4, 21.

Arneth (1869): Alfred Ritter von Arneth (Hg.), *Joseph II. und Katharina von Rußland. Ihr Briefwechsel*, Wien.

Auzépy (2006): M.-F. Auzépy, „La vie de Jean de Gothie (BHG 891)", in: C. Zuckermann (Hg.), *La Crimée entre Byzance et le Khaganat khazar*, Paris, 69–85.

Baumgart (1979 ff.): Winfried Baumgart (Hg.), *Akten zur Geschichte des Krimkriegs*, München/ Wien.

Beauplan (1650): Guillaume Levasseur de Beauplan, *Description d'Ukraine qui sont plusieurs Provinces du Royaume de Pologne contenuës depuis les confins de la Moscouie, iusques aux limites de la Transilvanie, ensemble levrs moevrs, façons de viuns, et de faire la guerre*, Rouen.

Beauplan (1780): Guillaume Levasseur de Beauplan, *Beschreibung der Ukraine, der Krim, und deren Einwohner*, Breslau. Online unter http://digital.onb.ac.at/OnbViewer/viewer.faces?doc=ABO_%2BZ164599601 (Stand 20.02.2018).

Belke u. Soustal (1995): Klaus Belke u. Peter Soustal (Hgg.), *Die Byzantiner und ihre Nachbarn. Die „De administrando imperio" genannte Lehrschrift des Kaisers Konstantinos Porphyrogennetos für seinen Sohn Romanos*, übers., eingel. u. erklärt von Klaus Belke und Peter Soustal, Wien (= Byzantinische Geschichtsschreiber, 19).

Berežkov (1891): Michail N. Berežkov, *Plan zavoevanija Kryma, sostavlennyj v carstvovanie Gosudarja Alekseja Michajloviča učenym slavjaninom Juriem Križaničem* [Plan zur Eroberung der Krim, erstellt während der Herrschaft des Herrschers Aleksej Michajlovič vom gelehrten Slaven Jurij Križanič], S-Peterburg.

Besse (1838): Jean-Charles de Besse, *Voyage en Crimée, au Cavcase, en Géorgie, en Arménie, en Asie-Mineure et à Constantinopel en 1829–1833. Pour servir à l'histoire de Hongrie*, Paris.

Billbassof (1897): B. von Billbassof (d.i. Bil'basov), *Katharina II. Kaiserin von Rußland im Urtheile der Weltliteratur*, 2 Bde., Berlin.

Broniovius (2011): Martinus Broniovius, „Tartariae descriptio". Text und Übersetzung, in: Albrecht u. Herdick (2011), 45–122.

Bronevskij (1867): M. Bronevskij, Opisanie Kryma [Tartariae Descriptio], in: ZIOOIiD, 24, Bd. 6, 333–367.

Brussilowski (1928): L. Brussilowski, „Beeinflussung der neuropsychischen Sphäre durch das Erdbeben in der Krim 1927", *Zeitschrift für die gesamte Neurologie und Psychiatrie*, 18, Bd. 116, Heft 1, 442–470.

Çelebi (1934): Evliya Çelebi, *Narrative of Travels in Europe, Asia, and Africa, in the Seventeenth Century.* Translated from the Turkish by the Ritter Joseph von Hammer, Bd. 1, London.

Chartachaj (1866/1867): F. Chartachaj, „Istoričeskaja sud'ba krymskich tatar" [Das historische Schicksal der Krimtataren], in: VE, 1(1866), 182–236; 2(1867), 140–174.

OpenAccess. © 2020 Kerstin S. Jobst, publiziert von De Gruyter. Dieses Werk ist lizenziert unter der Creative Commons Attribution 4.0 International. https://doi.org/10.1515/9783110520620-042

Chruščev (2011): „Rede des Ersten Sekretärs des CK der KPSS, N.S. Chruščev auf dem XX. Parteitag der KPSS [‚Geheimrede'] und der Beschluß des Parteitages ‚Über den Personenkult und seine Folgen', 25.02.1956", in: *100(0) Schlüsseldokumente zur russischen und sowjetischen Geschichte*, 18.09.2011. Online unter https://www. 1000dokumente.de/?c=dokument_ru&dokument=0014_ent&object=translation&l=de (Stand 14.03.2016).

Collections (1906): „Collections out of Martin Broniovius de Biezerfedea Sent Ambassadour from Stephen King of Poland, to the Crim Tatar. Contayning a Description of Tartaria, or Chersonesus Taurica, and the Regions Subject to the Perecop or Crim Tatars, with their Customs Private and Public in Peace and War", in: Samuel Purchas, *Hakluytus Posthumus or Purchas His Pilgrims. Contayning a History of the World in Sea Voyages and Lande Travells by Englishmen and Others*, Bd. 13, Glasgow, 461–491.

Craven (1789): Elizabeth Craven, *A Journey through the Crimea and Constantinople*, Dublin 1789 (Neudruck New York 1970).

Dekret (1918): „Dekret vserossijskogo central'nogo ispolnitel'nogo komiteta i soveta narodnych komissarov RSFSR ob avtonomnoj krymskoj sovetskoj socialističeskoj respublike" [Dekret des Allrussischen Zentralen Exekutivkomitees und des Rats der Volkskommissare der RSFSR über die autonome sozialistische Sowjetrepublik der Krim], 18.10.1918, in: Guboglo u. Červonnaja (1992), 37–39.

Dekret SNK (1920): „21 dekabrja. Dekret SNK ob ispol'zovanii Kryma dlja lečenija trudjaščichsja" [Dekret des SNK über den Gebrauch der Krim für die medizinische Behandlung der Werktätigen], in: *Izvestija* [Nachrichten], No. 288, 22 dekabrja 1920, 59–61. Online unter http://docs.historyrussia.org/ru/nodes/12796–21-dekabrya-dekret-snk-ob-ispolzovanii-kryma-dlya-lecheniya-trudyaschihsya#mode/inspect/page/3/zoom/4 (Stand 21.08.2018).

Deutsche Zeitung (1918): *Deutsche Zeitung für die Krim und Taurien*, 11.09.1918, Nr. 9.

Dorošenko (1923): Dmytro Dorošenko, *Moi spomyny pro nedavne-mynule. Doba Het'manščyny 1918* [Meine Erinnerungen an die jüngste Vergangenheit. Die Zeit des Het'manats 1918], L'viv.

Eberhard (1779): Johann August Eberhard, *Lobschrift auf Herrn Johann Thunmann, Prof. der Weltweisheit und Beredsamkeit auf der Universität zu Halle*, Halle. Online unter http://digitale.bibliothek.uni-halle.de/vd18/content/titleinfo/1657901 (Stand 20.02.2018).

Elbin (1979): Günter Elbin (Hg.), *Literat und Feldmarschall. Briefe und Erinnerungen des Fürsten Charles Joseph de Ligne*, Stuttgart.

Elpat'evskij (1998): Sergej Elpat'evskij, *Krymskie očerki god 1913-j. Vstupitel'noe slovo, primečanija Dmitrija Loseva* [Krim-Skizzen aus dem Jahr 1913. Einführung und Anmerkungen von Dmitrij Losev], Feodosija.

Erzählung (2003): „Die Erzählung des Matthaios von der Stadt Theodoro, übersetzt und eingeleitet von Hans-Veit Beyer. Mit einer Appendix zum Vat.gr. 952 von Peter Schreiner", in: Byzantinische Zeitschrift, 96, Heft 1, 25–57.

Eusebius (2007): Eusebius von Caesarea, *De vita Constantini. Über das Leben Konstantins*, Eingeleitet von B. Bleckmann. Übersetzt und kommentiert von H. Schneider, Turnhout.

Forma manifesta (1896): „1771 god. No. 2044. Marta 21. Forma manifesta k krymskim tataram ot imeni kn. Dolgorukova, po povodu vstuplenija v Krym ego armii" [Jahr 1771. No. 2044. 21. März. Form des Manifests an die Krimtataren im Namen des Fürsten Dolgorukov, anläßlich des Einmarsches seiner Armee auf die Krim], in: SIRIO, Bd. 97, S-Peterburg, 245 f.

Gabaev (1913): Georgij Gabaev, „Krymskie tatary pod russkimi znamenami. Kratkaja istoričeskaja spravka" [Die Krimtataren unter russischen Fahnen. Eine kurze historische Mitteilung], ŽIRVIO, 68, Heft 3, 131–137.

Gasprinskij (1881): Ismail Gasprinskij, *Russkoe musul'manstvo. Mysli, zametki i nabljudenija* [Russischer Islam. Gedanken, Notizen und Beobachtungen], Simferopol'.

Gavril (1844): Archiepiskop Chersonskij i Tavričeskij Gavril, „Pereselenie grekov iz Kryma v azovskuju guberniju i osnovanie Gotfijskoj i Kafijskoj eparchii" [Die Umsiedlung der Griechen von der Krim ins Gouvernement Azov und die Gründung der Gotfisker und Kafisker Eparchie], ZIOOIiD, 1, 197–204.

Gercen (1861): Aleksandr Gercen, „Gonenie na krymskich Tatar" [Die Verfolgung der Krimtataren], in: KOL, 22.12., Nr. 117, 973–977.

Glavnoe Archivnoe upravlenie (1983): Glavnoe Archivnoe upravlenie pri sovete ministrov USSR u. a. (Hg.), *Sevastopolju 200 let 1783–1983. Sbornik dokumentov i materialov* [Sevastopol' 200 Jahre 1783–1983. Dokumenten- und Materialsammlung], Kiev.

Gol'denberg (1883): M. Gol'denberg, Krym i krymskie tatary [Die Krim und die Krimtataren], in: VE, 18, Nr. 11, 67–89.

Guboglo u. Červonnaja (1992): M.N. Guboglo u. S.M. Červonnaja (Hg.), *Krymskotatarskoe nacional'noe dviženie* [Die krimtatarische Nationalbewegung], Bd. 2: Dokumenty, materialy, chronika [Dokumente, Materialien, Chronik], Moskva.

Hammer-Purgstall (1970): Joseph von Hammer-Purgstall, *Geschichte der Chane der Krim unter osmanischer Herrschaft vom 15. Jahrhundert bis zum Ende des 18. Jahrhunderts. Als Anhang zur Geschichte des Osmanischen Reichs zusammengetragen aus türkischen Quellen, mit Literatur-Übersetzungen und Anmerkungen, mit der Zugabe eines Gasels von Schahingerai, Türkisch und Deutsch*, St. Leonards/Amsterdam (Neudruck der Ausgabe Wien 1856).

Helbig (1804): G.A.W. von Helbig, *Potomkin. Ein interessanter Beitrag zur Regierungsgeschichte Katharinas der Zweiten*, Leipzig.

Hentig (2018): „Dok. 07–156, Werner Otto von Hentig an das Auswärtige Amt in Berlin, 8. 04. 1942. Ich fürchte, daß ich Sie mit dem ersten Bericht enttäuschen muß", in: *Die Quellen sprechen. Die Verfolgung und Ermordung der europäischen Juden durch das nationalsozialistische Deutschland 1933–1945. Eine dokumentarische Höredition* (Audiodatei). Online unter http://die-quellen-sprechen.de/07–156.html (09. 09. 2018).

Herodot (o. J.): Herodot, *Geschichten. Neun Bücher griechischer Geschichte*, Köln.

Holderness (1823): Mary Holderness, *New Russia. Journey from Riga to the Crimea by Way of Kiew with some Account of the Colonization, and the Manners and Customs of the Colonists of New Russia, to Which are Added Notes Relating to the Crim Tatars*, London.

Jastrebov (1883): V. Jastrebov, „Chersones Tavričeskij" [Das taurische Chersones], in: KS, 2, Heft 5, 30–38.

Jochmann (1980): Werner Jochmann (Hg.), *Adolf Hitler. Monologe im Führerhauptquartier 1941–1944. Die Aufzeichnungen Heinrich Heims*, Hamburg.

Jordanes (1913): *Jordanes Gothengeschichte nebst Auszügen aus seiner römischen Geschichte*, übersetzt von Dr. Wilhelm Martens, Leipzig.

Kaczkowski (1829): K. Kaczkowski, *Dziennik podróży do Krymu* [Tagebuch einer Reise auf die Krim], Warszawa.

Karamzin (2013): N.M. Karamzin, „Glava III. Prodolženie carstvovanija Ioanna Groznogo. 1569–1527 g." [Kapitel III. Fortsetzung der Herrschaft Ivans „des Schrecklichen". 1569–1527], in: Ders., *Istorija gosudarstva Rossijskogo* [Geschichte des Russländischen Staates], Bd. 9, London (E-Book).

Katharina u. Voltaire (1991): Katharina die Grosse u. Voltaire, *Monsieur – Madame. Der Briefwechsel zwischen der Zarin und dem Philosophen*. Übersetzt, hrsg. und mit einer Einführung von Hans Schumann, Zürich.

Kirpenko (1897): K. Kirpenko, „Ordera Knjazja Platona A. Zubova" [Die Order des Fürsten Platon A. Zubov], in: ITUAK, 26, 1–10.

Kliutschewskij (1925 ff.): W. Kliutschewskij (d.i. V.O. Ključevskij), *Geschichte Rußlands*, 4 Bde., Stuttgart/Berlin.

Kliutschewskij (1945): W. O. Kliutschewskij (d.i. V.O. Ključevskij), *Russische Geschichte von Peter dem Großen bis Nikolaus I.*, 2 Bde., Zürich.

Kolli (1913): L.P. Kolli, „Chadži-Girej chan i ego politika (po genuėzskim istočnikam). Vzgljad na političeskie snošenija Kaffy s Tatarami v XV veke" [Chan Chadži-Girej und seine Politik (nach Genueser Quellen). Ein Blick auf die politischen Beziehungen Kaffas mit den Tataren im 15. Jahrhundert], in: ITUAK, 27, Bd. 50, 99–139.

Kratkij otčet (1868): „Kratkij otčet o poezdke v tečenie leta 1861 g. (s 10 maja po 15 sentjabrja) Ju. Ė.Jansona. Člena ėkspedicii po issledovaniju jugo-zapadnogo rajona" [Kurzer Bericht über eine Reise im Sommer 1861 (vom 10. Mai bis zum 15. September) von Ju. Ė. Janson. Mitglied der Expedition zur Erforschung des südwestlichen Rayons], in: IIRGO, 4, 349–359.

Laškov (1886): Fedor F. Laškov, „Statističeskie svedenija o Kryme, soobščennye kajmakanami v 1783 godu" [Statistische Angaben über die Krim, mitgeteilt von Kajmakanen im Jahr 1783], in: ZIOOIiD, 43, Bd. 14, 91–99.

Lied (1989): *Das Lied von der Heerfahrt Igor's. Aus dem altrussischen Urtext übersetzt, eingeleitet und erläutert von Ludolf Müller*, München (= Quellen und Studien zur russischen Geistesgeschichte, 8).

Ligne (1989): Prince de Ligne, *Mémoires et Mélanges historiques*, Paris (erstmalig erschienen Paris 1827).

Lopatin (1997): Vjačeslav S. Lopatin (Hg.), Ekaterina II i G.A. Potemkin. Ličnaja perepiska 1769–1791 [Katharina II. und G.A. Potemkin. Der persönliche Briefwechsel 1769–1791], Moskva.

Lužkov (2000): Jurij Lužkov, „Russkaja Palestina" [Das russische Palästina], in: *Krymskij Al'bom* [Krim-Album], 1999, Feodosija/Moskva.

Machaev (1914): Sergej K. Machaev, *Podvižnicy miloserdija. Russkie sestry miliserdija. Kratkie biografičeskie očerki* [Kämpferinnen für die Barmherzigkeit. Russische Krankenschwestern. Kurze biographische Skizzen], Moskva.

Manstein (2004): Erich von Manstein, *Verlorene Siege*, 17. Auflage, Bonn.

Markevič (1994): Arsenij Markevič, *Tavričeskaja gubernija vo vremja krymskoj vojny po archivnym materialam* [Das taurische Gouvernement in der Zeit des Krimkriegs nach Archivmaterialien], Simferopol' (Neudruck der Ausgabe ITUAK, 19[1905], Bd. 37).

Markov (1994): Evgenij Markov, *Očerki Kryma. Kartiny krymskoj žizni, istorii i prirody* [Krim-Skizzen. Bilder des Lebens auf der Krim, der Geschichte und Natur], Simferopol'/Moskva (Neudruck der 3. Ausgabe von 1902).

Mazurevskij (1845): G. Mazurevskij, „Sel'sko-chozjajstvennaja storona južnogo berega Kryma" [Die landwirtschaftliche Seite der Südküste der Krim], in: BdČ, 12, Nr. 10, 17–28.

Müller L. (2001): Ludolf Müller (Hg.), *Handbuch zur Nestorchronik. Die Nestorchronik. Die altrussische Chronik, zugeschrieben dem Mönch des Kiewer Höhlenklosters Nestor, in der Redaktion des Abtes Sil'vestr aus dem Jahre 1116, rekonstruiert nach den Handschriften Lavrent'evskaja, Radzivilovskaja, Akademičeskaja, Troickaja, Ipat'evskaja und Chlebnikovskaja*, Bd. 4, München.

Mursakovič (1877–1879): N. Mursakovič, „Pis'ma pravitelja tavričeskoj oblasti Vasilija Vasil'eviča Kochovskogo pravitelju kanceljarii V.S. Popovu, dlja doklada ego svetlosti knjazju Grigoriju Aleksandroviču Potemkinu-Tavričeskomu" [Briefe des Verwalters der Tavričeskaja oblast', Vasilij Vasil'evič Kochovskij, an den Verwalter der Kanzlei V.S. Popov zur Vorlage bei seiner Durchlaucht Fürst Grigorij Aleksandrovič Potemkin von Taurien], in: ZIOOIiD, 34–36, Bd. 10/11, 235–364.

Kleemann (1771): *Nikolaus Ernst Kleemanns Reisen von Wien über Belgrad bis Kilianova, durch die Butschiack-Tartarey über Cavschan, Bender, durch die Nogeu-Tartarey in die Crimm, dann von Kaffa nach Konstantinopel, nach Smirna und durch den Archipelagum nach Triest und Wien, in den Jahren 1768, 1769 und 1770. Nebst einem Anhange von den besondern Merkwürdigkeiten der crimmischen Tartarey in Briefen an einen Freund*, Wien.

Oliphant (1854): Laurence Oliphant, *The Russian Shores in the Black Sea*, London (Reprint New York 1970).

Opisanie (1879): „Opisanie perekopskich i nogajskich Tatar, Čerkesov, Mingrelov i Gruzin. Žana De-Ljuka, monacha dominikanskogo ordena 1625" [Beschreibung der Perekoper und Nogai-Tataren, der Čerkessen, der Mingrelen und Georgier von Žan-de-Ljuk, Mönch des Dominikaner-Ordens 1625], in: ZIOOIiD, 36, Bd. 2, Heft 11, 473–493.

Pallas (1967): Peter Simon Pallas, *Bemerkungen auf einer Reise in die südlichen Statthalterschaften des Russischen Reiches in den Jahren 1793 und 1794*, Graz.

Perevodščikov (1853): D.M. Perevodščikov, „" [Eine Reise von St. Petersburg auf die Krim und zurück], in: SOV, 12, Heft 1, 6. Abt., Smes', 1–38.

Pervaja perepis' (2018): „Pervaja vseobščaja perepis' naselenija Rossijskoj Imperii 1897 g. Raspredelenie naselenija po rodnomu jazyku i uezdam 50 gubernij Evropejskoj Rossii. Tavričeskaja Gubernija" [Erste allgemeine Volkszählung des Russländischen Imperiums 1897. Klassifizierung der Bevölkerung nach der Muttersprache und den Landkreisen der 50 Gouvernements des Europäischen Russlands. Taurisches Gouvernement], in: *Demoskop weekly*. Online unter: http://demoscope.ru/weekly/ssp/rus_lan_97_uezd.php?reg=1420 (Stand 09.09.2018).

Pis'mo (1983): „Pis'mo P.P. Šmidta s pros'boj posle kazni pochoronit' ego rjadom s žertvami rasstrela demonstracii v Sevastopole 18 oktjabrja 1905 g., 26.12.1905" [Brief P.P. Schmidts mit der Bitte, ihn nach seiner Exekution neben den erschossenen Opfern der Sevastopol'er Demonstration vom 18. Oktober 1905 zu beerdigen, 26.12.1905], in: Glavnoe Archivnoe upravlenie (1983), 107 f.

Pochody (1896): „Pochody Ekateriny II po Volge i Dnepru" [Die Fahrten Katharinas II. über die Volga und den Dnepr], in: RS, 27, Bd. 88, Heft 10–12, 423–445.

Polnoe sobranie (1830): *Polnoe sobranie zakonov Rossijskoj Imperii. S 1781 po 1783* [Vollständige Sammlung der Gesetze des Russländischen Reiches. Von 1781 bis 1783], Bd. 21, S-Peterburg 1830.

Postanovlenie (1922): „Postanovlenie central'nogo ispolnitel'nogo komiteta i soveta narodnych komissarov Kryma o tatarizacii gosudarstvennych apparatov i o primenenii tatarskogo jazyka v učreždenijach respubliki" [Beschluss des Zentralen Exekutivkomitees und des Rats der Volkskommissare der Krim über die Tatarisierung der Staatsapparate und über den Gebrauch der tatarischen Sprache in den Institutionen der Republik], 10.02.1922, in: Guboglo u. Červonnaja (1992), 40–41.

Radde (2008): Gustaf Radde, *Krymskie Tatary. Vstupitel'nja stat'ja, obščaja redakcija i kommentarii G. Bekirovoj* [Krimtataren. Ein einleitender Artikel, hrsg. und kommentiert von G. Bekirova], Kyiv.

Radt (2003): Stefan Radt (Hg.), *Strabons Geographika, Bd. 2: Buch V–VIII, Text und Übersetzung*, Göttingen.

Riss (2007/2008): Hilda Riss, „Deutsche von der Krim in Arbeitslagern im Bezirk von Swerdlowsk", in: *Landsmannschaft der Deutschen aus Russland Heimatbuch*, 58–91.

Rubruquis u. Polo (1888): Guillaume de Rubruquis u. Marco Polo, *Deux Voyages en Asie au XIIIème siècle. Publiée sous la direction de M. Eugène Müller*, Paris.

Rudakov (1903): V.E. Rudakov, „Širinskij-Šichmatov. Platon Aleksandrovič", in: *Ènciklopedičeskij slovar' Brokgauza i Efrona* [Enzyklopädisches Lexikon von Brockhaus und Efron], Bd. 39a, S-Peterburg, 591.

Safonov (1844): S. Safonov, „Ostatki grečeskich legionov v Rossii, ili nynešnee naselenie Balaklavy" [Die Reste der griechischen Legionen in Rußland oder die gegenwärtige Bevölkerung Balaklavas], in: ZIOOIiD, 1, 205–256.

Schmitt C. (1981): Carl Schmitt, *Land und Meer. Eine weltgeschichtliche Betrachtung*, 4. Auflage, Stuttgart (erstmalig erschienen 1942).

Schöll (1829): Adolf Schöll (Hg.), *Herodot's von Halikarnaß Geschichte*, Stuttgart. Online unter http://www.mdz-nbn-resolving.de/urn/resolver.pl?urn=urn:nbn:de:bvb:12-bsb10236268-8 (Stand 16.11.2017).

Schramm (1982): Percy Schramm (Hg.), *Kriegstagebuch des OKW, 1942*, Teilband 1 und 2, Augsburg.

Schweiger-Lerchenfeld (1887): Armand Freiherr v. Schweiger-Lerchenfeld, *Zwischen Donau und Kaukasus. Land und Seefahrten im Bereiche des Schwarzen Meeres*, Wien/Pest/Leipzig.

Ségur (1926): M. le Comte de Ségur, *Mémoires ou souvenirs et anecdotes*, 3 Bde., 2. Auflage, Paris.

Seïdahmet (1921): Djafer Seïdahmet (d.i. Cafer Seydahmet Qırımer), *La Crimée. Passé – Présent. Revendication des Tatars de Crimée*, Lausanne.

Sejdahmet Krym (1930): Dżafer Sejdahmet Krym (d.i. Cafer Seydahmet Qırımer), *Przeslość, terazniejszość. Dążenia niepodległościowe Tatarów krymskich* [Krim. Vergangenheit, Gegenwart. Das Unabhängigkeitsstreben der Krimtataren], Warzawa.

Seydahamet (2005): Cafer Seydahamet, „Famine in Crimea", translated into English by Inci Bowman, in: *International Committee for Crimea*, 13.03.2005. Online unter http://www.iccrimea.org/historical/famine1931.html (Stand 10.02.2016).

Seymour (1855): H.D. Seymour, *Russia on the Black Sea and the Sea of Azof. Being a Narrative of Travels in the Crimea and Bordering Provinces. With Notices of the Naval, Military, and Commercial Resources of those Countries*, London.

Skoropads'kyj (1999): Pavlo Skoropads'kyj, *Erinnerungen 1917 bis 1918*, hrsg. von Günter Rosenfeld, Stuttgart (= Quellen und Studien zur Geschichte des östlichen Europa, 55).

Smirnov (1887): Vasilij D. Smirnov, *Krymskoe Chanstvo pod verchovenstvom Otomanskoj Porty do načala XVIII veka* [Das Krim-Chanat unter der Herrschaft der Osmanischen Pforte bis zum Beginn des 18. Jahrhunderts], S-Peterburg.

Grigorenko (2018): „Speech of Petro Grigorenko to Crimean Tatars. 1968", in: *International Committee for Crimea*. Online unter http://www.iccrimea.org/surgun/grigorenko.html (Stand 09.08.2018).

Stalin (1946): Josef Stalin, Marxismus und nationale Frage, 2. Auflage, Wien.

Sultan-Galiev (1997): M. Sultan-Galiev, „Narodnomu komissaru po delam nacional'nostej tov. Stalinu. Kopiju ZK RKP(B). Doklad o položenii v Krymu" [An den Volkskommissar für Nationalitäten, Genossen Stalin, in Kopie an das Zentralkomitee der RKP[B]. Bericht über die Lage auf der Krim], in: *Gasyrlar avazy. Ècho vekov* [Echo der Jahrhunderte], Heft 3/4. Online unter http://www.archive.gov.tatarstan.ru/magazine/go/anonymous/main/?path= mg:/numbers/1997_3_4/03/03_2/ (Stand 09.08.2017).

Thounmann (1786): *Description de la Crimée par M. Thounmann* [Thunmann], *Professeur à Halle*. Traduite de l'allemand, Strasbourg.

Thunmann (1784): Hans Erich Thunmann, *Der krimsche Staat*, Troppau.

Thunman (1774): Johann Thunman, *Untersuchungen über die Geschichte der östlichen europäischen Völker*, Leipzig.

Vasil'evskij (1878): V.G. Vasil'evskij, „Žitie Ioanna Gotskogo" [Vita des Gotischen Johannes], in: ŽMNP, 195, Janvar', Otd. II, 25–34. (Neu aufgelegt in: Trudy V.G. Vasil'evskogo [Werke von V.G. Vasil'evskij], Bd. 2, 351–427)

Vernadsky u. a. (1972): George Vernadsky u. a. (Hgg.), *A Source Book for Russian History from Early Times to 1917*, Bd. 2, New Haven.

Vesti (1863): „Vesti iz Simferopolja", in: ŽMNP, 39 (März), Teil CXVII, 241–245.

Vjazmitinov (1882): A.A. Vjazmitinov, „Sevastopol' ot 21 marta po 28 avgusta 1855 g." [Sevastopol' vom 21. März bis zum 28. August des Jahres 1855], in: RS, 13, Bd. 34, Heft 4–6, 1–70.

Voroncov (1916): Michajl I. Voroncov, „Doklad imperatrice Ekaterine II-oj po vstuplenii Eja na Prestol, izobražajuščij sistemu Krymskich Tatar, ich opasnost' dlja Rossii i pretenziju na nich. O Maloj Tatarii" [Bericht an Kaiserin Katharina II. nach Ihrer Thronbesteigung, das System der Krimtataren schildernd, deren Gefährlichkeit für Rußland und die Forderungen an sie. Über das Kleine Tatarien], in: ITUAK, 43, 190–193.

Vozmuščenie (1872): „Vozmuščenie Tatar" [Aufruhr der Tataren], in: ZIOOIiD, Bd. 8, 188–190.

Vsesojuznaja perepis' (2006): „Vsesojuznaja perepis' naselenija 1926 g. SSSR, respubliki i ich osnovnye regiony. Naselennye mesta. Naličnoe gorodskoe i sel'skoe naselenie" [All-Unions-Volkszählung von 1926 der UdSSR, der Republiken und ihrer Hauptregionen. Die bewohnten Orte. Verfügbare städtische und ländliche Bevölkerung], in: *Demoskop weekly*, 05.11.2006. Online unter http://www.demoscope.ru/weekly/ssp/ussr_26.php?reg=12 (Stand 09.08.2018).

Vysočajšee povelenie (1902): „Vysočajšee povelenie ne imenovat' Sevastopolja Achtiarom i Evpatorii – Kozlovom. Predloženie ministra justicii Senatu 5-go fevralja 1826" [Allerhöchster Befehl Sevastopol' nicht Achtjar und Evpatorija nicht Kozlov zu nennen. Vorlage des Justizministeriums an den Senat vom 5. Februar 1826], Nr. 1947, in: RS, 33, Bd. 112, Heft 1–3, 87.

Windt (1917): Harry de Windt, *Russia as I Know it*, Philadelphia.

Zapiski (1891): „Zapiski de-la Nevillja o Moskovii 1689 g. Pochod Moskvitjan na Krym 1689 goda" [Die Berichte de la Nevilles über Moskowien im Jahr 1689. Der Feldzug der Moskoviten auf die Krim 1689], in: RS, 22, Bd. 72, Heft 10–12, 241–281.

Zercalov (1890): A.N. Zercalov, *Ob oskorblenii carskich poslov v Krymu v XVII veke* [Über die Beleidigung der zarischen Botschafter auf der Krim im XVII. Jahrhundert], Moskva.

Žitie (1999): „Žitie Konstantina-Kirilla. Pamjat' i žitie blažennogo učitelja našego Konstantina Filosofa, pervogo nastavnika slavjanskogo naroda. Podgotovka teksta i perevod L.V. Moškovoj i A.A. Turilova, kommentarii B.N. Flori" [Vita des Konstantin-Kirill. Erinnerung und Vita unseres seligen Lehrers Konstantin Filosof, des ersten Lehrmeisters des slawischen Volkes. Textedition und Übersetzung von L.V. Moškovaja und A.A. Turilov, Kommentare von B.N. Flori], in: D.S. Lichačev u. a. (Hgg.), *Biblioteka literatury Drevnej Rusi* [Bibliothek der Literatur der alten Rus'], Bd. 2: XI–XII veka [11.–12. Jahrhundert], S.-Peterburg. Online unter http://lib.pushkinskijdom.ru/Default.aspx?tabid=2163#_edn61 (Stand 20.11.2017).

Literarische Quellen

Axjonow (1996): Wassilij Axjonow (= Vasilij P. Aksënov), *Die Insel Krim*, Frankfurt a. M. (Russ.: Ostrov Krym, Ann Arbor 1981).

Binhack (1877): Franz Binhack, *Zusammenhängende deutsch-lateinische Übersetzungsstücke für den Schul- und Hilfsunterricht. Casuslehre*, Amberg.

Binhack (2018): Franz Binhack, „Die orientalische Frage", in: Ralf-Dietrich Ritter (Hg.), Die Deutsche Gedichtebibliothek. *Gesamtverzeichnis deutschsprachiger Gedichte*. Online unter http://gedichte.xbib.de/Binhack_gedicht_061.+Die+orientalische+Frage.htm (Stand 23.03.2018).

Clancy u. Greaney (2014): Tom Clancy u. Mark Greaney, *Command Authority. Kampf um die Krim*. Aus dem Amerikanischen von Michael Beyer, München.

Igor-Lied (1989): *Das Igor-Lied. Eine Heldendichtung. In der Übertragung von Rainer Maria Rilke. Mit dem altrussischen Text und der neurussischen Prosafassung von D.S. Lichatschow*, 4. Auflage, Frankfurt am Main.

Goethe (2014): Johann Wolfgang von Goethe, *Iphigenie auf Tauris. Kritische Studienausgabe*. Hrsg. von Rüdiger Nutt-Kofoth, Stuttgart (= Reclams Universal-Bibliothek, 19268).

Kinsky u. Chalmers (2015): Esther Kinsky u. Martin Chalmers, *Karadag Oktober 13. Aufzeichnungen von der kalten Krim*, Berlin.

Kostomarov (1967): M.I. Kostomarov, „Do Mar'ï Potoc'koï" [An Marija Potocki], in: *Tvory v dvoch tomach* [Werke in zwei Bänden], Bd. 1, Kyïv, 56.

Majakovskij (1989): V.V. Majakovskij, „Krym" [Die Krim], in: Rudjakov u. Kazarin (1989), 17 f.

Mickiewicz (1994): Adam Mickiewicz, „Die Krim-Sonette", in: Ders., *Dichtung und Prosa. Ein Lesebuch von Karl Dedecius*, Frankfurt a. M., 139–156.

Puschkin (1985): A.S Puschkin., „Die Fontäne von Bachtschissarai", in: Ders., *Poeme und Märchen*, 4. Auflage, Berlin/Weimar, 153–170.

Rudjakov u. Kazarin (1989): A.N. Rudjakov u. V.P. Kazarin (Hgg.), *Krym. Poėtičeskij atlas* [Die Krim. Ein poetischer Atlas], Simferopol'.

Sinyavski (1995): Andrei Sinyavski (d.i. Abram Terz), *Strolls with Pushkin*, Translated by Slava I. Yastremski and Catherine Theimer Nepomnyashchy, New Haven/New York.

Soschtschenko (2010): Michail Soschtschenko (d.i. Michail M. Zoščenko), „Rüge der Krim". Übersetzt von Annette Luisier, in: Dies. u. Sophie Schudel (Hgg.), *Europa erlesen. Krim*, Klagenfurt/Celovec, 266–271.
Surkov (1989): Andrej A. Surkov, „Sevastopol'cy" [Die Sevastopol'er], in: Rudjakov u. Kazarin (1989), 137.
Tennyson (2002): Alfred (Lord) Tennyson, „Charge of the Light Brigade", in: Valentine Cunningham (Hg.), *Victorian Poetry*, Oxford/Malden, Mass., 55–57.
Tolstoj (1989): Leo N. Tolstoj, „Sevastopoler Erzählungen", in: Ders., *Die großen Erzählungen*. Hrsg. von Lev Kopelev, übersetzt von Marianne Kegel, München, 5–135.
Twain (1966):, Mark Twain, *The Innocents Abroad. Or The New Pilgrims' Progress*, New York. (erstmalig erschienen 1869)
Ulitzkaja (1997): Ljudmila Ulitzkaja (d.i. Ljudmila Ulickaja), *Medea und ihre Kinder*. Aus dem Russischen von Ganna-Maria Braungardt, Berlin.
Zoščenko (2018): Michail M. Zoščenko, „Poricanie Kryma" [Rüge der Krim], in: Zoščenko.ru. Online unter http://zoshhenko.ru/zoshchenko-rasskazy-p-31.html (Stand 09.09.2018).
Zoščenko (1958): Michail Zoščenko, „Zemletrjasenie" [Das Erdbeben], in: Ders., *Rasskazy, fel'etony, povesti* [Erzählungen, Feuilletons, Novellen], Leningrad, 71–74.

Darstellungen

Abu-Lughod (1989): Janet I. Abu-Lughod, *Before European Hegemony. The World System A.D. 1250–1350*, New York.
Adam (2002): Volker Adam, *Rußlandmuslime am Vorabend des Ersten Weltkrieges. Die Berichterstattung osmanischer Periodika über Rußland und Zentralasien*, Frankfurt a. M.
Ajbabin (1999): A.I. Ajbabin, *Ėtničeskaja istorija rannevizantijskogo Kryma* [Ethnische Geschichte der frühbyzantinischen Krim], Simferopol'.
Albrecht (2011): Stefan Albrecht, „Die ‚Tartariae descriptio' des Martinus Broniovius", in: Albrecht u. Herdick (2011), 1–10.
Albrecht u. Herdick (2011): Stefan Albrecht u. Michael Herdick (Hgg.), *Im Auftrag des Königs. Ein Gesandtenbericht aus dem Land der Krimtataren. Die „Tartariae descriptio" des Martinus Broniovius (1579)*, Mainz (= Monographien des Römisch-Germanischen Zentralmuseums, 89).
Albrecht u. Herdick (2013): Stefan Albrecht u. Michael Herdick, „Ein Spielball der Mächte. Die Krim im Schwarzmeerraum (VI.–XV. Jahrhundert)", in: Dies. u. Falko Daim (Hgg.), *Die Höhlensiedlungen im Bergland der Krim. Umwelt, Kulturaustausch und Transformation am Nordrand des Byzantinischen Reiches*, Mainz, 25–56.
Alikberov u. a. (2010): K. Alikberov u. a. (Hgg.), *Chazary. Mif i istorija* [Die Chasaren. Mythos und Geschichte], Moskva.
Altschüler (2006): Boris Altschüler, *Die Aschkenasim. Außergewöhnliche Geschichte der europäischen Juden*, Berlin.
Anderson M. (1966): M.S. Anderson, *The Eastern Question, 1774–1923. A Study in International Relations*, New York.
Anderson T. (2012): Thorsten Anderson, „Der nordgermanische Sprachzweig", in: Heinrich Beck, Dieter Geuenich u. Heiko Steuer (Hgg.), *Altertumskunde – Altertumswissenschaft – Kulturwissenschaft. Erträge und Perspektiven nach 40 Jahren Reallexikon der*

germanischen Altertumskunde, Berlin/Boston (= Ergänzungsbände zum Reallexikon der Germanischen Altertumskunde, 77), 215–244.
Andreev (1997): A.P. Andreev, *Istorija Kryma. Kratkoe opisanie prošlogo krymskogo poluostrova* [Geschichte der Krim. Eine kurze Beschreibung der Vergangenheit der Halbinsel Krim], Moskva.
Angrick (2003): Andrej Angrick, *Besatzungspolitik und Massenmord. Die Einsatzgruppe D in der südlichen Sowjetunion 1941–1943*, Hamburg.
Arens u. Klein (2004): Meinolf Arens u. Denise Klein, „Neues Forschungsprojekt am Ungarischen Institut München. Das frühneuzeitliche Krimkhanat zwischen Orient und Okzident. Dependenzen und autonome Entwicklungsmöglichkeiten an der Schnittstelle zwischen orthodoxer, lateinischer und muslimischer Welt", *Ungarn-Jahrbuch*, 27, 492–498.
Arslan-Bej (1932): Arslan-Bej (d.i. Leon Kryczyński), „Generał Maciej Sulkiewicz 1865–1920", *Rocznik Tatarski* [Tatarisches Jahrbuch], 1, 247–255.
Artamonov (1962): M.I. Artamonov, *Istorija Chazar* [Geschichte der Chasaren], Leningrad.
Ascher (1988/1994): Abraham Ascher, *The Revolution of 1905*, 2 Bde., Stanford.
Ascherson (1996): Neal Ascherson, *Schwarzes Meer*, Berlin.
Asheri, u.a. (2007): David Asheri, Alan Lloyd u. Aldo Corcella, *A Commentary on Herodotus Books I–IV*. Ed. by Oswyn Murray and Alfonso Moreno, Oxford.
Auerbach (1965): Hans Auerbach, *Die Besiedlung der Südukraine in den Jahren 1774–1787*, Wiesbaden.
Augustynowicz (2005): Christoph Augustynowicz, „Tatarische Gesandtschaften am Kaiserhof des 17. Jahrhunderts", in: Marlene Kurz u.a. (Hgg.), *Das osmanische Reich und die Habsburgermonarchie. Akten des internationalen Kongresses zum 150-jährigen Bestehen des Instituts für Österreichische Geschichtsforschung, Wien, 22.–25. September 2004*, München, 313–338.
Augustynowicz (2012): Christoph Augustynowicz, „Begegnung und Zeremonial. Das Bild der Krimtataren bei Balthasar Kleinschroth und Johann Christian Lünig", in: Klein D. (2012a), 189–210.
Augustynowicz (2017): Christoph Augustynowicz, *Kleine Kulturgeschichte Polens. Vom Mittelalter bis zum 21. Jahrhundert*, Wien.
Aust (2017): Martin Aust, *Die Russische Revolution. Vom Zarenreich zum Sowjetimperium*, München.
Aydin (2002): Filiz Tutku Aydin, „Crimean Turk-Tatars. Crimean Tatar Diaspora Nationalism in Turkey", *International Committee for Crimea*, 08.01.2002. Online unter http://iccrimea.org/scholarly/aydin.html (Stand 09.09.2018).
Bachofen (1997): Johann Jakob Bachofen, *Das Mutterrecht. Eine Untersuchung über die Gynaikokratie der alten Welt nach ihrer religiösen und rechtlichen Natur. Eine Auswahl*. Hrsg. von Hans-Jürgen Heinrichs, 9. Auflage, Berlin.
Bade u.a. (2007): Klaus J. Bade u.a. (Hgg.), *Enzyklopädie Migration – Integration – Minderheiten seit dem 17. Jahrhundert*, Paderborn.
Baeque (1993): Antoine de Baeque, *Le Corps de l'Histoire. Métaphores et politique (1770–1800)*, Paris.
Balard (1987): Michel Balard, „Les Orienteux à Caffa au quinzième siècle", *Byzantinische Forschungen*, 11, 223–38.

Barbarics-Hermanik (2009): Zsuzsa Barbarics-Hermanik, „Reale oder gemachte Angst? Türkengefahr und Türkenpropaganda im 16. und 17. Jahrhundert", in: Harald Heppner (Hg.), *Türkenangst und Festungsbau*, Frankfurt a. M. u. a., 43–78.
Barker (1967): Thomas M. Barker, *Double Eagle and Crescent. Vienna's Second Turkish Siege and Its Historical Setting*, New York.
Barkey (2008): Karen Barkey, *Empire of Difference. The Ottomans in Comparative Perspective*, Cambridge, UK.
Baumgart (1966): Winfried Baumgart, „Ludendorff und das Auswärtige Amt zur Besetzung der Krim" *Jahrbücher für Geschichte Osteuropas*, 14, 529–538.
Baumgart (1972): Winfried Baumgart, *Der Friede von Paris 1856. Studien zum Verhältnis von Kriegführung, Politik und Friedensbewahrung*, München/Wien.
Benedictow (2004): Ole J. Benedictow, *The Black Death 1346–1353. The Complete History*, Woodbridge.
Bengtson (1979): Hermann Bengtson, *Griechische Geschichte. Von den Anfängen bis in die römische Kaiserzeit*, 5. Auflage, München.
Bennigsen (1972): Alexandre Bennigsen, „The Muslims of European Russia and the Caucasus", in: Wayne S. Vucinich (Hg.), *Russia and Asia. Essays on the Influence of Russia on the Asian Peoples*, Stanford, 135–166.
Bennigsen u. Broxup (1993): Alexandre Bennigsen u. Marie Broxup, *The Islamic Threat to the Soviet State*, New York.
Bennigsen u. Lemercier-Quelquejay (1964): Alexandre Bennigsen u. Chantal Lemercier-Quelquejay, *La presse et le mouvement national chez les Musulmans de Russie avant 1920*, Paris/The Hague.
Bernstein (2009): William Bernstein, *A Splendid Exchange. How Trade Shaped the World*, London.
Beyrau u. a. (1996): Dietrich Beyrau u. a. (Hgg.), *Reformen im Rußland des 19. und 20. Jahrhunderts. Westliche Modelle und russische Erfahrungen*, Frankfurt a. M.
Bhatti u. Kimmich (2015): Anil Bhatti u. Dorothee Kimmich (Hgg.), *Ähnlichkeit. Ein kulturtheoretisches Paradigma*, Konstanz.
Bichler (2000): Reinhold Bichler, *Herodots Welt. Der Aufbau der Historie am Bild der fremden Länder und Völker, ihrer Zivilisation und ihrer Geschichte*, Berlin.
Binder-Iijima u. Dumbrava (2005): Edda Binder-Iijima u. Vasile Dumbrava (Hgg.), *Stefan der Große. Fürst der Moldau. Symbolfunktion und Bedeutungswandel eines mittelalterlichen Herrschers*, Leipzig.
Bitis (2007): Alexander Bitis, *Russia and the Eastern Question. Army, Government and Society, 1815–1833*, Oxford.
Blavatskij (1977): V.D. Blavatskij, „Zemletrjasenie 63 goda do n. ė. na Kerčenskom polustrove" [Das Erdbeben 63 v. Chr. auf der Halbinsel Kerč'], *Priroda* [Natur], Heft 8, 55–59.
Bloch (1963): Marc Bloch, „Réflexions d'un historien sur les fausses nouvelles de la guerre", in: Ders., *Mélanges historiques*, Bd. 1, Paris, 41–57.
Bočarov (2017): S.G. Bočarov, „Zametki po istoričeskoj geografii Genuėzskoj Gazarii XIV–XV vv. Konsul'stvo Čembal'skoe" [Anmerkungen zur historischen Geographie des genuesischen Chasarien im 14.–15. Jahrhundert Konsulat von Čembalo], *Povolžskaja Archeologija* [Archäologie der Wolgaregion], 20, Heft 2, 204–223.
Boeckh (1993): Andreas Boeckh, „Dependencia-Theorien", in: Dieter Nohlen (Hg.), *Lexikon Dritte Welt*, Vollständig überarbeitete Neuausgabe, Reinbek bei Hamburg, 165f.

Bogomolov u. a. (2010): Alexander Bogomolov u. a., „Islamic Education in Ukraine", in: Michael Kemper, Raoul Motika u. Stefan Reichmuth (Hgg.), *Islamic Education in the Soviet Union and Its Successor States*, London/New York, 67–106.
Böröcz (1992): József Böröcz, „Travel-Capitalism. The Structure of Europe and the Advent of the Tourist",*Comparative Studies in Society and History*, 39, 708–741.
Bowman (2003): Inci Bowman, „Çobanzade. A Crimean Tatar Poet and Turkish Scholar. Review", *International Committee for Crimea*, 10. 08. 2003. Online unter http://www.iccrimea.org/literature/cobanzade.html (Stand 19. 01. 2016).
Bowman (2005): Inci Bowman, „Cafer Seydahmet Kirimer (1889–1960)", *International Committee for Crimea*, 12. 03. 2005. Online unter http://www.iccrimea.org/historical/cskirimer.html (Stand 09. 08. 2018).
Brandes D. (1993): Detlef Brandes, *Von den Zaren adoptiert. Die deutschen Kolonisten und die Balkansiedler in Neurußland und Bessarabien 1751–1914*, München.
Brandes D. (1998): Detlef Brandes, „Die Ansiedlung von Ausländergruppen an der unteren Wolga und in Neurußland unter Katharina II. Plan und Wirklichkeit", in: Eckhard Hübner, Jan Kusber u. Peter Nitsche (Hgg.), *Rußland zur Zeit Katharinas II. Absolutismus – Aufklärung – Pragmatismus*, Köln/Weimar/Wien, 303–314.
Brandes D. (2007a): Detlef Brandes, „Bulgarische und gagausische Siedler in Neurußland und Bessarabien seit dem 18. Jahrhundert", in: Bade u. a. (2007), 433–436.
Brandes D. (2007b): Detlef Brandes, „Deutsche Siedler in Rußland seit dem 18. Jahrhundert", in: Bade u. a. (2007), 514–521.
Brandes D. (2007c): Detlef Brandes, „Ukrainische und russische Siedler in Neurußland seit dem 18. Jahrhundert", in: Bade u. a. (2007), 1063–1065.
Brandes W. (1988): Wolfram Brandes, „Die byzantinische Stadt Kleinasiens im 7. und 8. Jahrhundert. Ein Forschungsbericht", *Klio*, 70, Heft 1, 176–208.
Brătianu (1969): Gheorghe I. Brătianu, *La mer Noire. Des origines à la conquête ottomane*, München.
Brătianu (2014): Gheorghe I. Brătianu, *Les Génois et les Vénitiens dans la mer Noire aux XIIIe–XIVe siècles*, édité par Victor Spinei et Ionel Cândea, Bucureşti/Brăla (= Florilegium magistrorum historiae archaelogiaeque Antiquitatis et Medii Aevi, XV).
Braude u. Lewis (1982): Benjamin Braude u. Bernard Lewis (Hgg.), *Christians and Jews in the Ottoman Empire. The Functioning of a Plural Society*, New York u. a.
Breiden (1994): Wolfgang Breiden (Hg.), *Die Erschütterung der vollkommenden Welt. Die Wirkung des Erdbebens von Lissabon im Spiegel europäischer Zeitgenossen*, Darmstadt.
Bronfen (1997): Elisabeth Bronfen (Hg.), *Hybride Kulturen. Beiträge zur anglo-amerikanischen Multikulturalismusdebatte*, Tübingen.
Brook (2006): Kevin Alan Brook, *The Jews of Khazaria*, Lanham.
Brooks (1985): Jeffrey Brooks, *When Russia Learned to Read. Literacy and Popular Literature 1861–1917*, Princeton.
Bryer (1980): Anthony A. M. Bryer, *The Empire of Trebizond and the Pontos*, London.
Brzezinski u. Mielczarek (2002): Richard Brzezinski u. Mariusz Mielczarek, *The Sarmatians 600 B.C.–A.D. 450*, Oxford.
Bucher-Dinc (1997): Gabriele Bucher-Dinc, *Die mittlere Wolga im Widerstreit sowjetischer und nationaler Ideologien. Eine Untersuchung anhand autobiographischer und publizistischer Schriften des Wolgatataren Mirsaid Sultan-Galiev*, Wiesbaden.

Bujnoch (1972): Josef Bujnoch (Hg.), *Zwischen Rom und Byzanz. Leben und Wirken der Slavenapostel Kyrillos und Methodios nach den Pannonischen Legenden und der Klemensvita. Bericht von der Taufe Rußlands nach der Laurentiuschronik*, 2. Auflage, Graz (= Slavische Geschichtsschreiber, 1).

Bulgakova (2008): Viktoria Bulgakova, „Islamisch-christlicher Kulturkontakt im nördlichen Schwarzmeerraum. Sugdaia unter Herrschaft der Seldschuken", in: Michael Borgolte u. a. (Hgg.), *Mittelalter im Labor. Die Mediävistik testet Wege zu einer transkulturellen Europawissenschaft*, Berlin (= Europa im Mittelalter, 10), 261–274.

Bulst (1979): Neidhard Bulst, „Der Schwarze Tod. Demographische, wirtschafts- und kulturgeschichtliche Aspekte der Pestkatastrophe von 1347–1352. Bilanz der neueren Forschung", *Saeculum*, 30, Heft 1, 45–67.

Bunar u. Sroka (1996): Piotr Bunar u. Stanisław A. Sroka, *Wojny, bitwy i potyczki w średniowiecznej Polsce* [Kriege, Schlachten und Gefechte im mittelalterlichen Polen], Kraków.

Burak (2015): Guy Burak, *The Second Formation of Islamic Law. The Hanafi School in the Early Modern Ottoman Empire*, Cambridge.

Burbank (2006): Jane Burbank, „An Imperial Rights Regime. Law and Citizenship in the Russian Empire", *Kritika. Explorations in Russian and Eurasian History*, 7, Heft 3, 397–431.

Burgess-Jackson (1996): Keith Burgess-Jackson, *Rape. A Philosophical Investigation*, Aldershot u. a.

Cadot (1987): Michel Cadot, „Exil et poésie. La Crimée de Puškin et de Mickiewicz", *Revue Études Slaves*, 59, 141–155.

Cardini (2004): Franco Cardini, *Europa und der Islam. Geschichte eines Missverständnisses*, München.

Carter (2003): J.C. Carter (Hg.), *Crimean Chersonesos. City, Chora, Museum, and Environs*, Austin.

Čchaidze (2010): V.N. Čchaidze, „Tmutarakan'. Vladenie Drevnerusskogo gosudarstva v 80-e gg. X – 90-e gg. XI vekov" [Tmutarakan'. Herrschaft eines altrussischen Staates in den 980er – 1090er Jahren], *Vestnik Moskovskogo gorodskogo pedagogičeskogo universiteta. Serija „Istoričeskie nauki"* [Bote der Moskauer städtischen pädagogischen Universität. Serie „Geschichtswissenschaften"], 5, Heft 1, 20–37.

Chochorowski (2004): Jan Chochorowski (Hg.), *Cimmerians, Scythians, Sarmatians. In Memory of Professor Tadeusz Sulimirski*, Kraków.

Choroškevič (2000): A.L. Choroškevič, *Rus' i Krym. Ot sojuza k protivostojaniju. Konec XV – načalo XVI vv.* [Die Rus' und die Krim. Vom Bündnis zur Gegnerschaft. Ende des 15. – Anfang des 16. Jahrhunderts], Moskva.

Chrapunow (1999): Igor Chrapunow, Taurer, „Skythen, Sarmaten und Alanen", in: Thomas Werner (Hg.), *Krim. Archäologische Schätze aus drei Jahrtausenden*, Heidelberg, 20–33.

Christensen (2002): Arne Søby Christensen, *Cassiodorus. Jordanes and the History of the Goths. Studies in a Migration Myth*, Kopenhagen.

Collins (1975): Leslie J.D. Collins, „The Military Organization and Tactics of the Crimean Tatars during the Sixteenth and Seventeenth Centuries", in: V. J. Parry u. M. E. Yapp (Hgg.), *War, Technology, and Society in the Middle East*, London, 257–276.

Conermann (1998): Stephan Conermann, „Expansionspolitik im Zeichen des Aufgeklärten Absolutismus? Katharina II. und die Krimtataren", in: Eckhard Hübner, Jan Kusber u. Peter

Nitsche (Hgg.), *Rußland zur Zeit Katharinas II. Absolutismus – Aufklärung – Pragmatismus*, Köln/Weimar/Wien, 337–359.

Conermann u. Kusber (1997): Stephan Conermann u. Jan Kusber (Hgg.), *Die Mongolen in Asien und Europa*, Frankfurt a. M. (= Kieler Werkstücke. Reihe F. 4).

Copeaux (1993): Étienne Copeaux, „Le mouvement 'Prométhéen'", *Cahiers d'études sur la Méditerranée orientale et le monde turco-iranien*, 16, 9–46.

Craanen u. Gunsenheimer (2006): Michael Craanen u. Antje Gunsenheimer (Hgg.), *Das ‚Fremde' und das ‚Eigene'. Forschungsberichte (1992–2006)*, Bielefeld.

Crispin (2006): Martin Crispin, „Der Bolotnikov-Aufstand 1606–1607", in: Heinz-Dietrich Löwe (Hg.), *Volksaufstände in Rußland. Von der Zeit der Wirren bis zur ‚Grünen Revolution' gegen die Sowjetherrschaft*, Wiesbaden, 27–68.

Curtiss (1966): John Shelton Curtiss, „Russian Sisters of Mercy in the Crimea 1854–1855", *Slavic Review*, 25, 84–100.

Cwiklinski (2014): Sebastian Cwiklinski, „Vasilij Dmitrievič Smirnovs Forschungen zur Geschichte des Khanats der Krim im Spannungsfeld von Wissenschaft und Politik", in: *Naučnoe nasledie professora A.P. Pronštejna i aktualnye problemy razvitija istoričeskoj nauki. K 95-letiju so dnja roždenija vydajuščegosja rossijskogo učenogo. Materialy Vserossijskoj (s meždunarodnym učastiem) naučno-praktičeskoj konferencii, g. Rostov-na-Donu, 4–5 Aprelja 2014 g.* [Das wissenschaftliche Erbe von Prof. A.P. Pronštejn und die aktuellen Probleme der Entwicklung der Geschichtswissenschaft. Zum 95. Geburtstag des hervorragenden russländischen Wissenschaftlers. Materialien der Allrussischen wissenschaftlich-praktischen Konferenz (mit internationaler Teilnahme), Rostov-na-Donu, 4.-5. April 2014], Rostov-na Donu, 568–574.

Czerwonnaja u. Malek (2017): Swetlana Czerwonnaja u. Martin Malek, „Literarische Verarbeitungen der Deportation der krimtatarischen Bevölkerung. Eine ‚vergessene' Quelle der Geschichtsforschung", in: ÖZG, 28, Heft 1: Krimtataren (hg. von Ulrich Hofmeister u. Kerstin S. Jobst), 218–228.

Dan (2017): Anca Dan, „The Sarmatians. Some Thoughts on the Historiographical Invention of a West Iranian Migration", in: Felix Wiedemann, Kerstin P. Hofmann u. Hans-Joachim Gehrke (Hgg.), *Vom Wandern der Völker. Migrationserzählungen in den Altertumswissenschaften*, Berlin (= Berlin Studies of the Ancient World, 41), 97–134.

Daniel A. (2016): Alexander Daniel, „Russland. Oppositionsgeschichte". Teil 8. Aus dem Polnischen von Gero Lietz, in: Bundesstiftung Aufarbeitung (Hg.), *Biografisches Lexikon. Widerstand und Opposition im Kommunismus 1945–1991*. Online unter https://dissidenten.eu/laender/russland/oppositionsgeschichte/8/ (Stand 09.08.2018).

Daniel U. (2006): Ute Daniel, „Der Krimkrieg 1853–1856", in: Dies. (Hg.), *Augenzeugen. Kriegsberichterstattung vom 18. bis zum 21. Jahrhundert*, Göttingen, 40–67.

D'Anieri (2011): Paul D'Anieri (Hg.), *Orange Revolution and Aftermath. Mobilisation, Apathy, and the State in Ukraine*, Baltimore.

Davies B. (2007): Brian L. Davies, *Warfare, State and Society on the Black Sea Steppe 1500–1700*, New York.

Davies F. (2013): Franziska Davies, „Eine imperiale Armee. Juden und Muslime im Dienste des Zaren", *Jahrbuch des Simon-Dubnow-Instituts*, 12, 151–172.

Davies F. (2016): Franziska Davies, *Muslims in the Russian Army 1874–1917*, Inaugural-Dissertation zur Erlangung des Doktorgrades der Philosophie an der Ludwig-Maximilians-Universität München, München (in Druck).

Davies R. (2004): Robert Davies, *Christian Slaves, Muslim Masters. White Slavery in the Mediterranean, the Barbary Coast, and Italy, 1500–1800*, Basingstoke.
Davison (1976): R.H. Davison, „Russian Skill and Turkish Imbecility. The Treaty of Kutchuk Kainardji Reconsidered", *Slavic Revue*, 35, 463–483.
Dawson (1996): Jane I. Dawson, *Eco-Nationalism. Anti-Nuclear Activism and National Identity in Russia, Lithuania, and Ukraine*, Durham/London.
Deportationen (2012): *Deportationen in Stalins Sowjetunion. Das Schicksal der Russlanddeutschen und anderer Nationalitäten*, Sonderheft Nordost-Archiv. Zeitschrift für Regionalgeschichte, N.F. 21.
Derbes (1966): Vincent Derbes, „De Mussis and the Great Plague of 1348. A Forgotten Episode of Bacteriological Warfare", *Journal of the American Medical Association*, 196, Heft 1, 59–62.
Delumeau (1985): Jean Delumeau, *Angst im Abendland. Die Geschichte kollektiver Ängste im Europa des 14. bis 18. Jahrhunderts*, 2 Bde., Reinbek bei Hamburg.
Denny (2000): Frederick Mathewson Denny, „Umma", in: Th. Bianquis u. a. (Hgg.), *The Encyclopaedia of Islam*. New Edition, Bd. 10, Leiden, 859b–863b.
Di Cosmo (2010): Nicola Di Cosmo, „Black Sea Emporia and the Mongol Empire. A Reassessment of the Pax Mongolica", *Journal of the Economic and Social History of the Orient*, 53, 83–108.
Dieten (1976): Jan Louis van Dieten, „Justinian II. Rhinotmetos", in: *Biographisches Lexikon zur Geschichte Südosteuropas*, Bd 2., München, 314–316.
D'jakov u. Nikol'skij (1952): V.N. D'jakov u. N.M. Nikol'skij (Hgg.), *Istorija drevnego mira. Učebnik* [Geschichte der antiken Welt. Ein Lehrbuch], Moskva.
Djuličev (2002): Valerij P. Djuličev, *Rasskazy po istorii Kryma* [Erzählungen über die Geschichte der Krim], 5. Auflage, Simferopol'.
Djuličev (2006): Valerij P. Djuličev, *Krym. Istorija v očerkach. XX vek* [Krim. Geschichte in Skizzen. 20. Jahrhundert], Simferopol'.
Długosz u. Scholz (2013): Magdalena Długosz u. Piotr O. Scholz (Hgg.), *Sarmatismus versus Orientalismus in Mitteleuropa*, Berlin.
Dougherty (1994): Carol Dougherty, „Archaic Greek Foundation Poetry. Questions of Genre and Occasion", *Journal of Hellenic Studies*, 114, 35–36.
Družinina (1955): E.I. Družinina, *Kjučuk-Kajnardžijskij mir 1774 goda. Ego podgotovka i zaklučenie* [Der Frieden von Kjučuk-Kajnardža 1774. Seine Vorbereitung und der Abschluss], Moskva.
Dufaud (2012a) : Grégory Dufaud, „La constitution d'une déviation nationaliste dans l'Union soviétique des années 1920. Les Tatars de Crimée et la veli-ibraïmovchtchina", *Genèses*, 86, Heft 1, 104–125.
Dufaud (2012b): Grégory Dufaud, „The Establishment of Bolshevik Power in the Crimea and the Construction of a Multinational Soviet State. Organisation, Justification, Uncertainties", *Contemporary European History*, 21, Heft 2, 257–272.
Edgerton (1999): Robert B. Edgerton, *Death or Glory. The Legacy of the Crimean War*, Boulder.
Eisenstadt (2007): Shmuel N. Eisenstadt, *Multiple Modernities. Der Streit um die Gegenwart*, Berlin.
Eisfeld u. Herdt (1996): Alfred Eisfeld u. Viktor Herdt (Hgg.), *Deportation, Sondersiedlung, Arbeitsarmee. Deutsche in der Sowjetunion 1941 bis 1956*, Köln.

Engert (2007): Rolf Engert, *Iphigenie. Dichtungen von der Antike bis zur Gegenwart. Euripides – Jean Racine – Johann Wolfgang Goethe – Gerhardt Hauptmann*. 2. um eine mit Personen-und Fremdwortregister erweiterte Auflage, Leipzig.

Epstein (1996): Steven A. Epstein, *Genoa and the Genoese 958–1528*, Chapel Hill.

Epstein (2001): Steven A. Epstein, *Speaking of Slavery. Color, Ethnicity and Human Bondage in Italy*, Ithaca.

Faroqhi (1994): Suraiya Faroqhi, „Crisis and Change 1590–1699", in: Halil İnalcık (Hg.), *An Economic and Social History of the Ottoman Empire. 1300–1914*, Bd. 2, Cambridge, 411–636.

Fedorov-Davydov (1973): German A. Fedorov-Davydov, *Die Goldene Horde*, München.

Feferman (2007): Kiril Feferman, „Nazi Germany and the Mountain Jews. Was There a Policy?", *Holocaust and Genocide Studies*, 21, Heft 1, 96–114.

Feferman (2011): Kiril Feferman, „Nazi Germany and the Karaites in 1938–1944. Between Racial Theory and Realpolitik", *Nationalities Papers*, 39, Heft 2, 277–294.

Feichtinger u. Heiss (2013): Johannes Feichtinger u. Johann Heiss (Hgg.), *Kritische Studien zur „Türkenbelagerung"*, Wien.

Fenz (2000): Hendrik Fenz, *Vom Völkerfrühling bis zur Oktoberrevolution 1917. Die Rolle der aserbaidschanischen Elite bei der Schaffung einer nationalen Identität*, Münster u. a. (= Hamburger Islamwissenschaftliche und Turkologische Arbeiten und Texte, 11).

Figes (1989): Orlando Figes, *Peasant Russia, Civil War. The Volga Countryside in Revolution*, Oxford.

Figes (2010): Orlando Figes, *The Crimean War. A History*, London.

Figes (2011): Orlando Figes, *Der Krimkrieg. Der letzte Kreuzzug*, Berlin.

Filip (1990): Ota Filip, „Das Igor-Lied", in: Karl Corino (Hg.), *Gefälscht! Betrug in Politik, Literatur, Wissenschaft, Kunst und Musik*, Frankfurt am Main, 209–217.

Fisher (1968): Alan W. Fisher, „Enlightened Despotism and Islam under Catherine II", *Slavic Review*, 27, 542–553.

Fisher (1970): Alan W. Fisher, *The Russian Annexation of the Crimea 1772–1783*, Cambridge.

Fisher (1972a): Alan Fisher, „Les rapports entre l'Empire ottoman et la Crimée. L'aspect financier", *Cahiers du monde russe. Russie, Empire Russe, Union Soviétique*, 13, 368–381.

Fisher (1972b): Alan W. Fisher, „Muscovy and the Black Sea Slave Trade", *Canadian-American-Slavic Studies*, 6 (Winter), Heft 4, 575–594.

Fisher (1973): Alan W. Fisher, „Azov in the Sixteenth and Seventeenth Centuries", *Jahrbücher für Geschichte Osteuropas*, 21, 161–174.

Fisher (1977): Alan W. Fisher, „Crimean Separatism in the Ottoman Empire", in: William W. Haddad u. William Ochsenwald (Hgg.), *Nationalism in a Non-National State. The Dissolution of the Ottoman Empire*, Columbus/Ohio, 77–92.

Fisher (1978): Alan Fisher, *The Crimean Tatars*, Stanford.

Fisher (1979): Alan Fisher, „Social and Legal Aspects of Russian-Muslim Relations in the 19th Century. The Case of Crimean Tatars", in: Abraham Ascher, Tibor Halasi-Kun u. Bela K. Kiraly (Hgg.), *The Mutual Effects of the Islamic and Judeo-Christian Worlds. The East European Pattern*, Brooklyn, 77–92.

Fisher (1981): Alan Fisher, „The Ottoman Crimea in the 16th Century", *Harvard Ukrainian Studies*, 5, 135–170.

Forum (2012): „Forum. Timothy Snyder's Bloodlands", *Contemporary European History*, 21, Heft 2, 115.
Fouquet u. Zeilinger (2011): Gerhard Fouquet u. Gabriel Zeilinger, *Katastrophen im Spätmittelalter*, Darmstadt.
Franke (1995): Susanne Franke, *Die Reise der Lady Craven durch Europa und die Türkei 1785/ 1786. Text, Kontext und Ideologien*, Trier (= Grenzüberschreitung, 4).
Frary u. Kozelsky (2014): Lucien J. Frary u. Mara Kozelsky (Hgg.), *Russian-Ottoman Borderlands. The Eastern Question Reconsidered*, Madison/Wisc.
Frings (2010): Andreas Frings, „Neukonstruktion von Lebenswelten im multiethnischen Wolga-Kama-Raum. Die Apostasiewelle von 1866", in: Victor Herdt u. Dietmar Neutatz (Hgg.), *Gemeinsam getrennt. Lebenswelten der multiethnischen bäuerlichen Bevölkerung im Schwarzmeer- und Wolgagebiet vor 1917*, Wiesbaden, 143–164.
Frings u. Kusber (2007): Andreas Frings u. Jan Kusber (Hgg.), *Das Zarenreich, das Jahr 1905 und seine Wirkungen. Bestandsaufnahmen*, Münster u. a.
Fuchs (2011): John Andreas Fuchs, „Ein Yankee am Hofe des Zaren. Mark Twain und die Friends of Russian Freedom", *Forum für osteuropäische Ideen- und Zeitgeschichte*, 15, Heft 2, 69–85.
Fuhs (1992): Burkhard Fuhs, *Mondäne Orte einer vornehmen Gesellschaft. Kultur und Geschichte der Kurstädte 1700–1900*, Hildesheim/Zürich/New York.
Furin u. Rybinski (1975): Stanislaw Furin u. Jewgeni Rybinski, *Das Pionierlager Artek*, Moskau.
Gajda (2002): Oliver Gajda, *Katharina II. von Russland im Diskurs der Sexualität. Mittelbare Einflüsse narrativer Fiktion auf Geschichtswissenschaft*, Berlin (E-Book). Zugl. Magisterarbeit, Universität Hamburg, 2001.
Gajdukevič (1949): Viktor F. Gajdukevič, *Bosporskoe carstvo* [Das Bosporanische Reich], Moskva/Leningrad.
Gajdukevič (1971): Viktor F. Gajdukevič, *Das Bosporanische Reich*, 2. neubearb. und wesentl. erw. Auflage in dt. Sprache mit den Ergebnissen der archäologischen Untersuchungen von 1949 bis 1966, Wien/Köln/Graz.
Gajvoronskij (2007): Oleksa Gajvoronskij, *Poveliteli dvuch materikov. Krymskie chany XV–XVI stoletij i bor'ba za nasledstvo Velikoj Ordy* [Gebieter zweier Kontinente. Die Krim-Chane vom 15. bis 16. Jahrhundert und die Schlacht um das Erbe der Großen Horde], Kyiv u. a.
Gall (2015): Caroline von Gall, „Analyse. Ist die Krim wirklich russisch? Russische Juristen diskutieren über die Rechtmäßigkeit der Aufnahme der Krim", in: *Bundeszentrale für politische Bildung*, 11.05. 2015. Online unter http://www.bpb.de/internationales/europa/russland/analysen/206618/analyse-ist-die-krim-wirklich-russisch-russische-juristen-diskutieren-ueber-die-rechtmaessigkeit-der-aufnahme-der-krim (Stand 14.03.2017).
Gankevič (1994): V.Ju. Gankevič, „Rol' I. Gasprinskogo i ego sem'i v razvitii narodnogo obrazovanija sredi krymsko-tatarskich ženščin na rubeže XIX–XX vekov" [Die Rolle I. Gasprinskijs und seiner Familie für die Entwicklung der nationalen Bildung unter den krimtatarischen Frauen um die Wende des XIX–XX Jahrhunderts], in: *Krym i Rossija. Nerazryvnye istoričeskie sud'by i kul'tura. Materialy respublikanskoj naučno-obščestvennoj konferencii* [Krim und Russland. Untrennbare historische Schicksale und Kultur. Materialien der republikanischen wissenschaftlichen und öffentlichen Konferenz], Simferopol', 19–21.

Gankevič u. Šendrikova (2008): V.Ju. Gankevič u. S.P. Šendrikova, *Ismail Gasprinskij i vozniknovenie liberal'no-musul'manskogo političeskogo dviženija* [Ismail Gasprinskij und die Entstehung der liberal-muslimischen politischen Bewegung], Simferopol'.

Ganzenmüller (2013): Jörg Ganzenmüller, *Russische Staatsgewalt und polnischer Adel. Elitenintegration und Staatausbau im Westen des Zarenreichs 1772–1850*, Köln u. a.

Ganzer (2005): Christian Ganzer, *Sowjetisches Erbe und ukrainische Nation. Das Museum der Geschichte des Zaporoger Kosakentums auf der Insel Chortycja*, Stuttgart.

Gasimov (2011): Zaur Gasimov, „Der Antikommunismus in Polen im Spiegel der Vierteljahresschrift Wschód 1930–1939", *Jahrbuch für Historische Kommunismusforschung*, 18, 15–30.

Gasimov (2014): Zaur Gasimov, „Nahe Verwandte, so fern. Die Türkei, die Tataren und die Krim", *Osteuropa*, 64, Heft 5–6, 311–322.

Gasimov (2017): Zaur Gasimov, „Krimtatarische Exil-Netzwerke zwischen Osteuropa und dem Nahen Osten", in: ÖZG, 28, Heft 1, 142–166.

Gazley (1956): John G. Gazley, „The Reverend Arthur Young, 1769–1827. Traveller in Russia and Farmer in the Crimea", *Bulletin of the John Rylands Library*, 38, Heft 2, 360–405. Online unter https://www.escholar.manchester.ac.uk/api/datastream?publicationPid=uk-ac-man-scw:1 m2797&datastreamId=POST-PEER-REVIEW-PUBLISHERS-DOCUMENT.PDF (Stand 07.05.2018).

Gercen u. Mogaričev (1992): A.G. Gercen u. M. Mogaričev, „Ikonoborčeskaja Tavrika" [Das ikonoklastische Taurien], *Antičnaja drevnost' i srednie veka* [Das antike Altertum und das Mittelalter], 26, 180–190.

Germer (1998): Stefan Germer, „Retrovision. Die rückblickende Erfindung der Nationen durch die Kunst", in: Monika Flacke (Hg.), *Mythen der Nationen. Ein europäisches Panorama*, Berlin, 33–52.

Gernsheim u. Gernsheim (1954): Helmut Gernsheim u. Alison Gernsheim, *Roger Fenton. Photographer of the Crimean War. His Photographs and his Letters from the Crimea*, London.

Gerschenkron (1962): Alexander Gerschenkron, *Economic Backwardness in Historical Perspective*, New York.

Golczewski (1993): Frank Golczewski (Hg.), *Geschichte der Ukraine*, Göttingen.

Golczewski (2010): Frank Golczewski, *Deutsche und Ukrainer*, Paderborn.

Golden (2003): Peter B. Golden, „The Qipčaqs of Medieval Eurasia. An Example of Stateless Adaptation in the Steppes", in: Ders., *Nomads and their Neighbours in the Russian Steppe. Turks, Khazars and Qipchaqs*, Aldershot u. a. (= Variorum collected Studies Series, 752), 132–157.

Golden (2006): P.B. Golden, „The Khazar Sacral Kingship", in: Kathryn L. Reyerson, Theofanis G. Stavrou u. James D. Tracy (Hgg.), *Pre-Modern Russia and its World. Essays in Honor of Thomas S. Noonan*, Wiesbaden (= Schriften zur Geistesgeschichte des östlichen Europa, 29), 79–102.

Golden u. a. (2007): Peter B. Golden, Haggai Ben-Shammai u. András Róna-Tas (Hgg.), *The World of the Khazars. New Perspectives. Selected Papers from the Jerusalem 1999 International Khazar Colloquium hosted by the Ben Zvi Institute*, Leiden/Boston (= Handbuch für Orientalistik, Sektion 8, 17).

Goldfrank (1994): David M. Goldfrank, *The Origins of the Crimean War*, London/New York.

Gorizontov (2012): Leonid E. Gorizontov, „The Crimean War as a Test of Russia's Imperial Durability", *Russian Studies in History*, 51, Heft 1, 65–94.
Gossel-Raeck u. Busch (1993): Berthild Gossel-Raeck u. Ralf Busch (Hgg.), *Gold der Skythen. Schätze aus der Staatlichen Eremitage St. Petersburg*, Münster.
Green (1984): Warren P. Green, „The Fate of the Crimean Jewish Community. Ashkenazim, Krymchaks, and Karaites", *Jewish Social Studies*, 46, Heft 2,169–176.
Greule (2003): Albrecht Greule, „Ostgoten. § 1 Namenkundliches", in: Heinrich Beck, Dieter Geuenich u. Heiko Steuer (Hgg.), *Reallexikon der Germanischen Altertumskunde*, 2. Auflage, Bd. 22, Berlin/New York, 344 f.
Groebner (2007): Valentin Groebner, „Mit dem Feind schlafen. Nachdenken über Hautfarben, Sex und ‚Rasse' im spätmittelalterlichen Europa", *Historische Anthropologie*, 15, 431–438.
Guboglo u. Chervonnaia (1995): M.N. Guboglo u. S.M. Chervonnaia, „The Crimean Tatar Question and the Present Ethnopolitical Situation in Crimea", *Russian Politics and Law*, 33, Heft 6, 31–60.
Gumilëv (1997): L.N. Gumilëv, *Ot Rusi do Rossi*. Sost. i obšč. red. A.I. Kurkči [Von der Rus' bis Russland. Hrsg. von A.I. Kurkči], Moskva.
Guski (2008): Andreas Guski, „Die Stimme der Opfer. Vom Umgang mit Katastrophen in Russland", *Osteuropa*, 58, Heft 4–5, 61–79.
Hablemitoğlu u. Hablemitoğlu (1998): Şengül Hablemitoğlu u. Necip Hablemitoğlu, *Şefika Gaspıralı ve Rusya'da Türk kadın hareketi, 1893–1920* [Şefika Gaspıralı und die türkische Frauenbewegung in Russland, 1893–1920], Ankara.
Hagen (2014): Mark von Hagen, „Rezension zu Felix Schnell, Räume des Schreckens. Gewalt und Gruppenmilitanz in der Ukraine, 1905–1933. Hamburg, Hamburger Edition 2012", *Historische Zeitschrift*, 299, Heft 3, 822–824.
Halbach (2014): Uwe Halbach, „Analyse. Die Krimtataren in der Ukraine-Krise", in: *Bundeszentrale für politische Bildung*, 13.11.2014. Online unter http://www.bpb.de/internationales/europa/ukraine/195184/analyse-die-krimtataren-in-der-ukraine-krise (Stand 19.01.2018).
Halenko (2004): Oleksander Halenko, „Wine Production, Marketing and Consumption in the Ottoman Crimea 1520–1542", *Journal of the Economic and Social History of the Orient*, 47, 507–547.
Hall E. (1989): Edith Hall, *Inventing the Barbarian. Greek Self-Definition through Tragedy*, Oxford.
Hall J. (2002): Jonathan Hall, *Hellenicity. Between Ethnicity and Culture*, Chicago.
Halperin (1987): Charles J. Halperin, *Russia and the Golden Horde. The Mongol Impact on Medieval Russian History*, Bloomington.
Haran u. Prokoptschuk (2013): Olexij Haran u. Dmytro Prokoptschuk, „Die Ukraine und die Desintegration der UdSSR", in: Martin Malek u. Anna Schor-Tschudnowskaja (Hgg.), *Der Zerfall der Sowjetunion. Ursachen – Begleiterscheinungen – Hintergründe*, Baden-Baden, 327–346.
Hartog F. (1980): François Hartog, *Le Miroir d'Hérodote. Essai sur la représentation de l'autre*, Paris.
Hartog L. (1996): Leo de Hartog, *Russia and the Mongol Yoke. The History of the Russian Principalities and the Golden Horde 1221–1502*, London/New York.
Hartung (2005): Jan-Peter Hartung, „Die fromme Stiftung (waqf). Eine islamische Analogie zur Körperschaft?" in: Hans G. Kippenberg u. Gunnar Folke Schuppert (Hgg.), *Die*

verrechtlichte Religion. Der Öffentlichkeitsstatus von Religionsgemeinschaften, Tübingen, 287–313.
Hathaway u. Barbir (2008): Jane Hathaway u. Karl K. Barbir, *The Arab Lands under Ottoman Rule 1516–1800*, Harlow.
Haumann (1996): Heiko Haumann, *Geschichte Rußlands*, München/Zürich.
Hauner (1990): Milan Hauner, *What is Asia to Us? Russia's Asian Heartland Yesterday and Today*, Boston.
Heine (1990): Peter Heine, „Khalif", in: Adel Theodor Khoury, Ludwig Hagemann u. Peter Heine (Hgg.), *Islam-Lexikon*, Bd.2., Gütersloh, 441–444.
Heinen (2006): Heinz Heinen, *Antike am Rande der Steppe. Der nördliche Schwarzmeerraum als Forschungsaufgabe*, Stuttgart.
Heller (1992): Wolfgang Heller, „Križanić, Juraj", in: *Biographisch-Bibliographisches Kirchenlexikon*, Bd. 4, Herzberg, Sp. 670–674.
Hellie (1982): Richard Hellie, *Slavery in Russia 1450–1725*, Chicago/London.
Herlihy (1986): Patricia Herlihy, *Odessa. A History 1794–1914*, Cambridge, Mass.
Hildermeier (1998): Manfred Hildermeier, *Geschichte der Sowjetunion. Entstehung und Niedergang des ersten sozialistischen Staates*, München.
Hildermeier (2017): Manfred Hildermeier, „Die Russische Revolution und ihre Folgen", *Aus Politik und Zeitgeschichte (APuZ)*, 34–36. Online unter http://www.bpb.de/apuz/254458/die-russische-revolution-und-ihre-folgen?p=all (Stand 09.08.2017).
Hillebrand (2017): Caspar Hillebrand, „Evliya Çelebis Krimbericht. Hintergrund, Sprache, Erzählweise", in: ÖZG, 28, Heft 1, 41–64.
Hirsch (2005): Francine Hirsch, *Empire of Nations. Ethnographic Knowledge and the Making of the Soviet Union*, Ithaca, NY.
Hobson (2004): John M. Hobson, *The Eastern Origins of Western Civilization*, Cambridge.
Hoensch (1983): Jörg K. Hoensch, *Geschichte Polens*, Stuttgart.
Hoffmann P. (1991): Peter Hoffmann, „Karamzins ‚Geschichte des Russischen Reiches'. Bemerkungen zur Rezeption in der sowjetischen Historiographie", *Zeitschrift für Slawistik*, 36, 611–631.
Hoffmann S. (1968): Stanley Hoffmann, „Collaborationism in France during World War II", *The Journal of Modern History*, 40, Heft 3, 375–395.
Hofmeister (2017): Ulrich Hofmeister, „Ein Krimtatare in Zentralasien. Ismail Gasprinskij, der Orientalismus und das Zarenreich", in: ÖZG, 28, Heft 1, 114–141.
Højte (2006): Jakob Munk Højte, „From Kingdom to Province. Reshaping Pontos after the Fall of Mithridates VI", in: Tønnes Bekker-Nielsen (Hg.), *Rome and the Black Sea Region. Domination, Romanisation, Resistance*, Aarhus (= Black Sea Studies, 5), 15–30.
Højte (2009): Jakob Munk Højte: „The Death and Burial of Mithridates VI", in: Ders. (Hg.), *Mithridates VI and the Pontic Kingdom*, Aarhus, 121–130.
Hokanson (1998): Katya Hokanson, „Pushkin's Captive Crimea. Imperialism in The Fountain of Bakhchisarai", in: Monika Greenleaf u. Stephen Moeller-Sally (Hgg.), *Russian Subjects. Empire, Nation, and the Culture of the Golden Age*, Evanston, Ill., 123–148.
Hösch (1964): Edgar Hösch, „Das sog. ‚Griechische Projekt' Katharinas II. Ideologie und Wirklichkeit der russischen Orientpolitik in der zweiten Hälfte des. 18. Jahrhunderts", *Jahrbücher für Geschichte Osteuropas*, 12, 168–206.
Hosking (1997): Geoffrey Hosking, *Rußland. Nation und Imperium 1552–1917*, Berlin.

Hottop-Riecke (2017), Mieste Hottop-Riecke, „Tatarisch-Preußische Interferenzen im 17. und 18. Jahrhundert. Eine Beziehungsgeschichte in Zeugnissen der Militär- und Geistesgeschichte", in: ÖZG, 28, Heft 1, 65–90.
Hromenko (2017): Serhiy Hromenko, #CrimeaIsOurs. History of the Russian Myth, Kyiv.
Hryszko (2004): Rafał Hryszko, Z Genui nad Morze Czarne. Z kart genueńskiej obecności gospodarczej na północno-zachodnich wybrzeżach Morza Czarnego u schyłku średniowiecza [Von Genua bis zum Schwarzen Meer. Aus den Karten der wirtschaftlichen Präsenz Genuas am nordwestlichen Ufer des Schwarzen Meeres am Ende des Mittelalters], Kraków.
Hürter (2012): Johannes Hürter, „Die nationalsozialistische Besatzungspolitik in der Sowjetunion", Forum für osteuropäische Ideen- und Zeitgeschichte, 16, Heft 1, 15–28.
Igelström (2018): „Igelström, Otto Heinrich Frh. v.", in: Baltisches Biographisches Lexikon digital (BBLd). Digitalisierungsprojekt der Baltischen Historischen Kommission. Online unter http://www.bbl-digital.de/eintrag/Igelstrom%2C-Otto-Heinrich-Frh.-v.-seit-1792-Gf.-1737-1823/ (Stand 17.05.2018).
Inalcik (1969): Halil Inalcik, „Capital Formation in the Ottoman Empire", The Journal of Economic History, 29, 97–140.
Istorija (2015): Istorija Kryma [Geschichte der Krim], Moskva.
Ivanics (2012): Mária Ivanics, „Die Şirin. Abstammung und Aufstieg einer Sippe in der Steppe", in: Klein D. (2012a), 27–44.
Ivantchik (2001): Askold Ivantchik (d.i. Askol'd I. Ivančik), Kimmerier und Skythen. Kulturhistorische und chronologische Probleme der Archäologie der osteuropäischen Steppen und Kaukasiens in vor- und frühskythischer Zeit, Mainz.
Ivantchik (2005): Askold I. Ivantchik, Am Vorabend der Kolonisation. Das nördliche Schwarzmeergebiet und die Steppennomaden des 8. – 7. Jahrhunderts v.Chr. in der klassischen Literaturtradition. Mündliche Überlieferung, Literatur und Geschichte, Moskau u.a.
Jakobson (1959): A.L. Jakobson, Rannesrednevekovyj Chersones [Das frühmittelalterliche Chersones], Moskva/Leningrad.
Jakobson (1964): A.L. Jakobson, Srednevekovyj Krym. Očerki istorii i istorii material'noj kul'tury [Die Mittelalterliche Krim. Abhandlungen über die Geschichte und die Geschichte der materiellen Kultur], Moskva/Leningrad.
Jakobson (1973): A.L. Jakobson, Krym v srednie veka [Die Krim im Mittelalter], Moskva.
Jankowski (2006): Henryk Jankowski, A Historical-Etymological Dictionary of Pre-Russian Habitation Names, Leiden u.a.
Jaremčuk u. Bezverchyj (1994): V.D. Jaremčuk u. V.B. Bezverchyj, „Tatary v Ukraïne. Istoriko-politologičnyj aspekt" [Tataren in der Ukraine. Der historisch-politologische Aspekt], Ukraïnskyj istoričnyj žurnal [Ukrainische historische Zeitschrift], 5, 18–29.
Jaspert (2004): Nikolas Jaspert, Die Kreuzzüge, Darmstadt.
Jaworski (2014): Rudolf Jaworski, „Einführung in Fragestellung und Themenfelder", in: Stachel u. Thomsen (2014), 11–30.
Jena (2001): Detlef Jena, Potemkin. Favorit und Feldmarschall Katharinas der Großen, München.
Jobst (1997): Kerstin S. Jobst, „Marxismus und Nationalismus. Julijan Bačyns'kyj und die Rezeption seiner ‚Ukraïna Irredenta' (1895/96) als Konzept der ukrainischen Unabhängigkeit?", Jahrbücher für die Geschichte Osteuropas, N.F. 45, 31–47.

Jobst (2000): Kerstin S. Jobst, „Orientalism. E.W. Said und die Osteuropäische Geschichte", *Saeculum. Jahrbuch für Universalgeschichte*, 51, Heft 2, 250–266.
Jobst (2001a): Kerstin S. Jobst, „Die Taurische Reise von 1787 als Beginn der Mythisierung der Krim. Bemerkungen zum europäischen Krim-Diskurs des 18. und 19. Jahrhunderts", *Archiv für Kulturgeschichte*, 83, Heft 1, 121–144.
Jobst (2001b): Kerstin S. Jobst, „Ein kleiner Ordnungsversuch im südlichen Rußland. Das Beispiel der Halbinsel Krim", in: Harald Heppner u. Eduard Staudinger (Hgg.), *Region und Umbruch 1918. Zur Geschichte alternativer Ordnungsversuche*, Frankfurt a. M. u. a., 203–230.
Jobst (2001c): Kerstin S. Jobst, „Im Spiel mit großen Mächten? Nationale Konflikte nach dem Zerfall des Zarenreichs bis zum Beginn des Russischen Bürgerkriegs 1918/19 auf der Halbinsel Krim", in: Philipp Ther u. Holm Sundhaussen (Hgg.), *Nationalitätenkonflikte im 20. Jahrhundert. Ursachen von inter-ethnischer Gewalt im Vergleich*, Wiesbaden (= Forschungen zur Osteuropäischen Geschichte, 59), 83–107.
Jobst (2001d): Kerstin S. Jobst, „‚Übrigens lassen sich hier nur selten Weiber sehen'. Die Darstellung der Geschlechterverhältnisse in Reiseberichten über die Krim (18.–20. Jahrhundert)", in: Karsten Brüggemann, Thomas M. Bohn u. Konrad Maier (Hgg.), *Kollektivität und Individualität. Der Mensch im östlichen Europa. Festschrift für Prof. Dr. Angermann zum 65. Geburtstag*, Hamburg, 212–223.
Jobst (2007a): Kerstin S. Jobst, „‚Asien auf der Krim'. Die Kategorien ‚Orient' und ‚Okzident' im europäischen Krim-Diskurs vor dem Ersten Weltkrieg", in: Christophe Duhamelle, Andreas Kossert u. Bernhard Struck (Hgg.), *Grenzen und Grenzräume im europäischen Vergleich*, Frankfurt a. M., 225–246.
Jobst (2007b): Kerstin S. Jobst, *Die Perle des Imperiums. Der russische Krim-Diskurs im Zarenreich*, Konstanz.
Jobst (2010): Kerstin S. Jobst, „Die Wahrnehmung von Assimilations- und Akkulturationsprozessen im russischen Krim-Diskurs vor dem Ersten Weltkrieg", in: Victor Herdt u. Dietmar Neutatz (Hgg.), *Gemeinsam getrennt. Lebenswelten der multiethnischen bäuerlichen Bevölkerung im Schwarzmeer- und Wolgagebiet vor 1917*, Wiesbaden, 181–194.
Jobst (2011a): Kerstin S. Jobst, „Bilder des indigenen Kriegers in der russischen Kultur", in: Stefan Bayer u. Matthias Gillner (Hgg.), *Soldaten im Einsatz. Sozialwissenschaftliche und ethische Reflexionen*, Berlin (= Sozialwissenschaftliche Studien, 49), 185–204.
Jobst (2011b): Kerstin S. Jobst, „Das frühneuzeitliche Krim-Khanat", in: Albrecht u. Herdick (2011), 11–22.
Jobst (2011c): Kerstin Jobst, „Ukraïns'ka travmatična pam-jat'. Holodomor i Čornobyl'" [Das ukrainische Traumagedächtnis. Holodomor und Čornobyl'], *Krytyka*, 15, Heft 11–12. Online unter https://krytyka.com/ua/articles/ukrayinska-travmatychna-pamyat-holodomor-i-chornobyl (Stand 14.03.2017).
Jobst (2012): Kerstin S. Jobst, Vision und Regime. Die ersten Jahrzehnte russischer Krim-Herrschaft, in: Klein D. (2012a), 211–227.
Jobst (2013a): Kerstin S. Jobst, „Chersones", in: Joachim Bahlcke, Stefan Rohdewald u. Thomas Wünsch (Hgg.), *Religiöse Erinnerungsorte in Ostmitteleuropa. Konstitution und Konkurrenz im nationen- und epochenübergreifenden Zugriff*, Berlin, 3–10.
Jobst (2013b): Kerstin S. Jobst, „Where the Orient Ends? Orientalism and its Function for Imperial Rule in the Russian Empire", in: James Hodkinson u. a. (Hgg.), *Deploying*

Orientalism in Culture and History. From Germany to Central and Eastern Europe, Rochester, NY, 190–208.

Jobst (2014): Kerstin S. Jobst, „Gefährliche Fremde und Titularnation? Partizipation der Krimtataren im Zarenreich und in der frühen Sowjetunion", in: Katrin Boeckh u. a. (Hgg.), *Staatsbürgerschaft und Teilhabe. Bürgerliche, politische und soziale Rechte in Osteuropa*, München, 179–198.

Jobst (2015a): Kerstin S. Jobst, „Der nördliche Schwarzmeerraum", in: *Europäische Geschichte Online (EGO)*, hg. vom Leibniz-Institut für Europäische Geschichte (IEG), Mainz. Online unter http://www.ieg-ego.eu/jobstk-2015-de (Stand 24.11.2017).

Jobst (2015b): Kerstin S. Jobst, *Geschichte der Ukraine*, 2. aktualisierte Ausgabe, Stuttgart.

Jobst (2017a): Kerstin S. Jobst, „‚Dunkle' und ‚Goldene' Zeiten. Krimtataren unter zarischer und sowjetischer Herrschaft bis 1941", in: ÖZG, 28, Heft 1, 91–113.

Jobst (2017b): Kerstin S. Jobst, „‚Einnahme unmöglich'? Sevastopol' als Geschichte eines (Miss-)Erfolgs", in: Oliver Auge u. Doris Tillmann (Hgg.), *Kiel und die Marine. 150 Jahre gemeinsame Geschichte*, Kiel, 161–182.

Jobst (2017c): Kerstin S. Jobst, „Russländisch-imperiale Image-Produktionen im ausgehenden 18. Jahrhundert. Die Reise Katharinas II. in den ‚russischen Süden'", in: Christoph Augustynowicz u. Agnieszka Pufelska (Hgg.), *Konstruierte (Fremd-?)Bilder. Das östliche Europa im Diskurs des 18. Jahrhunderts*, Berlin/Boston, 94–107.

Jobst (2019): Kerstin S. Jobst, Holy Ground. The (Re-)Construction of an Orthodox Crimea in 19th Century Russia, in: Liliya Berezhnaya u. Heidi Hein-Kirchner (Hgg.), *Rampart Nations. Bulwarks Myths of East European Multiconfessional Societies in the Age of Nationalism*, Oxford/New York, 125–145.

Jobst, u. a. (2008): Kerstin S. Jobst, Julia Obertreis u. Ricarda Vulpius, „Imperiumsforschung in der Osteuropäischen Geschichte. Die Habsburgermonarchie, das Russländische Reich und die Sowjetunion", *Comparativ. Zeitschrift für Globalgeschichte und vergleichende Gesellschaftsforschung*, 18, Heft 2: Ostmitteleuropa transnational (hg. von Peter Haslinger), 27–56.

Jones (1996): Robert E. Jones, „Opening a Window on the South. Russia and the Black Sea 1695–1792", in: Maria di Salvo (Hg.), *A Window on Russia. Papers from the V. International Conference of the Study Group on 18th-Century Russia in Gargnano 1994*, Milan/Rome, 123–129.

Jung-Kaiser (2013): Ute Jung-Kaiser, „Mithridates", in: Peter von Möllendorff, Annette Simonis u. Linda Simonis (Hgg.), *Historische Gestalten der Antike. Rezeption in Literatur, Kunst und Musik*, Stuttgart/Weimar (= Der Neue Pauly. Supplemente, 8), Sp. 683–690.

Kaelble (1999): Hartmut Kaelble, „Der historische Zivilisationsvergleich", in: Ders. u. a. (Hgg.), *Diskurse und Entwicklungspfade. Vergleiche in den Gesellschafts- und Sozialwissenschaften*, Frankfurt a. M, 29–52.

Kalinin u. Zemljaničenko (1993): N. Kalinin u. M. Zemljaničenko, *Romanovy i Krym* [Die Romanovs und die Krim], Moskva.

Kaminskij (2012): Konstantin Kaminskij, „Der Normannenstreit als Gründungsschlacht der russischen Geschichtsschreibung. Zur Poetik wissenschaftlicher Anfangserzählungen", in: Thomas Wallnig u. a. (Hgg.), *Europäische Geschichtskulturen um 1700 zwischen Gelehrsamkeit, Politik und Konfession*, Berlin u. a., 553–580.

Kappeler (1993): Andreas Kappeler, *Rußland als Vielvölkerreich. Entstehung, Geschichte, Zerfall*, 2. Auflage, München.

Kappeler (2013): Andreas Kappeler, *Die Kosaken*, München.
Kappeler (2014): Andreas Kappeler, *Kleine Geschichte der Ukraine*, 4. erweiterte Auflage, München.
Karpat (1984/1985): Kemal Karpat, „Ottoman Urbanism. The Crimean Emigration to Dobruca and the Founding of Mecidiye 1856–1878", *International Journal of Turkish Studies*, 3, 1–27.
Karpat (1986): Kemal Karpat, „The Crimean Emigration of 1856–1862 and the Settlement and Urban Development of Dobruca", in: Gílles Lemercier, S. Veinstein u. Enders Wimbush (Hgg.), *Turco-Tatar Past, Soviet Present. Studies Presented to Alexandre Bennigsen*, Paris, 275–303.
Karpov (2007): Sergej P. Karpov, *Istorija Trapezundskoj imperii* [Geschichte des Kaiserreiches Trapezunt], Sankt-Peterburg.
Karsten (2012): Arne Karsten, *Geschichte Venedigs*, München.
Kasack (1997): Wolfgang Kasack, „Ljudmila Evgen'eva Ulickaja. Medea i ee deti. Semejnaja chronika", in: Ders. (Hg.), *Hauptwerke der russischen Literatur*, München, 732f.
Kas'janov (2010): Heorhij Kas'janov, *Danse macabre. Holod 1932–1933 rokiv u politici, masovij svidomosti ta istoriohrafiï (1980-ti-počatok 2000-ch)* [Danse macabre. Der Hunger 1932–1833 in Politik, kollektivem Bewusstsein und Historiographie. Die 1980er bis 2000er Jahre], Kyïv.
Kawerau (1967): Peter Kawerau, *Arabische Quellen zur Christianisierung Rußlands*, Wiesbaden.
Keil (2001): Rolf-Dietrich Keil, *Alexander Puschkin. Ein Dichterleben*, Frankfurt a. M./Leipzig.
Keller (2001): Ulrich Keller, *The Ultimative Spectacle. A Visual History of the Crimean War*, Amsterdam u. a.
Kelly (2007): Catriona Kelly, *Children's World. Growing up in Russia. 1890–1991*, New Haven.
Kent (2016): Neil Kent, *Crimea. A History*, London.
Khodarkovsky (2002): Michael Khodarkovsky, *Russia's Steppe Frontier. The Making of a Colonial Empire 1500–1800*, Bloomington/Indianapolis.
Kindler (2018): Robert Kindler, *Stalin's Nomads. Power and Famine in Kazakhstan*, Pittsburgh.
King (2004): Charles King, *The Black Sea. A History*, Oxford.
King (2010): Charles King, „Stadt am Rande. Sevastopol' – Europas nächster Krisenherd?", *Osteuropa*, 60, Heft 2–4, 319–329.
Kirimal (1952): Edige Kirimal, *Der nationale Kampf der Krimtürken mit besonderer Berücksichtigung der Jahre 1917–1918*, Emsdetten, Westf.
Kirimli S. (1990): Sirri H. Kirimli, *National Movements and National Identity Among the Crimean Tatars 1905–1916*, Ph.D. Dissertation, University of Wisconsin, Madison, Wisc.
Kirimli H. (1993): Hakan Kirimli, „The 'Young' Tatar Movement in the Crimea 1905–1909",*Cahier du monde russe et sovietique*, 34, Heft 4, 529–560.
Kirmse (2013): Stefan B. Kirmse, „Law and Empire in Late Tsarist Russia. Muslim Tatars Go to Court", *Slavic Review*, 72, Heft 4, 778–801.
Kizilov (2007): Mikhail Kizilov, „Slave Trade in the Early Modern Crimea from the Perspective of Christian, Muslim, and Jewish Sources", *Journal of Early Modern History*, 11, 1–31.
Kizilov (2007/2008): Michail Kizilov, „Krymčaki. Sovremennoe sostojanie obščiny" [Krimtschaken. Die gegenwärtige Lage der Gemeinschaft], *Evroaziatskij evrejskij ežegodnik* [Eurasisches jüdisches Jahrbuch], 5768. Online unter https://web.archive.org/web/20151017142435/http://library.eajc.org/page70/news13498 (Stand 14.03.2018).

Klein D. (2012a): Denise Klein (Hg.), *The Crimean Khanate between East and West (15th–18th Century)*, Wiesbaden (= Forschungen zur osteuropäischen Geschichte, 78).

Klein D. (2012b): Denise Klein, „Tatar and Ottoman History Writing. The Case of the Nogay Rebellion 1699–1701", in: Klein D. (2012a), 125–146.

Klein D. (2014): Denise Klein, „Zeichen und Wunder. Die Konversion der Goldenen Horde zum Islam im Blick ihrer Nachfahren (16.–18. Jahrhundert)", in: Andreas Helmedach u. a. (Hgg.), *Das osmanische Europa. Methoden und Perspektiven der Frühneuzeitforschung zu Südosteuropa*, Leipzig, 381–404.

Klein M. (2010): Margarete Klein, „Russlands neue Militärdoktrin 2020. Unentschlossener Kompromiss zwischen Traditionalisten und Reformern", in: *SWP Aktuell*, Heft 21. Online unter https://www.swp-berlin.org/fileadmin/contents/products/aktuell/2010 A21_kle_ks.pdf (Stand 14.03.2017).

Köck u. a. (1995): Dagmar Köck u. a. (Hgg.), *Die Krim entdecken. Unterwegs auf der Sonneninsel im Schwarzen Meer*, Berlin.

Koenker (2013): Diane P. Koenker, *Club Red. Vacation Travel and the Soviet Dream*, Ithaca, NY.

Kogonašvili (1995): K. Kogonašvili, *Kratkij slovar' istorii Kryma* [Kurzes Wörterbuch zur Geschichte der Krim], Simferopol'.

Kołodzieczyk (2006): Dariusz Kołodzieczyk, „Slave Hunting and Slave Redemption as a Business Enterprise. The Northern Black Sea Region in the Sixteenth to Seventeenth Centuries", *Oriente Moderno*, n.s. 25, 149–159.

Kołodziejczyk (2011): Dariusz Kołodzieczyk, *The Crimean Khanate and Poland-Lithuania. International Diplomacy on the European Periphery (15th–18th Century). A Study of Peace Treaties Followed by Annotated Documents*, Leiden/Boston.

Kołodziejczyk (2012): Dariusz Kołodzieczyk, „Das Krimkhanat als Gleichgewichtsfaktor in Osteuropa (17.–18. Jahrhundert)", in: Klein D. (2012a), 47–58.

Korolev (1993): V.I. Korolev, *Vozniknovenie političeskich partij v Tavričeskoj gubernii* [Die Entstehung der politischen Parteien im Taurischen Gubernium], Simferopol'.

Kozelsky (2010): Mara Kozelsky, *Christianizing Crimea. Shaping Sacred Space in the Russian Empire and Beyond*, DeKalb, Illinois.

Kozelsky (2018): Mara Kozelsky, *Crimea in War and Transformation*, Oxford.

Kozelsky (2014): Mara Kozelsky, „The Crimean War and the Tatar Exodus", in: Mara Kozelsky u. Lucien J. Frary (Hgg.), *Russian-Ottoman Borderlands. The Eastern Question Reconsidered*, Madison/Wisconsin, 165–192.

Krahé (1998): Peter Krahé, „Rhetorik, Historie und Patriotismus. Tennysons Charge of the Light Brigade", *Zeitschrift für Anglistik und Amerikanistik*, 46, Heft 2, 114–124.

Kreindler (1986): Isabelle Kreindler, „The Soviet Deportated Nationalities. A Summary and an Update", *Soviet Studies*, 38, Heft 3, 387–405.

Kreiser u. Neumann (2008): Klaus Kreiser u. Christoph K. Neumann, *Kleine Geschichte der Türkei*, Stuttgart.

Krugosvetov (2016): Saša Krugosvetov (d.i. Lev Jakovlevič Lapkin), *Svetjaščiesja vorota* [Das glänzende Tor], Simferopol' (E-Book).

Krymskie Tatary (1953): „Krymskie Tatary" [Die Krimtataren], in: BSĖ, Bd. 23, 2. Auflage, Moskva, 552.

Kuchenbecker (2000): Antje Kuchenbecker, *Zionismus ohne Zion. Birobidžan. Idee und Geschichte eines jüdischen Staates in Sowjet-Fernost*, Berlin.

Kulikowski (2007): Michael Kulikowski, *Rome's Gothic Wars. From the Third Century to Alaric*, Cambridge u. a.
Külzer (2006): Andreas Külzer, „Die Eroberung von Konstantinopel im Jahre 1204 in der Erinnerung der Byzantiner", in: Gherardo Ortalli, Giorgio Ravegnani u. Peter Schreiner (Hgg.), *Quarta Crociata. Venezia – Bisanzio – Impero Latino*, Bd. 2, Venezia, 619–632.
Kumke (1993a): Carsten Kumke, *Führer und Geführte bei den Zaporoger Kosaken. Struktur und Geschichte kosakischer Verbände im polnisch-litauischen Grenzland 1550–1648*, Wiesbaden.
Kumke (1993b): Carsten Kumke, „Zwischen der polnischen Adelsrepublik und dem Russischen Reich", in: Golczewski (1993), 56–91.
Kunz (2005): Norbert Kunz, *Die Krim unter deutscher Herrschaft 1941–1944. Germanisierungsutopie und Besatzungsrealität*, Darmstadt (= Veröffentlichungen der Forschungsstelle Ludwigsburg der Universität Stuttgart, 5).
Kurowski (1986): Franz Kurowski, *Genua aber war mächtiger. Geschichte einer Seemacht*, München.
Kürşat-Ahlers (1994): Elçin Kürşat-Ahlers, *Zur frühen Staatenbildung von Steppenvölkern. Über die Sozio- und Psychogenese der eurasischen Nomadenreiche am Beispiel der Hsiung-Nu und Göktürken mit einem Exkurs über die Skythen*, Berlin. Zugl. Dissertation, Universität Hannover, 1992.
Kusber (1998): Jan Kusber, „Um das Erbe der Goldenen Horde. Das Khanat von Kazan' zwischen Moskauer Staat und Krimtataren", in: Eckhard Hübner, Ekkehard Klug u. Jan Kusber (Hgg.), *Zwischen Christianisierung und Europäisierung. Beiträge zur Geschichte Osteuropas in Mittelalter und Früher Neuzeit*, Stuttgart, 193–312.
Kusber (2007): Jan Kusber, Zur Einführung, in: Frings u. Kusber (2007), 7–16.
Kushko (2014): Nadiya Kushko, The Birth of the Land of Beauty, in: Magocsi (2014), 9–10.
Latyš (2010): Jurij Latyš, „Antialkohol'na kampanija v URSR na počatku Perebudovi" [Die Antialkoholkampagne in der Ukrainischen Sowjetrepublik am Beginn der Perestrojka], *Pytannja istoriï Ukraïny. Zbirnyk naukovych statej* [Fragen der Geschichte der Ukraine. Eine Sammlung wissenschaftlicher Ausätze], 13, 76–80.
Lavrov (2009): Aleksandr Lavrov, „Russische Gefangene im Osmanischen Reich, tatarische Gefangene im Moskauer Reich. Versuch einer histoire croisée", in: Guido Hausmann u. Angela Rustemeyer (Hgg.), *Imperienvergleich. Beispiele und Ansätze aus osteuropäischer Perspektive*, Wiesbaden, 425–443.
Lazzerini (1973): Edward L. Lazzerini, *Ismail Bey Gasprinskii and Muslim Modernism in Russia 1878–1914*, Ph.D. Dissertation, University of Washington.
Lazzerini (1988): Edward L. Lazzerini, „The Crimea under Russian Rule. 1783 to the Great Reforms", in: Michael Rywkin (Hg.), *Russian Colonial Expansion to 1917*, London, 123–138.
Lazzerini (1997): Edward L. Lazzerini, „Local Accommodation and Resistance to Colonialism in Nineteenth-Century Crimea", in: Daniel R. Brower u. Edward J. Lazzerini (Hgg.), *Russia's Orient. Imperial Borderlands and Peoples 1700–1917*, Indianapolis, 169–187.
Lebedev (1990): V.P. Lebedev, „Simvolika i jazyk monet Kryma zolotoordynskogo perioda" [Symbole und Sprache von Münzen der Krim aus der Periode der Goldenen Horde], in: V.L. Janin (Hg.): *Numizmatičeskie issledovanija po istorii jugo-vostočnoj Evropy* [Numismatische Forschungen in der Geschichte des südöstlichen Europas], Kišinev, 139–156. Englische Übersetzung online unter: http://byzantinebronzes.ancients.info/page31.html (Stand 19.01.2018).

Leder (2005): Stefan Leder, „Nomaden und Sesshafte in Steppen und Staaten", *Scientia Halensis*, 9, Heft 1, 19–22.
Leitsch (1981): Walter Leitsch, „Warum wollte Kara Mustafa Wien erobern?", *Jahrbücher für die Geschichte Osteuropas*, 29, 494–514.
Lemberg (1985): Hans Lemberg, „Zur Entstehung des Osteuropabegriffs im 19. Jahrhundert. Vom ‚Norden' zum ‚Osten' Europas", *Jahrbücher für Geschichte Osteuropas*, 33, 48–91.
Lemercier-Quelquejay (1967): Chantal Lemercier-Quelquejay, „Les missions orthodoxes en pays musulmans de Moyenne- et Basse-Volga 1552–1865", *Cahiers du monde russe et sovietique*, 8, Heft 3, 369–403.
Lemercier-Quelquejay (1968): Chantal Lemercier-Quelquejay, „The Crimean Tatars. A Retrospective Summary", *Central Asian Review*, 16, Heft 1, 15–25.
Lenhoff (2005): Gail Lenhoff, „The Construction of Russian History in 'Stepennaja kniga'", *Revue des Études Slaves Année*, 76, Heft 1, 31–50.
Leontsine (2012): Maria Leontsine, „Justinian II.", in: Alexios G. Savvides, Benjamin Hendrickx u. Thekla Sansaridou-Hendrickx (Hgg.), *Encyclopaedic Prosopographical Lexicon of Byzantine History and Civilization*, Bd. 3, Turnhout, 422–425.
Lichačev (1970): Dmitrij Lichačev, „The Legend of the Calling of the Varangians, and Political Purposes in Russian Chronicle-Writing from the Second Half of the 11th to the Beginning of the 12th Century", in: Knud Hannestad (Hg.), *Varangian Problems. Report on the First International Symposium on the Theme „The Eastern Connections of the Nordic Peoples in the Viking Period and Early Middle Ages", Moesgaard-University of Aarhus, $7^{th}–11^{th}$ October 1968*, København, 170–187.
Lichačëv (1985): D.S. Lichačëv, *Slovo o polku Igoreve i kul'tura ego vremeni* [Das Igor-Lied und die Kultur seiner Zeit], 2. Auflage, Leningrad.
Liebich (1997): André Liebich, *From the Other Shore. Russian Social Democracy after 1921*, Cambridge, Mass./London.
Lilie (2004): Ralph-Johannes Lilie, *Byzanz und die Kreuzzüge*, Stuttgart.
Litavrin (1967): G.G. Litavrin, „Glava 3: Social'no-ėkonomičeskij i političeskij stroj Nikejskoj imperii, Ėpirskogo carstva i Trapezundskoj imperii" [Kapitel 3: Sozio-ökonomische und politische Struktur des Kaiserreiches Nikaia, des Despotats Epirus und des Kaiserreiches Trapezunt], in: S.D. Skazkin (Hg.), *Istorija Vizantii* [Geschichte Byzanz'], Bd. 3, Moskva, 29–49.
Littleton u. Malcor (1994): Scott C. Littleton u. Linda A. Malcor, *From Scythia to Camelot. A Radical Reassessment of the Legends of King Arthur, the Knights of the Round Table, and the Holy Grail*, New York u. a.
Litvin (1995): A.L. Litvin, *Krasnyj i belyj terror v Rossii 1918–1922 gg.* [Roter und weißer Terror im Russland der Jahre 1918–1922], Kazan'.
Ljusyj (2003): A.P. Ljusyj, *Krymskij tekst v russkoj literature* [Der Krim-Text in der russischen Kultur], S-Peterburg.
Löwe (1896): Richard Löwe, *Die Reste der Germanen am Schwarzen Meer*, Halle.
Luchterhandt (2014): Otto Luchterhandt, „Die Krim-Krise von 2014. Staats- und völkerrechtliche Aspekte", *Osteuropa*, 64, Heft 5–6, 61–86.
Lynch (1965): Donald Francis Lynch, *The Conquest, Settlement and Initial Development of New Russia (The Southern Third of the Ukraine) 1780–1837*, Ph.D. Dissertation, Yale University, New Haven.

Lysenko (2006): N.N. Lysenko, „Jazygi na dunajskom Limese Rima v 1–2 vv. n. ė." [Die Jazygen am Donaulimes im 1. und 2. Jahrhundert unserer Zeit.], *Nižnevolžskij archeologičeskij vestnik* [Archäologischer Bote des unteren Wolgagebietes], 8, 139–153. Online unter http://bulgari-istoria-2010.com/booksRu/N_Lysenko_Yazigi_na_Dunay.pdf (Stand 09.08.2017).

Mack u. Carter (2003): Glenn R. Mack u. Joseph Coleman Carter (Hgg.), *Crimean Chersonesos. City, Chora, Museum, and Environs*, Austin, Texas.

Magocsi (2014): Paul Robert Magocsi, *This Blessed Land. Crimea and the Crimean Tatars*, Toronto.

Maksimenko (1990): M.M., „Pereselennja v Krym sil's'koho naselennja z inšych raioniv SSR 1944–1960 gg." [Die Umsiedlung der Landbevölkerung aus anderen Gebieten der SSR auf die Krim 1944–1960], *Ukraïns'kyj istoryčnyj žurnal* [Ukrainische historische Zeitschrift], 11, 52–58.

Malek (2017): Martin Malek, „Die krimtatarische Bevölkerung. Von der Repatriierung zur russländischen Besatzung", in: ÖZG, 28, Heft 1, 167–206.

Mal'gin (2006): Andrej Mal'gin, *Russkaja Riv'era. Kurorty, turism i otdych v Krymu v ėpochu Imperii. Konec 18 – načalo 20 v.* [Die russische Riviera. Kurorte, Tourismus und Erholung auf der Krim in der Epoche des Imperiums. Ende des 18. bis Anfang des 20. Jahrhunderts], Simferopol'.

Marbo (1991): Judith Marbo (Hg.), *Veiled Half-Truth. Western Traveller's Perceptions of Middle Eastern Women*, London/New York.

Mark (1993): Rudolf A. Mark, „Die gescheiterten Staatsversuche", in: Golczewski (1993), 172–201.

Marples u. Duke (1995): David R. Marples u. David F. Duke, „Ukraine, Russia, and the Question of Crimea", *Nationalities Papers*, 23, Heft 2, 261–287.

Martin (2001): Terry D. Martin, *The Affirmative Action Empire. Nations and Nationalism in the Soviet Union, 1923–1939*, Ithaca, NY.

Mary Holderness (2017): „Mary Holderness", in: Benjamin Colbert (Hg.), *Women's Travel Writing, 1780–1840. A Bio-Bibliographical Database*, Wolverhampton 2014–2018. Online unter http://www4.wlv.ac.uk/btw/authors/1075 (Stand 01.06.2018).

Maslennikov (1981): Aleksandr A. Maslennikov, *Naselenie bosporskogo gosudarstva v 6–2 vv. do n. ė.* [Die Bevölkerung des Bosporanischen Staates vom 6. bis zum 2. Jahrhundert v. Chr.], Moskva.

Masud (1990): Muhammed Khalid Masud, „The Obligation to Migrate. The Doctrine of hijra in Islamic Law", in: Dale Eickelman u. James Piscatori (Hgg.), *Muslim Travelers. Pilgrimage, Migration, and the Religious Imagination*, London, 131–152.

Matuz (1964): Josef Matuz, „Eine Beschreibung des Khanats der Krim aus dem Jahre 1699", *Acta Orientalia*, 28, 129–151.

Matuz (1976): Josef Matuz, *Krimtatarische Urkunden im Reichsarchiv zu Kopenhagen, mit historisch-diplomatischen und sprachlichen Untersuchungen*, Freiburg i. B. (= Islamkundliche Untersuchungen, 37).

Matuz (1996): Josef Matuz, *Das Osmanische Reich. Grundlinien seiner Geschichte*, Darmstadt.

McReynolds (2003): Louise McReynolds, *Russia at Play. Leisure Activities at the End of the Tsarist Era*, Ithaca, NY u. a.

Meier F. (1991): Fritz Meier, „Über die umstrittene Pflicht des Muslims, bei nichtmuslimischer Besetzung seines Landes auszuwandern", *Der Islam*, 68, 65–86.

Meier M. (2005): Mischa Meier, *Pest. Die Geschichte eines Menschheitstraumas*, Stuttgart.
Melman (1992): Billi Melman, *Women's Orient. English Women and the Middle East 1718–1918. Sexuality, Religion and Work*, London.
Melvin (2017): Mungo Melvin, *Sevastopol's Wars. Crimea from Potemkin to Putin*, Oxford.
Messerschmidt (2004): Manfred Messerschmidt, „Karl Dietrich Erdmann, Walter Bußmann und Percy Ernst Schramm, Historiker an der Front und in den Oberkommandos der Wehrmacht und des Heeres", in: Hartmut Lehmann u. Otto Gerhard Oexle (Hgg.), *Nationalsozialismus in den Kulturwissenschaften*, Bd. 1: Fächer – Milieus – Karrieren, Göttingen, 417–443.
Meuthen (1983): Erich Meuthen, „Der Fall von Konstantinopel und der lateinische Westen", *Historische Zeitschrift*, 237, Heft 3, 1–35.
Meyer A. (2013): Anne-Rose Meyer (Hg.), *Vormärz und Philhellenismus*, Bielefeld.
Meyer J. (2014): James H. Meyer, *Turks Across Empires. Marketing Muslim Identity in the Russian-Ottoman Borderlands, 1856–1914*, Oxford.
Mienert (2000): Marion Mienert, „Krankenschwestern für das Vaterland. Krankenpflege im Krimkrieg und ihre Auswirkungen auf die ‚Frauenfrage' in Rußland", in: Sophia Kemlein (Hg.), *Geschlecht und Nationalismus in Mittel- und Osteuropa 1848–1918*, Osnabrück, 181–195.
Molnár u. Magyar (2001): Miklós Molnár u. Anna Magyar, *A Concise History of Hungary*, Cambridge.
Molnár (2013): Monika Molnár, „Der Friede von Karlowitz und das Osmanische Reich", in: Arno Strohmeyer u. Norbert Spannenberger (Hgg.), *Frieden und Konfliktmanagement in interkulturellen Räumen. Das Osmanische Reich und die Habsburgermonarchie in der Frühen Neuzeit*, Stuttgart, 197–220.
Moon (2001): David Moon, *The Abolition of Serfdom in Russia 1762–1907*, London.
Moreno (2007): Alfonso Moreno, *Feeding the Democracy. The Athenian Grain Supply in the Fifth and Fourth Centuries BC*, Oxford.
Müller L. u. a. (1992): Ludolf Müller, Günther Schramm u. Andrzej de Vincenz, „Vorschläge für eine einheitliche Terminologie des alten Ostslaventums", *Russia mediaevalis*, 7, 5–8.
Müller M. (1984): Michael G. Müller, *Die Teilungen Polens 1772, 1793, 1795*, München.
Myeshkov (2008): Dmytro Myeshkov, *Die Schwarzmeerdeutschen und ihre Welten 1781–1871*, Düsseldorf (= Veröffentlichungen zur Kultur und Geschichte im östlichen Europa, 30).
Nagel (1993): Tilman Nagel, *Timur der Eroberer und die islamische Welt des späten Mittelalters*, München.
Naimark (2008): Norman M. Naimark, *Flammender Haß. Ethnische Säuberungen im 20. Jahrhundert*, Frankfurt a. M.
Nekrich (1978): Alexander Nekrich, *The Punished Peoples. The Deportation and Fate of Soviet Minorities at the End of the Second World War*, New York.
Nelipovič (2016): Sergej G. Nelipovič, „Die Kriegsbehörde und die Mennoniten Russlands im Ersten Weltkrieg 1914–1918", in: Alfred Eisfeld (Hg.), *Deutsche im Schwarzmeergebiet, auf der Krim und im Kaukasus vom 19. Jahrhundert bis 1941*, Hamburg (= Studien zur Geschichtsforschung der Neuzeit, 88), 359–384.
Nepomniaščij (1999): A.A. Nepomniaščij, *Zapiski putešestvennikov i putevoditeli v razvitii istoričeskogo kraevedenija Kryma. Posl. tret' 18 – nač. 20 v.* [Die Schriften Reisender und Reiseführer in der Entwicklung der historischen Landeskunde der Krim. Letztes Drittel d. 18. – Anfang 20. Jahrhundert], Kiev.
Neubauer H.-J. (1998): Hans-Joachim Neubauer, *Fama. Eine Geschichte des Gerüchts*, Berlin.

Neubauer H. (1960): Helmut Neubauer, „Die griechische Schwarzmeerkolonisation in der sowjetischen Geschichtsschreibung", *Saeculum*, 11, 132–156.

Neutatz (1993): Dietmar Neutatz, *Die „deutsche Frage" im Schwarzmeergebiet und in Wolhynien. Politik, Wirtschaft, Mentalität und Alltag im Spannungsfeld von Nationalismus und Modernisierung 1856–1914*, Stuttgart.

Neutatz (2013): Dietmar Neutatz, *Träume und Alpträume. Eine Geschichte Russland im 20. Jahrhundert*, München (= Europäische Geschichte im 20. Jahrhundert, hrsg. von Ulrich Herbert).

Niendorf (2010): Mathias Niendorf, *Das Großfürstentum Litauen. Studien zur Nationsbildung in der frühen Neuzeit (1569–1795)*, 2. revidierte Auflage, Wiesbaden.

Nieuważny (2011): Andrzej Nieuważny, „La guerre de Crimée. Une guerre 'à l'ancienne', au seuil de la modernité?", in: Jerzy W. Borejsza (Hg.), *The Crimean War 1853–1856. Colonial Skirmish or Rehearsal for World War? Empires, Nations, and Individuals*, Warsaw, 491–505.

Noack (2000): Christian Noack, *Muslimischer Nationalismus im Rußländischen Reich. Nationsbildung und Nationalbewegung bei Tataren und Baschkiren 1861–1917*, Stuttgart (= Quellen und Studien zur Geschichte des östlichen Europa, 56).

Nölke (2006): Andreas Nölke, „Weltsystemtheorie", in: Siegfried Schieder (Hg.), *Theorien der internationalen Beziehungen*, 2. Auflage, Opladen, 325–351.

Noonan (1992): Thomas S. Noonan, „Byzantine and the Khazars. A Special Relationship?", in: J. Shepard u. S. Franklin (Hgg.), *Byzantine Diplomacy. Papers from the 24th Spring Symposium of Byzantine Studies, Cambridge in March 1990*, Aldershot, 213–219.

Noonan (2007): Thomas S. Noonan, The Economy of the Khazar Khaganate, in: Golden u. a. (2007), 207–244.

Norwich (2000): John Julius Norwich, *Byzanz. Verfall und Untergang 1071–1453*, Augsburg.

O'Neill (2008): Kelly O'Neill, „Bearing Arms for the Empire. Crimean Tatars as Soldiers and Subjects", Conference Paper: *The Russian and Ottoman Interaction, 1650–1920*. Harriman Institute, Columbia University, 13–15. Online unter http://harriman.columbia.edu/files/harriman/01165.pdf (Stand 17.05.2018).

O'Neill (2010): Kelly O'Neill, „Rethinking Elite Integration. The Crimean Murzas and the Evolution of Russian Nobility", *Cahiers du Monde Russe*, 51, Heft 2–3, 397–418.

O'Neill (2017): Kelly O'Neill, *Claiming Crimea: A History of Catherine the Great's Southern Empire*, Yale.

Ostapchuk (1990): Victor Ostapchuk, „An Ottoman Ġazānāme on Ḥalīl Paša's Naval Campaign against the Cossacks (1621)", *Harvard Ukrainian Studies*, 14, Heft 3/4, 482–521.

Osterhammel (2003): Jürgen Osterhammel, *Kolonialismus. Geschichte – Formen – Folgen*, 4. Auflage, München.

Osterhammel (2008): Jürgen Osterhammel, „Russland und der Vergleich zwischen Imperien. Einige Anknüpfungspunkte", *Comparativ. Zeitschrift für Globalgeschichte und vergleichende Gesellschaftsforschung*, 18, Heft 2: Ostmitteleuropa transnational (hg. von Peter Haslinger), 11–27.

Osterhammel (2009): Jürgen Osterhammel, *Die Verwandlung der Welt. Eine Geschichte des 19. Jahrhunderts*, München.

Ostrowski (1998): Donald Ostrowski, *Muscovy and the Mongols. Cross-Cultural Influences on the Steppe Frontier 1304–1589*, Cambridge.

Overmans (2014): Rüdiger Overmans, „Kriegsverluste", in: Gerhard Hirschfeld, Gerd Krumeich u. Irina Renz (Hgg.), *Enzyklopädie Erster Weltkrieg*, Paderborn, 663–666.
Özveren (1997): Eyüp Özveren, „A Framework for the Study of the Black Sea World 1789–1915", *Review of the Ferdinand Braudel Center*, 20, 77–113.
Palmer (1987): Alan Palmer, *The Crimean War*, New York.
Papke (1983): Gerhard Papke, *Von der Miliz zum Stehenden Heer. Wehrwesen im Absolutismus*, München (= Deutsche Militärgeschichte in sechs Bänden 1648–1939, hrsg. vom Militärgeschichtlichen Forschungsamt, 1).
Papp (2012): Sándor Papp, „Die Inaugurationen der Krimkhane durch die Hohe Pforte (16.–18. Jahrhundert)", in: Klein D. (2012a), 75–90.
Parzinger (2004): Hermann Parzinger, *Die Skythen*, München.
Patenaude (2002): Bertrand M. Patenaude, *The Big Show in Bololand. The American Relief Expedition to Soviet Russia in the Famine of 1921*, Stanford.
Pausz (2017): Clemens Pausz, „Das Krim-Khanat und der Aufstieg des Zaporoger Kosakentums. Erich Lassotas Mission im diplomatischen Kontext", in: ÖZG, 28, Heft 1, 14–40.
Pekesen (2014): Berna Pekesen, „Panturkismus", in: *Europäische Geschichte Online* (EGO), hg. vom Leibniz-Institut für Europäische Geschichte (IEG), Mainz. Online unter http://www.ieg-ego.eu/pekesenb-2014-de (Stand 09.08.2018).
Penter (2000): Tanja Penter, *Odessa 1917. Revolution an der Peripherie*, Köln u. a.
Peter u. Wentker (2012): Matthias Peter u. Hermann Wentker (Hgg.), *Die KSZE im Ost-West-Konflikt. Internationale Politik und gesellschaftliche Transformation 1975–1990*, München.
Petritsch (1983): Ernst D Petritsch., „Die tatarisch-osmanischen Begleitoperationen in Niederösterreich", *Studia Austro-Polonica*, 3, 207–240.
Petrukhin (2007): Vladimir Ja. Petrukhin, „Khazaria and Rus'. An Examination of their Historical Relations", in: Golden u. a. (2007), 245–268.
Phillips (2004): Jonathan Phillips, *The Fourth Crusade and the Sack of Constantinople*, New York.
Pillinger (1996): Renate Pillinger, „Die Anfänge des Christentums auf der taurischen Chersones (Krim) demonstriert am Beispiel von Pantikapaion/Bospor/Kerč", in: Fritz Blakolmer u. a. (Hgg.), *Fremde Zeiten. Festschrift für Jürgen Borchhardt*, Wien, 309–317.
Pinson (1970): Mark Pinson, *Demographic Warfare. Aspects of Ottoman and Russian Policy 1854–1866*, Ph.D. Dissertation, Harvard University, Cambridge.
Pipes (1997): Richard Pipes, *The Formation of the Soviet Union. Communism and Nationalism, 1917–1923*, 3. Auflage, Cambridge, Mass/London.
Pletnjowa (1978): Swetlana A. Pletnjowa, *Die Chasaren. Mittelalterliches Reich an Don und Wolga*, Leipzig.
Plokhy (2000): Serhii Plokhy, „The City of Glory. Sevastopol in Russian Historical Mythology", *Journal of Contemporary History*, 35, Heft 3, 369–383.
Plokhy (2001): Serhii Plokhy, *The Cossacks and Religion in Early Modern Ukraine*, Oxford.
Plokhy (2017): Serhii Plokhy, *Lost Kingdom. A History of Russian Nationalism from Ivan the Great to Vladimir Putin*, London.
Plontke-Lüning (2012): Annegret Plontke-Lüning, „Christianisierung am Rande des Imperiums. Die Krim", in: Orsolya Heinrich-Tamáska, Niklot Krohn u. Sebastian Ristow (Hgg.), *Die Christianisierung Europas. Entstehung, Entwicklung, Konsolidierung im archäologischen Befund*, Wiesbaden, 343–362.
Pohl (1999): Otto Pohl, *Ethnic cleansing in the USSR. 1937–1949*, Westport.

Polkanov (1936): Aleksandr I. Polkanov, *Sevastopol'skoe vosstanie 1830 goda. Po archivnim materialam* [Der Sevastopol'er Aufstand von 1830. Nach Archivmaterial], Simferopol'.
Potichnyj (1975): Peter J. Potichnyj, „The Struggle of the Crimean Tatars", *Canadian Slavonic Papers. Revue Canadienne des Slavistes*, 17, Heft 2–3, 302–319.
Pratt (1992): Mary Louise Pratt, *Imperial Eyes. Travel Writing and Transculturation*, London/ New York.
Pretzel (1987): Ulrich Pretzel, „Löwe, Richard", in: *Neue Deutsche Biographie*, Bd. 15, Berlin, 77. Online unter https://www.deutsche-biographie.de/pnd117167096.html (Stand 14.03.2018).
Pritsak (1975): Omeljan Pritsak, „The Petchenegs. A Case of Social and Economic Transformation", *Archivum Eurasiae Medii Aevi*, 1, 211–235.
Pritsak (1991): Omeljan Pritsak, „Sougdaia", in: Alexander Kazhdan (Hg.), *The Oxford Dictionary of Byzantium*, New York/Oxford, 1931.
Pryke (1998): Sam Pryke, „Nationalism and Sexuality. What Are the Issues?", *Nations and Nationalism*, 4, 529–546.
Pusat (2017): Atilla Pusat, *Die sowjetisch-osmanischen Beziehungen im „Türkischen Befreiungskrieg" von 1919 bis 1923*, unveröffentlichte Diplomarbeit, Universität Wien. Online unter http://othes.univie.ac.at/48195/1/50504.pdf (Stand 09.09.2018).
Puschner (2013): Uwe Puschner, „Die völkische Bewegung in Deutschland", in: Hannes Heer (Hg.), *„Weltanschauung en marche". Die Bayreuther Festspiele und die Juden 1876 bis 1945*, Würzburg, 151–167.
Qualls (2009): Karl D. Qualls, *From Ruins to Reconstruction. Urban Identity in Soviet Sevastopol after World War II*, Ithaca/London.
Quirini-Popławska (2002): Danuta Quirini-Popławska, *Włoski handel czarnomorskimi niewolnikami w późnym średniowieczu* [Der italienische Handel mit Sklaven aus dem Schwarzmeerraum im späten Mittelalter], Kraków.
Raab (2017): Nigel A. Raab, *All Shock Up. The Shifting Soviet Response to Catastrophes 1917–1991*, London/Chicago.
Raleigh (1986): Donald Raleigh, *Revolution on the Volga. 1917 in Saratov*, New York.
Rhinelander (1990): A.L.H. Rhinelander, *Prince Michael Vorontsov. Viceroy to the Tsar*, London.
Robarts (2017): Andrew Robarts, *Migration and Disease in the Black Sea Region. Ottoman-Russian Relations in the Late Eighteenth and Early Nineteenth Centuries*, London u. a.
Röder u. a. (1996): Brigitte Röder, Juliane Hummel u. Brigitta Kunz (Hgg.), *Göttinnendämmerung. Das Matriarchat aus archäologischer Sicht*, München.
Rodinson (1966): Maxime Rodinson, *Islam et Capitalisme*, Paris.
Rolle (1980): Renate Rolle, *Die Welt der Skythen. Stutenmelker und Pferdebogner. Ein antikes Reitervolk in neuer Sicht*, Luzern/Frankfurt a. M.
Rolle (1991): Renate Rolle (Hg.), *Gold der Steppe. Archäologie der Ukraine*, Neumünster.
Rolle u. Brenow (2006): Renate Rolle u. Iris von Brenow, „Skythen", in: Hubert Cancik, Helmuth Schneider u. Manfred Landfester (Hgg.), *Der Neue Pauly*. Online unter http://referenceworks.brillonline.com/entries/der-neue-pauly/*-e1115640 (Stand 14.03.2018).
Romančuk (2005): Alla I. Romančuk, *Studien zur Geschichte und Archäologie des byzantinischen Cherson*, Leiden.
Roman'ko (2004): Oleg Valentinovič Roman'ko, „Priloženie. Biografičeskie svedenija o nekotorych upominajuščichsja v knige licach" [Beilage. Biographische Informationen über einige im Buch erwähnte Personen], in: Ders., *Musul'manskie legiony vo Vtoroj mirovoj*

vojne [Muslimische Legionen im Zweiten Weltkrieg], Moskva. Online unter http://militera.lib.ru/research/romanko_ov/06.html (Stand 18.02.2013).
Roman'ko (2011): Oleg Valentinovič Roman'ko, *Krym pod pjatoj Gitlera. Nemeckaja okkupacionnaja politika v Krymu 1941–1944 gg.* [Die Krim unter Hitlers Ferse. Deutsche Besatzungspolitik auf der Krim in den Jahren 1941–1944], Moskva.
Romashchenko u.a. (2018): Mykhailo Ivanovych Romashchenko u.a., „About Some Environmental Consequences of Kerch Strait Bridge Construction", *Hydrology*, 6, Heft 1, 1–9. Online unter http://article.sciencepublishinggroup.com/pdf/10.11648.j.hyd.20180601.11.pdf (Stand 19.01.2018).
Rösch (2000): Gerhard Rösch, *Venedig. Geschichte einer Seerepublik*, Stuttgart/Berlin.
Rosen (2007): Klaus Rosen, *Die Völkerwanderung*, 7. Auflage, München.
Rostovtzeff (1922): Michael Rostovtzeff (d.i. Michail I. Rostovcev), *Iranians and Greeks in South Russia*, Oxford.
Rostowzew (1902):, M. Rostowzew (d.i. Michail I. Rostovcev), „Römische Besatzungen in der Krim und das Kastell Charax", *Klio*, 2, 80–95.
Roth u. Abraham (2011): Karl Heinz Roth u. Jan-Peter Abraham, *Reemtsma auf der Krim. Tabakproduktion und Zwangsarbeit unter der deutschen Besatzungsherrschaft 1941–1944*, Hamburg.
Rowell (1994): Stephen C. Rowell, *Lithuania Ascending. A Pagan Empire within East-Central Europe 1295–1345*, Cambridge u.a. (= Cambridge Studies in Medieval Life and Thought, 4; 25).
Royle (1987): Trevor Royle, *War Report. The War Correspondent's View of Battle from the Crimea to the Falklands*, London.
Saal (2014): Yuliya von Saal, *KSZE-Prozess und Perestroika in der Sowjetunion. Demokratisierung, Werteumbruch und Auflösung 1985–1991*, München.
Said (1978): Edward Said, *Orientalism*, London.
Sapper u.a. (2004): Manfred Sapper, Volker Weichsel u. Agathe Gebert (Hgg.), *Vernichtung durch Hunger. Der Holodomor in der Ukraine und der UdSSR*, Berlin (= Osteuropa, 12[2004]).
Sarnowski u. Zubar (1996): Tadeusz Sarnowski u. Vitalij Mihailovič Zubar, „Römische Besatzungstruppen auf der Südkrim und eine Bauinschrift aus dem Kastell Charax", *Zeitschrift für Papyrologie und Epigraphik*, 112, 229–234.
Sasse (2007): Gwendolyn Sasse, *The Crimea Question. Identity, Transition, and Conflict*, Harvard.
Sasse (2010): Gwendolyn Sasse, „Stabilität durch Heterogenität. Regionale Vielfalt als Stärke der Ukraine", in: *Osteuropa*, 60, Heft 2–4, 105–121.
Sauter (2000): Hermann Sauter, *Studien zum Kimmerierproblem*, Bonn (= Saarbrücker Beiträge zur Altertumskunde, 72). Online unter http://www.kimmerier.de/start.htm (11.07.2017).
Scatton (1993): Linda H. Scatton, *Mikhail Zoshchenko. Evolution of a Writer*, Cambridge.
Schaferdiek (1979): Knut Schaferdiek, „Wulfila. Vom Bischof von Gotien zum Gotenbischof", *Zeitschrift für Kirchengeschichte*, 90, 253–292.
Schama (1995): Simon Schama, *Landscape and Memory*, New York/London.
Schieder (1977): Theodor Schieder, *Staatensysteme als Vormacht der Welt 1848–1918*, Frankfurt a.M./Berlin/Wien (= Propyläen Geschichte Europas, 5).

Schimmelpenninck van der Oye (2010): David Schimmelpenninck van der Oye, *Russian Orientalism. Asia in the Russian Mind from Peter the Great to the Emigration*, New Haven u. a.

Schmitt J. (2016): Jochen Schmitt, „Der heilige Märtyrerbischof Clemens von Rom. Leben, Martyrium und Werk", *Theologisches*, 46, Heft. 1–2, Sp. 71–84.

Schnell (2012): Felix Schnell, *Räume des Schreckens. Gewalt und Gruppenmilitanz in der Ukraine 1905–1933*, Hamburg (= Studien zur Gewaltgeschichte des 20. Jahrhunderts).

Schorkowitz (2008): Dittmar Schorkowitz, *Postkommunismus und verordneter Nationalismus. Gedächtnis, Gewalt und Geschichtspolitik im nördlichen Schwarzmeergebiet*. Unter Mitwirkung von Vasile Dumbrava und Stefan Wiese, Frankfurt a. M.

Schur (1992): Nathan Schur, *History of the Karaites*, Frankfurt a. M. (= Beiträge zur Erforschung des Alten Testaments und des antiken Judentums, 28).

Schwarcz (2017): Iskra Schwarcz, „Das Krim-Khanat zwischen Konstantinopel, Wien und Moskau. Edition eines Dokuments", in: ÖZG, 28, Heft 1, 207–217.

Seaton (1977): Albert Seaton, *The Crimean War. A Russian Chronicle*, London.

Segal (1995): Ronald Segal, *The Black Diaspora. Five Centuries of the Black Experience Outside Africa*, New York.

Selov-Kovedjaev (1986): Fjodor V. Selov-Kovedjaev, „Die Eroberung Theodosias durch die Spartokiden", *Klio*, 68, Heft 2, 367–376.

Semin (1955): G.I. Semin, *Sevastopol'. Istoričeskij očerk* [Sevastopol'. Ein historischer Abriss], Moskva.

Senner (1999): Martin Senner, „Beutekunst und andere Trophäen. Streiflichter aus den französischen Krimkriegsakten", *Militärgeschichtliche Mitteilungen*, 58, 137–146.

Siegelbaum (2018): Lewis Siegelbaum, „Famine of 1946–1947", in: *Seventeen Moments in Soviet History. An Online Archive of Primary Sources*. Online unter http://soviethistory.msu.edu/1947–2/famine-of-1946–1947/ (Stand 09.08.2018).

Sievernich (2011): Michael Sievernich, Christliche Mission, in: *Europäische Geschichte Online* (EGO), hg. vom Institut für Europäische Geschichte (IEG), Mainz. Online unter http://ieg-ego.eu/de/threads/europa-und-die-welt/mission (Stand 19.01.2019).

Širokorad (2006): A.B. Širokorad, *Četyre tragedii Kryma* [Die vier Tragödien der Krim], Moskva.

Skorik (1995): A.P. Skorik u. a. (Hg.), *Vozroždenie kazačestva. Istorija i sovremmenost'* [Die Wiedergeburt des Kosakentums: Geschichte und Gegenwart], Novočerkassk.

Skorupa (1994): Dariusz, *Stosunki polsko-tatarskie 1595–1623* [Polnisch-tatarische Beziehungen 1595–1623], Warszawa.

Slezkine (1994): Yuri Slezkine, „The USSR as a Communal Apartment. Or How a Socialist State Promoted Ethnic Particularism", *Slavic Review*, 53, Heft 2, 414–452.

Slezkine (1997): Yuri Slezkine, „Naturalists versus Nations. Eighteenth-Century Russian Scholars Confront Ethnic Diversity", in: Daniel R. Brower u. Edward J. Lazzerini (Hgg.), *Russia's Orient. Imperial Borderlands and Peoples 1700–1917*, Indianapolis, 27–57.

Slobin (1992): Greta N. Slobin, „Revolution Must Come First. Reading V. Aksenov's Island of Crimea", in: Andrew Parker u. a. (Hgg.), „Nationalism and Sexualities", New York/London, 246–262.

Slocum (1998): John W. Slocum, „Who, and When, Were the Inorodtsy? The Evolution of the Category of ‚Aliens' in Imperial Russia", *Russian Review*, 57, Heft 2, 173–190.

Smolin (2012): A.V. Smolin, *Dva admirala. A.I. Nepenin i A.V. Kolčak v 1917 g.* [Zwei Admirale. A.I. Nepenin und A.V. Kolčak im Jahr 1917], S-Peterburg.

Snyder (2011): Timothy Snyder, *Bloodlands. Europa zwischen Hitler und Stalin*, München.
Soucek (2000): Svat Soucek, *A History of Inner Asia*, Cambridge.
Spuler (1965): Bertold Spuler, *Die Goldene Horde. Die Mongolen in Rußland 1223–1502*, 2. erweiterte Auflage, Wiesbaden.
Stachel u. Thomsen (2014): Peter Stachel u. Martina Thomsen (Hgg.), *Zwischen Exotik und Vertrautem. Zum Tourismus in der Habsburgermonarchie und ihren Nachfolgestaaten*, Bielefeld.
Stearns Jr. (2012): MacDonald Stearns Jr., „Das Krimgotische", in: Heinrich Beck (Hg.), *Germanische Rest- und Trümmersprachen*, Berlin/Boston (= Ergänzungsbände zum Reallexikon der Germanischen Altertumskunde, 3), 175–194.
Stender-Petersen (1986): Adolf Stender-Petersen, *Geschichte der russischen Literatur*, München.
Stepančuk (1999): V.N. Stepančuk, „Srednij paleolit Kryma. Industrial'nye tradicii vjurmskogo vremeni. Mnogoobrazie projavleniji, vozmožnye pričiny variabel'nosti" [Das Mittelpaläolithikum der Krim. Industrielle Traditionen der Würmzeit. Vielfalt der Erscheinungsformen, mögliche Ursachen für die Variabilität], *Vita Antiqua*, Heft 1. Online unter http://archaeology.kiev.ua/pub/stepanchuk.htm (Stand 09.09.2017).
Stickler (2007): Timo Stickler, *Die Hunnen*, München.
Stökl (1953): Günther Stökl, *Die Entstehung des Kosakentums*, München.
Stökl (1983): Günther Stökl, *Russische Geschichte von den Anfängen bis zur Gegenwart*, 4. Auflage, Stuttgart.
Strobel (1989): Karl Strobel, *Die Donaukriege Domitians*, Bonn (= Antiquitas. Reihe 1, 38).
Struve (2015): Kai Struve, *Deutsche Herrschaft, ukrainischer Nationalismus, antijüdische Gewalt. Der Sommer 1941 in der Westukraine*, Berlin u. a.
Subtelny (1993): Orest Subtelny, „Die Zeit der Het'mane (17.–18. Jahrhundert)", in: Golczewski (1993), 92–125.
Subtelny (2000): Orest Subtelny, *Ukraine. A History*, 3. Auflage, Toronto.
Sulimirski (1970): Tadeusz Sulimirski, *The Sarmatians*, London (= Ancient Peoples and Places, 73).
Suny (1972): Reginald G. Suny, *The Baku Commune 1917–18*, Princeton.
Szyszman (1989): Simon Szyszman, *Les Karaïtes d'Europe*, Uppsala.
Taagepera (1988), Rein Taagepera, „An Overview of the Growth of the Russian Empire", in: Michael Rywkin (Hg.), *Russian Colonial Expansion to 1917*, London, 1–7.
Tarle (1954): E.V. Tarle, *Gorod russkoj slavy. Sevastopol' v 1854–1855 gg.* [Stadt des russischen Ruhms. Sevastopol' in den Jahren 1854–1855], Moskva.
Tarle (1959): E.V. Tarle, *Krymskaja vojna* [Der Krimkrieg], 2 Bde., 4. Auflage, Moskva.
Tate (2003): Trudi Tate, „On Not Knowing Why. Memorializing the Light Brigade", in: Trudi Tate u. Helen Small (Hgg.), *Literature, Science, Psychoanalysis 1830–1970. Essays in Honour of Gillian Beer*, New York, 160–180.
Taylor (1982): Anne Taylor, *Laurence Oliphant 1829–1888*, New York.
Telesko (2014): W. Telesko, „Visualisierungsstrategien im Tourismus in der Spätphase der Habsburgermonarchie. Postkarten, Plakate und andere Bildmedien", in: Stachel u. Thomsen (2014), 31–46.
Toje (2006): Hege Toje, „Cossack Identity in the New Russia. Kuban Cossack Revival and Local Politics", *Europe-Asia Studies*, 58, Heft 7, 1057–1077.

Treue (1980): Wilhelm Treue, *Der Krimkrieg und die Entstehung der modernen Flotten*, 2. Auflage, Göttingen.
Troebst (2002): Stefan Troebst, „,Intermarium' und ,Vermählung mit dem Meer'. Kognitive Karten und Geschichtspolitik in Ostmitteleuropa", *Geschichte und Gesellschaft*, 28, Heft 3, 435–469.
Troebst (2007): Stefan Troebst, „Le Monde méditerrané – Südosteuropa – Black Sea World. Geschichtsregionen im Süden Europas", in: Frithjof Benjamin Schenk u. Martina Winkler (Hgg.), *Der Süden. Neue Perspektiven auf eine europäische Geschichtsregion*, Frankfurt a. M. u. a., 49–73 (sowie in: Stefan Troebst, Erinnerungskultur. Kulturgeschichte. Geschichtsregion. Ostmitteleuropa in Europa, Stuttgart 2013, 419–438).
Troebst (2017): Stefan Troebst, „Jalta als europäischer Erinnerungsort?", in: Ders., *Zwischen Arktis, Adria und Armenien. Das östliche Europa und seine Ränder*, Köln/Weimar/Wien, 343–352.
Trustam (1984): M. Trustam, *Women of the Regiment. Marriage and the Victorian Army*, Cambridge, U.K.
Tuna (2015): Mustafa Tuna, *Imperial Russia's Muslims. Islam, Empire, and European Modernity, 1788–1914*, Cambridge.
Tyaglyy (2011): Mikhail Tyaglyy, „Antisemitic Doctrine in the Tatar Newspaper Azat Kirim (1942–1944)", *Dapim. Studies on the Holocaust*, 25, Heft 1, 161–182.
Tych (1990): Feliks Tych, *Rok 1905* [Das Jahr 1905], Warszawa.
Tyszkiewicz (1989): Jan Tyszkiewicz, *Tatarzy na Litwie i w Polsce. Studia z dziejów XIII–XVIII w.* [Tataren in Litauen und Polen. Studien zur Geschichte des 13.–18. Jahrhunderts], Warszawa.
Tyszkiewicz (2002): Jan Tyszkiewicz, *Z dziejów Tatarów polskich. 1794–1944* [Aus der Geschichte der polnischen Tataren. 1794–1944], Pułtusk.
Uehling (2004): Greta Uehling, *Beyond Memory. The Crimean Tatars' Deportation and Return*, New York.
Uehling (2015): Greta Uehling, „The Crimean Tatars as Victims of Communism (Part I)", *Dissident*, 13.07.2015. Online unter http://blog.victimsofcommunism.org/the-crimean-tatars-as-victims-of-communism-part-i/ (Stand 09.08.2017).
Usyskin (2000): G.S. Usyskin, *Očerki istorii rossijskogo turizma* [Abriss der Geschichte des russischen Tourismus], S-Peterburg.
Vaneev (1983): G.I. Vaneev, „Predislovie" [Vorwort], in: Glavnoe Archivnoe upravlenie (1983), 5–24.
Vásáry (2012): István Vásáry, „The Crimean Khanate and the Great Horde (1440s – 1500s). A Fight for Primacy", in: Klein D. (2012a), 13–26.
Vasiliev (1936): Alexander A. Vasiliev (d.i. Aleksandr A. Vasil'ev), *The Goths in the Crimea*, Cambridge, Mass.
Vernadsky (1969): George Vernadsky, *A History of Russia. The Mongols and Russia*, New Haven u. a.
Vinogradov (1999): A.Ju. Vinogradov, „Apostol' Andrej i Černoe More. Problemy istočnikovedenija" [Apostel Andrej und das Schwarze Meer. Probleme der Quellenkunde], in: A.V. Podosinov (Hg.), *Drevnejšie gosurdarstva Vostočnoj Evropy. 1996–1997 gg.* [Die ältesten Staaten Osteuropas. 1996–1997], Moskva, 348–368.
Vinogradov u. Korobov (2015): A.Ju. Vinogradov u. M.I. Korobov, „Gotskie graffiti iz mangupskoj baziliki" [Gotische Graffiti aus der Manguper Basilika], *Srednie Veka* [Das

Mittelalter], 76, Heft 3-4, 57-75. Online unter http://www.gotica.de/boranicum.pdf (Stand 14.03.2017).
Vinogradov (2010): A.Ju. Vinogradov, „Ioann. Episkop Gotskij" [Johannes. Gothischer Bischof], in: *Pravoslavnaja Ėnciklopedija*. Pod redakciej Patriarcha Moskovskogo i vseja Rusi Kirilla, Moskva [Orthodoxe Enzyklopädie. Hrsg. vom Patriarchen der Moskauer und gesamten Rus' Kirill]. Online unter http://www.pravenc.ru/text/468987.html (Stand, 04.01.2018).
Vojtovyč (2009): Leontij V. Vojtovyč, *Formuvannja kryms'kotatars'koho narodu. Vstup do etnohenezu* [Die Formierung des krimtatarischen Volkes. Eine Einführung in die Ethnogenese], Bila Cerkva.
Völkl (1975): Ekkehard Völkl, *Das rumänische Fürstentum Moldau und die Ostslaven im 15. bis 17. Jahrhundert*, Wiesbaden.
Vozgrin (1992): V.E. Vozgrin, *Istoričeskie sud'by Krymskich Tatar* [Die historischen Geschicke der Krimtataren], Moskva.
Vozgrin (2013): Valerij Vozgrin, *Istorija krymskich tatar. Očerki ėtničeskoj istorii korennogo naselenija Kryma* [Geschichte der Krimtataren. Abhandlungen über die ethnische Geschichte der autochthonen Bevölkerung der Krim], 4 Bde., Simferopol'.
Vucinich (1972): Wayne S. Vucinich (Hg.), *Russia and Asia. Essays on the Influence of Russia on the Asian Peoples*, Stanford.
Weatherford (2004): Jack Weatherford, *Genghis Khan and the Making of the Modern World*, New York.
Weber (1998): Wolfgang Weber, „Historiographie und Mythographie. Oder: Wie kann und soll der Historiker mit Mythen umgehen?", in: Anette Völker-Rasor u. Wolfgang Schmale (Hgg.), MythenMächte. Mythen als Argument, Berlin, 65-97.
Wegner (2002): Bernd Wegner, „Einführung. Kriegsbedingung im Spannungsfeld zwischen Gewalt und Frieden", in: Ders. (Hg.), *Wie Kriege enden. Wege zum Frieden von der Antike bis zur Gegenwart*, Paderborn u.a., XI-XXVIII.
Weisband (1973): Edward Weisband, *Turkish Foreign Policy 1943-1945. Small State Diplomacy and Great Power Politics*, Princeton.
Wendland (1992): Folkwart Wendland, *Peter Simon Pallas (1741-1811). Materialien einer Biographie*, 2 Bde., Berlin/New York (= Veröffentlichungen der Historischen Kommission zu Berlin, 80).
Wenskus (1973): Reinhard Wenskus, „Alanen", in: *Reallexikon der Germanischen Altertumskunde* (RGA), Bd. 1, 2. Auflage, Berlin/New York, 122-126.
Wenskus (1977): Reinhard Wenskus, *Stammesbildung und Verfassung. Das Werden der frühmittelalterlichen gentes*, 2. unveränderte Auflage, Böhlau/Köln u.a.
Werner u. Zimmermann (2004): Michael Werner u. Bénédicte Zimmermann (Hgg.), *De la comparaison à l'histoire croisée*, Paris (= Le Genre humain, 42).
Wetzel (1985): David Wetzel, *The Crimean War. A Diplomatic History*, Boulder, CO u.a.
Wiederkehr (2007): Stefan Wiederkehr, *Die eurasische Bewegung. Wissenschaft und Politik in der russischen Emigration der Zwischenkriegszeit und im postsowjetischen Russland*, Wien.
Williams (2001): Brian G. Williams, *The Crimean Tatars. The Diaspora Experience and the Forging of a Nation*, Leiden/Boston/Köln (= Brill's Inner Asian Library, 2).
Winkelmann (2003): Arne Winkelmann, *Das Pionierlager Artek. Realität und Utopie in der sowjetischen Architektur der sechziger Jahre*, Dissertation zur Erlangung des akademischen Grades Doktor-Ingenieur an der Fakultät Architektur der Bauhaus-

Universität Weimar. Online unter http://e-pub.uni-weimar.de/opus4/frontdoor/index/index/docId/86 (Stand 14.03.2016).
Wittfogel (1957): Karl Wittfogel, *Oriental Despotism. A Comparative Study of Total Power*, New Haven 1957.
Witzenrath (2016): Christoph Witzenrath (Hg.), *Eurasian Slavery, Ransom and Abolition in World History*, Farnham u. a.
Wolff (1994): Larry Wolff, *Inventing Eastern Europe. The Map of Civilization in the Mind of the Enlightenment*, Stanford.
Wrochem (2006): Oliver von Wrochem, *Erich von Manstein. Vernichtungskrieg und Geschichtspolitik*, Paderborn.
Yalçiner u. a. (2004): Ahmet Yalçiner u. a., „Tsunamis in the Black Sea. Comparison of the historical, instrumental, and numerical data", *Journal of Geophysical Research*, 109, C12023. Online unter https://doi.org/10.1029/2003JC002113 (Stand 09.08.2018).
Yntema (2010): Douwe Yntema, „Die so genannte ‚Große griechische Kolonisation' und die Konstruktion einer ehrwürdigen Herkunft, in: Claudia Kraft, Alf Lüdtke u. Jürgen Martschukat (Hgg.), *Kolonialgeschichten. Regionale Perspektiven auf ein globales Phänomen*, Frankfurt/New York, 95–117.
Zajcev (2003): Ju.P. Zajcev, *Neapol' Skifskij (II v. do n. ė. – III v. n. ė.)* [Skythisches Neapolis (2. Jahrhundert v. Chr. – 3. Jahrhundert n. Chr.)], Simferopol'.
Zaliznjak (2008): A.A. Zaliznjak, „Problema podlinnosti ‚Slova o polku Igoreve'" [Das Problem der Authentizität des „Igor-Lieds"], *Mir istorii* [Welt der Geschichte], Heft 1. Online unter http://www.historia.ru/2008/01/slovo.htm (Stand 1.12.2017).
Zaytsev (2010): Ilya Zaytsev, „The Crimean Khanate between Empires. Independence or Submission", in: Plamen Mitev u. a. (Hgg.), *Empires and Peninsulas. Southeastern Europe between Karlowitz and the Peace of Adrianople. 1699–1829*, Berlin, 25–28.
Zelepos (2007): Ionnanis Zelepos, Griechische Siedler aus dem Schwarzmeerraum in Neurußland seit der Frühen Neuzeit und Pontosgriechen in Griechenland seit dem Ende des Zweiten Weltkriegs, in: Bade u. a. (2007), 617–622.
Zelepos (2015): Ioannis Zelepos, „Griechischer Unabhängigkeitskrieg 1821–1832", in: *Europäische Geschichte Online* (EGO), hg. vom Leibniz-Institut für Europäische Geschichte (IEG), Mainz. Online unter http://ieg-ego.eu/de/threads/europaeische-medien/europaeische-medienereignisse/ioannis-zelepos-griechischer-unabhaengigkeitskrieg-1821–1829 (Stand 14.03.2018).
Zenkovsky (1960): Serge A., *Pan-Turkism and Islam in Russia*, Cambridge, Mass.
Zetterberg (1978): Seppo Zetterberg, *Die Liga der Fremdvölker Rußlands 1916–1918. Ein Beitrag zu Deutschlands antirussischem Propagandakrieg unter den Fremdvölkern Rußlands im Ersten Weltkrieg*, Helsinki.
Zhivkov (2015): Boris Zhivkov, *Khazaria in the Ninth and Tenth Centuries*, Leiden/Boston.
Žiromskaja (2004): V.B Žiromskaja, „Problema krasnogo i belogo terrora 1917–1920 godov v otečestvennoj istoriografii" [Das Problem des roten und weißen Terrors von 1917–1920 in der vaterländischen Geschichtsschreibung], *Trudy Insitituta rossijskoj istorii* [Arbeiten des Instituts für russländische Geschichte], 4, 240–265.
Zorin (2001): Andrej Zorin, *Kormja dvuglavogo orla... Literatura i gosudarstvennaja ideologija v Rossii v poslednej treti XVIII – pervoj treti XIX veka* [Den zweiköpfigen Adler nährend... Literatur und Staatsideologie in Russland im letzten Drittel des 18. bis ins erste Drittel des 19. Jahrhunderts], Moskva.

Žukov (1955): E.M. Žukov (Hg.), *Vsemirnaja istorija* [Weltgeschichte], Bd. 2, Moskva.

Zeitungsartikel

Adler (2016): Sabine Adler, „Politischer Song gewinnt ESC", *Deutschlandfunk*, 15.05.2016. Online unter https://www.deutschlandfunk.de/jamala-1944-politischer-song-gewinnt-den-esc.1766.de.html?dram:article_id=354204 (Stand 09.09.2018).

Ballin (2018): André Ballin, „Krim-Krise eskaliert. Russland sperrt Straße von Kertsch", *Der Standard*, 25.11.2018. Online unter https://derstandard.at/2000092245089/Russisches-Schiff-rammt-ukrainischen-Marineschlepper (Stand 20.12.2018).

Bayer (2016): Felix Bayer, „ESC-Siegerin Jamala. Die Ukraine und ihr trauriges Lied von der Krim", *Spiegel online*, 15.05.2016. Online unter http://www.spiegel.de/kultur/musik/eurovision-song-contest-die-ukraine-und-ihr-trauriges-lied-von-der-krim-a-1092448.html (Stand 09.09.2018).

Birger (2015): Oliver Birger, „Kertsch. Eine patriotische Brücke für die Krim", *Zeit online*, 13.03.2015. Online unter https://www.zeit.de/politik/ausland/2015-03/krim-kertsch-faehre-bruecke (Stand 19.01.2018).

Crimea blockade (2017): „Crimea blockade activists to form volunteer battalion", *Ukrinform. Ukrainian Multimedia Platform for Broadcasting*, 26.12.2017. Online unter https://www.ukrinform.net/rubric-defense/1937109-crimea-blockade-activists-to-form-volunteer-battalion.html (Stand 19.01.2018).

Eichhofer (2014): André Eichhofer, „Krimtataren auf der Flucht im eigenen Land", in: *Die Welt*, 06.05.2014. Online unter https://www.welt.de/politik/ausland/article127659418/Krimtataren-auf-der-Flucht-im-eigenen-Land.html (Stand 19.01.2018).

Esch (2018): Christian Esch, „Luft abgeschnürt", *Der Spiegel*, 49, 90–92.

Galustjan u.a. (2015): Artem Galustjan u.a., „Krimskotatarskoe ėgo. „Ъ" v tečenie goda sledil za tem, kak krymskie tatary privykajut k rossijskoj dejstvitel'nosti" [Das krimtatarische Ego. „Ъ" verfolgte während eines Jahres, wie sich Krimtataren an die russländische Tatsache gewöhnen], *Kommersant* [Der Geschäftsmann], 23.03.2015. Online unter http://kommersant.ru/projects/crimeantatars (Stand 16.02.2016).

Gerste (2004): Ronald D. Gerste, „50 Millionen Europäer starben im Mittelalter an Pest", *Ärzte-Zeitung*, 153, 15.

Gnauck (2015): Gerhard Gnauck, „Ukrainische Filmtage. Der Star schmachtet noch in Putins Gefängnis", *Die Welt*, 01.07.2015. Online unter https://www.welt.de/kultur/kino/article143408263/Der-Star-schmachtet-noch-in-Putins-Gefaengnis.html (Stand 14.03.2017).

Hipp (2014): Dietmar Hipp, „Krim-Krise. ‚Der Westen ist scheinheilig'. Der Völkerrechtler Bruno Simma über die Rechtsverstöße Russlands, die Logik Putins und die Fehler der EU", *Der Spiegel*, 15, 07.04.2014. Online unter http://www.spiegel.de/spiegel/print/d-126393766.html (09.09.2018).

Höller (2015): Herwig G. Höller: „Russland. Wann die Krim-Annexion wirklich begann", *Zeit online*, 16.03.2015. Online unter http://www.zeit.de/politik/ausland/2015-03/krim-annexion-leonid-gratsch-putin (09.12.2017).

Hoppe (2016): Hans-Joachim Hoppe, „Die Brücke von Kertsch", *Eurasisches Magazin*, 01.01.2016. Online unter https://www.eurasischesmagazin.de/artikel/Russland-will-ueber-die-Strasze-von-Kertsch-eine-Bruecke-zur-Krim-bauen/14007 (Stand 09.08.2017).

Kalnyš u. Solov'ev (2008): Valerij Kalnyš u. Vladimir Solov'ev, „Juriju Lužkovu perekryli Ukrainu. Mėr Moskvy ob"javlen personoj non grata" [Jurij Lužkov bleibt die Ukraine verschlossen. Der Moskauer Bürgermeister wird zur Persona non grata erklärt], *Kommersant* [Der Geschäftsmann], 13.05.2008. Online unter https://www.kommersant.ru/doc/890983 (Stand 09.09.2018).

Kiew (2014): „Kiew ordnet Kampfbereitschaft an", *Neue Zürcher Zeitung*, 02.03.2014. Online unter https://www.nzz.ch/kiew-ordnet-kampfbereitschaft-an-1.18254373 (Stand 14.03.2017).

Klußmann (2014): Uwe Klußmann, „Krim-Statut. Warum Russland an Sewastopol festhält", *Spiegel online*, 05.03.2014. Online unter http://www.spiegel.de/politik/ausland/krim-statut-warum-russland-am-schwarzmeerhafen-sewastopol-festhaelt-a-956815.html (Stand 14.03.2016).

Krekeler (2014): Elmar Krekeler, „Die Russen kommen – und das ist auch gut so", *Die Welt*, 17.11.2014. Online unter https://www.welt.de/kultur/literarischewelt/article134400463/Die-Russen-kommen-und-das-ist-auch-gut-so.html (Stand 14.03.2017).

Krim (2016): „Krim. Ukraine verurteilt russisches Verbot der Krimtatarenorganisation", *Zeit online*, 19.04.2016. Online unter https://www.zeit.de/politik/ausland/2016-04/krim-selbstverwaltung-russland-verbot-ukraine-proteste (19.01.2018).

Krim-Krise (2014): „Krim-Krise. Altkanzler Schmidt verteidigt Putins Ukraine-Kurs", *Spiegel online*, 26.03.2014. Online unter http://www.spiegel.de/politik/ausland/helmut-schmidt-verteidigt-in-krim-krise-putins-ukraine-kurs-a-960834.html (Stand 19.01.2018).

Krymskij telekanal (2015): „Krymskij telekanal ATR prekratil veščanie iz-za problem s registraciej SMI" [Krim-Sender ATR stellte Programm wegen Problemen mit der Medienregistrierung ein], in: *RBK*, 01.04.2015. Online unter https://www.rbc.ru/rbcfreenews/551b336a9a7947382b568817 (19.01.2018).

Kuhn (2001): Nicola Kuhn, „Der Absturz, ein Künstlermythos. Von Joseph Beuys' Schlüsselerlebnis auf der Krim bleibt am Ende wenig. Und dennoch lebt das Erbe der Tataren in seinem Werk", *Der Tagesspiegel* (Berlin), 04.05.2001.

Morozov (2016): Dmitrij Morozov, „Ekaterina Bakunina – Gordost' Tverskoj zemli" [Ekaterina Bakunina – Stolz der Erde von Tver'], 03.03.2016, *Kraj spravedlivosti. Informacionno-analitičeskij portal* [Gebiet der Gerechtigkeit. Informations-analytisches Portal]. Online unter http://ks-region69.com/easyblog/28401-ekaterina-bakunina-gordost-tverskoj-zemli (Stand 09.08.2017).

Petrov (2004): Sergej Petrov, „Novye vremena Sevastopol'skogo torgovogo" [Neue Zeiten des Sevastopol'er Handels], *Porty Ukrainy* [Häfen der Ukraine], 45, Heft 1. Online unter http://portsukraine.com/node/1319 (Stand 09.08.2016).

Pro-Russia Groups (2010): „Pro-Russia Groups Want Crimean Tatar Bodies Disbanded", *Radio Free Europe/Radio Liberty*, 26.04.2010. Online unter https://www.rferl.org/a/ProRussia_Groups_Want_Crimean_Tatar_Bodies_Disbanded/2004234.html (Stand 09.08.2016).

Pupčenko u. Dremova (2007): Anna Pupčenko u. Natal'ja Dremova, „Jurij Lužkov poobeščal Krymu milliony" [Jurij Lužkov versprach der Krim Millionen], *KP v Ukraine* [KP in der Ukraine], 22.02.2007. Online unter https://kp.ua/politics/1228-yuryi-luzhkov-poobeschal-krymu-myllyony (Stand 30.11.2018).

Putin (2014): „Putin. Dlja Rossii Krym imeet sakral'noe značenie" [Putin. Für Russland hat die Krim eine sakrale Bedeutung], *Grani.Ru – eževnevnaja internet-gazeta* [Grani.Ru – Internet-Tageszeitung], 04.12.2014. Online unter http://grani.ru/Politics/Russia/President/m.235628.html (Stand 09.08.2017).

Rubljow (2017): Anatolij Rubljow, „Krimtataren (qırımlı) zwischen Kampf und Überleben. Wie Moskau die Krimtataren bricht. Übersetzt von Annegret Becker", *Ukraine-Nachrichten. Die Ukraine im Spiegel ihrer Presse*, 14.03.2017. Online unter https://ukraine-nachrichten.de/krimtataren-q%C4%B1r%C4%B1ml%C4%B1-zwischen-kampf-%C3%BCberleben-wie-moskau-krimtataren-bricht_4600 (Stand 19.01.2018).

Russkij Krym (2003): *Russkij Krym*, Nr. 7(45), April 2003.

Russland-Politik (2014): „Russland-Politik. Ex-SPD-Chef Platzeck will Annexion der Krim anerkennen", *Spiegel online*, 18.11.2014. Online unter http://www.spiegel.de/politik/deutschland/ukraine-krise-matthias-platzeck-will-legalisierung-krim-annexion-a-1003646.html (Stand 19.01.2018).

Schmidt (2014): Friedrich Schmidt, „Die Krim und die ukrainische Krise. Ruf nach dem großen Bruder", *Frankfurter Allgemeine Zeitung*, 20.02.2014.

Schuller (2007): Konrad Schuller, „Tataren im Pfirsichgarten. Die von Stalin deportierten Krimtataren kehren zurück, zum Missfallen der Russen", *Frankfurter Allgemeine Zeitung*, 11.09.2007.

Shuster (2014): Simon Shuster, „Putin's Man in Crimea is Ukraine's Worst Nightmare", *Time*, 10.03.2014. Online unter http://time.com/19097/putin-crimea-russia-ukraine-aksyonov/ (Stand 14.03.2017).

Sočnev (2016): Aleksej Sočnev, „Ot šariata k Evrope. Počemu Krym vošel v sostav Rossijskoj imperii v XVIII veke" [Von der Scharia nach Europa. Warum die Krim im 18. Jahrhundert Teil des Russländischen Reiches wurde], *Lenta.ru*, 09.04.2016. Online unter https://lenta.ru/articles/2016/04/09/krymskoe_khanstvo/ (Stand 20.04.2018).

Spannung (2003): „Spannung am Schwarzen Meer", Der Spiegel, 33, 93.

Tjuljakov (2014):, Sergej P. Tjuljakov, „Geroj dvuch vojn. Komandir ‚Potemkina' byl ubit v chode bunta, pričiny kotorogo do sich por nejasny" [Ein Held zweier Kriege. Der Kommandant der ‚Potemkin' wurde während eines Aufruhrs getötet, dessen Gründe bislang noch unklar sind], *Nezavisimoe voennoe obozrenie* [Unabhängige militärische Rundschau], 20.06.2014. Online unter http://nvo.ng.ru/history/2014-06-20/12_hero.html (Stand 09.08.2018).

Tymčenko (2014): Zinaïda Tymčenko, „Pivnično-Kryms'kyj kanal. Istorija budivnyctva" [Der Nord-Krim-Kanal. Geschichte des Baus], *Ukraïns'ka Pravda* [Ukrainische Wahrheit], 13.05.2014. Online unter http://www.istpravda.com.ua/articles/2014/05/13/142692/view_print/ (Stand 09.08.2016).

Veser (2015): Reinhard Veser, „Hellsichtiger Krim-Roman. Es war einmal eine Insel voller Glück", *Frankfurter Allgemeine Zeitung*, 16.03.2015. Online unter, http://www.faz.net/aktuell/feuilleton/buecher/wassili-aksjonows-prophetischer-roman-die-insel-krim-13484761.html?printPagedArticle=true#pageIndex_0 (Stand 09.12.2017).

Veser (2017): Reinhard Veser, „Abgerissene Verbindungen. Die Krim-Bewohner und wie sie die Welt sehen – drei Jahre nach der russischen Annexion", *Frankfurter Allgemeine Zeitung*, 16.11.2017. Online unter http://www.faz.net/aktuell/politik/ausland/wie-die-krim-bewohner-nach-der-annexion-die-welt-sehen-15294143.html (Stand 20.02.2018).

Internet-Quellen

Amet-Chan (2018): „Amet-Chan, Sultan", in: *Vikipedija*. Online unter https://ru.wikipedia.org/wiki/Амет-Хан,_Султан (Stand 14.03.2017). Siehe die englische Version unter https://en.wikipedia.org/wiki/Amet-khan_Sultan (Stand 14.03.2017).

Artek (2018): *Website des Pionierlagers Artek*. Online unter https://artek.org/?ID=301101 (Stand 23.11.2018).

Bachčisarajski zapovednik (2018): *Oficial'nyj sajt Bachčisarajskogo istoriko-kul'turnogo zapovednika* [Offizielle Seite des Bachčisarajer historisch-kulturellen Reservats]. Online unter http://handvorec.ru/ (Stand 20.02.2018)

Chanskij dvorec (2018): „Chanskij dvorec (Bachčisaraj)", in: *Vikipedija*. Online unter https://ru.wikipedia.org/wiki/Ханский_дворец_(Бахчисарай) (Stand 20.02.2018).

Charta (2018): „Charta der Vereinten Nationen", in: *Website des Regionalen Informationszentrums der Vereinten Nationen für Westeuropa*. Online unter https://www.unric.org/html/german/pdf/charta.pdf (09.09.2018).

Ėndel' (2014): Marija Ėndel', „Krym i Solomon Krym" [Die Krim und Solomon Krym], in: booknik, 27.03.2014. Online unter http://booknik.ru/yesterday/lost-books/krym-i-solomon-krym/ (Stand 14.03.2018).

Ežov u. a. (2016): V.N. Ežov, A.N. Buzni u. I.G. Matčina, „Vinogradarstvo i vinodelie Kryma. Včera i segodnja" [Weinanbau und Weinherstellung der Krim. Gestern und heute]. Online unter http://www.info.crimea.edu/crimea/ac/8/1_1.html (Stand 09.08.2016).

Filėlliny (2018): „Filėlliny", in: Vikipedija. Online unter https://ru.wikipedia.org/wiki/Филэллины (Stand 14.03.2018).

Gesellschaft für bedrohte Völker (2017): *Drei Jahre Annexion der Krim (2014–2017). Systematische Verfolgung der Krimtataren dauert an. Memorandum der Gesellschaft für bedrohte Völker*, Februar 2017.Online unter https://www.gfbv.de/fileadmin/redaktion/Reporte_Memoranden/2017/Memorandum_Drei_Jahre_Krim.pdf (Stand 19.01.2018).

Haytarma (2015): „Film Haytarma", in: *Youtube*, 15.05.2015 Online unter https://www.youtube.com/watch?v=f181jS4_egs (Stand 09.09.2018).

Iron Maiden (2009): „IRON MAIDEN Like You've Never Heard Them Before!", in: *Blabbermouth.net*, 20.07.2009. Online unter http://www.blabbermouth.net/news/iron-maiden-like-you-ve-never-heard-them-before/ (Stand 14.03.2018).

Jamala (2017): „Jamala – 1944", in: *Lyrics Translate*, 28.12.2017. Online unter https://lyricstranslate.com/de/1944-1944.html-5 (Stand 09.09.2018).

Koška (2017): „Koška, Pëtr Markovič", in: *Wargaming.net. Wiki*, 29.01.2017. Online unter http://wiki.wargaming.net/ru/Navy:Кошка,_Пётр_Макович (Stand 09.09.2018).

Krimkhanat (2008): „Das frühneuzeitliche Krimkhanat (16.–18. Jahrhundert) zwischen Orient und Okzident, 31.03.2008 – 01.03.2008 München", in: H-Soz-Kult, 25.03.2008. Online unter https://www.hsozkult.de/event/id/termine-8968 (Stand 12.03.2018).

Krym (2017): „Krym. Put' na Rodinu" [Die Krim. Der Weg in die Heimat], Sendung von Andrej Kondrašov. Online unter http://russia.tv/brand/show/brand_id/59195 (Stand 14.03.2017).

Krymskij krizis (2018): „Krymskij krizis" [Die Krim-Krise], in: *Vikipedija*. Online unter https://ru.wikipedia.org/wiki/Крымский_кризис (Stand 09.09.2018).

Memorandum (2014): „Memorandum on Security Assurances in connection with Ukraine's accession to the Treaty on the Non-Proliferation of Nuclear Weapons", in: *Wikipedia*,

07.03.2014. Online unter https://en.wikisource.org/wiki/Ukraine._Memorandum_on_Security_Assurances (Stand 14.03.2014).

Museum (2018): *Website des Museums für Amet Han-Sultan*. Online unter http://www.krtmuseum.com.ua/poster/muzei-dvazhdy-geroya-sovetskogo-soyuza-amet-khana-sultana (seit Oktober 2018 nicht mehr abrufbar).

Neapolis Scythian (2017): Homepage des „Historical and archeological reserve NEAPOLIS SCYTHIAN." Online unter http://neapolis-scythian.ru/english/history.html (Stand 24.11.2017).

Nikolaus Kleemann (2018): „Nikolaus Ernst Kleemann", in: *CERL Thesaurus. Das Tor zum gedruckten europäischen Kulturerbe*. Online unter https://thesaurus.cerl.org/record/cnp01413100 (Stand 02.01.2018).

Obraščenie (2014): „Obraščenie Prezidenta Rossijskoj Federacii" [Ansprache des Präsidenten der Russländischen Föderation], 18.03.2014, in: *Oficial'nyj sajt Prezidenta Rossii* [Offizielle Website des Präsidenten Russlands]. Online unter http://www.kremlin.ru/events/president/news/20603 (Stand 09.08.2017).

Opfer (2014): „Die Opfer des 1. Weltkriegs", in: wiki.sah, 22.10.2014. Online unter http://www.science-at-home.de/wiki/index.php/Die_Opfer_des_1._Weltkriegs (Stand 04.09.2018).

Šapoval (2009): Jurij Šapoval, „Krymskaja ėpopeja" [Das Krim-Epos], in: *Radio ėcho Moscky. Dorogoj naš Nikita Sergeevič* [Radio Echo Moskau. Unser lieber Nikita Sergeevič], 11.10.2009. Online unter https://echo.msk.ru/programs/hrushev/625392-echo (Stand 09.09.2018).

Šmidt (2018): „Šmidt, Pëtr Petrovič", in: Vikipedija. Online unter https://ru.wikipedia.org/wiki/Шмидт,_Пётр_Петрович (Stand 24.08.2018).

Stomporowski (2018): Sava Stomporowski, „Der Vorfall von Kertsch und die Grüne Haltung zur Ukraine. Die Krim-Brücke als Anlass für weitere Militarisierung", in: *planet first. Unabhängige Grüne Linke*, 2. überarbeitete Version vom 04.12.2018. Online unter https://www.gruene-linke.de/2018/12/01/hintergruende-der-kertsch-krise-russland-ukraine/ (Stand 20.12.2018).

Tagungsbericht (2015): „Tagungsbericht. Der Wiener Kongress und seine Folgen. Großbritannien, Europa und der Friede im 19. und 20. Jahrhundert, 03.09.2015–05.09.2015 Coburg", in: H-Soz-Kult, 30.11.2015. Online unter https://www.hsozkult.de/conferencereport/id/tagungsberichte-6254 (Stand 19.06.2018).

Traité (1856): *Traité de paix signé à Paris le 30 mars 1856 entre la Sardaigne, l'Autriche, la France, le Royaume Uni de la Grande Bretagne et d'Irlande, la Prusse, la Russie et la Turquie*, Milan 1856. Online unter http://reader.digitale-sammlungen.de/de/fs1/object/display/bsb10557776_00005.html (Stand 14.03.2018).

Treppenszene (2018): „Treppenszene" in Sergej Ėjzenštejns Film „Panzerkreuzer ‚Potemkin'". Online unter http://cinema.arte.tv/de/artikel/die-treppenszene-aus-panzerkreuzer-potemkin (Stand 14.03.2018).

UNESCO (2013): UNESCO. Memory of the World Register, „Evliya Çelebi's ‚Book of Travels' in the Topkapi Palace Museum Library and the Süleymaniye Manuscript Library", 2013. Online unter http://www.unesco.org/new/en/communication-and-information/flagship-project-activities/memory-of-the-world/register/full-list-of-registered-heritage/registered-heritage-page-3/evliya-celebis-book-of-travels-in-the-topkapi-palace-museum-library-and-the-sueleymaniye-manuscript-library/ (Stand 19.01.2018).

United Nations (2007): *United Nations Declaration on the Rights of Indigenous Peoples*, 13.09.2007. Online unter http://www.un.org/esa/socdev/unpfii/documents/DRIPS_en.pdf (Stand 09.08.2017)

United Nations (2013): *The United Nations Declaration on the Rights of Indigenous Peoples. A Manual for National Human Rights Institutions*, August 2013. Online unter https://www.ohchr.org/documents/issues/ipeoples/undripmanualfornhris.pdf (Stand 09.09.2017).

Zemletrjasenie (2009): „Zemletrjasenie 1927 goda i vosstanovlenie Alušti" [Das Erdbeben von 1927 und die Restaurierung Aluštas], in: *Sait pro Balaklavu i AR Krym* [Website über Balaklava und die AR Krym], 02.11.2009. Online unter http://balaklava.ucoz.net/news/zemletrjasenie_1927_goda_i_vosstanovlenie_alushty/2009-11-02-17 (Stand 09.08.2018).

Personenregister

Achmatova, Anna 89
Agamemnon 13 f.
Ahmed III. 157
Aksenov, Sergej V. 315 f., 319
Aksënov, Vasilij P. 6
Albrecht, Stefan 81, 88, 92–94, 97 f.
Alexander, Herrscher der Krim-Gotthia 111
Alexander I. 30, 174
Alexander II. 212, 217, 219, 222, 224, 229
Alexej Michajlovič („der Sanftmütigste" [russ. Tišajšij]) 140, 152, 161, 292
Alexios Angelos 79
Alexios I., Fürst von Theodoro 94 f., 100
Amit, Ėmil' 285
Andreas, Apostel 23, 55
Anna Ivanovna 157, 161
Anna Porphyrogenneta 25, 69
Aqçura, Yosıf (russ. Jusuf Akčurin) 230
Arktinos von Milet 43
Artamonov, M. I. 60
Artemis/Diana 13 f.
Artus 18
Ascherson, Neal 7, 16, 41–42, 87 f., 139, 201
Augustynowicz, Christoph 3, 17
Aust, Martin 245 f.

Bakunin, Michail 211
Bakunina, Ekaterina M. 211
Basileus II., Kaiser von Byzanz 25
Batu Chan 74 f., 118
Bauer, Otto 261
Baumgart, Winfried 207, 219
Baybars 86
Beauplan, Guillaume le Vasseur de 137, 139
Belyj, Andrej 26
Bersenev, Ivan, ein russischer Kapitän 178
Beuys, Joseph 10 f.
Bikeç, Dilâra (russ./ukr. Diljara Bikeč), Favoritin des Kırım Giray 26
Binhack, Franz 149 f., 159
Bixby, Figur aus Tom Clancys Thriller „Command Authority" 313

Bloch, Marc 191
Bogdanov, N. 248
Bonifatius von Montferrat 79
Brandes, Detlef 180 f., 196 f., 199
Brandes, Wolfram 63
Brătianu, Gheorghe I. 80 f., 87
Brežnev, Leonid 283
Broniewski, Marcin 97 f., 101, 103, 111, 116, 126, 128 f., 141, 144 f.
Busbecq, Ogier Ghislain de 20
Busir Glavan (russ./ukr. Ibuzir Gljavan) 62

Cadot, Michel 31
Camaladinova, Susana (Jamala [krimtat. Camala; ukr./russ. Džamala]) 281 f.
Čechov, Anton P. 26, 221
Çelebi, Evliyâ (Mehmed Zilli) 105 f., 117, 123, 144
Çelebicihan, Noman 241, 250–253, 321
Cemilev, Mustafa (ukr. Mustafa Džemiljev; russ. Mustafa Džemilev) 302, 308, 310, 319
Chalmers, Martin 221 f.
Chartachaj, F. 114
Chmel'nyc'kyj, Bohdan 138, 140, 151
Chruščev, Nikita 283, 294 f., 300
Churchill, Winston 291, 293, 327
Čičerin, Georgij V. 256
Činggis Qaγan (Dschingis Chan) 74, 89, 98, 100, 110, 116, 118, 122
Clancy, Tom 313 f., 317
Clemens von Rom (Clemens Romanus) 55 f.
Çoban-zade, Bekir 276
Craven, Elizabeth 173 f., 183
Çubarov, Refat 310, 319
Curtiz, Michael 206
Cvetaeva, Marina 26
Czerwonnaja, Swetlana 26, 285

Dan, Anca 44 f.
Daša Aleksandrova „Sevastopol'skaja" (Dar'ja L. Michajlova) 211
Denikin, Anton I. 244

Deržavin, Gavrila R. 181
Devlet Giray 120 f.
Devlet II. Giray 156 f.
Devlet IV./III. Giray 164–166
Dimitrov, Georgi 299
Diophantes, pontischer Feldherr 48
Dolgorukov, Vasilij M. 162
Domitian 50
Dorošenko, Dmytro 256
Dorošenko, Petro 153
Dufaud, Grégory 260, 267 f.
Dula, Alanen-Fürst 18

Edigü (Idiqu) 92 f., 99
Ėjzenštejn, Sergej 237
Elektra 14
Elena Pavlovna 210
Elisabeth Petrovna 160
Eminek (russ. auch Imenek) 108
Ephoros von Kyme 34
Ermanarich 53
Euripides 13–15, 33, 290
Eusebius von Caesarea 23, 56

Feferman, Kiril 279 f.
Fenton, Roger 209
Ferdinand I. 20
Figes, Orlando 159, 207, 218, 220
Fisher, Alan 99, 101, 108 f., 121, 123, 127–131, 143 f., 147 f., 152, 158, 164 f., 168, 241, 264 f.
Flynn, Errol 206
Ford, Harrison 313

Gagarin, Jurij 299
Gajdukevič, Viktor F. 38 f.
Galachov, Sergej P. 225
Ğani Beg (Dschani Beg) 88
Gaspıralı, İsmail (russ. Ismail Gasprinskij) 230–232, 238–240, 242, 327
Gaspıralı, Şefiqa (russ. Šefika Gasprinskaja) 231
Gnauck, Gerhard 286
Goethe, Johann Wolfgang von 9, 13–15, 31, 193, 222
Golden, P.B. 60 f.
Golicyn, Vasilij V. 154 f.

Golikov, Evgenij N., ein russischer Kapitän 236
Gorbačev, Michail 300, 303 f., 308
Gorizontov, Leonid E. 220
Gorki, Maksim 271
Grigorenko, Petr (ukr. Petro Hryhorenko) 302 f.
Grillparzer, Franz 290
Gumilëv, Lev N. 89

Hacı I. Giray 99–103, 106 f., 114, 117
Hadrian II. 55
Hammer-Purgstall, Joseph Freiherr von 29, 105, 154 f., 158
Havilland, Olivia de 206
Helbig, Georg Adolf von 175
Hentig, Werner Otto von 277
Herdick, Michael 81, 88, 92–94
Herodot 2, 11, 14, 33–35, 40, 43, 68
Herzen, Alexander (Gercen) 217
Hildermeier, Manfred 245
Himmler, Heinrich 279
Hitler, Adolf 9, 21, 251, 274, 276 f., 292
Ho Chi Minh 299
Hofmeister, Ulrich 3, 230
Holderness, Mary 183–185, 193 f., 196–201
Hösch, Edgar 159–161
Hromenko, Serhiy 282–284, 287
Hunor 18
Hürter, Johannes 276
Hüseynzadə, Əli bəy (russ. Ali-bek Gusejnzade) 230

Iason 289
Ibn Baṭūṭah 77
İbraimov, Veli (Ibragimov) 267 f., 273
Igel'strom, Osip A. (Otto Heinrich Igelström) 179
Igor, Fürst 73 f.
Ilf, Ilja (d.i. Iechiel Lejb Fajnzil'berg) 266
Innozenz III., Papst 78 f.
Iphigenie 9, 13–15, 175, 193
Isaac, Thronerbe der Krim-Gotthia 111
Islam III. Giray 140
İslâmov, Lenur Edem oğlu 320 f.
Istomin, Vladimir I. 272

Ivan III. 122
Ivan IV. („der Schreckliche")   98, 121 f., 128, 152
Ivanics, Mária   101

Jahn, Hans Henny   290
Jakobson, Anatolij L.   9, 63, 145
Janukovyč, Viktor   308 f., 314
Jaroslav I. („Mudryj" [der Weise])   68
Jarovinskij, B.L.   238
Jena, Detlef   168 f., 214
Johannes, Bischof von Krim-Gotthia   63 f.
Jordanes   51–53
Joseph II.   171–173
Joyce, James   48
Juščenko, Viktor   309, 312, 318
Justinian II., Kaiser von Byzanz   61 f.

Kadios/Kadmos, Bischof von Bosporus (Kerč')   56
Kapiton, ein Kirchenmann aus Chersones   56
Kappeler, Andreas   3, 138 f. 315
Karamzin, Nikolaj M.   121 f.
Karl Alexander, Markgraf von Ansbach und Bayreuth   173 f.
Karl XII.   157
Kasack, Wolfgang   290
Katharina II.   8, 142, 160–169, 171 f., 174, 176, 178, 181 f., 187–189, 194, 199, 224, 229, 291, 327
Kazimir, Großfürst von Litauen   100
Khodarkovsky, Michael   128
King, Charles   80, 159, 308, 312
Kinsky, Esther   221 f.
Kirimal, Edige (siehe Qırımal, Mustafa Edige)
Kırım Giray (häufig auch „Krim-Giray")   26, 115, 158
Kizilov, Mikhail   130 f.
Kleemann, Nikolaus Ernst   115–117
Klenke, C.L. v.   182
Ključevskij, Vasilij O.   24, 71, 158, 163
Klytämnestra   14
Knjažević, Nikolaj   248
Kolčak, Aleksandr V.   236
Konstantin I. („der Große")   56

Konstantin (Kyrill), Slavenmissionar   23 f., 55, 60
Konstantin V.   64
Konstantin VII.   64, 67
Konstantin VIII.   25
Konstantinov, Vladimir A.   315
Korf, ein russischer General   218
Kornilov, Vladimir A.   272
Koška, Pëtr M.   271 f.
Kostomarov, Mykola (russ. Nikolaj)   32
Krasin, Viktor   302
Kraus, Hans-Christof   206
Križanić, Juraj   152
Krym, Solomon   257 f.
Kučma, Leonid   311
Kühlmann, Richard von   254
Kun, Béla   244
Kunz, Norbert   21, 274, 278, 283
Kurja, Fürst der Pečenegen   68

Ladygin, Dmitrij   160
Lazarev, Michail P.   272
Lazzerini, Edward L.   167, 191, 227 f.
Lemercier-Quelquejay, Chantal   263
Lenin (Vladimir I. Ul'janov)   9, 225, 261, 270
Leukon I.   47
Lichačëv, Dmitrij S.   73
Ligne, Charles Joseph François de   175
Litavrin, G.G.   81
Littleton, Scott C.   18
Löwe, Richard   112 f.
Luc, Jean de   125–127, 133 f.
Lučnikov, Andrej   6
Ludendorff, Erich   251, 254, 257
Lužkov, Jurij   307
Lyžyčko, Ruslana   281

Magocsi, Paul Robert   9, 35, 74, 77, 147
Magog   18
Magor   18
Majakovskij, Vladimir V.   1
Malcor, Linda A.   18
Malek, Martin   26, 285
Malenkov, Georgij M.   294
Mamāi   89, 92
Mandel'štam, Osip   26
Manstein, Erich von   274 f.

Maria, Tochter des Fürsten von Theodoro 111
Markevič, Arsenij 215 f., 218
Markov, Evgenij 226
Martin, Terry 259 f., 270
Martin I., Papst 56 f.
Matthaios, Priestermönch (Exarch) 91 f., 94, 98
Matuz, Josef 106, 113, 117, 119
Mazepa, Ivan 157
Medea 289 f.
Medvedev, Dmitrij A. 308, 318
Mehdi, Abdurreşit (russ. Rešid Medievič Mediev) 239 f.
Mehmed II. („der Eroberer") 107 f.
Mendez, Medea, Figur aus Ulickajas „Medea und ihre Kinder" 289 f.
Mengli I. Giray 102, 108–110, 114, 117
Menšikov, Alexander S. 216
Meškov, Jurij 311
Methodius, Slavenmissionar 23, 55, 60
Meyer, James H. 230
Michael I., König von Rumänien 275
Michael VIII. Palaiologos 80, 86
Michail I., Zar 155
Mickiewicz, Adam 30 f., 221
Mithridates VI. 11, 47 f.
Mstislav 69
Münnich, Burkhard Christoph Graf von 157 f., 162
Murad Giray 119, 154
Murav'ëv-Karskij, Nikolaj N. 219
Mussis, Gabriel de 87 f.
Mustafa III. 164
Myeshkov, Dmytro 198

Nabokov, Vladimir D. 257 f.
Nabokov, Vladimir V. 257
Nachimov, Pavel 208, 307
Naimark, Norman 284
Napoleon Bonaparte 159
Neubauer, Helmut 48
Neutatz, Dietmar 197, 202
Nightingale, Florence 210
Nikolaus I. (Nikolaj I.) 174, 201, 216
Nikolaus II. (Nikolaj II.) 235
Nimrod 18

Noack, Christian 231, 240
Nogai, mongolischer Feldherr 135
Noonan, Thomas S. 61
Nur Devlet 108, 110, 117
Nürnbergk, Jörg von 112

Ohlendorf, Otto 275, 279
Oliphant, Laurence 224
Orest 14 f.

Pairisades I. 47
Pairisades V. 47 f.
Pallas, Peter Simon 142, 181, 224
Panin, Nikita I. 161 f.
Papp, Sándor 115 f.
Parzinger, Hermann 34 f.
Pasternak, Boris L. 237
Peter I. („der Große") 155–157, 163, 180
Peter III. 163
Petrov, Evgenij (d.i. Evgenij Petrovič Kataev) 266
Petrus, Apostel 55
Pinson, Mark 220
Platonov, Nikolaj I. 238
Platzeck, Matthias 319
Plinius d. Ältere 48
Plokhy, Serhii 272, 293 f.
Pompeius 49
Poniatowski, Stanisław 167, 171
Porošenko, Petro 319, 322
Potemkin, Grigorij A. 168 f., 171–173, 177–182, 191, 214, 223, 287
Potocka, Marija 28 f., 31 f.
Potocka, Sofia 29
Pritsak, Omeljan 67
Puškin, Alexander 1, 26–31, 205, 221, 291, 327
Putin, Vladimir V. 5, 25, 289, 294, 307, 313, 316–320, 322
Pylades 14 f.

Qırımal, Mustafa Edige (Edige Kirimal) 250, 264, 268, 273 f.
Qualls, Karl 295, 298

Raab, Nigel A. 265 f.
Racine, Jean 48

Rededja, Fürst 69f.
Renner, Karl 261
Rhesuporis I., Herrscher des Bosporanisches Reiches 50
Rilke, Rainer Maria 73
Robertson, James 209
Roosevelt, Franklin D. 291, 293, 327
Rosenberg, Alfred 21, 279
Rostovcev, Michail I. 39f.
Rubo, Franz A. 210f., 327
Rubruk, Wilhelm von 77, 80
Russel, William Howard 209
Ryan, Jack, Figur aus Tom Clancys Thriller „Command Authority" 313

Sacharov, Andrej 302
Sahib I. Giray 144
Sahib II. Giray 164–166
Şahin Giray 165–169
Saint-Arnaud, Armand Jacques Leroy de 217
Šamil 219
Šapoval, Jurij 294
Sasse, Gwendolyn 293, 295–297., 311f.
Saumakos (Savmak) 48
Sauromates I. 50
Sauromates II. 50
Schmidt, Helmut 319
Schmitt, Carl 83
Schramm, Percy Ernst 274
Ségur, Louis Philippe de 174f.
Sejtablaev, Achtem 286
Selim I. Giray 155
Selim III. Giray 168
Seneca 290
Seydahmet, Cafer (Qırımer) 241, 250–252, 254f., 273
Shaykh Ahmad 102
Simma, Bruno 318
Širinskij-Šichmatov, Platon A. 188
Skiluros, Skythen-Herrscher 45
Skoropads'kyj, Pavlo 254–256
Skorupa, Dariusz 139
Slaščëv, Ja., Offizier 244
Šmidt, Petr P., Leutnant 235–237
Smirnov, Vasilij D. 99–101, 120, 139
Sobieski, Jan 152
Šolem-Beim 201

Soltanğäliev, Mirsäyet (russ. Mirsaid Sultan-Galiev) 243, 246, 248, 263, 267
Spartakus 48
Stalin, Josef (d.i. Iosseb Bessarionis dse Dschughaschwili) 7, 29, 32, 71, 125, 181, 203, 243, 246, 248, 261, 267–269, 273, 287, 291–294, 297, 300, 327
Stephan Bátory (ungar. Báthory István; litauisch Steponas Batoras) 97
Stickler, Timo 51, 53
Strabon 44, 47
Subtelny, Orest 153
Süleyman I. („der Prächtige" bzw. „der Gesetzgebende") 109
Sulimirski, Tadeusz 16
Sulkiewicz, Maciej 255
Sultan, Amet-Han (russ./ukr. Amet-Chan Sultan) 285f., 327
Surkov, Aleksej A. 271f.
Svjatoslav I., Großfürst der Kiever Rus' 59, 64, 68

Tarhan, İlyas 269
Tarle, E.V. 214
Taş Timur 99
Ştefan III. cel Mare („Stefan der Große") 111
Tennyson, Alfred 206
Tervel 62
Theophilus von Gotien 56
Thoas, König von Tauris 13, 15
Thunmann, Hans Erich Johann 133
Tiberios II. 62
Timur Kuthlug (Timer Qotlığ) 92
Timur (Lenk, der Lahme) 89, 92, 99
Tohtu (Tutay) 85
Toktamış (Toktamisch/Toqtamisch/Tohtamyš, auch Khan Lochtonus) 89, 92f., 97–99
Tolstoj, Lev N. 26, 205f., 213
Troebst, Stefan 292
Twain, Mark (Samuel Langhorne Clemens) 213–215

Uehling, Greta Lynn 260, 300
Ulbricht, Walter 299
Ulickaja, Ljudmila 10, 289f.

Ülküsal, Müstecib 273
Umerov, Ėrvin 285

Vardanis (als Philippikos Bardanes Kaiser von Byzanz) 62
Vásáry, István 101 f.
Vasil'ev, Aleksandr A. 52, 56, 61, 63, 71
Veselickij, P.G. 164
Veser, Reinhard 6
Vladimir/Volodymyr, Großfürst 24 f., 69 f., 327
Volodin, Valerij, Figur aus Tom Clancys Thriller „Command Authority" 313
Vološin, Maximilian A. 26
Voltaire (d.i. François-Marie Arouet) 164, 166
Voroncov, Michail I. 161 f.
Voroncov, Michail S. 189, 201
Vorotynskij, Fürst 121

Vozgrin, Valerij 9, 153, 157, 166, 168, 238, 241, 247
Vrangel', Pëtr N., General 243 f.
Vytautas (Witold), Großfürst von Litauen 92, 99

Williams, Brian G. 75, 99 f., 143, 147, 185, 190, 242, 269, 291, 301
Windt, Harry Willes Darell de 135, 141
Wolf, Christa 290
Wolff, Larry 182

Young, Arthur 183

Zaliznjak, A.A. 73
Zarema 28 f.
Zaytsev, Ilya 122 f.
Zemljačka, Rozalija S. (Rozalija S. Zalkind) 244
Zoščenko, Michail M. 259, 266

Ortsregister

Abchasien 317
Afrika 84, 128, 190
Ägypten 42, 207
Akkerman 111
Alexandria 78, 86
Algerien 324
Alupka (siehe auch Lupico) 80, 285
Amur-Region 268
Anatolien 137, 208
Andrusovo 140, 152 f.
Ankara 273
Aqmescit (auch Ak-mesjid, siehe auch Simferopol') 5, 105 f., 147, 174
Aqyar (siehe auch Sevastopol') 21
Aserbaidschanische Demokratische Republik 255
Asien 59, 82, 106, 173, 175
Astrachan' (Chanat) 102, 113, 120–122, 135, 187
Athen 42, 164
Australien 281
Autonome Republik Krim (siehe auch Republik Krim) 5
Autonome Sozialistische Sowjetrepublik der Krim (auch ASSR Krim) 125, 246 f., 261–263, 267, 270, 290, 303 f.
Avlita 95
Azovsches Meer (siehe auch Maiotischer See) 7, 89, 102, 195 f., 218, 274, 322
Azov (siehe auch Tana) 80, 129, 131, 151, 155, 157

Bağçasaray (russ./ukr. Bachčisaraj, siehe auch Puškinskij) 1, 28–30, 35, 101, 105, 109, 115, 117–120, 127, 135, 144–146, 151, 153 f., 157, 165, 171, 184, 186, 231, 239, 243, 252 f., 291, 327
Balaklava (krimtat. Balıqlava; siehe auch Cembalo) 80, 94, 100, 206
Balkan 190
Baltikum 156, 179, 226, 237, 249
Batumi 266
Berdjans'k 322

Beresteczko (ukr. Berestečko) 140
Berezan' 235
Bergland 19, 92, 201
Berlin 10, 180, 182, 211, 220, 250 f., 254, 256–258, 271, 273 f., 276–279
Bessarabien 196, 202
Bilohirs'k (russ. Belogorsk; siehe auch Qarasuvbazar) 147, 166, 291
Birobidžan 268
Bithynia et Pontus 49
Böhmen 25
Boristhenes (siehe auch Dnepr) 174
Bosporanisches Reich (auch Bosporanisches Königreich) 38 f., 47–50, 52, 56
Bosporus 56, 78, 150
Brandenburg-Preußen 119
Brest-Litovsk 254
Britische Inseln (siehe auch Britisches Imperium, Großbritannien, England) 18, 208
Britisches Imperium (auch British Empire) 179
Buchara 303
Budapest 308
Bulgarien 94, 299
Byzanz (auch Byzantinisches Reich oder Imperium) 11, 60–62, 67–69, 74 f., 79–81, 93, 149, 164, 177

Caffa (auch Kaffa oder Capha; siehe auch Feodosija, Kefe, Theodosia) 36, 78, 80 f., 84–89, 94 f., 98, 102 f., 106–109, 114, 129, 131
Car'grad (siehe auch Konstantinopel, Istanbul) 161
Cembalo (siehe auch Balaklava) 80, 94 f., 100
Charkiv (russ. Char'kov) 266, 308
Chasarisches Chaganat (auch chasarisches Großreich) 60 f., 64 f., 69
Cherson 21, 67, 196, 321
Chersónesos Tauriké 14

Chersones (siehe auch Korsun') 21–23, 25, 36–38, 45, 47, 49, 52, 56 f., 59, 61–63, 67–69, 73, 75, 81, 93, 95, 113, 327
China 84
Čornobyl' 303, 305
Çufut Qale (russ./ukr. Čufut-Kale; siehe auch Qırq Yer) 101, 201

Dagestan 261, 285
Dänemark 119
Danziger Region 197
DDR 9, 299
Delphi 37
Den Haag 318
Deutschland (auch Bundesrepublik Deutschland, Deutsches Kaiserreich, Deutsches Reich) 198, 207, 248, 250 f., 254, 257, 269, 271, 273 f., 276, 280, 282, 291, 319
Dnepr-Bug-Liman 235
Dnepr (siehe auch Boristhenes) 23, 45, 60, 93, 137 f., 153–155, 162, 171, 174
Dobrudscha 268, 273
Don 16, 73 f., 77, 80, 89, 120, 131, 137 f., 155, 195, 216
Donau 49, 56
Donaufürstentümer (siehe auch Moldau, Walachei) 119, 161, 207, 219
Doros (auch Dory, siehe auch Mangup-Kale, Theodoro) 53, 56, 61 f., 64, 92, 98

Edirne (griech. Adrianopolis; bulg. Odrin) 196
Ekaterinoslav 171, 196
England (siehe auch Großbritannien, Britische Inseln) 22, 207, 210, 258
Epirus (Despotat) 81
Eski Qırım (siehe auch Solcati, Staryj Krym) 75, 82, 92, 100 f.
Estland 314
Europa 16, 20, 22, 35, 84, 86 f., 118, 122, 130, 149, 152, 175, 182, 208 f., 224, 230, 279, 292
Europäische Union (EU) 9, 312 f., 315, 318 f., 323
Evpatorija (siehe auch Gözleve) 146, 199, 217 f.

Feodosija (siehe auch Kefe, Caffa, Theodosia) 36, 78, 183, 199, 203, 238
Finnland 208
Florenz 130
Frankreich 22, 159, 174, 188, 207 f., 210, 258, 291, 324
Fraydorf (Kolonie) 268
Fürstentum Theodoro (siehe auch Krim-Gotthia) 19 f., 91, 93, 95, 98, 100, 102, 107, 113

Gemeinschaft Unabhängiger Staaten (GUS) 139, 311
Genua 11, 78, 85, 88 f., 93–95, 100, 107, 130
Georgien 247, 289, 317 f.
Goldene Horde (siehe auch Mongolenreich) 75, 77, 80, 82–89, 92 f., 99–102, 106 f., 110, 118, 120, 122, 135, 147, 171, 183, 231
Goldenes Horn 79
Gotenburg (siehe auch Simferopol') 21
Gotenland 9, 20 f.
Gözleve (krimtat. Kezlev; siehe auch Evpatorija) 146
Griechenland 150, 164, 195
Großbritannien (siehe auch England, Britische Inseln) 159, 207 f., 291, 308
Großfürstentum Litauen (siehe auch Litauen, Polen-Litauen, Rzeczpospolita) 92, 99, 110
Großfürstentum Moskau (siehe auch Moskauer Reich) 108, 110
Gurzuf (ukr. Hurzuf) 10, 298

Habsburgermonarchie (auch Habsburgerreich) 159, 163, 174, 207
Halle/Saale 133
Heiliges Land 22 f., 78
Heiliges Römisches Reich 154, 156, 173
Helsinki 302, 305
Herakleia Pontike 38, 47
Hermonassa (siehe auch Tmutarakan') 69
Het'manat (auch Kosaken-Het'manat, Kosaken-Gebiete) 153, 160
Hohe Pforte (siehe auch Osmanisches Reich) 103, 106, 108 f., 113, 116–120,

126, 139, 144, 150, 155–157, 159 f., 162, 164 f., 172, 180, 186, 207, 210, 212

Inkerman (auch Ingerman; siehe auch Kalamita) 95, 98, 271
Israel 289
Istanbul (siehe auch Konstantinopel, Car'grad) 20, 106, 108 f., 112, 115–119, 121, 123, 126, 129, 131, 144, 150 f., 154, 156 f., 159–162, 164, 166, 168, 172, 207, 216, 230 f., 239, 241, 250, 254, 256, 273

Jalta 11, 26, 202, 223–225, 266, 291–293, 312, 327
Japan 291
Jassy (rumän. Iaşi) 172, 180

Kahlenberg 152
Kalamita (siehe auch Inkerman) 95, 98
Kalka 74
Kamčatka 208
Karlowitz 156
Karlsbad 223
Kars 219
Kasachstan 102, 247, 301, 308
Kaspisches Meer 121, 139
Kaukasus 28, 60, 63, 77, 107, 138, 156, 190, 208, 219 f., 226, 239, 247, 273, 279, 282
Kazan' 102, 113, 122, 135, 187, 238
Kefe (siehe auch Feodosija, Caffa, Theodosia) 36, 109, 129, 131, 139, 143, 146, 165, 183
Kerč' (krimtat. Keriç; ukr. Kerč; siehe auch Pantikapaion) 1, 36, 38, 51, 56, 69, 162, 165, 218, 274, 296, 299, 321 f.
Kiew 9, 23 f., 55, 68 f., 100, 110, 133, 153, 171, 189, 194, 256, 281, 294 f., 297, 304 f., 308, 310–312, 314–316, 322 f., 325
Kiewer Rus' (auch Rus') 7, 11, 23–25, 59, 64, 67–71, 73–75, 77, 87, 89, 125, 293, 316
Kilija (rumän. Chilia [Nouă]) 111
Kimmerischer Bosporus (Straße von Kerč') 38, 51, 71
Kinburn (türk. Kılburun) 162

Kirchenstaat 156
Kirgisische Sozialistische Sowjetrepublik 281
Kleinasien (auch kleinasiatische Gebiete) 11, 48
Köktöbel (russ./ukr. Koktebel') 26
Kolchis 289
Königreich Polen (siehe auch Polen, Polen-Litauen, Rzeczpospolita) 92
Konstantinopel (siehe auch Istanbul, Car'grad) 56 f., 60–62, 64, 68 f., 75, 78–80, 94, 103, 107, 111, 137, 149 f., 154, 164
Korsun' (siehe auch Chersones) 22–25, 73
Krim-Chanat 11, 29, 77, 84, 87, 93 f., 97–103, 105–111, 113–120, 122 f., 125 f., 128 f., 131, 134–136, 138–145, 147 f., 150–158, 160–169, 171, 174 f., 178 f., 182, 186 f., 194, 199, 233, 250, 263, 303
Krimgebirge 41 f., 53
Krim-Gotthia (siehe auch Fürstentum Theodoro) 56, 59, 61, 63, 68, 71, 81, 92 f., 111–113
Kuban 102, 168
Küçük Kaynarca (russ. Kjučuk-Kajnardža) 149, 162, 164 f.
Kulikovo pole 89

Ladoga-See 23
Larindorf (Kolonie) 268
Leningrad (siehe auch St. Petersburg, Petrograd) 214, 237, 259, 297
Libanon 273
Lida 99
Lissabon 265
Litauen (siehe auch Großfürstentum Litauen) 92, 99 f., 110, 250
Lublin 110, 127
Lupico (siehe auch Alupka) 80
L'viv (poln. Lwów; dt. Lemberg) 161, 320

Maiotischer See (siehe auch Azovsches Meer) 47
Makedonien 42
Mamluken-Reich 106
Mangup-Kale (auch Mancopia; siehe auch Doros, Theodoro) 53, 92, 97 f., 201

Mari (Republik) 301
Mariupol' 322
Massandra 300
Matriga (siehe auch Phanagoria) 77
Memmingen 112
Milet 36, 38 f.
Mittelasien (siehe auch Zentralasien) 100
Moldau (siehe auch Donaufürstentümer) 94 f., 111, 119, 125, 161, 207
Mongolenreich (siehe auch Goldene Horde) 77, 83 f.
Moskau 5 f., 26, 98, 101, 110, 119–122, 125 f., 131, 138, 140, 150, 152 f., 155, 161, 180, 214, 230, 237, 246, 248, 251, 261 f., 267 f., 284, 289, 294 f., 297, 302, 304, 307 f., 312, 315–323
Moskauer Reich (auch Moskauer Staat; siehe auch Großfürstentum Moskau, Zartum) 17, 101 f., 113 f., 118, 120, 122, 127–129, 131, 135, 138, 140, 146, 151–154, 158
München 10, 156, 318

Neapolis 45, 50
Neiße 292
Neurussland (russ. Novorossija) 189, 196, 199 f., 229
Neva 237
Nicäa 56
Nikaia (Kaiserreich) 81
Nižnij Novgorod 240
Nogaier Horde (auch Nogaische Horde) 102, 135
Nordafrika 106
Nordkaukasus 162

Oblast' Krim 290, 292, 308
Oder 292
Odessa 178, 196, 237, 313, 325
Oka 59
Olbia 45, 52
Oreanda 224
Orenburg 238
Osmanisches Reich (siehe auch Hohe Pforte) 17, 22, 84, 98, 103, 105–108, 110 f., 113, 116–120, 123, 126 f., 135, 138, 140, 143 f., 146–148, 150, 152 f., 155–157, 159–162, 164, 166, 169, 172, 175,
190, 193, 196, 202, 206 f., 210 f., 217, 220, 230 f., 233, 239, 241, 246–248, 250, 254, 262, 268
Österreich 207, 219
Osteuropa (auch östliches Europa) 8, 19, 21, 24, 100, 128 f., 133, 172, 244, 255, 284
Ostgalizien 276, 278
Ostpreußen 292
Oströmisches Reich (auch Ostrom) 53, 56 f., 59
Ostsee 31, 156, 178, 208, 220
Ostukraine (auch östliche Ukraine) 8, 196, 282, 309, 312, 314, 319, 321, 323
Özi/Özü (ukr. Očakiv; russ. Očakov) 129, 235

Palästina 307
Pantikapaion (siehe auch Kerč') 1, 36, 38, 47, 49, 52, 69, 327
Paris 119, 202 f., 207, 211, 219 f., 230, 241
Pera 79 f., 84, 107
Perejaslav 140, 151, 292
Perekop 100, 197, 274, 321
Persien 118, 156, 166
Petrograd (siehe auch St. Petersburg, Leningrad) 248 f., 252 f.
Phanagoria (siehe auch Matriga) 62, 77
Piacenza 87
Pisa 130
Podolien 120
Polen-Litauen (siehe auch Rzeczpospolita, Königreich Polen, Großfürstentum Litauen) 16, 29, 98 f., 101, 108, 110, 118, 120, 126–129, 131, 137 f., 140, 146, 153 f., 156
Polen (siehe auch Königreich Polen, Polen-Litauen, Rzeczpospolita) 16, 25, 30 f., 111, 125, 157, 163 f., 167, 171, 200, 210, 219, 221, 224, 237, 250, 273, 292
Poltava 156
Pompeji 215
Pontisch-Kaspische Steppen 135
Pontos 47–49
Pontus Euxinus (siehe auch Schwarzes Meer) 33
Potsdam 292

Preußen 142, 163, 206f.
Pruth 155, 157
Pskov 89
Puškinskij (siehe auch Bağçasaray) 291

Qarasuvbazar (siehe auch Bilohirs'k/Belogorsk) 147, 166, 184, 186, 239, 291
Qırq Yer (siehe auch Çufut Qale) 101

Republik Krim (siehe auch Autonome Republik Krim) 257, 316
Rhodos 157
Rom 11, 23, 47–50, 52, 55, 57
Roman-Koš (krimtat. Roman Qoş) 41
Römisches Reich (auch Römische Republik) 48f., 52,
Rostov 89, 121, 195
Rumänien 273
Russland (auch Russländische Föderation, Russländisches Reich/Imperium, Russländischer Staat; siehe auch Zarenreich) 2, 5–8, 10f., 13, 21–26, 29, 77, 121, 142f., 146, 149f., 154–158, 160–163, 165, 168f., 171–174, 177f., 182f., 187f., 194–197, 200–203, 205–207, 210, 212, 214, 219–222, 224–226, 229–231, 233, 239f., 242, 245, 247–252, 255f., 260, 263, 272, 275, 281f., 286, 289, 291, 293f., 305, 307f., 311–319, 321–324
Russländische Sozialistische Föderative Sowjetrepublik (RSFSR) 247, 259, 263, 267, 290, 292, 294, 296
Rzeczpospolita (siehe auch Polen-Litauen, Königreich Polen, Großfürstentum Litauen) 101, 140, 152

Samarkand 89, 303
Sarai 75, 85, 100
Saratov 180
Sardinien-Piemont 22, 206
Schwarzes Meer (siehe auch Pontus Euxinus) 7, 10f., 16, 19–21, 31, 38, 41f., 44, 48, 51–53, 56, 59, 69, 75, 78, 80f., 84, 86f., 89, 92, 95, 107f., 111f., 115, 126–131, 133, 137, 149, 155, 157, 159–163, 172, 189, 196, 208, 220, 235, 256, 259, 263, 268, 278, 283, 289, 303
Schweden 119, 156, 281
Schweiz 181, 197
Serbien 94
Sevastopol' (siehe auch Aqyar, Theoderichshafen) 36, 174, 177, 272, 295–298, 307–309, 312, 316
Sibir' (Chanat) 102
Sibirien 27, 142, 152, 244, 282
Simferopol' (siehe auch Aqmescit, Gotenburg) 5, 35, 174, 285, 297, 305, 310, 315
Sinope (russ./türk./ukr. Sinop) 23, 77, 129, 207–209, 211, 327
Skandinavien 19, 51, 100, 133, 181, 197
Skythien (auch Skythisches Reich) 44f., 50
Smolensk 153, 171
Soči 315
Solcati (siehe auch Eski Qırım, Staryj Krym) 75
Soldaia (siehe auch Sudak) 73, 77f., 80f., 85, 88
Sowjetische Sozialistische Republik Taurien (russ. Sovetskaja Socialističkeskaja Respublika Tavridy) 244
Sowjetunion (auch Sowjetrussland; siehe auch UdSSR) 6f., 9, 21, 26, 225, 237, 245–247, 256, 259–262, 264f., 267–269, 271–273, 275f., 279, 282f., 285f., 289, 291f., 295–298, 301–305, 307–310, 312, 317, 327
Staryj Krym (siehe auch Eski Qırım, Solcatis) 75
Stockholm 281
St. Petersburg (siehe auch Leningrad, Petrograd) 23, 26, 28f., 142, 157, 160, 162, 164, 166, 168f., 171, 174, 176, 178, 186–188, 195, 197, 207, 210, 216, 231, 235, 237, 240f.
Sudak (krimtat. Sudaq; siehe auch Soldaia) 73f., 77, 81f., 85, 88, 302
Südlicher Bug (poln. Boh; ukr. Pivdennyj Buh; russ. Južnyj Bug) 153
Südossetien 312
Südrussland 40, 196
Südtirol 21

Südukraine 40
Sula 73
Suzdal' 89
Syrien 321

Taganrog (ukr. Tahanroh/Tahanrih) 195
Taiwan 6
Taman 62, 69, 77, 89, 165, 321
Tana (siehe auch Azov) 80, 85f., 88, 90, 131, 155
Tauris (auch Taurien, Taurische Halbinsel) 7, 9, 11, 13–15, 98, 121f., 172, 174, 182, 186, 193, 196, 248
Taurische Provinz (Tavričeskaja oblast') 174, 179, 186
Taurisches Gouvernement (Tavričeskaja Gubernija) 179, 186, 215, 227, 261, 272
Terek 137
Theoderichshafen (siehe auch Sevastopol') 21
Theodoro (siehe auch Doros, Mangup-Kale) 20, 92–95, 98, 100, 111f.
Theodosia (siehe auch Feodosija, Kefe, Caffa) 36, 38, 47
Timuriden-Reich 89
Tmutarakan' (siehe auch Hermonassa) 69f.
Trapezunt 81, 93–95
Troia 13
Turin 88
Türkei 111f., 157, 246, 266f., 273, 303, 320
Tver' 211, 237

UdSSR (siehe auch Sowjetunion) 5f., 22, 48, 125, 139, 195, 214, 225, 235, 246, 256, 262f., 266, 269, 271, 285, 289f., 292, 295, 298, 300f., 303–305, 308, 312, 317
Ukraine 5, 7, 9, 21, 32, 74, 102, 129, 137, 153, 196, 247, 251, 254–256, 264, 281f., 293–295, 304f., 307–322
Ukrainischer Staat (ukr. Ukraïns'ka Deržava; auch Het'man-Staat) 12, 254–256, 314
Ukrainische Sowjetrepublik (Ukrainische SSR) 267, 292, 294–297, 304
Ungarn 18, 25, 118, 125, 316

Ural 35, 142, 189, 263, 282
USA (auch Vereinigte Staaten von Amerika) 291, 303, 308, 313, 318
Usbekische SSR 301

Venedig 11, 78–80, 83, 85f., 88, 95, 108, 130, 154, 156, 161
Vesuv 215
Vladimir 89
Vladivostok 237
Vorskla (Nebenfluss des Dnepr) 93

Walachei (siehe auch Donaufürstentümer) 94, 119, 161, 207
Waldsassen/Oberpfalz 149
Weichselgebiet 19
Weiße Horde 102
Weißrussland (auch Weißrussische SSR) 294, 308
Wien 3, 17, 32, 115, 118f., 152, 206, 250, 261
Wildes Feld (russ. dikoe pole; poln. dziki pola; ukr. dike pole) 127, 139
Wolga 16, 60, 73, 75, 102, 120–122, 187, 189, 238f., 263, 282
Wolga-Ural-Gebiet 189
Wolhynien 249

Yeñi Qale (russ. Enikale; ukr. Jenikale) 162

Zara (kroat. Zadar) 79
Zarenreich (siehe auch Russland) 19, 40, 63, 113, 131, 150, 156–158, 160–162, 165–167, 177–182, 186, 189, 197, 199, 201, 207f., 210, 213, 219f., 223, 228, 230, 233, 239, 247, 250, 254, 257, 264, 272
Zartum (siehe auch Moskauer Reich) 140, 150, 152–154
Zbaraż (ukr. Zbaraž) 140
Zborów (ukr. Zboriv) 140
Zentralasien (siehe auch Mittelasien) 125, 230, 282, 285, 300, 302
Zentralukraine 312, 314
Zypern 62

www.ingramcontent.com/pod-product-compliance
Lightning Source LLC
Chambersburg PA
CBHW052043220426
43663CB00012B/2418